守望者
The Catcher

对话、交往、参与

—— 走进国际哲学共同体

陈波 著

中国人民大学出版社
·北京·

我来自泥土,力求站在坚实的大地上,不喜欢空疏、神秘与玄虚,无论在言辞方面还是在行为方面。

——自题

自 序

本书是我与国际哲学界交往对话、主办或参与国际性学术活动、逐渐融入国际哲学共同体的历程的一个相当完整的记录，分为三辑。

第一辑，访谈录：与大师面对面。1997年8月至1998年8月，受芬兰国际交流中心（CIMO）资助，我第一次出国，到芬兰赫尔辛基大学做访问学者，跟从冯·赖特（Georg Henrik von Wright），并在那里常见到雅科·亨迪卡（Jaakko Hintikka），对他们两位做了访谈。这次芬兰之行对我以后的学术生涯产生了重要的影响。仅说一点，我于2016年至2018年作为国际哲学学院（Institut International de Philosophie，IIP）院士候选人，五位推荐人中有三位来自赫尔辛基系统。2002年2月至2003年2月，作为受美国学术团体理事会、国家科学院、社会科学研究理事会共同资助的研究员（CSCC Fellow），我在美国迈阿密大学与苏珊·哈克（Susan Haack）共同工作了一年，当年及2016—2017年对她做了两次长篇访谈。2007年8月至2008年8月，受国家留学基金资助，到牛津大学哲学系做访问学者，跟从蒂莫西·威廉姆森（Timothy Williamson），对他做了一次长篇访谈，在那里常见到迈克尔·达米特（Michael Dummett），与他一起出席各种讲座和讨论班，曾有过简短交谈，还出席了哈特里·菲尔德（Hartry Field）在牛津的约翰·洛克讲演。2014年，我在日本大学人文学部做校级交流学者，住在东京大学附近，在那里读了吉拉·谢尔（Gila Sher）的不少论文，并与在东京大学做讲演的她本人见面，后来我们有了密切的交往，我曾多次邀请她到北大和中国其他高校讲学。2017年夏天，受北大"文科博导短期出国项目"资助，我去谢尔工作的加州大学圣迭戈分校待了两周，一起完成了一篇长篇访谈。我读了迈克·比尼（Michael Beaney）编选的《弗雷格读本》（1997），发现编得极其认真，很有水准，于是在牛津对他做了一次长时间访谈。这些篇目构成了第一辑的内容。

第二辑，交往实录：体会与感悟。其中，收入两篇有关冯·赖特的文章。在芬兰访学期间，我主要跟他接触，相处十分愉快，我甚至有他办公室的钥匙，也多次到他家里做客，与他建立了私人友谊。我曾经写道：冯·赖特"使我明白了什么叫贵族，什么叫绅士，什么叫大家气象"。他对我的人格产生了重要的影响。我与苏珊·哈克在迈阿密待了一年，尽管她为人处世别有格调，但我们相处得很好，密切关系保持20多年，首先她是我在逻辑哲学研究上的引路人，其次她也在一般哲学研究上影响了我，我奉她为老师，在她面前执弟子礼。在牛津的一年，与威廉姆森相处不错，后来也保持了密切交往，多次邀请他到北大和中国其他高校讲学，为他在北大主办了一次国际研讨会（2015）。他做哲学的方式和理念对我产生了重要的影响，他最令我佩服的地方是：无论说什么，总能说出一些新东西，并且总能造成很大的影响。我清楚地记得他对我的告诫：说出点不同的东西（say something different）。我与蒯因没有见过面，但有多次书信往返。以我的博士论文为基础，我写作了一部有关蒯因哲学的专著。可以说，我至今仍然是蒯因的"粉丝"，他的逻辑学背景、他做哲学的方式、他的哲学洞见甚至他的写作方式，我都非常佩服，他为我怎么做哲学树立了一个标杆。我喜欢他的断言：哲学与科学是连续的。蒯因是我心目中真正的英雄（my hero），甚至是唯一的英雄。我对接触过的许多学术人物都有这样或那样的保留，保留最多的是索尔·克里普克（Saul Kripke）。我尊敬他，曾邀请和安排他到北大和中国其他高校讲学，为他在北大举办了一次国际研讨会（2012），但至少从2007年牛津访学以来，我所做的主要工作之一就是：不断质疑他的严格指示词理论及其在形而上学、知识论上的各种推论，并建立我自己的替代理论。第二辑中还有几篇文章展现了我对分析哲学、什么是哲学、如何做哲学等等的回顾和思考，或者是我对新理论的建构。

第三辑：主办国际研讨会纪实。我在牛津访学时，在私下交谈中威廉姆森的一番话使我至今记忆犹新：中国是那么大的一个国家，有很多大学，有很多哲学系，肯定也有很多哲学教授。但是，在重要的国际期刊上，在重要的国际出版专著中，在重要的国际学术会议上，却很少见到中国哲学教授的身影，这确实是一个问题。我当时下定决心，从我做起，参与到对哲学问题的原创性研究中去，参与到哲学的当代建构中去，参与到国际哲学共同体中去，并且还要做一番工作，把国内哲学界与国际哲学界"勾连在一起"。北京大学有一个好处，就是没有把所有的资源都下放到系里，而是各个部门都有一部分资源面向全体教师公开申请和评审。我利用这样的机会，从学校有关部门，特别是从国际合作部、研究生院、教务部那里申请到不少经费，用于邀请国外学者到北大讲学和主办国际学术研讨会等。至少从2000年起，我先后邀请了苏珊·哈克（Susan Haack，美国）、索尔·克里普克（Saul Kripke，美国）、蒂莫西·威廉姆森（Timothy Williamson，英国）、达格芬·弗莱斯塔（Dagfinn Føllesdal，挪威）、伊尔卡·尼尼罗托（Illka Niiniluoto，芬兰）、约翰·塞尔（John Searle，美国）、谢利·凯根（Shelly Kegan，美国）、吉拉·谢尔（Gila Sher，美国）、迈克·比尼（Michael Beaney，英国）、约翰·塞蒙斯（John Symons，美国）、米尔恰·杜米特鲁（Mircea Dumitru，罗马尼亚）、马蒂亚斯·席恩（Matthias Schirn，德国）、道格拉斯·拉凯（Douglas Lackey，美国）、阿蒂·皮塔瑞伦（Ahti-Veikko Pietarinen，芬兰）、饭田隆（Takashi Iida，日本）等学者到北大访问。还连续8次举办"×××、逻辑和哲学"国际研讨会，按我自己的构想，其中第一个词表示会议主题，后两个词表示研究该主题的两条路径：逻辑和哲学。这些研讨会是真正国际性的，每次都有该领域的国际大腕学者参加，每次国外及港台地区学者总数都在10人以上，有时候达20多人。这些会议在国内外都产生了很好的影响，甚至可以说形成了某种"品牌"效应。这些会议包括："弗雷格、逻辑和哲学"国际研讨会（2011），"克里普克、逻辑和哲学"国际研讨会（2012），"蒯因、逻辑和哲学"国际研讨会（2013），"威廉姆森、逻辑和哲学"国际研讨会（2015），"悖论、逻辑和哲学"国际研讨会（2016），"真理、逻辑和哲学"国际研讨会（2017），"亨迪卡、逻辑和哲学"国际研讨会（2018），"模态、逻辑和哲学"国际研讨会（2019）。2012年，北大哲学系百年系庆，我受命筹办"哲学教育与当代社会——世界各国哲学系主任会议"，会议很成功。2019年底，受北大国际合作部和人文学部资助，我主办了另一次重要的学术会议："如何做哲学——元哲学与哲学方法论"国际研讨会，规模60多人，国内外很多重要学者与会。我的学生撰写了这些会议的综述，我对它们予以仔细修改，然后推荐给学术刊物，大都公开发表了。现将它们收集在这里，作为我的一部分重要工作的见证。

2018年，我有幸当选为国际哲学学院（IIP）院士。IIP于1937年创始于法国巴黎。根据IIP章程，正式院士名额不能超过115人，目前有经选举产生的来自多个国家的正式院士近70人，荣誉院士近40人（只要不连续四次不参加IIP年度活动，院士称号就是终身的，但80岁以后转为荣誉院士）。2019年8月底，我第一次参加了在芬兰赫尔辛基举办的IIP院士年度大会，开始熟悉和参与IIP的运作，以后要争取在该组织中做出自己的贡献，当然也会继续在国内哲学界做出自己力所能及的贡献。

前不久看了一部国内大热的动画片《哪吒之魔童降世》，颇得我心我情。"不认命，就是哪吒的命"，"我命由我不由天"，"自己的命自己扛"，"若命运不公，就与它斗到底"，"在异议中成长，在孤独中疗伤"，"今后我与我自己流浪"，"背影会解释我所有的出向"。窃以为，我身上多多少少有一点哪吒的影子。我已年逾六旬，尽管谈不上"老骥伏枥志在千里"，但只要身体允许，还是会一直做下去，这么多年潜心学术，似乎才渐入佳境；也没有学会别的，不做学术，还能做什么呢？那就继续做吧，既问耕耘，也问收获。至于能收获什么，顺其自然吧。

陈　波

2019年11月30日于博雅西园寓所

目 录

1. 哲学首要是思想家的事业
   ——陈波教授学术访谈录   1

第一辑 访谈录：与大师面对面

2. 吉拉·谢尔的学术背景及早期研究
   ——陈波与吉拉·谢尔的对话（一）   19
3. 有关基础整体论的若干问题
   ——陈波与吉拉·谢尔的对话（二）   32
4. 有关实质真理论的若干问题
   ——陈波与吉拉·谢尔的对话（三）   49
5. 一种新的逻辑哲学
   ——陈波与吉拉·谢尔的对话（四）   62
6. 深入地思考，做出原创性贡献
   ——蒂莫西·威廉姆森访谈录   78
7. 逻辑、规范性和合乎理性的可修正性
   ——哈特里·菲尔德在牛津大学做约翰·洛克讲演   111
8. 一位逻辑学家和哲学家的理智历程
   ——苏珊·哈克访谈录   150
9. 走向哲学的重构
   ——与苏珊·哈克的对话   175
10. 逻辑、哲学和维特根斯坦
    ——冯·赖特教授访谈录   201
11. 在逻辑与哲学之间
    ——雅科·亨迪卡教授访谈录   209
12. 弗雷格的逻辑和哲学
    ——迈克·比尼访谈录   218

第二辑 交往实录：体会与感悟

13. 逻辑知识的本性
 ——蒯因哲学未完成的任务 249
14. 一位年轻的中国学者与冯·赖特的交往 287
15. 在分析传统和解释学传统之间
 ——冯·赖特的学术贡献 305
16. 论分析哲学的芬兰学派 317
17. 苏珊·哈克的学术生涯及其贡献 331
18. 过去50年最重要的西方分析哲学著作 354
19. 像达米特那样研究哲学 367
20. "知识优先"的认识论
 ——读威廉姆森的《知识及其限度》 371
21. 反驳威廉姆森关于二值原则的论证 384
22. 反驳克里普克反描述论的语义论证 403
23. 分析哲学内部的八次大论战 430
24. 没有事实概念的新符合论 451
25. 哲学研究的两条不同路径
 ——对当代中国哲学的批评性反省 479
26. 哲学作为一项认知事业 499
27. 批判性思维与创新型人才的培养 526

第三辑 主办国际研讨会纪实

28. "弗雷格、逻辑和哲学"国际研讨会（2011） 541
29. "克里普克、逻辑和哲学"国际研讨会（2012） 547
30. 大学哲学教育如何回应当代社会的需求与挑战？
 ——世界各国哲学系主任会议（2012） 553
31. "蒯因、逻辑和哲学"国际研讨会（2013） 573

32. "威廉姆森、逻辑和哲学"国际研讨会（2015） 578
33. "悖论、逻辑和哲学"国际研讨会（2016） 584
34. "真理、逻辑和哲学"国际研讨会（2017） 592
35. "亨迪卡、逻辑和哲学"国际研讨会（2018） 602
36. 在现象学与分析哲学之间
　　——弗莱斯塔教授在北京大学的五次讲演 610
37. "模态、逻辑和哲学"国际研讨会（2019） 621
38. "如何做哲学——元哲学与哲学方法论"国际研讨会（2019） 633

附录一　陈波 A&HCI 期刊论文及其他英文论文（截至2019年底） 645
附录二　文章来源（截至2019年底） 648

1. 哲学首要是思想家的事业*
——陈波教授学术访谈录

一、面向问题的治学理念和国际化的治学道路

刘叶涛：刘景钊教授先前曾对您做过长篇访谈——《打开学术视野，坚持独立思考》，发表在《晋阳学刊》2007 年第 5 期上。我的这次访谈集中关注您此后所做的工作。这样可以吗？

陈波：很好。

刘叶涛：2012 年，北大出版社出版了您的学术随笔集《与大师一起思考》。这本书虽然也收集了您对一些特定学术问题的研究，但更多的似乎涉及您关于如何做哲学工作的思考，算是一种元层面的方法论探讨。我读这本书时，对这一点印象格外深刻：您着力强调的是，要面向哲学问题本身，不仅"照着讲"，而且"接着讲"，参与到国际学术共同体中去，参与到哲学的当代建构中去。我的这种阅读感受是否准确？

陈波：很准确。我在该书的很多篇章中都谈到了这个问题，特别是在《序：面向经典，与大师一起思考》、《"照着讲"与"接着讲"》、《文本诠释与理论创新》和《像达米特那样研究哲学》等文中。

长期以来，中国人文学界形成了两种学问传统："我注六经"和"六经注我"。前者强调对经典文本的反复阅读、深入理解、准确诠释，以及随后的介绍与传播，强调工夫训练和知识积累，强调对先贤的尊重。这当然有利于文化和文明的传播和传承。后者则是另一种读书态度，它强调我的阅读、我的感受、我的理解以及我的思考。我认为，对后一种读书态度

---

* 本次访谈于 2016 年 9 月在北京大学哲学系进行。

的最好表达来自美国早期诗人哲学家爱默生（Ralph Waldo Emerson）。他一针见血地指出："如果天才产生了过分的影响，那么天才本身就足以成为天才的敌人。"听话的年轻人在图书馆里长大，他们相信自己的责任就是去接受西塞罗、洛克、培根等人在书中所表达的思想，而忘记了西塞罗、洛克、培根等人在写这些书的时候，也只不过是图书馆里的年轻人。爱默生要求读者在面对书籍时，要始终记住：读书的目的是开启心智、激活灵感，以便让自己投身于创造。"我们听别人讲，是为了自己也能够说！"①

刘叶涛：问题是，在中国知识界特别是哲学界，"我注六经"的传统太强大了，而"六经注我"几乎没有形成气候，更别说形成所谓的"传统"了。

陈波：完全正确。仅就中国哲学界而言，绝大多数学者、绝大多数资源都投向了哲学史研究。我曾经写道，放眼望去，国内哲学界几乎是清一色的"历史"研究：中国哲学史、西方哲学史、马克思主义哲学史等。原来做马克思主义哲学原理研究的学者，也正在努力把马克思哲学学问化，把重点转向了文本研究、源流考辨、义理澄清等等，转向了"马克思学"。研究现当代西方哲学的学者，也是在做另一种形式的"历史"研究，只不过是"当代史"：把主要精力投放到翻译、介绍、转述、诠释现当代西方哲学家的学说和著作上。这一现象在中国哲学界司空见惯，但仔细思考却非常令人惊讶：几乎整个中国哲学界都在做"哲学史"，没有几个人在真正地做"哲学"；几乎所有人都在研究他人的哲学，没有几个人在做原创性研究，发展自己的哲学；几乎所有人都面向哲学的过去，没有几个人活在哲学的现在和当下，参与哲学的当代建构。

刘叶涛：但哲学史研究本身也是严肃的学术事业，得到了国际学术共同体的公认，本身具有很大的学术价值。

陈波：没有人否认这一点。实际上，即使是做严肃的哲学史研究，也有两条很不相同的路径。一条路径是把全部注意力都放在老老实实阅读、

---

① J. Elliot Cabol. New and Complete Copyright Edition of The Works of Ralph Waldo Emerson. London: George Routledge and Sons, Limited, 1903: 91-93.

原原本本理解上，然后加以整理和诠释，力求忠实地介绍和传播给公众。这是一条重要的路径，但不是唯一的路径，还有更有价值的路径，即不是把所研究的哲学家当作尊崇对象，而是把他们当作对话伙伴，有时候甚至换位思考，替他们着想：他们在这里本来不应该这么讲，而应该那么讲；他们本来不应该在这里停止，而应该说出更多的话，做出更多有意思的工作。这就是傅伟勋所提出的"创造的诠释学"，主张在研究某位思想家的学说时，要依次考虑如下5个步骤或层面：（1）"实谓"：原作者实际上说了什么；（2）"意谓"：原作者真正意谓什么；（3）"蕴谓"：原作者可能说什么；（4）"当谓"：原作者本来应该说什么；（5）"创谓"：作为创造的诠释家，我应该说什么①。按这样的路径去治哲学史，哲学史家就有可能变成独立的哲学家。这样的典范之一是英国哲学家迈克尔·达米特：他从对弗雷格（Frege）思想的创造性诠释入手，逐渐进入哲学的核心领域——语言哲学、形而上学和知识论，成为一位独立的原创型哲学家，并且是一位非常重要的当代哲学家。

刘叶涛：正是基于您对于此类问题的长期思考，2005年您为由您策划、由人大出版社出版的"国外经典哲学教材译丛"写了一个总序："回归哲学的爱智慧本性"。

陈波：谢谢你提到该序言，它表达了我关于哲学教育的一些很重要的思想。我写道，国内的哲学教育有必要做改革，其改革的目标就是回归哲学的"爱智慧"传统，教学的重点不是传授某种固定的哲学知识形态，而是培养学生对哲学智慧的强烈好奇和兴趣，以及传授追求、探索这种智慧的方法、途径和能力。其具体做法是：（1）回归重要的哲学问题；（2）回归严格的哲学论证；（3）回归哲学史上的大师和经典；（4）回归哲学的反思、批判功能；（5）适当关注当代的哲学论战和当代社会现实。

刘叶涛：您于2010年发表的《面向问题，参与哲学的当代建构》一文，更为系统地阐发了您的上述思想。据说，此文的核心思想与您于2007年8月到2008年8月在牛津大学访学有很大关联。

---

① Fu, Charles Wei-Hsun. Creative Hermeneutics: A Taoist Metaphysics and Heidegger. Journal of Chinese Philosophy, 1976, 3 (2): 117-119.

陈波：确实如此。2007年，我的人生走到了一个重要关口，那年我50岁，留给我的学术时间还有，但已经不是太多了。我在牛津的联系人是蒂莫西·威廉姆森，他实际上只比我大两岁，但已经是誉满天下的哲学家了，他当时是牛津大学逻辑学讲席教授、英国科学院院士、美国文理科学院院士、挪威科学院院士、爱丁堡科学院院士，所出版的几本书都引起了广泛的关注和很大的反响。最近几年他又获得了很多新头衔：英国皇家学会会士、欧洲科学院院士、爱尔兰科学院院士等。我当时就想，我们都一心追在别人的屁股后面研究别人的哲学；当我们在介绍、研究他们的哲学的时候，他们的学生、我们的同时代的人又在发展新的哲学理论，难道我们的学生又去介绍、研究他们的学生的哲学？这样的事情何时是个头？！

刘叶涛：于是，您回国后满怀激情地撰文指出，要改变"别人研究哲学，我们只研究别人的哲学"的局面。至少一部分中国哲学家，要与他们的国际同行一道，去面对真正的哲学问题，参与到哲学的当代建构中去。您把这一主题依次展开为7个命题：哲学并不就是哲学史，哲学研究并不等于哲学史研究；哲学的源头活水永远是问题，真正的问题；哲学问题的细化导致哲学研究的专门化，并导致新的哲学分支的出现；哲学探索的原则：自由的探讨，严肃的批判；哲学探索的方法论：论证，以学术的方式言说；至少一部分中国哲学家要参与到哲学的当代建构中去；北大哲学系的三重任务：学术传承，原创研究，文化传播①。更重要的是，您不只是敲锣打鼓地提倡别人这样做，而是首先自己埋头苦干。

陈波：你的说法属实。在牛津的时候，我反复思考，假如我的后半生真想做一点像模像样的事情，从哪里做起？我觉得关于克里普克的哲学，我有系统的话要说，我有系统的不同意见要发表。于是，我把我想要做的事情写成了一个大的研究计划，通过电子邮件发给威廉姆森，也发给苏珊·哈克，请他们判断一下我拟议中的工作的前途，并给我如实的回答。威廉姆森本人是一位克里普克的"粉丝"，他认为克里普克所说的基本上都是对的，只是在细节上需要完善，因而他认为我计划中的工作没有前途。与我类似，苏珊·哈克也对克里普克的工作总体上持批评态度，因此

---

① 陈波. 面向问题，参与哲学的当代建构. 晋阳学刊，2010 (4)：12-20.

认为我的工作有前途，至少值得一试。我经过反复思考，决定放手一搏：我的思想及论证还没有写出来，谁也没有办法预先宣布它的死刑。我只能用我的脑袋去思考，即使我错了，也希望能够弄明白我错在哪里，死也要死在前进的路上。再说谁对谁错还不一定呢！我先写了一篇讨论荀子的语言哲学的英文论文，在布莱克维尔（Blackwell）出版的《中国哲学季刊》（*Journal of Chinese Philosophy*）上发表。这是我在国际 A&HCI（Arts & Humanities Citation Index，艺术与人文科学引文索引）期刊上发表的第一篇英文论文，我反驳克里普克名称理论的思想在某种程度上基于荀子的"约定俗成"学说。从那以后，我写出了多篇英文论文，经过了多次退稿、修改、再投稿的如同炼狱般的过程，有时候一篇英文论文从写完到发表可能要历经五六年时间。我顽强不屈，迄今居然发表了 13 篇 A&HCI 期刊论文，这在中国哲学学者中非常少见，甚至可能是唯一。我还有三四篇英文论文在国际期刊的审稿或再修改过程中。我是国内土鳖博士，50 岁才开始写英文论文，投国际期刊能够取得今天这样的成绩，再次说明了如下道理：不尝试，怎么知道不可能?！精诚所至，金石为开，功到自然成。

刘叶涛：作为您的博士生，我对您的见识、功底、付出和拼搏精神耳闻目睹，印象至为深刻。您为我们后学树立了一个标杆，我们必须向您学习！

陈波：在这些年的英文写作和投稿过程中，我获得了很多个人体验，以及来自国际学术共同体的帮助。在很多时候，国际期刊即使退稿，匿名审稿人也会写出很长、很仔细的评阅意见，我反复研读和思考这些意见，然后修改。正是在这样的摸索过程中，我逐渐体会到如何按国际学术标准去做哲学，我将其归纳为如下 5 条：（1）在一个学术传统中说话；（2）在一个学术共同体中说话；（3）针对具体论题说一些自己的话；（4）对自己的观点给出比较严格系统的论证；（5）对他人的不同观点做出适度的回应。

刘叶涛：您的这些体验对于国内的年轻学人很有指导意义。另外还需谈到，您近些年还主办了很多重要的国际会议，其主题分别涉及：弗雷格、蒯因、克里普克、威廉姆森、悖论等；您还参与筹办了作为北大哲学系百年系庆活动之一的"哲学教育与当代社会——世界各国哲学系主任会议"。您的这些学术活动背后的动机是什么？

陈波：我的主要考虑是，我们不能再关起门来做哲学，我们要参与到国际哲学共同体中去，参与到哲学的当代建构中去。从理解和讨论一些重要哲学家的思想入手是一条有益的途径。顺便谈到，我于2007—2008年在牛津访学时，威廉姆森曾经谈到，中国是那么大的一个国家，肯定有很多大学和很多哲学系，有很多哲学教授，但在国际期刊、国际出版专著、国际性学术会议上却很少看到中国哲学家的身影，这种状况是不正常的。我本人近些年的学术努力以及所主办的国际学术会议，都可以看作改变这种不正常局面的一些尝试。

二、语言和意义的社会建构论

刘叶涛：下面，我们就进入您近10年的学术工作，其中最主要的就是您所提出的"语言和意义的社会建构论"，以及由该理论发展出来的"社会历史的因果描述论"，后者可以看作前者对名称问题的应用。我知道，您的所有这些工作都是奠基于您对克里普克的严格指示词和因果历史命名理论及其各种推论的批评之上的。

陈波：确实如此。从20世纪80年代开始阅读克里普克的《命名与必然性》时，我就对该书的主要理论及其推论充满怀疑，并在《专名和通名理论批判》（《中国社会科学》，1989年第5期）以及《逻辑哲学引论》（人民出版社，1990）中初步表述了我的异议，后来又在《逻辑哲学导论》（中国人民大学出版社，2000）、《逻辑哲学》（北京大学出版社，2005）两书中以稍微展开的形式阐述了我的异议和正面立场。2007—2008年在牛津访学期间，我又把《命名与必然性》一书的英文版读了三遍，还读了一些相关的二手文献。我反复问自己：你确信自己的看法是合理的吗？我自己回答：是的，我确信！然后，我对自己说：Just do it（放手去做吧）！

刘叶涛：据我所知，迄今为止，您已经在国际刊物上发表了批评克里普克反描述论的模态论证、认知论证、语义论证，以及他有关"先验偶然命题"和"后验必然命题"论断的四篇英文论文，其中哪些或哪篇论文对您后来发展出"语言和意义的社会建构论"有直接影响？

陈波：应该是那篇反驳克里普克反描述论的语义论证的论文。我发现，在克里普克语义论证的背后，隐藏着两个很成问题的假设。假设1：名称 N 或相应的摹状词与一个对象的关系是严格"客观的"或"形而上学的"，它与我们的语言共同体对 N 的理解没有任何关系。特别是，我们不需要 N 的意义作为 N 与其所指对象之间的中介。假设2：描述论者必须主张，如果名称有意义并且其意义由一个（或一簇）摹状词给出的话，这个（或这簇）摹状词应该构成确定名称所指的充分必要条件；我们有可能找到这样的充分必要条件。我对假设1的反驳是：名称、摹状词与对象之间的指称关系是一种社会的意向性关系，它至少涉及三个要素：名称（或摹状词）、对象以及作为该名称（或摹状词）的使用者的语言共同体。一个名称（或摹状词）究竟指称什么，取决于两件事情：我们的语言共同体打算用该名称（或摹状词）去指称什么，我们的共同体如何理解和使用该名称（或摹状词）。我对假设2的反驳是：它是对传统描述论的误解或曲解；我们不能要求给出确定名称所指的充分必要条件，因为根本就没有这样的充分必要条件；当根据名称的意义去确定名称的所指时，我们不仅要考虑作为一名称的意义或部分意义的那些摹状词与对象之间的客观的符合关系，还应该考虑说话者的意向、相关的知识网络和背景、世界本身的状况等，所有这些东西共同决定了该名称的所指。

刘叶涛：由这样的认知再到您的"语言和意义的社会建构论"已经只有一步之遥了。

陈波：是的。我发现，克里普克的两个假设不仅属于他的语言哲学，实际上也构成20世纪主导语言学研究的形式语义学的基本假设。在《语言和意义的社会建构论》中，我对在20世纪语言学和语言哲学中占据主导地位的如下观念提出批评：语言与世界直接发生指称或表述关系，不需要人的意向性认知作为中介。在批判继承他人工作的基础上，我阐述和论证了"语言和意义的社会建构论"由如下6个命题构成：（1）语言的首要功能是交流而不是表征，语言在本质上是一种社会现象；（2）语言的意义来源于人与外部世界的因果性互动，以及人与人之间的社会性互动；（3）语言的意义在于语言和世界的关联，由语言共同体的集体意向所确立；（4）语言的意义基于语言共同体在长期交往过程中所形成的约定；（5）语义知识就是经过提炼和浓缩的经验知识，或者是被语言共同体所接受的语言用法；（6）语言和意义随着语言共同体的交往实践或快或慢地变化。这一理论的关键在于：把"语言和世界"的二元关系变成"语言、人（语言共同体）和世界"的三元关系，其中语言共同体对语言与世界的关系施加了决定性的影响①。

刘叶涛：您是如何由"语言和意义的社会建构论"发展出关于名称的"社会历史的因果描述论"的？

陈波："语言和意义的社会建构论"主要回答如下问题：语言如何工作？意义如何生成？其核心观点是，语言和意义是社会性的、约定俗成的和可以变化的，受语言使用者的意向、约定和传统的支配。如果这种观点是正确的，那么克里普克的那种与语言使用者的意向和约定无关或至少关系不大的严格指示词理论就是错误的。那么，名称究竟如何指称其对象呢？我由此发展了"社会历史的因果描述论"，这一理论由如下6个论题组成：（1）名称与对象的关系始于广义的初始命名仪式；（2）在关于名称的因果历史链条上，传递的首先是并且主要是关于名称所指对象的描述性信息；（3）被一个语言共同体所认可的那些描述性信息的集合构成了名称的意义；（4）相对于认知者的实践需要，在作为名称意义的描述集合中可以排出某种优先序，即某些描述比其他描述更占有中心地位；（5）若考虑到说话者的意向、特定话语的背景条件以及相关的知识网络等因素，由名称的意义甚至是一部分意义也可以确定名称的所指；（6）名称都有所指，但名称的所指不一定都是物理个体，也包括抽象对象、虚构对象和内涵对象②。

刘叶涛：从字面上看，您的两个理论是对关于语言意义的描述论和因果历史论的整合。您如何说明这种整合是一种新颖的理论建构，而不只是一种理论拼接？社会建构论是语义内在论和外在论的融合吗？塞尔使用意

---

① 陈波.语言和意义的社会建构论.中国社会科学,2014(10):121-142.
② 陈波.名称究竟如何指称对象？一个新的名称理论.南国学术,2015(3):79-91.

向性理论达到了反驳克里普克的目的了吗？意向性因素在您的社会建构论中的作用是什么呢？

陈波：确实，我的两个理论都是某种形式的整合或拼接，所以我给谈"社会历史的因果描述论"的英文论文加了一个副标题："A Hybrid but still Alternative Theory of Names"（一种混合的但仍然是不同的名称理论）。我必须强调：我的理论是一种重要的理论创新，它主要是描述论的，在关于名称的描述论和直接指称论之争中，我坚定地站在描述论一边。我曾经写道：我是一名顽固不化的描述论者。但我认为，不是关于名称所指对象的任何描述都能够确定名称的所指，名称的意义和所指都是相对于语言共同体而言的，只有从对象的初始命名开始，在关于该名称的社会历史因果链条上传递得到语言共同体认可的那些描述才能成为名称的意义，也由此确定名称的指称。这种观点与克里普克等人所主张的直接指称理论是完全不相容的。在谈到名称的所指时，克里普克说到了一些正确的东西，但他把相关画面过于简化了，略掉了一些关键处，并且想把这些东西并入他的严格指示词理论中，但二者在本质上是不相容的。

也可以把我的两个理论看作语义内在论和外在论的某种融合。我非常同意普特南（Hilary Putnam）的如下说法："词项的外延并不是由个体说话者头脑中的概念决定的，这既是因为外延（总体来说）是由社会决定的（就像那些'真正的'劳动一样，语言劳动也存在分工），也是因为外延（部分来说）是被索引性地决定的。词项的外延有赖于充当范例的特定事物的实际上的本质，而这种实际上的本质，一般来说，并不是完全被说话者所知晓的。传统的语义学理论忽略了对外延起决定作用的两种贡献——来自社会的贡献和来自真实世界的贡献。""忽视语言劳动的分工，就是忽视了认识的社会性；忽视我们所说的大多数语词的索引性，就是忽视了来自环境的贡献。传统的语言哲学，就像大多数传统哲学一样，把他人和世界抛在了一边；关于语言，一种更好的哲学和一种更好的科学，应该把这两者都包括进来。"[①] 但我不同意普特南的另一个

---

① 普特南．"意义"的意义//陈波，韩林合．逻辑与语言——分析哲学经典文选．北京：东方出版社，2005：488，523．

著名断言：意义不在头脑中。我认为，至少两个因素决定语言表达式的意义和指称：语言共同体和个别语言使用者对语言表达式的意向性使用，以及语言所刻画的对象世界中的真实情形。

我认为，塞尔对于"意向性"的系统研究非常重要，它不仅对于说明语言及其意义是重要的，而且对于说明一般的人类认知和社会实在（如婚姻、货币等）的建构也是很关键的。他对于描述论的辩护总体上是正确的，只是在细节上需要发展和完善。我的社会历史的因果描述论可以看作这种完善的尝试之一。

刘叶涛：关于克里普克哲学，您还打算做些什么工作？

陈波：还有关于克里普克哲学的许多具体论题，我尚未做系统和深入的探讨，例如他的自然种类词理论，他的空专名和虚构实体的理论，他关于本质主义和形而上学必然性的学说，他的严格指示词理论在认识论和心灵哲学等领域的推论，以及他关于维特根斯坦遵守规则的论述，等等。我还需要时间去系统地处理所有这些论题，至少是其中大部分论题，并发展出我自己的相关学说，例如我打算发展一种与认知兴趣相关的本质主义，等等。一旦所有这些工作完成，我想将其汇成一部大书——《克里普克哲学批判》，作为我所承担的一个国家社科基金重点项目的结项成果。

刘叶涛：祝您的宏大计划得以如期实现，我很期待早日看到这些很有实质性的著述。

陈波：谢谢！我需要补充一点：尽管我在国际上发表了不少批评克里普克哲学的论文，但这只是说明我的批评还有些道理，不完全荒谬，并不表明我的想法就是正确的，克里普克的理论就是错误的。哲学上的观点很难用"正确"和"错误"来评价，最好用"reasonable"（有道理）和"stimulating"（启人思考）等来评价。在国际刊物上发表一些文章，也不能说成"有国际性影响"，因为总体上的真实情况是：很多国际性出版品（包括书和论文）实际上没有多少人读，更别说大量引用。只有少数哲学家的（一些）作品得到了很多关注，大多数哲学作品却很少得到关注。我的态度是：还是先做出来吧，其学术价值和分量交给国际学术共同体去判断。

三、广义理解的悖论及其研究

刘叶涛：2014 年，北大出版社同时出版了您的两本关于悖论的书——《悖论研究》及插图普及版《思维魔方，让哲学家和数学家纠结的悖论》。它们受到了图书市场和广大读者的欢迎，特别是插图普及版《思维魔方》，已经 4 次印刷，销售两万多册，据说还一度位居"大学图书馆借阅率最高的 30 本书"之首①。听说这两本书很快都要出第 2 版了，特向您表示祝贺！您在内地和台港澳大学所做的关于悖论的演讲也产生了非常积极的影响。您还开设了慕课（大型网上公开课）"悖论：思维的魔方"，并且将主办有关悖论的国内或国际学术研讨会。您的一系列努力使得国内开始形成关注悖论的新热点。我想知道，您是从什么时候开始对悖论感兴趣，开始着手对悖论进行系统研究的？

陈波：我是做逻辑哲学研究的，其关键论题包括：意义、指称、真理、逻辑后承、逻辑真理、悖论等等。在最早出版的《逻辑哲学引论》（1990）中，我就准备专写一章讨论悖论，因为某种特殊原因未能完成。后来，在《逻辑哲学导论》（2000）和《逻辑哲学》（2005）中都有讨论悖论的专章。大约在 2004 年，我接到一个会议邀请，出席一个有关悖论的学术会议。在准备论文的过程中，我脑袋里忽然冒出一个问题：从悖论研究中，我们究竟应该和能够期待什么？由此产生了撰写一部关于悖论的系统性研究著作的构想，前前后后拖了近 10 年，终于在 2014 年出版了。顺便说一下：我的悖论书出版了两个版本，一个是学术版，另一个是插图普及版，北大出版社的编辑坚持这样做，主要是为了区隔不同的读者群，实际效果也说明他的考虑是对的。

刘叶涛：您自己认为，您的悖论著作有什么特点？

陈波：由我自己来谈论自己的书的特点，很可能有"王婆卖瓜"之

---

① 参见《中国青年报》读者俱乐部（2015 年 01 月 20 日）："大学生都看什么书？大学图书馆借阅率最高的 30 本书"；人民日报官方微博（2015 年 01 月 24 日）："大学图书馆借阅率最高的 30 本书"。

嫌。以下说法权做参考吧。我认为，我的悖论书与国内外先前的悖论出版物相比，有以下三个学术特点：

第一，对"悖论"提出了更为准确和周全的理解。

国内学界先前习惯于把"悖论"理解为能推导出矛盾等价式的命题，即假设其成立可推出其不成立、假设其不成立可推出其成立的命题，或者假设其为真可推出其为假、假设其为假可推出其为真的命题。我认为这个理解过于狭窄，而接受如下的"悖论"定义：如果从看起来合理的前提出发，通过看起来有效的逻辑推导，得出了两个自相矛盾的命题或这样两个命题的等价式，则称得出了悖论：$p \rightarrow (q \wedge \neg q) \vee (q \leftrightarrow \neg q)$，这里 p 是一个悖论语句，该推导过程构成一个悖论。如此理解的"悖论"是巨大且艰深的理智难题，对人类理智构成了严重挑战，并在人类的认知发展和科学发展中起重要作用。

我坚持"悖论有程度之分"的说法，按从低到高的次序粗略地把悖论分为6类：

（1）悖谬。它们是谬误的而应被直接否定，因为它们或预设了虚假命题，或基于概念的混淆，或基于无根据的信念，或隐含着逻辑矛盾，例如"有角者"和"狗父"。

（2）在一串可导致逻辑矛盾或矛盾等价式的推理过程中，很容易发现其中某个前提或预设为假。例如，理发师悖论表明：假如一位理发师需要给自己刮胡子的话，则不可能有一位给且只给不给自己刮胡子的人刮胡子的理发师。

（3）违反常识、不合直观但隐含着深刻思想的"怪"命题，如芝诺悖论。

（4）有深广的理论背景，具有很大挑战性的认知难题或谜题，如休谟问题、康德的各种二律背反、盖梯尔问题、囚徒困境等。

（5）一组最终能推出逻辑矛盾但难以找到摆脱之道的命题。例如，有关上帝的各种悖论，有些逻辑—集合论悖论，有些语义悖论，各种归纳悖论，许多认知悖论，许多合理决策和行动的悖论，绝大多数道德悖论，等等。其中，导致矛盾或冲突的是一组信念或命题，它们各自都得到了很好的证成，放弃其中哪一个都感到棘手，甚至会带来很大的麻烦。

（6）矛盾等价式，以逻辑—数学悖论和语义悖论居多，例如罗素悖论和说谎者悖论。

我的悖论书把如上（1）至（6）都囊括在内，这是因为：传统上，甚至在绝大多数当代文献中，把属于（1）至（6）的几乎所有案例都叫作"悖论"，它们至少曾经在思想史上的某个时期内很有影响；其中大多数"悖论"迄今仍对人类理智构成严重挑战，一般而言，有深刻的思想和智慧隐藏在它们之中。

第二，对悖论的搜集比较齐全，阐释比较可靠和好懂。

国内先前的悖论出版物有两大特点：一是集中关注逻辑—数学悖论和语义悖论，而对其他众多的悖论或悖论类型关注甚少；二是集中关注如何解决悖论，特别是用一个一揽子方案去解决所有悖论，至少是解决大多数有代表性的悖论。我对这两点都有很大的保留。在给出关于"悖论"的严格清晰的学术定义之后，我对"悖论"做了尽可能最广义的理解，把通常叫作"悖论"的东西都分类型地搜罗在书中，条件是：它们有意思，对人类理智构成挑战，可以引发思考、启迪智慧。可以说，我的悖论书是迄今为止对"悖论"搜罗最全、阐释最清晰的一本中文书，其所包含的悖论信息量甚至超出了先前出版的绝大多数中英文出版物。

第三，对有些悖论提出了有深度的学理分析。

我在《悖论研究》的序言中写道："本书不以解决悖论为目标，特别是不以一揽子解决所有悖论为目标……但是，在每一种类型的悖论中，我将选择一些重点悖论，对它们做比较清楚、仔细、详尽、深入的分析和评论……"我确实是这样做的，其中自认为有些阐释和分析还是比较独到的。例如，通过对有关上帝的各种悖论的解读，我试图表明：神圣如"上帝"者，也要接受理性的审视和追问，以探究"上帝"概念的内在融贯性，"因为荒谬，所以信仰"的时代已经远去，"上帝"概念似乎具有某种"悖论"性质，很难在理性上自圆其说。还有我对芝诺悖论和无穷之谜的哲学分析和数学处理，对罗素悖论和语义悖论的解决方案的仔细阐释和分析，对休谟悖论的深度解读，对各种现代归纳悖论的仔细分析，对美诺悖论、意外考试悖论、盖梯尔问题、塞尔的中文屋论证的深入讨论，对囚徒困境和纽康姆悖论的仔细分析，对道德理论的哲学前提的讨论，以及对一些道德悖论如道德知与行悖论的仔细分析；我在书中对庄子的"吊诡之辞"的分析，实际上提出了一个理解和评价庄子哲学的大致框架；以及最后对"究竟什么是悖论"的深入思考。以上内容使得我的《悖论研究》是带有某种原创性的研究著作，而不只是一部通俗作品①。

刘叶涛：我认为，您的自我评价大体上是客观的。我注意到，您特别强调悖论的社会文化价值和教育学功能，并在尝试用各种办法把悖论推向社会大众以及大学通识教育课堂。

陈波：确实是这样的。我认为，通过对悖论的关注和研究，我们可以养成一种温和的、健康的怀疑主义态度，从而避免教条主义和独断论。因为各种悖论告诉我们：我们思维中至关重要的一些基本概念并不足够清晰和准确；我们在思维过程中经常使用了很多没有说出来的假设，它们的理由、根据和真实性没有得到严格的考察；我们的思考使用了多种前提，其中每一个都得到了很好的经验确证和理性支持，但放在一起却不相容；我们在思考过程中使用了很多推理步骤，其中有些步骤有问题，并且小问题不断累积会成为大问题。我们有太多的机会出错，思维过程中充满了陷阱。悖论以触目惊心的形式促使我们注意到："熟知"不等于"真知"，"司空见惯"不等于"理所当然"。

我还特别强调：悖论研究所导致的是一种温和、健康、有节制的怀疑主义态度，其最大特点是：它是一种有根据的理性的怀疑，而不是无端的和绝对的怀疑。没有根据的怀疑就成了一种姿态、一种表演、一种装腔作势。温和的怀疑主义者在待人处事上也应该温和：要学会宽容，学会与有不同认知、信仰、习惯甚至品德标准的他人共处在这个世界上。

正是基于以上认知，我强烈主张，让悖论走向大众，走入大学通识教育课堂。我谈到，大学里应该传授两类知识：一类知识"实实在在"，另一类知识"奇奇怪怪"。学习第一类知识后，我们可以做工程师、会计、记者、医生、律师、公务员等，为社会做实实在在的事情，也为自己谋一份好的生活。学习第二类知识，则有助于打破已有的思维定式，激发我们的理智好奇心，引发我们的独立探索和思考。悖论典型地属于奇奇怪怪的

---

① 陈波. 关于悖论的问答. 湖北大学学报，2014（6）：49-56.

知识，其作用之一就是促使我们养成独立思考的态度和习惯。

刘叶涛：陈老师，通过这次访谈，我本人对您的学术工作及其底层思考有了更全面和更深入的了解，受益匪浅。祝您以后的学术工作取得更大的成绩，同时也要提醒您：毕竟您已年近60，年岁不饶人，要注意劳逸结合，保持身体健康。常言道，身体是革命的本钱！

陈波：谢谢！我对这一点已经有了充分认知。年纪大了，身体不好，即使有一肚子雄心壮志，还是什么都干不成。我必须特别注意保持身体健康，因为我还想做很多事情，做这些事情的动机不是想获得什么好处，主要是为了自我实现，把自己的能量充分释放。我要对自己有个交代！

第一辑

访谈录：与大师面对面

2. 吉拉·谢尔的学术背景及早期研究[*]
——陈波与吉拉·谢尔的对话（一）

吉拉·谢尔（Gila Sher），1948年生，女，以色列海法人，美国哥伦比亚大学哲学博士，美国加州大学圣迭戈分校哲学系教授，研究领域为认识论、形而上学和逻辑哲学。出版两本重要著作：《逻辑的界限：一种广义的视角》（1991）和《认知摩擦：论知识、真理与逻辑》（2016）。2012—2017年，任《综合》杂志主编；2017年至今，任美国《哲学杂志》主编。

陈波：吉拉·谢尔教授，很高兴能在美国加州大学圣迭戈分校见到您并对您做采访。可以说，我"遇到"您纯属巧合。2014年，我在日本的日本大学待了一年，以访问学者的身份从事研究工作。当时我在写一篇文章讨论蒯因的真概念，当我在谷歌上搜索相关文献时，您的名字和文章就跳了出来。我下载了一些您的论文，阅读后很喜欢它们。在我看来，我们在相似的哲学方向上工作，在一些基本的哲学问题上持有相似的立场。我喜欢您的话题、立场、论证，甚至您的哲学风格。我个人认为，您的研究非常重要，具有很高的品质，您的新著《认知摩擦：论知识、真理与逻辑》（2016）是对认识论、真理论和逻辑哲学的重要贡献。这正是我决定邀请您于2016年到北京大学做五场学术讲座的原因。

吉拉·谢尔：是的，能在中国找到一个志趣相投的人非常棒，我特别

---

[*] 我于2017年8月10日至8月25日，受北京大学研究生院"文科博导短期出国项目"资助，赴美国加州大学圣迭戈分校访问吉拉·谢尔教授，我们共同完成了4万多字的长篇访谈："基础整体论、实质真理论和一种新的逻辑哲学——陈波与吉拉·谢尔教授的对话"。由于访谈录太长，我将其拆成4篇分别发表，本文是该访谈录的第一部分。原稿用英文撰写，由徐召清译成中文。

享受对北京大学的访问。

一、谢尔的早期经历

陈波：目前，我的中国同事们对您几乎一无所知。您能说一些您自己的信息吗？比如，您的家庭背景、教育和学术生涯等，好让中国读者，或许也包括西方读者，能了解您，也能更好地理解您的哲学。

吉拉·谢尔：好的。我是在以色列长大的。以色列那时是一个年轻的理想主义国家，有一种独立思考和理智交锋的社会风气。虽然我在一个小国长大，但我一直认为自己是世界公民。世界各地的著作都被译成希伯来文，我像认同自己的祖国人民一样认同俄罗斯的人道主义者和正在遭受苦难的美国奴隶。我既在学校也在青年运动中（我们曾定期讨论应用伦理学的问题）学到了半理论化的思维。但完全理论化的抽象思维，我是在家里跟我的父亲学的，他称得上是一位理智建筑师。抽象思维感觉起来就像一场冒险，其给人带来的兴奋不亚于我在马克·吐温和儒勒·凡尔纳的小说中所读到的那些冒险。我高中毕业之后，在以色列军队（在隶属于基布兹运动的部队中）服役两年，当我完成服役后，我立刻开始在耶路撒冷的希伯来大学进行本科学习，在那里我主修哲学和社会学。学习哲学对我来说是一种深切的体验。在第一年里，我充满了各种问题，却找不到满意的答案。但是，当我在第二年学习康德的《纯粹理性批判》时，突然一切都变得清晰起来。那种感觉就像是发现了一件自己终其一生都在寻找的东西，而在之前却不知道自己是在寻找它。康德至今仍是我的榜样，他是真正的哲学家。但康德在那时是历史，而我却想自己做哲学。这是分析哲学所提供的东西，也是我在希伯来大学的第二年遇到的。我对分析哲学的极度狭隘以及它对"大哲学"问题的忽视有所不满，但我喜欢它积极地提出难题并积极地加以解决的精神。这两个吸引人的地方，以及它们之间的冲突，是希伯来大学哲学系在那段时期内的特征。哲学系的分歧很大，而争论的对象是哲学方法论。我们应该怎么做哲学？我们是应该使用以康德和其他传统哲学家为代表的方法，还是应该使用当代分析哲学家的方法来强调语言的重要性？我的两位教授，艾迪·泽马赫（Eddy Zemach）和约瑟夫·本·什洛莫（Yosef Ben Shlomo）在这个问题上进行过公开的辩论，而我们这些学生，则既是陪审团又是法官。要走哪条路由我们自己决定，为了做出"正确的"决定，我们邀请每位教授与我们讨论他的立场，与什洛莫的讨论是在耶路撒冷的一间咖啡馆里进行的，与泽马赫的讨论则是在他的家里进行的。这种活跃的氛围以及对自己决定如何做哲学的鼓励对我产生了深远的影响。我自己的选择是让那些经典的大问题保持活力，但使用新的工具来回答它们。在希伯来大学，我也发现了逻辑。我是从哲学而非数学进入逻辑的，所以我需要学习如何阅读逻辑学的高级教材，在大多数情况下，它们都是数学家为数学家写的。教会我做这件事的人是著名的集合论学者阿斯列·利维（Azriel Levy）。利维在数学系开设了一学期的逻辑课，主讲句子（命题）逻辑。但是他的解释是如此深刻和普遍，在跟他学完这门课之后，我可以阅读任何与数理逻辑相关的领域（比如，模型论）的教材。另一个对我有重要影响的人是戴尔·戈特利布（Dale Gottlieb）。戈特利布是一位美国的逻辑哲学家，他在希伯来大学进行了一学期的访问。在他关于替代性量化的课堂上，我第一次体验到了逻辑创造性的乐趣。其他在希伯来大学影响过我的教授有雅法·约韦尔（Yermiyahu Yovel）、阿维赛·玛格里特（Avishai Margalit）、哈依姆·盖夫曼（Haim Gaiffman），以及马克·斯特恩（Mark Steiner）。

在我本科毕业几年之后，我搬到了美国，在纽约市的哥伦比亚大学读研究生，我的合作导师是查尔斯·帕森斯（Charles Parsons）。我那时希望与我一起工作的人能共享我对康德和逻辑的兴趣，具有我所欣赏的哲学上的正直与聪慧，而且不会干涉我的独立性。帕森斯拥有所有这些品质，甚至更多。我的博士论文委员会的其他成员有艾萨克·列维（Isaac Levi）、罗伯特·梅（Robert May）、维尔弗里德·西格（Wilfried Sieg），以及在西格转入卡内基梅隆大学后接替他的肖恩·拉文（Shaughan Lavine）。在研究生期间，我在麻省理工学院做了一年的访问学者。在那里，我经常与乔治·布洛斯（George Boolos）、理查德·卡特莱特（Richard Cartwright）以及吉姆·希金博特姆（Jim Higginbotham）交流。在完成我的博士论文之后，我加入了加州大学圣迭戈分校的哲学系，任助理教授。我至今还在那儿，现在是正教授。

二、所受的学术影响：康德、蒯因和塔斯基

陈波：我想知道哪些学术人物对您有强烈的理智影响，或者在某种意义上说对您进行了理智上的塑造，包括逻辑学家和哲学家。我发现您经常提到一些大人物，比如，康德、维特根斯坦、塔斯基、蒯因等。现在，我想知道当您发现康德的时候，他的著作有哪些方面给您留下了深刻的印象，您认为他的哲学有哪些缺点，从而您可以为逻辑和哲学做出自己的贡献？

吉拉·谢尔：您是对的。影响我最深的哲学家是康德、蒯因和塔斯基。维特根斯坦也有影响，还有普特南。在当代哲学家中，我觉得威廉姆森的实质主义哲学进路和其他实质主义者都很亲切。但康德是独特的。他是我的哲学初恋，是第一位让我一见如故的哲学家，如果要求我选两本代表人文精髓的哲学著作放入发送给外星人的胶囊中，那将会是康德的《纯粹理性批判》和《道德形而上学基础》。

但我对康德哲学的内容的看法是复杂的。请允许我集中讨论《纯粹理性批判》。我认为康德的问题仍然是认识论的核心问题：人类对世界的知识是可能的吗？如果是，它是如何可能的？我认为康德的看法是对的，这个问题在原则上是可以回答的，回答这个问题的关键是方法论，而主要问题在于，人类的心灵如何能够在认知上企及世界，以及它如何能够将这种认知转化为真正的知识。我同意康德的观点，其中一个关键问题是人类理性或理智在知识中所扮演的角色，而知识既需要我所说的"认知摩擦"，也需要"认知自由"（我很快会做解释）。此外，我认为康德的问题和答案是一种实质（substantive）哲学的范式。我也共享康德的观点，认为认识论的核心问题需要某种超越，而这种超越对人类来说是可能的。

然而，我对康德的知识进路也有很多不满。首先，我认为，他的"世界"概念和他的"心灵"概念，分别作为人类知识的目标和主体，都

是不够充分的。康德将世界分为物自身和表象，这遭到了广泛且合理的批评。特别是，我认为他主张世界本身是完全无法为人类认知所企及的，这太强了，而他主张人类认知只局限于表象的世界，这又太弱了。我也对康德那僵化和静止的人类认知结构有所不满。其次，尽管康德强调了人类认知中的自由要素，但他的认知自由观念却极其薄弱。自由的作用在很大程度上是消极的，而积极的自由似乎在他的知识观念中起不到任何作用。这一点在他对最高层次的认知综合，也就是范畴的描述中尤为明显。人类或许会故意地改变他们用来综合表征的范畴，但康德的理论没有为这种可能性留下空间。在他那里，范畴和作为我们的数学知识之基础的直观形式都是一成不变的。我也不同意他的下述看法，他认为数学定律和高度概括的物理定律几乎完全奠基于我们的心灵。再次，我发现康德的严格二分法——分析与综合，先验与后验——特别没用（我稍后会解释理由）。最后，我也对康德对逻辑的处理有所不满。尽管康德认识到了逻辑在人类知识中所起的关键作用，但他对逻辑的态度在很大程度上是不加批判的，他对经验知识提出了哥白尼式的革命，但对逻辑却没有提出任何东西。问题不在于康德没有预见到弗雷格的革命，而在于，他没有提出关于逻辑基础尤其是逻辑真实性的深刻问题。

三、《逻辑的界限》的缘起和主要思想

陈波：现在，我们来谈谈您的第一本书《逻辑的界限：一种广义的视角》（1991），它是以您的博士论文为基础的。您能概括一下这本书的内容吗？比如，您想要回答的核心问题，您提出的新想法，您为自己的立场提供的重要论证，等等。

吉拉·谢尔：《逻辑的界限》在推广传统的逻辑性（logicality，特别是逻辑常项：逻辑性质、逻辑算子）观念的基础上，发展了一种关于其范围和限制的广义逻辑观。正如您所提到的，这本书是以我的博士论文（《广义逻辑：哲学视角下的语言学应用》）为基础的，所以为了解释我是如何开始写作这本书的，我必须从我的博士论文和研究生生涯开始。我一直对"逻辑的（哲学）基础是什么"这个问题感兴趣，但作为一个严肃

的理论研究主题，我不知道如何解决它。你不能只问"逻辑的基础是什么"，然后就指望能想出一个答案。或者至少我不能。我需要找到一个关于这个问题的切入点，它必须是（i）明确的，（ii）可控的，而且（iii）能进入问题的核心。但是，如何找到这样的切入点呢？我的导师查尔斯·帕森斯为我提供了这样一个切入点的线索。有一天，查尔斯向我提到了安德烈·莫斯托夫斯基（Andrej Mostowski）在1957年发表的一篇论文《论量词的推广》（"On a Generalization of Quantifiers"），并说我可能会觉得它有趣。我不知道他到底在想什么，但对我来说，那篇论文是一个启示。那是在1980年代中期，在那一段时期，许多哲学家都认为核心的逻辑是标准的一阶数理逻辑，而核心逻辑的逻辑常项——可以说是"逻辑之轮"——是真值函项的句子联结词（其中最有用的是"并非"、"并且"、"或者"、"如果……则……"以及"当且仅当"），两个量词——全称量词（"每个""所有"）和存在量词（"存在""一些""至少一个"），以及同一关系。为什么是这些而不是其他的，这个问题很少被问起。对句子联结词来说，至少有一个通用的逻辑性标准——真值函数性。就我所知，没有人问过为什么这是正确的标准，但至少有一个通用的标准，我们可以针对它问这个问题。但对于逻辑量词和谓词来说，甚至都没有一个通用的标准，只有一个列表，其包含两个量词和一个谓词，可能还在可定义性下封闭（因此像"至少有n个东西使得……"这样的量词也可以被认为是一个逻辑常项）。那时可接受的观点是，你不能为"逻辑是什么"的问题给出一个实质性的答案。在维特根斯坦之后，哲学家们认为我们可以"看到"逻辑是什么，但我们不能"说"或"解释"逻辑是什么。在蒯因之后，公认的观点是，逻辑仅仅是"明显的"，没有必要对逻辑的本性进行批判性研究。

但莫斯托夫斯基指出，我们可以通过找出公认的量词背后的某种普遍原则来推广传统的逻辑量词概念，并根据这一原则构建一个逻辑标准，然后论证所有满足这一标准的量词都是真正的逻辑量词。他的标准是（在论域中）置换不变性，而这一标准后来被进一步推广为同构不变性［在那时，最有影响的人是佩尔·林斯特姆（Per Lindström）］。我在《逻辑的界限》中提出的问题是：同构不变性是正确的逻辑性标准吗？逻辑的界限是否比标准的一阶数理逻辑更广？它们包含了满足逻辑性的不变性标准的所有逻辑吗？为什么？这个"为什么"的问题是《逻辑的界限》的主要创新。这个问题的意思是：在哲学上有令人信服的理由来接受或拒绝将不变性作为逻辑性的标准吗？这一标准是否反映了逻辑背后的深层哲学原则？那些原则是什么？为什么它们是正确的（或错误的）原则？我并不是在寻找一个逻辑性的"标志"——例如，"先验性"。我对传统的哲学二分法很怀疑，无论如何，我都看不出先验性怎样能进入逻辑性的核心。在参照莫斯托夫斯基—林斯特姆标准给出我的问题之后，挑战就在于找到一种方法来回答这个问题。当时，只有少数有影响力的文章是关于逻辑常项概念的，例如，克里斯多夫·皮科克（Christopher Peacocke）的《什么是逻辑常项？》（1976），以及蒂莫西·麦卡锡（Timothy McCarthy）的《逻辑常项的观念》（1981）。二者都拒绝将同构不变性作为适当的逻辑性标准，但他们的考虑与我所追求的东西离得太远。

我自己的研究的催化剂是约翰·埃切曼迪（John Etchemendy）的博士论文——《塔斯基、模型论与逻辑真理》（1982），后来发展成一本书《逻辑后承概念》（1990）。埃切曼迪提出了一个挑衅的主张：塔斯基对逻辑后承的定义是失败的，因为他在用模态算子为其充足性进行辩护时，犯了一个低级错误。同样的道理也适用于当代的逻辑。对逻辑后承的语义定义在原则上都会失败，它在有些地方管用纯属巧合。这一挑衅的主张向我展示了研究逻辑基本原则的方法。我的第一步是重读塔斯基的经典论文——《论逻辑后承的概念》（1936）。重读这篇论文之后，我批判性地审视了它的主张，并把它与我在论文中提出的问题联系起来，我看到了埃切曼迪的分析误入歧途的地方。塔斯基确定了逻辑后承的两个前理论特征：必然性（强的模态力）和形式性。一个陈述要是一组句子（前提）的逻辑后承（或可由它们逻辑地推出），那些句子（前提）的真必须确保结论的真，这既要有一种特别强的模态力，也要以句子包含的形式特征为基础。塔斯基将逻辑后承定义为一种在所有模型中都保真的后承，并声称这个定义满足了必然性和形式性条件，只要我们能适当地将词项（常项）区分为逻辑常项和非逻辑常项。

塔斯基本人不知道对逻辑常项给出一种系统的刻画是否有可能，他在论文结尾的注释中表达了一种怀疑的态度。但是，我看到了同构不变性的想法如何使我们能够把证成塔斯基的逻辑后承定义的所有必要的元素都绑在一起：同构不变性充分地抓住了形式性的概念。逻辑常项需要满足这个不变性标准，以成为形式的。鉴于逻辑常项的形式性，逻辑后承可以而且也应该是形式的。为了达到这个目标，我们使用塔斯基式的模型装置。塔斯基式的模型可以代表所有形式上可能的情形。因此，所有在塔斯基式的模型上都成立的后承在所有形式的可能的情形中都成立。这进而保证了塔斯基式的后承具有特别强的必然性。因此，符合塔斯基定义的后承真的是逻辑后承。（相比之下，埃切曼迪完全忽视了形式性的条件，因此无法看到必然性是如何被满足的。）

将同构不变性作为一种逻辑性标准具有重要的意义：它极大地扩展了数理逻辑，甚至是一阶逻辑的范围。一阶逻辑是一组一阶逻辑系统，每一个都有一组满足同构不变性的逻辑常项，我证明了，就像将它们推广到句子逻辑一样，这与现有的真值函数性标准不谋而合，而这也为这一标准提供了一种哲学上的理由。非标准的逻辑常项包括"大多数"、"少数的"、"无限多"、"良序的"和许多其他的量词。这本书超越了现存的莫斯托夫斯基—林斯特姆标准，它不仅定义了逻辑算子，还定义了逻辑常项，提供了额外的条件，用来解释逻辑常项如何被纳入一个适当的逻辑系统中。我的逻辑算子概念部分与塔斯基在 1966 年的一次演讲 "什么是逻辑概念" 中提出的相符。塔斯基的演讲并没有影响我的想法，因为它最早出版于 1986 年，当我发现它的时候（大约一年以后），我对逻辑性的想法已经完全成熟了。碰巧的是，塔斯基自己并没有把这次演讲与逻辑后承的问题联系起来，他说，他的演讲对 "什么是逻辑" 的问题什么都没有说，那是留给哲学家去回答的问题。

四、分枝量词和 IF 逻辑

陈波：在《逻辑的界限》内，您谈到了分枝量词。这让我想起了亨迪卡。在 1997—1998 年，我在赫尔辛基大学跟从冯·赖特做了一年的访问学者。在那里，我多次见到亨迪卡。我知道，亨迪卡和他的博士生加布里埃尔·桑杜（Gabriel Sandu）在分枝量词的基础上创立了 IF 逻辑（友好独立的一阶逻辑）和博弈论语义学，并得出了一系列惊人的结论。亨迪卡自己曾写道，IF 逻辑将在逻辑和数学基础领域掀起一场革命。二十多年过去了，您能对亨迪卡的逻辑和博弈论语义学做点评论吗？

吉拉·谢尔：分枝或偏序量词的想法是基于对标准一阶数理逻辑的另一种推广——推广量词前缀的结构。在标准逻辑中，量词前缀是线性的——$(\forall x)(\exists y)Rxy$，或 $(\forall x)(\exists y)(\forall z)(\exists w)Sxyzw$（读作"对每个 x 都有一个 y，使得 x 与 y 之间有 R 关系"，或"对每一个 x 都有一个 y，使得对每个 z 都有一个 w，使得 x，y，z 和 w 之间有 S 关系"）。其中，y 依赖于 x，z 依赖于 y（和 x），而 w 则依赖于 z（和 y，x）。在 1959 年，著名的逻辑学家和数学家里昂·亨金（Leon Henkin）问：为什么量词前缀总是线性序的？他提议将量词前缀推广到偏序的前缀，并将线性序的量词作为其特例。亨金的工作纯粹是数学上的，但在 1973 年，雅科·亨迪卡论证说它有自然语言的应用。从那里开始，分枝或偏序量词的研究就以两种方式在发展。其中一种是乔·巴威斯（Jon Barwise）和达格·维斯特尔塔（Dag Westerståhl）等人的发展，涉及两种推广的结合：始于莫斯托夫斯基的广义量词和亨金对量词前缀的推广。这导致了分枝广义量词理论的诞生。举一个日常语言中的分枝广义量词的例子（来自巴威斯），"你班上的大多数男生和我班上的大多数女生都互相约会过"，其中用到了广义量词"大多数"。这个句子的线性版本说的是："你班上的大多数男生都是这样的，他们每一个人都和我班上的大多数女生约会过。"其分枝版本说的是，有两组人：一组是你班上的大多数男生，另一组是我班上的大多数女生，前一组里的所有男生都约会过后一组里的所有女生，而且也被后一组里的所有女生约会过。这种分枝解读要求每一个男生都与女生组中的所有女孩约会过，而线性解读则不要求这一点。

但巴威斯发现，（从技术上说）很难对所有分枝量词都做出同样的解释。上面的解释适用于单调递增的广义量词（如"大多数"和"至少两个"），但对于其他量词（例如，像"少数"这种非单调递增的量词，像"偶数个"和"恰好两个"这种非单调的量词，以及单调性方面的混合量词）则不适用。巴威斯的结论是，分枝量词句子的意义取决于所涉及的量词的单调性，而且有些分枝量词的组合则产生了毫无意义的句子。这对我来说没有什么用处，在我的博士论文（和《逻辑的界限》）中，我证明了，通过添加一个特定的最大值条件，我们可以对所有分枝量词做出统一的解释，而不用考虑单调性。在后来的一篇论文（1994）中，我在这个想法的基础上，提出了关于分枝量词的完全普遍的语义定义。对分枝量词进行完全普遍的语义定义的主要挑战是缺乏组合性，这意味着递归是不容易获得的，但是有很多方法可以克服这个问题。

关于分枝量词的研究的第二个方向是亨迪卡采取的方向。亨迪卡只考虑标准的量词，他与加布里埃尔·桑杜合作，为分枝量词发展了一种博弈论语义学，他们称之为"IF 逻辑"或"友好独立的一阶逻辑"，也就是这样一种逻辑，其中给定量词前缀中某些量词的出现可以是相互独立的（或不在彼此的辖域中）。亨迪卡相信，新的逻辑是非常强大的。一方面，它可以用来为数学提供一个新的基础——这是他在 1998 年的书《数学原理再探》（*The Principles of Mathematics Revisited*）中所追求的。另一方面，他还认为，分枝量词可以在量子力学这样的领域中使用，在量子力学中，物体之间存在着非标准的依赖关系和独立性。我可以理解为什么亨迪卡认为这可能对 IF 逻辑来说是一个富有成果的应用，但我不知道这究竟是如何起效的。不幸的是，亨迪卡在他进一步发展这些想法之前就去世了。我希望桑杜会继续这个项目。

五、潜伏期：为起跳做准备

陈波：从您的第一本书《逻辑的界限》（1991）到您的第二本书《认知摩擦》（2016），中间隔了 25 年。在这段时期内，您与他人共同编辑了一本书《在逻辑和直觉之间：查尔斯·帕森斯纪念文集》（2000）。我知道您从来没有停止过您的探索和研究。您能概括一下您在这段时间内的学术工作吗？

吉拉·谢尔：在完成我的第一本书之后，我开始发展我在哲学方法论、认识论和真理上的思想，并更详细地阐述我的逻辑概念的哲学方面。我的工作风格是累积性的。我对认识论的兴趣发生在我对逻辑的兴趣之前，在希伯来大学时，我就开始研究蒯因了。作为哥伦比亚大学的一名研究生，我继续发展关于蒯因的想法，这最终在一篇论文中达到了顶峰：《在蒯因的理论中存在哲学的位置吗》，1999 年发表于《哲学杂志》（*Journal of Philosophy*）。在加州大学圣迭戈分校，我举办了一些关于卡尔纳普和蒯因的研究生讨论班，这些都导致了我的想法的进一步发展。我对蒯因哲学的态度总是复杂的。一方面，我很钦佩蒯因的哲学勇气、独立性以及原创想法和常识的结合。特别是，我很欣赏他对传统哲学二分法的否定，我认为这为解决传统的认识论问题开辟了新的可能性。同时，我认为在某种程度上，蒯因对哲学的看法非常狭隘，这部分地反映在他根深蒂固的经验论和自然主义的方法论之中。这促使我发展了一种修正的知识模型——一种"新"或"后"蒯因模型，那之后都被收录到我的第二本书中。

真理并不是我最初计划写的主题。我关注它有两方面的原因。第一，这是我对逻辑尤其是对塔斯基的逻辑方法的兴趣的自然延续。塔斯基的逻辑方法主要是语义的。尤其是，他将逻辑后承视为一种语义概念。但什么是语义概念呢？塔斯基对这个问题有一个清楚明白的答案：一个概念是语义的，当且仅当它与语言表达式和世界上的对象之间的关系有关。因此，语义概念本质上是符合概念，而这是由塔斯基将他的真理概念（在 1933 年的论文中）解释为亚里士多德意义上的符合概念所支持的。但如果一般意义上的语义概念都是符合概念，那么逻辑后承的语义概念也是一种符合概念。这一概念不仅基于语言，而且也在显著的意义上基于世界。塔斯基本人从未暗示过，他将逻辑后承（以及相应的逻辑真理概念）视为一种符合概念。但是，在他对哲学讨论的态度上，塔斯基是一个极简主义者。他认为自己是一个哲学家型的逻辑学家，但他更愿意将他的详细讨论限制在技术和数学问题上。然而，我却不是那样的，于是我开始着手探究真理及其与逻辑后承之间的关系。

研究真理的第二个原因来自紧缩论日益增长的统治力，尤其是那种紧缩论版本说，真理是一个平庸的概念，并且没有实质真理论的空间。紧缩论的流行让我很吃惊。如果一个哲学家能做的就是发展平庸的、非实质性的理论，那么为什么会有人对成为哲学家感兴趣呢？而紧缩论只适用于某些哲学理论，尤其是真理论，这一想法对我来说是不可理喻的。我对真理紧缩论——正如保罗·霍维奇（Paul Horwich）在1990年的《真理》一书中所提出的那种——的日益流行的反应，是试图理解什么导致了当代哲学家们对这一观点的信奉。他们说过他们是如何被导向这个观点的，但我觉得那并不可信，我认为在表面现象的背后，可能有一些更深刻的东西，一些关于真理主题的东西使实质真理论变得非常困难，那解释了为什么哲学家们会对实质真理论的可能性感到绝望。所以我决定探究是否存在这样的困难。我的探究导致了一个猜想，是真理的宽广度和复杂性导致了这样的困难。而这又进一步促使我寻找应对这一困难的策略。我的方法与当代的多元真理论者有一些相似之处，比如克里斯宾·赖特（Crispin Wright）和迈克尔·林奇（Michael Lynch），但在两个重要的问题上与他们的方法不同：（1）为"老生常谈"赋予真理论中的核心地位的适当性，以及（2）真理的多元性的范围。我开始发展一种全新的、非传统的真理符合论，它摒弃了传统理论的幼稚特征，并允许多种形式（模式、路线）的符合。真理论者的任务是探究真理（＝符合）可能、实际和应该如何起作用，既包括一般意义上的也包括在特定领域中的，并根据这些探究建立一种关于真理的实质性说明。我发表了14篇关于真理的论文，其中包括《论实质真理论的可能性》（1999）、《寻找实质真理论》（2004）、《符合的形式：从思想到现实的复杂路线》（2013）等等。

在我两本书之间的时间间隔里，我也在继续发展我的逻辑理论。我的目标是为逻辑建立一个完全成熟的哲学基础，那是一个由逻辑在获取知识方面所起的作用来指导的理论基础。这导致了16篇关于逻辑的论文的发表，从《塔斯基犯了"塔斯基谬误"吗？》（1996）到《逻辑后承的形式结构观》（2001）、《塔斯基论题》（2008）和《逻辑的基础问题》（2013，最近由刘新文译成中文，并在《世界哲学》分三个部分发表）。正是在《逻辑的基础问题》那篇论文中，我开始发展一种新的方法论——"基础整体论"，这使得对逻辑的实质奠基成为可能。

所有这些出版物都为我的第二本书铺平了道路。2001年，我在一个研究生讨论班上教授约翰·麦克道威尔（John McDowell）的著作《心灵与世界》（1994），这本书使我产生了这样的想法，将我的新书集中于讨论认知意义上的"摩擦"(friction)。在 2010 年,我发表了一篇论文《认知摩擦：对知识、真理和逻辑的反思》,它成为我的第二本书的前兆。我在此期间探索的其他主题包括分枝量化、不确定性和本体论的相对性,以及自由意志。

3. 有关基础整体论的若干问题[*]
——陈波与吉拉·谢尔的对话（二）

陈波：现在，我们来谈谈您的第二本书《认知摩擦》（2016）。我很喜欢这本书，对它评价很高。我欣赏您的理智和勇气。今天，在哲学中变得时髦的是，不喜欢大问题，拒绝基础性方案，拒绝真理的符合论，把逻辑视为与现实不相干的、分析的、一成不变的。您勇敢地站出来，大声地说：不对，我有另一个故事要讲。在我看来，您的新书发展了三个系统的理论：基础整体论、实质真理论以及一种新的逻辑哲学。这正是我选择以此作为这篇访谈录的标题的原因。我想与您仔细地讨论这三个理论。首先，您能概括一下您的基础整体论吗？您的动机、重要主张、基本原则是什么？还有什么开放问题有待回答？还有哪些工作有待完成？

吉拉·谢尔：谢谢。《认知摩擦》实际上是试图建立对知识、真理和逻辑的整体说明。把这些话题联系在一起的一般原则是认知摩擦（epistemic friction）和认知自由（epistemic freedom）的原则。其基本思想是，知识需要自由和摩擦（约束）。摩擦的两个核心原则是：（1）知识，作为知识，是对世界（或世界的某些方面）的知识，因此，所有的知识，包括逻辑和数学知识，都必须在真实性上受到世界的约束，也就是，对世界来说是真的。（2）要在理论上是有价值的，我们的知识体系，以及其中的每一门学科和理论，都必须是实质性的（解释性的、有信息的、严谨的、有趣的、深刻的、重要的）。但是对知识而言，仅有摩擦是不够的。知识也需要认知自由，积极参与设定我们的认知目标的自由，决定如何去追求它们的自由，以及真正地追求它们的自由：设计研究程序，进行实验，进行计算，构想如何解决问题，等等。摩擦和自由不是分离的。认知规范，

---

[*] 本文原为英文，由徐召清译成中文。

尤其是在自由和摩擦的交汇处，它们是自由产生的，是由我们自己强加给我们的，然而，它们是约束的工具。真理、证据、解释和证成的规范对知识尤其重要。

一、关于基础整体论的一般说明

吉拉·谢尔：关于认知摩擦的第一个话题，正如您所提到的，是基础整体论。这是提议一种新的认知方法论，它既是我对知识的说明，也是我在书中追求知识、真理和逻辑的基础时所使用的方法。发展一种新的认知方法论的动机部分是由于传统的方法论、基础论和融贯论的失败。这自然会导致寻找一种替代性方法，一种既普遍（即，既适用于经验学科也适用于高度抽象的学科）又专注于现实知识的稳定而坚实的基础。融贯论方法未能满足我的第一个摩擦要求：为世界上的所有知识提供稳定的基础。即使当它把知识看作关于世界的知识时，融贯论的焦点仍然是我们的理论之间达成一致，而不是我们的理论与其目标，即世界（世界的某些方面）达成一致。基础论确实坚持将知识奠基于世界，但它坚持认为这种奠基是严格有序的。奠基关系必须是一个有最小元的严格偏序（非自返，反对称，且传递）。这一要求是其垮台的主要原因之一。它导致或反映了三个核心原则：（1）我们的知识体系的基础被简化为基本单元的基础；（2）对 X 奠基，我们只能使用比 X 所生成的东西更基本的资源；（3）任何知识单元（或此类单元的组合）都不能生成比基本单元所生成的那些东西更基本的资源。由此推出，没有任何知识单元，或这类单元的组合，能够生成为基本单元奠基的资源。我称之为"基础—知识困境"。基础论在为我们的知识体系奠基方面是否成功取决于它为基本单元奠基方面是否成功，但是由于它要求奠基关系是严格偏序，它就没有任何资源来为那些单元奠基。而少数几次试图克服这一问题的尝试（例如，允许基本单元是自我奠基的）遇到了严重的困难。

基础主义方法论的失败导致许多哲学家完全放弃了这个基础性方案。基础整体论的一个主要观点是，这种反应是不合理的。这种反应基于对基础性方案和基础主义的混同，但二者是不一样的。基础性方案是一个一般的哲学方案，旨在对人类提供关于世界的真正理论知识的能力给出一种解释性的说明和证成。但是，基础主义的方法只是实施基础性方案的方法之一。我们需要的是不同的方法，一种"没有基础论的基础"方法［借用斯图尔特·夏皮洛（Stewart Shapiro）讨论二阶逻辑的一本书的书名］。基础整体论就是这样一种方法。它说的是，我们可以通过使用整体论的而不是基础论的工具来实现基础目标，其中的整体论并不等同于（也不蕴涵）融贯论，而是独立的。基础整体论用整体论的工具为稳健的基础性方案服务，这受到摩擦和自由的启示。

把基础整体论与另一种类型的整体论区分开来也很重要：完全整体论或单一整体论，即我们的知识体系是一个巨大的原子，缺乏内在的结构，我们只有把它当成一个整体才能理解它。相比之下，基础整体论是一种结构性的整体论，它强调了我们的知识体系的内在结构，以及它与世界的结构联系。基础整体论的基本原则是：

（1）在追求知识基础（奠基）的过程中，我们可以，而且确实应该充分利用我们的认知资源、主动性和创造性，只要在当时卓有成效，什么顺序都行。

（2）存在多种从心灵（包括理论）到世界的发现与辩护的认知途径，有些是严格有序的，有些则不是。基础（奠基）方案允许使用这多种途径。

（3）奠基过程是一个动态的过程，以"纽拉特之船"这种整体论隐喻为模型。为了将一个给定的理论奠基于世界，我们使用当时可用的任何工具，然后使用我们获得的基础以及其他资源，来构建更好的工具。我们使用这些工具来改进既有理论的基础（或发现其中的缺陷，修正或替换它），将其扩展为新理论的基础，等等。

（4）在为一个给定的理论奠基时，我们可以使用其他理论生成的资源。然而，重要的不是与这些理论相融贯，而是利用它们在企及世界方面的（部分）成功来为给定的理论奠基。

（5）在为一个理论的奠基时，既不可能也不需要一个阿基米德点。

（6）虽然一定程度的循环/倒退是不可避免的，但它不一定会破坏奠基。我们有责任避免恶性循环，但非恶性的循环是可接受的。事实上，有些形式的循环是建设性的,这都为奠基方案做出了积极的贡献。(在回答您的下一个问题时,我会更多地谈论这一点。)

尽管基础整体论比其他方法更灵活,但它的要求也更高。通过允许将知识奠基于世界时有更大的灵活性,它使我们能够将奠基于世界的需求扩展到包括逻辑在内的所有知识领域,而这是更为严格的方法所不能做到的。奠基的方法越严格,就越有局限性,在某种程度上会迫使我们将奠基于实在的要求局限到某些学科,而把其他学科(例如逻辑)排除在外。

关于这些原则,有很多要说的,但我暂且不谈。在这本书中,我使用了基础整体论方法来构建知识模型,发展真理论,为逻辑学提供一个详细的基础,并为数学和逻辑学建立共同的基础。然而,这并没有穷尽基础整体论方法的用处,在探索它在哲学各分支以及其他知识领域的使用方面,还有很多工作要做。在进行这项工作的过程中,很可能会出现一些开放问题,也有机会更详细地阐述、仔细检查和进一步改进这种方法。

二、循环、倒退与哲学论证

陈波:在很长一段时间里,循环和无限倒退在所有学科中都有着非常坏的名声。通过诉诸您的基础整体论和"纽拉特之船"的比喻,您认为循环性并不是那么糟糕的,有时甚至是不可避免的。您区分了破坏性的循环和建设性的循环。您能多解释一下建设性的循环在哲学论证中的作用吗?

吉拉·谢尔:我怀疑,循环和无限倒退之所以在传统哲学中被认为是致命缺陷,这与证成和论证中的基础论观念有关。根据这种观念,所有类型的循环和倒退都是被禁止的。但随着20世纪对基础论的拒绝,情况发生了变化。尤其是,整体论的出现促成了某种形式的循环和无限倒退的合法化。但许多整体论者都是融贯论者,因此也不强调奠基于实在的要求。相比之下,基础整体论则拒绝融贯论。它的意图是将知识真正奠基于世界,就像基础论一样。从基础整体论的角度来看,我们可以区分四种类型的循环：(1) 破坏性循环，(2) 平庸的循环，(3) 中立的循环，(4) 建设性循环。破坏性循环在我们的理论中引入了错误。这种循环的例子包括导致悖论的自我指称，就像在说谎者悖论中一样（一句话说自己本身不是真的）。平庸的循环所包括的循环是有效的，但仍然是平庸的（例如，"P；所以，P"）。一个基于这种循环的论证是毫无价值的。中立的循环是指，比如，用英语写一本关于英语语法的书时所包含的循环。不管是用英语还是用汉语来写，这本书的适当性都没有区别。最后，我们还有建设性循环。这是最有趣的循环的例子，主要是"纽拉特之船"中的想法：我们利用已经拥有的东西来创造新的发现，或者创造新的工具，然后用这些工具来制造新的发现和更新的工具，等等。在"纽拉特之船"的比喻中，水手临时用他在船上的资源修补船上的一个洞。然后，他站在补好的洞上，发现了新的资源，不仅是在船上发现的资源，还有他在海洋和周围环境中找到的资源，从而创造出更好的工具，使他能够以更好、更持久的方式修复这个洞。关键在于我们不只是重复我们以前做过的事情，而是还用我们在前几轮获得的新资源来做一些新的事情。两个建设性循环的例子是康托尔的对角线方法和哥德尔使用算术语法来定义算术语法。建设性循环在《认知摩擦》中不断被应用。例如，逻辑被用于构建逻辑的基础，但它是批判性的使用而且带有附加的元素：哲学的反思、新的发现以及从其他学科借鉴而来的知识等。这为我们提供了一些工具，可以用于批判性地评估我们最初的逻辑。例如，如果形式结构的理论证明了现实的基本结构不是二值的，这可能会导致我们用非二值逻辑代替最初的二值逻辑。这种建设性循环的动力学在我对逻辑和数学之突现的（概要）说明中得到了清晰的展示：从一种非常基本的逻辑—数学（例如，布尔结构的理论）开始，我们可以构建一种非常简单的逻辑；以这种逻辑（以及其他资源）为框架，我们可以构建一种简单的数学（例如，素朴集合论）；使用这种素朴集合论（以及其他资源），我们可以构建一种更复杂的逻辑（例如，标准的一阶数理逻辑）；使用这种逻辑（以及其他资源），我们可以构建一种更高级的数学（例如，公理集合论）；使用这种数学（以及其他资源），我们可以构造一种更强大的逻辑（例如，带广义量词的一阶逻辑）；等等。

三、基础整体论与基础融贯论的比较

陈波：2002—2003 年，我在迈阿密大学跟从苏珊·哈克做了一年访问学者。哈克在她的《证据与探究——走向认识论的重构》（1993）一书中发展了她的基础融贯论。她认为，基础主义和融贯论——传统上相互对立的信念证成理论——并没有穷尽可选项，而一种中间理论，即基础融贯论，比二者都更有说服力。基础融贯论有两个重要的主张：第一，一个主体的经验与他的经验信念的证成有关，但是不需要那样一类享有特权的经验信念，它们只能由经验支持，而且独立于任何其他的信念；第二，证成并不完全是单向的，而是涉及信念之间普遍存在的相互支持关系。她诉诸填字游戏的类比，以表明我们必须在证成的过程中不断地往返。她还试图证明，基础融贯论的标准是显示真理（truth indicative）。您能将您的基础整体论与哈克的基础融贯论做一番比较吗？

吉拉·谢尔：哈克的基础融贯论在正确的方向上走出了重要的一步。基础整体论与基础融贯论有一些共同的主题，但也有不同的地方。在共同的主题中有两个您提到的特征：第一，经验与经验证成相关，但证成涉及与其他理论的联系，以及来自其他理论的支持；第二，证成不是一种线性的关系，而是一种可以采取多种形式的关系，包括涉及来回往返的形式，理论之间的双向连接，还有一个重要的因素"构想"（figuring out），包括构想填字游戏中所涉及的类型。但是，基础整体论和基础融贯论之间也存在显著的差异，其中的两个问题涉及方法论的范围，以及融贯的重要性。

（1）范围。

基础融贯论的方法论局限于经验知识，它并不适用于逻辑知识。基础整体论有一个更广泛的范围，它适用于所有的知识分支，从最普通的和实验性的，到最抽象的和理论性的，包括逻辑。此外，它对不同学科的处理是高度统一的。它将同样的普遍原则应用于所有学科，从实验物理学到数学和逻辑。同时，它也解释了它们之间的差异，它找出了丰富多样的认知资源，足够丰富多样以适应和解释不同学科之间的差异。我马上就会回到这个话题。

(2) 对融贯性的态度。

尽管基础整体论包含了一些具有基础融贯论特征的要素——非线性的证成、理论之间的相互联系、否认阿基米德点的必要性和可能性、对循环和无限倒退的宽容态度——但它否认融贯在证成中具有基础融贯论所赋予的核心地位。融贯可以被看成真实性证成的标记，这是古老的观点，例如，在康德的《纯粹理性批判》中就有。但这并不能使康德成为一个融贯论者〔正如我在最近的论文《来自康德的有关真理的教训》（2017）中所解释的那样〕。在康德的证成理论中，融贯作为一个"标记"并没有起到核心作用。把一致性放在证成中心的问题在于错误的理论可以像正确的理论一样融贯，也就是说，融贯与真实性不相关。显然，"基础融贯论"比"融贯论"和"基础论"都要优越，但融贯的作用仍然过于核心。通过从第三个独立的角度来处理这个问题，融贯的作用就可以得到适当的限制。基础整体论提供的正是这样一个独立的视角。它肯定了，从原则上说，存在着从心灵到世界的多种相互联系的认知途径，那既是发现的途径，也是证成的途径。但是，根据基础整体论，关键的问题在于，这些路线是否会导向我们的理论在世界上的目标（worldly target），而不在于它们是否相互融贯。

此外，与基础融贯论一样，虽然基础整体论允许将感官知觉之外的其他认知资源——尤其是理智——当作知识的核心，并且尽管其理智活动的典范是"构想"，这种活动包括哈克将其等同于填字游戏的那种解法，但"构想"的概念远比填字游戏广泛，而且更加重视与世界的连接（例如，它对哥德尔发现和证明算术不完全性的解释，与对填字游戏的解法不同）。

然而，我想重申的是，哈克在一个可用的哲学方法论的发展中迈出了极其重要的一步。事实上，我的方法论不是通过哈克，而是通过我在20世纪80年代和90年代早期对逻辑基础和蒯因式认识论的研究而获得的。这使我的观点与哈克的观点有一些重要的相似之处，也有重要的分歧。

四、后蒯因的动态知识模型

陈波：通过采用您的基础整体论的方法论，您可以描绘一种知识的动态和结构模型。有时您把它称为一种后蒯因式的知识模型。您能讲一讲这个模型的要点和它在认识论上的意义吗？

吉拉·谢尔：我建立了一种方法论，它能平衡认知摩擦和自由的原则，同时避免了基础论和融贯论的陷阱，然后我开始用这种方法构建一个知识模型。在这个模型中，所有的学科都将服从于高的真理标准、客观性和真实的证成，以及高的概念化标准，统一且具有实质性。这种模型与现有的模型不同，它对所有的学科都设置了相同的真理、解释、真实的证成和奠基于实在的高标准，包括逻辑和数学等高度抽象的学科。该模型的一个显著特征是，拒斥事实和非事实的传统知识分类，而后者——分析性和/或先验性——仅仅奠基于语言、概念或更普遍的心灵。

一个自然的起点是蒯因在《经验论的两个教条》（1951）一文中的知识模型。这种模型及其整体论结构，以及对传统知识分类——事实的和约定的——的排斥，是非常有前途的。但蒯因的模型同样有问题。特别是，达米特在1973年首先指出，在蒯因拒绝事实知识和非事实（约定的、语言的、概念性的）知识的传统分类与他的中心—外围模型之间存在冲突，因为后者又回到二分法了。中心和外围的界限确实是平缓而非尖锐的。但是，事实和非事实之间有明显的差异是一回事，而二者之间有深刻的差异则是另一回事。在蒯因的模型中，逻辑从来都不存在于外围，这在逻辑和经验科学的事实性程度之间产生了巨大的差距。在某种程度上，外围代表了我们的知识体系与实在之间的接口，逻辑是没有这种接口的。为了应对外围的经验科学所面临的困难，逻辑可能会被间接地改变，但这些变化是基于实用的或工具性的考虑，而不是与逻辑本身有关的事实或真实的考虑。在蒯因的模型中，逻辑在任何意义上都不对世界为真或为假，也不可能因为它本身的说法与实际情形（关于它的主题，逻辑真理和后承）之间的冲突而改变。我认为，这是蒯因激进的经验论的结果。作为一个激进的经验论者，蒯因只承认理论和世界之间的经验界面，因此，在他的模型中，逻辑与世界的联系不可能像物理学那样深。在蒯因的经验论图景中，世界上没有任何东西可以作为逻辑的接口（使逻辑关于它为真或实质地奠基于它），总之，根据激进的经验论，人类不可能有进入世界的抽象特征的任何认知通道。

我对蒯因认识论的内在冲突的解决方案是让中心—外围模型彻底地动态化。中心和外围是角色描述，而不是位置描述。它们的职责之一就是代表所有知识领域（分别通过中心和外围）与世界和心灵相连的接口。每一门学科都处于外围上，只要考虑它的真理及其在世界上的奠基；而每一个学科也都处于中心，只要考虑它的概念自由及其在心灵中的奠基。因此，学科在中心和外围之间随两个维度——环境和时间自由流动。事实性的发展发生在外围，概念性的发展发生在中心。这就产生了一种灵活且动态的知识模型，并且仍然要求很高：每一门学科都需要满足严格的验证性需求，以及概念和实用的需求。每一门学科都需要在世界和心灵中有坚实的基础。我们的知识体系通过一个丰富的、整体论的认知路线网络来通达世界，既包括感性的也包括理智的，既有直接的又有迂回的，既包括经验的也包括世界的抽象特征。在所有的知识分支和知识阶段中，积极的自由都扮演一个重要的角色。

陈波：我也对您提到的语言的两副面孔感兴趣，那就是，语义上升和对象下降。您能进一步阐明它们以及它们在哲学中的应用吗？

吉拉·谢尔：这是该模型的动态结构的一个方面。基本的想法可以追溯到中世纪哲学，但我是通过塔斯基和蒯因而达到它的。有很多方法可以讨论一个给定的主题，其中两个是对象的和语言的。第一种方式更直接：说雪是白的，我们将白这个性质归赋给雪这个对象（物质）。第二种方式则不那么直接：我们不说雪这个对象具有白这个性质（"雪是白的"），而是说"雪是白的"这个句子具有"真"这个语义性质（"雪是白的"是真的）。蒯因将这种从"对象模式"到"语言模式"的转变称为"语义上升"，而我把相反的方向叫作"对象下降"。使我们能够从一种模式转换到另一种模式的是，一个句子的真与它的对象具有它归赋的性质之间的系统联系。这种相关性反映在塔斯基的T-模式中（一个例子是"'雪是白的'是真的当且仅当雪是白的"）。你可能会问：是什么决定了我们使用哪一种说话方式？我的回答是：语境、兴趣等。同样的内容在不同的语境中可以用不同的方式来表达。这是我们的知识体系的动态结构的一个方面。

五、理智和构想

陈波：当谈到知识的动态模型时，您用了两个特别的词，"理智"（intellect）和"构想"（figuring out），但您没有清楚地说出它们的意思，以及它们与"先验论"和"经验论"的关系。您能进一步澄清这些概念吗？对了，您指责蒯因忽视了理智或理性在理论建构中的作用，但我认为这是不公平的。蒯因坚持的论题是，理论是由经验不充分决定的："……我们可以去研究世界和作为其一部分的人，从而发现人对周围的一切可能获有哪些认识线索。把这些线索从他的世界观中减去，我们得到的差额就是人的净贡献。这个差额标示着人的概念的独立自主性的范围，即人们可在其中修正理论而同时保存经验材料的那个范围。"[①] 人的概念的独立自主性就是人类的理智或理性、想象力、创造力等发挥重要作用的地方！因此，蒯因确实给了一个足够大的空间，让人类的理智或理性发挥其作用。您对此有什么看法？

吉拉·谢尔：在我看来，理智或理性在知识中所扮演的角色问题是一个重要的问题，它在分析哲学中被边缘化了，其很大程度上局限于少数传统的问题，诸如先验性、实用主义约定以及理性或数学直观。我认为，是时候超越传统的范式，重新思考理智在知识中的作用了。在《认知摩擦》中，我在这个方向上前进了几步。其中一步是考虑理智知识的新范式，远比早期的范式广泛得多。我把这种范式称为"构想"。

说"理智"，我指的是人类认知能力的总和在除感官知觉以外的知识中扮演着重要的角色。我相信，这个角色远没有被概念分析、实用主义约定和数学（或理性）直观所穷尽，这些都是在现存的文献中通常与理智相关联的角色。理智的作用也不局限于数学、哲学和逻辑（或更普遍的推论）知识。我特别强调了理智在所有领域中所扮演的重要角色，无论是理论还是实验。考虑实验科学。感官知觉显然在实验物理学中扮演着重要角色，但这个角色在很大程度上是被动的，而且它本身无法产生实验科

---

① W. V. Quine. Word and Object. Cambridge, MA: The MIT Press, 1960: 5.

学所提供的那种知识。实用主义的考虑、数学直观和推理能力也不够。你如何从被动的知觉中获得关于自然的假设？你如何决定什么特定的活动算作对一个特定假设的实验？在无限可能的活动中，什么活动测试了一个特定的经验假设的正确性？你必须构想出这些事情。但构想不是一种知觉的活动，也不是纯粹的实用主义。这里有一个正确性的问题。概念化本身既不等于构想哪个活动将检验一个给定的假设，对后者而言它也是不充分的。构想的操作不一定像假想的数学/理性直观一样是快速的（直接的）。构想也不是先验的——与感官知觉相分离。要构想在给定的经验数据下应该做出什么假设以及如何测试这些假设，我们会利用现有的一切，包括我们已经获得的所有知识。我们不会把理智从经验知识或数据中分离出来。从某种程度上说，世界的特征是我们的感官能力无法检测到的，要获得关于这些特征的知识，或者在获得知识的方向上取得进展，用我们的理智来构想是一种可行的方法。

我所说的"构想"是什么意思？在发展一个关于"构想"的理论的这个初级阶段，我主要在日常意义上使用"构想"这个表达式：配置、计算以及根据现有材料进行推断。构想并不神秘。这是我们在生活的各个阶段和领域都做的事情，无论是实际上的还是理论上的。婴儿总是构想或探明事情是怎样的。农民们不断地构想如何解决他们农场中出现的问题，如何改善他们的作物，等等。计算机技术人员构想我们的计算机出了什么问题，以及如何修理它们。哥白尼构想是地球绕着太阳旋转，而不是相反。达尔文构想了进化论的（一些）原则。爱因斯坦用思想实验构想了关于世界的物理结构的许多东西。克里克和沃森构想了 DNA 的结构。哥德尔构想了数学是否完全，以及如何证明它不完全。怀尔斯构想了费马大定理是否正确，以及如何结合各种数学理论来证明这一点。康德构想了一种应对休谟的挑战的方法，即通过改变我们的认知格式塔。如此等等。

我们已经看到"构想"独有的一些特征：它与发现而不只是证成有关，尽管它可以与感官知觉相结合但与感官知觉不同，尽管它可以从实用的角度来考虑但主要不是实用的，它不像理性直观那样受到限制：它并不一定是直接的、快速的、与知觉类似的或先验的。它有一个非常广阔的范围。

但这仅仅是开始。要在知识中建立一个关于理智角色的系统理论，还有很多事情要做。这包括进一步的发展，包括批判性地考察构想这项活动。这是我希望在不久的将来能做的事情，我尤其希望其他研究者——哲学家、心理学家、认知科学家——能够参与到这些探究中来。

现在，来到您的问题的第二部分。您说得很好，在《语词和对象》中，蒯因确实承认来自世界的感官线索并不足以确定关于世界的理论：其余的都是"人的净贡献"。此外，在《自然化的认识论》（1969）一文中，他谈到了我们"贫乏"的感官输入和"汹涌"的理论输出之间的鸿沟，这意味着知识中所涉及的不仅仅是感官知觉。但蒯因几乎没有提过"人的净贡献"是什么，即感官输入和理论输出之间的鸿沟是如何填平的。他有一个知识成分的占位符，其超越了感官知觉，但那个占位符仍然是空的，是一个黑匣子。特别是，蒯因从未考虑过这种可能性，我们的净贡献包括某些超出对感官数据的实用—概念组织的东西。即使是在您引用的《语词和对象》的段落中，蒯因也不得不说"人的净贡献"是"概念性的"。在一些地方，例如，《在经验上等价的世界体系》（1975）一文中，他将所有超越观察的事物描述为"外来物"，"捏造物，或填料，它们唯一的作用就是完成对观察陈述的表达"。这个问题的核心在于，蒯因从未考虑过这种可能性，即我们的理智，而不仅仅是我们的感觉器官，也是被世界校准的。因此，对我们理解理智在知识中尤其是在发现中的作用来说，蒯因自己的贡献是非常贫乏的。

六、基础整体论和蒯因的整体论的比较

陈波：您能系统地解释您的基础整体论和动态的知识模型与蒯因的整体论知识概念之间的相似和差异吗？在他早期的著作中，蒯因提出的整体论相当激进："具有经验意义的单位是整个科学。"后来他的整体论有所缓和："科学既不是不连续的，也不是单一的。它有各种各样的关节，这些关节的松散程度各不相同……说那个单元在原则上是整个科学，这几乎没有什么收获，无论这种主张在律则上是多么可辩护的。"因此，对蒯因而言，我们的知识体系是一个具有不同层次和内部结构的整体。

吉拉·谢尔：在《经验论的两个教条》一文中，蒯因提出了两种截然不同的整体论（我之前提到过）。第一种类型，我称之为"单一整体论"（达米特称之为"全部整体论"）；第二种类型，我称之为"关系的"、"结构化的"或"网络"整体论。单一整体论是您在问题中所谈论的那种整体论。其想法是，最小的知识单位是我们的整个知识体系，这意味着我们的知识体系被视为一个巨大的原子，没有内部结构。相比之下，关系整体论把我们的知识体系看作一个由不同的单元组成的开放式网络，错综复杂地相互联系着。单一整体论遭到许多哲学家的批评，包括格伦鲍姆（1960，1971）、达米特（1973）以及格莱莫尔（1980），他们的理由各不相同。在回应格伦鲍姆的批评时，蒯因在他的后期作品中明显地限定了他的单一整体论，正如您所指出的那样。

我自己拒绝蒯因的单一整体论的根据在于，内在结构对知识的获取和理解都是至关重要的。（这也是达米特拒绝蒯因式整体论的主要根据。）但我确实接受了蒯因的关系整体论的概念，它强调了学科之间的一个丰富的联系网络。这是我的整体论和蒯因的整体论之间的核心相似点。这个相似点扩展到拒斥基础论，拒斥阿基米德点的可能性和必要性，认识到并不是所有情况下的循环和无限倒退都应该被拒绝，等等。但是，在关系整体论的共同框架下，我的整体论和蒯因的整体论之间有一些显著的差异：第一，对蒯因和大多数关系整体论者来说，整体论被理论和学科之间，也就是被我们的知识系统之间的相互联系所穷尽，对我来说，它没有。还有一个补充的相互联系维度：在我们的理论与世界之间存在着一个丰富而又高度错综复杂的联系网络。从心灵（理论）到世界，有多种认知路线，这些都是相互联系的，表现出了高度复杂的模式，并利用了各种各样的理论资源。第二，我的整体论比蒯因的更加动态化。既然这是您的下一个问题，我将在我对那个问题的回答中讨论。其他的差异则涉及理智在整体论的知识体系中所扮演的角色，等等。我还应该提到迈克尔·弗里德曼（2001）对蒯因式整体论的批评。弗里德曼将另一个特点归赋给蒯因式的（关系）整体论，即以同样的方式对待所有的知识单位（任何两个理论相互连接的方式和程度都与其他任何两个理论相同），所以在认识上无法对一个知识单位与另一个知识单位的角色和行为做出区分。如果这一点对蒯因式的整体论来说是真的，那么基础整体论在这方面也与蒯因式的整体论不同。基础整体论并不仅仅是一种关系整体论，而且是高度结构化的整体论，不同的知识单位不仅在我们的知识体系中的角色不同，而且它们的行为以及与其他单位的相互关系也不一样。

陈波：我认为您的知识的动态模型是正确的，但是您对蒯因的模型的评论不太公平，理由也不够充分："中心的元素是用实用的标准来操纵的，外围的元素使用了证据标准。位于外围的元素与实在之间存在着特权关系，而位于中心的元素则被排除在外。"蒯因明确地断言，经验内容是由我们的知识体系中所有的元素所共享的，无论它们是位于中心还是外围；对于陈述的经验内容，没有"全有或全无"的区别，只有程度上的不同：或多或少、或近或远、或直接或间接。在我们的知识体系中，任何陈述，包括逻辑，作为对"顽强不屈的经验"的回应都是可以修正的，任何陈述，包括一项观察报告，都可以基于方法论的考虑而得以保存。由于中心和外围是可以互换的，我不认为蒯因相信在中心和外围之间有一个固定的、僵硬的、尖锐的分界。正如您所指出的，蒯因不喜欢哲学上的任何二分法，而坚持某种渐进论。您对我的评论怎么看？

吉拉·谢尔：我同意您的观点，与早期的经验模型相比，蒯因的模型更加动态化。中心的元素可能会受到外围的顽强不屈的经验的影响，而外围的元素也可能基于方法论的考虑而得以保存。中心和外围的区别是一个程度的问题，但我不认为这显著地影响了在蒯因的模型中位于中心的学科和位于外围的学科之间的深刻差异。位于中心（或那附近）的学科，比如逻辑和数学，与观察/实验学科相比，离外围更远，而且它们与现实的联系也比实验学科弱得多。逻辑的原则不是经验性的，因此它们自身也不能与经验相冲突。与经验的冲突基本上只涉及逻辑的经验单位。经验的知识单元可以被修正，因为它们自己的内容和经验之间有冲突。但是，逻辑单元只能根据经验之间的冲突（或者纯粹基于实际的考虑）来修正。现在，我的观点是这些差异是非常重要的。最重要的是，在蒯因的模型中心及其附近的学科，比在外围及其附近的学科所受到的真实性标准的限制明显要弱得多。您说的是对的，中心和外围之间的分界不是尖锐的，但是巨大的差异并不需要尖锐的分界。（例如，在孩子和成人之间没有明显的分界，但除了边界地带，二者之间有很大的区别。）最后，蒯因的模型只是谨慎的动态，这一事实反映在下述事实中，在他的模型中逻辑和数学永远不会处于外围（不能到达外围），而实验科学永远不会在中心。

在我的模型中，二者都不成立。外围并不局限于感官经验，而是扩展到我们的知识体系和世界之间的非感官界面。因此，逻辑可以受外围的规范所约束，就像实验物理学一样。所有的学科都在中心和外围之间移动，每个学科都需要与现实（通过外围）和心灵（通过中心）建立强有力的联系。在蒯因的模型中，数学只是通过与物理的联系（不可或缺性的考虑）而奠基于实在的，但在我的模型中，它是独立于这些连接而奠基于实在的。使这一点成为可能的事实在于我对实在以及人类与实在的认知界面的认识要比蒯因宽泛得多。实在（世界）具有抽象和具体的特征，而人类与实在的认知界面不仅包括感觉器官，还包括理智（构想）。与我的模型相比，蒯因的知识模型还是相当静态的，尽管与更传统的模型相比不是。

七、对蒯因哲学的评价

陈波：我仍然是蒯因哲学的"粉丝"，它对我的哲学观有很大的影响。您能对蒯因哲学做一个大体的描述和评价吗？它最有价值的贡献是什么？它的明显缺点是什么？现在，我们如何评价蒯因哲学在20世纪哲学中的地位？

吉拉·谢尔：我也受到了蒯因的很大影响，并且仍然是他的"粉丝"。但我是一个挑剔的"粉丝"。我不能对蒯因哲学及其在20世纪的地位进行决定性的描述或评价，但是我会告诉您我是如何看的。

我认为，蒯因是20世纪下半叶最重要、最有影响力、最具革命性的分析哲学家之一。他至少两次革新了分析哲学。他的第一次革命集中在《经验论的两个教条》及相关论文，在我看来，其最重要的两个贡献是：第一，拒绝传统的哲学二分法，尤其是，分析—综合的二分法和相关的约定—事实的二分法。第二，拒斥认知基础论并代之以（关系）整体论的方法论。蒯因的第二次革命是自然主义，或者是哲学的自然化。它最简洁的表达是在《自然化的认识论》一文中提出的，直到他于 2000 年去世，它都一直是蒯因哲学的主旋律。

在我看来，蒯因的第一次革命比他的第二次革命更有价值。但他的第一次革命经常被误解。鉴于蒯因只投入了很少的篇幅来陈述和讨论这次革命的中心议题，那就不足为怪了。他将《经验论的两个教条》的大部分篇幅用于拒斥分析—综合之分，但那与他的革命的价值没有多大关系。蒯因对分析性的反驳主要是围绕不清晰和循环的问题，但他用循环来反驳与他自己的整体论是不兼容的。在我看来，在蒯因的第一次革命的背景下，分析性最重要的问题是认知的。这并不是说他的真正焦点是或者（按普特南的建议）应该是先验性，而是在另一种意义上，尽管分析—综合的二分法是一种语言或语义的二分法，但它具有重要的认知衍生物。具体来说，它导致了陈述、理论和知识领域二分为事实的和非事实的，而这反过来又意味着，在认识论上，一些领域受制于来自世界的挑战，而另一些领域则不然。这就引出了我所认为的对逻辑和数学等领域的一种错误的安全感：在这里我们不必担心真实性，我们不需要采取任何措施来防止事实性错误。（在我的书中，我把这种方法比作建立了"马其诺防线"。）

通过拒绝分析—综合的二分，蒯因开辟了一条通往知识的新途径：所有的知识领域都受制于强大的真实性要求，包括事实性证成的实质性要求。任何知识领域都是不受豁免的。我相信，这是一次真正意义上的革命，革新了哲学家对非经验知识的态度，尤其是对逻辑知识的态度。重要的是要注意，这并不能使逻辑知识变成经验性的。它使其成为事实性的，但不一定是经验性的。我们需要建立逻辑、数学、哲学等本身的真实性，而不仅仅是因为它们在经验科学中的不可缺少性，与经验科学有联系，或在经验科学中有应用。我想说，蒯因的第一次革命打开了通往哲学的新途径。一方面，我们可能会回到康德和其他人的经典哲学问题。另一方面，我们可以自由地抛开传统的教条，那些教条指导了过去哲学家们解决那些问题的方法。我们可以自由地开发新的工具和方法来回答这些问题。这种开放性还没有得到哲学界的充分认识。但它就在那里，随时可以被发现和利用。

蒯因的第二次革命是他的自然主义革命。这场革命有两副面孔：一面是开明的,另一面是保守的。开明的一面说,在哲学和其他科学(包括经验科学)之间划出一条清晰的界限没有什么好的理由或必要。所有的学科在原则上都是相互联系的,它们之间的教条界限——即"哲学第一"的思想,哲学作为知识的特权领域,与其他所有领域相隔离——都应该被推翻或拒绝。蒯因的这一自然主义哲学的观点与他的第一次革命相一致,最好被看成是那次革命的继续和进一步加强。但蒯因的自然主义革命也有另一副面孔。这是一副僵硬而狭窄的面孔,其主要的消息是,哲学没有作为独立学科的地位,相反所有的哲学问题都应该被抛弃或者被重新表述为经验科学的问题。蒯因革命的这副面孔有时被总结为"哲学应该被归约为经验心理学,或者被经验心理学所取代"。蒯因的第二次革命的这一方面表达了他的激进的经验论倾向,这种倾向在他的第一次革命中产生了一种内在的冲突,我的书用了很长的篇幅来讨论。在《自然化的认识论》中,蒯因的第二次革命中的这副面孔的教条主义特征表现在他对休谟式经验论的不加质疑的坚持。蒯因将休谟式的经验论看成是理所当然的。他从不质疑这种极端的经验论,或者为其提供证成。他完全忽略了(康德或其他人)对这种激进的经验论的批判,把休谟的经验论当作亘古不变的。蒯因所考虑的休谟式经验论的唯一替代物是卡尔纳普的实证主义。在发现这种替代物的错误后,他总结道,休谟式的方向是留给哲学家们的唯一途径("休谟的困境就是人类的困境")。蒯因说心理学和哲学相互包含,这种应酬话并没有改变他将哲学归约为经验心理学(或被后者取代)的呼吁,其结果是一种非常狭隘的、一维的哲学观。蒯因的自然主义的第一副面孔的开放性,被其保守和激进的面孔所掩盖。就蒯因的自然主义革命在20世纪末21世纪初的分析哲学中对哲学的实际影响来说,我认为,有一种从开放的、开明的自然主义到封闭的、过度的限制自然主义立场的连续谱。

4. 有关实质真理论的若干问题*
——陈波与吉拉·谢尔的对话（三）

一、实质真理论概述

陈波：说实在的，当我读到您的实质真理论和对逻辑基础的说明时，我很兴奋：这正是我喜欢和想要的东西。我强烈同意您对真理的看法：真理的概念是非常重要的，绝对不是平庸的。当我们说一句话是真的时候，我们做了一件重要的事情：把这个句子和世界上的情况进行比较；在这样做的过程中，我们需要证据、证成、澄清和许多其他的理智努力。此外，真理概念本质上承载着一种形而上学和认识论上的负担，而这种负担是不能被紧缩掉的。您能总结一下您在发展实质真理论时所做的事情吗？您的真理论的基本主张是什么？还有什么开放问题有待回答？还有哪些工作有待完成？

吉拉·谢尔：到目前为止，我所做的关于真理的工作可以分为两部分：第一，用实质论方法来解释和阐述真理，并对紧缩论方法进行批判。第二，发展一个新的实质真理论，并对其基本原则做出澄清：（1）关于"真理"的基本原则；（2）"多重符合"的原则（以及在这个原则的基础上关于数学真理的新理论）；（3）"逻辑性"原则（以及与这个原则相关的对塔斯基真理论的新解释）。

1. 关于真理的实质论与对紧缩论的批判

我关于真理论的实质论方法根植于我的一般知识（包括哲学）方法：对一个知识领域，或这个领域中的一个理论而言，要成为认识上有价值的，

---

* 本文原为英文，由徐召清译成中文。

它必须在这个词的日常意义上是实质性的（深刻、重要、具有说明性等），或者至少认真地瞄准实质性。这是我关于认知摩擦的一般原则的核心部分。现在，我相信真理论的主题在这个意义上是实质性的，并且发展一个关于这个主题的实质性理论也是重要的（和可能的）。这是我发展关于真理的实质论方法的根源。我对紧缩论的反驳，或者更确切地说，对一些紧缩论版本的反驳——它们认为真理论的主题基本上是平庸的，并且关于这个主题的适当理论可以也应该是平庸的——是直接从我关于知识的一般实质论方法推论出来的。保罗·霍维奇在他的《真理》（1990）一书的首页就提出了这种版本的紧缩论，所以我的反驳至少有一个真实的而且确实有影响力的目标。

在解释真理的实质论方法及其理论时，我强调了许多事情。其中一个是真理为什么对人类很重要，另一个是真理论所面临的挑战。紧缩论者通常会说，我们人类之所以需要一个真理概念或真谓词，在很大程度上是因为技术上的和语言/逻辑上的理由：帮助我们提出一些用其他方式更难（尽管通常不是不可能）提出的主张。例如，我们可能想要断言相对论的主张，但却发现很难阐明它的所有主张，所以我们可以简单地断言："相对论是真的。"或者，我们可能想要断言排中律，但却发现很难全面地表述它。因此，我们可以断言："排中律是真的。"在我看来，这最多是我们对真理感兴趣的次要原因。我们之所以对真理感兴趣，更重要和更深入的理由在于，它解释了为什么真理对人类是非常重要的，它来自我所说的"我们的基本认识/认知处境"：出于这样或那样的原因，我们人类，想知道和了解我们生活在其中的这个世界的全部复杂性。但这样的知识对我们来说往往是困难的。我们并不会自动地知道世界是什么，事实上，我们有诸多局限，那使我们容易犯错。因此，我们需要创造一种"正确性"的规范，它使我们能够将关于世界的知识与虚构区分开来，并引导我们去尝试获取这些知识。真理就是这样一种规范。这是指导我们追求知识的最重要的规范之一。（在书中，我解释了为什么它不能被其他的规范代替，例如，证成规范。）但是，真理的规范不仅仅是我们所需要的规范，也是我们可以利用的一种规范。除了我们的认知局限之外，我们还有某些能力使我们能够利用真理的规范来探测错误，做出发现，证成或反驳我们的假设。寻求关于世界的知识，需要一种正确的规范（这并不能归约为证成），并且能够使用那种规范。这三者合在一起解释了为什么真理对于人类来说是如此重要和根本（超越了那些紧缩论者所认识到的任何技术上的使用）。

但在试图发展真理论的过程中，我们遇到了巨大的困难。其中一个是，作为我们知识目标的世界具有巨大的范围和复杂多样性，因此，真理也有巨大的范围，其必须应用于各种各样的情形。这就导致了一个严峻的问题，真理领域中的"不统一"：日常物理学中的真理是否与数学中的真理依赖于完全相同的原则？这个问题被哲学家的习惯进一步放大，他们认为真理论是一种单一的、简单的定义或定义模式。一方面存在着这种不统一的问题，另一方面哲学家们又期待一种简单形式的真理论，也就难怪许多哲学家对一种实质真理论的可行性感到绝望。我自己解决真理的不统一问题的方法是采纳一些科学家和科学哲学家用以解决科学的不统一问题的方法。根据这一解决方案，我们需要在科学理论的普遍性和特殊性/多样性之间找到一个富有成效的平衡点。同样，我们需要在真理论的普遍性和特殊性/多样性之间找到一个富有成效的平衡点。真理论是一簇具有各种普遍性程度的理论，其中一些是关于真理的普遍原则，另一些则是更为具体的原则。这种方法让我加入了最近的真理多元论者的群体，比如克里斯宾·赖特和迈克尔·林奇。但是，我的方法与他们的方法有两个显著的不同：（1）赖特和林奇将真理的普遍原则视为"老生常谈"，因此也就是非实质性的原则。相比之下，我认为这些原则是实质性的原则，需要一个实质性的解释。（2）赖特和林奇的多元论比我的更激进。他们允许在不同的领域里，真理遵循完全不同的原则，比如说，物理学的符合和数学的一致性，但我要求在真理论中有更大的统一性。对我来说，真理总是符合的，但是符合的"模式"可能会随着领域的不同而有所不同。

2. 实质真理论的正面发展

在寻找关于真理的普遍原则和具体原则时，我的一般方法可以用维特根斯坦的三个字来概括，即"瞧瞧看"。不要预先决定真理是什么或必须是什么，而是瞧瞧看！我"瞧瞧看"的第一步是上面所描述的：瞧瞧看基本的人类认识/认知情境如何既提出了对真理规范的需要又有利用这种规范的能力。接下来的步骤将引出几个普遍的真理原则。其中的三个是：

(1)"真理"的基本原则。

为了达到这个原则，我从一个半康德式的问题开始：在什么样的条件下，一个成熟的真理概念对人类来说是可能的？这种观念需要什么样的认知能力或思维模式才能产生？通过对这个问题的探究，我得出了如下的答案：要产生一个（我们人类在追求知识的背景下需要而且能够使用的那种）真理概念，我们需要（至少）三种思维模式。我把这些称为"内在的"、"超越的"和"规范的"模式。首先，我们必须能够观察世界并将某些性质（关系）归给其中的某些事物。没有这一点，我们就没有机会提出真理的问题了（也就是这个问题：X 关于世界是真的或正确的吗？）。我把这种思维模式称为"内在的"，因为它是一种从理论内部出发的思维模式，思考世界是如此这般的，对象 O 有性质 P；等等。但是这种模式本身对真理来说还不充分。要得到一个真理概念，我们需要跳出我们内在的思想，站定一个立场，从那里我们可以看到我们内在的思想和它们所瞄准的世界的那些方面。（例如，我们需要既能看到雪是白的这个思想，也能看到雪以及雪的颜色。）我把这种立场称为"超越的"立场。为了避免误解，我解释说我们所需要的只是一个人类可及的超越立场，而不是一个上帝的立场。这类（人类可及的）超越立场的一个例子就是塔斯基式的元语言立场，它是一种强大的语言，但完全是人类的语言。但是，内在和超越本身对真理来说仍然不充分。关于我们的内在思想，真理问题是我们可以问的许多问题之一。（我们也可以问一些与这些思想有关的其他问题，例如，关于它们在世界中的目标，它们是简单的还是复杂的思想。）真理问题是一个规范性的问题：我们内在的思想对世界而言是否正确？它们正确地描述了世界吗？它们是否满足正确性的高标准？因此，为了达到真理，我们需要一种"规范的"思维模式。我们的真理概念存在于这三种思维模式的接合点上，真理的基本原则说的是，真理是内在的、超越的、规范的。难道真理不是一种内在思想的性质吗？在我看来，真理首先是一种内在思想的规范，其次才是这种思想的一种性质。如果你愿意，你可以说，真理是内在思想的规范性质。（顺便说下，许多超越的思想也是内在的。特别是，"X 为真"这种形式的思想是内在的，因此与它们有关的真理问题也是内在的。）真理的基本原则是一个实质性的原则。它是实质性的，既因为它告诉我们真理是实质性的，也因为它提出了许多实质性的问题——关于真理的内在性、超越性和规范性的实质性问题，这些问题需要实质性的答案。真理的基本原则的结论也很丰富。例如，它使我们能够处理对真理的怀疑论，这是我在书中所做的事情。

（2）"多重符合"的原则。

如果对内在思想来说，真理是正确性规范（正确性是相对于世界中的实际情况而言的），那么真理本质上就是一种符合规范，不是文献中常见的那种幼稚、简单且过于严格的意义上的符合，而是更一般意义上的符合。也就是说：真理是内在的思想（理论）与它们在世界上的目标之间的一种实质而系统的联系。但真理的符合标准（或规范）是一种人类创造的规范，而且也是为了人类而造的，因此它必须考虑与我们的认知能力（局限性）有关的世界复杂性。很有可能的是，我们（在认知上）可以很容易且直接地接触到世界的某些方面，而另一些方面我们只能以间接且相对复杂的方式接触。这将反映在我们为这些方面的理论建立的符合标准之上。在第一种情况下，我们的理论或许以简单直接的方式符合于世界，基于简单的指称和满足的语义原则。在第二种情况下，我们的理论或许只能以迂回的方式符合于世界，基于更复杂的指称和满足原则。重要的是要记住，复杂的符合，就其本身来说，并不会比简单的符合更不稳固。但它展示了一种不同的符合模式（我很快会给一个例子）。在这里，关于多重符合所涉及的这些普遍原则也有许多实质性的问题，需要实质性的回答。

（3）"逻辑性"原则。

鉴于真理的基本原则和符合原则是"核心的"原则，是捕捉关于一般意义上的真理的某种非常基本的东西的原则，而这是它们的普遍性的来源。逻辑性原则是一种不同的原则，它的普遍性也是另外一种。逻辑性原则处理真理的局部和非常具体的方面，即一个内在思想的逻辑结构对其真值的影响。逻辑结构仅仅是影响内在思想的真值的众多因素之一，因此，逻辑性原则不是真理的核心原则。但由于逻辑结构的某些特征，它对内在思想的真值的影响并不随领域不同而不同，因此是普遍的。逻辑性原则在塔斯基的真理论中得到了部分的阐述，它提供了基于给定句子的逻辑结构

（仅在此基础上）的真理的递归定义。关于逻辑原子句（没有逻辑常项，因此没有逻辑结构的句子）的真值条件，塔斯基的理论并没有说任何实质性的东西，但它系统地描述了逻辑结构在决定句子真值的过程中所扮演的角色。塔斯基的真理论立即导致了一个关于逻辑后承的理论，这并不奇怪。一个专注于真理中的逻辑"因素"的理论将会在逻辑上有重要的用处，这是期待之中的事情。我将简短地解释逻辑性的这个特性，以回答您关于逻辑的问题。

那些展现其多样性（或多元化）的更具体的真理原则又怎样呢？在很大程度上，这反映了真理的符合原则的"多重性"，也就是说，从一个知识（思想）领域到另一个领域的符合模式的变化。为了说明复杂的符合可能相当于什么，它与简单的符合可能有什么不同，以及对这些符合的识别如何使我们能够克服在"标准"符合中出现的问题，我研究了数学中的真理著作。这就引出了一个关于数学真理（数学符合）的新理论。

一种关于数学真理的新理论。在讨论数学中的真理时，哲学家通常从数学的语言开始。他们着眼于算术的语言，然后他们使用我们的标准（简单的、直接的）语义来决定要使算术陈述为真，世界上必须有什么。由于算术语言使用个体常项（数字）和变项来指示和论及它的对象，人们就以为数学真理的符合就要求算术个体（也就是数）在世界上存在。但是没有证据表明世界上存在数（数字个体），这就导致了数学符合与柏拉图主义的联盟，后者认为存在独立于物理实在的柏拉图实在。这反过来又会导致严重的问题：同一性问题、认知路径问题、算术真理对经验科学的可应用性等。[其中一些问题是保罗·贝纳塞拉夫（Paul Benacerraf）在20世纪60年代和70年代写的文章中提出的。]

我自己对数学真理的处理方法是不同的。我不认为语言是本体论的好向导。尽管语言是构建理论的不可或缺的工具，但语言也是一个障碍，正如弗雷格所强调的那样。这也适用于标准的语义学。标准的语义学假定语言只能以一种方式连接到世界：单称或个体词项（常项或变项）只能表示世界上的个体，一层谓词只能表示世界中的一层性质/关系，等等。但是语言是在很久以前创造出来的，那时我们对这个世界的认识与今天的世界大不相同。语言在某种程度上是由一种偶然的方式创造出来的，受各种因素的影响，从我们的生物构成到历史的偶然。它有很多任务，包括并不随世界的正确描述而改变的任务，比如沟通等等。另外，我们的认识资源（如我之前提到的）允许直接和相对简单地访问世界的某些方面，而要求对其他方面进行间接和相对复杂的访问。因此，指望一个简单的语义学可以为我们提供关于世界各个方面的理论是不合理的。基于这个原因，我对数学真理的研究的出发点是世界而不是语言。首先，我寻找世界上的形式或数学特征（世界上的对象的形式或数学特征）；其次，我问数学的语言是如何与这些特征联系起来的。数学理论相对于世界的形式特征是真的或假的，如果这些特征是性质而不是个体，那么数学的单称词项就表示性质而不是个体，尽管是以间接的方式。

在表明我们有理由假定世界上的对象有形式/数学性质（一层性质，如自我同一；二层性质，如基数、包含、自返性、对称性和传递性，运算，如补、并、交，等等）之后，尽管我们没有证据表明存在数学个体（例如，数），但我认为，个体词项间接而系统地指称形式性质而非个体，这是合理的期望。例如，数字指称的是二层的基数性质，而不是数字的个体，而算术陈述是对有限基数，而不是对数（数字的个体）为真或假。这表明，算术和集合论的符合模式是"复合"的，就像我在书中说的那样。这种说明不需要一个与物理实在相平行的柏拉图实在。只有一种实在，对象和性质都具有物理和形式的特性。（因此，许多与柏拉图主义有关的问题和其他问题一起都不会出现。）这种说明可以扩展到算术之外，但我不能在这里讲。不过，为了说明一种复杂的符合模式可能是什么样子，我说的已经足够了。

关于我在所有层次上的真理论还有很多工作要做。自从完成了《认知摩擦》之后，我发表了许多关于真理问题的文章，做过许多演讲，一些是新的，其他的是对我在书中处理的问题的进一步发展。这些作品包括《关于真理的实质论》《来自康德的有关真理的教训》《真理与科学变化》《真理与超越性：说谎者悖论的地位转变》《在伦理学中有真理吗？》《论真理和逻辑的多元论与规范性》。它们构成了我目前正在写的一本关于真理的新书的基础，暂时将其命名为"实质真理论"。

陈波：刚才说到柏拉图主义，弗雷格关于思想的理论，或者更普遍地说,"第三域",当然是柏拉图式的:思想是独立于心灵的、非空间的、非时间的、因果惰性的、永恒的实体。弗雷格想要将逻辑的客观性奠基于思想的客观性。但我在理解他的理论时遇到了很大的麻烦。我曾经写过一篇尚未发表的文章,对其进行系统的批评:没有同一性条件,没有认知通道,语言和思想之间的关系令人困惑,"第三域"中的居民之间的关系混乱,等等。我想知道您对弗雷格的思想理论,或者他关于"第三域"的学说的看法。

吉拉·谢尔:我不是弗雷格学者,但我对弗雷格进行过相当彻底的研究,他影响了我的想法。我对自然语言的态度和弗雷格一样,那是专业哲学中大量使用的语言。弗雷格说,那种语言给我们带来了严重的障碍,有时会迫使我们用隐喻说话。我认为他的"第三域"的说法在很大程度上是隐喻性的。根据弗雷格的说法,有一种思想的实在,那是客观的,而不是主观的,但它们的实在性在某些重要的方面不同于物理对象。"第三域"是柏拉图式的领域吗?这取决于人们如何理解柏拉图主义。如果我们把它理解为肯定世界上物体的抽象特征的实在性,那么弗雷格的"第三域"就是柏拉图式的。但是,如果我们把它理解为对两个截然不同的世界或对象域的承诺,一个是抽象的,另一个是物理的,那么弗雷格的思想以及他的"第三域"就都是非柏拉图式的。

二、对紧缩论的批评和对说谎者悖论的处理

陈波:我认为您用了一个聪明的论证来击败康德的紧缩论的论证:康德本可以用同样的论证来支持在认识论中的紧缩论,但他没有,这样做是对的;这一论证并没有削弱实质性的知识理论的可行性,出于同样的原因,它也不会破坏实质性真理论的可行性。您能不能给出自己对静默论(quietism)、去引号论和紧缩论的一般反对意见?坦白地说,在大多数时间里,我不明白紧缩论说的是什么,以及为什么要那么说。

吉拉·谢尔:我已经解释过我反对紧缩论的理由,我反对静默论和去引号论的理由是非常相似的。它们依赖关于认知摩擦的一般原则,尤其是那一部分,它说的是,一般的理论知识应该是实质性的,在日常意义上是

丰富的、深刻的、有信息的、解释性的、系统的、严谨的等。为什么所有的知识都是实质性的？在我看来，这是源于人类的一个核心特征：我们渴望对世界的实质（重要）的方面有实质性的认识，包括知识本身、本体论、真理、思想、道德、逻辑推理、理性等，这些都是由哲学来研究的。紧缩论、静默论和去引号论在真理论及其主题上都有一个非常狭隘的观点。例如，去引号论者说，从真理的去引号句子——比如"'雪是白的'是真的，当且仅当雪是白的"这样的句子——可以推出，真谓词是多余的。但这推不出来。从这句话的真理，显然推不出来一般意义上的真理概念或规范是平庸的或多余的。只有当我们假定，去引号的句子抓住了真理的"本质"时，我们才能从这类句子中得出任何实质的结论。但在我看来，去引号的句子与真理的本质或它对人类的意义几乎没有任何关系。就我所知，还没有人确立真理的本质是被这样的句子所俘获的。也没有人证明，我们总是可以在去引号的基础上消除"真"或"真理"这个词。例如，"真理是正确性的规范"，"真理概念是一种内在的、超越的和规范的概念"，"一个陈述在逻辑上为真，当且仅当它在所有模型中都为真"，等等。在这些陈述中，"真"这个词是不能用去引号来消除的，这些陈述也不能在去引号的基础上被当成平庸或多余的整体。仅仅因为其他一些句子（例如，"雪是白的"是真的）在某些情况下是平庸的或多余的，这并不能推出真理概念或规范是平庸的或多余的。紧缩论和去引号论建立在错误的假设之上，或者至少建立在从未确立的假设之上——形如"对真理来说没有什么比……更重要"的假设。静默论是建立在同样的错误或未确立的假设基础上的，例如，假设哲学的唯一（或最重要的）目的是治疗性的。

陈波：我们如何运用您的真理论来处理悖论，尤其是说谎者悖论呢？

吉拉·谢尔：我在论文《真理与超越性：说谎者悖论的地位转变》（2017）中给出过这个问题的答案。通常情况下，当我们发展某个给定主题的理论时，比如引力理论，我们关注理论的内容或目标和它的正确性、趣味性、解释力等。只有当我们达到我们认为对该理论的充分表达时，我们才担心它的逻辑正确性。如果结果表明，该理论包含矛盾，或导致悖论，我们当然会动摇，会采取适当的步骤来克服这个问题，修正这个理论，或者在极端情况下抛弃它，但我们主要关心的是把主题弄对。在真理的领域里，情况往往不是这样。在这里，许多哲学家首先担心的是悖论或矛盾，而只有在他们采取了足够的步骤来避免这些问题之后，他们才会转而去发展一个正确、有趣和有解释力的真理论。但这带来了一个潜在的问题：特设性。如果我们在理解真理的本质之前就给出了一个隐约可见的真理悖论的解答，那么它很可能是特设性的，而非其主题的一部分。这是塔斯基关于说谎者悖论的解决方案令人不满的主要原因，这一悖论涉及一个人说"我在撒谎"，或者一个句子说自己是假的（或者不是真的）。如果这句话是真的，那它就是假的，如果它是假的，那它就是真的。塔斯基关于这个问题的解决方案是建立一种语言的分层：对象语言、元语言、元元语言等等。对象语言的真定义在元语言中给出，元语言的真定义在元元语言中给出，依此类推。没有任何语言包含它自己的真谓词或其他语义谓词，并且不允许自我指称。将理论限制到"演绎科学的形式语言"使这一点成为可能，本质上说，那是在一个定义良好的数理逻辑框架内阐述的语言。人们普遍认为，塔斯基对说谎者悖论的解决方案是有效的，但许多哲学家认为这一解决方案是特设的。许多其他的解决方案被提出——一个特别著名的解决方案源于克里普克（1975）——但这些方案大都遵循这样的模式，将悖论问题当成独立的问题来处理，当成一个必须在发展关于真理的内容充分的正确性理论之前解决的问题（或者，有时候，当成一个其解决方案穷尽了真理论任务的问题）。

我自己对真理悖论的处理是不同的。我对待真理论和其他任何理论一样：我首先担心理论的内容，然后才去检验它是否会导致悖论。这就是我说的"说谎者悖论的地位转变"的意思。我的期望是，我们的理论能够把真理本身弄对，它在一开始就不会导致矛盾。在实践中，我的理论证明了塔斯基对说谎者悖论的解决方案不是基于特设的考虑，而是基于与真理本质有关的考虑，而它也将克里普克和其他人对悖论的解决方案看成基于相似的原则。

这件事的核心是我之前讲过的真理的基本原则，特别是它的前两部分——内在性和超越性。这是真理的本质，它适用于内在思想，即直接谈论某些主题（按宽泛的理解，这个世界上的某种东西）的思想。我们可以将这种语言，或者我们的语言的那一部分，限制为仅仅是内在的、非超越的思想，这是"对象语言"，或者是我们通用语言的"第一层"，即没有用到真谓词的那一层。要产生真谓词，我们需要超越这些内在思想（超越我们的对象语言或超越我们通用语言的第一层）并进入其他思想，进入既看到我们的（对象语言，第一层）内在思想，也看到它们的视野所及的那些世界的方面。只有在这种"超越的"思想层面上，真谓词才会出现。这后一种思想的超越观点，正是被塔斯基的元语言，或者被克里普克的通用语言的第二层，即克里普克真定义的第一阶段所捕捉到的观点。塔斯基的语言分层和克里普克的阶段分级之间有技术上的差异，但是内在性和超越性的基本原则是二者的共同之处。在这种情况下，说谎者悖论不是在外来的、特设的基础上避免的，而是基于真理本身的本质。

三、实质真理论与塔斯基真理论等的比较

陈波：很明显，您给了塔斯基的真理论一种符合论解读。我自己也持这种解读。然而，关于塔斯基理论的哲学特征有很多争议。有些学者认为，这个定义是符合论的，因为在语言词项和它们所指称的模型中的对象之间存在着指称、满足或符合关系。有些学者认为，这个定义并不是符合论的，因为符合预设了现实世界的实在性，而模型可以是现实世界之外的任何东西。有些学者，比如蒯因，认为这个定义是去引号的，或者更一般地，是紧缩的："p"是真的当且仅当 p，或者 that p 为真当且仅当 p。甚至塔斯基自己关于这一点也有不同的说法：有时他说，他的定义是为了捕捉亚里士多德关于真理的符合论直觉；有时他说，他的定义是中性的，与关于实在的任何哲学立场都是相容的。您能帮我澄清一下这个问题吗？这让我困惑了很长一段时间。

吉拉·谢尔：我不是一个塔斯基学者，但我看待这个问题的方式是这样的。首先，在这个问题上有两种观点，即历史的观点和非历史的观点。从前一种观点看，问题是塔斯基自己如何看待他的真理论；从后一种观点看，问题是塔斯基的理论是怎样的理论，而不是塔斯基自己认为它是什么，或者意图它是什么。其次，问题在于，我们是应该关注塔斯基1933

年的《形式化语言的真理概念》中的理论，在那里他将他的理论作为一种符合论提出，还是应该关注他 1944 年的《真理的语义概念和语义基础》中的理论，他在那里说，他的理论在哲学上是中立的。关于这个问题，我倾向于关注他 1933 年的原始论文，我认为这是塔斯基对他的真理论的全面发展，而 1944 年的论文旨在使他的理论引起哲学家的注意，他认为那种方式最有可能吸引他们。关于历史和非历史的观点：从历史上看，我赞同您的观点，塔斯基自己把他的理论看作亚里士多德精神之下的一种符合论，他将他关于真定义充分性的实质条件（T-模式）看成捕捉符合原则。（请参阅我对关于语言的两副面孔的问题的回答。）但是，当我们问塔斯基的理论究竟有什么成就时，这与塔斯基本人认为它有什么成就无关。正如我在讨论真理的逻辑性原则时所指出的那样，我认为它所取得的成就是，说明了逻辑结构在真理中扮演的角色。这是一个符合论的说明吗？我自己认为最好将其解释为一个符合论的说明〔例如，逻辑常量最好被看作表示（或代表）世界中的性质（关系，函数），而满足最好被看作一种符合关系〕，但这并不是大多数人的看法。总之，无论是逻辑哲学家还是真理哲学家都很少对这个问题进行彻底和系统的讨论。

陈波：与塔斯基的语义真理论和其他真理论相比，您的实质真理论有什么创新？

吉拉·谢尔：与塔斯基的理论相比，我所提出的实质真理论的创新主要是我提出的问题。这包括如下的问题：真理在人类思想中产生的认知条件，考虑真理在知识中的作用，关于符合的性质及其模式的多元性的大量哲学问题，除追踪逻辑结构对真理的贡献之外的其他真值条件的兴趣，关于真理的怀疑论问题，对数学中的真理的研究，等等。与像保罗·霍维奇这样的紧缩论者相比，我提出了许多问题，超出了他们自我限定的那些等价式和去引号模式。此外，我对真理在人类生活中的作用的回答远远超出了紧缩论的答案，后者将其限制为某些技术上的作用和对概括的工具性需求。特别是，我关注的是真理在知识中所扮演的实质作用，我并没有把关于真理的哲学问题的讨论归入其他哲学学科；相反，我在真理论之中面对这些问题。我接受了紧缩论者所不接受的挑战，比如解释数学中的真理的挑战，以及在这个领域所遇到的特殊困难，等等。与传统的符合论者相比，我发展了一种新的、动态的符合说明。符合不需要假定一种天然的、过于简单的模式，如复制、镜像或直接同构；相反，它是一个开放的问题，一个需要实质性探究的问题，在不同的领域中符合采取何种形式，是否在所有的领域中都采取同样的形式，它所采取的形式有多简单或多复杂，等等。最后，与真理多元论者（比如克里斯宾·赖特和迈克尔·林奇）相比，我的多元论更有限，也更有实质内容。一方面，其他的多元论者允许更广泛的真理类型，例如融贯、符合以及实用论真理，它们都没有什么共同点。我将真理的多样性限制为符合形式的多样性，这使我的多元论更加紧密和统一。另一方面，其他的多元论者将真理的一般原则限制为很大程度上是无关紧要的原则，而将真理论的实质性部分归入具体的原则（那些随领域不同而不同的原则）。我自己的理论要求一般的原则和具体的原则都是实质性的，要进行实质性的探究，而不是仅仅采取老生常谈的形式。

5. 一种新的逻辑哲学*
—— 陈波与吉拉·谢尔的对话（四）

一、关于逻辑的基础说明

陈波：主要受蒯因（和马克思主义哲学）的影响，我是逻辑规律的先验证成的敌人，而更同情经验论的证成：逻辑在某种程度上与世界以及我们对世界的认知有关。但以何种方式？许多细节都不清楚，隐藏在黑暗之中。当我读到您的长文《逻辑的基础问题》时，我觉得我得到了我想要的东西。您能否简单地回答以下这些与您对逻辑的基础说明有关的问题：为什么我们绝对需要这样一种说明？为什么我们这么长时间都没有这样的说明？您是如何发展您自己的说明的？您的说明有哪些基本主张？还有什么开放问题有待回答？还有哪些工作有待完成？等等。

吉拉·谢尔：逻辑在所有知识和话语中都扮演着重要的角色，因此对逻辑的基础说明尤为重要。由于我们的认知局限，我们无法通过直接发现与世界的一切事物有关的所有知识来获取世界的知识。我们需要一种推理方法，使我们能够根据已有的知识来获得新的知识，而所需的方法必须将真从句子传递——真正地传递——到句子，而且确保这种传递——真正地确保这种传递。这需要逻辑有一个事实基础。此外，由于逻辑的普遍性，逻辑上的错误原则上可以破坏我们的整个知识体系。生物学中的一个严重错误不太可能破坏物理学，而物理学中的严重错误不太可能破坏数学或逻辑，但逻辑上的严重错误很可能会破坏所有学科。此外，逻辑上的错误，作为一个矛盾，很可能会对我们的知识体系造成特别严重的损害，从而消

---

* 本文原为英文，由徐召清译成中文。

除真实和虚假的知识——名副其实的知识和虚构之间的区别。最后，逻辑结构，以及作为其核心的逻辑常项，在所有领域和所有层次的人类话语中是如此普遍，如果我们不能正确理解它们对语句的真值和真值条件的贡献，我们就不能正确理解我们在所有领域中的语言的大多数句子的真值和真值条件。所有这些都意味着我们不能把逻辑视为想当然的，逻辑并不只是一个游戏或一组约定，仅仅"感觉"它是对的，或在我们看来它是明显的或以某种方式不证自明的，这都不足以证成我们的逻辑理论。我们需要为逻辑建立一个真实的基础，而这不是一个平庸的问题。

  为什么我们在这么长的时间里缺乏对逻辑的基础说明？我首先要说的是，在整个历史中，许多逻辑学家和哲学家都对逻辑的本质和基础持有哲学观点，但缺失的是一个彻底的、系统的基础理论。这不仅是我的观点，也是佩内洛普·麦蒂（Penelope Maddy）在她 2012 年的论文《逻辑哲学》中所提到的。佩内洛普以及罗伯特·汉纳（Robert Hanna）最近也尝试过这样的基础。在我看来，直到最近我们仍缺乏全面的逻辑基础的主要原因在于这样一个事实，我们前面已经谈到过，传统哲学家将基础方案等同于基础论方案，这导致他们得出如下的结论：逻辑的基础（作为一个"基本"学科）是不可能的。此外，拒绝基础主义方法论的哲学家们在很长一段时间里都把这种拒绝看作对基础方案本身的拒绝。他们反对为逻辑提供系统基础的具体原因是循环和无限倒退。这可以追溯到维特根斯坦的《逻辑哲学论》，他在其中说，为逻辑提供一个基础，我们必须"站在逻辑之外"，但站在逻辑之外就不可能思考。遵循谢弗（Henry M. Sheffer）的用法，这个问题有时被称为"逻各斯中心论"的问题："为了给出逻辑的说明，我们必须预先假定和使用逻辑。"有趣的是要注意，将基础方案与基础主义方案相等同，这在哲学家当中是如此的根深蒂固，甚至拒斥基础主义的当代哲学家也引用逻辑基础不可避免地包含某种循环（倒退）这一事实，来否定这种基础的可能性。

  为了发展逻辑的基础说明，我使用了基础整体论的方法论。在这种方法论中，我经常使用功能方法（在"功能"的日常意义上）。例如，确定逻辑的一个核心角色（功能），我问：要满足这个角色需要具备什么特征？然后，有了这些特征，我就会问：什么样的基础会赋予逻辑这些特性呢？等等。

我的基本主张是：

（1）逻辑既是知识的工具，又是知识的领域。作为一种知识的工具，逻辑的作用是发展一种特别强大的通用推理方法，并为发现特别有害的错误（矛盾）提供工具。作为一个知识的领域，逻辑研究这种类型的推理和矛盾。

（2）就推理而言，逻辑必须指定，一个给定推理在什么条件下、以何种特别的模态强度将真从句子传递到句子。这种类型的推理被称为"逻辑上有效的"。逻辑必须使我们能够识别逻辑上有效的推理，告诉我们如何建立这样的推理，等等。

（3）无论是作为一个知识的领域，还是作为一种知识的工具，逻辑都需要既奠基于世界也奠基于心灵。

（4）除了所有学科共享的原因（例如，认知摩擦），逻辑需要在世界上奠基或者需要一个事实性基础，还有特别的原因：（a）逻辑必须在世界上有用；（b）逻辑在下述意义上是事实性的，即一个给定的推理是否能以一种特别强的模态力将真从句子传递到句子，这是一个事实问题；（c）逻辑必须从句子传递到句子的是真（而不是美，或简单性，或……）。因为按广义的理解，真是与事物在世界上的方式有关的事情（而不是只与心灵相关的事情），世界在逻辑推理中起着至关重要的作用。特别地，逻辑推理受到一些事实的约束，并且可以奠基于这些事实，其涉及前提在世界中为真或将会为真的条件与结论在世界中为真或将会为真的条件之间的关系。

（5）逻辑也需要在人类心灵中奠基，因为它的任务是创造一个强大的推理（或发现有害错误）系统供人类使用。这意味着心灵的某些方面（语言、概念等）对于构建逻辑系统也是至关重要的。

（6）为了具有普遍性和特别强的模态力，逻辑不能仅仅奠基于与世界有关的任何事实，它必须奠基于约束世界的适当规律——它们要具有普遍性和特别强的模态力所要求的特征。

（7）这种类型的规律是形式规律，它是对一般对象的形式性质（关系、函数）的规范。一些形式性质的例子是同一、非空、（在论域内的）

普遍性、补、并、交、包含等等，这些性质与标准数学性质的逻辑常项一一对应。在我的观念里，标准的数理逻辑奠基于约束这些性质的规律。

（8）形式性质的一个特征是，在个体的 1-1 替换下保持不变。举例来说，同一在将个体 b 和 c 分别替换为 b′ 和 c′ 的 1-1 替换下是不变的，或者是不加区分的：b = c，当且仅 b′ = c′。同样，非空性是在任何 1-1 的个体替换下保持不变的性质：如果所有（非空）域中的个体以 1-1 的方式替换为任何个体，A 在这种替换下的象是 A′，那么个体的性质 P 是非空的，当且仅当它在 A′ 中的象是也非空的。我将这种不变性用作形式性的一般标准。

（9）用当代数学的语言，对 1-1 替换下的不变性的一个系统解释是，在所有同构下的不变性。（同一是在形如 < A，b，c > 的结构的所有同构下都保持不变的，其中 A 是非空的个体集，b 和 c 是 A 的元素；非空性是在形如 < A，B > 的结构的所有同构下都保持不变的，其中 B 是 A 的子集，等等。）

（10）为了达到普遍性和模态力，我们注意到，形式性质在任何类型的个体的 1-1 替换下都是不变的，无论是事实的个体还是反事实的个体。

（11）其结果是，规范形式性质的规律——形式规律——是普遍的，而且具有一种特别强的模态力。它们是普遍的，因为它们在所有实际的结构或情境中都成立，而且它们具有一种特别强的模态力，因为它们在所有的反事实情境中都成立，这里"反事实"的范围特别宽泛。物理性质与形式性质相比，并没有如此高的不变性：在用非物理个体（比如数学个体）来 1-1 替换物理个体时，它们并不会保持不变。因此，形式规律比物理定律具有更大的普遍性和更强的模态力。简而言之，形式规律足够强，可以为逻辑奠基。

（12）为了创建一个适当的逻辑系统，我们可以使用形式性质作为逻辑常项的外延。例如，性质非空是存在量词的外延，求补的运算是否定的外延，同一关系是等词的外延，等等。然后，我们就可以将形式规律成立的事实和反事实情形的整体通过塔斯基模型来表示，而且将逻辑真理和后承定义为在所有模型中都真或保真。

（13）逻辑常项的强不变性和塔斯基的模型装置保证了逻辑推理是高

度通用的、高度必然的、题材中立的，而且具有一种特别强的规范力（例如，比物理的规范力更强），是准先天的（很大程度上不受经验发现的影响），等等。然而，它不是分析性的（因为它不只是奠基于心灵的）。除了语义学之外，"形式"逻辑也有一个证明系统。该系统的证明规则奠基于控制该系统的逻辑常项（的外延）的规律。

（14）任何形式性质都可以作为适当的逻辑系统中的逻辑常项的外延。因此，逻辑比标准的一阶数理逻辑更广泛。它包含了二阶逻辑，以及所有所谓的广义一阶逻辑——具有如下逻辑常项的逻辑，比如"大多数""无限多""是对称（关系）"，等等。

还有哪些问题有待解决，还有哪些工作要做？第一，关于逻辑和数学之间的关系还有更多的工作要做，下面我将简要地讨论这个问题。第二，关于形式结构的规律还有很多工作要做。第三，关于将逻辑奠基于心灵还有很多工作要做（这是您的下一个问题）。除此之外，还有一些问题和批评需要回应。（到目前为止，我已经对大多数问题和批评进行了回复，但新的问题和反对意见可能还会出现。）第四，我希望我在逻辑基础上的工作能够促使其他人以一种彻底的和系统的方式来研究其他知识领域的哲学基础。

陈波：我的印象是，您花费很大力气去论证逻辑奠基于世界，但在逻辑也奠基于心灵方面做的论证很少。您能否进一步解释，逻辑在何种意义上，以何种方式，是奠基于心灵的？在这一点上，我认为您可以追随蒯因：让达尔文的自然选择和进化发挥关键作用。通过自然选择和进化，世界的结构特征被植入我们的心灵之中，但还需要更多的细节。您觉得我的建议怎么样？

吉拉·谢尔：让我解释一下，尽管逻辑需要在世界和心灵中都有基础，但我迄今为止一直专注于它在世界上的奠基。有两个相关的原因。一是过去和现在的大多数哲学家，都认为逻辑是奠基于心灵的，所以目前，解释它在世界上的奠基比它在心灵中的奠基更重要。二是如果一个人从逻辑在心灵中的奠基出发，就会有产生无摩擦理论的危险，所以从一开始就有一个明确的约束是很重要的。对逻辑的一个主要制约因素，就像对一般的知识一样，是世界。所以我更愿意从世界开始我的基础研究。（这也是我在写《认知自由》之前，决定先写《认知摩擦》的主要原因之一。）

至于您建议我用进化论来说明逻辑在心灵中的奠基，我同意您的观点，认为进化论在我们发现世界的形式或结构特征方面扮演着重要的角色，这是合理的。所以这很可能是那个说明的一部分。但是在心灵中为逻辑奠基也涉及其他事情。例如，我们对知识进程的积极参与，包括发展逻辑系统，这很可能超出了进化论。虽然很大程度上我将进化的方面留给进化理论，但我还是希望能在计划写的《认知自由》一书中对其他因素进行研究。

二、逻辑性标准、集合论和逻辑

陈波：根据您对形式性的定义，一种算子是形式的，当且仅当它在个体的 1-1 替换下保持不变；一种算子是可接受的逻辑算子当且仅当它是形式的。据我的判断，您的定义没有足够的信息量来清楚地区分形式和非形式，以及逻辑常项和非逻辑常项，因为您没有清楚地定义个体或对象究竟是什么。如果您只允许事态和本义的个体成为对象，那么，您就会把逻辑限制在数理的一阶逻辑上，也就是，句子逻辑和谓词逻辑。如果您承认性质和命题是某种类型的对象，那么，像"∀F"和"∃G"这类高阶量词，"必然地"、"可能地"和"不可能地"，"知道"和"相信"，"过去"和"未来"，"应该"、"允许"和"禁止"，等等，都是逻辑常项，因为它们在性质或命题的 1-1 替换下保持不变，无论它们属于什么知识领域。因此，我们将获得或窄或宽的逻辑常项列表，以及或窄或宽的逻辑范围。所有这些都可以按它们自己的方式非常好地解释逻辑的特征，诸如题材中立性、抽象性、基本性、特别强的模态或规范力、确定性以及（准-）先验性（quasi-priority）。您对我的评论怎么看？

吉拉·谢尔：让我解释一下您的评论中作为逻辑性标准的不变性，特别是，为什么用个体而不是一般意义上的对象（包括性质和关系）来表述，它与二阶和高阶数理逻辑以及非数理逻辑是如何关联起来的。

我首先要澄清两点：

第一，形式性/逻辑性的不变性标准既适用于对象层面，也适用于语言层面。在对象层面,它告诉我们哪些对象(包括性质、关系和函数)是形式的,而在语言层面,它告诉我们哪些语言表达式是逻辑的。在对象层面,我们假设有一个对象具有分层的结构:个体(第 0 层)、个体的性质①(第 1 层)、个体性质的性质(第 2 层)等。在语言层面,我们假设有一个对应的表达式的分层结构:个体的名字(第 0 层)、个体的谓词(第 1 级)、个体谓词的谓词(第 2 层)等。

第二,在对象层面,在个体的 1-1 替换下保持不变的事物是各种层次的性质;在语言层面,是各种层次的谓词。在个体的 1-1 替换下保持不变的性质被认为是形式的,相应的谓词被认为是逻辑的(或可作为逻辑谓词)。逻辑谓词被说成是表示形式性质。在这个意义上的形式性质的例子包括同一(第 1 级)、非空(第 2 级和更高级)、互补(第 2 级和更高级)、交集(第 2 级和更高级)、所有的基数性质(第 2 级和更高级)、自返性和对称性(第 2 级和更高级)等。相应的谓词是等词、存在量词、否定、合取(形如 Ax & Bx)、基数—量词、自返性和对称性量词等,除等词(和其他一些谓词)外,它们可以是第 2 级和更高的级别。

第二条澄清为您的问题提供了一个答案:个体的 1-1 替换下保持不变的标准产生了所有层次上的逻辑和非逻辑表达式的划分,因此就足以解释二阶和更高阶的数理逻辑,而不仅仅是一阶逻辑。

现在回答您的问题:为什么是在个体的 1-1 替换下保持不变,而不是在性质的 1-1 替换下保持不变?因为满足后一种条件是非常困难的,满足它的谓词不适合作为逻辑的基础。标准的逻辑常项都不满足这种不变性条件,您所提到的其他常项也不满足,比如"必然地""可能地""知道""相信"等。满足在性质的 1-1 替换下保持不变的性质,大都是标示语义类型的谓词:"是个体""是个体的 n 元性质""是个体的 m 元性质的 n 元性质"等。将自身局限于此类逻辑常项的逻辑将无法实现逻辑的指定任务。

个体的 1-1 替换不被模态和其他算子满足这一事实能成为放弃这个标准的理由吗?不能。在某种意义上,数理逻辑比其他逻辑更强,例如,具

---

① 此处的"性质"是"性质、关系和函数"的简写。

有更强的模态力。这并不意味着不存在较弱的推理系统，但这些逻辑的基础在某些重要方面与数理逻辑不同。有可能基于某种形式的不变性来建立它们，但那既不是在个体的 1-1 替换下保持不变，也不是在性质的 1-1 替换下保持不变。对逻辑哲学家来说，要系统地理解这些逻辑的基础是一种挑战，那种方式既在哲学上具有启发性，又能为批判性地评价这些逻辑提供工具。

陈波：您使用集合论，更具体地说，ZFC，作为形式结构的背景理论，您也把逻辑看作制约对象结构的形式规律的理论。您的策略似乎带来了一个大的问题：是集合论先于逻辑，还是逻辑先于集合论？换句话说，我们是将逻辑作为构建集合论的工具，还是将集合论作为构建逻辑的工具？您对这些问题怎么看？

吉拉·谢尔：在我看来，集合论和逻辑都没有先于对方。逻辑和数学（包括集合论）是同步发展的，它们的发展是一个建设性循环的例子，这个过程是由我的基础整体方法论和知识的动态模型所认可的。一个基础论者必须把其中一个看作优先于另一个（除非把它们看作属于分层真理中的不同分支），但是整体论者不必如此。逻辑和数学是同步发展的，各自都使用对方提供的资源来进一步发展。我在回答您关于建设性循环的问题时描述过这个过程。就 ZFC 的情况而言，我们可以使用前公理化的逻辑来发展素朴集合论，再用素朴集合论来发展公理化逻辑（语法和语义），然后用公理化逻辑来发展公理集合论（语法和语义），以及用公理集合论来发展广义的逻辑（特别是它的语义）。我还应该指出，ZFC 只是一个形式结构的背景理论的一个例子；原则上，其他的背景理论也是可能的。

陈波：关于您对逻辑和数学真理的说明，我担心它们太具特设性而不能有效。您似乎首先把当前逻辑和数学理论的大部分都看作正确的，然后，为了解释它们的真，您找出对象的形式或数学特征。用比喻来说，这个策略看起来就像把马车放在马前面一样。您的理论可以解释当前的逻辑和数学真理，但我怀疑它是否也能检验新的逻辑或数学理论的真实性。考虑数学中的基数，我怀疑它们是否可以作为检验所有数学理论正确性的试金石，尤其是将来会出现的新理论。您对我的担心和怀疑怎么看？

吉拉·谢尔：我不认为我对逻辑和数学真理的处理是特设性的。运用基础整体的方法论，我在我们现有的理论之间来回转换，包括关于它们的批判哲学问题，对真理和逻辑的一般性探究，运用哲学和数学以及逻辑的文献中的各种资源，作为背景的心理学知识，常识推理，等等。所有这些都使我们能够对我开始时的理论发展一种批判的看法。实际上，就逻辑而言，我得出的逻辑与我开始时的逻辑是不同的：广义的一阶逻辑与标准的一阶逻辑是截然不同的。至于数学，我把数学定律解释为制约世界上的形式性质的规律，这为批判性地检查目前公认的数学定律奠定了标准。这些规律在实用主义或美学基础上被证成是不够的，它们需要用真实的基础来证成，也就是，以真理为基础。

关于数学中的基数，我完全同意它们不能作为检验所有数学理论正确性的试金石，我从来没有说过它们可以。我用它们作为世界的形式/数学特征的例子和其他特征的例子：同一和差异、自返性、对称性、传递性、良序、补、交、并、笛卡儿积等。此外，我把未来会发现什么新的数学特征和规律留作开放的问题。我并未声称，或期望，或假设，或要求它们是基数，或与基数有关。

三、心理主义、汉纳和麦蒂的逻辑观

陈波：众所周知，数理逻辑起源于弗雷格和胡塞尔对心理主义的著名攻击。近年来，主要以认知科学和认知逻辑为背景的学者们，开始反思和重新评价反心理主义，甚至重新思考心理主义在逻辑中的复兴。您对逻辑基础的说明与这种心理主义有关吗？您能对逻辑中的心理主义、反心理主义和新心理主义做一些评论吗？您能在这种背景下，简单回顾一下罗伯特·汉纳的《合理性与逻辑》（2006）一书吗？我浏览过这本书，阅读过其中几章。

吉拉·谢尔：心理主义对不同的人意味着不同的东西。我更倾向于关注弗雷格，而不是胡塞尔，因为弗雷格在塑造我的哲学观点上扮演了重要的角色，胡塞尔却没有。然而，与弗雷格不同的是，我不认为心理主义是非黑即白的问题。我同意弗雷格的说法，即逻辑理论的工作不是描述人类的实际推理形式，当然也不是描述他们的推理习惯。它的工作是建立一种正确的推理方法，这种方法在下述意义上是正确的，它所认可的推理形式确实以很强的模态力将前提中的真传递给结论。焦点问题不在于人们是否相信逻辑推理是真实的，或者是否像他们相信它们那样去行动，而在于它们本身是否的确是真实的。逻辑规律的真，而不是它们与我们的心理构成的一致性，是它们的规范力的来源。我们能够做出，有时也的确会做出不正确的推理，但逻辑的工作是建立一个正确推理原则的体系，不管我们的心理构成是否"迫使"我们以这种方式去推理。和弗雷格一样，我相信逻辑是客观的，奠基于某种客观的东西。

但与弗雷格不同的是，我认为人类心理学在逻辑中扮演了重要的角色。构建一个正确的逻辑系统不止一种方法，但是我们感兴趣的是一个可以被人类使用的逻辑系统，并且我们能够构建的逻辑系统也是只用我们可用的认知资源就能建立起来的。在这些方面，逻辑考虑了人类生物学、心理学等等，所以，我认为心理学和认知科学研究的一些内容与逻辑系统的理解和逻辑系统的构建是相关的。至于这是否就是逻辑的新心理主义，我更愿意将其留作一个开放的问题。不同的实践者说的是不同的东西，我们必须单独检查他们说的是什么。

至于罗伯特·汉纳，我发表过讨论他 2006 年的《合理性与逻辑》一书的书评，我所说的要点是：汉纳发展了一种宽泛的康德式的"认识主义"逻辑观，根据他的看法，逻辑是一门先验的规范学科，由理性构成，并且是由有理性的动物在一种天生的模板——称其为"原型逻辑"——的基础上建设性地创造出来的，它属于一种特殊的认识能力——逻辑能力。对这种能力和它产生的逻辑的研究是认知心理学和哲学的共同课题，但它并不是一个将逻辑还原为心理学意义上的自然主义方案。汉纳将原型逻辑与普遍语法进行了比较。普遍语法允许多种自然语言，原型逻辑也同样允许多种逻辑。这些逻辑必须包括原型逻辑，但除此之外，可以说"一切都行"，包括相互冲突的逻辑。

我同意汉纳理论的某些方面，例如，心灵是逻辑奠基于其中的事物之一，以及逻辑不能归约为心理学。但我对其他方面是批判的。我对汉纳的一个批评焦点是完全忽略了逻辑的真实性。根据他的说法，逻辑只在心灵中，而不在世界中。人类被认为是逻辑能力的"俘虏"，这使得他们没有空间去批判性地看待逻辑，也没有办法区分那些事实上以很强的模态力将真从句子传递到句子的逻辑系统，和那些没有做到这一点的逻辑系统。对逻辑来说，其真实性的重要削弱了原型逻辑与普遍语法之间的类比。自然语言既不是真的也不是假的，但逻辑上的主张都是，无论是对象层面的主张（"每个个体都是自我同一的"）还是元逻辑的主张（"句子 S 在逻辑上是真的"，"S2 可从 S1 逻辑地推出"）。

陈波：2002—2003 年，在迈阿密大学访学的时候，我读了佩内洛普·麦蒂的论文《自然主义视角下的逻辑》（2002），它给我留下了深刻的印象。后来，我要我的一位博士生将它译成中文，发表了该论文的中译版。在这篇文章中，麦蒂做出了很大的努力将逻辑奠基于世界和心灵中："逻辑对世界来说是真实的"，"我们的逻辑的核心反映了世界的结构特征"；"逻辑学植根于人类认知的结构"，更具体地说，"经典的一阶逻辑基于我们最基本的概念化模式"。您能比较一下您对逻辑的基础说明和麦蒂在那篇文章中的自然主义逻辑观吗？

吉拉·谢尔：我们的观点有一些重要的相似之处：我们都认为逻辑既奠基于世界也奠基于心灵，我们都将世界的结构维度当作为逻辑奠基的东西，我们都否认逻辑是分析的，我们都否认它是纯粹先验的，我们都关心逻辑的真实性，而且我们都相信逻辑变化的可能性。从方法论上看，我们都把逻辑哲学，以及更一般意义上的哲学，看作与其他学科（包括经验学科）相互联系的。作为哲学家，康德和蒯因对我们都很重要。

但我们之间也存在着显著的差异。第一，麦蒂是一位自然主义者，而我不是。虽然我对哲学和科学之间的合作很友好，但自然主义并不是我的哲学身份的一部分，那是她的哲学身份的一部分。第二，麦蒂从康德的作品中接受了我在他的作品中所拒绝的：他对逻辑的处理。在我看来，康德的作品在认识论和伦理学等领域是极其重要的，但在逻辑或逻辑哲学中却不是这样。此外，我反对康德的观点，即我们的思想的逻辑形式是一次性地建立在我们身上的，我们没有任何办法控制它们。这使逻辑在人类心灵中的基础成为静态的和消极的，这使得解释逻辑的真实性极其困难。我和她之间的这种不同，在一定程度上反映在她问我的问题之中。2002 年我在加州大学欧文分校做了一次演讲，那之后她问了我一个问题。她问的是，人类认知的生物结构是否有可能恰好与世界的结构完全一致。我回答说，这不是关键所在。关键在于，是世界决定了哪种逻辑形式的观念产生了正确的逻辑真理和后承，而非某些心灵的认知结构碰巧是什么。并非所有可能的心灵结构都有能产生正确推理的内置的"逻辑形式"。正确性是一个关于世界如何的问题。而且，逻辑的历史表明，我们的确对我们在推理过程中所使用的逻辑形式有一定的力量，所以人类认知的生物结构碰巧是什么，即便在心灵层面，也不是故事的全部。此外，我认为我的理论与麦蒂的理论相比更强大，更有信息内容，也提供了更丰富的工具来解释逻辑在世界中的奠基，以及逻辑推理、逻辑真理、逻辑规律的必然性。第三，我提供了一种对逻辑所奠基的世界特征（即形式特征）的精确刻画，而且我是以非常富有成效的概念（即同构不变性）来做到的。这使我能够做一些麦蒂的说明做不到的事情：我可以解释逻辑真理和推理的客观必然性，而无须基于偶然事件的理由，或主观的理由——基于在我们看来什么是必然的；我可以确定，这个世界上的什么东西是逻辑的真实性的来源，而不是说，逻辑真理是真实的，逻辑后承是保真的，这在我们看来是显然的；等等。第四，我的基础整体论使我既能克服在逻辑基础研究中对循环性的反对，又能解释人类如何能够获得为逻辑规律奠基的客观规律的知识。麦蒂正确地拒绝了蒯因的单一整体论，但她没有提供其他的整体论，因此没有办法解释逻辑知识，也没有办法消除在所有非整体论的逻辑研究中出现的循环性反驳。

四、蒯因的逻辑可修正性

陈波：就逻辑的可修正性而言，蒯因的立场似乎既激进又保守。激进的一面：他认为，逻辑与科学在奠基于我们的知识体系的相互联系方面共享经验内容，因此它甚至是在经验证据的基础上可修正的。保守的一面：他认为任何替代逻辑，比如直觉主义逻辑和量子逻辑，都不是对一阶逻辑的真正修正，因为它改变了逻辑术语的意义，因此在处理不同的主题。您能就蒯因在逻辑可修正性问题上的观点发表评论吗？您能举出对经典逻辑做真正修正的例子吗？顺便说一下，近年来，逻辑多元论变得相当流行。

您能解释一下逻辑多元论究竟是什么意思吗？您对逻辑多元论的态度是什么？为什么？

吉拉·谢尔：在我看来，蒯因在逻辑可修正性上的立场是复杂的，而且它们之间存在着严重的冲突。蒯因对分析性的拒绝，以及他将所有学科都看成是部分事实性的、部分约定的，这表明逻辑（非常重要的）部分是事实性的，是奠基于世界的，因此也对基于事实理由的修正保持开放。这似乎反映在《经验论的两个教条》的著名段落之中，蒯因把逻辑的修正与物理和生物学的修正进行了比较。但是这里的冲突却在蔓延。对这段话的仔细审视表明，这种比较的基础实际上是所有这些修正中的实用元素，而非事实性元素："修订逻辑排中律甚至作为量子力学的一种简化方式而提出，这种转变和开普勒取代托勒密，或爱因斯坦取代牛顿，或达尔文取代亚里士多德的转变之间有什么原则上的区别呢？"所以他的要点并不是说逻辑是事实性的，而是说经验科学在很大程度上是实用论的或者是约定的。在我看来，蒯因要将逻辑看成事实性的，其根本困难在于他的激进经验论。作为一个经验论者，蒯因不能承认世界的抽象特性，或者至少人类对这种特性的知识，因此他不能将逻辑按其本身的样子奠基于世界，而只能作为一种处理手段，特别是，我们处理经验科学实验范围内所产生的问题的简化手段。

相比之下，对于我来说，这个世界，或者世界上的对象是否具有抽象的特征是一个开放的问题。此外，我相信，至少对于形式特征，我们有充分的理由接受它们的实在性。正是规范这些特征的规律（即形式规律）为逻辑奠基。因此，对我来说，逻辑的修正不仅仅是基于对经验科学的实用论考量，而且也出于，并且实际上主要是出于对逻辑本身的真实性的考量。

例如，考虑一下对排中律 $S \vee \neg S$ 或 $(\forall x)(Px \vee \neg Px)$ 的修正。这个规律（按它的第二种形式）奠基于一种规范世界的形式规律。用集合论的术语，我们可以这样来描述，它说的是，给定个体域 D 和性质 P，每个 D 中的个体要么位于 P 在 D 中的外延之内，要么位于它在 D 中的补集之内。这个规律假定世界的基本形式结构使得任何个体域都被每个性质分成两部分。但是，这个假设是否正确是一个开放的问题。如果事实证明，任何个体域在原则上都被分为 3 个或多个部分，那么排中律就是假的，而经典逻辑也应该被修正。（正如我在书中解释过的，句子版本的排中律的情形与此类似。）

关于逻辑多元论，我的观点是，逻辑有多个方面，这自然就产生了多种逻辑，例如，在数理逻辑之外有模态逻辑。我自己的说明关注的是数理逻辑，并解释了为什么它在某种意义上比模态逻辑更强也更基本。模态算子的不变性比数理逻辑算子要弱，在这个意义上，模态逻辑是一个较弱的逻辑。但这并不意味着它不是一个"合法"的逻辑，尽管它确实意味着它不是数理逻辑的替代品。所以，就逻辑多元论而言，我在承认多种逻辑的可行性方面没有任何问题。然而，在思考一般意义上的多元论，尤其是特定的逻辑时，我反对这种"怎么都行"的观点，它有时也与逻辑多元论相关联。特别地，在两种同类型的相互冲突的逻辑中——例如，两种相互冲突的数理逻辑中——我们要么拒绝其中一种逻辑，要么解释为什么尽管它们存在冲突，但二者都是可以接受的。我们的解释必须处理真实性的问题，即逻辑规律和关于逻辑真理和逻辑后承的主张为真的要求，这里的真是在我所赋予的稳固但灵活的意义上说的，也就是，多重的符合。这不是一个平庸的要求。最后，存在多个逻辑，比如直觉主义逻辑，而且（至少一些解释）认为逻辑是完全奠基于心灵的，而不在任何重要的方式上奠基于世界。我拒斥这些逻辑（或如此理解下的逻辑），其理由让我得出这样的结论：逻辑不仅要奠基于心灵，而且要奠基于世界（或世界的某些特定的方面）。

五、余论

陈波：在《认知摩擦》中，您向我们许诺了它的姊妹篇《认知自由》。您能提前告诉我们这本书的内容吗？您的新书将会发展哪些主要观点和立场？

吉拉·谢尔：认知自由（epistemic freedom）是认知摩擦（epistemic friction）的一个补充原则。在《认知摩擦》中，我关注的是知识的整体结构以及摩擦和自由在其中的作用，但我更强调认知摩擦。我的一个主要话题是将知识——各种领域的知识，包括逻辑和数学——奠基于世界。在《认知自由》中，我想解释一下心灵在知识中的作用。在思考基本的人类认知情形时，我把这种情形描述为包含两个要素：心灵和世界。心灵试图了解这个世界，但由于它的认知局限，这不是一个简单的目标，也不是一个容易实现的目标。然而，由于它确实拥有认知资源，加上它能积极地寻找，找出通向世界的认知路径并加以实施，这也不是一种无望的追求。我想在《认知自由》中进行研究的，正是心灵在知识中所扮演的这种角色。在这次探究中，我对两件事特别感兴趣：

第一，我对理智在知识中的作用很感兴趣。我感兴趣的是理解它在日常生活中的作用，以及在科学、数学和逻辑知识，特别是在发现中的作用。我的目标是进一步发展——和修正，如果有必要的话——我在《认知摩擦》中提出的理智新范式：构想。

第二，我感兴趣的是一个经典的问题，即心灵和世界是如何聚在一起产生对世界的知识的。我特别感兴趣的是，我们的积极自由使我们能够驾驭心灵—世界的相互关系的方式。简而言之，我感兴趣的是理解认知摩擦与自由之间的平衡，包括我们从自然或我们自身（通过我们认知被动性、被误导的决定等）所施加的限制中挣脱出来的能力。

陈波：在我看来，在当代的分析哲学中有两种不同的哲学风格。第一种接近于传统哲学，侧重于形而上学、认识论、逻辑学、伦理学等领域中重大而基本的问题，它们使用分析方法，密切关注对错之分。我自己把蒯因、塞尔和您作为这第一种风格的代表。第二种集中在非常狭窄和具体的问题上，使用复杂的技术，主要来自逻辑、数学和语言学，发展一些新奇的、奇怪的、有挑衅性的、有时让人惊讶的学说，带来相当激烈的争论和辩论，如此等等。现在，第二种风格似乎比第一种更时尚。您能对这一现象发表评论吗：存在还是不存在？积极的还是消极的？

吉拉·谢尔：从某种意义上说，您是对的。现在有两种风格的哲学，第二种更受欢迎。与此同时，我认为大多数哲学家都对"大"问题感兴趣，并把更小的问题视为对大问题的更明智的回答。历史学家也有类似的态度。为了在今天解决经典的哲学问题，许多哲学史家认为，您需要了解它们的历史根源和过去的伟大哲学家所给出的答案。目前关注较小问题的趋势是好还是坏？我认为都不是。有很多方法可以为哲学做出贡献，每个哲学家都必须找到自己的方法来做出这样的贡献。

陈波：在您看来，伟大的哲学家最突出的特点是什么？您能给年轻一代的哲学家们，特别是年轻一代的中国哲学家们，提供一些做哲学的建议吗？正如您所知，中国哲学长期游离于国际哲学领域之外。我认为这种情况必须改变。至少，一些中国哲学家应该参与到国际哲学活动和哲学共同体中去，例如参加国际会议和研讨会，在公认的国际期刊和出版社发表作品，等等。通过这种方式，我们可以与国际哲学同行进行比以往更多的交流与对话。

吉拉·谢尔：我所钦佩的伟大哲学家的特质包括他们的独立、无畏、心胸开阔、专注于大问题、顽强地寻求事物的实质、想象力以及创新等。

我给年轻的中国哲学家们的建议是，让自己开放地面对各种哲学方法，同时也要忠于自己对什么是重要和值得做的事情的感觉。我认为哲学是普遍的，我和您一道敦促中国的哲学家们加入国际组织，参加国际会议，在国际期刊和出版社发表作品，访问其他国家的哲学系，邀请其他国家的哲学家访问他们的系，以及参加他们的会议。我自己也发现，在国际层面上参与哲学是非常富有成果的和高回报的事情，我相信来自所有国家的哲学家们都会这样做。

陈波：我想，关于您的哲学，我们一起完成了一次很有分量的访谈。非常感谢您的合作，希望您的下一本书《认知自由》很快就能出版，也预祝它取得巨大的成功。我期待着阅读它！

吉拉·谢尔：陈，非常感谢有机会接受您的采访！

6. 深入地思考，做出原创性贡献*
——蒂莫西·威廉姆森访谈录

蒂莫西·威廉姆森（Timothy Williamson），1955 年生，牛津大学哲学博士（1981），现任牛津大学威克汉姆逻辑学讲席教授，先后当选为：英国皇家学会会士、英国科学院院士、欧洲科学院院士、国际哲学学院院士、美国文理科学院院士、丹麦文理科学院院士、爱尔兰科学院院士和爱丁堡皇家学会院士，曾任亚里士多德学会和心灵学会会长。其研究领域为逻辑学、认识论和形而上学，是当今最有影响力的哲学家之一。其著作有：《同一与分辨》（1990，第二版 2013）、《模糊性》（1994）、《知识及其限度》（2000）、《哲学的哲学》（2007）和《作为形而上学的模态逻辑》（2013），并出版了两本哲学普及读物：《对与错的真相——四人对话录》（2015）、《做哲学——从日常好奇心到逻辑推理》（2018）。有两本讨论其哲学思想的专题文集出版：《威廉姆森论知识》（2009）和《威廉姆森论模态》（2017）。

陈波：蒂莫西·威廉姆森教授，很高兴有这个机会对您做访谈。据我所知，您只比我大两岁，但您已经是国际著名的哲学家了，而我连英文出版物也只有很少几篇。之所以如此，我以为，并不是因为我的懒惰和愚蠢……

威廉姆森：当然不是！

陈波：……而是由于一系列复杂的原因。我只是顺便提到这一点，现在我开始正式提问。中国哲学家和逻辑学家对您个人以及您的学术工作所

---

* 我于 2007 年 8 月至 2008 年 8 月在英国牛津大学哲学系做访问学者，在此期间做了此次访谈。

知甚少，您能够向中国读者简要介绍一下您自己吗？例如，您的教育背景、学术经历、主要研究领域以及某些业余爱好，诸如此类。

威廉姆森：虽然我是英国人，但我出生在瑞典（1955 年），因为我的父母在那里教英语。他们两人后来继续在牛津大学讲授英国文学，所以我在一种学术氛围中长大。我也是牛津的一名学生。我的第一个学位是数学和哲学方面的。我后来的博士论文是关于卡尔·波普的似真度观念，根据这一观念，科学理论能够越来越好地逼近真理，但从不会完全为真。此后，从 1980 年至 1988 年，我在都柏林三一学院教哲学；从 1988 年至 1994 年，我在牛津大学教哲学。之后，我转任爱丁堡大学逻辑学和形而上学教授，直至我回到牛津大学任现职。我曾经在麻省理工学院、普林斯顿大学、澳大利亚国立大学、香港中文大学等校任访问教授或研究人员。如果我不得不在我的研究中挑选出一个中心论题的话，我会说，那就是真的东西与可知的东西之间的空隙。这导致我研究了许多相互关联的问题，既有逻辑学中的技术性问题，也有宽泛的哲学问题，例如知识的性质。至于我的非学术生活，我的妻子是安娜·姆拉德诺维奇（Ana Mladenovic），一位来自塞尔维亚贝尔格莱德的钢琴家。我的前妻是一位意大利人。我有一个 15 岁的女儿，以及两个年龄分别为 11 岁和 3 岁的儿子。我的工作和家庭生活使我相当忙。我一度经常在山中旅行，但这些日子以来，唉，我很难找到时间去做这件事，甚至没有足够的时间用于我所喜爱的诗歌、小说和电影。我的哲学使我有机会访问这个世界上的很多国家，在某种程度上不是以一位旅游者的眼光去打量它们，而是从其内部，通过作为我的主人的那些哲学家的睿智的眼睛去观察它们。

陈波：您的学术背景是数学和哲学，您也是一位逻辑学家，在进入大学之前，您曾作为一名计算机程序员在一个原子能研究站工作过。我想知道，所有这些背景和训练对您的哲学生涯有何贡献？

威廉姆森：计算机程序设计给我提供了有用的训练，即如何把一个原来模糊的观念变得在形式上是精确的。它也使我具体理解了把心灵（mind）视为计算机这一模型究竟意味着什么。从数学那里，我懂得了思考问题的抽象结构以及凭借一种雅致的合适概念框架去识别这种结构的重要性。我所学到的某些数学，例如概率论，直接与哲学相关联。我的本科生哲学训练非常强调逻辑学，因为它在数学和哲学之间架设了一座最宽敞和最自然的桥梁。我的哲学训练肯定属于分析哲学传统，于是，下面这一点就不令人感到奇怪了：在我的大多数哲学工作中，都有一个形式的方面，尽管其中绝大多数并不是纯粹形式的。就其最简单的形式而言，形式方法包括：对某些形式表达的前提给出非形式的论证，然后从这些前提出发，通过形式论证得出一个结论。这些结构化的思维方式可以用于比许多哲学家所意识到的更多的方面。例如，它们使得更容易去发现哲学理论的反例，因为人们能够提前构想出它们必定具有什么样的结构。就我所受训练的质量而言，我是幸运的。作为一名本科生，我每周与我的哲学导师见面一次，一次一小时，我或者单独与他见面，或者与另外一名学生一道。每次见面前我必须写一篇文章，导师对它做评论。类似地，一名研究生会因其文字作品受到长时间的个别指导。这里无处可藏：他知道他所写的每一个句子必须能够经得起仔细的检查。除了我的老师，我的许多同学也是非常能干的，我从与他们的哲学交谈中获益良多。在这里，我的许多老师具有国际性声誉，并且正在我的眼前做出新的贡献，我也获得了自信心。当我作为学生时，牛津哲学和逻辑领域的领袖人物包括迈克尔·达米特、彼得·斯特劳森（Peter Strawson）、A. J. 艾耶尔（A. J. Ayer）、丹纳·司科特（Dana Scott）、格雷司·埃文斯（Gareth Evans）、约翰·麦克道威尔、约翰·麦凯（John Mackie）、R. M. 黑尔（R. M. Hare）、德雷克·帕菲特（Derek Parfit）以及克里斯宾·赖特。我认为，我也能够做到像他们那样。

陈波：当您在牛津念书时，遭遇到所谓的"戴维森爆红"。您在 2005 年说过，"我过去认为，现在仍然认为，实施戴维森纲领的那种过分夸张的方式是对于形式化的滥用"。这一陈述相当大胆、直率和令人印象深刻。我想知道，您目前对戴维森哲学的评论。

威廉姆森：唐纳德·戴维森（Donald Davidson）对哲学做出了重要贡献。在 1960 年代，他在激活更具建设性和系统性的研究方面扮演了主要角色，并且对维特根斯坦和日常语言哲学的某些不良影响起到了矫正作用。在心灵哲学中，戴维森强调了根据主体的信念和欲求对行动做因果解释的重要性。在语言哲学中，他奠定了真值条件语义学的纲领，根据这一纲领，该语言的所有语句的真值条件可以从其构成短语的语义贡献中推出，这一纲领要求对作为一个整体的该语言做系统性研究。他还在一些特殊性论题上做出了很有影响的贡献：例如，他关于自我欺骗的说明以及他的副词理论，根据这一理论，大多数句子是在隐含地谈论事件。就其否定的方面而言，他的风格过于隐晦和简略，以至于人们常常弄不清楚他的断言或论证究竟是什么。在回答质疑或异议时，他是防御型的，很少去更为明确地澄清他的观念。不幸的是，许多人把他当作精神领袖，允许他这样做。在戴维森传统中，还存在一种倾向，即以一种独断的而不是实验的精神去规定形式限制，没有适当地解释对这些限制的证成，而是用这些限制去驱除合法的理论选择。更无助益的是，其中某些人对逻辑学拥有相当外行的知识（"仅知道一点点是一件危险的事情"）。所有这些都在远离开放辩论的科学精神，从而妨害了进步。幸运的是，戴维森的这种准宗教式态度已经远不像过去那样常见了。

陈波：现在让我们来谈论您的第一本书——《同一与分辨》。您能够概述一下您在这本书中所阐述的最重要的观念吗？

威廉姆森：我当时对这样的情形感兴趣：人们要求给出适用于某类对象的特殊的同一性标准，但该标准本身并不具有合适的逻辑性质。例如，你可能要说，两组动物属于同一个物种，当且仅当它们能够成功地相互交配。但这并不管用，因为有这样的情形：X 组能够成功地与 Y 组交配，并且 Y 组能够成功地与 Z 组交配，但 X 组不能成功地与 Z 组交配——几个小的遗传变异加在一起成为一个大的遗传变异。相比之下，同一性不能有这种结构；它必须在逻辑的意义上是传递的：如果 U 与 V 是同一的，V 与 W 是同一的，那么可以逻辑地推出：U 与 W 是同一的。根据集合论推理，我证明：对于原标准来说，总是存在"最好的近似"，它与原标准不同，确实具有同一性所要求的那些逻辑性质。所以，人们能够重新回到"下一个最好的东西"。我特别对这一问题的下述情形感兴趣：其中成问题的原标准是不可分辨性（是认识论意义上的，而不是纯逻辑意义上的）之一。例如，你可能要说，两个对象有明显同样的颜色，当且仅当，主体不能分辨出它们之间在颜色上的任何差异。这并不管用，因为有这样的情形：其中主体不能分辨出 A 和 B 在颜色上的任何差异，也不能分辨出 B

和 C 在颜色上的任何差异，却能够分辨出 A 和 C 在颜色上的差异——几个不可见的差异加在一起构成一个可见的差异。还有，真正的同一性不能具有那种非传递的结构。我把同样的结构式探究应用于那些情形，但我也变得对不可分辨性本身的性质感兴趣。我论证说，两个事物的不可分辨性是属于（认知）主体的问题，该主体不能知道它们不是同一的。我表明了如何把该观念形式化，并且在认知逻辑的背景中严格地探索其逻辑后果。尽管就论证的质量而言，《同一与分辨》与我后来的著作相类似，但它并没有得出像后来的著作中所得出的那类清晰而简单的结论。其结果是，它并没有造成像后来的著作所造成的那种影响，虽然近来对它的有关不可分辨性的说明的兴趣有所增长。

陈波：莱布尼茨原则既包括同一的不可分辨性，也包括不可分辨者的同一（其中"不可分辨性"要在逻辑意义上理解）；二者合在一起可用符号表示如下：

$$\forall x \forall y(x = y \leftrightarrow (Fx \leftrightarrow Fy))$$

在我看来，这些原则只适用于像数这样的抽象实体，而不适用于跨时间的实体，例如跨越其童年、青年和老年时代的一个人，也不适用于跨空间存在的物理对象。您对这一点怎么看？如何判定那些存在于时空中的对象的同一性？

威廉姆森：同一的不可分辨性毫无例外地适用于所有对象。下述想法是诱人的：虽然那个老人与那个孩童同一，他们是同一个人，但他们是可以分辨的，因为那个孩童并不具有那个老人所具有的某些属性，例如有皱纹。不过，一旦人们精确地考虑到时间参数，这些明显的反例就被消解掉了。那个老人与那个曾经是孩童的人同一；那个老人现在有皱纹，但当他还是一个孩童时他没有皱纹。那个孩童现在仍没有皱纹，这一说法是假的。大卫·威金斯（David Wiggins）沿着这样的思路，对同一的不可分辨性做了出色的辩护。有关跨空间的情形是类似的。同一条河流，例如泰晤士河，先经过牛津，再经过伦敦；它在伦敦时是宽的，但在牛津时不是。于是，这同一条河流的不同部分有不相容的属性——流经伦敦的泰晤士河的跨度很宽，但流经牛津的泰晤士河的跨度不宽——但这并不构成同一不可分辨原则的反例。不可分辨者的同一也毫无例外地适用于所有对象，只要假定性质 F 是非定性的，例如与特德是同一个人这样的性质，它适用于特德但不适用于他的孪生兄弟弗瑞德。莱布尼茨本人对纯粹定性的性质提出了一个限制条件，它或者适用于两个十分类似的对象，或者不适用于其中任何一个。但我推测你脑子里想到的是对于同一的不可分辨性的更为宽松的现代解释。当然，逻辑本身不能告诉我们，我们在不同时间和地点遭遇到的对象是不是同一的，我们也需要知道关于这些对象的某些东西！

陈波：在您的第二本书《模糊性》中，您阐述了一种关于模糊性的认知观点，即模糊性是一种认知现象，是一种无知。确实有某粒特别的谷子，去掉它就会使一个谷堆不成为谷堆，但我们不能知道它是哪一粒谷子。这听起来相当反直观，甚至有一点怪异。您能够澄清一下您的立场以及为它所做的论证吗？您为什么以及如何发展出关于模糊性的这样一种观点？

威廉姆森：对关于模糊性的认知主义所做的主要论证是非常简单和一目了然的。它把经典逻辑的标准原则和语义学与几乎每一个人都接受的常识观察相结合。例如，10 000 粒谷子构成一个谷堆，但 0 粒谷子并不构成一个谷堆。根据相当普通的逻辑或数学的推理可以推出：位于 10 000 与 0 的某处，有某个自然数 n，使得 n + 1 粒谷子构成谷堆，但 n 并不构成谷堆。根据有关真的标准的原则，我们能够补充说：针对 n + 1，说"许多粒谷子构成谷堆"是真的；针对 n，说"许多粒谷子构成谷堆"是假的。但是很明显，我们没有任何办法找出 n 究竟是哪一个数。这就是说，在"谷堆"的相关的模糊意义上，我们没有办法知道，当 n + 1 粒谷子构成谷堆，但 n 粒并不构成谷堆时，数 n 是否可以凭数字"29"识别出来。其结果是："堆"的外延有一个界限，但我们无法知道该界限在哪里。这解决了古代的连锁悖论，它似乎是这样的：从一个谷堆仅仅减去一粒谷子，该谷堆仍然是谷堆；所以，如果你从一个由 10 000 粒谷子构成的谷堆中逐一减去谷子，直到没有一粒谷子留下来时，仍然有一个谷堆。从一个谷堆逐一减去谷子总是留下一个谷堆，这一原则是假的，但我们无法知道究竟什么时候不再有谷堆。当然，许多哲学家不喜欢这个结论，试图通过限制经典逻辑或语义学的原则，或者以某种方式限制它们的应用来避免它。当遇到困难时不愿意应用基本的原则，使我明显地感到，这在方法论上是不可靠的。我还在该书中证明，所提议的非经典选择导致了它们自己的各种类型的困难，包括它们的提倡者用来攻击认知主义的那些困难的类似物。我达到这一立场是我撰写《同一与分辨》一书的结果。在解释可分辨性的非传递性时，我塑述了我所谓的"给错误留下余地原则"，该原则大致是说：在一给定情景中，为了获得知识，你必须在相关的类似情景中避免假的信念，否则，你在原来的情景中的信念就太不安全，以至于难以构成知识。我认识到，给错误留下余地原则还可以解释：假定模糊概念有明确的界限，我们为何仍然不能知道那些界限在哪里。这样一种解释构成认知主义，而不仅仅是抽象的理论选择。在撰写《同一与分辨》一书的后期，我获得了这些想法。当我撰写该书时，我关于模糊性的观念仍在变化中；直到该书出版后不久，我才得到了一个足够一般的认知主义理论。

陈波：什么是模糊性问题？当用多值逻辑、模糊逻辑和超赋值处理模糊性和连锁悖论时，它们不得不面临什么样的困难？当用经典逻辑去处理模糊性和连锁悖论时，它有什么样的优势？

威廉姆森：有关模糊性的中心问题是，逻辑和语义学应该如何处理模糊词语和概念，这实际上包括所有的词语和概念——科学的词语和概念也包括在内；虽然它们经常比日常的词语和概念更为精确，但也不是完全精确的。在用于模糊性时，需要以某种方式对经典逻辑或语义学做修正或限制吗？如果需要，如何修正或限制？如果不需要，为什么不需要？这样的问题不仅对哲学家们提出来，而且显现给语言学家和试图建造能够用模糊语言与人交流的计算机的计算机科学家。您已经提到了三种最流行的非经典探究方式。多值和模糊的逻辑改变了经典逻辑。例如，它们意味着，矛盾可以是半真的，否则它们应该被视为确定的假。超赋值改变了经典语义学。例如它说，像"关于是不是一个谷堆，有一个截然分明的点"这样的存在断言能够是真的，但没有一个真实的例证——根据超赋值论者，没有任何这样的点，以至下述说法"关于是不是一个谷堆，有一个截然分明的点"是真的。经典逻辑自动地避开了这些困难。对于大多数非经典探究来说，一个主要困难就是高阶模糊性：界限情形的界限情形，诸如此类。我在该书中论证说，它们并没有以令人满意的方式处理高阶模糊性。相比之下，认知主义能够很容易地处理高阶模糊性，前者把后者解释为我们所具有的关于我们的知识限度的知识的限度。给错误留下余地原则精确地预示了关于知识的这种高阶限度。经典逻辑正常地被用在逻辑、数学和科学中，在这些领域中它被证明是极其成功的。少数拒绝经典逻辑的哲学家会面对这样一种修正给科学造成的那些困难。英语中有一种说法："差劲的工匠指责他的工具。"经典的逻辑和语义学就属于那些差劲的哲学工匠的工具。

陈波：如达米特所言，二值原则预设了某种形式的实在论：正是世界的状况使得某些句子为真，另外一些句子为假。但是，直觉主义者和达米特断言，真（truth）是某种类型的认知概念，与可证性和可知性有关；仅当我们能够（至少在原则上）证明或知道一个句子的真值时，我们才能够说它是真的或者假的。您对此类断言做何评论？

威廉姆森：我完全拒绝这样的断言：真是任何类型的认知概念。在下面的假设中绝没有任何矛盾：有关于这个世界的真理，尽管没有任何人能够知道它们，但亚里士多德原则把握了真和假的基本性质：说非者为是，或者说是者为非，是假的；说是者为是，或者说非者为非，是真的。例如，"天在下雨"这个命题是真的，当且仅当天在下雨。陈述该等价式时没有使用任何看起来是认知的概念。证明的负担落在那些断言真是认知概念的人身上：归根结底，根据他们的观点，如果他们的观点是真的，则它应该以某种方式是可证的。当人们试图为关于真的认知看法做论证的尝试时，就会发现它们是非常弱的。直觉主义算术，是布劳维尔因其拒绝二值原则所发展出来的经典算术的替代品，在数学领域一直处于非常边沿的位置。把直觉主义纲领扩展到自然科学领域中的尝试，没有取得任何严肃的成功。

陈波：据说，您关于模糊性的认知观点起初被许多人以怀疑的眼光打量，但在目前关于模糊性和连锁悖论的研究中，已经变成为一种相当主流的观点，至少是一种相当有影响的观点。这是真的吗？顺便问一下，在评价一项哲学工作时，应该遵循什么样的标准？

威廉姆森：在我发表《模糊性》一书以前，认知主义通常被视为过于疯狂，以至不能严肃地加以对待，尽管有很少几个人捍卫着它的很少展开的版本。我对此书最初所抱的期望是，它会迫使人们严肃地对待此类观点。它确实获得了这一效果：认知主义现在已被正式地列为有关模糊性的主要理论之一。鉴于它的简单和经典的性质，许多较年轻的哲学家把它视为有关模糊性的缺省理论，一种只有在很强的论证的基础上才能加以拒绝的理论。一般而言，在评价一项哲学工作时所遵循的标准，与在评价某些其他学科中的工作时所遵循的标准并无很大不同。从我们能够独立评价为真的前提出发，能够有支持该前提的有效论证吗？从它出发，能够经有效的论证得出我们能够独立评价为假的结论吗？它具有什么样的解释力？它具有简单性和雅致的内在价值吗？

陈波：我还想知道，为什么在当代语言哲学中隐喻（metaphor）成了一个如此热门的话题？您能够解释一下原因吗？

威廉姆森：隐喻对当代语义学和语言哲学中的一个中心观念——组合性——构成了一个令人迷惑的挑战。根据组合性，一个复杂的语言表达式的意义是由其构成词的意义建构出来的（如我在谈论戴维森时所提到的）。这是对人们理解他们先前从未遇到过的新句子的能力的标准解释，只要假定这些句子是由先前遇到过的词语构造出来的即可。隐喻并不以如此方式起作用。如果我告诉你，某位演员是一只雄孔雀，你也许能够构想出我脑袋里想的是什么，即使这不简单地是对我的词语已经具有的意义加以组合的结果。某些人已经设定了一类特殊的隐喻意义去解释这种现象。也许，关于隐喻的最重要的作品就是由戴维森所撰写的一篇论文，在该文中他论证说，没有像隐喻意义这样的东西，只有这些词语的字面意义，以及它们在听话者那里所引起的效果。虽然他的观点或许过于简单，但为关于该论题的进一步讨论提供了一个漂亮、简单且有力的基础。

陈波：1997 年，您当选为英国科学院院士。我猜想，许多中国读者都不清楚英国科学院是一个什么样的机构，它与英国皇家学会有什么不同。您能够解释一下吗？

威廉姆森：英国皇家学会于 1660 年在伦敦创立，是一个科学家团体，后来变成英国在自然科学和数学方面的国家科学院。由于它不包括人文社会科学，于 1902 年创立的英国科学院就成为这些领域的国家科学院。哲学，包括哲学逻辑，处在英国科学院而不是皇家学会的范围内。平均而言，每年都会有一位英国哲学家被选为英国科学院院士，这不是一个职位，而是一个荣誉。英国科学院分配各种形式的研究资助，在国家关于教育和研究的论辩中代表人文社会科学，并与其他国家的国家科学院进行合作，如此等等。

陈波：2000 年，您被任命为牛津大学威克汉姆逻辑学教授。我认为，这个职位是相当重要的。您的前任者都是谁？您能够为中国读者简单地介绍他们吗？您在这个位置上的职责是什么？

威廉姆森：我的直接前任是大卫·威金斯，他因其在同一的逻辑和形而上学以及伦理学方面的工作而知名。在威金斯之前，占据该教席的是迈克尔·达米特，他是反实在论的捍卫者，他的著名著作包括《弗雷格：语言哲学》、《弗雷格：数学哲学》、《真理和其他之谜》、《形而上学的逻辑基础》和《语言之海》。虽然达米特是我的指导教师之一，但我的哲学观点更接近威金斯，不过他们两人都是重要人物。达米特的前任是艾耶尔，他的《语言、真理和逻辑》一书在把逻辑实证主义引入英国方面发挥了主要作用。该位置的教学职责主要是研究生教学。许多研究生跟着我写他们的博士论文；我通过逐行批改他们所写的东西，并与他们讨论如何以最好的方式去展开他们的观念，试图教会他们如何使其工作达到精确和严格的最高标准。我为我的学生们感到非常骄傲，他们已经在世界的许多地方走上了哲学教学岗位。我也上课，在这些课程中我有时阐述我本人的新近研究成果。这些课程的意图是让教授和学生们从讨论中学习。我的许多文章或著作都曾经在研究生课程上陈述过，并从这一过程中获益匪浅。虽然我的教授职位不是一个管理职位，但我被期望在哲学系中扮演领导角色，不仅仅通过榜样的作用，而且通过服务于各种委员会，诸如此类。当然，牛津大学也设立了哲学方面的其他教席。目前，约翰·布鲁姆（John Broome）是道德哲学教授，马丁·戴维斯（Martin Davies）是心智哲学教授，约翰·霍桑（John Horthorne）是形而上学教授，特伦司·厄温（Terence Irwin）是哲学史教授。

陈波：也是在 2000 年，您出版了您的第三本书——《知识及其限度》，它似乎受到英语哲学圈的热烈欢迎和高度评价。我读到了这样的评论:"自 1975 年以来所出版的最好的认识论著作","它为后十年或更多时间内的认识论提供了议事日程"。我的问题与前面类似:您能够概述一下您在这本书中所阐述的最重要的观点吗?

威廉姆森:这本书的口号是"知识是第一位的"。它主张把知识概念作为起点,根据它去理解其他的认知现象,例如信念,而不是相反。知识本身就是一种心智状态,信念是更一般的心智状态,要求以知识为条件。成功的信念构成知识,不构成知识的信念是有缺陷的。知识概念不能用更基本的术语来分析。它也被用来解释证成(justification)、证据和断定的性质。这一观点是一种极端形式的外在论,因为它意味着:我们最基本的认知状态是由与我们的外在环境的关联来构成的。例如,你知道猫坐在席子上,仅当猫确实坐在席子上……

陈波:就我所知,自从柏拉图的《泰阿泰德篇》以来,就存在一个根深蒂固的传统,根据这一传统,知识意味着真理。蒯因提倡一种关于"信念网"的经验论和整体论的理论,并且还坚持一种相当激进的可错主义,他甚至不接受知识为合法的概念,宣称并不存在像知识这样的东西,而只存在不同程度上有保证(warrant)的真信念。虽然我不会走得那样远,但对蒯因的立场持同情态度。我强烈怀疑"知识意味着真理"这一论题,认为它与通常的"知识"概念相抵触。您关于这一论题持有什么样的意见?您的知识观和蒯因的知识观有什么异同?

威廉姆森:确实,通常的观点就是知识衍推真理。如果某人断言他知道北京在日本,他的断言仅仅是假的。他也许认为他知道北京在日本,但他弄错了,他并不真的知道北京在日本。他对他自己的无知无知,正像他对地理学无知一样。我并不认为蒯因会不同意这一点。即使激进的可错论者也能够同意知识衍推真理,既然我们关于我们是否知道是可错的。甚至激进的怀疑论者也同意知识衍推真理,并且经常在他们的论证中尽可能地假定这一点。这样的怀疑论者是激进的可错论者。实际上,对"可错论"给出一个精准的定义是很困难的,但至少下面一点是清楚的:知识衍推真理这一断言,与下述断言是完全相容的:不存在任何一般类型的题材,关于它们我们是不可错的。我接受这两个断言。如果你愿意接受在不同程度上有保证的真信念,那么,你能够把"知识"定义为高度有保证的真信念，于是这种意义上的知识就自动地衍推真理。在《知识及其限度》一书中，我所捍卫的观点是："知识"概念至少像"信念"和"保证"等概念一样是基本的。蒯因讨厌"知识"概念是基于无保证的还原主义假设。

陈波：在这本书中，您打算批驳哪些对立的学说？您是如何批驳它们的？您能够概述一下您反驳它们的主要论证吗？

威廉姆森：我所反驳的是认识论中的一个漫长的传统，即把信念当作比知识更为基本的概念，并试图根据信念、真理和其他因素来分析知识。我也在反驳相关的内在论学说，它赋予主体的纯粹内在的状态以认识论起点的优先地位。另一个靶子是怀疑论，也就是这样一些支持怀疑论的论证，它们预设了某种形式的内在论，即使当它们表面上没有这样做时。反对根据信念来分析知识的一个论证是：在文献中，迄今为止进行了成百上千种这样的尝试，但它们全都失败了；或者，关于这种分析存在众多反例，或者这种分析是循环的。我所捍卫的观点解释了为什么所有这些分析必定失败。我还论证说，内在论的驱动力来自下面的假设：存在一些心智状态，它们在下述意义上是透明的，即只要一个人处于这样的状态中，他就能够知道他处于这种状态中。例如，内在论者倾向于认为，处于疼痛的状态中是透明的，因为只要一个人处于疼痛中，他就能够知道他处于疼痛中。我论证说，仅仅透明的状态在下述意义上是不足道的：一个人总是处于这种状态中，或者从不处于这种状态中。例如，疼痛是足道的状态，因为一个人有时候处于疼痛中，有时候不处于疼痛中。所以，处于疼痛状态是一个非透明的状态：人们能够处于疼痛中，但未能知道他处于疼痛中。所以，内在论的驱动力是不可靠的。

陈波：反透明论证似乎在您的认识论中发挥了重要作用。您能够再次为我们概述一下此论证吗？为什么您断言认识论不能被完全操作化？您能够简要地论证这一点吗？

威廉姆森：反透明论证考虑了这样一个过程，凭借该过程，小的改变引导你进入所谈论的那个心智状态。例如，一种折磨人的疼痛缓慢消失了，直到你处于完全舒适的状态。我利用给错误留下余地原则的一个版本去证明，这样一种缓慢的改变能够发生，仅当该状态不是透明的。例如，在该过程的某些中间阶段，在靠近处于疼痛中和不处于疼痛中的临界点的地方，必定会达到这样一个点，在那里，你处于疼痛中，但你不能够知道你处于疼痛中。于是，《知识及其限度》一书的论证就与《模糊性》一书的认识论紧密关联起来。不过，我证明，无论人们是否接受有关模糊性的认知主义，他们都能够接受反透明论证。至于"操作化的"认识论，我将其理解为把认识论转变为去评价有关获取、保存和拒绝信念的规则，这些规则在下述意义上是操作性的：只要一个人在遵循那个规则，他就能够知道他在遵循该规则。当然，这会使得遵循规则成为一种透明状态，并且它不是一种不足道的状态。但是，根据反透明论证，只有不足道的状态才是透明的。于是，不存在操作化认识论所要求的那种状态。结论是，认识论不能被操作化。

陈波：您把一个人的证据总体等同于他所知道的东西，用符号来表示即 E = K。这样一种证据概念似乎是相当反直观的。这种类型的证据是客观的还是主观的？它还能帮助我们达到真理吗？

威廉姆森：我以为，E = K 是相当自然的、合乎常识的证据观。它不会使你的证据不依赖你的个人状态，因为你所知道的东西依赖于你的个人状态，例如，昨天你朝向什么样的事件并注意到它们。但同样，它也不会使证据成为完全主观的东西，因为既然知识依赖于真理，E = K 就确保了所有证据都由真理组成（尽管不是所有的真理都是证据）。于是，证据就能够帮助我们达到真理。我们不知道的真理的概率可以根据我们所知道的真理来评定。当然，我们并不总是能够知道某物是否构成了我们的部分证据，既然我们并不总是能够知道我们是否知道这一点。但反透明论证表明：这并不构成对 E = K 的异议，既然无论证据是什么样的，具有某个特定的命题作为一个人的部分证据这一状态将不是透明的。所以，一个人能够有该命题作为他的部分证据，但不能知道它是他的部分证据。我们必须学会与这一事实自然相处。

陈波：您的新知识观对认知逻辑的发展有什么意义？您对当前的认知逻辑状况有何评论？您能够预测一下认知逻辑的前景吗？

威廉姆森：根据这种新的知识观，除开极度理想化的情景，我们应该拒绝两个认知逻辑的公理，即著名的"正内省公理"和"负内省公理"。

正内省说的是，如果你知道某件事情，你就知道你知道它。负内省说的是，如果你不知道某件事情，你就知道你不知道它。雅科·亨迪卡，这位形式化认知逻辑的创立者，已经给出了拒绝负内省的决定性理由。在《知识及其限度》一书中，我论证说：根据反透明论证的一个特例，正内省也失败了。认知逻辑的许多新近发展是在计算机科学和理论经济学领域，这二者都关注公共知识，其中每一个人都知道某件事情，并且每一个人都知道每一个人都知道它，诸如此类。认知逻辑被证明是研究公共知识的一个好的平台。那里的讨论趋向于在技术上是精致的，但在哲学上却是素朴的。我正在尝试去鼓励认识论家更多地使用认知逻辑为他们感兴趣的问题建立模型。技术家可以从哲学家那里学到很多东西，反之亦然。但是，很难克服由训练和目标等方面的差异所产生出来的壁垒。

陈波：您断言，真和可知性之间的间隙是弥散性的，存在着不可知的真理。您能够概述一下您关于这些论题的论证吗？您还能概述一下您关于意外考试悖论和可知性悖论的观点吗？

威廉姆森：关于模糊性的认知主义，反透明论证以及对正内省和负内省的拒绝，全都涉及不能被知道的真理，至少是在相关情景中。我对意外考试悖论的处理是类似的。一个例子是一位教师告诉他的学生，仅在该年的某一天，他们将面临一场考试，并且在考试那天的早晨，他们不知道考试将发生在那一天。论证是这样进行的：考试日不可能是最后一天，因为那天早晨他们将知道这是留给考试的唯一一天，因此，他们能够提前排除考试发生在最后一天。所以，最后一天的前一天是最后的可能性。但是，这样一来，根据类似的论证，他们也能够排除考试发生在那一天。通过提前对该年的每一天继续该论证，学生们能够"证明"不可能有这样的考试。但是很清楚，如果该教师是值得信赖的，学生们就能够提前知道将会有这样一个意外考试。解决办法是弄明白下面一点：即使人们今天知道某件事情，也推不出他今天知道他明天仍然知道该件事情。这是直接拒绝正内省原则的历时版本。在《知识及其限度》一书中，我还针对新近的批评，捍卫了关于存在不可知的真理的一个不同类型的论证。该论证是由逻辑学家丘奇（Alonzo Church）设计的。它是这样进行的：存在着未知的真理。例如，在 2008 年元月一日，我办公室里书的数目或者是奇数或者是偶数。既然我当时没有数它们，自那时以来已经发生了太多的改变，没有人将会知道该数目是什么。于是，或者"该批书的数目是奇数"总是一个未知的真理，或者"该批书的数目是偶数"总是一个未知的真理。我们能够允许，虽然那些真理总是未知的，却不是不可知的，因为在2008年元月一日，某个人能够通过计数我房间里的书，从而知道这两个真理中的某一个。不过，如果"该批书的数目是奇数"总是一个不可知的真理，那么，"'该批书的数目是奇数'总是一个未知的真理"就是一个不可知的真理，因为如果任何人知道"'该批书的数目是奇数'总是一个未知的真理"，他们因此就知道"该批书的数目是奇数"，在这种情形下"该批书的数目是奇数"就不会总是一个未知的真理，他们根本上就不知道"'该批书的数目是奇数'总是一个未知的真理"（既然知识依赖于真理，整个论证使用了归谬法）。与之类似，如果"'该批书的数目是偶数'总是一个未知的真理"，那么"'该批书的数目是偶数'总是一个未知的真理"就是一个不可知的真理。于是，无论按哪一种方式，都存在不可知的真理。反实在论者常常把此论证叫作"不可知悖论"，因为他们不喜欢该结论。在我看来，它不是悖论，而是一个出乎意料的、从真前提得出真结论的简洁论证。

陈波：我担心，您关于模糊性的认知主义以及您关于存在不可知的真理的断言蕴涵着某种形式的不可知论，它意味着：我们在原则上不能知道这个世界的某些部分或某些方面，例如界限情形。您认为，不可知论在认识论上是可接受的还是不可接受的？如果是可接受的，如何划出可知的与不可知的界限？

威廉姆森：我的观点确实蕴涵一种有限度的不可知论，在它看来，我们必须承认，存在着某些我们不能知道的真理。不过，也存在着许多我们能够知道的真理，甚至是关于是否存在一个上帝的真理。同一个认识论原则既解释了在某些情形下的无知，也解释了在另外情形下知识的可能性，我看不出对这样的不可知论有什么可反对之处，只要它不会变成怀疑论。在某些非常清楚的情形下，我们知道我们知道一些东西。正内省的失败只是意味着，当我们知道时，我们不能总是知道我们知道；它并不意味着，当我们知道时，我们不能在某时知道我们知道。与之类似，负内省的失败只是意味着当我们不知道时，我们并不总是知道我们不知道；它并不意味着：当我们不知道时，我们不能在某时知道我们不知道。我正在解释的论证类型给予我们很多关于可知性与不可知性之间界限何在的知识，但是它们也表明，我们不可能具有关于这种界限何在的完全知识。生活本身就是这样。

陈波：在 2007 年，您当选为美国文理科学院外籍荣誉院士。谨表示热烈祝贺！我想知道，在美国文理科学院有多少来自哲学的院士？可以举一些著名哲学家作为例证吗？

威廉姆森：美国文理科学院把哲学和宗教研究合成一个分部，虽然哲学似乎占大多数。该分部有近 150 位美国院士，他们包括了几乎所有最杰出的、资深的美国哲学家。该分部有来自美国之外的 28 位外国荣誉院士，作为单独的一类，其中四分之一是牛津哲学家。其他六位是达米特、安东尼·肯尼（Anthony Kenny）、柯拉科夫斯基（Leszek Kolakowski）、帕菲特、佩尔斯（David Pears）和威金斯。

陈波：最近我读了您的新书《哲学的哲学》，我认为它是一本相当重要的书，具有原创性和挑战性。但我也发现，它不是那么好读和容易理解，因为它的论题和观念相当新，某些章节相当技术化，论证相当复杂。您能够概述一下这本书中最重要的观念吗？

威廉姆森：这本书的一个主要目标就是捍卫哲学推理的传统的扶手椅（armchair）方法的合法性——大多数哲学家并不像自然科学家那样做实验——但在这样做时，并没有把哲学题材限制为我们的词语或概念。我把哲学视为理解这个世界（一般的）以及我们在这个世界中的位置（特殊的）的整体努力的一部分。于是，出现了下面的问题：扶手椅方法怎么能够给予我们关于在我们的扶手椅之外的这个世界的知识呢？数学的例证是鼓励性的，因为它使用了扶手椅方法，但仍然给予我们关于这个世界的有价值的知识。我论证说，哲学的扶手椅方法是由我们获取关于这个世界的知识的相当普通的方法中发展出来的。举例来说，思想实验给予我们关于形而上学可能性和形而上学必然性的知识，它确实只不过是我们通过有节制地使用想象力去评价反事实条件句（例如，"如果仅有十个人参加该聚会，该聚会就是失败的"）。把这种想象设想为首先属于神秘莫测的幻想的领域是错误的，想象发挥了意义重大的认知作用。自然地，逻辑在扶手椅推理中也发挥了重要作用。在捍卫扶手椅方法时，我并不打算说，科学实验的结果与哲学问题绝无关联，而只是说，它们的关联在原则上不会削弱扶手椅方法的使用。归根结底，即使实验的结果在原则上与数学问题相关联，但一种扶手椅方法论仍然通常是解决数学问题的最有效途径。对于某些哲学问题——例如，关于知觉的哲学，以及关于时间和空间的哲学——实验结果是重要的。对于其他的哲学问题——例如，关于可能性和存在的关系——它们并没有助益。

陈波：您断言，语言转向和概念转向已经过去了，并且应该被遗弃，因为它们是错误的。您能够更清晰地解释这些断言吗？例如，什么是语言转向？什么是概念转向？为什么它们是错误的？特别地，您能够更详细地解释语言和思想的关涉性（aboutness）吗？

威廉姆森：语言转向是20世纪哲学最重要的特征。无论是在分析传统中还是在非分析传统中，它是一场运动，通过这场运动，语言成为哲学的关注中心：或者是作为它的题材，即这一观念，哲学研究我们的现实语言或人工语言的性质和结构；或者作为它的方法，即这一观念，哲学化主要由人作为这类语言的说话者所具有的能力的应用组成。像维特根斯坦、卡尔纳普和奥斯汀（J. L. Austin）这样的哲学家是语言转向在分析一翼的不同典范；德里达可以被视为在非分析一翼的典范。概念转向是类似的，但用思想替换了语言，并且用心灵概念替换语词去发挥中心作用。在其后期工作中，斯特劳森既代表了语言转向，同样也代表了概念转向。像埃文斯这样的哲学家走得更远，他主张在哲学中思想分析对于语言分析的优先性。语言转向和概念转向都可以解释为对哲学的扶手椅方法论的捍卫，其办法是把哲学的雄心限制于我们在扶手椅中仍然具有的东西：我们自己的语言和思想。语言转向和概念转向是密切相关的，因为语词和概念的一个非常恰切的特征就是它们的意向性、关涉性，也就是它们的指涉能力。例如，语词"水"和概念水都指涉实体水。写这本书的一个动力是，下面一点已经变得日渐清楚：许多新近的分析哲学并不适合于这两个转向。举例来说，物理学哲学并不主要研究词语"时间"和"空间"或者概念时间和空间，甚至不研究应该用什么样的词语或概念替代它们；它们主要研究时间和空间本身。他们在其方法论中也不主要依赖于简单地作为一个语言的说话者或者那些概念的拥有者所具有的能力。他们既依赖于思想实验的结果,也依赖于物理实验的结果。我通过详细的案例研究论证说,甚至在物理实验并不如此发挥作用的那些哲学部分中,也有一个类似的摆脱词语和概念的关注焦点转换。

陈波:我想知道,上个世纪的盎格鲁—美利坚哲学给我们留下了什么样的遗产?分析哲学具有什么样的优势和劣势?我们能够从分析哲学中学到一些什么?既然您同时是哲学家和逻辑学家,您仍然称自己为分析哲学家吗?

威廉姆森:我很高兴称自己为分析哲学家,因为我明显属于这个传统。但我并不认为这个标签是非常有内容的,因为在这个传统内有如此多的变种。例如,维特根斯坦和蒯因都被视为分析哲学家,即使他们彼此非常不同。当然,并非所有分析哲学家都是盎格鲁—美利坚人,也并非所有的盎格鲁—美利坚哲学家都是分析的。早期分析哲学的几位巨擘,譬如弗雷格和卡尔纳普,是德国人。一些盎格鲁—美利坚哲学家是后现代主义者,而不是分析哲学家(幸运的是,这样的人并不是太多)。近几十年来,最重要的发展之一就是分析哲学在英语国家之外的迅速扩展。我看到,目前在中国也有许多分析哲学家了。我看不出做一名哲学家和做一名逻辑学家有任何冲突。弗雷格、罗素、蒯因和克里普克就是明显的例子。他们的逻辑仅仅是他们的哲学的更为形式的部分。许多分析哲学家一度把语言转向视为分析哲学的主要成就。如我所言,我则把它视为一个错误。不过,当人们回过头来打量20世纪的时候,人们会看到,分析哲学在此世纪内已经留下了巨大的正面遗产,该遗产并不像语言转向和概念转向所做的那样,要求我们去降低哲学的雄心。其成就过于巨大且变化多端,以至难以适当地概括,但我将挑出少数几个它的最重要的方法论方面。首先,提炼出用日常语言表述的直截了当型的哲学推理,具有清楚陈述的主题、明确阐释的论证、小心展示的证据、常识反例和具有想象力的思想实验。其次,把自然语言的语义学用于深入系统地反思哲学论题的语义结构,并由此去更精确地评价非形式的哲学论证的有效性(这是语义学的一种工具作用,而不是在语言转向中所设想的那种首要作用)。再次,运用形式语言的逻辑去提供对哲学论题的更精确的表述，然后推演出它们的后承，有时候使用了明智的理想化的假设。最后，把科学知识——例如，来自数学、物理学、生物学和心理学的知识——与对相关领域的哲学反思结合起来。这些倾向中没有一个源出于分析哲学——人们可以在亚里士多德那里找到它们所有的早期版本——但是，在分析哲学中它们得到了比先前严肃得多的对待。当然，我们还从过去百年的分析哲学那里获得了更为专门的知识的巨大遗产，不仅包括逻辑学和语义学，而且包括相对于不同哲学问题的现成的各种理论选择，以及这些选择所面对的那些困难。

陈波：您论证说，就其题材、方法论和评价标准等而言，哲学并不是其他科学的例外。您激烈地批评哲学例外论，并论证它是假的。从您的论证中，我可以辨别出蒯因观点的某些影子，例如他的下述看法：哲学与科学是连续的，哲学也属于我们关于这个世界的知识的总体，等等。关于哲学与科学的关系，您能够解释一下您的观点与蒯因的观点的异同之处吗？

威廉姆森：您是正确的，就哲学与人类知识的其他分支是连续的，甚至是相互重叠的而言，我的哲学观与蒯因的哲学观是类似的。主要的差别是，蒯因赋予自然科学，特别是物理学，相对于人类知识的所有其他分支的特权地位。他倾向于拒绝一切不能化归于基础物理学的东西。我本人并不是蒯因那样的还原论者。例如，他认为，归根结底，信念和欲望的概念并不是在科学上可尊敬的，因为它们不能用物理学的语言来表述。但是，物理学的语言从未指望成为一个普遍语言，它可能是适用于物理学问题的最好的语言，物理学家是询问有关这些问题的最合适的人选，但是，并非所有好的问题都是物理学问题。对于其他问题来说，其他的词语也是需要的。如果物理学并不衍推有某种类型的事物（例如音乐协奏曲），由此也推不出物理学衍推没有那种类型的事物。我严肃地看待我们关于历史和数学的知识，正如我严肃地看待我们关于物理学的知识一样。哲学也具有某种有限度的自主权：它不能忽视来自物理学的考虑，但也必须适当地尊重扶手椅推理。

陈波：您似乎把分析性划分为三种或四种类型：形而上学的、认识论的、模态的或弗雷格的分析性。您还论证说，分析性是实质性的，而不是非实质性的；分析真理和综合真理并不以完全不同的方式为真。您能够更清楚地解释这些断言吗？

威廉姆森：根据语言转向或概念转向的一种形式，哲学的起点由分析的或概念的真理组成。为了评价这些断言，我们必须询问其中"分析的"一词是什么意思。粗略说来，如果一个句子是简单地根据其意义为真，它就是形而上学上分析的。模态分析性是澄清形而上学分析性的一种方式，如果一个句子具有那种意义就使得它必然为真，它就是模态分析的。我允许某些真理——如逻辑和数学的真理——是模态分析的，但否认这显示出它们表达了某种在形而上学和认识论上明显的或非实质性的东西，因为并没有假定，必然真理本身以任何方式是明显的。如果赞成一个句子是理解它的必要条件，则它就是认识论上分析的。我论证说，没有任何句子是认识论上分析的，因为一个有能力的说话者总是能够基于理论的理由而不赞成它，即使那些理由是错误的，但一个理论的错误并不等于语言上的没有能力。如果一个句子与一个逻辑真理同义，它就是弗雷格分析的。我允许某些真理，如逻辑真理，是弗雷格分析的，但再一次否认，这表明它们表达了在认识论或形而上学上明显的或非实质性的东西，因为并没有假定，逻辑真理以任何方式是明显的。一般而言，分析的或概念的真理并未以语言转向或概念转向的倡导者所希望的方式去阐明哲学的认识论。它们并没有减缩或解释哲学知识。为了论证假定的分析真理和假定的综合真理以同样的方式为真，我表明，它们的真由逻辑学和语义学以统一的方式处理，后两门学科最关注真概念。

陈波：我想知道您关于逻辑真理的性质的观点：什么是逻辑真理？逻辑真理是先验的和必然的吗？在什么意义上是或者不是？逻辑是可修正的吗？如果是，如何修正逻辑真理？您同意逻辑哲学中的可修正论或可错论吗？为什么？

威廉姆森：在我看来，波兰逻辑学家塔斯基给予了逻辑真理最好的说明。这种说明在逻辑作为一门学科在过去 70 年的发展中已经被证明是极其有效的。首先，我们把该语言的基本词汇划分为"逻辑的"和"非逻辑的"。"逻辑的"词汇典型地包括像"是""并非""并且""或者""所有""有些"这样的词语，也就是说，那些其意义是结构性的、能够使其意义更精确的词语；还可以包括像认知逻辑中的"知道"这样的更特殊的词语，假如我们对它们的结构特征感兴趣的话。其次，一个句子是逻辑真理，当且仅当它在如下的每一个解释下都真，这些解释使其逻辑词语的意义保持固定，但可以改变其他词语的解释。例如，"如果草是绿色的，则草是绿色的"是一个逻辑真理，因为只要"如果"的意义保持不变，无论"草"和"绿色的"指称什么，该句子都是真的。"草是绿色的"是一个真理，但不是逻辑真理，因为当把"草"解释为指称水，并且把"绿色的"解释为指称干燥的东西时，该句子是假的。这个定义摆脱了认识论或模态的因素，这一事实是一个优点，因为它使得逻辑真理的概念像一个基本的概念工具应该是的那样，变得纯粹而简单。在定义逻辑真理时，纳入这样的认识论或模态的因素，已经严重地妨碍了现代逻辑的发展。在塔斯基意义上的逻辑真理并非自动就是先验的和必然的。有些人不喜欢这一后果，但看不出其中有什么错误。逻辑在某种意义上关注形式的结构的事情；为什么应该把下面一点视为理所当然的：对此类问题的回答是先验的或必然的？当我们把自身局限于像命题逻辑这样的最基础的逻辑分支时，我们可以基于更特别的理由去论证说，在塔斯基意义上的所有逻辑真理在可证的意义上是先验的，并且是形而上学上必然的。对于那些较不基础性的逻辑分支来说，图景改变了。例如，二阶逻辑——它允许我们对谓词的位置做概括，就像对名称的位置做概括一样——在本质上是不完全的；不可能得到这样一个形式的证明系统，在其中只有逻辑真理是可证的，并且所有逻辑真理都是可证的。于是，人们不能期望二阶逻辑的所有逻辑真理都是先验可知的。在模态逻辑即关于可能性和必然性的逻辑中，人们能够纳入一个特殊的算子"现实的"（actually），类似于时态逻辑中的"现在"，并且在逻辑真理中得出这样的结果，它们并不表达必然真理。一个例子是"天在下雨，当且仅当，实际上天在下雨"，它是一个逻辑真理，因为无论怎样解释"下雨"，它都是真的，但它不是必然真理，因为即使在现实世界中天不在下雨，但天却能够下雨。塔斯基的逻辑真理概念很好地适合关于逻辑的可错论，因为它使得在原则上有可能设想一个句子是逻辑真理，当它实际上不是的时候。在实践中，我们知道初等逻辑中的逻辑真理是什么，就像我们知道初等算术中的算术真理是什么一样。在理解得不那么好的逻辑分支中，关于某个特定的句子是不是逻辑真理，我们很可能犯错误，并且被迫修正我们的意见，而并不改变该句子的意义。这样一种改变与其他科学中的改变并无根本性的不同。

陈波：顺便问一下，您如何看待蒯因的著名论文《经验论的两个教条》及其在分析哲学中的影响？还有，您对蒯因哲学，特别是其自然化认识论纲领，做何一般性评价？

威廉姆森：蒯因在《经验论的两个教条》一文中对分析—综合区分的批评产生了极大的影响，但他反对该区分的论证看起来却越来越缺乏说服力。虽然他表明定义此区分的尝试涉及其他的语义概念，但他并没有一般性地证明像同义性这样的语义概念错在哪里。它们毕竟被用在作为语言科学的一个分支的语义学中。他对它们的异议似乎就是它们太不清楚了，因为它们不能化归于纯粹的行为术语，但当今很少有几位哲学家会接受他隐含的还原主义或行为主义的前提。不过，在我撰写有关分析性的部分时，使我感到惊奇的是，我看清楚了蒯因关于分析—综合区分的结论依然成立，即使人们反对他关于意义的怀疑论。这样的区分也不能完成像卡尔纳普这样的哲学家期待该区分去做的工作；它不能使关于一组被称为"分析的"真理的认识论和形而上学变得不足道。在蒯因自己的著述中，也暗示了对分析—综合区分的另一种不那么意识形态化的批评。蒯因工作的其他方面看起来是很过时的，例如他的行为主义：50年前，乔姆斯基（Noam Chomsky）摧毁了行为主义的自夸，即它是对于心灵的科学探究。蒯因的还原论看起来是更为狭隘的先入之见。但他关于逻辑的某些评论却依然像春风扑面。至于他的自然化认识论，我同意他的观点：知识的获得是自然界中的一个过程，但这一点本身却只产生了相对很少的方法论后果，如果人们不把它与他的极端还原论相结合的话。例如，它不会迫使人们把"知识"和"信念"这样的词语翻译成基础物理学的语言。该语言也许根本不能表达任何有意思的认识论问题。不过，人们可以把蒯因的自然化认识论看作认识论中一个更一般性转折的极端表示，即摆脱笛卡儿的内在主义探究，根据这种探究，起点局限于主体所知道的东西。在研究一个人的认知状况时，我们作为理论家可以使用我们关于这个世界的所有知识，即使我们正在研究的那个人并不分享该知识。例如，我们可以使用从关于知觉的心理学实验中获得的知识。这种更为外在主义的探究已经成为自 1960 年代以来最重要的发展之一。人们在哥德曼（Alvin Goldman）、哈曼（Gilbert Harman）、诺齐克（Robert Nozick）和孔布尼司（Hilary Kornblith）以及在《知识及其限度》一书中看到了这种探究，它至少是蒯因所意指的自然化认识论的一部分。我也在《哲学的哲学》一书中使用了这种探究，例如当我讨论逻辑的认识论时，我诉诸推理心理学方面的实验结果。

陈波：您论证说，像所有其他的科学一样，哲学也需要思想实验。您还说到，"哲学将从这样一种态度中获益，它更主动地寻求建立模型的机会"。您能够解释一下，如何在哲学中应用思想实验和建立模型的方法论吗？请举一些例子。

威廉姆森：最著名的思想实验的例子就是罗素所设想的例子：在一个停摆了的钟上面寻找一个时刻，该钟摆碰巧显示了正确的时间。关于当时是什么时间，那个人获得了一个真信念，甚至是一个有证成的真信念，但该信念并不构成知识。由此推出，真信念甚至是有证成的真信念都不足以构成知识。在构想该例证并判断所牵涉的那个人并不知道那个时间时，人们就在从事一个简单的思想实验。人们获悉了在一个特定的可能情景中事情可能是什么样子，由此我们推出该思想实验所牵涉的属性的某种东西——在这个例子中，是关于知识的性质的东西。模型不同于思想实验。典型地，模型使用简化和理想化，以便达到对一种可能性的形式描述，该可能性的后果因此由形式的推理得出，而不是凭借基于想象力的判断。例如，在认知逻辑中，我们可以设定一个如下的模型："可能世界"是数目 0、1 和 2，一个"命题"是集合 $\{0, 1, 2\}$ 的一个子集。一个命题在一个世界中是"真的"，当且仅当该世界是该命题的一个元素。一个被称为"可通达性"的关系在世界之间成立，当且仅当它们之间的数字差异最多是 1。一个人知道命题 X 这个命题包含一给定世界，当且仅当由那个世界可通达的每一个世界都是 X 的一个元素。于是，如果 X 是命题 $\{0, 1\}$，一个人知道 X 这个命题仅仅是 $\{0\}$。由于从 0 可通达的世界是 0 本身和 1，这两个数都属于 $\{0, 1\}$，而世界 2 是从世界 1 和 2 可通达的，不属于 $\{0, 1\}$。人们于是可以得出结论，一个人知道一个人知道 X 这个命题，就是一个人知道 $\{0\}$ 这个命题，它就是空集 ϕ，因为没有一个世界只通达到世界 0。于是，在世界 0，某个人知道 X，但不知道某个人知道 X。换句话说，我们已经为正内省公理构造了一个形式反例。该公理在该模型中失败了，这个论证是纯粹数学的。这是相对于思想实验的长处。另一个长处是该情景的形式协调性由它被刻画的方式清楚地显示出来。一个短处就是，该模型建立在一个不现实的、理想化的假定之上：一个人知道他所知道的东西的所有逻辑后承。人们不得不论证说，该理想化对于我们目前的兴趣点即正内省来说是不相干的，并且该例子在更为相干的方面却是足够现实的。有关自然科学中的模型的那种类型的争议也出现了，这些争议经常可以通过好的判断来解决，而不至损害模型的价值。这样一种方法论也可以应用于哲学。

陈波：您论证说，像所有的理智学科一样，哲学也需要和使用证据，并且证据由事实或真命题组成。我想要知道，在您看来，究竟什么是事实？事实是客观的还是主观的？如何把事实个体化？换句话说，如何计数事实？例如，"我们在讨论你的新书"，"我们坐在扶手椅里"，"我们的口腔在发出声音"，它们是同一个事实的不同版本，还是不同的事实？如何去分辨它们？

威廉姆森：在很多地方，我运用《知识及其限度》一书中的认识论，强调我们不总是能够知道某物是不是我们的证据的一部分。《哲学的哲学》中对证据的讨论是许多这样的地方之一。等式 E = K 也适用于哲学。至于事实概念，我并没有求助于高度形而上学的事实概念。对我的目的来说，把事实当作真命题就够了。既然真理是一个客观的事情，那么事实也是客观的。如果我们坐在扶手椅里以通常的方式谈论我的新书，那么，"我们正在谈论我的新书"这个命题，"我们坐在扶手椅里"这个命题，以及"我们的口腔正在发出声音"这个命题全都是真的，它们全都是事实。它们是三个不同的命题，因为其中没有一个必然等值于其中的任何其他的命题。我们能够谈论我的新书而不坐在扶手椅里，我们能够坐在扶手椅里而我们的口腔不发出声音，我们的口腔发出声音但我们不在谈论我的新书。于是，它们是三个不同的事实。虽然关于事实的个体化可以问更多的问题，但《哲学的哲学》的认识论是与对它们的任何合理的回答相容的。

陈波：您断言，经验至少有两种作用，即证据作用和"使……能够"（enabling）作用。过去的经验有塑造、管制我们的想象力、判断力和习惯的作用，所以，所有的知识，甚至包括我们的数学直觉，都与过去的经验有某种遥远的联系。使用先验和后验等范畴去刻画我们的知识，只产生很少的洞见，事实上，这是错误的。您能够进一步解释这些断言吗？我能够把您称作认识论中的经验论者吗？

威廉姆森：在发挥证据作用时，经验给我们提供了新的证据：例如，当我看见一个穿红衬衫的人正在走过去时，一个穿红衬衫的人正在走过去这个事实就加入了我的证据之中。在发挥"使……能够"的作用时，经验使我们能够获得新的概念而不给我们提供新的证据：例如，我们可以通过关于别人把"红的"一词应用到可以看见是红色的事物的经验，而获得红这个概念。根据区分"先验"和"后验"知识的标准方式，先验知识是在其中经验没有证据作用但可以发挥"使……能够"作用的知识。后验知识是其中经验有证据作用的知识。例如，根据这种看法，人们能够先验地知道所有红色的东西都是有颜色的，即使人们需要经验去获得"红"的概念，因为这是纯粹的"使……能够"作用。人们只能后验地知道一个穿红衬衫的人正在走过去。我对这个区分提出的问题是，经验在扶手椅知识中所发挥的作用，既不是纯粹"使……能够"作用，也不是严格的证据作用。在以适当的方式做思想实验时，我们在想象中使用了我们应用相关概念的技能，例如，在停着的钟摆的情形中，我们使用了我们应用知识概念的技能。我们并不在真实地经验某个人看着停着的钟摆，经验在这里发挥的作用少于证据作用。但是，即使该概念有先天的基础，我们应用该概念——这超越了单纯具有该概念——的技能，是通过对知识和无知的实际情形的感知或相关现象以及"知道"一词的实际情形的当下经验来发展的。在《哲学的哲学》一书中，我论证说，尽管人们试图让先验和后验的区分适合这种例证，但它并不以意想的方式起作用，模糊了情形之间底层的类似和差异。我并不认为我本人是一位经验论者，相反是一位试图找到介于经验论和唯理论之间的中间道路的人。经验论者强调后验知识，唯理论者强调先验知识。我所强调的是并非很好地适合这两个范畴的知识。我不是特定的经验论者的另一个方面是，根据来自语言学和心理学的证据，我相信在人类的认知中存在着大量的先天因素。

陈波：您能够简要地解释一下直觉在哲学中的作用吗？您对心灵哲学，特别是当代哲学中关于意向性的研究怎么看？

威廉姆森：某些哲学家认为似乎直觉是一个单独的认知类型，就像我们需要从事思想实验一样。当我进而分析这假定的直觉例证时，我认识到，正在发生的事情远不是那么奇怪和特别。例如，在一个思想实验中，某个人做出了一个判断，其内容是一个反事实条件句，有关如果某些条件成立会发生什么样的情形："如果这些条件成立，他就不会知道那个时间。"我把直觉概念斥为致人迷误的。您是正确的，这些争议问题与心灵哲学有关。很少有心灵哲学家使用"直觉"概念。《知识及其限度》一书的不少部分与心灵哲学有关，其中我讨论了主体的知识和其他的涉及环境的心智状态如何能够因果地解释它们为什么像实际发生的那样起作用。正像我把指称外部环境中的对象作为意向性的主要情形一样，我也把关于外部环境中事态的知识作为思想的主要情形。这是一种外在论的、以成功为导向的心灵哲学，其中不成功的认知（例如虚假的信念和空名）相对于成功的认知来理解，故障作用相对于正常作用来理解。相比之下，内在论者把处于成功和失败之间的中间情形，例如信念（可能真也可能假）和表面指称，作为基本的心智状态。从方法论的角度看，心灵哲学提出了一些迷人的问题。在 1980 年代，许多人认为，它正在从语言哲学那里接过哲学的驾驶位置。在某些情形下，他们认为概念转向是比语言转向更为基本的；在另外一些情形下，他们认为在实验心理学和神经科学方面的突破将改变哲学。自那时以来，心灵哲学并没有真的兑现那种承诺。确实，没有一个哲学分支对于该主题来说明显是关键性的，即使某些分支比其他分支更为边沿；相反，像大多数其他的学术性学科一样，哲学已经变得更为专门化。实验工作确实对我们关于心灵的哲学理解有所贡献，并且将继续这样做。但是，我们将仅仅从实验家的结论中获得我们对心灵的哲学理解，这样的想法总是素朴天真的。

陈波：您说过，"逻辑同时是数学和哲学的分支，不可能把它分解为相互排斥的来自数学的贡献和来自哲学的贡献"。我同意您的看法。最近您完成了一篇文章《21 世纪的逻辑和哲学》，其译文会在《北京大学学报》上发表。您能够进一步澄清一下 21 世纪的逻辑和哲学之间的关系吗？在这个世纪，逻辑能够为哲学做些什么，哲学又能够为逻辑做些什么？

威廉姆森：逻辑是解决哲学问题的必要而不充分的条件。首先，为了在哲学中取得进展，我们需要在一些领域使用很长的逻辑推理链，其中很难把有效推理与无效推理区分开来。逻辑帮助我们以更可靠的方式做这项工作。例如，量化模态逻辑的发展使我们能够以远比先前更安全的方式进行有关可能性、必然性和存在的推理。其次，逻辑在我前面谈论过的建立模型的活动——我举了来自认知逻辑的例子——中发挥着关键性作用。最后，逻辑为哲学的许多分支，而不仅仅是数学哲学，贡献了特定的结果。例如，关于真理的最活跃和最有成效的研究领域之一，与对说谎者悖论的解决方案有关，该说谎者说"我正在说的不是真话"，他说的是真话还是假话？该项工作的许多部分要求来自数理逻辑的困难的技巧。行动逻辑也正在变得日渐重要，因为它既可用于行动哲学，也可用于计算机科学。在相反的方向，哲学将为逻辑学家提供他们试图去解决的新问题。正像模态逻辑和认知逻辑产生于哲学关注，随后经历了自主的技术性发展一样，同样的事情也会发生在其他领域。逻辑学家是新问题的瞭望者，哲学家有时候能够看清楚这些问题，因为他们从一个新的、意料之外的角度来考察。一个可能的例子就是关于完全不受限制的概括的逻辑，它关注有关绝对的每一事物的概括的逻辑。其动机是哲学的，但其中的许多问题却是相当棘手的技术问题。

陈波：您在哲学研究中广泛使用了形式方法，但是您也断言，"下面一点应该是清楚的：非形式方法对于哲学也是本质性的，因为像所有其他的方法一样，若应用形式方法而没有好的非形式判断，该方法是很容易致人迷误的"。我强烈同意您的说法。您能够更充分地解释这些断言吗？

威廉姆森：大多数哲学问题最初都是用模糊的、非形式的术语来表述自身的。为了应用形式方法，人们必须把该问题形式化，用精确的形式术语来表述它。人们需要有好的非形式判断去判定该形式化是否把握了与原来问题相关的最重要的东西。例如，在形式化过程中所做出的简化或理想化是无害的吗？或者它们忽略掉了该困难问题中最核心的东西吗？判断形式化前提的合理性也是一个非形式的事情，诸如此类。甚至还可能有这样的问题，形式化方法对它的解决在根本上毫无贡献，尽管我对此有些怀疑。

陈波：您能够从您迄今所发表的论文中，列出十篇最重要的论文吗？您能够分别用一句话描述它们的最主要贡献吗？

威廉姆森：我修改了我的许多最著名的论文，将其纳入我的书中。对我来说，描述十篇没有经历此过程的论文是更有意思的事情，它们能够帮助人们更好地感受我的工作的多样性。我所发表的第一篇论文是《直觉主义被否证了吗？》（*Analysis*，1982）。这篇论文很短，在其中我证明，关于可知性"悖论"的论证针对的是那个反实在论原则，即所有的真理都是可知的，该论证本身并没有起到反对反实在论者的作用，反实在论者遵循达米特的提议，即直觉主义是反实在论的正确逻辑。当然，我拒绝那个反实在论原则，但我认为反对它需要更多的论证。在《逆关系》（*Philosophical Review*，1985）一文中，我论证说，像踢和被踢或上和下这样的序偶对应于实在的同一个独立于语言的特征，并且我解释了由此观念所提出的某些逻辑和语义的问题。《关于比较类似性的一阶逻辑》（*Notre Dame Journal of Formal Logic*，1988）一文讨论了此类句子的逻辑："与克里斯和大卫的类似相比，安娜更类似于贝蒂。"《两个不完全的反实在论的模态认知逻辑》（*Journal of Symbolic Logic*，1990）探索了这样的问题，即按照一种反实在论理论，真等价于某些特殊的认知状态的可能性，为了不使这一理论崩溃，关于这一理论的逻辑看起来应该是什么样子。《表征图灵机的知识》（*Theory and Decision*，1994）一文是与理论经济学家玄松信（Hyun Song Shin）合写的，他当时是我在牛津的同事，此文关注认知逻辑能够以何种方式受到下述假设的限制：行为主体并不比计算机更聪明。《单纯的可能体》（*Erkenntnis*，1998）一文发展了一个形而上学的观念，它允许一个人去捍卫巴坎公式，后者是有关可能性和存在之间关系的一个有争议的原则，该原则极大地简化了量化模态逻辑。《论高阶模糊性的结构》（*Mind*，1999）一文通过表明界限情形的界限情形等如何服从意料之外的逻辑原则，从而使我的《模糊性》一书中关于模糊性的分析更深了一层。我的被引用最多的论文是《知道如何》（*Journal of Philosophy*，2001），是与美国哲学家斯坦利（Jason Stanley）——我最先碰到他，是在他被指派为我在麻省理工学院的教学助理的时候——合作撰写的。该文使用了来自英语语义学的证据去间接地论证，知道如何去做某事，是知道某事是事实的一种形式，这一观点与赖尔（Gilbert Ryle）和许多其他作者所断言的相反——有人说过，人们对此文的反应是，似乎他们刚刚发现圣诞老人不存在。《必然的存在》一文〔发表在由安东尼·奥黑尔（Anthony O'Hear）编辑的《逻辑、思想和语言》一书中，剑桥大学出版社，2002〕是《单纯的可能体》一文的延续，在其中我表明，由关于存在、命题、真和必然性的简单而合理的原则如何衍推出下面的结论，即一个给定的个体是否存在，这不是一个偶然的事情——这个结论初听起来近乎疯狂，不过，一旦你把它所涉及的那个纯逻辑的存在观念与更具体的存在观念（如在时间或空间中）区分开来，它就好理解了。《每一事物》（*Philosophical Perspectives*，2003）一文针对下列批评家的观点：尝试不加限制地概括会在集合论中导致悖论，如罗素的关于一切不是自身的元素的集合的集合的悖论（该集合是不是它自身的元素？），该文捍卫了同时对绝对的无论什么样的每一事物做概括的合理性，我表明这类悖论是如何危险，但又如何在最后关头避免了它们。

陈波：您能够谈一谈您目前的研究工作吗？您希望在近期内成就一些什么样的事情？

威廉姆森：最近，我完成了关于《知识及其限度》的15篇文章的回应的写作，这些文章和我的回应将很快作为题为《威廉姆森论知识》的一卷由牛津大学出版社出版，该卷编者为帕特里克·格林诺（Patrick Greenough）和邓肯·普理查德（Duncan Pritchard）。眼下，我不得不开始撰写关于《哲学的哲学》的一些文章的回应，它们是为关于该书的一个专题讨论会所准备的。当然，我更有兴趣去做一些新的具有建设性的事情。我的下一本书将基于我在一些文章——例如，我曾提到过的《单纯的可能体》和《必然的存在》两文——中阐述的有关存在和可能性的观念。我希望通过使用更强有力的形式系统，即二阶模态逻辑，来强化我的论证。暂拟的题目是《本体论的严格性》，将由牛津大学出版社出版。在这之后——谁知道呢？

陈波：我先前与您谈过，尽管我承认克里普克是一位非常伟大的哲学家和逻辑学家，但我仍然对他的《命名与必然性》一书有系统的异议。就我所知，您是一位坚定的克里普克的信奉者。您能够谈一谈克里普克和他的工作吗？

威廉姆森：作为一年级本科生，我去听了克里普克在牛津所做的声誉卓著的约翰·洛克讲演，我的导师先前已经把他描述为星光闪烁的年轻的美国哲学家了（克里普克当时30岁出头）。尽管当时我并没有理解他所讲的一切，但他还是给我留下了极其深刻的印象。他的清晰、精细的区分，逻辑的力量，想象力和常识与某种幽默感结合在一起。自那时以来，在应该如何做哲学工作方面，他一直是我的榜样。他也许比我的任何一位牛津教师对我的影响更大。我当时特别喜欢，现在仍然喜欢，他把形而上学问题和认识论问题区分开来，这是他关于先天偶然命题和后验必然命题的著名例子的基础。虽然《命名与必然性》中的某些细节也许不完全正确，但我认为，他在该书中所描绘的图景基本上是正确的——这不是我关于许多哲学书所要说的东西。当然，他早期在模态逻辑方面的技术性工作一直具有基础性的重要性。即使有人不同意它的某些方面（如我本人，在例如先前提到过的巴坎公式上），但它仍然是思考由量化模态逻辑所提出的那些形而上学争议的最好的出发点。他关于真理的文章，在过去30年内已经激起了关于真理的许多第一流的技术性工作。克里普克后来的著作《维特根斯坦论规则和私人语言》，被大多数维特根斯坦的追随者斥为对他的误解。从学术史的角度看，情况也许是如此，但他们没有认识到，克里普克正在为维特根斯坦注入某种活力。在1970年代，情况大致是这样：维特根斯坦的追随者认为，维特根斯坦对哲学的主要贡献就是他反对私人语言论证。私人语言论证似乎依赖于一个证实主义的前提，大意是：描述心智状态的语句的意义就在于它们的证实方法。既然大多数哲学家（除了某些反实在论者）都认为证实主义是不值得信赖的，被广泛接受的看法是：如果私人语言论证真的基于一个证实主义前提，它就是不可靠的和没有意思的。反维特根斯坦主义者认为，它确实依赖于一个证实主义前提。维特根斯坦的信徒坚持认为情况并非如此，但他们从未能令人信服地解释：假如没有这样一个前提，该论证如何进行。克里普克提供了解释该论证的一种方式，它解释了在没有证实主义前提的情况下，该论证能够如何起作用。这项工作使得维特根斯坦的工作再一次对于年轻一代的哲学家富有意义,维特根斯坦的信徒对私人语言论证的辩护没有给他们留下什么印象。一旦同意克里普克的解释不适合维特根斯坦的意图,私人语言论证就失去了它的大部分吸引力,除了对坚定的维特根斯坦信徒之外。其结果是,对于分析哲学的发展来说,维特根斯坦的工作逐渐变得边沿化。不幸的是,克里普克的许多重要著作尚未出版,例如论述跨时间的同一性和某些认识论问题的著作,但他的许多观念已经通过他的讲演和私下印行的这些讲演的逐字记录稿,被哲学共同体所吸收了。他没有发表更多的东西,这是一个很大的遗憾。

陈波:有一组在形而上学中特别重要的用语,例如"to be""to exist""being(s)""existence""reality""actuality"等。中国哲学家有时不能辨别它们在哲学语境中的微妙差别。您能够帮助我们对它们做一些澄清吗?

威廉姆森:英语母语的说话者也经常对它们在哲学语境中的差别感到迷惑不解!这些词语中的每一个本身都以许多不同的方式被使用。通常,当哲学家们对它们做细微区分的时候,他们并不只是简单地依赖它们在常见意义中的清楚而细致的差别,相反,他们使这些词语成为适合于他们自己的理论目的的专门术语。例如,如果一个哲学家说"某些实体有 being 但没有 existence",不听完他的其余的话语,很难知道他在做出什么样的区别。在我的《单纯的可能体》一文中,我建议,"exist"一词是有歧义的,介于逻辑的读法和更具体的读法之间。按照逻辑的读法,"exist"等于"be something"(即是某物,在"某物"的最一般的意义上),在这种意义上,"Everything exists"(每一事物存在)明显为真,因为它等价于"Everything is something"(每一事物都是某物)。按照更具体的读法,"exist"等价于更像是"在时间或空间之中"的某种东西,在这种意义上,"Everything exists"就成为一个高度有争议的断言,即"每一事物都在时间或空间之中",可以证明,这是一个假的断言,因为空集合是某物但不在时空之中。为了揭示"reality"(实在)和"actuality"(现实性)在哲学中的差别,注意下面一点是有助益的,即"reality"典型地是与"appearance"(外观)或"pretence"(假装)相比较而言的,而"actuality"典型地是与"possibility"(可能性)相比较而言的。例如,人们会自然而然地说，"如果我吃得更少一些，我的体重就会比我的实际（actual）体重更轻一些"：比较是在现实性和非现实的可能性之间进行的，而不是在现实性与一种看起来或宣称是的情形之间进行的。相反，如果一个人在剧场里观看一个爱情场景，下面的说法是自然的："那些演员不是真的（really）在相互爱恋"，而不是"那些演员不是现实地（actually）相互爱恋"，因为关注点在于与虚构情景即他们在爱恋中相比较，而不是与一种可能性即他们在爱恋中相比较。但是，在很多语境中，一个人使用哪一个词语是不太重要的。人们能够说，"麦克贝思实际上（actually）谋杀了他的前任吗？"，或者"麦克贝思真的（really）谋杀了他的前任吗？"。我对中国读者的告诫是：当你们在哲学文本中看到这些词语时，不要过多地担忧其英语用法的微妙之处，而是试图弄清楚这位特定的哲学家正在用这些词语干什么事情。

陈波：您如何定义您自己的哲学立场？换句话说，哪些是您的主要哲学信念？

威廉姆森：我从经典逻辑的下述原则开始，即假就是说是者为非，真就是说是者为是。真的东西几乎不依赖于我们人类。我们只构成了自然界的很小很小的部分，并且没有任何特殊地位。不过，尽管我们对巨大的领域无知，这些领域中有些是偶然的，有些是必然的，我们还是获得了关于这个世界的意义重大的知识，包括常识和更系统的研究。我对还原论持怀疑态度，每一个事物就是它所是的东西，而不是另一个事物。我拒斥所有的宗教信念，认为其大体上由谎言构成，人性被指望从中生长出来，但实际上不能。我们应该用证据约束我们的信念，无论这么做是多么困难，而不要让位于一厢情愿式的思考。某位反实在论哲学家曾把我称为"凶猛的实在论者"，我很高兴地接受这一描述。

陈波：在您看来，一位成功哲学家的最重要的特征是什么？他应该具有什么样的基本训练、能力和知识？当一位年轻学者打算投身于一项哲学研究计划时，他应该仔细地考虑哪些因素？例如，他应该如何选择他的研究课题？如何从事他的研究工作？

威廉姆森：对于有雄心的年轻哲学家，我很难给出一个一般性的劝告，因为没有一个尺度适合所有人：好的哲学家在禀赋、技巧和其他特性上相互之间都有不同。适合一位哲学家的工作方式并不适合另一位。不过，人们能够说少许明显的东西：对于在几乎任何学术领域的成功来说，一些特质是需要的。你需要有勇气和想象力去思考新的思想，你还需要有耐心、持久的坚持和精确程度，去以合适的方式展开这些思想。如果你既没有自我批评的力量，也没有接受来自他人批评的谦虚精神，你的工作将不会得到改进。当你的老师犯错的时候，你必须能够认识到这个错误，但如果你太热衷于指出错误，你就不会从他们那里学到足够多的东西。很难找到中间道路。你必须学会清楚地、严谨地、不装腔作势地写作。不要担心你所说的东西是否深刻、是否真实。我喜欢这样的哲学家，他前进得很慢很小心，一段时间内走一步，但理所当然，除非他们知道自己要走向哪里，否则他们不会到达目的地。在哲学方面，好的基础训练包括一些逻辑和一些哲学史，以及在下述方面的大量实践：用你自己的话去写出你对哲学问题的探讨，分析和批评另外的解决方案，然后把你的分析和批评交由你的老师去分析和批评。选择你感兴趣并且你觉得可能有一些话要说的研究课题，课题要足够小以便能够驾驭（一个更常见的现象是，选择过大的课题，而不是选择过小的课题）。该课题是否时髦并不重要——最时髦的领域过于拥挤了——但是该领域应该有一些先前的工作以确定你的研究工作的起点。投身于关于一个论题的公开出版的论战之中，就像参加一场会话。你必须使你所说的东西与其他人刚刚说过的东西相关联，并且能够让他们理解。但是，你要加入一些你自己的东西，否则该次会话就会是令人生厌的。

陈波：蒂莫西·威廉姆森教授，感谢您接受我的访谈。我认为，从这次谈话中，中国读者已经获得了足够多的关于您本人以及您的哲学工作的信息。对于在 2007 年 8 月至 2008 年 8 月我在牛津大学哲学系做访问学者期间，您对我所提供的指导、帮助、建议以及所显示的友谊，谨表示诚挚的谢意。祝您继续在您的哲学生涯中取得成功！

威廉姆森：也祝您如此，陈博士！在您停留在牛津期间与您相识是一件愉快的事情，您为分析哲学在中国的发展，以及中国哲学家与来自世界其他地方的哲学家的交流做出了重要贡献。

7. 逻辑、规范性和合乎理性的可修正性
——哈特里·菲尔德在牛津大学做约翰·洛克讲演

哈特里·菲尔德（Hartry Field），1946 年生，哈佛大学哲学博士（1972），目前为纽约大学塞尔弗教授、大学教授和哲学教授，2003 年当选美国文理科学院院士。其主要研究领域为形而上学、数学哲学、逻辑哲学和科学哲学，在哲学的许多领域都做出了重要贡献，特别是在数学哲学以及与实在论和真概念相关的各种议题上。其主要著作有：《没有数的科学——对唯名论的一种辩护》（1980，1986 年获"拉卡托斯奖"）、《实在论、数学和模态》（1989，修订版 1991）、《真理和事实的缺席》（2001）、《从悖论中拯救真理》（2008）。目前的研究兴趣包括客观性与不确定性、先验知识、因果性、模糊性以及语义的和集合论的悖论。2008 年，他应邀在牛津大学做约翰·洛克系列讲演。

2007 年 8 月至 2008 年 8 月，我在牛津大学哲学系做访问学者，有机会在 2008 年 4—5 月，全程出席了哈特里·菲尔德在那里所做的约翰·洛克讲演，主题是"逻辑、规范性和合乎理性的可修正性"。讲演分六次进行，一周一次，菲尔德讲一小时，然后与听众对话、讨论近一小时。考虑到约翰·洛克讲演在英美哲学中的重要地位，考虑到国内哲学界特别是逻辑学界也许对这些讲演内容感兴趣，特撰文对讲演背景及其内容详加介绍与报道，并附带少量的评论。

导引：约翰·洛克讲演和哈特里·菲尔德其人

有必要先简要介绍一下约翰·洛克讲演。该讲演由亨利·威尔德

（Henry Wilde）捐资设立，以英国著名哲学家约翰·洛克（John Locke）的名字命名，一学年一轮，并且在前一年度遴选出下一年度的讲演人，提前公布。从1950年开始第一次讲演，迄今已成为欧美最重要的哲学讲座之一。在过去半个多世纪中，属于英美分析哲学传统的绝大多数最优秀的哲学家都曾在此做过讲演。华裔逻辑学家兼哲学家王浩是该讲座的第二位讲演人，此后的著名讲演人先后有普赖尔（A. N. Prior）、古德曼（Nelson Goodman）、亨迪卡、塞拉斯（Wilfred S. Sellars）、洛伦岑（Paul Lorenzen）、乔姆斯基、戴维森、肖梅克尔（Sydney S. Shoemaker）、克里普克、普特南、格赖斯（H. P. Grice）、卡普兰（David Kaplan）、丹奈特（Daniel Dennett）、刘易斯（David Lewis）、斯特洛德（Barry Stroud）、内格尔（Thomas Nagel）、麦克道威尔、本奈特（Jonathan Bennett）、伯格（Tyler Burge）、杰克逊（Frank Jackson）、福多（Jerry Fodor）、诺齐克、范·弗拉森（Bas van Fraassen）、柯斯葛德（Christinne Korsgaard）、费因（K. Fine）、巴恩斯（J. Barnes）、索萨（Ernest Sosa）、布兰登（Robert Brandom）、斯托内克（Robert Stalnaker）等人。2009年度的讲演人将是来自哈佛大学的司甘伦（Thomas Scanlon）。这些人在当代哲学舞台上发挥了重要影响，其中很多人做出了原创性的哲学贡献。有些在约翰·洛克讲演的基础上出版的著作，后来成为有广泛影响的名著，例如大卫·刘易斯的《世界的多样性》（1983—1984年讲演，1986年出书）、麦克道威尔的《心灵与世界》（1990—1991年讲演，1996年出书）。

  2008年度的讲演人哈特里·菲尔德于1946年出生于美国波士顿，大学本科主修数学，获数学学士学位；1972年在哈佛大学获哲学博士学位，其指导教师是普特南和波伊德（Richard Boyd）；先后在美国普林斯顿大学等多所大学任教，目前是纽约大学哲学讲座教授；先后获得多项奖励，如古根海姆基金会研究员基金（1979—1980），其著作《没有数的科学——对唯名论的一种辩护》（1980）获得"拉卡托斯奖"（1986）；2003年被选为美国文理科学院院士；其著作还有：《实在论、数学和模态》（1989，修订版1991）、《真理和事实的缺席》（2001），以及最近刚出版的《从悖论中拯救真理》（2008）。菲尔德在哲学的许多领域中都做出了重要贡献，其最重要的工作是在数学哲学领域，以及在与实在论和真概念相关的各种议题上，最近的研究兴趣转向了悖论和逻辑的可修正性。

在数学哲学中，菲尔德捍卫了某种形式的虚构论（fictionalism），用一句话来概括，即数学对象是虚构的，并不真正存在。表面上，数学断定了数、纯集合以及诸如此类的东西的存在，但这些断言实际上是假的，并且不可能通过一种非字面的解读使之成为真的。他清楚地知道，支持数学实在论的中心论证，就在于数学在形塑和使用科学理论时的不可或缺性。他提议用如下办法回击该论证，即给出一种关于数学在科学中使用的说明，它并不要求数学是真实的：如果 T 是一个唯名论理论（粗略地说，一种不提及数学实体的理论），并且 M 是一种被用来从 T 中推出后承的数学理论（某种版本的集合论也许是此类理论的一个例证，它允许人们把 T 的对象视为非元素，并且允许 T 的术语出现在概括公理中），那么，说 M 是在 T 上保守的，是指假如完全用 T 的术语来陈述的话，任何这样的后承已经是 T 的（语义）后承，即在 T 的任何模型中为真。菲尔德指出，人们总是希望数学是在物理理论上保守的，并且希望事实上也有好的理由相信这一点。这一观察的重要性在于：假设 P 作为一种物理理论，像大多数此类理论一样不是唯名论的。人们有可能找到一种唯名论理论，由之可以通过定义加数学推出 P。然后推出：P 加数学是在 N 上保守的。这至少表明，N 把握了 P 的所有物理内容，并且数学（加上 P 本身）只不过是一种方便的装置，用来推出 N 的后承。遵循（并且明显扩展）那些为决策论和测度论学者所熟知的技巧，菲尔德成功地为 P 是某种形式的牛顿引力理论这种情形，构造了一种自然且唯名的理论 N。菲尔德把这一结果扩展到所有物理学的方案，已经激起了对大量争议问题的广泛兴趣。仅提到其中之一——牛顿的引力理论，以及任何与它有些许类似的理论，都要求 N 在点的集合上量化，后者可以等同于空间区域；在 P 加数学中可证的有关 N 的任何东西已经是二阶后承，这种意义上的后承，可以想到的例证是关于部分—整体关系的那个完全的逻辑。这提出了有关下面两点有意思的问题：一是在何种程度上，菲尔德结果的一阶类似物是可以得到的或有说服力的；二是人们是否能够谈论二阶后承而继续做一名有关数学的虚构论者。确实，也可以对一阶后承提出后一问题，尽管它与一个句法观念是同外延的——

因为有关数学的虚构论者也应该在下面的断言上是虚构论者，即一个给定的理论在句法上是一致的。菲尔德已经用一种有意思的关于（纯）逻辑的必然性（作为一类独特的必然性，一种不用根据模态或可能世界来解释的必然性）的理论，对这一问题做出了回应。

菲尔德在真理问题上最早的工作，是他于1972年发表的著名论文《塔斯基的真理论》，该文产生了很大影响，已被编入多种文集之中。当时，普特南等人试图发展某种形式的科学实在论，与托马斯·库恩等人的看法相反，它强调指称在变化中的科学理论中的连续性。有一种指称观念与这一看法相关联，它使得下面两个问题并非无足轻重：如何使用"水"这个词使得"水"指称一种特殊的化合物？是什么使得"水尝起来味道很好"这类说法是真的？这样一种看法，有时候被称为（关于指称和真的）"符合论"，与"紧缩论"构成对照。后者认为，"'水'（在英语中）指称水"只不过是对"在英语中指称"自然定义的直接结果。在这篇论文以及后来的相关论文中，菲尔德强有力地阐述了后来被认为是支持符合论的最有说服力的论证：人类在使用语言与世界打交道的过程中所获得的成功，需要得到一种系统的解释，紧缩论不能提供这种解释。紧缩论者后来对该论证做出了一些初看起来合理的回应，事实上，菲尔德也日渐对紧缩论持同情态度。他所论述的一个论题是，从紧缩论的观点看意义理论该是什么样子，假如紧缩论需要切割意义和指称之间明显紧密的关联的话。他经常论述的另一个论题是：在一些像"不存在事实问题"这类说法适宜的场合，一个紧缩论者应该做些什么？这些场合不仅包括哲学家传统上就实在论发生争论的领域，而且包括像"秃头"这样的模糊表达式跨越界限的情形。菲尔德还提出了一种诱人的图景：人们既抛弃排中律，又在语言中引入一个"确定地"算子，他后来用新引入的一个条件句算子"→"定义了"确定地"算子。菲尔德表明，在引入新的条件句算子之后，用这个条件句算子与合取可以定义新的等值，进而可以使塔斯基T-模式［即T（<A>）↔A，其中的等值是用新条件句表示的］成为定理，并且，"True（<A>）"与"A"可以等值置换（这被称作IP规则）。菲尔德认为，同时接受T-模式与IP规则的真理论是"素朴真理论"。并非所有真理论都同时接受二者。有的理论二者都不接受，比如塔斯基的真理论；有的理论只接受 IP 规则但不接受 T-模式，比如克里普克的真理论；有的真理论接受 T-模式但不接受 IP 规则，比如普瑞斯特的真理论；而同时接受这二者是菲尔德理论的特点之一。

  最近一些年来，菲尔德把对真概念的探索扩展到对悖论的系统研究中。在其新著《从悖论中拯救真理》中，他对有关真的悖论及其相关议题做了大胆的探索，偶尔也触及了模糊性（vagueness）、有效性的性质以及哥德尔不完全性定理之类的论题。他提出了对悖论的新探索，系统且仔细地讨论了主要的竞争性方案。全书共二十六章，分为五个部分。第一部分考察塔斯基、克里普克和卢卡西维茨的真理论，讨论了有效性、可靠性和模糊性等概念。第二部分考察在经典逻辑框架内消解悖论的各种尝试。第三部分转而讨论非经典的真理论，它们限制排中律的使用。菲尔德表明，在许多理论中，条件句服从许多经典规律，并且许多语义悖论（不只是最简单的那些）能够被处理成与那种素朴的真理论相协调。在第四部分，这些理论被扩展到性质理论悖论和各种各样的其他悖论，并且还讨论了有关理解有效性观念的一些问题；广义悖论，包括确定真理的观念，得到了非常彻底的处理，并评述了关于下面一点的大量不同论证，即这些理论导致了所谓的"复仇问题"。一种悖论解决方案在消解某些悖论时，会导致新的悖论出现，这就是所谓的"悖论的复仇"。最后，第五部分考察了悖论的双面真理论方法（dialetheic approach），这些探究并不是去限制排中律，而是转而接受某些矛盾，但改变经典逻辑，以至把矛盾限制在该语言的某些相对边缘的部分。辩证论的提倡者们已经论证，在处理与不完全性定理和避免复仇相关的问题上，他们的理论要胜过限制排中律的理论。菲尔德论述说，辩证论者关于其理论优越性的断言是相当没有根据的，相反，在处理其中的某些问题时，所有现成版本的辩证理论实质上要比最好的限制排中律的理论糟糕得多。

  下面逐一概述菲尔德的六次讲演的内容。有必要预先指出，菲尔德的观点和论证并不一定是正确的，相反很有挑战性，因而很有争议。我撰写此文，只是希望激发我们进一步的思考。

讲演 1. 关于合乎理性的可修正性的一个难题

在 4 月 23 日进行的第一次讲演中，菲尔德一开头就陈述了由如下 4 个断言组成的一组命题，它们分别看起来都相当合理，但合在一起却不协调：

断言 1. 在任何时候，一个人都具有一个"最高层次的认知规范"，它构成了那个人在那个时间内关于信念的合乎理性的形成和保留的标准。

断言 2. （假定 1）对于那个人来说，在任何条件下，都不可能修正那个最高层次的认知规范。

断言 3. 任何足够高层次的认知规范都必须包括一个（足够强大、足够应用的）逻辑。

断言 4. 对于任何（足够强大、足够应用的）逻辑来说，那个人都有可能在某些条件下合乎理性地修正该逻辑。

可以说，菲尔德的整个讲演都是围绕这 4 个断言进行的。断言 1 和 2 在讲演 1 和 6 中得到了仔细讨论；断言 3 在讲演 2 中得到了基本的支持；断言 4 在讲演 3 和 4 中得到了基本的支持。在本次讲演中，菲尔德详细分析了有关前两个断言的论证，指出：尽管断言 1 也有问题，但不协调的原因也许在于断言 2 不成立，由此间接论证了合乎理性地修正逻辑是有可能的。

支持断言 1 的论证：

菲尔德首先指出，一个认知规范是指一种策略，它既是相信（或在某种程度上相信）的策略，也是一种如此行动以便改善一个人的认知状况的策略，例如试图搜集更多的证据，或者构想更多的可能的解释。例如，我们有这样一个策略：若不相信合取支，则不相信相应的合取命题。这个策略在我们的思维中发挥着非常关键的作用。

但认知策略有层次高低之分。有"低层次"的认知策略，例如："相信你在《纽约时报》上读到了东西，除非其署名为伊丽莎白·布米尔（Elizabeth Bumiller）。"当我获得更多的信息时，我很容易修正这个策略。支持断言1的一个关键性前提是，认知策略之间有一种"……层次高于……"的关系，这是一种偏序关系：传递、非自返和反对称。一个自然的想法是，如果我通过发现一个不能信任《纽约时报》的新领域，去修正我信任该报的策略，（1）这是因为，我先前奉行的在这个领域内信任该报的策略，与我所相信的其他东西相冲突；（2）我运用一个普遍的归纳策略做出决定：在这个领域，应该抛弃相信该报的那个策略。因此，应该存在"决定性"策略，策略之间有不同层次的区分。由层次高低是一种偏序关系，加上一个人在某个时间内所具有的认知策略是有穷多的，可以推出：必定存在一个最高层次的认知规范，菲尔德称之为"极大规范"。菲尔德指出，迄今所说的一切并不能排除这样的可能性：有不止一个极大规范，它们属于相同的层次或不可比较的层次。对极大规范的要求是：它们自身不能包含冲突。

菲尔德说，他将在最后一讲中对这个论证的有些步骤提出质疑，因此断言1也是有问题的，但如上所述的不协调的原因似乎不在断言1。

对断言2的质疑：

菲尔德认为，似乎很清楚，断言2是以下3个前提的后承或结论：

（a）合乎理性的修正需要使用规范，根据该规范，该次修正是合乎理性的。

（b）如果对规范N的合乎理性的修正需要使用N之外的某个规范，N本身就不可能是最高的规范。也就是说，一个"最高层次的规范"，不可能根据某个另外的规范而被合乎理性地修正。

（c）一个规范不能要求修正它自身。

菲尔德指出，前提（a）似乎很合直观：如果某个人通过规范之外的手段去修正一个规范，例如凭一时兴起或拍一下脑袋，即使新规范比旧规范更好，也很难说该次修正是合乎理性的。前提（b）似乎也难以被质疑：它似乎是从我们赋予"最高层次的规范"的意义中推出的。（c）是最具争议性的，他重点对它做了分析。一个人确实不能遵守这样一个规范：它既要求人们遵守它，又要求人们不遵守它，例如修正它。这样的规范是明显不协调的。但是，下面的假定却是自然的：如果有对规范的修正，那么修正可以渐进地进行：使用规范P_1，我们对规范P_2做小的修正，

然后对规范 P_3 做小的修正,直至 P_{i+1}。规范方面的一个大的改变将由这样的小修正的长链条来实现。当然,其中也有某种小的不协调,例如,由于规范数量有穷多,P_1 尽管没有直接要求对它自身做修正,最终还是会间接地要求对它自身做部分修正。不过,当这种不协调还未被人们明确认识到时,应该允许人们暂时接受它。如果把(c)理解为不允许任何这样的小修正,它的合理性就值得怀疑。

已经有人——例如次协调逻辑学家——论证,拥有不协调的信念并不是那么可怕的事情,即使人们认识到这种不协调。有许多与不协调性一道工作的方式,只要保持不协调性不到处扩散就可以了。例如,布朗(Brown)和普里斯特(Priest)已经提出了一种"零打碎敲程序":当一个人发现自己拥有不协调的信念集,并且不知道如何摆脱这种不协调时,他可以(i)把该信念集拆成几大块,(ii)在每一块内部做合乎逻辑的推理,(iii)关于如何在每一块内部引出结论的限制条件,也适用于其他信念块。遵循这样的程序,我们可以在一个总体上不协调的信念集内部的各个部分中,仍然保持某种协调性。菲尔德认为,这样的程序也可以用到不协调的认知策略集上去。我们至少可以在一段时间内使用不协调的策略,直到其不协调性明显暴露出来为止。因此,(c)的合理性受到挑战。

但菲尔德认为,(c)的合理性并没有受到严重威胁。于是,断言 2 得到了某种程度的支持,它与断言 1 一起,支持下面的结论:在任何时候,一个人都拥有最高层次的规范,它不能被合乎理性地修正。如果所有的逻辑都包括在最高层次的规范中,那么,一个自然的结论就是:逻辑不是合乎理性地可修正的。但他认为,逻辑是合乎理性地可修正的,在讲演 3 和 4 中将论证这一点。通常的论证策略是把逻辑分成不同的部分,如"核心部分"和"边缘部分",然后承认核心部分不可修正,但至少其边缘部分可以修正。但他认为,没有明显的根据去划分"核心"和"边缘",因此他将不采用这样的策略,也不会引用各种"非经典"逻辑作为例证,因为后者本身的可接受性正受到质疑。他还指出,有些人接受断言 1 和 2,接受逻辑的合乎理性的可修正性,但又不愿意设定一个不可合理修正的核心逻辑。对这些人来说,其选择之一是完全切断逻辑与规范、合理性之间的联系,这就是哈曼所采取的立场,也是菲尔德下一讲所要考察的主题。

讲演 2. 什么是逻辑的规范作用？

在 4 月 30 日所进行的第二次讲演中,菲尔德一开头就提出一个问题:(演绎)逻辑和合理性之间的联系是什么？弗雷格是一个极端,他把逻辑规律等同于理性思维的规律。按照这种观点,在有关逻辑的论辩中,提倡不正确逻辑的人自动地就是非理性的;合乎理性地改变逻辑也就成为不可能的事情。但菲尔德认为,逻辑是可以被合乎理性地改变的,故弗雷格的观点很成问题,逻辑与合理性的联系应该比它所断定的更微妙一些。哈曼则属于另一极端,他倾向于削弱甚至切断逻辑与合理性之间的联系。在其《思维》(1973)一书中,他认为逻辑并不比任何其他重要学科与合理性有更多的关联。按照这种观点,逻辑是其他各门科学中的一种,它的目标是发现某种特殊类型的真理,即关于什么样的论证形式必定保真的真理。只要我们能够合乎理性地改变关于什么样的论证形式必定保真的信念,我们也就能够合乎理性地改变逻辑。所以,哈曼的解释给逻辑的合乎理性的改变留下了空间。

哈曼提出了有关逻辑与合理性之间联系的如下 4 个问题:

问题 1:推理(reasoning)并不遵循逻辑推断(logical inference)的模式。例如,当人们拥有信念 A_1,……,A_n,并且认识到它们合起来推出 B,而 B 并不被接受,在这种的情况下,有时候要做的最好的事情不是去相信 B,而是去掉 A_1,……,A_n 中的某些信念。

问题 2:我们不应该用一些不相干的东西塞满我们的大脑和心智。但是,如果我们相信 A 就得相信 A 的所有后承,那么,这种应该避免的现象就会发生。

问题 3:有时候,即使人们知道某些信念是不协调的,但在不知道如何去掉这种不协调的情况下,拥有这些信念依然是合乎理性的。

问题 4:没有任何人能够承认其信念的所有后承。因此,要求人们的信念在后承运算下封闭是荒谬的。同样,要求人们的信念必须彼此协调也是荒谬的。

菲尔德认为，问题 3 和 4 是最有意思的，他将考虑对问题 1 的解决方案，但问题 2 会影响到这些方案。他的本次讲演分为两部分，前一部分旨在表明他能够解决哈曼所指出的那些问题。简单地说，他认为，相信其信念的所有逻辑后承不是人类主体所能做到的，因此，不能做到这一点并不表明是非理性的。基于类似的原因，把持有不协调的信念等同于非理性也是荒谬的，因为这种不协调可能是隐含的，它要通过复杂的推理或计算才能显现出来，因此人们未能认识到它。持有这样的（隐含不协调的）信念仍然是合理的。这就是说，他承认问题 2、3、4 至少部分地是正确的，从而肯定地接受它们，但要做适当的限定和修改。留下的问题是：如何在一种概率论框架中，在至少部分地正面接受问题 2、3、4 的条件下，在涉及人的认知信念及其推理关系时，重建逻辑与合理性之间的关系。

菲尔德指出，问题 1 表明，下面的原则是不正确的：

(O)：如果一个人认识到 A_1，……，A_n 合起来推出 B，那么，如果他相信 A_1，……，A_n，他就应该相信 B。

通过逐步深入的分析，菲尔德认为，(O) 应该被下面的原则所代替：

(D)：如果 A_1，……，A_n 合起来明显地推出 B，那么，一个人应该明白，P(B)（一个人对 B 的信念度）至少是 $P(A_1) + \cdots + P(A_n) - (n-1)$，缩写为 $\sum P(A_i) - (n-1)$。

(D) 是说，只要所假定的那个逻辑是正确的，那么：(i) 若（知道） A 在该逻辑中推出 B，则该逻辑的提倡者相信 B 的程度至少要像相信 A 的程度一样高；(ii) 如果（知道）B 是该逻辑的定理，则 B 的信念度应该是 1，如此等等。菲尔德认为，这是一个相当自然的原则。他随后给 (D) 添加了许多限制性条件和补充说明，在此从略。他指出，(D) 中的"应该"明显揭示了此原则的规范性质。对于其中的"明显"二字，可以有两种不同的解释：对做推理的那个人（the agent）"明显"，对"某个拥有正确的逻辑的人"（如评价者）"明显"。于是，(D) 有两种解释，但没有歧义。通过遵守下面的明显的原则，我们派生地得到某种类型的规范性：

(N)：在外在地评价某个人的信念和推理时，我们不仅根据那个人所遵循的规范来行事，而且也根据我们认为是好的规范来行事：在评价的一个面向上，我们将使用我们的逻辑，虽然在评价的另一个面向上，我们也许使用那个人的逻辑。

在该次讲演的第二部分，针对哈曼的断言——逻辑是关于什么样的推理形式必然保真的科学，菲尔德宣称，这一看法是不成立的，逻辑甚至不是关于什么样的推理形式根据逻辑必然性保真的科学。在经过适当的限定之后，我们必须拒绝"所有逻辑上有效的推理保真"的断言。

菲尔德论证说，哥德尔第二不完全性定理表明，没有任何充分的数学理论能够证明它自己的协调性。因为，要证明数学理论 T 的协调性，我们首先要在 T 内部归纳地证明 T 是可靠的，即它的所有定理都是真的，然后由 T 的可靠性推出 T 的协调性。但问题在于，我们无法证明：(Ai) 它的所有公理都是真的，(Aii) 它的所有推理规则都是保真的，于是，无法由数学归纳法得出结论：它的所有定理都是真的。这是因为，在标准的数学理论中，我们不能定义一般的真概念，而只能定义相对于某个或某类模型的真概念，例如，塔斯基就把有效性等同于在所有古典模型中为真。菲尔德强调指出，这种模型中的真概念与一般的真概念是很不相同的，前者至少在部分模型中是可定义的，而后者则不是一般可定义的。于是，非经典逻辑学家同意经典推理保留在古典模型中的真，但他们不承认它们保真，因为他们认为，古典模型错误地表征了实在。并且，甚至经典逻辑学家也认为，古典模型错误地表征了实在，因为它的个体域在规模上有限制，而真类在规模上没有限制。这就是模型中的真概念可定义，而一般性的真概念不可定义的原因。

菲尔德反问道，假如我们不坚持定义真概念，而把一般性的真概念作为初始概念引入会如何呢？在这种情形下，悖论意味着：我们不得不在下述二者之间做出选择：一是经典逻辑理论，其中的真概念服从异常的真规律；一是带非经典逻辑的理论，其中的真概念遵守通常的真规律。在任何有意义的此类理论中，或者不能证明所有的公理都是真的，或者不能证明所有的推理规则都保真。

菲尔德举经典的"真值间隙"理论为例。这些理论通常包括形如"True（<A>）→A"作为公理，但也包括形如"¬ True［True（<A>）→A］"作为定理。也就是说，其公理在规范的意义上被认为是有效的，但却被断定为不真！他认为，这是一个严重的缺陷，这样的理论似乎是"自我挫败的"。并且，含一般的真谓词的一些其他的理论蕴涵其公理为真，但其推理规则不保真。也就是说，它们使用了某些规则［如分离规则，以及从True（<A>）推出A的规则］，但拒绝承认这些规则一般地保真。他认为，这并不是那么反直观的。我们可以合法地使用分离规则，而拒绝承认该规则一般地保真。因此，人们必须或者说：有效性并不要求保真；或者说：使用人们并不认为是有效的演绎规则是合法的。

在本次讲演的末尾，菲尔德考虑了以下四个断言：

（1）从 p_1，……，p_n 到 q 的推理是有效的。

（2）从 True（<p_1>），……，True（<p_n>）到 True（<q>）的推理是有效的。

（3）从 True（<p_1>）并且……，并且 True（<p_n>）到 True（<q>）的推理是有效的。

（4）语句如果 True（<p_1>）并且……，并且 True（<p_n>）则 True（<q>）是有效的。

根据一般的论证，这四个断言似乎是等值的：根据真规则［即 True（<A>）→A］由（1）可得到（2）；根据通常的合取规则，由（2）可得到（3）；根据通常的条件化规则，由（3）可得到（4）。如果一个语句的有效性就是（根据其形式）必然真，于是（4）所说的是，该推理（根据其形式）必然保真。以上的论证似乎很有说服力，但是它却依赖于一些不能同时被接受的原则。卡里悖论表明，我们不能同时接受把（1）改写为（2）时所依据的真规则，以及把（3）改写为（4）时所依据的条件化规则，否则将导致悖论。尽管对卡里悖论有不同的解决方案，但每一个方案都削弱了下面的做法：把有效性等同于必然保真。如果有人把"有效"规定为"必然保真"，那么，这种有效性概念并不认同我们关于演绎推理的"好"(goodness)的观念，它甚至在外延上也不等同于演绎推理的"好"。我们关于好的论证的观念本质上是一个规范概念，甚至不能根据保真在外延上加以把握。在这个意义上，逻辑本质上是规范的。

讲演 3. 关于逻辑的合乎理性的可修正性的一个例证

在 5 月 7 日所进行的第三次讲演中，菲尔德一开头指出，普特南和达米特分别提出用量子逻辑和直觉主义逻辑作为适合于所有目的的逻辑，而把经典逻辑作为某种特例，但他认为，他们所给出的理据是非常薄弱的。他本人也没有低估下面的认识论问题：要把合乎理性地改变逻辑纳入一个严肃的认识论模型（如概率模型）中是很困难的，因为这类模型没有给不遵守经典逻辑的认知状态留下任何空间。它们似乎断言，逻辑是免于合乎理性地修正的，并且任何拥有非经典逻辑的人自动地就是非理性的。在非概率的模型中，情况似乎也不更好。例如，蒯因的整体论和古德曼的"反思的平衡"(reflective equilibrium)，这些口号尽管诱人，但过于模糊，若要把它们适度地精确化，却要预设一个（不可修正的）逻辑。

菲尔德指出，他所理解的"合乎理性地修改逻辑"是指合乎理性地修改我们的最基本的逻辑推理模式，而不仅仅是指合乎理性地修改我们关于何种推理模式保真的看法。前者必然包含后者，但后者并不必然包含前者。并且，改变演绎推理模式通常会带来很多伴随的改变。例如，如果我们如此修正我们的基本推理模式，以至放弃析取三段论（$A \vee B, \neg A \vdash B$），我们几乎肯定还要放弃爆炸规则（$A, \neg A \vdash B$）。然后，我们最好改变关于信念度的通常限制，即 A 和 ¬ A 的信念度加起来绝不超过 1。这意味着，我们不得不在基本的归纳推理模式上也做出改变。

菲尔德说，他在这次讲演中将提出一个案例，说明逻辑是合乎理性地可修正的。他的案例大致是这样的：为了处理语义悖论和性质理论悖论，我们必须限制经典逻辑的某些规律，首先是排中律。放弃经典逻辑框架后，他采用了某种类似于卢卡西维茨的连续统值逻辑的构架，并增加了一些新的要素和新的限制条件，发展出一个新逻辑。这个逻辑的奇妙之处在于，当加入某些假定之后，它可以变成经典的。这些加入的假定在普通数学和物理学内部似乎是合理的。于是，与普特南和达米特的方案不同，没有必要在普通的数学和物理学内部做出改变。他本次讲演的目的，就是要说服听众相信，已经有一个严肃的案例，凭借这个逻辑可以解决悖论；根据这个案例，改变一个人的逻辑并不是不合理性的，并且，关于是否改变一个人的逻辑，可以有合乎理性的辩论。

菲尔德从"非自谓悖论"谈起，以形式表述如下：

(TO)　　$\forall x['F(v)'对 x 为真 \leftrightarrow F(x)]$

特别地，'F(v)'对自身为真$\leftrightarrow$F('F(v)')。把'F(v)'用于'v不对自身为真'的情形，我们得到：'v不对自身为真'对自身为真$\leftrightarrow$它不对自身为真。这具有$B \leftrightarrow \neg B$的形式，所以是一个经典的矛盾。从这个论证中，我们得到对以下两个断言的论证：

(i) 'F(v)'对 c 为真，但是并非 F(c)　　[Overspill(过剩)]
(ii) F(c)，但 'F(v)'不对 c 为真　　　　[Underspill(不足)]

于是，必定有所谓的"过剩"和"不足"，或者同时有这二者。这是一个有趣的结果。罗素在《西方哲学史》中谈到黑格尔哲学时，指出："你的逻辑越糟糕，它所引出的结果就越有趣。"

菲尔德指出，在真概念那里，我们有类似物。假定经典逻辑，例如由于说谎者语句，我们必定有下面二者之一：

True(<A>)，但是$\neg$ A　　　　　　[Overspill]
A，但是$\neg$ True(<A>)　　　　　　[Underspill]

因此，关于非自谓悖论，至少有下面三种不同的解决方案。

第一，典型的 Underspill 理论：设定真值间隙。

令 L 是一个断定它自己不真的语句的名称。间隙理论断定"L 不是真的"，但同时也断定"〈L 不是真的〉不是真的"。这就是说，它断定了某个语句，却同时断定该语句不是真的！该理论接受塔斯基双条件句从左到右的一半，即：

(T-OUT)　True(＜A＞)→A

及其类似物：

＜F(x)＞对 o 为真→F(o)

但所付出的代价却很高：该理论不仅断定了有些语句的真，同时也断定了它们不真。这种状况甚至对（T-OUT）也成立：该理论接受（T-OUT）的所有例证，但同时断言并非（T-OUT）的所有例证都是真的。更有甚者，间隙理论家明显同意他自己的间隙理论，但认为并非该理论的所有公理都是真的。这是十分反常的。通常有一种说法，真和假概念的功能之一就是表达人们的同意和不同意。显然，这在 Underspill 理论中无法做到。

第二，典型的 Overspill 理论：设定真值过多。

在 Overspill 理论家中，大多数人接受塔斯基双条件句的另一半：

(T-IN)　A→True(＜A＞)

很明显，他们避免了间隙理论家的一个问题。他们断定他们自己的公理是真的。但是，(i) 他们也断定他们的某些公理既真又假；(ii) 他们断言，他们的某些推理规则，如分离规则，并不保真。例如，像经典理论一样，他们接受下面的推理：L 是真的→0＝1，L 是真的，所以 0＝1。他们承认两个前提为真，但认为其结论不真！与间隙理论一样，过剩理论也无法用真概念表达同意，用不真或假表达不同意。

第三，另外一些理论既不设定 Underspill，也不设定 Overspill，而是要求存在二者之一。这些理论接受下述真规则的大多数或者全部：

(T-引入)　A ⊨ True(＜A＞)
(T-消去)　True(＜A＞) ⊨ A
(¬ T-引入)　¬ A ⊨¬ True(＜A＞)
(¬ T-消去)　¬ True(＜A＞) ⊨¬ A

这些理论接受所有的经典推理规则，但限制某些经典元规则，由此避免悖论。例如，它们拒绝条件化证明，所以（T-引入）不会导致 A→True（＜A＞），（T-消去）不会导致 True（＜A＞）→A。它们还拒绝归谬式证明（¬-消去），以及二难推理（∨-消去）。可以很自然地把这些理论称为弱经典的。其中，拒绝二难推理规则发生了关键性作用。

令 CONT 表示矛盾"<L 不是真的>是真的且<L 不是真的>不是真的"。这些理论接受下面的公式：

(1) <L 不是真>是真的 ⊨ CONT。
［使用（T-消去）和等式 L = <L is not true>］
(2) <L 不是真的>不是真的 ⊨ CONT。
［使用（T-引入）和上面的等式］
(3) <L 不是真的>是真的或者<L 不是真的>不是真的。

于是，看起来很奇怪的，两个蕴涵矛盾的命题的析取是一个逻辑真理！实际上，推出矛盾是因为我们还秉持二难推理规则：如果 A 蕴涵 C 并且 B 蕴涵 C，那么 A∨B 蕴涵 C。假如不接受这个原则，CONT 就推不出来了，我们仍然可以认为那个析取是一个逻辑真理。

这些理论的优势是：通过接受 4 个真规则，它们可以使真与同意、不真或假与不同意结合起来，从而避免前二者使它们相分离的现象。但是，这些理论不能接受这样的替换规则：如果 C 和 D 是相似的，除了（在某些透明的语境中）其中之一有"A"，另一个有"<A>是真的"，那么，人们就可以合法地从 C 推出 D，并且从 D 推出 C。该规则将导致 True(<A>) ↔ A，后者是任何经典逻辑都不能接受的。

菲尔德本人所提倡的逻辑是某种类型的卢卡西维茨的连续统值逻辑，其中语句在 [0, 1] 区间上取值。1 是唯一的指派值。另外，还引入了一个"确定地"（determinately）算子，可以用卢卡西维茨条件句定义为："A 确定地发生" =df ¬（A→¬A）。该算子满足如下规律：

(ia) 如果 |A| = 1，则 |DA| 应该是 1。
(ib) 如果 |A| = 0，则 |DA| 应该是 0。
(ic) 如果 0 < |A| < 1，|DA| 应该严格小于 |A|。
(ii) 如果 |A| ≤ |B|，|DA| 应该严格小于等于 |DB|。

确实地，我们将把（ib）强化为：

(ib-s) 如果 |A| ≤ |¬A|，|DA| 应该是 0。也就是说，如果 |A| 小于等于 1/2，则 |DA| 应该是 0。

在这个逻辑中，说谎者语句将有值 1/2，所以，(ib-s) 将允许我们断定：说谎者语句既不确定地真，也不确定地假。并且，"确定地说谎者悖论"也不会出现。

下面是菲尔德所提倡的逻辑的一般框架，卢卡西维茨语义学是其特例：

我们引入一个值空间 V 以及它上面的一个偏序关系 ≤，有极大值 1 和极小值 0。1 是唯一的"指派值"。关于偏序关系，我们做如下规定：

(i) V 的任何两个元素有一个极小上界和极大下界。

(ii) 如果两个元素都小于 1，那么 1 不是任何两个这样的元素的极小下界。

于是，我们能够把 |A∨B| 视为 |A| 和 |B| 的极小上界，把 |A∧B| 视为 |A| 和 |B| 的极大下界。

关于量词，我们有类似的东西，不过，要求该空间是足够完善的，也就是说，有足够多的极小上界和极大下界。关于否定，我们设定一个该空间上的"向下对称"，即一个倒序算子"*"，把它两次用于任何一个对象，导致回到原来的对象。最后，我们需要一个 V 上与条件句相对应的算子，它满足下面的规律：

(Ⅰ) a→b 是 1 当且仅当 a ≤ b

(Ⅱa) 如果 $b_1 ≤ b_2$，那么 $(a→b_1) ≤ (a→b_2)$

(Ⅱb) 如果 $a_1 ≤ a_2$，那么 $(a_2→b) ≤ (a_1→b)$

(Ⅲ) 1→0 是 0

(Ⅳ) $(a^* → b^*) = (b→a)$

我们还可以视需要增加更多的限制条件，此处从略。

菲尔德指出，以上框架推广了卢卡西维茨的语义学。在这样一种逻辑中，我们可以得到对所有语义悖论以及性质理论悖论的一般解决方案，它们符合语义学和性质理论的"素朴模式"，并且不会产生像"强化的说谎者悖论"之类的更高级别的说谎者悖论。并且，他所勾画的这种理论保留了一个弱化的经典逻辑中的真、满足、性质示例等等的素朴模式，并且避免了困扰经典理论和弱经典理论的那些主要问题。（这种逻辑的部分细节可以在他的新书《从悖论中拯救真理》中找到，该逻辑的全部展开则是他本人以后一些年要从事的工作。）他认为，这就给出了一个强的例证，可以弱化经典逻辑。但如果在相应论域中假定排中律，条件句将具有经典条件句的行为模式，该逻辑就变成为经典逻辑。当然，也可以基于某些理由，不同意刚才所概述的那个逻辑，而仍旧采用经典逻辑或某种弱经典逻辑，并就此展开合乎理性的辩论。所以，经典逻辑并没有以如此方式置入我们的认知规范之中，以至使得关于它的合乎理性的辩论成为不可能的事情。

讲演 4. 那真的是在修改逻辑吗？

在 5 月 14 日所进行的第四次讲演中，菲尔德分别讨论了寇尼希悖论、贝里悖论以及模糊性悖论，说明经典逻辑不能适当地处理它们，以及如何用他所提倡的那个逻辑去解决它们，以进一步说明逻辑的合乎理性的可修正性。

1. 寇尼希悖论和贝里悖论的解决方案

令 L 是任何一个这样的语言，其公式是有穷多个基本符号的有穷序列。于是，

（K1）该语言仅有可数多个公式。

（B1）该语言仅有有穷多个长度小于 1000 的公式。

说一个对象 o 在语言 L 中是可定义的，当且仅当，有含一个空位的 L 公式，它对 o 为真，并且不对任何别的东西为真。说对象 o 在语言 L 中是 1000 可定义的，当且仅当，有一个长度少于 1000 个符号的含一个空位的 L 公式，它对 o 为真，并且不对任何别的东西为真。

L 的每一个公式至多定义一个对象，于是：

（K2）仅有可数多个对象在 L 中可定义。

(B2) 仅有有穷多个对象是在 L 中 1000 可定义的。

但是，有不可数多个序数，所以，

(K3) 给定任何 L，有序数在 L 中不可定义。

类似地，有无穷多个自然数，于是，

(B3) 给定任何 L，有自然数不是在 L 中 1000 可定义的。

(K3) 和 (B3) 是寇尼希悖论和贝里悖论的共同基础。

根据序数的良序性，由 (K3) 可推出：

(K4) 有在 L 中不可定义的最小序数，称它为 σ_k。

但是，

(K5) '是 L 中不可定义的最小序数' 定义了 σ_k。

于是，归根结底，σ_k 在 L 中又是可定义的。矛盾！这就是寇尼希悖论。

由 (B3) 推出：

(B4) 有在 L 中不可定义的最小自然数，称它为 n_B。

但是，

(B5) '是在 L 中不可定义的最小自然数' 定义了 n_B，并且（即使其缩写展开之后），这个定义的长度也小于 1000。

于是，归根结底，n_B 又是在 L 中 1000 可定义的。矛盾！这就是贝里悖论。

根据经典逻辑对这两个悖论的解决方案，问题出在由 (K4) 到 (K5) 的推导过程中。菲尔德用"对……为真"去解释"定义"，于是 (K5) 等价于下面两个命题的合取：

(K5*a) '是 L 中不可定义的最小序数' 对 σ_k 为真。

(K5*b) '是 L 中不可定义的最小序数' 不对 σ_k 之外的任何东西为真。

寇尼希悖论最终转变成在经典理论中推出的下述公式：

$$\neg(K5^*a) \vee \neg(K5^*b)$$

也就是说，或者$(K4) \wedge \neg(K5^*a)$，或者$(K4) \wedge \neg(K5^*b)$。其中，前一公式是说，σ_k是L中不可定义的最小序数，但'是L中不可定义的最小序数'并不对σ_k为真。后一公式说，在σ_k之外有σ使得'是L中不可定义的最小序数'对σ为真，即使σ不是L中不可定义的最小序数。于是，我们有下述二者：(a) 包含Underspill：[F(o)，但¬ True (＜F(o)＞)]；(b) 包含Overspill：[True (＜F(o)＞)，但¬ F(o)]。寇尼希悖论再一次表明，给定经典逻辑，我们必定至少有Underspill和Overspill二者之一。贝里悖论与此类似。

菲尔德指出，由于经典逻辑承认排中律，尽管它采取了真谓词分层这样的反直观、不自然的方法，还是无法避免像寇尼希悖论这样的悖论。在他本人所提倡的逻辑中，像在英语本身中一样，没有所谓的"真谓词"或"定义"的分层，而是限制排中律的使用，凭此办法，仍然可以切断悖论产生的路径。有关的技术性细节从略。

2. 有关模糊性（vagueness）的标准疑难

菲尔德给出了下面包含模糊性词项的命题的例子：

(A) 当罗素去世时，他的年纪接近3×10^{18}个十亿分之一秒，大约95岁，他老了。

由(A)根据最小数原则，可以得出：

(B) 有一个最小的自然数N，使得在其年纪为N个十亿分之一秒时，他老了。

假定一旦他老了，他就会一直是老的；并且假定，当他出生时，即$N > 0$时，他不是老的。于是，我们得到一个截然分明的点：一直到N-1个十亿分之一秒时，他不是老的；但是，再过一秒后，他就是老的，并且一直是老的。这种看法与"老的"这个谓词的明显模糊性相反，它是非常反直观的。菲尔德指出，问题出在由(A)推出(B)时还需要附加的排中律式前提，即"在每一个时刻，他或者是老的或者不是老的"。如果你一般性地接受经典逻辑，甚至承认它对不涉及语义悖论或性质理论悖论的所有谓词都成立，你就会接受这个附加前提。如果你不接受前者，你就不会接受后者。在菲尔德所提倡的逻辑中，不接受排中律，因此不接受由（A）推出（B）。

一般认为，卢卡西维茨的连续统值逻辑是处理模糊性的适当的逻辑。但菲尔德认为，正像该逻辑不适合于处理语义悖论和性质理论悖论一样，它也不适合于处理模糊性问题。相反，经过他改造的那种逻辑，才适合于处理这二者，即对悖论和模糊性问题给出令人满意的处理。有关的技术性细节从略。

3. 以上讨论对逻辑可修正性的意义

菲尔德区分了下述三者：（1）我们所使用的逻辑；（2）我们关于我们所使用的逻辑的理论；（3）我们关于我们应该使用什么样的逻辑的观点。可修正性当然对后二者成立，他要论证的是，"我们所使用的逻辑"也是合乎理性地可修正的。这里的关键在于"使用一个逻辑"是什么意思。他认为，粗略地说，使用一个逻辑就是接受它对于信念度的下述要求：

如果 A_1，……，A_n 在一个给定的逻辑内明显地推出 B，那么，除开推理的错误以外，使用该逻辑的人至少在 $\sum P(A_i) - (n-1)$ 的程度上相信 B。

把一个逻辑归属于一个人，就是把他的推理实践加以理想化。理想化涉及能力（competence）和行为（performance）的区别。有人认为，有一个逻辑在深层的意义上支配着人们的认知行为，各种行为错误（如注意力不集中、记忆的局限等）干扰着该逻辑。在这样一种模型中，这个"深层的逻辑"就是"我们所使用的逻辑"。不过，菲尔德本人对这一模型持怀疑态度，因而也对"我们所使用的逻辑"的清晰性持怀疑态度。不过，他也认为，把一个逻辑归属于一个人就是把他的推理实践加以理想化，但理想化的途径、方式、结果都不是唯一的。

回到关于模糊性的讨论。菲尔德指出，有这样一些考虑：（1）普通人在碰到模糊词项时，在最基本的层次上，并不遵守排中律。即使他们偶尔按排中律来推理，这也属于某种类型的行为错误。（2）语义悖论全都依赖于排中律，或者依赖于某些依赖排中律的原则。（3）这些原则不能应用于像"真的"这样的语义词项，其原因就是：一旦把这些词项用于它们的"安全"范围之外，它们就会具有某种类型的模糊性。（4）普通人或者没有认识到语义词项的模糊性，或者错误地应用了他们的模糊性逻辑，这就是他们被悖论缠身的原因。

菲尔德论述说，在碰到模糊词项时，只要人们有某些意愿不按排中律来推理，我们就会明白：在接受关于悖论的非经典的解决方案时，不存在明显的逻辑改变。但他认为，这并不会削弱他关于逻辑的合乎理性的可修正性的论证。这是因为，（1）即使人们假定，"普通人的逻辑"就是非经典的，为了对付悖论，几乎可以肯定，它也必须被修正。并且，如此修正它的过程几乎明显地是一个理性的过程。（2）即使我们假定，普通人确实在某种深层的意义上使用了一个给定的非经典逻辑，它足以对付悖论，我们也很容易设想他们不是如此。难道不能劝说他们，在学习那个能够对付悖论，并且与 True（＜A＞）和 A 的可替换性相容的逻辑时，最好改变他们的推理实践，以便使其与这样一个逻辑相一致吗？菲尔德认为，他们能够这样做，这就是他下一讲所要论证的主题之一。

讲演 5. 没有形而上学的认识论

在 5 月 21 日所进行的第五次讲演中，菲尔德给自己提出了三个目标：避开可疑的形而上学；恢复认识论的本来作用，例如归纳的证成、逻辑的证成；为基本规范的改变提供更好的说明。本次讲演主要关注第一个目标，并且分成下面十点来展开论述：

1. 公开表达的相对主义

菲尔德指出，有以下两个基本观念：（1）称一个信念在认知上是有证成的或者是合理的，就是从认识论角度去评价它。（2）评价（包括认知评价）并不是直接明显的事实性的。这两点不仅适用于道德评价，而且适用于认知评价。不过，关于这种立场存在以下担心：（i）似乎没有任何空间容纳直接明显的规范性事实；（ii）把握或理解这些规范性事实似乎是不可能的；(iii) 评价与规范的关系不仅是非自然主义的，而且在下述意义上是"奇怪的"：规范促使人们以某种方式进行推理。

评价具有某种非直接明显的事实性身份。关于这一观念，有以下争议问题：说它们不是直接明显的事实性的，这是什么意思？如何把该断言扩展到包含"有证成的"或"合理的"这样的嵌入式构造，例如"如果 p 是合理的，则 q 是合理的"？该观点如何容纳这一明显事实，即人们能够就什么样的断言是合理的展开辩论。对这些问题的回答将包括某种类型的相对主义：在某种意义上，对于一个评价的规范来说，评价性断言涉及一个自由参数，这就是由规范和世界所组成的有序偶的集合；如果 A 是一个由规范—世界有序偶 <n, w> 的集合所构成的扩展命题，则 A 是某种能够在世界 w 相对于一个规范 n 为真的东西。在通常情况下，我们所做出的是有关现实世界 @ 的断言。菲尔德把这种观点叫作"公开表达的相对主义"，即评价是相对于规范和世界而言的。由此可知，即使人们在有关信念的相关事实上达成一致，他们还是可以根据不同的规范对一个信念做出不同的甚至相互冲突的评价；从形而上学方面说，在这些不同的甚至相互冲突的评价中，没有一个评价具有特权地位。

2. 描述或修正

有人会问这样的问题：评价是对有关证成的语句的普通意义的描述，还是鼓励去修正日常实践？菲尔德不认为这是一个清楚的问题，所以不在给出的两种选择之间做抉择，因为它们都预设了某种规范实在论（即认为规范是客观地正确或不正确的）的哲学观点，涉及形而上学证成的非相对性观念。他的目标是要提出一种关于证成的观念，它能够与"形而上学的证成是不正确的"这一断言相容。

3. 对规范的评价

"相对主义"一词经常被它的对手扭曲。他们通常把它定义为意指"语境相对主义"，但这样的定义将损毁这一学说的全部意旨。他们还时常把它定义为承诺了这一观念：所有的规范是同样好的。菲尔德指出，他所要捍卫的那种类型的相对主义丝毫没有这样的承诺。重要的规范，无论是伦理规范还是认知规范，在以一种对我们重要的直接明显的事实的方式而相互区别：如果 N_1 所具有的我们喜欢的直接明显的事实特征少于 N_2 的相应的直接明显的事实特征，我们就认为 N_1 在这方面比 N_2 差。但它可以在对我们重要的其他方面更好一些。一个总体性评价要考虑所有这些不同的方面。关于是否有唯一最好的规范的问题，相对主义似乎承诺了否定的回答，其理由是它难以区分唯一最好的规范和一个客观上正确的规范。但菲尔德认为，这样的看法是可疑的。

关于认知规范的一个特殊的事实：在元认识论中，某种准循环性发挥了重要的作用。当人们相对于如此这般是非伦理事实这一假设，去评价一个人应该做什么时，伦理规范就起作用了；类似地，当人们相对于非认知的事实是……（例如关于可能的认知规范的性质），去评价一个人应该相信什么时，认知规范就起作用了。此外，当人们确认那些非认知的事实是什么时，认知规范也渗入进来了。认知规范在这里的作用就是"准循环性"。问题是：如何理解这种准循环性的意义？菲尔德认为，它并不妨碍我们达到关于非认知事实是什么的观点，大体上，我们通过遵循我们实际上使用的认知方法或规范来做到这一点。不过，关于随之而来的评价的意义，有这样两种考虑：（1）不谦和的问题：情况似乎是，任何方法都将肯定地评价它自身（即比它的竞争者好），在这种情况下，肯定的自我评价并不真正起作用。（2）谦和的问题：某些方法将否定地评价它自身，并且说另外的方法会比下述情形做得更好一些，其中一个方法告诉我们不要遵循它。这种情形似乎是不融贯的。菲尔德将论证，这些问题并不像它们初看起来那样严重。难以看清楚，准循环性如何支持了下述指责：在相对主义看来，所有的认知规范都是同样好的。

4. 规范

菲尔德指出，"规范"一词可以用不同方式理解。他把义务、认知等等的规范视为某种类型的策略，好的规范是被优先采取的策略。在认知规范的情形下，策略既是相信（或在某种程度上相信）的策略，也是如此行动以便改变一个人的认知状况的策略。策略有时候以规范的语言陈述，例如"你不应该相信一个合取命题，除非你相信它的各个合取支"；有时以命令的语气陈述，例如"不要相信一个合取命题，除非你相信它的各个合取支"。关于认知策略，也许我们可以说：它着眼于获取真理，避免谬误。但是，在认知策略和纯粹实用的策略之间，很难划出鲜明的界限。规范是相对于行为者（人）而言的，它们在人的生活中以多种方式起作用：一个人可以承诺一个规范，或者大体上按某个规范来行动或相信，或者大体上按某个规范来做出他的评价，等等。直观地说，"低层次"的策略经由"高层次"的策略来修正。但菲尔德怀疑，存在最高层次的策略。他主要关注相对高层次的策略。可以把规范从其与行为者的关系中抽离出来。由于规范是策略，行动、相信等等观念是相对于一个策略而合理的。

5. 相对于规范的真

相对于规范的合理性概念，导致了关于合理性的语句相对于规范而为真的概念。日常语言中的许多句子有着隐藏的索引性，例如是隐含地相对于特定的时间、地点、人等等而言的。在评价性断言（如说某个句子是合理的或真的）那里，也存在着类似的隐藏着的索引性，即评价是相对于评价者和规范而言的，在这个问题上，没有确定的事实问题。

6. 纯粹的和不纯粹的信念度

菲尔德区分了纯粹的信念度和不纯粹的信念度，前者不依赖于我们的策略（或规范），后者却依赖于我们的策略（或规范）。前者可以根据可能世界空间上的测度按通常方式定义。不纯粹的信念度要考虑规范，可以定义如下：精确规范 n 实际上给每一个评价陈述 A 指派了世界集 $|A|_n$，在其中 A 相对于 n 为真。如果 A 不是评价性断言，定义中不提到 n。于是，给出一个主体的纯粹信念度的概率函数 P 决定了一个函数 P^*，后者对每一个精确规范 n 指派一个作用在所有断言（无论是评价性的还是非评价性的）上的概率函数 P_n^*，P_n^*（A）就是 μ（$|A|_n$）。

7. "并不是直接明显的事实性的"

菲尔德指出，当他说评价者把证成陈述视为"并不是直接明显的事实性的"时候，他意指它们具有隐藏的相对性，就像在"同时性"那里有隐藏的相对性一样。但这种相对性是评价者相对性，而不是语境相对性。把一个断言称为"直接明显的事实性的"并不就是一个肯定性刻画，只不过是否定它具有这样的特征，因为这些特征使它不太适合被称为"直接明显的事实性的"。所以，"直接明显的事实性的"可以替换为"以一种不相对于评价者的方式是事实性的"。

"直接明显的事实性的"也并不意味着"不适合为真的"。"真"一词在规范性断言那里，也像在任何别处一样有重要作用。如果某人表达了一个精致的规范理论，其每一部分都是可接受的，却有我非常不喜欢的规范性结论，我可以用下面的说法表达我对它的规范态度："并非他的理论的所有断言都能够是真的，尽管我不能确定其中的哪一个断言不是真的。"我之所以这样做，是因为我认为，"'p'是真的"在一种相当强的意义上等价于"p"。特别是，隐含在"p"那里的评价者相对性也内含于"'p'是真的"之中。

有人认为，"事实"一词有类似的冗余用法。按照这种用法，当一个人做出一个规范性判断时（例如"怀疑论是未经证成的"），他也就同样断定了"怀疑论是未经证成的"是一个事实。同样，这并未否认在"怀疑论是未经证成的"那里有评价者相对性，后者也同样内含于"'怀疑论是未经证成的'是一个事实"中。对于"that p 是直接明显的事实"也可以做类似的处理。

菲尔德指出，他已经允许相对主义者去断定规范性断言是真的，甚至断言它们陈述事实，甚至允许他们说它们表达"直接明显的事实"，尽管他也说过，这种说法是致人迷误的，并且难以看清楚他们为什么要这样说。有这样的担忧：假如他允许相对主义者这样说，他难道不是给予了事实主义者他们所要的一切吗？菲尔德回应说，这样的担忧是不成立的。在确实必要的时候，他可以把隐含的相对性明显化："相对于如此这般的标准，我应该相信 X；并且，我提倡这些标准，是因为它们有如此这般的我强烈赞同的属性。"

菲尔德只简单论及了他所谓的 8 和 9 两点。他认为，他所规定的这些装置与规范实在论是相容的，但后者增加了某些关于规范的客观正确性的观念，而他看不到这样的观念有何用处。关于这种装置还有一个关键性问题：它能够充分地容纳规范性辩论，而不必诉诸规范的"客观正确性"吗？菲尔德将在以后的文字稿中探讨这些问题。

10. 评价者相对主义

菲尔德指出，语境相对主义和评价者相对主义之间的区别与规范性辩论的语用学相关联，具有基本的重要性。他批评了麦克法雷恩（McFarlane）的另一种观点，主张我们必须允许就"具有间隙（带自由参数）的命题"发生争论，这些命题是不纯粹信念的对象。我们并不把绝对的真赋予这样的命题，给它们赋予真值涉及相应间隙的填充。这使得语境相对性和评价者相对性之间的差别成为一个语用的差别，有关我们把什么视为分歧的问题。在像"今天下雨"这样的涉及语境相对性的场合，除非人们在他们的直接明显的事实性信念上不一致，否则就不能认为他们发生了分歧。但这种情况不具有一般性。两个人可以就到哪里用餐发生分歧，即使他们之间并没有相关的事实性分歧。在规范性场合也是如此。那些提倡不同事情的人，或就关于他们应该做什么做出相反断言的人，可以视为发生了分歧，即使分歧不是起源于他们在直接明显的事实性信念方面，而是起源于那些产生规范性断言的策略或偏好方面。典型地，关于美国政府应该如何迅速地从伊拉克撤军的分歧，既由于直接明显的事实性分歧，也由于相当基本的规范性策略。由于我们的规范和我们的信念是没有缝隙地整合在一起的，分歧在何种程度上基于直接明显的事实，在何种程度上基于基本的规范，这一点在实践中是极难确定的。

讲演 6. 对"可修正性疑难"的再思考

在 5 月 28 日的最后一次讲演中，菲尔德一开始就重述了他在第一讲中提出的"可修正性疑难"。下面四个命题分别看起来是合理的，但合在一起却不协调：

断言 1：在任何时候，一个人都具有一个"最高层次的认知规范"，它构成了那个人在那个时间内关于信念的合乎理性的形成和保留的标准。

断言 2：（假定 1）对于那个人来说，在任何条件下，都不可能修正那个最高层次的认知规范。

断言 3：任何足够高层次的认知规范都必须包括一个（足够强

大、足够应用的）逻辑。

断言 4：对于任何（足够强大、足够应用的）逻辑来说，那个人都有可能在某些条件下合乎理性地修正该逻辑。

他再次把矛头对准了其中的断言 1 和 2，证明断言 1 是有问题的，但主要的问题在于断言 2；然后，他一般性地论证：合乎理性地改变规范是可能的，合乎理性地改变逻辑也是可能的。

1. 对断言 1 的质疑

菲尔德指出，"一个人的认知规范"是有歧义的。它可以意指：（1）那个人所承诺的认知规范；（2）他在做认知评价时所使用的认知规范；（3）他在形成和保留信念时所使用的认知规范。菲尔德认为，在以上的任何一种意义上，一个人的认知规范都允许合乎理性的改变，无论它们可能有多么高的层次。其中，第三种意义上的认知规范的合乎理性的改变最有争议，因此也是他关注的重点。并且，"一个人的规范"就是某种类型的"策略"或"规则"，它们不一定被明确表达出来，无论是用文字还是用头脑中的内在表象，而是暗含在一个人的实践中。把此类认知策略或规则归属于某个人，就是对那个人如何形成和改变他的信念做理想化的描述。

菲尔德论证说，不需要有最好的理想化描述。因为：（1）有不同程度的理想化，例如，某些理想化比其他的理想化更多地考虑了记忆限制或计算限制；（2）在同样的理想化程度上，有多个好的理想化描述，特别是当理想化程度很高时。既然在一个给定的高层次上的描述只是松散地与实际的事实相联系的，就没有理由认为该描述是被事实所唯一确定的。有多个候选者可以作为对我们的认知行为的最好描述。任何这样的描述都把它所不考虑的因素看作非理性的。对于一个人的基本规则来说，没有唯一确定的最好的候选者，在很大程度上是由于在理性的和非理性的因素之间无法做出唯一最好的划分。既然在对规范做归属时我们在做理想化工作，于是，是否有最高层次的规范的问题，就变成了这样的问题：一个好的理想化是否会设定最高层次的规范？我们应该相信它会这样设定吗？

菲尔德提到他先前的《先天性作为评价概念》（2002）一文。该文认为，规范之间有冲突，在消解冲突的过程中，人们也需要遵守规范。如果这样的话，该规范应该包含在基本的最高的规范之中。这间接说明了有基本的或最高的规范。但菲尔德此时已经不同意这一观点及其论证了，认为其中存在两个问题：第一，既然存在不同程度的理想化，为什么消解处在同一程度的规范之间冲突的过程被排除在那些规范之外，而只包含在较低程度的理想化的规范之中？第二，从断言"消解冲突的过程在直觉上是理性的"到断言"消解冲突的过程被包含在该主体的规范之中"的过渡中，有一个问题，它与菲尔德在支持断言2的论证中所发现的那个主要问题密切相关。于是，他把分析转向断言2。

2. 对断言2的质疑

如第一讲所述，断言2是以下三个前提的后承或结论：（a）合乎理性的修正需要使用规范，根据后一规范，该修正是合乎理性的；（b）如果对规范N的合乎理性的修正需要使用N之外的某个规范，N本身就不可能是最高的规范；（c）任何规范都不能要求修正它自身。菲尔德认为，这三个前提中的每一个都难逃指责，但他的责难主要针对（a），但开始于（c）。隐藏在（c）背后的想法是：任何一个规范如何要求我们去修正它自身？难道遵守那些规范就要求我们不遵守它们？这似乎是不融贯的，至少使得遵守那些规范成为不可能。

就我们在形成和保留信念时所使用的规范而言，其合乎理性地改变的典型模式是下面的两部曲。步骤1：让人们在形成和保留信念时所使用的那些规范保持稳定，但修改人们所承诺的规范，或者人们在做评价时所使用的规范。步骤2：人们随后让他们在形成和保留信念时所使用的规范与前两种规范的修改相一致，也就是说，对该类规范做与前两类规范的修改相适应的修改。

问题似乎仅仅在步骤2。（c）背后的思想并没有对步骤1使用一个规范去"削弱它自身"提出任何明显的问题。也就是说，（c）背后的思想并没有排除下面的可能：通过遵守一个最高层次的规范，我们能够被理性地引导去做出结论：我们不应该遵守规范N，相反，我们应该遵守另一个规范N*（步骤1）。它仅仅告诉我们，N因此不会要求从N转换到N*（步骤2：该转换本身）。这并不意味着，我们不会做出那样的转换，而只是意味着，在做出该转换时，我们不再遵守N。它也不意味着：在做出该转换时我们是非理性的，而只是意味着，假如我们在做出该转换时我们是合乎理性的，其合理性不能靠它是根据规范 N 而做出的来解释。

现在的问题是：我们如何解释步骤 2 的合理性？根据什么来解释？隐藏在（b）后面的真相是：假设在对我的行为理想化的某个程度上，N 是我在遵守的最高层次的规范，那么，从 N 转换到 N* 的合理性不能通过根据在做出该转换时我所遵守的任何规范来解释，至少，不能根据在所谈论的理想化程度上我在遵守的任何规范来解释。于是，如果其他规范与该转换本身的合理性有关联的话，它们必定或者是（i）处在不同的理想化程度上的规范，或者（ii）根本不是我在遵守的规范。尽管根据（i）或（ii）去解释该转换本身也并不是完全不切题，但菲尔德认为，更好的说法是：我们根本不必用任何规范去解释该转换本身的合理性。这样一来，(a) 的正确性就成为问题，菲尔德遂把主要矛头对准了 (a)。

3. 规范的理性辩论如何可能？

菲尔德指出，在回答这一问题时，切记不要依赖这样的理想化：根据它们，认知主体在逻辑上是万能的。但现实的认知主体在逻辑上并不万能，他们并没有认识到他们的规范、策略和偏好的所有的逻辑后果。逻辑万能的失效会导致许多没有认识到的不一致性、冲突、矛盾。在这种不一致性、冲突、矛盾起作用的地方，如何进行关于规范的理性辩论？他对此提供了一幅自认是更好的画面，大致如下：

上一讲把信念分成纯粹信念和非纯粹信念。先看纯粹信念那里的情形。假设在任何时刻，一认知主体都有对于非评价性断言的某些核心的信念态度。重要的是，这些态度集合将不是在演绎下封闭的，或者不是在概率后承下封闭的。对于没有明确思考过的任何复杂的逻辑真理，一个人可以没有任何信念度；对于某些复杂的逻辑真理，一个人可能有小于 1 的信念度，尽管这一点可能是不协调的，或者是在概率上不融贯的。人们可以设计一些方法，对这样的认知主体指派一套概率函数去表征这种纯粹的信念状态。这种做法可以扩展到非纯粹信念态度，即为非评价性断言和评价性断言所共有的信念态度。扩展的方式有两种：或者直接把某组核心的非纯粹信念态度归属于一认知主体，或者间接把一组核心的策略承诺和核心的偏好承诺等等归属给他，它们与那些信念一起将生成非纯粹的态度。无论用哪种方式，该态度集都不会在演绎下封闭，并且不协调。同样，人们可以设计一些方法，对这样的认知主体指派分别在世界和规范上的主观测度 μ 和 ν，或者是这种测度的序偶的集合。如果核心态度是协调的，并且随非常想要的"理想化的合乎理性"图景一道演变，该测度（或测度的序偶集）将会非常顺利地演变，以至于不提到底层的核心也可以描述。但是，既然核心态度甚至不是协调的，假如不提到底层的核心，就不能刻画该测度的演变。

即使不详细说明这些不协调的核心是如何演变的，我们也能够看到这幅图景敞开了理性的规范辩论的可能性。其主旨是明显的：在辩论中，人们（有意或无意地）利用了那种不协调性和他人观点中的紧张，即他必须承诺他所不愿意接受的观点。这种情况甚至在非规范辩论那里也会发生。在规范辩论这里，所利用的不仅仅是规范承诺内部的紧张，而且是规范承诺与他们在行动或相信或评价时所使用的规范之间的紧张。在说服某个人接受断言 A 时，最典型的做法是：从那个人明显接受的东西或者能够很容易被说服接受的东西出发，为 A 做论证。那个人可以抵制该论证，其方法是质疑在该论证中使用的某些断言，甚至是他先前接受的断言。但是，一个好的论证者很可能找到另外的途径，去用他所接受的东西为 A 做论证。随着这样的论证累积足够多，那个人很可能被说服去改变他的观点，从而接受 A。如果那个人曾与某个另外的人辩论，他可能已经被引导去解决他的观点中的不协调性，其办法是保留 A 而改变某些相关信念。这个修正过程能够导致纯粹的和不纯粹的核心态度方面的基本改变。在后一种情形下，如果总体改变足够重要，它将构成那个人所提倡的规范方面的改变。

4. 规范的合乎理性的改变如何可能？

菲尔德对这一点的说明分下面两步进行：

步骤 1：在什么样的条件下，由理性的辩论所导致的观点改变（特别是一个人所提倡的规范的改变）是合理的？（甚至在持有好的信念的人们之间进行的）理性的辩论也能够导致人们用一个更糟糕的信念去替换一个好的信念。菲尔德谈到，在有些情形之下，他倾向于把该改变称为理性的，首先是指这样的情形，即其中的论证是特别令人信服的，所导致的观点并不比被取代的观点更为糟糕。在另外一些情形下，他不太愿意将该改变称为合理的，首先是指这样的情形，即那个取代有缺陷规范的规范更为糟糕，被说服的人有理由去怀疑它。在有些情形下，他感觉到相互冲突的倾向，既想称该改变是理性的，又想称它是非理性的。例如，某个人被一个有很高说服力却有缺陷的论证说服，去采用一个实际上有内在缺陷的统计程序。因此，我们需要有一个理论告诉我们，什么时候这样的改变是合理的，什么时候不是，是什么东西决定这一点。

按照菲尔德的观点，没有任何客观的东西等待去测度。把一个改变称为理性的，就是对它表达某种类型的赞成。而赞成和不赞成都有多幅面孔。他说，假设我看见，在被史密斯的不正确的论证说服改变它之前，约翰原来的统计程序是很好的。并且我也知道，史密斯的论证在哪里出了错。但我也知道，对于没有浸淫于关于统计推理的哲学中的微妙问题的任何人来说，史密斯的论证具有明显的说服力。于是，我会正面评价约翰在理智上的诚实：他追随看起来有说服力的推理，愿意根据它来改变他的观点。我会不那么在乎他错了，因为所涉及的谬误过于微妙以至于他难以识别。与此同时，使用史密斯的有缺陷的统计程序的代价可能相当高，所以，我应该对约翰的改变持负面的评价。因此，我应该认为，约翰总体上处于一种不令人满意的信念状态；仅从一个信念自身，根据单一的尺度去评价每一个信念，是不得要领的。

菲尔德指出，上述说明的要旨在于：即使是一个人所提倡的规范方面的理性改变，也不必完全是由规范所驱使的。并且，即使它是由规范所驱使的，它也不必完全由对一个人的高层次规范的协调使用所导致。逻辑封闭性和协调性的缺失在这里发挥了关键性作用。所以，在支持（c）的论证中，前提或假设（a）即使对于理性修正的步骤1也是不正确的。

步骤2：上面的评论不仅适用于一个人所提倡的规范的改变，而且适用于他所遵循的规范的改变。改变一个人所遵循的规范的通常途径是，先提倡新的规范，然后教人们按新的规范来行动或推理。为什么这后一步骤是合乎理性的？菲尔德认为，这并不直接是事实问题，而是一个评价问题。在一些情形下，我更愿意把提倡改变规范评价为合理的，而不是把对规范改变的利用评价为合理的。在有些情形下，一个人可以改变他所遵循的规范,但这不是支持改变他所遵循的规范的理性论证的结果,而是以某种另外的方式获得的。其中最重要的另外的方式是:所遵循的规范的改变仍然是所提倡的规范的改变的结果,但是后一改变并不是由于理性的辩论,而是由于偏好的改变。所以,在这些情形下,所面对的是有关评价的问题,而不是有关形而上学事实的问题。于是,假定(a)是不正确的。

5. 合乎理性地改变逻辑如何可能?

菲尔德进而讨论了一个特殊的问题:合乎理性地改变逻辑如何可能?他举例加以说明。

第一步:乔伊从这样一个规范开始,该规范允许按照经典逻辑加上T-模式〔True(＜A＞)↔A〕来推理。但他的规范是不协调的,因而是不足道的,因为它可以推出一切命题。

第二步:在知晓其不协调性之后,他的第一个冲动就是采用真值间隙理论,或某个放弃T-模式的其他理论,而保留经典逻辑。他学习如何用新的系统来做事,后者构成他的新规范。

第三步:进一步的讨论导致他认为,这不是所能选择的最好途径。他本来应该保留T-模式等价,而以某种方式弱化他的逻辑。他于是学习这样去做,导致他的基本推理规范方面的另一个转变。

这些转变是如何发生的?很明显,该过程开始于理性的辩论。不必是与他人辩论,也可以是在自己头脑中与自己辩论。

第一个转变之所以发生,是因为乔伊认识到,他的规范是不协调的,可以推出任何结论,因而没有任何用处。然后,他不会满足于协调的替换,因为他知道有不止一种替换方式,他不得不在它们之间做选择,他必须决定哪一种替换会起作用。通常,他会思考他能想到的或被告知的不同替换方案,尽可能地思考它们各自的后果,设想与它们共处会是什么样子,在此基础上做出抉择。该抉择不是经由最早的规范做出的,因为后者是不一致的,因而是不足道的。抉择也许受到不足道规范中的某个部分的指引,但不同的部分会以不同的方式起作用。很有可能,最后的转变不是基于任何在心理层次上确定的过程。是什么东西使得这个转变是理性的或非理性的?这里没有隐含的事实,我们大都倾向于把它称为理性的,因为我们赞同导致它的那个过程,但我们对该观点本身的判断也会起作用。

第二个转变很可能是由乔伊的信念状态中的内在紧张所产生的，即他的观点导致了那些他所不喜欢的后果，这些后果会导致他去尝试另外的理论。例如，我们可能注意到，许多标准的悖论产生于把（A→¬ A）和¬（A↔A）视为等价，因而是不协调的。我们知道，该等价式是经典逻辑的一部分，与此同时我们也明白拒绝该等价式在解释上所可能具有的好处。我们思考这可能包含些什么好处，也思考下面的事实，即并非所有的悖论都依赖这个等价式，所以我们需要推广以便容纳其他的情况。我们思考不同的尝试以得到一个一般性理论，注意到这些尝试的局限，试图改进它们，注意如此做的代价，等等。该转变并不简单地是先前规范的产物，因为那个规范是不协调的。还有，一个人是否和何时做出那一改变，是一个有关个人心理学的问题，很可能不受心理学层次上的决定性规律所控制。

菲尔德指出，至于什么时候该改变是合乎理性的这一问题，我们考虑几件事情：我们审察导致做出修改的该过程的细节，例如，那个人是否仔细思考过旧规范所具有的困难，是否透彻地思考过采用新规范所导致的一切？然后，我们对他所采用的新规范的优势做出我们自己的判断。由此，我们就对我们所赞成的方式和我们所不赞成的方式做出了多面向的评估。这就是所有的一切，关于合理性，根本没有我们所遗漏了的事实问题。

结语：一些反省性思考和评论

1. "逻辑的可修正性"是一个严肃而困难的话题

我认为，至少有两类人必须考虑逻辑命题和数学命题的认识论地位。

一类是从事认识论研究的哲学家。他们在从事认识论研究时，要在某种哲学立场的基础上，说明人类所有知识的来源，获取知识的途径、阶段、程序、方法，知识本身的性质及其证成（justification），知识评价的标准，等等。逻辑和数学命题在我们的知识总体中处于中枢或核心地位，当然是他们首先要说明的对象。遍观哲学史，你会发现一个有趣的现象：

许多哲学家，例如休谟、莱布尼茨、康德和维也纳学派的逻辑经验论者，在基本的哲学立场上迥然有别，但在逻辑—数学知识的性质问题上，其观点却惊人地一致：逻辑和数学命题是分析的、必然的和先天的（或先天综合的），它们构成我们的知识结构中最可靠、最无须担忧的部分。并且，他们的论证策略也大同小异，就是把我们的知识划分为两大块：一块与感觉经验有关，如自然科学命题；另一块与感觉经验无关，如逻辑—数学命题。

另一类是有哲学关怀或从事原创性研究的逻辑学家。这些逻辑学家必须对自己所从事的学科有所反省，对已有的研究成果有所考察，对未来的研究方向、路径、策略有所思考，因而他们都回避不了逻辑学研究什么、怎么研究、逻辑真理具有什么样的性质等问题。弗雷格无疑是一位原创性的逻辑学家，但他的许多工作实际上是哲学性的，这些工作是他在逻辑和数学上的技术性工作的前导、铺垫，前者为后者指引方向，提供程序性和策略性指导。蒯因先是一位有哲学关怀的逻辑学家，后来转型成为一位有逻辑学背景的哲学家。正是他在 20 世纪 50 年代明确提出了"逻辑的可修正性"论题：我们的知识总体是被观察和经验所不充分决定的，该总体内的每一个部分（包括逻辑和数学）都与感觉经验内容相关联，只是有远近多少的差别；在顽强不屈的经验反例面前，该总体内的任何知识都是可以修正的，逻辑和数学知识也不例外。但是，由于逻辑和数学处于该总体的核心部分，根据最小代价最大收益原则，让逻辑和数学不受伤害始终是一个合理的策略。从此，"逻辑的可修正性"正式浮上哲学的台面，成为持有不同哲学立场的哲学家和逻辑学家激烈争论的对象，成为当代的知识论、语言哲学、逻辑哲学、数学哲学中的一个热门话题。

不过，应该指出，"逻辑的可修正性"也是一个困难的话题。对于坚持"逻辑—数学命题是分析的、必然的和先天的"这一立场的人来说，其困难在于：如何说明逻辑真理的分析性、先天性和必然性？其理由和根据是什么？追根溯源的结果，常常会导致某种近似循环论证的证成。对于坚持逻辑的可修正性立场的人来说，其困难在于：如何说明逻辑是可修正的？究竟如何去修正逻辑？该立场最终会导致一些与常识和直观不太符合的结论。菲尔德在他的讲演中，为"逻辑的可修正性"提出了一些理由、论证和案例，它们是否成立？这尚需整个学术共同体去批判地加以考察和检验。我这里并不预先判断。不过，至少可以肯定一点：逻辑的可修正性是一个重要的课题，值得严肃、认真地探讨。

2. 宽广的知识视野，扎实的知识基础，专门而具体的研究课题

在牛津大学一年，听了一些课程，参加了一些研讨班，听了世界各地的许多学者的各种讲演，读了几本书，有一个明显的感觉：许多优秀学者几乎都有这样一个共同点，即宽广的知识视野，扎实的知识基础，专门而具体的研究课题。很多人在大学本科阶段都学得很硬，例如我所熟悉的蒯因、克里普克以及我在牛津的联系导师威廉姆森、做洛克讲演的菲尔德等人，在大学时都是学数学的，以后才转做逻辑或哲学。因此，他们在一些专门而具体的技术性领域也能有所作为，对有关的哲学问题能够结合技术性问题做深入细致的讨论，并提出基于哲学思想的技术性解决方案。例如，蒯因在逻辑上建立了融一阶逻辑和集合论于一身的 NF 系统和 ML 系统，关于它们的一些元逻辑结果仍待研究；在哲学上，他把现代逻辑的量词理论用于本体论研究之中，发展了本体论承诺的学说，提出了"存在就是约束变项的值""没有同一性就没有实体"等著名口号。克里普克创立了模态逻辑语义学，即可能世界语义学，提出了因果历史的名称理论，以及以"有根性"和"不动点"为核心概念的真理理论，并把他的严格指示词理论应用于哲学的许多课题和领域之上。威廉姆森把现代逻辑的许多知识，例如模态逻辑、认知逻辑、反事实条件句的逻辑、多值逻辑、概率论、语义学等用于他的认识论研究和其他哲学研究之中，他的《知识及其限度》一书被人誉为过去几十年间出版的最重要的认识论著作之一。我个人认为，他新近出版的《哲学的哲学》一书，也是非常重要的哲学著作，将会引起广泛关注。此外，这些优秀学者还有一个特点，那就是研究领域和课题相对集中、专门而具体，甚至可以说有点狭窄。他们在其个人主页和所出版的个人著作中，在介绍自己时都会列出目前的研究课题和研究兴趣，例如菲尔德最近的兴趣包括客观性和不确定性、先天知识、因果性、语义悖论和集合论悖论等。关于斯柯特·索姆斯（Scoott Soames），我在牛津听过他的一次出色的讲演，其研究兴趣包括真理、模糊性、指称、意义、命题

和命题态度、语义学和语用学的关系、关于自然语言的语言学理论的性质等；新近又对法律和语言、日常生活中的哲学问题、分析哲学的未来等等感兴趣。这些学者所具有的宽广的知识视野和扎实的知识基础，使得他们有很好的学术眼光和学术实力；他们所选择的具体而专门的研究课题，使得他们能够进行深入的研究，而不是停留在一般性的泛泛而谈。至少就我本人而言，在这两方面都有很大的差距，从而严重影响到我的学术研究的品质。下一辈年轻的中国逻辑学和哲学学者，应该同时注意这两个方面：知识积累要有一定的宽度和厚度，独立研究则要聚集于焦点，达到专而精的程度。

3. 尊敬权威，但不崇拜权威，并且鼓励挑战权威

也许在牛津大学，来来往往的大人物太多了，许多研讨班的课程实际上是世界各地学者的讲演集成，他们把在这个课题上有研究的前沿学者一一请来做报告或讲演，然后展开讨论。于是，牛津的教师和学生们也就见怪不怪了，对所谓的大人物没有什么特别的感觉，见面打个招呼，熟人之间也许握握手、寒暄几句，没有什么非常特别的礼遇和隆重的接待。这一点在我第一次出国时，在芬兰与冯·赖特相处时就感觉到了。在我看来，冯·赖特对芬兰哲学的国际化，对其成为国际分析哲学界的一支重要力量，可谓贡献大矣。但我在赫尔辛基大学哲学系，感受不到对他有非常特别的照顾，尽管有一名兼职秘书帮助他处理一些杂务，但他80多岁了，仍然自己乘公共汽车上下班，住的房子也不是特别大。达米特也算是20世纪后半期的重要哲学家之一，还经常在牛津出席有关的讲演和研讨班，别的讲演者对他也没有非常特别的表示。

没有对大人物或所谓权威的过度礼遇甚至崇拜，有一个好处，就是所有研究者在人格上和学问上一律平等，任何人的学问和观点都可以被挑战，也应该接受挑战。所以，常常会见到一些"初生牛犊不怕虎"的人，对一些所谓权威学者严加拷问和质疑。在洛克讲演之前，在牛津大学的一次研究生哲学会议上，菲尔德曾被邀请来做"逻辑的可修正性"讲演，我因为有事没有参加那次讲演，据与会者告诉我，那一次菲尔德被一些人特别是研究生"修理"得很惨，他本来说话有些结巴，不太流畅和清楚，在群起攻击之下，显得有点招架不住。这在牛津都被视为正常。常见国内

学界有的并不怎么样的学者，摆出一副大权威的架势，对人说话居高临下、颐指气使，把一些不那么知道底细的外行和年轻人吓得一愣一愣的，再也不敢作声。但诚如爱默生所言，天才如若发生过度的影响，就会成为天才的敌人。那些不是天才的人发生过度的影响，情况会怎么样呢？我不敢妄加揣测。

4. 哲学研究的关键词：挑战、论证与对话

在我看来，哲学研究的第一个关键词是挑战（challenge）。学术研究需要去创新，去不断地冲撞已有的知识边界和思想边界。如果整天拿着一些老生常谈去教训这个、吓唬那个，这不是真正的学术研究。哲学研究需要对已有的观点提出挑战，质疑它的合理性根据，迫使它的提倡者为之辩护；在挑战的过程中，提出自己的独立的新观点，为之做论证，并接受别人的挑战，由此推动人类理智不断向新的高度和深度进军，从而保证不会导致独断、专制、停滞和腐朽。大的哲学家都是挑战高手。分析命题和综合命题的区分在整个哲学史上有悠久的历史，占据长期的主导地位，蒯因却对它予以严格的批判和仔细的检视，并由此发展出他的整体主义知识观和自然化的认识论。关于名称的描述理论在哲学和逻辑中也长期居于统治地位，克里普克却对它做了系统批判，提出了他自己的严格指示词理论和因果历史的命名理论；威廉姆森最早的有影响的研究是他的关于模糊性（vagueness）的研究，他提出了一种似乎很反直观的观点：像"秃头""谷堆"这样的模糊词项，本来有确切的分界线，只是我们不知道它们在哪里而已，因而含有模糊词项的语句仍然是或者为真或者为假，我们仍然可以在经典逻辑的框架内处理它们。在其新著《哲学的哲学》中，他指出：哲学在20世纪所发生的"语言转向"和"概念转向"实际上是错误的，哲学并不只是研究语言和思想的结构，语言和思想是"关于"这个世界的；哲学与其他科学一样，也是我们对这个世界所进行的理智探讨的一部分，在目标、精神、方法方面与其他科学没有根本的区别，只是各有侧重而已。

哲学研究的第二个关键词是论证（argument），我曾在《论证是哲学活动的本性》一文中对其加以了系统阐述。分析哲学注重对关键性概念的澄清和梳理，注重对思想的分析和论证，并认为论证的过程比论证的结

论更重要。我认为，这是一个十分深刻的洞见，因为其他科学理论都有逻辑之外的判定优劣的标准，如通过对未知现象做出预测，然后用观察和实验手段去检验其真假对错；而哲学理论的判定标准几乎就是逻辑标准，就是看它的论证是否具有较强的逻辑力量，是否对人的心灵或思想有某种震撼和启迪作用。更具体地说，论证在哲学中的特殊重要性在于：对于接受方来说，论证使他能够通过客观地检验论述者的思考过程来判断后者思考的好坏，从而使后者的思想具有可理解性和可批判性；对于论者来说，论证能够使自己的思想走向深入、深刻、全面和正确。因此，论证不仅仅是组织观点与材料的写作方式，而且是把哲学思考引向深刻化、正确化的途径与方法。只有通过固定在高质量文本中的哲学论证，新思想的"星星之火"才能够成"燎原之势"。

哲学研究的第三个关键词是对话（dialogue）。把自己的研究成果发表出来，或者用公开讲演的方式，或者用论文、论著的方式，与同行展开对话，接受他们的检视、审查、质疑、挑战或批判，并针对它们展开辩护。如果在这个过程中，自己的许多观点和论证得到了同行的广泛认可，产生了重要的影响，当然值得庆幸。但更多的时候，可能其观点本身是正确且深刻的，但就是得不到当时同行的理解和认可，甚至没有得到足够的注意，那也是没有办法的事情。历史上被埋没的天才很可能比得到认可的天才多得多。在当今资讯爆炸、出版物爆炸的时代，有许多深刻的思想没有得到应有的关注和认可，这应该算作正常的情形而不是例外。好在探讨过程本身所带来的快乐，自己确信自己是正确的所带来的内心的安宁与平和，也是对其付出的一种补偿。毋庸多言，哲学家应该有一份哲人式的豁达。

8. 一位逻辑学家和哲学家的理智历程*
——苏珊·哈克访谈录

苏珊·哈克（Susan Haack），1945年生，剑桥大学哲学博士（1972），曾任英国华威大学哲学教授，现为美国迈阿密大学人文学杰出教授、文理学院库珀高级学者、哲学教授、法学教授，曾当选国际哲学学院院士。其研究领域十分宽广，包括逻辑哲学、语言哲学、认识论、形而上学、科学哲学、法哲学、文化哲学和实用主义等，其主要著作有：《变异逻辑》（1974）、《逻辑哲学》（1978）、《证据与探究——走向认识论的重构》（1993，修订扩充版2009）、《变异逻辑，模糊逻辑》（1996）、《一位热情的稳健派的宣言——不时髦的论文集》（1998）、《理性地捍卫科学——在科学主义和犬儒主义之间》（2003）、《让哲学发挥作用》（2008）、《证据的重要性——法律中的科学、证明和真理》（2014），以及两卷他人讨论她的学术思想的文集《一位杰出的女性——苏珊·哈克，该哲学家对于批评者的回应》（2007）、《苏珊·哈克——重新整合哲学》（2016）。她的论著产生了广泛的国际影响。

陈波：哈克教授，我很高兴有这次机会对您做访谈。由于您的《逻辑哲学》一书的关系，您在中国逻辑学界有很高的知名度，但我们对您个人所知甚少。您能够谈一谈有关您个人的一些事情吗？

苏珊·哈克：好的。我出生在第二次世界大战之后。我在国立小学和文法学校读书；在牛津大学，我先获得了哲学、政治学和经济学（PPE）学

---

* 我于2002年2月至2003年2月获得由美国学术团体理事会、社会科学研究理事会、国家科学院共同奖助的研究员（CSCC Fellow），在美国迈阿密大学哲学系与苏珊·哈克一道工作一年。在此期间做了这次访谈。

士学位，然后获得了哲学学士学位（我也获得了人文学硕士学位，在牛津大学，这只是一个形式）；随后在剑桥，当我在剑桥的一所女子学院（New Hall）任教时，我获得了哲学博士学位。在我们家族，我是第一个进大学的人。回过头来看，我仍然认为，我的哲学教育也许开始于我的外祖父母，虽然他们没有受过什么正式的教育，但是在与我娱乐时，他们教我挑战卡片游戏，并向我介绍发表在报纸上的字谜游戏——我很快就喜欢上了它，差不多像我外祖母一样。这也许就是最终成长为我后来用于证据结构的纵横字谜类比的那颗种子。

在牛津，我是圣希尔达（St. Hilda）学院的一名学生，我的第一位哲学教师是简·奥斯汀［Jan Austin，哲学家约翰·奥斯汀（John L. Austin）的遗孀］。此后，我跟吉尔伯特·赖尔学习柏拉图，跟迈克尔·达米特学习逻辑。在大卫·佩尔斯的指导下，我撰写了哲学学士论文，论文的论题——模棱两可——预示了我后来的信念：许多重要的哲学错误都是歧义性的结果。在剑桥，在蒂莫西·斯迈利（Timothy Smiley）的指导下，我撰写了哲学博士论文。我是伊丽莎白·安斯康姆（Elizabeth Anscombe）的一名年轻同事，她当时刚被任命为哲学教授，通过我们在午餐时间的热烈交谈，我继续着我的教育。

在剑桥之后，我在华威大学（英国在20世纪60年代新设立的多所大学之一）哲学系任教近20年（1971—1990）。正是在华威，我准备了《变异逻辑》以供出版，撰写了《逻辑哲学》，开始认真阅读美国实用主义，并开始了与《证据与探究》有关的工作。在1990年，我加入美国迈阿密大学哲学系，一些年之后，我完成了《证据与探究》一书。我很快发现，我的兴趣引向了两个新的方向：我先是开始了有关一些文化和社会议题的工作，它们与我在认识论和实用主义方面的工作有交叉；然后是关于专家，特别是科学证言在法庭上的作用的问题。于是，我撰写了收在《一位热情的稳健派的宣言》一书中的那些论文，包括两篇批判自我标榜的科学的"文化批评家"的夸大其词的论文，它们最终导致了我最近完成的著作——《理性地捍卫科学》，并且开始讲授和发表有关科学与法律的相互作用的课程或论文。这些兴趣是我目前职位的反映：作为库珀高级学者，我每年为文理学院讲授一门跨学科课程；作为法学教授，我每年讲授一门有关科学证言的法律课程。

当我在华威时，我也在加拿大、南非、澳大利亚和美国拥有访问职位。在前 10 年左右，我除了在美国和加拿大的大量旅行外，还对欧洲做了许多专业性访问，特别是西班牙（在那里，我是坎普斯特拉·圣迭戈大学的访问教授）、斯堪的那维亚（在那里，我是丹麦阿胡斯大学的访问教授）以及巴西。在 20 世纪 80 年代，我获悉罗毅已经把《逻辑哲学》一书译成中文，并且该中译本将由商务印书馆出版。当然，我非常高兴，由于您已经完成的《证据与探究》的翻译，以及我们合作为中国人民大学出版社主编的"当代西方哲学译丛"，我也能够与中国的同行们交流。

陈波：《变异逻辑》是您的第一本书［在《劳特利奇哲学史》第九卷《20 世纪科学、逻辑、数学的哲学》（1996）中，它被列在逻辑学的大事记中］，它出版于 1974 年，并且在 1996 年以一个新的、扩大的版本重印。您自己认为，您在这本书中阐述了什么重要的观念？

苏珊·哈克：我想说，我清楚地阐述了变异逻辑（deviant logics）和扩充逻辑（extended logics）之间的区别，捍卫了"逻辑是可以修正的"这一观念，详细研究了对"经典"逻辑的某些自称的修正——如模糊性的逻辑、自由逻辑、关于未来偶然事件的三值逻辑、直觉主义逻辑以及量子逻辑——的动机，而经典逻辑则是我们从弗雷格、皮尔士（C. S. Peirce）等人那里继承下来的二值的、统一的关于命题和谓词的演算。（仅仅在我完成了《变异逻辑》一书之后，我才学习了模糊逻辑和相干逻辑，在我的下一本书中讨论了这二者。）

陈波：按您的观点，经典逻辑是可以修正的。我的问题是：在什么方面，经典逻辑是可修正的或已经得到了修正？什么样的逻辑系统是真正变异的？有人断言，变异逻辑改变了逻辑联结词的意义，所以假定在变异逻辑与经典逻辑之间，没有任何真正的冲突和竞争。您有什么看法？

苏珊·哈克：变异逻辑是否明显是经典逻辑的真正竞争者，或者仅仅是经典逻辑的记法上的变体，我在《变异逻辑》中花了很大篇幅去讨论这些问题。我论证说，联结词的意义的改变不足以证明不存在真正的竞争，并且，无论如何，也不存在任何好的一般性论证，它们表明变异逻辑必定恒常地包含着意义的改变。

但是，如我在该书的 1996 年新版的导言中指出的，虽然我仍然认为，很可能经典逻辑本来是需要修正的，但我不会以与先前同样的方式去探讨可修正性问题，我现在发现先前的方式过于明显地是语言学的。相反，我将区分逻辑规律的必然性问题以及我们关于这些规律的信念的可错性问题，并且将强调后者。做下述假定是最令人难以置信的：在恰好相信这些经典原则是什么（更别说所有那些真实的逻辑规律了）这一点上，我们将不会犯错误；特别是，我将补充说，尽管我们现在称为"经典"的那个逻辑系统仅仅在一个漫长而艰苦的历程之后才达到，甚至当它在弗雷格和皮尔士手里达到其标准表述时，非经典的系统就已经在探索中了。

陈波：在《变异逻辑》中您也论证说，尽管逻辑是可修正的，但我们在修正逻辑之前仍然需要有好的理由，并且在许多情形下，为意想中的经典逻辑的变异系统所提出的理由是相当弱的。为什么是如此？

苏珊·哈克：在某些情形下，变异系统的动机是相当不令人信服的。例如，在《变异逻辑》的旧版中，我论证说，卢卡西维茨为表示未来偶然事件（他将其视为源自亚里士多德）而需要三值逻辑的论证基于一个模态谬误，并且在该书新版中我论证说，为模糊逻辑所给出的论证是极其混乱的，至于我们需要有一个"女性主义的"逻辑的提议则是可笑的。但是，在其他情形下，其动力则有相当深刻的理由。由于我的学生罗伯特·拉恩博士的工作，我们理解了皮尔士探索他的三价逻辑的动机（最早的三值系统，设计于 1909 年）：他设想，他的第三值将为这样的命题所具有，该类命题对数学或时间连续性的中断断定了这样的属性之一，这些属性相对于该中断是界限属性。并且——虽然我倾向于认为，"相干逻辑"像这些发展中的某些发展一样是有意思的，但它们最终可能基于把逻辑问题与认识论问题相混淆之上——可以设想，对次协调逻辑的探索，为解决有关不相容证据的认识论问题投下了一道曙光。

陈波：我很赞赏您的《对演绎的证成》（1976，重印于《变异逻辑》新版）一文的结论。如果我们把您关于演绎的结论和休谟关于归纳的怀疑论放在一起，将得出这样的结论：不存在任何绝对确实的知识，我们至多能够获得概然度很高的知识，它们得到证据的很好的保证，但仍然不是不可错的。您同意这个看法吗？

苏珊·哈克：这篇论文的结论表达得相当温和，以某种方式强调了演绎和归纳的平行对应。我写道："也许可以把这篇论文的寓意表达出来。从悲观的角度说，演绎并不比归纳更少地需要证成；从乐观的方面说，归纳并不比演绎更多地需要证成。"但是，确实地，无论是就逻辑知识还是就经验知识而言，我都是一名彻底的可错论者。在《证据与探究》中，我试图精细地阐明是什么因素使得经验证据更好或更坏。但是，有哪些因素包含在我们关于逻辑的可错的知识之中？关于这一点，我还没有一个比较详细的说明。

陈波：《逻辑哲学》（1978）是您的第二本书，它已被译成西班牙文、意大利文、葡萄牙文、朝鲜文、中文和（部分译成）波兰文，日文翻译正在进行中。可以说，它在世界范围的逻辑圈内取得了很大的成功。如我告诉过您的，尽管中译本仍然在出版过程中，但这本书已经被中国逻辑学家广泛阅读，在他们中间很有影响。事实上，正是在我读研究生期间读了这本书之后，我才对逻辑哲学产生了兴趣，并且逐渐地开始了我自己在这个领域里的独立研究——在我的新著《逻辑哲学研究》（台北，2002）的序言中，我对您表示了诚挚的谢意。您自己认为，您在这本书中表达了什么重要的观念？

苏珊·哈克：《逻辑哲学》是打算作为一本教科书的。事实上，我之所以写它，是因为我在华威有规律地讲授逻辑哲学课程时，找不到任何合适的教科书，因而它的许多篇幅被用来阐述逻辑概念和关于逻辑的哲学理论。但是，撰写这本书也给我提供了一个机会去展开我自己的大量思想。例如，关于逻辑的性质和范围，以及形式逻辑系统和非形式论证之间的关系，关于逻辑的形而上学和认识论的基础，特别是由该书标题中"逻辑"（Logics）所表明的逻辑系统的多样性的哲学意蕴。

陈波：您能够更多地谈一谈您所谓的逻辑中的"多元论"是什么意思吗？

苏珊·哈克：有两个意思，一个是相当温和且无争议的，另一个则要大胆得多。温和的观念简单说就是：有众多的逻辑系统，它们有不同的表达能力、记法、定理、有效推理、解释和应用，并且思考它们之间的差别，有助于我们理解有关逻辑的更深层的形而上学的和认识论的问题。例如：只存在一个正确的逻辑系统吗？或者存在几个同样正确的逻辑系统？在这种语境中"正确"是什么意思？我们如何认识逻辑真理？我们在我们认为是这样的真理的东西上会出错吗？

更雄心勃勃的观念在《逻辑哲学》的最后一章中得到清楚的表述：与工具论相反，谈论逻辑系统正确或不正确是有意义的，并且存在不止一个正确的逻辑系统。该论证简要地说是这样的：逻辑的形式系统旨在表述系统外的有效性概念和逻辑真理概念。不过，同一个非形式的话语有不同的形式投射，有时候，当不同的形式系统对同一个非形式论证给出不同的表述时，它们可以是同样好的，也许适用于不同的目的。（这并不意味着，我们必须在一个变异逻辑和经典逻辑之间做出选择，这种情况永远不会发生，而只是意味着有时候我们可能不需要这样做。）

陈波：我假定在逻辑哲学中您是某种类型的经验论者，您强调形式论证和非形式论证之间，以及相对于系统的有效性和系统外的有效性之间的对比，并且认为前者刻画后者。您还论证说，既然不可能有任何唯一正确的刻画，所以我们应该接受某种形式的逻辑多元论。这样理解是正确的吗？

苏珊·哈克：下面是亚里士多德的关键性洞见：论证是否有效是根据它的形式，而不是根据其内容；由逻辑学家所设计的形式系统，其中心目标应该是仅仅把握那些有效的论证。但是我宁愿避免把这描述为某种形式的经验论，它可能错误地暗示：我的看法是，逻辑形式系统的目标简单地就是刻画人们的实际推理过程。

陈波：在某种意义上，现代逻辑起源于弗雷格的反心理主义，并且当代逻辑学倾向于被认为与人的思维的过程、方法和规律毫无关系，而是关注于语言，或者也许是实在，但我对这一观点始终充满怀疑。在我看来，逻辑是关于推理和论证的科学，而推理和论证显然是一个思维过程，所以逻辑学与我们的思维过程确有某种关系。对于逻辑学领域的心理主义和反心理主义，您怎么看？

苏珊·哈克：也许首先需要一点历史的评论：弗雷格确实是强烈的反

心理主义者。似乎清楚的是，他对心理主义的反感，部分地是由他当时所熟悉的心理学的强烈的内省主义性质所造成的。并且皮尔士严厉地批评下述观念：有效性是某种心理属性，是当你从前提进到结论时你所获得的那种令人激动的感觉，他将这一观念与克里斯托弗·西格瓦特（Christoph von Sigwart）连在一起。不过，乔治·布尔（George Boole）这位现代逻辑发展过程中最早的主要人物，对心理主义比他们两个人更为同情得多。

我将区分逻辑与人的思维过程"有关"的两种意义，一种较强，一种较弱。如我先前在回答您把我描述为逻辑哲学中的"经验论者"时所说的，我确实不相信逻辑简单地描述了我们的思维过程（没有一个讲授过逻辑课程的人会这么认为！）。不过，我确实认为，在某种意义上，逻辑学对于思维是规范性的，因为演绎逻辑的原理告诉我们：如果你如此这般地论证，你就绝不会从真的前提进到假的结论；而如果你如此这般地论证，你就将使你自己面对自相矛盾的结果；诸如此类。

陈波：您认为，您的逻辑哲学以什么方式与蒯因的逻辑哲学相似，又以什么方式与之不同？

苏珊·哈克：这是一个非常难以简要回答的问题，这部分地是因为蒯因的观点似乎是变动的，例如，在某些地方他强调逻辑的可修正性，但在另外一些地方他又论证说，对于逻辑的真正修正是不可能的。在《〈指称之根〉中的分析性和逻辑真理》一文（最初发表于 1977 年，重印于《变异逻辑》1996 年版）中，我追溯了他的某些改变和转向。结果，在我看来，蒯因是一个比我保守得多的逻辑保守主义者，他比我更多地承诺了下述观念：经典的一阶谓词逻辑就是那个正确的逻辑，当然也比我更多地承诺了更严格的外延主义。

陈波：从您的两本逻辑哲学著作中我可以看出，您在符号逻辑方面有广泛的知识和坚实的基础，但您似乎总是对它的哲学方面而不是技术方面更感兴趣。并且在这两本书之后，您似乎已经转向了认识论、实用主义和其他论题。为什么会这样？

苏珊·哈克：我并没有做一名数学家的抱负，并且我对逻辑的兴趣更多的是哲学的而不是技术的。确实，《逻辑哲学》获得成功的原因之一，也许就是我意识到理解逻辑技术的那些困难，并且花了很大的努力去帮助读者掌握它们。

研究重点转向更一般的认识论，这部分地是出于一个令人愉快的偶然事件：我在华威讲授认识论和形而上学的课程已经多年，于是，当布莱克威尔邀请我为他们撰写一本认识论著作时，我为这一挑战所着迷。

我对实用主义的兴趣，回忆起来，是在我读了蒯因的《语词和对象》一书的第一章对皮尔士关于真理的说明的批评之后，开始认真阅读皮尔士的《文选》，并很快被这位相当杰出的哲学心灵的著作所吸引！皮尔士本人，除了是一名广义的形式逻辑学家并在此领域内进行过深入探索之外，我也许还要补充说，他也总是非常关注有关逻辑的哲学问题，并且也关注他和其他实用主义者所谓的"探究理论"（尽管他不喜欢或不使用"认识论"一词）。

陈波：现在，让我转到您的第三本书——《证据与探究——走向认识论的重构》。如您所知，在我的两名博士生的参与下，我已经把这本书译成中文，并且将于 2003 年底在北京出版。这本书展开的最重要的观念是什么？

苏珊·哈克：当然，首先是清楚地表述和捍卫我的认知证成的新理论，我把它称为"基础融贯论"，因为它结合了来自那对传统上竞争的理论——基础论和融贯论的因素。在这一语境中，我关于证据结构与纵横字谜之间的类比，在我自己的工作中已经证明是特别富有成果的，而且被许多读者（不仅有哲学家，而且有科学家、经济学家、法律学者等等）发现是有用的。然后，除了我对各种版本的基础论、融贯论和可靠论等的分析和批评之外，我还要提到我对比蒯因的自然主义更温和的一种自然主义的清楚表述和捍卫，以及我对罗蒂（和斯蒂奇）的"庸俗实用主义"的批评。

陈波：您能够更多地谈一谈您的基础融贯论吗？

苏珊·哈克：让我这样来开始，谈论有关传统上相互竞争的两种认知证成理论，即基础论和融贯论的某些东西。"基础论"是指这样的理论，它依赖于基本信念和导出信念之间的区别，并且认为支持关系总是从基本信念通向导出信念，而绝不是相反；"感觉内省论的基础论"是指这样的基础论理论，它认为基本信念被一个主体的感觉和内省的经验所证成。

"融贯论"是指这样的理论，它们依赖于信念之间的相互支持关系，并坚持认为：一个信念只有在属于一个融贯的信念集合时才被证成。随着这些理论的展开和精确化，一些基础论者承认，甚至基本信念也不是不可错的，并且在导出信念之间也能够有相互支持；某些融贯论者建议，在计算融贯度因而也就是证成度时，可以赋予"经验的"信念以特别的权重。于是，传统上相互竞争的理论开始相互靠近，但是这种靠近使他们感到不安：当温和的基础论者试图解释为什么"导出信念"和（所谓的）"基本信念"不能有相互支持时，他们冒险陷入了融贯论；并且当温和的融贯论者试图解释为什么应该赋予经验信念比其他信念更大的权重时，他们冒险陷入了基础论。

不过，我论证说，基础论和融贯论并没有穷尽该领域，一个中间型的理论比这二者都更合理。有可能既允许经验与经验信念的证成相关联，就像感觉内省论的基础论所做的而融贯论不做的那样，又不要求有一类具有特殊地位的"基本"信念，而允许信念之间普遍地相互依赖，就像融贯论所做的而基础论不做的那样。这些是基础融贯论的关键思想。顺便说一下，我想到纵横字谜类比，是作为理解下述一点的方式，即信念之间如何可能有相互支持（就像纵横字谜的各个格之间有相互支持一样）而不导致恶性循环；然后我认识到，该类比对于另一个问题也有帮助——对填纵横字谜的各个格的提示，类似于一个人的感觉内省证据，已经完成的相互交叉的各个格类似于他支持一个信念的理由。

陈波：在这本书中，您批评了蒯因的自然化认识论纲领。您能够解释您的理由吗？既然我们人类也是自然的造物，我们的身体和我们的大脑都是进化的产物，为什么我们不能采取与我们研究其他自然过程或自然现象同样的方式去研究人类的认知过程？简要地说，为什么认识论不能被自然化？

苏珊·哈克：这个问题有一点使人误解。是的，我批评了蒯因的自然化认识论，但我也清楚地表述和捍卫了我自己的更温和型的自然主义。在蒯因的立场中，简要说来，错误的东西是他把三种不同的且不相容的观念混在一起了：（1）认识论不纯粹是先验的，而是依赖于关于人及其认知能力的假定；（2）认识论问题应该交给关于认知的各门科学去解决；（3）认识论问题是不合法的，应该去掉而代之以关于人的学习过程的科学式问题。但是下述任务既不属于物理学，也不属于心理学或任何一门科学，即告诉我们是什么东西构成了更好或更坏的证据，或者例如，为什么真实的预言确证了一个理论的真。如果这些特殊的认识论问题是非法的，那科学的事业就是毫无意义的。所以，第二种和第三种自然主义是不可捍卫的。不过，我发现，第一种自然主义是完全可以捍卫的——事实上，我自己就捍卫了它。

我把我自己的认识论的自然主义叫作"改良的后验论的自然主义"："改良的"是为了把它与革命的自然主义区别开来，后者否定传统的认识论问题的合法性；"后验论的"是为了把它与科学主义的自然主义区别开来，后者认为，那些传统的认识论问题能够由心理学加以解决。不过，我的立场仍是自然主义的一种形式，因为它并不把认识论视为纯粹先验的，而是视为对这样一些评价性概念的辨明，后者依赖于有关人的认知能力及其局限的预设。

陈波：在我看来，您已经改变了您对归纳的看法：在《逻辑哲学》中，您把归纳逻辑列在经典逻辑之下，但在《证据与探究》中您写道：如果"归纳逻辑被用来意指容许纯句法刻画的关系的话，它在最好的情形下近似于悖论，在最坏的情况下可能属于虚构"。不过，您补充说，即使不存在形式的归纳逻辑，但仍然存在着像（客观的）支持性但非结论性的证据。为什么您不认为归纳逻辑是可能的？

苏珊·哈克：不对，我并没有把归纳逻辑列在经典逻辑之下，如果您再仔细看一下《逻辑哲学》第 4 页的那个图表，您会发现：它把传统的、经典的、变异的、扩充的和归纳的逻辑列在"形式逻辑的系统"之下。不过，您是正确的，我已经逐渐怀疑，能够有形式的即语形可刻画的归纳逻辑。

我目前的观点是：证据 E 对于一个断言在多大程度上是支持性的，这取决于加入 E 在多大程度上能够提高一个人相对于那个断言的解释性综合。不过，解释要求共相、类型和规律，所以支持性并不简单地是一个形式的问题，而是依赖于所涉及的谓词的内容。最初说服我接受这一点的是古德曼的绿蓝悖论：如果我们的证据更支持的是"所有的翡翠是绿色的",而不是"所有的翡翠是绿蓝色的"——我相信是如此,这必定是由于"绿色"和"绿蓝色"之间的差别,因为这两个陈述有同样的逻辑形式。

这些观念在《证据与探究》中只是被扼要地提及,而在《理性地捍卫科学》中则以详细得多的形式加以展开,在后者中我论证说,科学哲学中旧尊崇主义的失败,部分地归因于合理性概念过于狭隘地是逻辑的。我提出了我描述为"尘世"的证据观。

陈波:现在我们来到您的第四本书:《一位热情的稳健派的宣言——不时髦的论文集》(1998)。像前面一样,我的第一个问题是:您自己认为您在这本书中表达了什么重要的观念?

苏珊·哈克:如书名所显示的,这本书既不是一本教科书,也不是一本学术专题著作,而是一本论文集——但是这些论文由几个共同的主题连在一起。其中许多论文是应邀撰写的,在《证据与探究》出版之后,我收到了很多邀请,邀请我就"女性主义认识论"、罗蒂的新实用主义等等发表讲演。其中一个重要的统一主题,就是我反对激进的女性主义者、新实用主义者、多元文化主义者、科学哲学中的新犬儒学派以及诸如此类的论证(和夸大言辞),而捍卫真理概念和诚实探究的理想的合法性。这引导我去探讨科学和文学之间的类似性和差别、隐喻的认知重要性、皮尔士关于真正的探究和虚假的探究之间的区分、"相对主义"的多重意义,甚至许多社会—政治议题,如多种风格的女性主义和多元文化论、肯定行动、哲学的当前状态以及学术界本身。

什么是这本书中最重要的观念?迄今为止已经证明,最有影响的观念是我在《对相对主义的反思》一文中开始展开的那种形而上学理论,即坦诚实在论(innocent realism)。这是一种居于下述二者之间的理论:一方面是形而上学的实在论,另一方面是形而上学形式的文化相对主义和各种非实在论。我对多种不同形式的相对主义的分类也已经引起读者的注意。然后就是我所区分的旧尊崇主义和新犬儒学派,前者重点关注合理性、逻辑、结构的科学哲学,后者代之以重点关注权力、政治学和修辞学的科学哲学,以及对我的居间立场的一种早期表述。我还想提到,我把皮尔士关于真正的探究和虚假推理之间的区分发展成三重区分:真正的探究对伪探究的两个变种,即虚假的和捏造的;我所识别的"以为是"谬误,即无处不在的这样的论证,其前提是真实的,以为是真理、已知的事实和强的证据等等东西,经常并不是真理、已知的事实和强的证据,仅仅因为它们有力量才被承认如此;其结论是虚假的,真理、事实、证据等概念都只不过是意识形态的谎言。

陈波:您能够更多地谈一谈您的坦诚实在论吗?

苏珊·哈克:我希望,它是这样一种形而上学立场,能够使最健全的实在论直觉适应最精致的反实在论的反对意见。这个世界——唯一的、实在的世界——是独立于我们相信它是什么样子的。很明显,在这样说时,坦诚实在论者既抛弃了非实在论论题,即不存在任何实在的世界,也抛弃了多元论论题,即存在着多个实在的世界。不过,她当然承认,人类干预这个世界,我们以及我们的生理和精神活动是这个世界的一部分。换句话说,这个唯一的、实在的世界是异质的:除了有自然的事物和事件之外,还存在着每一种类型的人造物、社会建制、理论、描述,以及科学家、艺术家、诗人、小说家等等想象的构造物。

采纳来自皮尔士的一个观念(皮尔士证明是采纳了来自邓斯·司各脱的一个观念),坦诚实在论者把"实在的"视为意味着"不依赖于你,或者我,或者任何一个人相信它是什么样子",并且将其视为与"虚构的、凭空想象的东西"构成对照。科学的理论是实在的,并且虚构的产物也是实在的。但是,科学家所构想的那些解释,当它们是成功的时候,是真实的,并且他们所构想的那些规律是实在的。而虚构的人物和事件精确地不是实在的,而是想象的。

我们人类能够知道关于这个世界是什么样子的某些东西,虽然很容易出错并且很不完善。之所以如此,仅仅是因为我们具有能够探察关于我们周围的特殊事物的信息的感官,并且有做出关于它们的概括的理性能力,并且还因为周围的事物隶属于类型和受制于规律。

我们对这个世界的描述,有时候是真实的,有时候是虚假的。一个综合陈述究竟是真实的还是虚假的,取决于它所说的是什么(这与人类的约定相关),也取决于它所描述的世界中的那些事物是什么样子的。存在着众多的用不同的词语对这个世界所做的不同的真实描述。所有这些众多的不同的真理，都应该以某种方式相互适应：不能有竞争的、不相容的真理或"知识"。但是这并不意味着，关于这个世界的所有真理，必须这样来相互适应，即能够还原为用有特殊地位的词语表述的一类有特殊地位的真理。我把社会科学的真理视为是与自然科学的真理"相互适应的"，其适应方式更像是把一个道路图叠加于同一个地区的等高线地图上。

陈波：您是一位杰出的研究美国实用主义的学者，曾任皮尔士学会会长。在《证据与探究》中，有一章讨论罗蒂对认识论的新实用主义的批评，并且在《一位热情的稳健派的宣言》中，您花了大量篇幅讨论古典实用主义和当代新实用主义。我已经把您的两篇论述实用主义的论文——《"我们实用主义者……"：皮尔士与罗蒂的对话》和《新老实用主义》译成中文，并且您接受我的邀请，已经为中国读者编辑了一本实用主义专题文集，将由人民出版社出版。您认为我们能够从实用主义传统中学习一些什么东西呢？

苏珊·哈克：让我用下面的解释来开始。实用主义是美国土生土长的唯一哲学流派，查尔斯·桑多尔·皮尔士和威廉·詹姆斯（William James）是其共同的创始人，该传统在约翰·杜威（John Dewey）、乔治·赫伯特·米德（George Herbert Mead）、西德尼·胡克（Sidney Hook）和 C. I. 刘易斯（C. I. Lewis）的著作中得到发展。皮尔士总是坚持认为，实用主义"不是一个学说，而是一种方法"，即浓缩在实用主义准则中的那种方法。根据该准则，意义是有关经验后果的事情。詹姆斯也使该实用主义准则成为中心，但赋予它相当不同的解释，即根据实际的后果来解释它。皮尔士的实用主义是科学主义的、逻辑的和实在论的；詹姆斯的实用主义重点关注宗教而不是科学，是心理学的而不是逻辑的，是唯名论的而不是实在论的。并且像人们从它的起源可预期的，借用意大利实用主义者 G. 帕匹尼（G. Papini）的一个很好的比喻，古典实用主义就像一座旅馆，在它的每一个房间里，不同的实用主义者在做着不同类型的工作，但他们在走向自己房间的路途上都得经过同一个大厅：我想到了皮尔士对逻辑、符号学、探究理论、科学哲学和形而上学的贡献；詹姆斯对宗教和心理学的哲学、心灵哲学和伦理学的贡献；杜威对认识论、教育哲学和社会政治哲学的贡献，以及米德对有关心灵、语言和社会的哲学的贡献。

我对实用主义文献的阅读开始于皮尔士——一个令人惊讶的涉猎范围很宽的、深刻的和原创的哲学思想家，并且我已经受到他很大的影响：例如他清楚表述和捍卫的真正探究的理想，他关于存在和实在的区分，他对共相的实在性的捍卫，特别是他的"连续论"，即那个"关于连续性的学说"。这一观念对于我来说显得异乎寻常地富饶多产，例如我已经探讨了不仅是科学探究与一般的经验探究的连续性，而且是自然科学探究与社会科学探究的连续性、哲学与科学的连续性，探究了与人类的其他理智活动的连续性。但是，我也受到詹姆斯、杜威的影响，特别是后者对科学和价值之间关系的关注。在心灵哲学和社会科学哲学领域，则受到米德的特别富有洞见的著作的影响。

詹姆斯曾经写到，实用主义的优点是"它不使我们的理论僵化"；最重要的是，我认为，随着时间的推移，我越来越感谢古典实用主义者，他们帮助我摆脱了分析哲学那令人不舒服的固执，不再迷失于严格概念的、逻辑的或语言学的论题。这使我想到了我的《理性地捍卫科学》一书，它远远超出了关于科学的分析哲学所探讨的那些常见问题，在某种意义上是我的书中最具有实用主义色彩的一本。

陈波：您对于罗蒂的新"实用主义"有什么看法？

苏珊·哈克：相当糟糕！让我把历史的画面弄得更清晰一点。起初，皮尔士对在印刷物中使用"实用主义"一词犹豫不决，因为他担心读者把他的特殊的哲学立场与通常意义上的实用主义混为一谈，后者意味着按权宜之计而不是按原则来行事。他从未在他的出版了的著述中使用这个词，直至詹姆斯使这个词成为一个著名的词语。并且后来他逐渐认为他需要把他的实用主义风格与詹姆斯、杜威等人的实用主义风格区别开来，特别是要摆脱他本人与已经渗透到文学杂志中的对实用主义的误解的干系，于是他引入了"实效主义"一词，希望它"足够丑陋以至能够免遭绑架"。我的皮尔士和罗蒂的"对话"，其意图当然是揭示罗蒂的文学—政治的、反形而上学的"实用主义"，及其对逻辑的鄙视、对认识论的抛弃与皮尔士的实效主义哲学是多么的不同。并且罗蒂的新"实用主义"不仅与皮尔士的实效主义非常不同，与詹姆斯的实用主义，甚至与杜威的实用主义也有很大的距离。罗蒂与老实用主义者——英国哲学家 F. C. S. 席勒（F. C. S. Schiller）最像，詹姆斯曾经把他的极端相对主义的立场描述为实用主义中"最易受到攻击的"版本。

这就是为什么在《证据与探究》一书中，我把罗蒂（以及斯蒂奇）的观点称为"庸俗实用主义"的原因。在该书第九章，我论证说，罗蒂对认识论的批评是极其混乱的。他对"基础论"的抛弃把三个相当不同的观念混在一起：(1) 基础论（也就是我前面解释过的那些认知证成理论，它们依赖于基本信念与导出信念之间的区别）；(2) *基础论*（也就是下述论题：认识论是一门先验的学科）；(3) **基础论**（也就是下述论题：认识论并不是纯粹的约定，而是具有某些客观的根据）。我同意，基础论是假的，基础融贯论是关于认知证成的正确理论；并且*基础论*也是假的，如我的改良的后验论的自然主义所主张的，认识论并不完全是先验的。但我认为**基础论**是真的。罗蒂反对**基础论**的论证依赖于下述假定：如果真理不是与物自身的符合，它就不能是比此时此地的意见一致更多的任何东西，但这明显是极端为假的二元对立。

在《一位热情的稳健派的宣言》中，我收入了皮尔士和罗蒂的"对话"（根据他们的原话编辑而成），以表明罗蒂的立场与古典实用主义的距离是多么遥远。在《一位过时的学究的自白》一文中，我更详细地讨论了罗蒂关于真理的糊涂观念。并且在《关于"以文学的精神来研究……"这个短语》一文中，我用论证去反对罗蒂的主张："哲学被重新认为是文学的一个种类"，"仅仅是一种类型的写作"。确实，我表明，罗蒂关于真理的奇怪观念的一个灾难性后果，就是不仅使得理解真正的探究是什么成为不可能，甚至使得把握"文学有重要的真理要传授给我们"这一点也成为不可能。

陈波：在《一位热情的稳健派的宣言》中，您相当经常地投入到论战中去，但也表现得像一位真正的知识分子：充满热情、智慧、负责任，并且提出了一些精细的论证去反对许多类型的理智时髦，如新实用主义、激进型的女性主义、多元文化论、知识的社会学、文学理论等等。您捍卫真正探究的可能性和重要性，强调虚假的和捏造的推理的危险。我对您的主要论题抱有强烈的同感。但在某些论题上，我却有不同的看法。我们可以讨论这些不同看法吗？

苏珊·哈克：当然。

陈波：在《多元文化论和客观性》以及《对相对主义的反思》等文章中，您提出论证，反对任何形式的文化相对主义，但我担心您的观点太强了，以至难以成立。是的，无论我们的种族、性别、民族以及诸如此类的东西如何，我们都是人，具有普遍的特征。所以，提出多元文化论以对抗客观性，或对抗普遍人权，是错误的。但我认为事情还有另一方面：人生活在不同的国家，有不同的语言，有不同的历史、传统和文化，他们面临着很不相同的生存境遇。难道所有这些因素都不会影响我们的认知过程吗？我记得，1997—1998年，我在芬兰赫尔辛基大学做访问学者，出席了一个关于堕胎的讨论班：堕胎意味着杀婴吗？它是合法的还是非法的？这一类问题在中国根本不会出现，因为我们面临的是另一个问题：人口爆炸！中国人口已达13亿之多。并且根据中国的文化传统，孩子是非常重要的：多子意味着多福；如果你没有孩子，特别是没有儿子，你就对你的家庭犯下了某种最严重的罪过，所谓"不孝有三，无后为大"。所以，中国政府不得不采取"一对夫妇只能生一个孩子"的政策——这在西方国家，特别是在美国，经常受到严厉批评。以我作为一名中国知识分子的良知来看，我认为中国政府在这一点上是正确的，现在大多数中国人也如此认为。我的结论是：用一种绝对普遍主义去反对每一种形式的文化相对主义也是错误的。哈克教授，您的看法是怎样的呢？

苏珊·哈克：我最好开始解释一下，您在这里误解了我。在《多元文化论和客观性》一文中，我区分了几种类型的文化相对主义，并且提出论证反对我所谓的"认识论的反文化主义"。但我并没有说，也不相信，所有形式的文化相对主义都是起误导作用的。类似地，在《对相对主义的反思》一文中，我区分了多种类型的相对主义，并且发展了一种见解，即前面提到过的坦诚实在论，它是与我所谓的深刻的形而上学的文化相对主义（即下述论题：本体论的断言仅仅相对于某个共同体或文化才有意义）不相容的。但我并没有说，也不相信，所有形式的文化相对主义都是错误的。

按我的理解，您倾向于捍卫某种形式的道德相对主义。如果您的观点是，在不同的文化中，接受了不同的道德规范（在我的分类中，这是肤浅的、人类学意义上的道德文化相对主义），当然我会同意。但是很明显，从这里推不出道德规范只有相对于一个文化才有意义。

现在回到您的例子，为了论证的缘故，假设"一对夫妇只生一个孩子"的政策在道德上是可证成的，一个道德绝对论者仍然可以论辩说，存在着某些支配性道德原则，它本身不是相对于文化的——例如，所有的孩子都应该有合理的机会获得健康的和富有成效的生活——它在某些情景下会证明该项政策是合理的，但在其他情形下会证明不同的政策是合理的。这部分地是因为，我们非常看重下述一点：人民能够自由地为他们自己做出（我们相信是）本质上是私人性质的决定，这提出了一些困难的问题，即我们应该如何在自由和福祉之间保持平衡。部分地，我怀疑，这也是因为，据我们的媒体报道说，许多中国夫妇非常不满意该项政策。当然，在美国，很明显就像在芬兰一样，堕胎是一个非常有争议的话题——的确，这可能是美国政治中最能起划分作用的议题之一，两派投入的感情都非常强烈。

陈波：我想补充说，像中国这样的多人口的发展中国家，也许面临着一个二难困境：或者比较严格地限制人口出生率，从而招致西方国家的来自人权方面的严厉批评；或者是让人们随意地生产人口，却不能给他们提供足够的食物、住房、教育、医疗、就业，从而使他们不能得到有尊严的生存。难道这后一情景是值得向往的吗？您怎么看待这个二难困境？

苏珊·哈克：这也是我在前面谈到有关自由与福祉之间的平衡的那些艰难问题时所暗示到的。我假定，最好的折中方案是使人民能够理解控制出生率的必要性，从而自愿地限制他们的家庭规模。但我丝毫不打算暗示说，这是容易办到的事情（它的可行性将取决于出生率与死亡率之比，取决于人民对其晚年生活的依靠有合理的预期，如此等等）。除此之外，我不认为我知道得足够多以至能够提出一种意见。例如，我一点也不知道，印度在通过自愿措施去控制他们的人口出生率方面做得多么成功或多么不成功。

陈波：您也激烈地批评了肯定行动①。不过，我想说，尽管肯定行动肯定有违程序公正，但它是对过去的不公正的一种补偿，从长期的历史观点来看仍然是可接受的。为了纠正历史的非正义，我们不得不采取某些临时措施，以便给弱者以机会，让他们有机会变得强大起来。此外，我猜测，优先雇佣政策应该有一个条件："其他情况近乎相同"。

苏珊·哈克：也许我需要首先以尽可能简单和直接的方式说，在我和下述肯定行动的提倡者之间，相对于目标来说我们没有不一致，他们像我一样要求确保：有才能的人不会因为一些不相干的因素，如他们的种族或性别，而失去他们的优势；我们发生分歧的地方在于什么是达到这一目标的最好的手段。并且，我感到相当吃惊的是，您把我描述为"激烈地批评"肯定行动。在《适合这项工作的最好的人可能是一位妇女》一文中，我表达的最强的观点是，我担心在学术界对妇女的优先雇佣政策，尽管有某些好的结果，但从总体上看，所引发的伤害可能比好的结果更多——我不认为这是"激烈地批评"，您以为呢？

不过，我必须说那个关于补偿的论证是很成问题的，而您似乎倾向于赋予它很大的分量。我可以用个人的方式来探讨这一点：如果大学现在雇佣一个比他们能够雇佣的要弱的候选人，其理由是她是妇女，我并不把这一点视为对我作为一位女人在年轻时所遭受歧视的适当补偿。更重要的是，对于我这一代被完全排斥在外的其他妇女来说，或者对于那些发现他们总是只有一个讲师的临时工作，而不能在其职业生涯中更上一个台阶的人来说，这不是一个适当的补偿。但是，问题是相当一般的：只有当你给那些实际遭受伤害的人以某种利益时，补偿才有意义；不过，如果你给那些本身不是你所说到的"历史的不公正"的牺牲品的人以某些利益，这样的补偿没有意义。

当我在《适合这项工作的最好的人可能是一位妇女》一文中，抱怨

---

① 肯定行动是西方国家例如美国所采取的一项政策，即通过对法规或政策的协同利用，使少数团体得到多于其他团体的优惠，其目的是矫正以往对这些团体的歧视。肯定行动有可能包括强制性的雇佣或选拔配额，为提拔少数候选人等而拿出用于教育或培训项目的额外资助。

"或者这样，或者什么也不做"时，我的意思是：我们应该更努力地尝试以发现更好的途径去为有才能的人创造平等的机会，无论其种族或性别；更好的途径，也就是或者比旧的体制更好，或者比新的体制更好——在我看来，这些体制即使对假定的受益人来说，其益处也是可疑的，并且对于一个已经令人沮丧的腐败的学术雇佣体制来说，确实仍在施加腐败的影响。在我看来，毫无疑问的是，在实施优先雇佣政策已经30多年之后，性别主义（和种族主义）远没有被克服，这些态度在某些情形下甚至更坏，因为不那么明显，而是被一层一层的自欺和伪善所掩盖和扭曲着。

至于"其他情况近乎相同"，我只能说，在我看来，目前的情况是如此糟糕，期望大学里的各个系去做出如此微妙的鉴别是不现实的。

陈波：既然谈到大学里的腐败，让我们谈谈您的论文《反常做法及其后果》。在文中，您强烈地批评目前的发表成果的压力，而不管其出版物的质量或意义。我同意，这在学术界是一个非常普遍和严重的问题，无论是在西方还是在中国。不过，我倒并不为这种状况过分忧虑。我认为，无论是从个人还是从管理者的角度看，我们都需要有某种成果去判明某个人选是否够格，能力和水平需要有相应的成果来证明；并且，在相应的成果发表出来之前，我们也没有办法预先判断它是否真正重要和有价值，这样的判断只能由学术共同体事后来进行。此外，我总是相信，学术共同体的评价和选择机制会起作用，它最终会把真正有价值的成果挑选出来，赋予它们以重要性，而让其他的一般性成果湮灭于文献的汪洋大海。哈克教授，您怎么看呢？

苏珊·哈克：当然，我不知道中国的同行评审过程运作得怎样。但我不得不说，在英语哲学圈内，我认为整个体制充满了腐败与低能。太多的评论人是无知的、有偏见的，并且/或者更关心抬高他们自己，而不是给出一个诚实的评价。（许多发表物是贫弱的、没有意思的，乏味地墨守成规、趋附时尚，或者溜须拍马；即使是显然的抄袭也过于经常地逃过了审查。）资历浅的人为了获得终身职位，必须乞怜于编辑或推荐人去发表作品，但他们很快就学会了，发表平淡无奇、不冒犯他人、迎合偏见的东西，要比致力于真正原创的或独立思考的作品容易得多。

至于好的作品最终会被发现出来，我这里只说一点：迄今为止，学术出版物的数量之巨已绝对压得人喘不过气来，我们全都知道但不公开承认的一个令人尴尬的秘密是，大多数出版物从来没有被阅读过。所以，很难对下述情景保持乐观：精品最终会被发现，并且按其真实价值受到评价。

陈波：《反常做法及其后果》主要是批评性的，我想知道您有什么正面的建议去克服这个问题？假如您是一所重要大学的校长，您将如何改变这一现状？除非做了某些事情，这种情形难道不是照样继续吗？

苏珊·哈克：这种情况是非常严重的，并且到目前为止有很深的根源，它不能通过某一位管理者（无论他多么能干或多么有影响）所采取的某项政策轻易改变。造成这种糟糕的局面花费了数十年时间，而要摆脱它则可能要花费更长的时间。如我在最悲观的时刻所认为的，情况甚至可能是——在事情变得甚至更坏，以至人们再也不能容忍它之前，将不可能变得更好。也许我们将不得不等待，直到学生的家长们意识到，他们的孩子是学术圈腐败文化的牺牲品时为止。

我们仍然试图查明事情为什么会变得如此之坏。除许多交互作用的原因之外，我将提到下面一些：唯文凭论（也就是这样一种文化，它更看重证书而不是教育；雇佣者坚持某些"资格条件"，即使这些条件与一个人做拟议中的那项工作的能力毫不相干）；大学数量的巨大增长，以及庞大的自利的管理阶层的出现，其中许多人对严肃的学术工作的要求没有任何真正的理解；当然，还有这个新的管理阶层所引入的危险的"生产性"商业模式，它完全不适合于学术界。所以，假如我是一位大学校长，我猜想我将试图使我的理智上最严肃的职员站在我这一边，去做我们能够做的任何事情以摆脱这种商业模式，并且鼓励真正的、艰深的和独立的思想，以及真正的、艰苦的和有成效的教学，并且我将尽我最大的努力去阻止管理阶层的进一步膨胀。

不过，回过头来想一想我刚才说过的话，我认识到：毫无疑问，这就是我绝不会成为一位大学校长的原因！

陈波：现在我们来谈谈您的新书——《理性地捍卫科学》。按我的理解，此书是《一位热情的稳健派的宣言》中的精神和某些论题的延续。我的问题与前面的一样：您自己认为这本书阐述了哪些重要的观念？

苏珊·哈克：《理性地捍卫科学》是一本非常雄心勃勃的书，在其中，我不仅试图理解科学的认识论和形而上学，而且还试图描绘出科学在探究中、在我们的生活中的位置的更为总体性的图景。是的，它开始于《一位热情的稳健派的宣言》的某些思想，但是随着工作的进行，它已经远远超越了那本文集中的几篇论文。

这本书一开始就诊断出一个关键性的虚假假定，它为旧尊崇主义和新犬儒学派所共有。这个假定是：如果科学是一项理性的事业，那么它的合理性必须用狭隘的逻辑术语来诠释，也就是说，它必须是语形可刻画的。为拒绝该假定，我论证说：科学事业的合理性只能通过考虑尘世性的证据与方法来把握，也就是说，不仅要考虑到科学的形式和结构，而且要考虑科学家与世界的相互作用，以及科学语言与世界的关系。

我所谓的"科学证据"，是指与科学断言和理论相关的证据。我把我的关于科学的认识论叫作"批判的常识主义"，这部分地是因为，我认为，在这种意义上，科学的证据类似于与一般的经验断言相关的证据——仅仅是多一点什么。它包括感觉内省的证据和理由，它们以在《证据与探究》一书中所阐明的方式共同起作用；但是，与有关普通的经验断言的证据相比，它更依赖于观察的工具，并且它几乎总是为一代或数代之内的无数科学家所共享的资源。于是，我首先说明了个人意义上的保证（warrant）（一个断言在某个时间对某个人来说的有保证的程度），其次构造了关于社会意义上的保证的说明（一个断言在某个时间对一群人来说的有保证的程度），最后构造了关于无人称意义的保证的说明（直接地，一个断言在某个时间的有保证的程度）。在通过提到沃特逊和克瑞克关于DNA的双螺旋结构的证据，以举例对其进行说明之后，我就能够证明：它如何解决了渡鸦悖论和绿蓝悖论，然后处理蒯因的"不充分决定论题"。

至于"科学方法"，我的论题是：与其说存在一套独一无二的、由并且仅由所有科学家使用的理性的推理模式或程序，毋宁说存在着为所有经验的探究所共有的推理、程序、所要求的东西、限制性因素，它们由一整套局部的和演变着的科学的"帮助"所强化：观察的工具、模型和隐喻、数学和统计推理的技术，以及帮助大多数科学家在大多数时间内保持诚实的一套社会建制。

在这之后，我清楚地表述了构成这些认识论观念之基础的那些温和的实在论的形而上学假定——与我的批判的常识主义相互交织的坦诚实在论。简要地和粗略地说：在拒斥工具主义和建构经验论时，我把科学家视为是在寻求实质性的、解释性的真理——关于那一个实在世界的真理，他们像其他探究者一样在对它进行探索。为了使科学事业成为可能，我论证说，我们必须有感觉器官，以便能够探察我们周围的那些特殊事物和事件的某些信息，并且有做出概括和检验它们的理性能力；还有，这个世界中的特殊事物和事件必须能够以某种方式为我们的感官所把握，并且必须隶属于类型，受制于规律。但是，与其他的新近的实在论者不同，我并没有把科学进步的断言纳入我的形而上学之中，而是相反地论证说，科学的进步，尽管是不可否认的，但却是零碎的、不规则的、从未得到保证的。

在发展了所有这些观念之后，我继续考虑自然科学和社会科学之间的关系、科学社会学的认识论作用、科学和文学之间的关系、科学和法律的相互作用、科学和宗教之间的紧张关系，最后则讨论了关于科学的终结的预言。

陈波：您能够更多地谈一谈您所谓的"批判的常识主义"吗？

苏珊·哈克：我从皮尔士那里借用了这个表达式，他用这个词去指涉他对休谟做出的回应，该回应结合了来自康德的因素（"批判的"部分）和来自里德的因素（"常识的"部分）。不过，我所意谓的是某种相当不同的东西：从本质上说，科学的证据类似于与日常的经验断言相关的证据；并且，科学的方法，如爱因斯坦所曾指出的，"只不过是我们的日常思维的精致化"。不存在任何"科学的方法"，至少在该词有时被理解的那种意义上——没有任何推理模式或探究程序，被所有的科学家并且只被科学家所使用，能够确保至少获得进步，如果不是获得真理的话。相反，凭借我先前提到的所有那些探究的"帮助"，自然科学已经使日常探究的那些程序得到强化和精致化。例如，水暖工、自动机械、厨师以及科学家，都使实验得到控制，但是，科学已经提炼和发展出类型远为复杂精妙的实验控制技术。

陈波：我发现您所发展的总体图景，包括认识论中的批判常识主义和形而上学中的坦诚实在论，是与我的观点志趣相投的——在许多方面至少接近于真理。但是，我想听到更多您关于社会科学与自然科学之间的类似和差别的观点。

苏珊·哈克：我把论述社会科学的那一章叫作"是同样的，其不同仅仅在于……"——这里借用了我外祖母所使用的一个短语，当她给我解释一个新的观念时，通常会说："你知道如此这般的东西吗？""好的，这是同样的，其不同仅仅在于……"

我一开始就把意向的社会科学与其他的社会科学区别开来，前者必须诉诸人们的信念、希望、恐惧等等，后者是指物理的人类学和生理心理学。非意向的社会科学在所有实质的方面都恰像自然科学。不过，意向的社会科学也可以与自然科学相整合——就像关于一个地区的道路和城镇的地图可以叠置于同一地区的等高线地图上一样。

意向的社会科学，像自然科学一样，是探究的类型，但它们所探究的是社会现象而不是自然现象。像所有的经验探究一样，包括自然科学式探究在内，社会科学式探究也需要做出解释性假设，检验它们，以便查看它们能够多么好地经受住你已经或能够获得的证据的检验，然后做出你的判断，是否接受它们、修正它们或抛弃它们而重新开始。不过，相关的证据属于与自然科学中的证据不同的类型，所寻求的解释也是如此。像所有的经验探究一样，包括自然科学式探究在内，社会科学式探究使用同样的推理和程序，并且服从于同样的要求。但是，适合于社会科学探究的"帮助"，与适合于自然科学的那些"帮助"并不相同。举例来说，社会科学家使用问卷调查和面谈，而不是显微镜和望远镜，去作为观察的工具。（不过，不幸的是，由于企图享有自然科学的那种影响力，社会科学家有时候通过不适当地借用自然科学的帮助，来给他们自身设置障碍，这就是造成下述现象的几个原因之一：至少到目前为止，社会科学并没有取得近似于自然科学已经取得的那样给人印象深刻的进展。）

从形而上学方面说，情形也是类似的：像自然科学一样，社会科学也寻求重要的、解释性的真理，并且这样做的可能性要求存在着类型和规律，虽然社会的类型（在一种较弱的意义上）是社会建构的，但仍然是实在的。社会的规律以历史的和局部的为条件。还有，即使在"价值自由"这个有很多歧义的短语的某些意义上，社会科学也不是价值自由的，我们也不要求它是如此。但是，理智的诚实和对于证据的尊重，在社会科学中并不比在自然科学中更不重要，并且社会科学探究不应该混同于政治宣传，但它过于经常地被混同于后者。

陈波：您作为一位逻辑学家开始了您的学术生涯，但您逐渐地把您的研究范围扩大到认识论、形而上学、实用主义、科学哲学，甚至文学和法律哲学，如此等等。从逻辑哲学到法律哲学，这中间有一段很长的距离，不是吗？您能够谈一谈您的理智发展吗？并且在未来您希望成就哪些事情？

苏珊·哈克：我不认为我的兴趣的逐渐生长真的如此令人吃惊，究而言之，既然我早年就对关于逻辑的认识论和形而上学问题感兴趣，很自然地，我会进入更一般性的认识论和形而上学，然后进入科学哲学。下述一点也不令人吃惊：那些本身也关心证据问题的法律学者，应该也对我的认识论著作感兴趣，于是就把我拖进他们的问题之中。

今年，我已经同意撰写几篇有关科学证据的法律的论文：我刚刚完成了一篇具有一般兴趣的论文，它是为美国人文学和科学院的杂志（*Daedalus*）撰写的；我正在撰写另一篇论文，讨论探究与对抗论、可错论和目的论之间的紧张关系，是为在纽约卡多佐（Cardozo）法学院召开的一个会议准备的；然后我将写一篇论文讨论最高法院所持的（波普式的）科学哲学，供美国哲学联合会的《法律和哲学通讯》发表；在此之后，我将为2003年夏天在瑞典隆德大学（Lund University）召开的法律哲学和社会哲学联合会国际代表大会撰写大会讲演辞……因此，我将为法律哲学忙相当一阵子！

至于接下来的是什么，总是很难预言的，但我发现自己越来越陷入有关哲学和文学的问题之中：我特别为那些我认为是认识论的小说着迷，例如乔治·艾略特（George Eliot）的《丹尼尔·德伦达》（*Daniel Deronda*），它相当深刻地反思了无知的力量；萨缪尔·巴特勒（Samuel Butler）的《众生之路》（*The Way of All Flesh*），对于自欺和伪善进行了绝妙的描述；艾里森·卢瑞（Alison Lurie）的《想象的朋友》（*Imaginary Friends*），是关于认知的不和谐和社会科学研究的陷阱的一部特别有趣的小说。我喜欢下述想法，即把我的认识论兴趣与我对文学的热爱结合起来，把英语语言的灵活性和精妙性结合起来。当然这也为我提供了一个机会,去思考那些我长期以来感兴趣的问题,如小说中的意义和指称,探究认识论与文学之间的差别,甚至是那个古老的柏拉图式的"哲学和诗之间的争吵"。

陈波:哈克教授,谢谢您安排我们之间的谈话。感觉起来,在我们的谈话过程中,我已经与您一道,概略地经历了您作为一名逻辑学家、哲学家、社会批评家和教育家的理智历程。祝愿您在您的哲学探索活动中继续取得成功!

苏珊·哈克:谢谢您。与您一起谈话,并且与您一道工作,是一件很愉快的事情。

9. 走向哲学的重构*
　　——与苏珊·哈克的对话

　　陈波：哈克教授，我们是老朋友了。我知道，早先您以逻辑哲学和语言哲学方面的工作而知名，特别是著名的《逻辑哲学》。然而，近几十年来，您在几乎所有哲学领域都做出贡献——《证据与探究》《一位热情的稳健派的宣言——不时髦的论文集》《理性地捍卫科学——在科学主义和犬儒主义之间》《让哲学发挥作用》，以及新近的《证据的重要性——法律中的科学、证明和真理》，它们涉及认识论、形而上学、科学哲学、法哲学、社会哲学、女权主义、文学哲学以及学术伦理等众多领域。在当今哲学高度专业化的时代，您出版著作的广度是极不寻常的，所有这些多种多样的贡献结合在一起的方式实在是引人注目。

　　我想知道，这在开始时是否有任何迹象？您一开始是否有一个宏大计划？

　　苏珊·哈克：没有。事实上，我总是警惕宏大计划。

　　我从逻辑哲学出发，这只是由于我认为我能对此做出贡献。但我总是有广泛的兴趣，我学会培养自己的外围视域：在解决一个问题的同时，也留心这个问题对其他问题的影响，或许我的观点对其他问题也有用。另外，我喜欢理智挑战。因此，可以说，我的工作的多样性来自哲学的本性：一个问题总是引导出其他问题，以及我（或许不同寻常）的理智性格。

　　陈波：在我看来，与您工作的广度和整合性一样引人注目的是，您坦率地对当前职业哲学状况表达了深切关注。在《一位热情的稳健派的宣言》

---

* 此次访谈于 2016—2017 年通过网络和邮件进行。原稿为英文，由刘靖贤译为中文。

的导言中,您谈到当代哲学中盛行的"矫揉造作的失望情绪";在《让哲学发挥作用》中,您进一步把我们的职业描述为"深陷低谷"。我认为,您是在谈论近来时髦的非理性主义,对吗?

苏珊·哈克:是的,但您只说对了一半。我不确定这是不是说明我为什么如此关注我们职业状况的最好方式。最好的切入点可能是,这些关注相关于我本人正在扩展的工作广度:哲学学术正在逐渐被自说自话的小圈子所控制——这当然阻碍了为理解哲学问题的内在关联而需要的外围视域。

陈波:稍后我还要回到关于理性主义和非理性主义的问题。让我们从您工作的核心论题开始讨论吧。

苏珊·哈克:我的出发点是,我讨厌哲学的潮流和时尚,特别是错误的二分法,我似乎总是陷于其中又极力摆脱。您在《证据与探究》中——我在该书中开始扩展我的哲学视野——已经看到这一点,我在其中摒弃了一个又一个错误的二分法:基础论和融贯论、内在论和外在论、先验主义和科学主义等等。

但是,这种对错误二分法的敏感只是一个更一般论题的一个方面:渐进论(或"连续论"),我习惯于寻找连续性而非简单的黑白区分。这与我工作中的另一个论题密切相关,当现存词语的不充分性迫使我们做出错误区分时,修改和调整我们讨论哲学问题的语言。

这提醒我补充一点,我总是试图避免过度简单化,承认和适应复杂性。这部分地解释了我为什么拒绝为实质问题提供空洞的、口头的"解决方案"。这也是我的整个方法论特征的一个方面:我习惯于寻求世界以及我们在其中的位置,而非片面地诉诸我们的语言和概念;这显然又与我的可错论相关,我关注于我们人类的认知局限和缺点以及对事物的辨别能力。

陈波:这很有帮助。但您能不能简要地说出您的哲学的最重要的论题是什么?

苏珊·哈克:简要地?这是一个很大的挑战。我想,基本要点是:

(1)有一个真实的世界,这个世界在很大程度上独立于我们,独立于我们的行动和信念,但并不是完全独立的,因为这个世界也包括人类以及所有我们创造的物理的、理智的和想象的物品。

（2）有些关于世界的断言是真的，有些是假的。一个断言是真还是假，这是一个客观问题，独立于任何人或所有人是否相信它。

（3）我们人类能够——当然，易错地和摸索地——辨识出世界是如何存在的。有关于更好或更坏证据的客观标准，如果根据这些标准，关于一个断言的证据是强有力的，那么，这一事实表明这个断言很可能是真的。

（4）在过去的几个世纪里，科学促成了许多举世瞩目的发现；然而，这不是因为它使用了唯一有效的"科学方法"，而是因为科学家逐步设计出许多方法来提高他们的想象能力，扩展他们的证据范围，加强他们对证据的尊重，以及改进他们对证据的评价。

陈波：好的，但这些到底有多么与众不同？难道许多当今的哲学家不捍卫形而上学实在论、真理符合论和客观知识吗？难道现在不是有很多人赞同科学方法的多元论吗？

苏珊·哈克：正如我刚才想要说的，至关重要的是，这些断言是如何阐释的，它们是如何相互关联的，它们导致什么样的结果。

事实上，我故意避免使用您刚才提到的术语"形而上学实在论"、"真理符合论"、"客观知识"和"科学方法的多元论"，因为我的想法与这些术语所表达的观点完全不同。例如，"形而上学实在论"通常被认为是主张有一个"独立于心灵的对象的固定总体"，也有一个表达世界唯一真实描述的专用词汇表，但是，我的坦诚实在论（innocent realism）与这些想法毫无关系。

陈波：但如果您的坦诚实在论不是一种"形而上学实在论"，那么它如何超越单纯的常识？

苏珊·哈克：好的。首先，坦诚实在论密切关注"实在"这个概念，而"单纯的常识"简单地将其看作不依赖于我们的。然而，这是不正确的，这将意味着，道路、房屋、桥梁等等这些人造物都不是实在的，但它们显然是实在的。其次，哲学家有时候把"实在的"看作与"独立于心灵的"等同的，但这也是不正确的，这将意味着，我们的信念、希望、恐惧、欲望等等都不是实在的，但它们显然是实在的。我认为，"实在的东西"最好被理解为与"虚构的东西"和"想象的东西"相对立，它意味着某种"独立于我们如何相信或希望"的东西。

坦诚实在论的图景描画了一个异常丰富多彩的世界，但同时是整合一体的——正如我希望我们稍后将会看到的，这种整合并不是按照还原主义者所想象的粗糙方式进行的。地球是"我们"所在的世界的角落，它仅仅是庞大宇宙的一个微小部分，或许这个宇宙本身只是"众多宇宙"中的一个。但是，在这个与众不同的行星上，人造物——包括物理制品、社会制度、规则、规范、法律，像语言、理论、艺术品（戏剧、诗歌、小说）以及其他虚构作品——像一张密集的网络覆盖在自然实在之上，而后者包括自然物、材料、现象、事件、种类、规律。

在不可完全互译的不同词汇表中，有许多关于这个丰富多彩世界的真理。例如，你用不同的方式描述一本书：它的物理构成、它的历史、它的内容、它的影响等等。

陈波：但是，您刚才不是说过类和规律存在吗？现在，坦诚实在论听起来好像一种柏拉图主义，或者一种科学实在论。

苏珊·哈克：不，我非常小心，既不说类和规律存在，也不暗示它们像柏拉图主义者所相信的那样是抽象对象。我（追随皮尔士）认为，存在（existence）是成为殊相的方式；实在（reality）是更宽泛的概念，它涵盖总体。

不幸的是，近来在柏拉图主义和唯名论之间的错误区分几乎无所不在：大多数哲学家似乎认为，你必须要么承认类和规律作为抽象对象是存在的，要么完全拒绝它们。但这不是非此即彼的选择。类和规律不是在它们具体例示之外附加的殊相，它们既不是抽象对象也不是其他对象。我不是认为类和规律存在，而是认为有实在的类和实在的规律，例如，这意味着，所有的兔子或所有的 DNA 实际上都是相似的，无论我们关于它们的信念是什么。

陈波：您能给"自然种类"下一个形如"x 是一个自然种类当且仅当……"的定义吗？在您的本体论中除了自然种类还有其他东西吗？

苏珊·哈克：我不认为，给出您所要求的这种定义是一种理解相关问题的好方式。首先，您使用的语词（"x 是一个自然种类当且仅当……"）

恰好暗示了我想避免的、把类看作抽象对象的观念；其次，我们所需要的不是一种语词的等价形式，而是一种严肃的关于类的理论理解。另外，并非所有实在的类都是自然种类，也有社会种类（金钱、婚姻、市场等等）和人工种类（椅子、点灯、汽车等等）。

我甚至不确定，是否能够为所有类型的自然种类（例如化学种类和生物种类）提供一个解释。老鼠构成一个自然种类，这意味着类似于"所有老鼠都是 F、G、H……，无论我们关于它们的信念是什么"的说法；钼构成一个自然种类，这意味着类似于"所有的钼都是 R、S、T……无论我们关于它们的信念是什么"的说法。但是，第一个例子中包含的谓词与第二个例子中包含的谓词很不相同，例如，第一个例子中可能包含杂交繁殖这样的生物学概念。

是的，除自然种类外，当然有许多其他东西——我很惊奇，你甚至会问我这个问题。不仅有社会和人工种类，也有个别事物、材料、事件等等。回顾我先前给出的清单，它描绘了坦诚实在论的图景。

陈波：为什么科学需要有类和规律？

苏珊·哈克：好的，如果没有类和规律（用皮尔士的术语说，即"总体"），那么我们只能描述个别的事物或事件，不能进行普遍化——如果我们预测或解释任何东西，我们必须进行普遍化。不仅科学，而且大多数的日常探究，例如预测动物、人或材料的行为或表现，都需要有实在的总体。

陈波：难道您不是某种科学实在论者吗？

苏珊·哈克：不。当代科学实在论者认为，科学理论是真或假的，在真的理论中设定的理论实体是实在的，大部分当前的科学理论至少在成熟科学中是真的，因此，我们可以从这些理论中得出我们的本体论。

但是，这种做法把不同的、独立的东西放到了一起。虽然坦诚实在论也拒绝工具主义，但它既不假定大多数当前的科学理论都是真的，也不假定这些理论的词汇表恰好识别出所有实在的类。（因此，如下"悲观的归纳"主张——大多数过去的科学理论已经被证明是假的，所以当前的科学理论很可能也将被证明是假的——没有对我的实在论构成威胁。）

陈波：让我们转向社会制度、法律体系、规范等等，它们也在您关于何物存在的清单上。为什么这些东西不仅仅是社会建构？它们实际上不是非实在的？

苏珊·哈克：如我所说，我的图景是关于自然或粗糙的实在，它被许多类所覆盖，不仅包括马路、书籍、炸弹这些物理制品，也包括语言、经济、法律体系这些社会制品。人类使这些社会制品出现，确切地说明它们的存在方式是有挑战性的。但是，由于它们是社会建构的而主张它们不是实在的，这是错误的。它们当然是实在的，正如任何曾经卷入法律机器的人所告诉你的。

陈波：我开始了解您的想法。您的坦诚实在论实际上是一个非常与众不同的形而上学理论。但是现在我想知道您为什么不谈及相对主义。

苏珊·哈克：啊！古老的相对主义的精灵！这里我们触及理性主义与非理性主义的争论，因为许多人似乎认为相对主义与非理性主义一致；这使得如果我们仅仅"反驳相对主义"，那么理性主义将得到拯救。但这是一个很大的混乱：虽然理性主义和非理性主义是不同的观点，但它们是重叠的。并非所有形式的非理性主义都是相对主义，也并非所有形式的相对主义都是假的、危险的，或者在任何意义上都是非理性主义的。

陈波：您能解释一下吗？

苏珊·哈克：好的。首先，并非所有形式的非理性主义都是相对主义。有些思想家属于非理性主义，因为他们被神秘主义或法西斯主义等诱惑了。有些后现代主义者最好被描述为怀疑主义者而非相对主义者。其他人（尤其是罗蒂）似乎在一种相对主义和一种（我所谓的）部落主义之间摇摆：根据前者，有根据的信念的标准是相对于信念者的共同体；根据后者，这些标准专属于我们的共同体。

其次，并非所有形式的相对主义都是令人反感的，例如，它的人类学形式和某些哲学形式是真的、无害的。根据前者，道德规则和认知标准在不同的共同体中是不同的；后者的例子是塔斯基论题，即语句的真是相对于语言的。

陈波：我明白了您的观点。但有些形式的相对主义是令人反感的，对吗？

苏珊·哈克：是的。例如，根据认知相对主义，使证据更强或更弱的标准总是相对于一个范式、理论或共同体。这将破坏发现关于世界真理的可能性，所以确实需要对它们做出回应。

陈波：啊！一个库恩论题。稍后我将继续关注这个话题。但或许是时候转向您的真理观了。

苏珊·哈克：嗯，但从哪里开始？好吧，也许可以从皮尔士所说的话开始：所有人都相信有真理这样的东西，否则他们从不提出任何问题。（我补充）他们也不会做出任何断定，即使是断定没有真理这样的东西，你也承认了没有真理这样的东西这句话是真的，而这反驳了你自己的断言。事实上，真理、信念、断定、探究等等，这些观念是结合在一起的。因此，为什么真理经常作为特别可疑甚或是不合理的东西被挑选出来，这是一个问题。

有些挑战真理合理性的人很可能是在反抗谈论真理的悠久传统，这个传统使用大写字母T，似乎它是某种接近神圣的东西。其他人的结论是，真理是虚幻的，因为所有被当作真理的东西、被接受为真的东西经常被证明是谎言、宣传或有倾向性的报道。但是，说这个或那个假定的"真理"实际上是假的，这隐含地承认了在真理和虚假之间有实在的区分。其他人似乎漏掉了真（truth）和真理（truths）之间的区分，前者是为真的现象或性质，后者是特定的真命题、断言等等。所以只好想象真像一些真理一样必须相对于一个社群或个人，或者必须是模糊的或局部的等等。

陈波：我当然赞同真理不是虚幻的、相对的或主观的。但在您看来，什么是真？为什么不承认如下显然之理：真对应于事实？难道您的简要论（Laconicism）实际上不是符合论的一个版本吗？

苏珊·哈克：我正要回答这些问题！首先，有些关于世界的真理是由于人们所做的事情而为真，有些仅仅相对于一个时代、一个地方或一个司法范围而有意义，而有些是模糊的。但真不是人造的、相对的或模糊的。

其次，有许多真理，但仅有一个真，也就是说，无论一个命题、理论、断言等等的主题或内容是什么，无论它们是数学、地理、历史、法律、科学等等，说它们是真的，这都意味着相同的东西：命题p，并且p（it is the proposition that p, and p）。

援引拉姆塞（P. F. Ramsey）的例子，史密斯是骗子或愚人，这是真的仅当史密斯是骗子或愚人，否则，这不是真的。用我自己的例子：DNA是带有碱基对的双螺旋结构高分子，这是真的仅当DNA是带有碱基对的双螺旋结构高分子，否则，这是假的；7加5等于13，这是真的仅当7加5等于13，否则，这是假的；如此等等。

如拉姆塞所说，这刻画了亚里士多德在写"说是者为是，非者为非，这是真的"时所表达的想法。这是我从他那里借来的，也是简要论者关于真的理解的核心。

陈波：这难道不是塔斯基把真看作去引号的想法？蒯因告诉我们说，这刻画了符合论的本质。

苏珊·哈克：简短的回答是"不"。这是另一个很大的混乱，也是一个令人不安的常见混乱。

你会说，p是真的仅当事实上、实际上p，但这并没有给出符合论——"事实上"和"实际上"没有做任何理论工作，而仅仅是强调性副词。为了把这转变为某种值得以"符合论"为标题的东西，需要给出一个关于符合关系及其关联者（一方面是命题、陈述等等，另一方面是事实、实在等等）的理论解释。这正是维特根斯坦、罗素、奥斯汀和其他人试图去做的，但我不建议这么做。

无论蒯因的想法是什么，这也不是塔斯基所做的。首先，塔斯基的T-模式是一个实质上充分的关于真理论的条件，但它本身不是一个真理论。其次，塔斯基明确否认T-模式可以被一般化为"任给p，p是真的当且仅当p"的形式，他认为，你不能对引号进行量化，而这正是现代"去引号主义者"建议去做的。他认为，他的理论仅适用于形式语言而非自然语言。他似乎拒绝承认符合论，他似乎认为符合论引入了不必要的或许深不可测的形而上学。

陈波：我更想说，塔斯基就他的理论与符合论之间的关系所说的话是含混的，甚或是不一致的，但探求这个历史问题会让我们偏离主题……

苏珊·哈克：好的，让我们简短地说。当然，塔斯基的哲学讨论并不总是像他的逻辑证明那样清晰。但我认为他对符合论的态度是十分清楚的。他说，他的目标是刻画亚里士多德的真理观；他进而认为，这也是符合论者要做的。但他还认为，这些对亚里士多德观点的表述涉及与"事实"或"实在"的"符合"或"一致"，这是易于误导的——的确，亚里士多德的原始表述是更好的，比符合论的表述更少误导。

陈波：但是，在塔斯基的真理论中没有某种形而上学的成分吗？

苏珊·哈克：好的，塔斯基最终把"真"定义为"被所有对象的序列所满足"。然而，他认为他的方案是形而上学中立的。我认为，他的意思是，他对真的说明没有谈及什么种类的对象可以存在——这取决于定义真的对象语言。

陈波：因此，您实际上认为蒯因根本没有理解塔斯基？

苏珊·哈克：恐怕是这样，这令人吃惊，但……

陈波：我仍然倾向于认为，某种版本的符合论是最好的选择，并且有可能构造出这样的符合论版本。句子或命题的真至少取决于如下两点：事物在这个世界中的存在方式，以及我们如何使用语言去表征这个世界。让我们回到真的合理性与客观性的问题：您如何看待它与世界的关联。

苏珊·哈克：首先，一个断言、信念等等是真的，仅当 p 就是这个断言或信念等等，并且 p，这个核心的说明不涉及任何个体、共同体、理论、范式等等，所以这没有表明真是相对的或主观的。其次，虽然这里 p 的第一次出现识别出一个命题，但第二次出现却描述了事物存在方式的某个方面。这就是简要论如何把真与世界关联起来的，如何纳入了符合论背后的直觉：确定一个断言是真的还是假的，要看事物实际上是否如其所说的那样。

虽说不完全，但简要论也向我们表明，建立在真理论基础上的技术发挥了作用，这既不神秘也不神奇。例如，飞行器在接缝处不爆炸的原因是，它们是在一个理论的基础上建造的，这使得这些材料将承受得住这种压力，并且这些材料将承受得住这种压力。

陈波：但您不正是在说 p 在这里扮演了两个不同的角色吗？难道您不应该使用不同的符号去表示这两个不同的 p 吗？显然，您不能仅仅通过把 p 重说一遍就使得 p 成为真的。

苏珊·哈克：我担心这些问题是建立在严重误解的基础上的。

首先，差别是在嵌入于 that p 中的 p（识别一个命题）与独立出现的

p（描述世界的某个方面）之间。不仅没有必要使用两个不同的符号，使用相同的符号也是要点之一——正如塔斯基在对 T-模式的阐明中所说的："'雪是白的'是真的当且仅当雪是白的。"

其次，与任何对真的说明一样，简要论既适用于假命题也适用于真命题，这就是为什么我把"7 加 5 等于 13，这是真的仅当 7 加 5 等于 13"包含在我的一系列例子中。拉姆塞和我都没有说过，也没有隐含地说过，更没有间接地说过，你可以通过断定一个断言或重复这个断言而使之为真。

陈波：这种非常直白的简要论观点就是关于真的一切吗？我确信，一定有更多的东西需要说出来……

苏珊·哈克：当然！在我看来，简要论适应了如下核心想法，即真取决于信念、断言等等与世界的关系。但此刻我并没有表明我到目前为止所说的回答了您提出的所有关于真的问题。首先，如拉姆塞所承认的，我们需要解释当我们间接地归诸真时发生了什么，例如在"有些柏拉图所说的话是真的"中。这需要对命题进行量化（存在 p，柏拉图说了 p，并且 p）。因此，我们将需要对本身与真概念无关的命题量词进行说明。这是一个相当棘手的技术问题，但我确信这是可以解决的。其次，又如拉姆塞所承认的，简要论本身不告诉我们什么使一个信念成为关于 p 的信念（如他所说，它没有解决"表征问题"）。它本身既不是形而上学理论，也不是认识论问题；它使我们仍然需要说明，我们如何知道什么是真的和什么是假的。对于认识论，我有更多的话要说。

陈波：好的，这是讨论您的认识论思想的很好机会。您的认识理论的特征是什么？

苏珊·哈克：我的认识理论实际上是一堆相互交织的理论：关于证据的结构和评价——基础融贯论正是在这里引入的，关于探究的本性与过程，关于认识论的美德与恶行。

陈波：我们能从知识的定义和盖梯尔悖论开始吗？

苏珊·哈克：好的，假如必须的话。但让我们简短一些。

50 多年前，盖梯尔给出了在他看来关于知识的所谓"传统"定义的反例，即把知识定义为有证成的真信念：例如，x 相信 p，p 是真的，而且（盖梯尔宣称）x 证成了对 p 的信念，但是 x 不知道 p。罗素很久以前就有相同的想法。但是，与罗素不同，盖梯尔在他的论文中夹杂了许多含糊的概念和论证，这导致了一种认识论的"小作坊"——"盖梯尔学"。

我在 1983 年写过一篇关于这类悖论的论文，但我当时没有发表，因为我认为关于这类悖论的认识论困扰将会消退。然而这是我自己的一厢情愿：盖梯尔学在 2009 年仍然活跃！所以我把这篇论文收录在《证据与探究》的第二版中。

我说明，这个问题从一开始就被误解了，虽然知识是范畴的——或者 x 知道 p，或者不知道 p——但认知证成是一个程度问题，x 可以更多或更少地证成对 p 的信念。一旦我们认识到这一点，这个问题也就消解了。由于这两个概念的不一致，在既消解盖梯尔的典型反例又不陷入怀疑主义的情况下，没有简单的方法识别出充分证成知识的程度。重要的问题不是把什么看作知识，而是什么使信念被或多或少地证成。

陈波：您在这里把基础论和融贯论结合在一起了，但我们为什么需要一个中间理论？

苏珊·哈克：是的，什么使某人更多或更少地证成对某事的信念，我对此的说明是基础融贯论。为什么我们需要这种中间理论？因为基础论和融贯论都不能做到这一点。融贯论承认人的各种信念之间无处不在的相互依赖，但是，在不放弃它们的融贯特征的情况下，它们不能允许人的经验关联于他对世界信念的证成。基础论允许经验的关联，但是，在不放弃基础论特征的情况下，它们不能完全承认信念之间的相互依赖性。

基础融贯论把这两种在传统上对立的方案的优点结合起来，但避免了它们的缺点。与融贯论不同，它不必只用信念之间的关系来表达，而能够给经验指派适当的角色；与基础论不同，它不需要一个优先的"基本"信念类来支持其他信念：所以它可以充分地承认相互支持的作用。

陈波：难道没有人指出基础融贯论只是一种基础论吗？

苏珊·哈克：是的，其他人还表明它只是一种融贯论！这实在是令人烦恼的：没有人认真理解我。

基础融贯论与基础论的混淆似乎是基于把基础论等同于经验论，即主张一个人的经验，如他的所看、所听等等，与他经验信念的证成相关联。但这二者是不同的主张。第一，如我在《证据与探究》第一章仔细和详细说明的,虽然有些形式的基础论是经验论,但并非所有基础论都是。第二,虽然经验论在传统上与基础论有联系,但不仅基础论是经验论,而且有些形式的可靠论似乎也是,基础融贯论当然更是。因此,这种批评要么根植于纯粹无知,要么根植于对术语的任意定义。

陈波:不管怎样,重要的是您的理论如何很好地起作用,难道不是吗?您能简要地给出主要观点吗?

苏珊·哈克:我可以试一试!

(1)这个理论是证据论的。核心观念是,能多好地证成一个主体对某物的信念取决于他关于这个信念的证据有多好。

(2)它是渐进的。从始至终的假设是,证据可以更好或更坏,一个人对某物信念的证成也可以更好或更坏。

(3)它是个人的。证成的程度依赖于主体证据的质量(这当然不是说它是主观的,即依赖于主体认为他的证据如何好)。

(4)它是经验论的。"他的证据"被解释为不仅包含一个主体的背景信念(他的"理性"),也包括他的感官或内省经验(他的"经验证据")。

(5)它在某种程度上是因果的。一个主体关于 p 的证据是因果地被识别为使他实际地相信 p 的证据,什么使这个证据更好或更坏,这是一个拟逻辑问题。

(6)它是多维度的。一个人关于一个信念的证据的质量取决于:(i)信念对证据的支持度;(ii)他独立于所讨论信念的理性的安全性;(iii)证据的广泛性。

陈波:正是在这里,您的著名的填字游戏类比开始发挥作用?

苏珊·哈克:是的,这是该类比被证明是有用的一个地方。

清楚地说,类比是一个理智工具,是想象力的助手。它使你开始思考问题,但最终你必须把你的理论落实到文字细节。许多人似乎对此有所误解——类比仅仅是类比,总有不类似之处。但是,在大量工作之后,填字游戏类比把我引领到我对证据质量的三维说明。

早在我写作《证据与探究》时,我考虑基础论者对融贯论者的常见批评,即"相互支持"不过是恶性循环的委婉说法,这个类比最早在这时浮现在我的脑海。我认为，这种批评是不正确的，在填字游戏已完成的词条之间当然有合理的相互支持。于是，我认识到，填字游戏的提示词与词条之间的区别反映了实验证据与理性之间的对立。我问：什么确定了一个填字游戏是合理的？答：它有多好地与提示词和已经完成的相交词条相匹配，这些独立于未填词条的相交词条有多合理，填字游戏已经完成多少。这引导到我对认识论证成做三维说明。

陈波：这听起来很简单。它为什么耗费了这么长时间？您还需要做什么其他的事情？

苏珊·哈克：其他事情包括：表达出证成的因果方面与逻辑方面之间的关系，说出支持度、独立安全性和广泛性是什么，如何评价它们。这意味着解释证据的构成是什么：经验证据和理性；经验证据（由知觉事件而非命题构成）与理性如何共同支持信念；支持度与解释性整合之间的关联，这个想法与时髦而软弱的观念"最佳解释推理"之间的区分；积极证据与消极证据之间的区分，它对独立安全条件的暗示；相关性的实质特征，它对广泛性的影响；等等。这些需要时间，例如，我仍然在考虑广泛性概念的复杂性以及相关性的实质特征的后果。

陈波：让我打断您一下。您为什么说"拟逻辑"？归纳逻辑不是理解支持度的框架吗？

苏珊·哈克：不，对不起。我不相信有一种语法上可刻画的"归纳逻辑"。

陈波：为什么？

苏珊·哈克：古德曼绿蓝悖论的教训是，证据的支持度在某种程度上依赖于内容——谓词与世界的关系，而非仅仅依赖于形式。解释性同样也需要一种识别出实在的类的语言，这个事实也指出相同的结论。

陈波：好的，但我现在想知道您为什么不使用概率论，现今很多人使用它。

苏珊·哈克：因为认知证成的程度有一个与数学概率不同的逻辑侧面：

（1）由于证据质量的多种决定因素，证成的程度没有概率中的线性序。

（2）p 和非 p 的概率必须合计为 1，但在二者没有证据或者仅有弱证据时，p 的信念和非 p 的信念在任何程度上都没有证成。

（3）（对于相互独立的 p 和 q 来说）p&q 的概率是 p 的概率和 q 的概率的积，所以总是比二者中的任何一个都小，但是结合起来的证据可以提高证成的程度。

陈波：我明白了。我希望我们有更多的时间来讨论这个问题，但我想现在是时候转向您在认识论特征（epistemological character）和探究过程方面的工作了。

苏珊·哈克：让我们从如下三重区分开始：真正的探究，即通过对相关证据的彻底调查并且真诚努力地评价其意义来真正地寻找某个问题的真理；虚假的探究，即试图寻找证据来支持你已经不可动摇地承诺的断言；假冒的探究，即虽然你既不关心也不知道某个命题是否为真，但试图为它提供实例，因为你认为对它的辩护将以某种方式给你带来好处，例如"使你一举成名"。

陈波：在某种程度上正是由于这个原因，您批判很多新近哲学实质上是假冒的探究而非真正的探究，对吗？

苏珊·哈克：是的，因为真正的探究是困难的，也可能是使人挫败的。真正重要的是，进行理智工作的环境鼓励正确的动机，而现今经常鼓励的却是错误的动机。

陈波：您在认识论特征方面的工作呢？

苏珊·哈克：从哪里开始呢？一个要点是，使美德与恶行具有特定的认识论性质的，是它们与一个人搜集和处理证据的倾向有关。另一个要点是，这些美德与恶行是多种多样的。有些是我刚刚着手研究的，如理智正直的美德和理智欺诈的恶行；而有些是我近来已经论述过的，如轻信的恶行和谨慎的美德。

陈波：您从不把自己描述为一个德性认识论者，为什么？

苏珊·哈克：有两种自诩的"德性认识论"，它们是相当不同的类型：索萨（Ernest Sosa）的类型似乎是可靠论的变体，而扎格泽博斯基（Linda Zagzebski）的类型与我本人对认知特征的关注更为接近。然而，这两派都建议通过认知德性的运用来定义认知证成。但我认为这是一个重要的错误，相反，认知证成和认知德性都需要通过证据的概念来解释。我可以补充说，我对此有一个详细的理论，但那些德性认识论没有。

陈波：好的。但还有一件事情困扰我：近年来，社会认识论者教导我们关于知识和知识传播的社会层面。但您的认识论工作关注于个体，难道不是这样吗？

苏珊·哈克：好的，在《证据与探究》中我确实主要关注个体，但我也简短地讨论了证言证据的作用——这在我看来似乎仍然是正确的。在我关于环境如何好或如何坏地影响探究过程的工作中也有社会因素。

我的认识论的社会层面出现在我的《理性地捍卫科学》中，为了解释许多科学断言或理论所依赖的共享证据的密集网络，我提出了保证（warrant）的三个阶段说明。我开始于（i）个人观念（对于个体来说如何保证一个断言）；由此构建出（ii）社会观念（对于群体来说如何保证一个断言）；这使我最后阐明（iii）客观观念（如何在一个时期保证一个断言）。

陈波：这与您先前对波普"没有认知主体的认识论"的批判有关吗？

苏珊·哈克：在某种程度上有关，至少我的方法与波普的方法恰好相反。但是，在写《理性地捍卫科学》时，我的主要关切是解释什么使科学断言或理论更好或更坏地被保证，并且按照如下方式来解释：既承认这些断言的证据几乎总是共享的资源，也承认证据最终依赖于科学家关于世界的经验。重要的是，这些经验总是某种个体经验。

我相信，认识论最重要的社会层面是：如何评价共享资源，哪些社会因素影响了探究过程。然而，近来的社会认识论仅仅关注证言，似乎总是缺少关于证据或探究过程的成熟理论。

陈波：对知识来说有重要的社会层面，我们难道不把这个洞见归功于社会认识论者吗？这不是一个真正的突破吗？

苏珊·哈克：不，对不起，我不同意。当然，我不同意的不是我所提到的社会层面的重要性，而是所假定的这个观点的新颖性。在皮尔士的探究理论（考虑他对笛卡儿"恶的个体主义"的批判）和杜威的理论中都有重要的社会因素，更别说克利福德（W. K. Clifford）的著名论文《信念的伦理学》或者罗素关于科学知识中个体与社会关系的讨论对我们理解证言证据的贡献。我们看到的是对认识论社会层面关注的复兴,而非某种真正新颖的东西。令人失望的是,这种复兴是一种狭隘的专注,因为它通常忽视了阐明科学哲学与科学社会学之间关系的机会。

陈波:好的,现在说一说您的批判常识主义。

苏珊·哈克:我的标题《理性地捍卫科学》显示了该书的两个主题。首先,我捍卫科学事业的合法性,但适度地捍卫,也就是说,充分承认科学像所有人类事业一样是可错的、不完整的和易腐败的。其次,我把科学探究的图景看作在我们一直以来运用的认识能力的范围内,正如伯格曼的绝妙隐喻——"常识手臂的延伸"——所隐含的。

陈波:我现在明白了。我担心这些细微之处不可避免地会在翻译过程中丢失。

苏珊·哈克:我知道,正如我在检查我的著作被翻译为我能读懂的语言时经常发现的。

无论如何,其内容是:熟知的科学方法的形式模型(归纳主义的、演绎主义的、概率主义的等等)失败了;事实上,不存在被所有科学家并且只被科学家使用的特殊方法。但由此不能得出,如极端的"科学批评者"所认为的,科学的认识论要求都是捏造的,不可能解释科学如何取得它们的非凡成就。

科学家使用的基本探究程序和方法与所有严肃探究的程序和方法是相同的,即对于什么可以解释一个令人迷惑的现象做出有根据的猜测,面对我们已有的证据和任何我们可以找到的进一步证据,检查这些猜测是否站得住脚,判断下一步做什么:保持假设原封不动,修正它,或者放弃它,然后重新开始。

但是经过许多世纪的工作,这些方法和程序被许多科学"帮助"所覆盖——扩展想象的模型和隐喻;延伸感官的仪器;对证据评价进行提炼的演算和统计工具,以及计算机程序等等;甚至便于共享证据的社会机制也鼓励诚实和严谨,劝阻草率和欺骗。

陈波:按我的理解,在这一切背后的是您的科学证据理论吗?

苏珊·哈克:如我所说,我关于科学断言的证据理论与关于一般经验断言的证据一样,只是更为复杂和密集地相互交织在一起,并且通常是共享的。我先前提到三个阶段说明，其中第一个阶段使用了《证据与探究》中的基础融贯论方法；后来在《理性地捍卫科学》中我在某种程度上加强和提炼了这种方法。例如，更为深入地研究感官证据的特征和作用；把证成（这依赖于实际上使一个人相信一个断言的证据的质量）和保证（这依赖于他关于这个断言所拥有的证据的质量，无论它是否具有因果作用）区分开来。随之而来的是对（我先前描述的）社会的和非个人的保证观念的建构。

陈波：那么，科学哲学和科学社会学的关系是什么呢？

苏珊·哈克：长久以来，这两个学科似乎是对立的：科学哲学家强调其逻辑方面，把科学事业的合理性看作理所当然的；而科学社会学家强调权力、政治和修辞的作用，宣称这种所谓的合理性是一种幻觉。二者都假定，如果社会因素在科学中发挥作用，那么，它们将不可避免地成为全面和诚实探究的阻碍。

但是，这种假定是错误的。内在的组织方式和外在的实施环境既有可能阻碍也有可能推进科学工作。所以，我们需要的是一种在认识论上见多识广的科学社会学，例如，研究同行评价体制的运作方式、科学的奖励结构以及鼓励欺诈的环境等等。

陈波：我有机会回到库恩了。您如何看待他的工作？

苏珊·哈克：库恩的著作非常含混，以至于不清楚他实际上想要多彻底；但至少有时候他似乎建议，更好或更坏证据的标准是相对于范式的。我相信这是错误的，但不难看出，他是如何误入歧途的。与一个断言相关的证据是什么，这依赖于关于世界的事实，例如，一个求职者填写表格的方式是否相关于她有多么值得信赖，这取决于笔迹学是不是真的。不同的科学范式做出不同的关于世界的断言，所以它们在把什么证据看作与什么有关时，也将是不同的。所有这些很容易造成如下错误印象，即没有范式之外的证据标准。

陈波：谢谢，这很有帮助。您对科学说明的形而上学方面是如何看待的呢？

苏珊·哈克：如我在书中所说，您可以把坦诚实在论和批判常识主义看作形成我的模型的双螺旋结构，是围绕着观察和理论、总体事实和解释、真理和进步这些概念的碱基对。

陈波：我非常喜欢您在整本书中使用 DNA 结构例子的方式：阐释您对证据质量的说明，报告您对科学中的探究和进步的讨论，以及在这里用作您整个科学哲学结构的隐喻。

但现在让我们转向《理性地捍卫科学》后面的章节——关于科学与文学、科学与宗教以及科学与法律。它们是如何被纳入的？

苏珊·哈克：科学与文学的章节——按照典型的协同方式考察这两种事业的相似之处和不同之处——既反映了我对科学工作中想象和语言创新作用的兴趣，也反映了我对理解在极端的科学修辞学家把科学看作完全文本的，甚至把科学的著作和论文看作小说作品时错误之处的关注。

陈波：在考察社会科学与自然科学的相似之处和不同之处时也使用了相同的协同方式，对吗？

苏珊·哈克：正是如此，但我认为我们没有时间讨论这一点。

陈波：科学与宗教呢？

苏珊·哈克：这是一个困难的问题！但考虑到长久以来科学面对宗教质疑时已经捍卫了它自身，我必须处理这些问题。经过全面的思考，我得出的结论是：关于世界以及我们在其中位置的图景，科学和宗教之间存在真实的张力，科学的世界图景到目前为止得到了更好的保证。我担心，有些读者似乎对此非常不安，甚至认为我陷入了科学主义。

陈波：《理性地捍卫科学》的副标题是"在科学主义和犬儒主义之间"，难道不是吗？

苏珊·哈克：的确！但批判当然是错误的：对于科学来说，我一直以来不仅反对不明智的贬损而且反对不明智的赞颂。我从不认为科学的世界图景更可靠，因为它是科学的（这实际上会成为科学主义）。我的观点是，根据我们每天都依赖的证据标准，它更好地得到保证。

另外，在某种程度上，我感谢那些把我指控为科学主义的批评者，他们促使我深入思考如何在对科学成就的适当尊重与对任何带有"科学"标签东西的不适当恭敬态度之间划出界线，这促使我写出了两篇新论文：《科学主义的六个标志》和《勇敢面对新世界》。前者说明，在划分出应有的尊重和不应有的恭敬之间的界线后如何进行辨别。后一篇论文，如它的副标题"自然、文化和还原主义的局限"所显示的,更为全面地解释了当我在 2003 年说"全都是物理的,但并非全都是物理学"时我想说的意思。鉴于近来新分析哲学引人注目的科学品味,这两篇论文是非常及时的。

陈波:"近来新分析哲学的科学品味"?

苏珊·哈克:就我所知,在我写《勇敢面对新世界》时出现了明显错误的科学主义和还原主义的观点,与所有我们以前看到的一样粗糙和头脑简单。

然而,如果正确地加以理解,哲学与科学的相互作用是微妙和复杂的。具体就认识论而言,我已经在《证据与探究》一书中对之澄清;如您所知,我在那里表明,蒯因的《自然化的认识论》一文把自然主义的三种不兼容的形式放在一起了:一个适度的形式是,承认心理学、认知科学等对认识论问题有促进的相关性;另外两个更为极端的、科学主义的形式是:科学结论本身可以回答认识论问题,关于学习的科学问题可以完全取代认识论。在随后的章节中,我表明了这两种极端形式的错误之处。

陈波:在更为广泛的意义上,如何更为一般地看待哲学?

苏珊·哈克:老实说,现在我开始用库恩的术语来思考我们的职业:分析范式接近终结;在他们寻找不同途径时,许多人似乎希望诉诸物理学、心理学和神经科学将会拯救他们。所以"实验哲学"以及神经 X X 学成为流行的时尚。在心灵哲学、形而上学、价值哲学等中,各种形式的消除主义、还原主义也受到欢迎,其中也有激进的福音派无神论者。

但这些发展并没有给我们带来进步。是的,来自科学的结论经常对哲学问题有促进的相关性,但这既不意味着我们可以从科学实验中获取哲学答案,也不意味着我们应该用心理学、神经科学、物理学等等取代哲学——后者正是现在许多人尝试去做的。

或许这并不令人惊讶:有些哲学家忘记了"科学主义"这个词曾经是轻蔑语,开始用它来描述他们自己的方法,仿佛"科学主义"是一个好词。但它并不是。

陈波:好的。我希望我们有时间讨论关于科学的价值以及科学终结的可能性这些吸引人的章节,但我们或许应该转移到《让哲学发挥作用》

一书，好吗？

苏珊·哈克：当然，但这是一本很难总结的书。

陈波：因为它涵盖了很大的范围——正如封面所说"科学、宗教、法律、文学和生活"。

苏珊·哈克：完全正确。《理性地捍卫科学》出版后，我受到很多意外的邀请：您能谈点儿关于这个的吗？您能写点儿关于那个的吗？——这促使我全面思考各种新问题并且处理各种新题目，其结果是《让哲学发挥作用》。

陈波：这些论文涉及如下论题：真理、解释、融贯、科学的整合、科学主义的标志、波普的逻辑否定主义、自然主义和超自然现象、科学与法律体系的相互作用、认识论等等，也涉及连续论、形式方法在哲学中的地位，甚至更有趣的是，还涉及从小说中获悉的认识论教益、生活的意义以及学术伦理。

苏珊·哈克：是的，连我自己几乎都不能相信！

我特别喜欢写有关文学的论文。写关于巴特勒的论文《众生之路》，为我打开了一扇窗，通向认识论特征形成的心理学复杂性；写关于塞耶斯（Dorothy L. Sayers）的侦探小说《俗丽之夜》（*Gaudy Night*）的论文，为我提供了一个机会，不仅处理认识论价值与伦理学价值之间的关系，而且解释我为什么完全同情塞耶斯的老式女权主义（因为这部小说的一个主题是女性在心灵生活中的地位），但我认为，现今的"女权主义哲学"与她所可能要做的一样令人不安。

我发现，其他论文的写作特别有挑战性。例如，关于形式哲学的论文促使我不仅努力思考形式方法在哲学中的用处，而且思考它们的局限；还有关于弗雷格的狭隘、皮尔士的宽广、逻辑的理解等等。关于艾滋病药物的临床试验、成果发表的法律争论以及厂商对股票市场的操纵的论文促使我很快学会如何掌握（和写出）一个复杂、多元的历史故事。

关于生活意义的论文是我应邀而写的，正因为我做梦都没想过写这个话题，故该文是一个意外回报：解构这个问题的预设是令人满意的，提出一连串更好的问题甚至更令人满意；看到我从艾略特、吉普林、爱因斯坦、罗素和塞耶斯这些作家那里所学到的东西之间的相关性也是令人激动的。

陈波：太有吸引力了。但现在让我们转移到科学和法律的相互作用——这也是《理性地捍卫科学》后面一个章节的主题，也是你最新著作《证据的重要性》的一个主题。我很好奇：最初您是如何卷入法律研究的？

苏珊·哈克：有一个故事。多年前，我被邀请到迈阿密大学法学院参加为欢迎一位访问教授而举办的一次聚会，该教授是我以前在英国华威大学的一位同事。聚会期间，我与本校一位法学教授攀谈起来，得知他正在讲授证据分析课程。我问他使用什么教材，其中他提到我的《证据与探究》。我让他给我列出一些参考文献，由此我可以知道《证据与探究》如何与它们相关。不久之后我去了他的办公室，询问我能否与他的学生交流。一件事情导致另一件事情：下一年我在法学院开设了课程，到目前为止已经有很多年了，我既是法学教授也是哲学教授。

陈波：这是一个很好的故事！——我们有机会谈论您在法律方面的工作。

苏珊·哈克：好的。我主要在三个领域工作：关于举证的问题，特别是关于科学证据的法律处理；关于教会与国家关系的宪法问题——我特别对在公立中学讲授进化论的宗教异议感兴趣；关于法律实用主义——遗憾的是，这个悠久的传统像哲学实用主义一样被庸俗化了。

陈波：实际上，我想讨论所有这些领域，特别是法律实用主义，但我们没有足够的时间。所以，让我们集中于与证据相关的问题以及您的新书。

苏珊·哈克：好的。《证据的重要性》的副标题"法律中的科学、证明和真理"说出了主题。这本书一开始探索认识论对法律的相关性，包括对如下（非常流行的）观点的详细批判，即我们可以通过概率的数学演算来理解法律举证的程度。

陈波：但如您先前所说，保证的程度不能等同于数学概率。

苏珊·哈克：完全正确。这是认识论和法学理论中的可怕混乱："概然"这个词有两个意义的含混，认识论的和概率论的。因此，主观贝叶斯主义在当今法律证据学者中的盛行是尤其令人担心的。

陈波：所以，您对两个著名刑事案例的主观贝叶斯分析的细致和彻底的批判是精彩的。

苏珊·哈克：是的——付出了大量劳动，但值得这样做。

该书的另一部分考察法律系统如何处理科学证据。例如它表明，在1993年有重大意义的裁定科学证词可行性标准的多伯特诉讼迈乐道公司的案例中，美国最高法院如何首次混淆了"科学"与"可靠"，后来又通过批准对科学的拟波普解释和所谓的科学方法使这种混淆更为严重。

陈波：但波普难道没有明确反对任何科学断言都可能被知道为真的，或被知道为概然的或可靠的吗？

苏珊·哈克：他当然反对。虽然他似乎没有意识到这一点，但波普实际上是隐秘的怀疑论者。不幸的是，在多伯特案例中做出裁决的布莱克门法官显然不知道这一点。

让我完成对该书第二部分的描述，其中也包括对最高法院如下观点的彻底批评，同行评价的出版发表是对可靠性的强烈显示；剖析了如下观点：很可能诉讼导向的科学实质上不比独立的科学更可靠；还详细探究了科学与美国法律文化之间的张力。

陈波：我也想问您关于因果关系的问题。

苏珊·哈克：这里，基础融贯论也是有用的，它使我表明——与法庭上经常宣称的相反——一系列本身并不充分的证据材料在特定情况下可以共同地保证一个结论。例如，一种药物导致了原告的疾病，也说明在什么情况下一个关联的认识论证据更强地显示这个关联是因果关联，还解释了为什么比相对风险多两倍的统计证据既不充分也不必要地表明因果关系。

陈波：这种观点依赖于统计学与认识论的混淆，这不与您先前批判的法律概率主义相同吗？

苏珊·哈克：完全正确。

陈波：法律中的真理呢？

苏珊·哈克：正如该书的其他章节把基础融贯论的认识论和批判常识主义的科学哲学应用于法律中的证据问题一样，最后一章把简要论观点应用于对法律中真理的理解：把法律真理构建为社会真理（关于特定社会规则的真理）的一个子类。

陈波：也包含了在我看来非常有意思的关于法律与道德之间关系的讨论。

苏珊·哈克：我很高兴您有这种看法。正是在这个地方，我的法律实用主义既与分析的法律哲学又与现在被误认作"法律实用主义"的东西分道扬镳了；也是在这个地方，您在詹姆斯、杜威、霍姆斯（在我看来他是第一个法律实用主义者）那里看到的道德可错论得到了应有的承认。

陈波：在该书其他地方我们也看到了实用主义的影响，例如，您追溯了法律概念的意义如何应对不断变化的环境和技术而进行调整。

苏珊·哈克：是的，这是对皮尔士观点的应用，即意义伴随着知识的增长而增长——这个观点也揭示了科学词汇的演变，我也很高兴地在您的语言哲学的工作中看到了这一点。

陈波：谢谢。现在，在我们结束之前，我很想回到关于理性主义和非理性主义的问题，因为我把您看作当代最重要的理性主义捍卫者之一。

苏珊·哈克：您说得很好，但我并不十分赞同。

陈波：为什么？

苏珊·哈克：显然，我不认同近几十年来盛行的犬儒主义：关于发现世界真理可能性的犬儒主义，关于科学事业合法性的犬儒主义，等等。但我也不愿把自己描述为"理性主义者"或"理性主义的捍卫者"。

陈波：如果您反对非理性主义，您确实反对，那么您不支持理性主义吗？

苏珊·哈克：没那么简单。在温和的意义上，成为理性主义者只意味着试图以合理的方式行事，我是一位理性主义者。但"理性主义"这个词表达了许多不同的东西。例如，在认识论中，我们看到波普把自己描述为"批判理性主义者"；还有理性主义与经验主义、理性主义与非理性主义之间的古老对立。但我的哲学显然与柏拉图、笛卡儿和波普的哲学非常不同。

无论如何，我从不习惯于谈论"理性""合理性"等等，也不习惯于把理性看作司空见惯的东西，这是一种狭隘、严格和形式化的观念。

不要忘记，在回答您先前的问题时，我同意，我对我们职业状况关注的部分原因是各种形式的非理性主义的兴起。现在我需要补充,"这只是一部分原因"。新分析哲学对这些非理性主义的放纵言行不能提供充分的回应,我仍然对这种无能为力表示担心。

陈波:所以,这是在两条战线上作战吗? ——既反对后现代的非理性主义,又反对新分析哲学的回应或无回应。

苏珊·哈克:完全正确。事实上,对我来说,几乎总是至少在两条战线上作战!许多哲学家似乎被吸引到站不住脚的极端情形,许多问题也被不必要地极端化。但我总是寻求适宜的居中立场。

陈波:正如基础融贯论是处于基础论和融贯论之间的居中立场,坦诚实在论是处于形而上学实在论与各种形式的非实在论、观念论、概念相对论等等之间的居中立场。

苏珊·哈克:也正如批判常识主义是处于科学方法的严格形式化模型与单纯专注于权力、政治、金钱在科学事业中作用的犬儒主义之间的居中立场。

我关于法律认识论的工作也是类似的。与科学探究或任何经验知识的可能性一样,足够频繁地导向正确裁决的法律举证程序的可能性需要有客观事实的真理以及更好和更坏证据的客观标准。

我赞同所谓"理性主义举证观念"的支持者,他们认为上述预设是真的。但与这些"理性主义者"不同,我反对把审判看作追求真理的观点(实际上,审判与科学或历史研究非常不同);我相信,为了指出我们或任何法律体系的具体举证程序是否足够频繁地导向正确审判,这不需要全面比较"对抗制"和"纠问制",而需要认真研究所谈论的法律体系如何实际发挥作用;我强烈反对如下观点,即口头套话可以告诉一个法官如何区分可靠的证据和不可靠的证据。

陈波:好的,我明白您的意思。但现在我禁不住要问另一件事——但愿这不是私人性的。成为这样一个独立思想者难道没有使您的职业生活变得困难吗?

苏珊·哈克:我的职业生活困难吗?确实如此。我有时在职业上感到孤独吗?是的,有时孤独。但我有一些亲密的哲学朋友的陪伴,更不用说那些我从他们那里学到很多东西的老实用主义者。世界各地完全陌生的人发来的消息和邀请鼓励了我,让我知道他们了解我的工作。

我在考虑,即使有时是孤独的,作为一个独立的圈外人也有优势。这很可能促使我全面思考关于职业哲学甚至一般学术圈的状况。

陈波:在《哲学的碎片化》和《学术失范》这些论文中,对吗?

苏珊·哈克:是的。《哲学的碎片化》是我几年前的明斯特讲演,首先说明20世纪中叶以来职业哲学如何不断地碎片化和专业化;其次认为,我们在当今哲学中看到的高度专业化是一场理智的灾难,虽然专业化在科学领域是非常富有成果的,有很多建立在专业化基础上的公认成果,还提出了重新整合我们学科以及克服其赫尔墨斯主义①的途径。

陈波:极端的情形,正如《学术失范》一文所说到的。

苏珊·哈克:很明显,不管怎样,当我把那些情形纳入《学术失范》一文后,邀请我撰写该文的编辑拒绝发表——我想他是有所担心。(但是后来,他发给我一封卑躬屈膝的道歉信!)

但实际上,这篇论文唯一极端的地方是,它坦诚地讨论了大多数人都不愿意面对或考虑的问题。首先,给出了一个非常简单的清单,列出了教授为了负责任地做好其工作需要满足的德性;其次,说明大学管理的变化,特别是职业行政阶层的出现,造成这些德性持续不断地受到腐蚀。细心的人不难发现,越来越多的教授为了职业晋升而愿意牺牲掉他们的诚实、独立和判断等等,我的论文看起来惊人的地方只是我公开说出了这一点。

但我在写作这篇论文时没有意识到的是,这个问题是多么地普遍。到目前为止,这篇英文论文已经被翻译为中文、葡萄牙文(巴西)、西班牙文(智利),这一事实表明它在世界的许多地方引起了共鸣。

陈波:的确——当然在中国的大学,我们感受到同样的压力。但现在我认为我们恰好还有足够多的时间让我询问您未来的工作计划。

---

① 亦称"赫尔墨斯神智学",主张世上万物是相互联系的,神学和哲学可以相互转化,二者之间的一致性程度使得在二者之间很难做出严格的区分。因古埃人赫尔墨斯·特利斯墨杰斯尼斯(Hermes Trismegistus,据说与摩西生活在同一时代)而得名。

苏珊·哈克：好的，我不是很确定，但我想把更多的时间放在被我暂时放在一边的几个研究计划上。

首先，我想继续做法律实用主义方面的工作。对于新古典法律实用主义的发展而言，我已经做了很多，如霍姆斯的观点、法律作为"多元世界"、逻辑在法律中的（局限性）作用、法律体系和法律概念的演变。但还有很多要做的，如把皮尔士"符号迷宫"的观念应用于有关法律解释的问题上，研究杜威关于法哲学的论文，探索霍姆斯的理论著作与他作为美国最高法院大法官所写的观点之间的关系，澄清法律实用主义与法律实在论的关系，区分"法律"理论的不同意义，解构波斯纳（Richard Posner）法官关于实用主义的错误观念，等等。

另一个计划是系统地研究在皮尔士哲学中发现的所有不可思议的哲学隐喻：他所造的"如此丑陋以致能够免遭绑架"的新词——"实效主义"；他对"阻断探究道路"的警惕；他把传统形而上学描述为"知识界的巴黎"，年轻人都去那里并且变得堕落；如此等等。我将在墨西哥做题为"贯穿皮尔士哲学的隐喻"的系列讲演，我希望此后有可能以一种整合的方式把讲稿整理出来。

或许某一天有机会继续先前的工作，更详细地研究我们如何从小说中学习，特别是小说给我们所带来的认识论教益——我已经有了一个"认识论小说"的清单。

陈波：太好了——我很期待！现在是时候感谢您的卓越贡献，也感谢您与我交谈。谢谢！

苏珊·哈克：也谢谢您为我提供了这个与中国读者讨论我工作的好机会。

10. 逻辑、哲学和维特根斯坦[*]
——冯·赖特教授访谈录

冯·赖特（Georg Henrik von Wright，1916—2003），当代著名的芬兰哲学家，维特根斯坦在剑桥大学的教授职位继任者，其三位遗嘱执行人之一，后任赫尔辛基大学教授，美国康奈尔大学无任所教授，芬兰科学院研究教授、院长等职。其研究领域涉及归纳逻辑、哲学逻辑、伦理学和一般价值及规范理论、行动理论、人文科学方法论、文化哲学、心灵哲学、维特根斯坦研究等。先后用英语、德语、芬兰语、瑞典语等语种出版专著、论文集近30种，其学术研究的特点是融通分析哲学和欧洲大陆哲学。他是哲学逻辑和维特根斯坦研究方面公认的国际权威，但其思想却具有浓厚的人文主义意味，特别在中晚期更是明显偏向人文主义的研究。他的研究成果产生了广泛的国际性影响，并给他带来了很高的国际性声誉：先后被授予14个博士或名誉博士学位，是15个国家、地区或跨国科学院的院士，并曾任国际哲学学院主席，国际科学史和科学哲学联合会逻辑、方法论和科学哲学分会会长。1989年，美国"在世哲学家文库"出版了《冯·赖特哲学》卷。在当代世界哲学舞台上，冯·赖特发挥了广泛而又重要的影响。

陈波：冯·赖特教授，您是哲学逻辑领域里的大人物。您创立了道义逻辑和优先逻辑，并在模态逻辑、认知逻辑、时间逻辑和归纳概率逻辑的研究中做出了非常重要的贡献。我现在想确切地知道，究竟什么是哲学逻辑？它与逻辑哲学、分析哲学有什么不同？哲学逻辑的发展和应用前景

---

[*] 1997—1998年，我在芬兰赫尔辛基大学做访问学者，在此期间做了此次访谈。本文英文稿经冯·赖特教授本人审阅，中文稿由英文稿译出。

如何？

冯·赖特：这是一个很好的问题。据我理解，哲学逻辑是应用（现代）形式逻辑的工具去分析和阐释下述论证和概念，它们已为人们从日常推理中所知，但可能暗含着歧义性、逻辑无效性甚至矛盾。哲学逻辑旨在明确揭示在日常思维和语言运用中不明显的、模糊的东西。逻辑哲学试图阐明像逻辑真、相容性、衍推、必然性和可能性、全称性这样一些逻辑的基本概念。哲学逻辑和逻辑哲学之间没有截然分明的界限。

在分析哲学的早期，它很大程度上关注着哲学逻辑中的问题。例如，我在哲学中一直在做的绝大部分工作可以分类为哲学逻辑，在某种程度上也可以归属于逻辑哲学。后来，一些新的领域如语言哲学、心灵哲学成为分析哲学的中心，随着这些发展，分析哲学变得更近似于经验科学，而早先它在科学中的同盟军是数学。

陈波：如我所知，道义逻辑引导您去研究一般价值和规范理论以及行动理论，而后者目前已成为哲学中的热门话题，成为许多哲学论文和著作的讨论对象。但行动理论在中国还很少为人所知，更谈不上深入的研究。请您解释一下：为什么行动理论在哲学和逻辑中是重要的？道义逻辑的研究应与行动理论的研究相结合吗？如您所知，这并不是当今道义逻辑的主流。

冯·赖特：您提了一个非常好的问题。"行动"概念之所以在哲学中显得重要，是因为它与自由、责任心、意向性这样一些观念有关。它有意义，还因为它涉及两个方面：身体动作和心智活动（意愿）。行动理论本身对逻辑并不重要。但像其他基本概念一样，也可以在哲学逻辑中或以逻辑的角度去研究行动。人们能够建立一个行动的逻辑，这就是我在《规范和行动》（1963）一书中开始做的。其他人继续了我的工作。但整个说来，与例如道义逻辑相比，行动逻辑仍未得到充分的发展。我认为，行动逻辑和变化逻辑作为一个充分发展的规范逻辑（道义逻辑）的"子结构"是重要的。有许多与规范相关的区别不能在古典道义逻辑的形式体系内得到表达，它们所预设的那些区别需要行动逻辑来处理。例如，渎职（omission）和不做（not-doing）之间的区别。道义逻辑中如此多的工作迄今仍很少关注行动逻辑，对此我感到遗憾。

陈波：行动理论又进一步导致您去研究与理解、历史解释、决定论、因果性等等相关的问题，简单地说，导致您去研究人文主义，以及人文科学方法论与自然科学方法论之间的联系和区别。在您看来，究竟什么是人文主义？为什么人文主义在当今社会是重要的？人文科学和自然科学有些什么差别和相似性？

冯·赖特：您提的问题很棘手，但让我试一试。我认为，区分人文主义（humanism）和人文科学（humanities）是重要的。最好把人文科学定义为对作为文化存在物的人的科学的（或学术性的）研究。各种形式的历史如艺术史、文化史、政治社会史是至关重要的人文学科，其次是语文学或语言研究。大学里的人文科学系常常被叫作"历史—语文系"（historico-philological）。

人文主义是对于人和事物而不是对于科学的一种态度。很难，也许不可能给"人文主义"下定义。人文主义经常，但不必然是一种世俗（非宗教）的态度：它把人，而不是把神，置于世界的价值中心。人们也许可以说，人文主义关注于人的好（goodness）。容忍是至关重要的人文价值。启蒙时代的人文主义倡导人的"自由、平等和博爱"，与之相比，文艺复兴时期的人文主义更倾向于个人主义。

某些哲学家，例如我认为，在自然科学和人文科学之间存在着深刻的方法论差异。前者根据原因和结果去解释现象，它寻求一般规律，它们是"因果论的"。人文科学则根据现象存在的理由去理解现象，它们是"诠释学的"或"解释性的"。但是，并不是所有哲学都承认人文科学相对于自然科学的自主性。有些哲学家经常提倡"科学的统一"，也有一些科学占据了自然科学和（纯）人文科学之间的"中间地带"——例如，心理学和社会科学，如经济学、社会学等。

陈波：逐渐地，您成为我们的时代及其理性形式的批评家。您讨论了许多与科学、理性、价值、进步、现代性和后现代性相关的问题。您能够概要描述一下您的有关观点吗？

冯·赖特：您给我出了一个难题，不过我还是很高兴回答它。自从青年时代以来，我一直深深地被历史和历史哲学所吸引。通过阅读斯宾格勒和汤因比等人的著作，我逐渐获得了下述见解：历史的大单元是文化或文明，西方文明只是几大文明之一。也许出于与我的气质相关的原因，我逐渐形成下述看法：西方文化正在衰落，在它的科学技术成就"全球化"的过程中，在走向它自己的终点。一开始，我对这些现象的态度是思辨性的（我作为一名戏剧观众旁观它们），而不是批判性的。我对当代文化的批判开始于 1960 年，一开始就关注人与自然的关系。对自然的科学理解肇始于 17 世纪的"科学革命"，并造成 19 世纪"工业革命"的科学技术发展。这引出了许多生态学的问题。技术改变了生活方式，这种改变首先发生在西方，但逐渐地扩展到整个世界，由此对物理环境和物质资源造成了毁灭性后果，并逐渐对人种的生存造成威胁。紧随这些发展而来的是政治的和社会的恶，例如工作的自动化和机器化造成物质生产过程需要越来越少的人工劳动，并由此造成大量失业。社会正经受着分裂的危险：一面是富有的、受过良好教育的少数，另一面则是贫困化和被边缘化的多数。这最终会对民主和公正的社会秩序构成威胁。这些现象是我的文化批判一直关注着的我们时代的某些恶。我在三本书中表达了上述观点——《科学和理性》(1986)、《进步的神话》(1993)、《理解一个人的时代》(1995)，它们最初都是用瑞典语写的。它们在一种相当不同的意义上是哲学。

陈波：近些年来，您又投身于一个古老的问题，即心身关系问题的研究。您能够谈一些有关心灵哲学的话题吗？例如，您为什么会对心灵哲学感兴趣？

冯·赖特：实际上，心身二元论及相关的形而上学问题，如唯物主义、唯心主义、一元论等，是我青少年时期开始熟悉哲学时最先吸引我的问题。但是作为一名成熟的哲学家，我过去从未在此领域内做过任何工作。只是到了我生命的相对晚的年代，即 80 年代中期，心灵哲学（或心理学哲学）才开始大量占据我的工作时间。我发表了一些论文，现在我把它们收集起来，加上一些新写的论文，构成一本书，叫作《在笛卡儿的余荫下——心灵哲学论文集》。我希望它能在 1998 年初出版。

我是通过行动理论回到心身问题的。如前所述，行动通常有两方面：一面在于身体动作及这些动作在外部世界引起的变化；另一面在于心智（或心理）活动，体现于产生身体动作及其进一步后果的意向或意愿。但这些精神的东西怎么能引起身体去动作呢？这是有些"神秘"的事情。它占据了笛卡儿的大脑，并且自笛卡儿时代以来，一直是西方形而上学的首要论题。除了从行动理论去探讨心身问题外，还可以从感觉、知觉理论的角度去研究它。作用于我们的感官的物理事件怎么能产生、"引起"感觉和知觉呢？这是对心身问题更为传统的探索方式，我的书中也讨论了这种方式。

陈波：从您的哲学探索中，我可以识别出两种不同的哲学形象：哲学作为学术职业和哲学作为对生活观的追求。在您看来，哲学究竟是什么？哲学的两种形象能够统一吗？如果能，如何统一？如果不能，为什么？

冯·赖特：这是一个很难回答的问题。在一方面是我在哲学逻辑和分析哲学中所做的哲学工作，另一方面是我在为更大范围的公众所写的讨论与"生活哲学"（包括我的文化批判和"时代诊断学"）相关的问题的著述之间，我确实已感受到某种紧张的因素。这两种类型的活动是如何关联的？它们都是"哲学"吗？对这些问题我也许永不可能给出令人满意的答案。但我在近些年来越来越看清了这两种活动是相互关联的，而不是截然分离的。粗略说来，大致是这样：

概念分析要成为重要的，就必须处理对于理解我们在世界中的状况至关重要的概念，前者可能的例子有：行动、规范、因果性、决定论、心与身。并且，生活哲学也必须以阐明对于我们的自我理解至关重要的概念或问题为基础，可能的例子有：我们是谁，我们能做什么和不能做什么，我们在与他人或一般而言与生物的关系中所处的位置是什么。

陈波：我以为，分析哲学，无论是作为一个学派还是作为一场运动，都在走向自己的终点。您是分析哲学运动中的重要人物，我想知道您对分析哲学的整体评价，诸如它的成就、缺陷、以及在现代哲学中的影响及地位。此外，您对20世纪逻辑与哲学的关系有何看法？在21世纪的哲学中逻辑仍会如此重要吗？为什么？您能概略描述一下21世纪的哲学图景吗？

冯·赖特：我认为，分析哲学已成为20世纪最有特色且最有影响的运动。之所以如此，是因为它与形成20世纪文化（或文明）的两大主要势力——科学和技术结盟。

但我也认为，分析哲学正在失去它的同一性且正在衰落。随着它扩张到盎格鲁—美国（以及斯堪的那维亚）文化圈之外，首先是到欧洲大陆（它部分地是从这里发源的！），然后是到非西方世界，它逐渐变成了选择性的，而不是创造性和原生型的。我把它的衰落归诸如下事实：它日渐成为"科学主义的"，并且日渐成为思辨性的。它已经失掉了对真理的知识和意义的理解之间差别的感知——前者是科学的目标，后者才是哲学的矢的。

至少在其初期，分析哲学是与形式逻辑的新生紧密连在一起的，后者主要归功于弗雷格和罗素。不过，随着时间的推移，逻辑越来越发展成为一门本身更多地与数学结盟而不是与哲学结盟的学科。我怀疑，在下一世纪的哲学中，逻辑还会像在20世纪那样发挥中心作用。一直处于蛰伏状态而被忽视的其他哲学领域将再次走上前台，这里要特别提到伦理学（道德哲学）。这是与"我们时代的问题"相关的，并且也与我前面谈到分析哲学和生活哲学时提到的那些概念和问题相关。

陈波：您的名字已与另一个伟大的名字——维特根斯坦紧密连在一起了。据我所知，您是维特根斯坦的教授职位的继任者，是其三位遗嘱执行人之一。您能够谈谈您与维特根斯坦的交往吗？维特根斯坦给您印象最深的是什么？您从他那里受到了什么影响？如我所知，您在搜集、整理、编辑、出版维特根斯坦遗著方面做了大量工作，但相对来说，您在研究、阐释甚至发展维特根斯坦思想方面却做得较少。为什么？

冯·赖特：维特根斯坦给人印象最深的性格特征也许是他的极端严格和绝对真诚。他要求他的朋友，首先是他本人不折不扣的诚信和真实。与他在一起，我总是有一种面对一位天才、面对一位真正伟大的人的感觉。

维特根斯坦确实以多种方式影响了我的思考，但难以说清楚是如何影响我的。并且从阅读他的文稿中我已学到了许多东西，但再一次难以说清楚究竟学到了些什么。我自己做哲学的方式毕竟与他做哲学的方式是很不相同的。在我自己的哲学中，我有意识地尽可能不依赖于他。还有，我一直在做的大部分工作所处的领域，远不同于构成维特根斯坦工作中心的领域。维特根斯坦在《逻辑哲学论》之后没有研究过我前面所说的"哲学逻辑"，尽管他深深关注着逻辑和（数学）哲学。

我在解释和考察维特根斯坦哲学方面没有贡献很多，原因我在上面已部分地提到了。另外，既然维特根斯坦把他的遗著交给了我和我的两位同事，我认为，我对他负有的首要义务就是整理和排列他的手稿，并着眼于编辑它们以供出版。自维特根斯坦于1951年去世后，这项工作占据了我的大部分工作时间。我也搜集有关他生平的事迹，但我仍未感受到去写一部关于他的完整传记的压力。

陈波：我想知道是否所有维特根斯坦的手稿都已出版。如果没有，尚有多少手稿仍未出版？大致说来，它们是些什么？它们何时会出版？还有，据我所知，《维特根斯坦全集》正由我的某些国内同行译成中文，您对此事有何评论？

冯·赖特：已经出版的维特根斯坦遗著，在很大程度上是基于他在世时本人准备（口授）的打字稿。这些打字稿反过来又以手稿为基础，而这些手稿的大部分尚未出版。旨在出版维特根斯坦遗著的两套计划正在进行中。一套在维也纳（"维也纳丛书"），另一套在伯尔根（挪威）。第二套计划将出版维特根斯坦全部遗著的光盘。光盘计划在一年或两年内出齐。

实际上，维特根斯坦的所有手稿都是用德文写的。用英文出版的几乎都是译文。维特根斯坦去世前出版的所谓"全集"除德文版外，还有英语版、芬兰语版和日语版。

应该记住，已经出版的那些文稿构成维特根斯坦著作中最重要的部分。对于尚未出版的手稿感兴趣的，整个说来，只是那些关注维特根斯坦思想的年代学和演变的学者。但有些东西也会令更广泛的读者感兴趣，例如所谓的"大打字稿"（即我所编的维特根斯坦遗著目录中的TS213号）。

陈波：在您的《知识之树及其他论文》（1993）一书中，我读到了这样的句子："在当代哲学中，我认为蒯因是最伟大的一位。"我想知道您说这句话的确切意思是什么，例如罗素、维特根斯坦、卡尔纳普是与蒯因同时代的哲学家吗？为什么蒯因哲学如此重要？

冯·赖特：在分析传统中，蒯因是20世纪后半段处于支配地位的人物。但是，正如在与您先前的谈话中已谈到过的，我对他及他的影响在近些年来日渐持批评态度。部分地由于蒯因，分析哲学已经越来越成为

"科学主义的"。我认为这不是一个好的演变,因为正如维特根斯坦在《逻辑哲学论》中已指出的,在关于"科学"一词通常理解的意义上,哲学并不是一门科学。

陈波:谢谢您接受我的采访。

冯·赖特:也谢谢您采访我。

11. 在逻辑与哲学之间*
——雅科·亨迪卡教授访谈录

雅科·亨迪卡（Jaakko Hintikka, 1929—2015），受教于著名逻辑学家和哲学家冯·赖特，芬兰赫尔辛基大学哲学博士（1953）。曾作为初级研究员在哈佛大学工作3年，然后在赫尔辛基大学、芬兰科学院、美国佛罗里达州立大学、波士顿大学任教，并长期在斯坦福大学兼职。他的研究领域异常广泛，在数理逻辑、数学基础和数学哲学（分配范式、模型集、树方法、无穷深度语言、IF逻辑），哲学逻辑和语言哲学（可能世界语义学、认知逻辑、命题态度、博弈论语义学），认识论和方法论（归纳逻辑、语义信息）以及哲学史（亚里士多德、笛卡儿、康德、弗雷格、胡塞尔、皮尔士、维特根斯坦）等众多领域或论题上做出了重要贡献。作为作者或合著者，他出版了30多本专著和合著，发表了300多篇学术论文。作为主编或主编之一，他还出版了另外17本书。其六卷本文选于1996—2004年出版。美国著名的"在世哲学家文库"于2006年出版了《雅科·亨迪卡的哲学》（*The Philosophy of Jaakko Hintikka*），共971页。

亨迪卡是20世纪后半期国际逻辑学和哲学舞台上极为活跃且有很大影响力的人物。他曾任符号逻辑学会副会长，美国哲学会太平洋分会会长，国际科学史和科学哲学联合会逻辑、方法论和科学哲学分会会长，国际哲学学院副主席，以及世界哲学联合会副会长。他还长期担任国际性哲学杂志《综合》的主编，大型哲学丛书"综合文库"（已出版270多卷）主编。2005年，因其对模态概念，特别是知识和信念概念的逻辑分析方面

---

* 1997—1998年，我在芬兰赫尔辛基大学哲学系做访问学者一年。在此期间，亨迪卡经常从美国波士顿大学回到芬兰赫尔辛基大学哲学系，该系甚至有他的办公室。此次访谈是在他的办公室里进行的。

的开创性贡献，获得由瑞典皇家科学院颁发的"罗尔夫·肖克奖"，该奖被视为逻辑和哲学领域的诺贝尔奖。2011年，获得美国哲学联合会颁发的"巴威斯奖"，以及"芬兰狮子级大十字勋章"。

陈波：您在国际哲学界特别是逻辑学界很有名，但中国一般读者对您和您的工作仍所知甚少。您能够谈一谈您的学术经历以及您的学术工作的特点吗？

雅科·亨迪卡：当然可以。我毕业于赫尔辛基大学，主修数学。由于受埃洛·凯拉（Eino Kaila）的影响，决定以哲学作为辅修专业。在此期间，我听了冯·赖特教授的许多课，当时听课者只有几个人，所以有很多机会受他指导并与他讨论。甚至在他任英国剑桥大学教授期间，我还去那里拜访过他，并在那里见到了维特根斯坦。如果说凯拉给我提供了进入哲学领域的最初动力，那么冯·赖特则给了我在这个领域的绝大多数训练，并激发了我的独立思想。在他的指导下，我以有关一阶逻辑中分配范式的论文于1953年获得哲学博士学位。1956年，我幸运地被选入哈佛大学著名的研究员学会（Society of Fellows），任初级研究员，获得三年自由研究的机会。在此期间，我结识了许多后来成为国际哲学界领袖人物的同行，并实际上成为美国哲学界的一员。1959年，我被任命为赫尔辛基大学实践哲学教授；1964年，任美国斯坦福大学兼职教授，直至1984年。1970年，任芬兰科学院研究教授，这期间发生了某些严重的事情，这就是我的研究计划没有得到芬兰科学院足够强的支持，于是我于1978年移居美国，先任佛罗里达州立大学教授，现任波士顿大学教授。总的说来，我很喜欢并适应我在美国的工作和生活环境。

长期以来，我总是奔走于芬兰和美国这两个国家之间，我的学术活动和时间也相应地在这两个国家之间分配。即使我定居美国之后，我仍保留着芬兰国籍，与我的芬兰同事们保持着密切的接触，常在一起合作从事研究工作。这也是我的学术工作的特点之一。此外，我的学术活动受到两种不同的力的牵引。一方面，从思想气质上说，我是一匹荒原狼，不得不独自寻找思想发展的道路。除早年受冯·赖特影响之外，塑造我思想的绝大多数哲学影响来自阅读，而不是个人接触。在我逐渐熟识蒯因之前，我已受到他的很大影响；我从未见过贝思（E. W. Beth），但他是另一个早年对我的思想有很大影响的人。在卡尔纳普邀请我去讨论我的工作之前，我正忙于发展我自己的归纳逻辑思想。在我见到维特根斯坦时，我对他的工作并没有很大的兴趣。弗莱斯塔（D. Føllesdal）使我对当代哲学中的现象学传统感兴趣。如果要找什么线索的话，我的大多数思想源自我试图发展我自己更早的思想。另一方面，外在的刺激，如对他人工作的报道与批评，偶尔也会成为我的思想的催化剂，但仅仅当时机成熟时它们才会对我起作用。

大约从 50 年代初开始，我逐渐意识到，我的才能在哲学中比在数学中更有用武之地，于是逐渐地把研究重心先是移向逻辑，后则转向哲学。大约在 10 年或 15 年以前，我对当时所做的许多哲学工作感到失望。我仍然认为分析传统是正确的，是有发展前途的；仍然认为西方学术传统是正确的，甚至它使用的传统工具逻辑也是正确的。但我对很多东西越来越不满意，例如由克里普克和马库斯（Ruth Barcan Marcus）等人所发展的新的指称理论；在维特根斯坦哲学方面所做的许多工作并未把握住维氏哲学的真正精髓，或者说并未使维特根斯坦哲学成为可理解的。我们需要重新研究某些基本的想法、意图、方案，甚至是逻辑语言体系。

陈波：据我所知，您是一位世界知名的逻辑学家，在数理逻辑、哲学逻辑、归纳逻辑等领域做出了重要贡献。您能够谈一谈您的逻辑研究吗？比如说，您自己认为您取得了哪些重要的结果？

雅科·亨迪卡：我在逻辑方面所做的许多工作是理论性和哲学性的，很难像在数学中那样谈所谓的"结果"。具体说来，主要有以下这些：

一是一阶逻辑中的分配范式。我从冯·赖特的有关思想出发，通过量词的层层深入，得到了有穷一阶语言中的分配范式，建立了这种范式的基本性质。我使分配范式成为处理数理逻辑、哲学逻辑和哲学领域中许多不同问题的工具，其应用之一是导致我提出了可以为足道的（非重言的）逻辑推理所增加的演绎信息概念。后来我在《逻辑、语言游戏和信息》（1973）一书的几章中进一步阐发了这一概念及其哲学意义，它的模型论基础为我和兰塔拉（V. Rantala）所提出的瓮模型（urn model）所确保。

二是我在推广分配范式的语义基础上发展了模型集（现被称为"亨

迪卡集")技术。模型集是满足某些条件的一阶语言公式集,是对于世界的局部描述,可以用它证明一阶逻辑的完全性。我还把模型集用于研究模态逻辑,特别是道义逻辑和认知逻辑的语义学,以及它对于一系列内涵性概念如命题态度词和感知动词的应用。严格说来,一度流行的"克里普克语义学"说法从历史角度看是不公正的。它实际上是由几位逻辑学家发现的,首先是康格尔(Sitg Kanger)、蒙塔古(R. Montague)和我本人,然后是格劳姆(Guillaume)和贝思,然后才是由克里普克独立发现的。

三是我进一步把分配范式用于研究归纳逻辑的概率测度问题,提出了归纳方法的二维连续统、K维连续统、归纳接受理论和归纳语义信息理论。我的一些学生继续和发展了我在归纳逻辑及其延伸——科学哲学方面的工作,形成了所谓的"归纳逻辑的芬兰学派"。

四是在70年代中期,我开始进入逻辑、语言学和语言哲学之间的无人地带,对逻辑和语言学的语义学进行新探索,发展了"游戏论语义学"(亦译"博弈论语义学")。在思考逻辑和语言作为描述世界的工具时,我遇到下述问题:处于这些描述关系之间的关系是什么?我受康德和维特根斯坦有关思想的启发,强调受规则支配的人类活动,亦即寻求和发现语言游戏的重要性。但我比维特根斯坦走的远得多,因为后者的思想是轮廓性的且不系统。现在,游戏论语义学已在逻辑、哲学特别是语言学领域得到了广泛的应用,成为许多方法论考虑的基础。

五是关于问题、回答以及问答对话的理论,它是认知逻辑和游戏论语义学相结合的产物,也是创立于70年代,近年来我已把它发展为"探究的询问模型"(interrogative model of inquiry)。简单说来,这一模型可以看作数学博弈论意义上的二人零和游戏,其中一方为"提问者",他是主动的;另一方为"自然"或"信使",只作为答案之源。自然所给出的答复又成为后来的探索可资利用的前提。最好的寻求信息的策略取决于所允许的问题的复杂度。询问游戏可以用贝思语义表列的变体来加以形式化。我认为,这一模型揭示了科学推理的真正逻辑,在许多领域得到了重要应用。我已把它用于逻辑教学,1991年出版了与伯奇曼(J. Bachman)合著的逻辑教科书《假如……会怎么样?——走向卓越的推理能力》,现在此书很受欢迎。

六是我近些年来发展和创立了"友好独立的一阶逻辑"（independence-friendly first-order logic），简称"IF 逻辑"。我个人认为这是一件非常重要的工作，将导致逻辑和数学基础研究中的一场革命。

陈波：您是一位非常活跃和兴趣广泛的哲学家。您能够谈一谈您的哲学研究吗？

雅科·亨迪卡：一般说来，我的哲学探索所关注的是人的行为和人的思想的结构以及逻辑、语言与世界的关系。

芬兰哲学研究的特点之一是生动的历史感和对哲学史以及一般思想史的极其尊重。我也不例外，我花了很大精力研究哲学史。我在这方面最著名的论文也许是关于笛卡儿的"我思故我在"论证的。我提出，"我思故我在"并不是从"我思"到"我在"的推理，它的特点归结于企图思考"我不存在"的自我否定性，与断定"我不存在"的自我否定性相似。所以"我思"并不表示一个前提，而是指称某种行为，通过这种行为，某些思维—行为的自我否定或自我证实的特征显示出来了。

我发现，我的历史研究与我在某个专门课题上的建设性工作是相互促进的。新的理论或技术常常有助于揭示、显露某些历史理论隐含的预设，发现人们从未意识到的新方面或新特征，从而提高历史研究的精确性或质量。例如，假若没有数理逻辑方面最深奥的理论之一——关于无穷深度语言的理论，莱布尼茨的形而上学体系就不可能得到充分的理解。另外，从历史研究中所获得的洞见又反过来启发或促进我在某个专门问题上的建设性工作，正如前面谈到的，正是从对康德和维特根斯坦的研究中，发展出了我自己的游戏语义学。我想再次强调指出，我的游戏语义学与维特根斯坦的语言游戏说是很不相同的，且非常重要，可以视为我在哲学方面的主要工作之一。

陈波：在您已出版的众多论著中，哪些是最重要的？

雅科·亨迪卡：我的下面这些书和文章是最重要的，我将简要解释一下它们为什么如此重要：

1. 《数学原理再探》（1996）

这本书主要探讨我新近创立的 IF 逻辑及其可能产生的影响。在此书中，我批判了数学基础研究领域长期流行的一些错误观念，如认为逻辑的基本部分就是普通的一阶逻辑；真定义不能在同一层次的语言内给出，只能在更高层次的语言内给出；包括初等数论在内的足道的一阶数学理论必定是不完全的；数学思维必定涉及像集合、类、关系、函项、谓词这样的高阶实体；批判了弗雷格的组合性原则；等等。我用 IF 逻辑证明：可以在一阶水平上表达等基性（基数相同）、无穷、同一语言中的真概念；在过去 60 年中处于支配地位的由哥德尔、塔斯基所给出的那些不可能性结果，如不完全性定理、真的不可定义性定理等，并不像原来所认为的那样重要；所有普通的数学理论都可以建立在一阶层次上，并且免除了有关集合和高阶实体存在性的所有那些麻烦问题。我认为，我的 IF 逻辑及其造成的冲击将导致逻辑和数学基础研究中的一场革命，当然这是一场杰弗逊意义上的革命。我唯一感到遗憾的是，我发展出上述思想太晚了，失去了与希尔伯特、哥德尔、塔斯基、卡尔纳普等人切磋讨论的机会。

2.《普遍语言和理性演算——20 世纪哲学的终极预设》（1997）

这是我的两卷本哲学论文选集中的一本，另一本是关于维特根斯坦的。此卷收集的论文探讨了关于语言的两种根本不同的观点：语言作为普遍的中介和语言作为演算。从比较的角度加以考察的哲学家包括皮尔士、弗雷格、维特根斯坦、卡尔纳普、蒯因、胡塞尔和海德格尔，并对塔斯基关于真定义的结果做了评论，认为它是非结论性的。

3.《真定义、斯柯伦函项和公理集合论》（论文，待发表）

4.《对于辖域来说，没有辖域？》（论文，1997）

5.《逻辑学中的一场革命？》（与桑杜合著，1996）

6.《论知觉的逻辑》（论文，1969）

在前三篇论文中，或证明了 IF 逻辑的各种重要结果，如可在 IF 一阶语言内给出它的真定义；或探讨了它在逻辑学、语言学、数学基础等领域可能产生的影响。第四篇论文从"第三人称"的角度讨论知觉，把知觉现象归属于关于知识和信念的一般模态逻辑的一个特殊分支的对象。这篇论文对关于知觉的哲学讨论产生了重要影响。

陈波：您教育和培养了正活跃着的这一代芬兰逻辑学家和哲学家，您还是国际知名的编辑，主编著名的《综合》杂志和"综合文库"系列丛书。我想知道，您的教学和编辑生涯对您的学术研究有什么影响？

雅科·亨迪卡：我并不认为我是一个多么好的教师和编辑，因为我接触并熟识一些非常好的教师，如塔斯基和冯·赖特。但我喜欢教学和编辑，把它们视为使我的思想保持活跃和新鲜的手段。我清楚地记得，正是1991年我在波士顿大学主持的一个研讨班上，我忽然领悟到完全可以在同一个语言内定义它的真谓词。从去年开始，我对教学的方法和原理很感兴趣，在思考如何教授逻辑以及更一般的哲学之类的问题，也许由此会产生您前面问到的我的最好的论文之一。

陈波：您近些年主要在研究什么课题？

雅科·亨迪卡：近些年？我的兴趣很广泛，喜欢同时在几个不同的领域或课题上工作，我常常发现这些工作是相互启发和相互促进的。近年来我的工作主要集中在以下几个方面：一是游戏论语义学，我试图把它向各个方面推广。实际上，我的 IF 逻辑就是我的游戏论语义学的扩展和延伸之一。二是数学基础问题，我越来越理解了由 20 世纪数学基础研究的经典大师如希尔伯特、塔斯基、卡尔纳普和哥德尔所提出的那些问题的重要性，尽管我常常与他们每一个人都不一致，但他们所思考的问题比近些年一直在争论的那些问题重要得多，值得经常回到他们那里去寻求灵感。三是我对语言理论感兴趣，特别是自然语言的逻辑、语义学和方法论。1991年，我与我的学生桑杜出版了一本书：《论语言学的方法论》，主要是把我的游戏论语义学与乔姆斯基的管制约束理论加以比较。我也继续对维特根斯坦、亚里士多德、皮尔士等人的思想感兴趣，并在这些方面做一些研究工作。我喜欢这种研究方式，让自己的思想在不同的领域、不同的课题上转来转去。

陈波：在您的学术研究中，逻辑与哲学是紧密联系在一起的。也许您的哲学研究使您觉得有必要创立某些新的逻辑工具，然后您又把这些工具应用于您自己的研究活动中。请您谈一谈逻辑和哲学的关系是再合适不过了。

雅科·亨迪卡：我所用的逻辑工具在技术上是新的，在观念上却是旧的。例如，我的基于游戏论语义学的 IF 逻辑就试图清楚地揭示数学家们一直在进行着的思考方式；我近年所发展的"探究的询问模型"也试图发展哲学中相当古老的观念。正如有人开玩笑说的，我的询问模型只不过是苏格拉底的设问法加上现代逻辑的包装。在某种意义上，确实如此。有些中学老师相当好地运用了这一方法，他们的教学非常成功。

关于逻辑和哲学的关系，我只想简单地指出，几乎没有什么逻辑分支没有直接或间接的哲学意蕴，而关于我们概念的逻辑或逻辑分析几乎都与许多哲学研究有某种关联。正是在这个意义上，我不相信有可能把纯粹的逻辑洞见与哲学省思完全区分开来，在我自己的工作中是如此，在哲学史上也是如此。例如，有什么东西比传统的范畴理论在哲学上更重要？而对它的评价反过来又与自然语言的逻辑和语义学密切关联着。在每一个主要方向上，我在逻辑方面的工作都开辟了逻辑分析的新的可能性，而这种分析反过来又导致对确定无疑的哲学问题的新见解，甚至导致对哲学史的新看法。

关于逻辑，我想再说几句话：康德曾经认为，亚里士多德逻辑已趋于完善，在两千多年时间内没有任何发展，并且不可能再有什么发展。但此后不久数理逻辑的兴起与繁盛完全证伪了康德的断言。但是当代有些哲学家、语言学家、数学家和逻辑学家对于弗雷格、罗素所创立的逻辑，亦称一阶逻辑、量化理论、低阶谓词演算，又持有与康德类似的观点。但我想强调指出，这种观点肯定是错误的，逻辑应该得到进一步发展，必须得到进一步发展，并且已经得到了进一步发展。我的 IF 逻辑就为逻辑的发展开辟了新的可能性和新的前景，它甚至将导致逻辑和数学基础领域内的一场革命。

亨迪卡教授在谈话中提到的他的最好的书和论文的英文名称及出处：

（1）The Principles of Mathematics Revisited. Cambridge University Press，1996.

（2）Lingua Universalis is Calculus Rationator. Kluwer Academic Publishers，1996.

（3）"Truth Definition, Skolem Function, and Axiomatic Set Theory". Bulletin of Symbolic Logic，1998，4（3）.

（4）"No Scope for Scope?". Linguistics and Philosophy，1997，20.

(5)(with Gabriel Sandu). "A Revolution in Logic?". Nordic Journal of Philosophical Logic, vol. 1, No. 2, 1996.

(6)"On the Logic of Perception", in Perception and Personal Identity, eds. by Norman S. Care and Robert H. Grimm. Press of Case Western Reserve University, 1969.

12. 弗雷格的逻辑和哲学
　　——迈克·比尼访谈录

　　迈克·比尼（Michael Beaney），牛津大学哲学博士（1990），曾任英国约克大学哲学系教授，现任英国伦敦国王学院哲学教授、德国洪堡大学兼任哲学教授、《英国哲学史杂志》主编，著名的弗雷格学者。其主要研究领域是分析哲学史，亦涉及语言哲学、逻辑哲学、数学哲学和心灵哲学。其著作有：《理解弗雷格》（1996）、《想象与创造性》（2005）、《分析哲学简论》（2017）、《分析》（2017），主编著作有：《弗雷格读本》（1997）、《分析的转向——早期分析哲学和现象学中的分析》（2007）、《牛津分析哲学史手册》（2013），与人合编有：《戈特洛布·弗雷格——一流哲学家的批评性评价》（四卷本，2005）、《解释心智现象：对心智行为和过程的自然主义和非自然主义探究》（2007）、《维特根斯坦之后的体知觉：视为与新奇》（2017）。

　　陈波，哲学博士，北京大学哲学系教授，博士生导师；2007年8月至2008年8月，英国牛津大学访问学者。

　　中户川孝治（Koji Nakatogawa），哲学博士，日本北海道大学哲学教授；2008年3月至9月，英国牛津大学访问学者。

　　陈波：迈克·比尼博士，我们很高兴有机会对您做访谈。您是一位知名的弗雷格学者，编著了《弗雷格读本》，与人合编了《戈特洛布·弗雷格——一流哲学家的批评性评价》，它们对有关弗雷格的教学和研究特别有帮助。我曾经把《弗雷格读本》用作研究生课程的教材。由于很少有关于弗雷格的传记描述，中国读者并不太清楚作为逻辑学家和哲学家的弗雷格。日本读者也许对弗雷格稍微熟悉一些，但我猜测，即使在日本，弗雷格也不那么为人所知。我说得对吗，中户川孝治教授？

中户川孝治：您说得对，情况确实如此。弗雷格的论著确实已经翻译成日文，但关于弗雷格哲学的讨论仍然相对稀少。

陈波：鉴于这种情况，能否请比尼博士首先给我们的读者概述一下弗雷格的生平，特别是他的性格特征和学术生涯？

迈克·比尼：陈教授，我高兴地知道，我所编辑的那些书是有用处的，我非常高兴与您和中户川孝治教授一起谈论弗雷格。在我看来，弗雷格的工作奠定了我们现在称之为"分析哲学"的基础，分析哲学是英语世界中占支配地位的哲学传统。

戈特洛布·弗雷格于1848年11月8日出生于德国北部波罗的海岸边的小城威斯玛（Wismar），其父母均为教师，他是弟兄二人中的老大。他在路德教堂中受洗，终生是一位路德教徒。虽然我不确知他在多大程度上陷入了宗教，但无论如何，我不认为宗教对他的逻辑工作产生了任何重大的影响。关于他的弟弟（生于1852年）我们几乎一无所知，关于他的父母我们却知道得更多一点。他的父亲（生于1809年）是一所私立女子学校的校长，他的母亲（生于1815年）也在那里任教。不过，他的父亲于1866年死于斑疹伤寒，他的母亲此后接过了校长职务。很清楚，她与弗雷格的关系十分密切。当她于1876年退休两年后，她离开了威斯玛，与弗雷格生活在一起。正是靠他母亲的钱，弗雷格才能够在1887年买了一所房子，因为他作为教授挣得并不足够多。在1864—1869年，弗雷格在威斯玛读文科中学，在那里他似乎受到了平均程度的教育。

1869年，弗雷格进入位于德国东部的耶拿大学读书，选修了数学、物理学、化学和哲学［如库诺·费舍（Kuno Fischer）关于康德的课］的课程，此后转入哥廷根大学，它是当时德国的一流数学中心之一，在那里他进一步选修了数学、物理学和哲学课程，这次是跟从洛采（Herman Lotze）学习宗教哲学。1873年，他以论文《论想象图形在平面上的几何表示》被授予博士学位。他紧接着撰写了他的资格论文《基于量概念的扩大的演算方法》，这是获得大学授课资格所必需的，弗雷格仅在几个月内就完成了它——其时间短得异乎寻常。由于他在耶拿的导师恩斯特·艾比（Ernst Abbe）的推荐，他被聘在耶拿大学数学系讲授分析几何和函数论，顶替已经生病的卡尔·斯奈尔（Carl Snell）。斯奈尔生病也是弗雷格被要求尽可能快地完成其资格论文的原因。此后，弗雷格一直待在耶拿，直至他于1917年退休。1879年，他被提升为该校有薪的特殊教授（相当于副教授，但薪水很低）。1896年，他被提升为该校荣誉普通教授（正教授，但只是一个荣誉职位）。弗雷格从来没有得到一个正常的有薪水的大学教授职位，而依赖于从卡尔·泽司（Carl Zeiss）基金会获得的资助生活，该基金会是由艾比于1889年设立的。艾比和泽司在耶拿的光学工业上密切合作，正是这一工业的成功使弗雷格得以从事他的研究工作。

弗雷格在生前出版了三本书，分别是《概念文字》（1879）、《算术基础》（1884）和《算术的基本规律》，最后一本书的第一卷出版于1893年，第二卷出版于1903年。在这些书中，弗雷格的主要目标是要证明下面的逻辑主义论题：算术可以化归于逻辑。在《概念文字》中，他给出了对其逻辑系统的第一次表述，算术将凭借该系统而被化归于逻辑。在《算术基础》中，他提出了对其逻辑主义方案的非形式表述，批评了有关算术的其他观点，例如康德和密尔的那些观点。在《算术的基本规律》中，他改善了他的逻辑系统，并试图形式地证明他的逻辑主义论题。不过，在1902年，当第二卷即将出版时，他收到了一封来自罗素的信，该信告诉他，罗素在他的系统中发现了一个矛盾——这就是我们今天所知道的"罗素悖论"。尽管弗雷格很快写了一个附录，试图对该悖论做出回应，但他很快认识到：该回应是不成功的，这导致他抛弃了逻辑主义方案。不过，他继续发展他的哲学观念，并与其他数学家和哲学家通信，还发表了大量有影响的哲学论文。

毫无疑问，罗素悖论给了弗雷格可怕的一击，并且这件事情发生在他个人生活中的一段困难时期。1887年，弗雷格与马格丽特·里斯贝格（Margaret Libseburg，生于1856年）在威斯玛结婚，当时他们与弗雷格的母亲一道搬入了新建的位于森林街29号的一所房子里。但弗雷格的妻子显然患有某种疾病，对此我们一无所知，使得在弗雷格母亲的晚年，照看其母亲成为一件困难的事情。他母亲于1896年搬入一所护理院，并于两年后去世。但随后，马格丽特于1904年也去世了。弗雷格仅与他的保姆米塔·阿恩蒂特（Meta Arndt，生于1879年）相依为伴。不过，1908年，弗雷格收养了一个儿子——阿尔弗里德（Alfred），后者于1921年成为他的继承人。弗雷格和马格丽特没有任何孩子，但弗雷格似乎喜欢孩子（和狗），并且很明显的，他是阿尔弗里德的好父亲。

下面一点也是毫无疑问的，当弗雷格的思想最早得到正式表述时，并没有被理解，更别说被接受了。这必定是令人非常沮丧的事情，特别是在我看来，弗雷格写作的清晰性程度不亚于德语哲学中的任何一个人。从1890年代开始，他的写作日渐增多地显现出苦涩的味道，极其严厉地批评他的同时代人，包括他的耶拿同事的观点。卡尔纳普，在1910—1914年曾听过弗雷格的课，报道说：弗雷格看起来比他的实际年龄老，极为羞怯和内向，他讲课时很少面向听众。不过，他的课还是给卡尔纳普留下了很深的印象，就像它们给维特根斯坦留下很深的印象一样。在1911—1913年的三个场合，维特根斯坦曾与弗雷格讨论过哲学。正是弗雷格推荐维特根斯坦去跟从罗素学习，尽管罗素批评了弗雷格的思想，但维特根斯坦在其一生中都对弗雷格给予了最高的评价。弗雷格也许只有很少的学生，但其中两位成为20世纪伟大的哲学家。如果他活得更长一点，我确信，他去世时会更为幸福一些。

弗雷格的职业理想的幻灭和个人生活的沮丧逐渐对他的健康产生了影响，在其职业生涯的最后几年，他所能做的教学工作越来越少。当他于1917年退休时，他搬到他在波罗的海岸边的祖居地，由于来自维特根斯坦的一笔馈赠，在经济大萧条时期他还能够买一所房子。他发表了构成"逻辑探索"的三篇论文，但他也保留了一部日记，里面表达了一些令人不快的右翼的和反犹太的观点。这些观点在经历第一次世界大战的梦魇的德国并不少见。不过，我仍然认为，一个具有这样的出类拔萃的智力品质的人，在其晚年产生这样的看法，还是令人沮丧的。他于1925年6月26日去世，享年77岁。

陈波：如您所言，在弗雷格写作时，他的思想甚至不为他最密切的同事所欣赏，在耶拿之外，他是相对来说不那么知名的人物。但在20世纪，情况发生了戏剧性的变化。弗雷格逐渐被视为现代逻辑，也就是数理逻辑的创立者，也被视为分析哲学之父。比尼博士，我想知道，是谁或者是一些什么因素造成了这一变化？胡塞尔？罗素？维特根斯坦？卡尔纳普？达米特？或者另外的某些人或者另外一些因素？

迈克·比尼：是的，您是正确的，在20世纪我们对弗雷格的评价发生了戏剧性的转变。胡塞尔了解弗雷格的工作，弗雷格说服胡塞尔认识到其早期的心理主义的错误（对这一点还可以讨论），并且这两个人在1891年通过信，在1906年又再次通信。但我并不认为，很多人是由胡塞尔引向了弗雷格——尽管海德格尔在他的某些著述中也讨论过弗雷格。罗素断言，是他在1903年把人们的注意力引向了弗雷格的工作。确实，罗素的《数学的原则》一书的附录A包含了对弗雷格的思想在英语中的第一次实质性的讨论。但是，却是意大利数学家皮亚诺（Giuseppe Peano）促使罗素注意到弗雷格的，另外一些德国逻辑学家和哲学家更早地讨论过弗雷格的思想，例如恩斯特·施罗德（Ernst Shroder）和贝恩诺·克里（Benno Kerry）。卡尔纳普深受弗雷格的影响，但他本人承认，这仅仅发生在他在第一次世界大战后仔细地阅读弗雷格的著作之后，而不是在听弗雷格的课程之时。我已经说到过维特根斯坦对弗雷格的关注，在《逻辑哲学论》的序言中，他感谢弗雷格的"伟大的著作"，毫无疑问，当人们试图理解维特根斯坦的哲学时，特别是《逻辑哲学论》一书的思想时，他们不可避免地要被引向弗雷格。的确，我可以说，这恰好就是我为什么变得对弗雷格感兴趣的原因——在1980年代，我作为牛津的一名学生，试图去理解维特根斯坦。谈到达米特，他的开创性著作——《弗雷格：语言哲学》，出版于1973年，在1970年代出现的对弗雷格的兴趣的急剧增长方面发挥了极其重要的影响。但也应该提到由奥斯汀在1950年出版的对弗雷格《算术基础》一书的翻译，以及由彼特·吉奇（Peter Geach）和麦克思·布拉克（Max Black）翻译并于1951年出版的弗雷格论著选。维特根斯坦对吉奇和布拉克的选辑提过建议，并曾借给他们他自己保存的某些弗雷格的著作。还应注意的是，弗雷格的《遗著集》（*Nachgelassene Schriften*）于1969年出版，以及他的《哲学和数学通信录》（*Wissenschaftlicher Briefwechsel*）于1976年出版，这表明：早在达米特在英语世界产生影响之前，就已经承认了弗雷格在德语中的重要性。所以，我认为，关于对弗雷格的逐渐理解，可以讲一个复杂的故事，该故事本身对弗雷格的思想投射了一束有意思的光芒。

中户川孝治：您是否认为，在弗雷格的性格、行为或观念本身中，有某些东西也导致了他生前不被承认，却在死后他的影响日渐增长？

迈克·比尼：这是一个好问题。就其性格而言，我们可以把弗雷格与罗素做一个对比，后者在许多方面恰好是他的反面，尽管事实是，在许多时候，他们两人都致力于证明逻辑主义。在其整个一生中，罗素带着极大的自信走上世界舞台。罗素有非同寻常的能量，就极其广大的课题进行写作，从数理逻辑和形而上学到婚姻和性。我确信，如果弗雷格更外向一点，并且有更好的外部联系，他在生前就能够发挥更大的影响。例如，他很少出席学术会议，也很少在耶拿之外发表讲演。当罗素演绎罗曼蒂克故事时，弗雷格却在遛他的狗。还有就是弗雷格的逻辑记号本身，即他的"概念文字"。这从来没有在逻辑学家中受到欢迎，并且比现代记法更难以学习和书写。确实，听到下述说法你或许会莞尔一笑：他的最早的评论者之一（施罗德）批评说，弗雷格陷入了"竖行书写的日本式做法"中。他的记法的二维性质确实妨碍了人们去理解他的量化逻辑，只有当这一逻辑被皮亚诺和罗素发展时，它才具有了我们今天熟悉的那种形式。弗雷格自己所主张的逻辑主义失败还导致哲学家们认为，弗雷格的工作中没有什么有价值的东西——没有任何东西未被罗素和维特根斯坦加以改善。仅仅当哲学家们更详细地研究罗素和维特根斯坦的哲学时，他们才认识到弗雷格思想的重要性，并导致他们去探讨这些思想的本来形式，这开辟了在罗素和维特根斯坦所进行的那些发展和理解之外去从事另外的发展和理解的可能性。

中户川孝治：您能够概述一下弗雷格的主要的逻辑和哲学贡献吗？

迈克·比尼：弗雷格被正确地视为现代逻辑的创立者，在其《概念文字》一书中，他最先阐述了量化逻辑。他还试图证成该逻辑——其办法是，阐明它对函数—主目的使用是基于函数和对象之间的本体论区别，该区别"深深地植根于事物的本性之中"，如他在《函数和概念》（1891）一文中所断言的。量化逻辑比传统逻辑更强有力，一旦掌握了这种新逻辑，弗雷格就能够以一种先前绝无可能的方式，把算术命题形式化。逻辑主义于是就成为一个可行的方案，这在历史上是第一次。并且，在追求这一方案的过程中，弗雷格还对数学哲学做出了重要贡献。而且，在思考他的逻辑和逻辑主义的哲学意蕴时，弗雷格做出了大量的深层区别，例如 Sinn 和 Bedeutung 之间的区别，它们在现代语言哲学和心灵哲学的发展中发生了巨大的影响。

陈波：如您已经说过的，弗雷格是一名逻辑主义者，他试图把数学化归于逻辑。我认为，许多读者都想确切地知道什么是他的逻辑主义。并且，什么是弗雷格所指的"逻辑"？在弗雷格的逻辑观、康德的逻辑观和当代的逻辑观之间，有什么相似性和差别？比尼博士，您能够为我们澄清这些问题吗？

迈克·比尼：好的。首先要注意的是，弗雷格是关于算术的逻辑主义者，而不是关于几何的逻辑主义者。这就是说，他认为算术可以化归于逻辑，但他并不认为几何也能够化归于逻辑（例如，通过分析几何）——这与罗素的观点不同。他认为，几何真理是空间的真理，我们凭借"直观"（康德称之为"Anschauung"）就能够认识它们。用康德的术语来说，弗雷格认为，几何真理是先天综合真理，而算术（和逻辑的）真理是先天分析真理。不过，与康德不同，弗雷格并不认为分析性蕴涵着不足道性。根据康德的观点，逻辑真理是分析的，因而是不足道的；但在断言算术能够化归于逻辑时，弗雷格并没有做出结论说：算术真理因而就是不足道的。相反，他着力于证明，逻辑真理如何能够推进我们的知识。

弗雷格经常被认为持有"普遍主义"的逻辑观，根据这种观点，逻辑真理是能够应用于每一个事物的普遍真理，换句话说，是能够应用于一切能够被设想的东西的真理。他并不持有"模式的"逻辑观，根据这种观点，逻辑是对于逻辑形式或模式的研究。他也没有区分逻辑和元逻辑，尽管他在何种程度上依然从事了元逻辑研究，这在弗雷格学者中间是一个热烈争论的话题。弗雷格的普遍主义逻辑观的一个方面是他的下述学说：每个概念必须相对于所有的对象来定义。他认为，模糊概念处于逻辑的范围之外，所以是有缺陷的。当今的逻辑学家一般不同意这一看法，例如，他们或许认为，模糊概念以及他们所引起的问题——例如连锁悖论——仅仅表明：需要发展一种不同的逻辑——例如直觉主义逻辑或模糊逻辑——去处理它们。

陈波：现在让我们谈论弗雷格的第一本书《概念文字》。在这本书中，弗雷格成就了什么？您能够为我们概述这一成就吗？

迈克·比尼：在《概念文字》中，弗雷格给出了谓词逻辑史上的第一次表述，引入了表示量化的记法，并且还提出了命题逻辑的公理化。他表明如何能够把数学命题形式化，并成功地给出对数学归纳法的纯逻辑分析。他后来还进一步发展了他的逻辑系统，但他在这本小书中成就的东西确实引人注目，尽管逻辑学家花了很长时间才理解这一点。

中户川孝治：弗雷格的逻辑系统与传统的亚里士多德逻辑有什么差别？

迈克·比尼：亚里士多德逻辑在分析多重量化方面遇到了很大的困难。在创立量化逻辑时，弗雷格表明，这些多重量化能够很容易地被形式化。他还表明，传统逻辑的两个部分——三段论理论和命题逻辑，能够整合成一个有包容性的系统，这个系统远比在亚里士多德哲学中能够最大胆想象的任何东西都更强有力。

中户川孝治：《概念文字》对弗雷格的逻辑主义方案做出了什么贡献？还留下了什么事情需要继续去做？

迈克·比尼：《概念文字》提供了一个基本的逻辑系统，凭借该系统，算术命题能够被形式化和证明，并且他凭借关于一一关系的逻辑定义所进行的关于数学归纳法的逻辑分析也是重要的。所留下的、需要继续做的事情就是：提供关于所有算术概念的逻辑定义，包括数词本身，这就是弗雷格要在他的第二本书《算术基础》中完成的任务。

陈波：很好，我们现在转向这本书，许多人把它视为弗雷格的杰作。达米特断言，《算术基础》可以恰当地被称为"分析哲学的第一部著作"。比尼博士，您是否同意这种说法？您能够概述一下这本书的主要成就吗？

迈克·比尼：我赞同这样的说法：《算术基础》是弗雷格的一部杰作，并且确实可以看作"分析哲学的第一部著作"。在该书的前半部分，弗雷格对早先关于算术的说明——例如，康德关于算术是先天综合的理论，以及密尔的经验论观点——提出了某些强有力的反对意见。在该书的后半部分，他概述了他自己的说明，并把数定义为概念的外延，还引用了他的《概念文字》，定义了后继关系。实际上，他表明了如何导出戴德金—皮亚诺公理，我们现在认为，他是在定义自然数序列。

陈波：在《算术基础》的序言中，弗雷格规定了其研究工作必须遵守的三个原则，其中第一个是反心理主义原则："必须鲜明地把心理的东西与逻辑的东西，主观的东西与客观的东西区别开来。"我的问题如下：究竟什么是弗雷格所要反对的心理主义？他反对心理主义的主要论证是什么？您如何评价他的反心理主义及其影响？

迈克·比尼：弗雷格所反对的心理主义实质上是这样的观点：逻辑规律是关于思维的心理规律，后者被理解为是对于我们实际上如何思维的描述。在弗雷格看来，这并没有公正地对待逻辑的规范性质。逻辑告诉我们应该如何思维，而不是我们实际上如何思维。弗雷格就此在《算术基础》的序言中说了很多话。不过他的主要论证是一目了然的。正像我们不会说，某件事情是道德上正确的，仅仅因为大多数人相信它是正确的，或者它看起来是正确的；我们也不会说，一个论证是逻辑上有效的，仅仅因为大多数人认为它是有效的，或者其推理看起来是有效的。我认为，在这个问题上，弗雷格是绝对正确的。当然，如果他是正确的，那么我这样说会感到很高兴，即使每一个别的人都不同意这一说法！如所发生的那样，许多哲学家都同意这一说法，尽管规范性是否可以用自然主义的方式来解释，眼下是一个激烈争论的话题。

陈波：弗雷格所提出的第二个原则是语境原则："必须在一个命题的语境中去询问一个词语的意义，而不要孤立地去询问它的意义。"在弗雷格的数学哲学中，这个原则起了什么作用？它与反心理主义原则之间是什么关系，如果有任何关系的话？

迈克·比尼：在《算术基础》的主要论证中，在解释可能如何理解数（作为不存在于时空之中的抽象对象）的时候，弗雷格求助于语境原则。他的回答是巧妙的：我们通过把握数词的意义来理解数，我们又通过数词在其中出现的语句的意义来把握数词的意义。这给予我们一个暗示，如何去理解语境原则和反心理主义原则之间的关系，因为如果我们认为，把握一个词语的意义就是要具有适当的"观念"（按心理主义方式来理解），那么，我们就很难找到与数相对应的观念。但是，根据弗雷格的观点，要把握一个数词的意义，去理解该词在其中出现的语句的意义就足够了，并且这种意义要按逻辑的方式而非心理主义的方式来解释。

陈波：比尼博士，我们稍等片刻再去讨论弗雷格的第三个原则。您能够先澄清一下弗雷格的断言："对数的陈述包含关于一个概念的断定"吗？如您所知，这个断言在弗雷格的哲学中非常重要，您能够解释一下它的意谓吗？

迈克·比尼：是的，您正确地意识到了这个断言的重要性：它在弗雷格的说明中处于核心位置。让我们考虑弗雷格自己的一个例子：朱庇特有四个卫星。我们也许倾向于把这个命题解释为，它谓述了朱庇特有四个卫星这个性质，但这样一来，我们发现很难分析有四个卫星的性质。不过，根据弗雷格的观点，应该把该命题理解为不是在说关于一个对象的某些东西，而是关于一个概念的某些东西：它并没有谓述朱庇特这个对象有四个卫星这个性质；相反，它谓述了朱庇特这个概念有有四个例证这个性质。有四个例证这个性质是一个二阶性质，也就是说，是对于一个一阶性质成立的性质（在这种情形下，是朱庇特的卫星这个性质），并且，关于有四个例证这个性质的关键东西，就是它能够纯逻辑地加以定义。

在讲授和写作关于弗雷格的东西时，我经常解释这一分析的意义，常常举否定存在陈述为例证，例如"独角兽不存在"。再一次地，我们在这里也许被诱使把这个陈述看作在说关于对象的某些东西——把不存在这个性质归属于独角兽。但是，这样一来，这些独角兽是什么东西？难道它们不必以某种方式存在——或者在某些非现实的世界中"潜存"——以便在那里成为我们的命题的主词？不过，按照弗雷格的说明，否认某种东西存在，就是说相关的概念没有例证：没有必要去设定某些神秘的对象。说独角兽不存在，就是说独角兽概念未被例证，这在谓词逻辑中很容易形式化为"¬（∃x）Fx"，其中"Fx"表示"x 是独角兽"。

类似地，说上帝存在就是说上帝概念有例证，也就是说，否认上帝概念没有例证（或有零个例证）。（如果我们打算说，有且仅有一个上帝，我们还必须否认该概念有两个或多个例证。）按照这样的观点，存在不再被视为一层性质，而是相反，存在陈述要根据二层性质有例证来分析，后者由存在量词来表示。正如弗雷格在《算术基础》第 53 节中所注意到的，这对于传统的本体论论证中的错误提出了一个漂亮的诊断。弗雷格对数和存在陈述的分析因此成为逻辑分析的力量的出色体现。

陈波：达米特写道，《算术基础》的 62 节"也许可以证明是所曾写过的最有繁殖力的哲学段落"。它引入了现在所谓的"休谟原则"，近年来关于后者有大量的争论。它也与所谓的"朱丽叶·恺撒问题"相关联。于是，我有如下的问题：确切地说，什么是休谟原则？它在弗雷格的逻辑主义方案中发挥了什么样的作用？为什么它是有争议的？它如何与朱丽叶·恺撒问题相关联？什么是弗雷格对此问题的解决方案？学者们最近对这些问题有哪些思考？举例来说，休谟原则可以被视为分析的吗？比尼博士，您能够为我们澄清这些问题吗？

迈克·比尼：好的，陈教授。我们现在确实处于弗雷格哲学的中心地带，您提出了一些已经发生很多争论的关键性问题。让我再一次同意达米特关于《算术基础》62 节的重要性的判断，尽管他还曾说过，62 节正是在哲学中最先发生语言转向的地方。我认为，后一说法是一种夸张，其理由从我已经说过的话语中可以清楚地看出来。因为弗雷格对数陈述的分析也体现了人们在谈论语言转向时脑袋里所想到的东西，也就是下面的观念：哲学问题可以这样来解决，其途径是把一个命题转换为另一个命题，对一个误导人的命题进行释义，以便澄清它"真正意指"的东西。根据弗雷格的观点，数陈述"实际上"是关于概念的，而不是关于对象的。但是，正如夸张说法经常发生的那样，达米特的建议可以用于一个有用的目的：它再一次凸显了我本人称之为"解释的"或"转换的"分析的重要性。在回答您的问题之前，我也应该指出，我偏向于谈论"康托尔—休谟原则"，因为对于康托尔在这个故事中所起的作用来说，这样的说法才是公正的。休谟仅仅考虑了有穷的情形，正是康托尔最先把它用作一个明显的原则。

康托尔—休谟原则断定了下面两个命题之间的等价，我分别简记为（Na）和（Nb）：

（Na） F 概念等数于 G 概念。

（Nb） F 的数等于 G 的数。

让我们开始于（Na）。说两个概念 F 和 G 是等数的，就是说处于概念 F 之下的对象能够与处于概念 G 之下的对象一一对应，换句话说，存在着与 G 一样多的 F。而这只是说，F 的数与 G 的数相同，这正是（Nb）所说的东西。所以,(Na)和(Nb)确实是等价的。

康托尔—休谟原则的作用现在可以解释如下。回忆一下,在弗雷格看来,我们通过把握数词——也就是像"F的数"这样的词——的意义来理解数。根据语境原则,我们这样做的途径是,把握数词在其中出现的句子,也就是像(Nb)这样的句子的涵义。但是,(Nb)的涵义是什么呢?根据康托尔—休谟原则,(Nb)等价于(Na)。所以,我们通过把握(Na)的涵义并且接受该原则来把握(Nb)的涵义。进而言之,(Na)的关键之处是,既然一一对应能够被纯逻辑地定义,于是它也可以被纯逻辑地定义。所以,如果我们把语境原则和康托尔—休谟原则搁在一起,那么,情况似乎是:我们关于逻辑的知识就足以解释我们对数的理解。

这个结果看起来太好了,以至很难是真的。并且,在《算术基础》中,弗雷格本人立刻提出了一个反对意见。这就是朱丽叶·恺撒问题,它在本质上可以陈述如下。康托尔—休谟原则允许我们识别两个数什么时候相同,什么时候不同,只要它们是被当作数给予我们的(它们是相同的数,如果相应的概念是等数的);不过,它并没有告诉我们,一个被当作数而给予我们的对象,与一个不作为数给予我们的对象,例如朱丽叶·恺撒,是不是相同的。就我们所知的一切而言,或者无论如何,如果我们所知道的仅是康托尔—休谟原则,7这个数也许实际上就是朱丽叶·恺撒。换句话说,该原则并没有为识别数规定一个充分条件。

正是因为这个原因,弗雷格进而不是凭借语境原则隐含地定义数,而是通过把它们等同于概念的合适的外延来明确地定义数——而概念的外延能够被纯逻辑地定义。例如,数0用不等于自身这个概念来定义,后者可以逻辑地表示为"$x \neq x$"。既然没有任何东西不等于其自身,处于这个概念之下的数就是数0。事实上,数0是处于与不等于自身这个概念"等数"(使用弗雷格的术语)的任何概念之下的事物的数,而这导致把数0显定义为"与不等于自身这个概念等数"这个概念的外延。(在《弗雷格读本》第116-120页,我详细解释了弗雷格的说明,任何想知道更多的人可以参阅该处。)在已经提供了他的显定义之后,弗雷格于是能够推导出康托尔—休谟原则,后者反过来可用来推导出戴德金—皮亚诺公理。

康托尔—休谟原则是现在被广泛称为"抽象原则"的一个例证,后者试图根据在某些另外的（更基本的）类型的对象之间成立的某种等价关系来定义某种类型的抽象对象（例如数）。弗雷格本人所给出的另一个例子是根据平行来定义方向。把我所陈述的（Na）和（Nb）与下面的定义相比较：

（Da）　线段 a 平行于线段 b。

（Db）　线段 a 的方向等于线段 b 的方向。

如果两条线段是平行的，那么，它们的方向是一样的，反之亦然。所以，（Da）和（Db）是等价的，并且，我们用与定义数的方式相类似的方式去定义方向。

在过去一些年内，关于抽象原则发生了大量的争论：哪些东西是好的，哪些东西是坏的？康托尔—休谟原则似乎是好的。如果是这样，为什么我们不简单地把它当作一个公理？我们不得不回答朱丽叶·恺撒问题，但是，如果我们仅仅把该原则看作我们关于数的知识的构成要素，结果会怎么样呢？这会实际上把该原则看作"分析的"吗？我们能够把它看作一条逻辑的原则吗？如果这样的话，我们应该同意这样的判断：就其逻辑主义而言，弗雷格本质上是正确的吗？这些问题位于当今的数学哲学家们激烈争论的问题之列。

陈波：比尼博士，您所说的这一切都很有意思。我本人不是数学哲学的专家，不过在我看来，您是在强调弗雷格的数学哲学仍然非常具有活力。在《算术基础》一书的末尾，弗雷格做出结论说，"从前面的讨论可以看出，算术真理的分析的和先天的性质至此已经显现为高度可能的"。当您心中想到蒯因后来对分析性的攻击时，您还认为弗雷格在这里是正确的吗？这与现在所谓的"弗雷格定理"有关联吗？您能够为我们简要地解释这个定理吗？

迈克·比尼：确实，我认为弗雷格哲学中有很多有价值的东西。但是，让我就分析性说一些话。有意思的是，在《算术基础》之后，弗雷格本人再没有谈到过算术的分析性，他所断言的是算术能够"化归于"逻辑。我的怀疑是，他很快就对分析性概念持有了怀疑，远在蒯因之前。所以，在我看来，关键的问题是，算术是否可以化归于逻辑，并且这提出了有关逻辑的性质的问题。我已经说过，关于后一问题近来有很多争论。

弗雷格的逻辑是一个二阶逻辑的系统，也就是说，允许关于函数和对象的量化。但是，谁都知道，蒯因否认二阶逻辑是真正的逻辑。我本人认为二阶逻辑是逻辑，但重要的问题是你能够用这种逻辑做什么样的事情，而不是什么东西是那个在绝对意义上"正确的"逻辑。于是，这的确与现在所谓的"弗雷格定理"相关联，它陈述说，在二阶逻辑中，戴德金—皮亚诺公理可以从康托尔—休谟原则中推演出来。这是弗雷格在《算术基础》中所证明的。于是，如果我们同意二阶逻辑是逻辑，以及（更有争议的）康托尔—休谟原则是逻辑原则，那么，我们就得到逻辑主义的一个新版本。所以，逻辑主义确实是一个有活力的论题。

陈波：现在，让我们讨论弗雷格的重要论文《函数和概念》。您新近发表了一篇论文——《弗雷格对函数—主目分析的使用以及他引入真值作为对象》（2007），其中您讨论了弗雷格的这篇论文。您在这里能够简要解释一下弗雷格的关键性思想，以及他的断言"概念是其值总是真值的函数"吗？

迈克·比尼：好的，但让我先简要解释一下在 1884 年至 1893 年的这段时期，《算术基础》在 1884 年出版，《算术的基本规律》第一卷在 1893 年出版。在这段时期内，弗雷格改善了他的逻辑系统，以至他实际上能够形式地证明他先前在《算术基础》中非形式概述的东西。特别是，他引入了表示概念外延的记法，如我们已经看到的，他最终用这套记法去明显地定义了数。他还发展和澄清了某些底层的哲学观念。这种澄清是他在1891—1892 年发表的三篇重要论文——《函数和概念》、《论涵义和所指》以及《论概念和对象》 ——中所做的事情。

在《函数和概念》中，他解释了他已经如何把数学中的函数概念扩展到逻辑中，其途径是特别地把概念当作函数。在《概念文字》中，他已经把概念构想为把对象映射到他所谓的"概念内容"上的函数。于是，举"陈波是一位哲学家"为例。陈波是一个对象，如果您不在乎我称您为"对象"的话，并且"哲学家"这个概念就是该命题所说的适合您的东西。弗雷格所构想的概念表达式，就是我们从一语句中去掉名称后所得到的东西，例如从上一语句中去掉"陈波"之后，得到"是一位哲学家"；或者更精确的，"（ ）是一位哲学家"，既然弗雷格要凸显那个

"空位",一个对象的名称要填进那个空位才能完成一个句子。这个句子代表一个"概念内容"——在本例中,也许我们可以这样描述它,就是您是一位哲学家这种情景——我确信,您会对这种情景感到满意。

不过,由于在我的论文中解释过的原因,弗雷格逐渐放弃了他早先的内容概念,重新考虑了什么是一个被理解为函数的概念的值。在《函数和概念》中,他论证说,必须把它视为真值。于是,这就是我们如何达到下述断言的过程:概念是一个其值总是真值的函数,弗雷格将真值本身也理解为对象。我现在认为,弗雷格关于这一点的论证是成问题的,从罗素和维特根斯坦开始,许多人都批评了这一看法。但是,这一做法却允许弗雷格去简化他的逻辑系统;恰如任何其他的对象一样,真值也能够被当作对象,能够把概念和其他函数应用于它们。正像数字函数是从数到其他数的映射一样,概念也是从对象到其他对象的映射,尽管在这种情况下,仅存在两个对象作为概念的值,即"真"和"假",如弗雷格所称谓的。

陈波:也许,此处我们可以谈论弗雷格在这个时期所写的另一篇论文——《论概念和对象》,并讨论他在《算术基础》中所提出的三个原则之一,我们迄今还没有讨论过它。这个原则是"要始终记住概念和对象之间的区别"。您能够解释一下这个原则吗?您已经谈到过"概念的外延",人们还找到了弗雷格关于"值域"的谈论。您能够详细解释"概念的外延"或"值域"吗?它们是概念还是对象?或二者都不是?概念和对象是什么类型的实体?

迈克·比尼:好的,我们已经看清楚弗雷格如何把"陈波是一位哲学家"分析为两部分:一个是名字"陈波",另一个是概念表达式"( )是一位哲学家"。该名字代表一个对象,该概念表达式代表一个概念。把语句分析为函数和概念,并把概念看作函数的类型,把对象作为主目(以生成真值作为语句的值),这一分析对弗雷格来说绝对是基础性的。如我早先指出的,他把概念和对象——或更一般地说,函数和对象——之间的这种区别看作"深深地植根于事物的本性之中的"。他把对象看作"饱和的"实体,把概念和其他函数视为"不饱和的"实体,其不饱和性表现在存在于概念表达式中的"空位",我已经谈过它。函数和对象之间的区别因此既是互斥的又是穷尽的。所有的实体或者是饱和的或者是不饱和的。如果是饱和的，它们是对象，并且不能是函数；如果是不饱和的，它们是函数，并且不能是对象。

那么，什么是概念的外延？传统上认为，概念的外延是处于该概念之下的那些对象的集合。弗雷格用了稍微复杂一些的技术性术语，但仍然遵循这一基本的观念。在弗雷格看来，一个概念的外延就是每一个对象与两个真值之一的有序偶的集合。所以，"哲学家"这个概念的外延就是像〈陈波，真〉、〈中川户孝治，真〉、〈朱丽叶·恺撒，假〉、〈月亮，假〉这样的有序偶集合，其中对象或者与真配对，或者与假配对。弗雷格关于"函数的值域"的概念只不过是概念的外延这一观念的推广。它是主目与值的有序偶的集合，每一个函数根据唯一的此类集合来定义。

概念的外延和函数的值域是对象还是函数？例如，我们谈论"'哲学家'这个概念的外延"（the extension of the concept *philosopher*），这就表明，弗雷格认为它是一个对象。我们能够把概念用于这样的对象，我们说该概念有不止一个元素，它的名称表明它是"饱和的"。弗雷格承认，概念的外延和值域是抽象对象，而不是普通的时空对象，但它们仍然是对象，而不是概念。

中户川孝治：在《论概念和对象》一文中，弗雷格在解释他的观念时，还宣称"马概念不是一个概念"，这听起来很奇怪，甚至是悖论性的。是什么因素导致弗雷格做出这样的断言？并且如果它确实是一个悖论，那么，有可能用何种方式去消解它？

迈克·比尼：是的，这确实是一个悖论，并且弗雷格从未对它给出合适的回答，虽然我们可以用他的名义给出建议性方案。他之所以得出这一悖论，是因为他绝对地区分概念和对象，并且坚持认为，任何形如"那个 F"（the F）的表达式都代表一个对象（假如它代表任何东西的话），而不是代表一个概念。如果要求我们给出概念的一个例子，我们也许会说"马概念是一个概念"。但是，根据弗雷格的观点，"马概念"指示一个对象，既然对象不是概念，因此"马概念"并不代表一个概念。于是，我们将无法给出一个好的例子！我们似乎使自己陷入一团淤泥中。弗雷格在这里谈到了日常语言的不适用性：它有时会误导我们说出一些严格说来是不正确的话。但我们能够做得比这更好——假如我们遵循达米特最先提出的一个建议。回忆一下，在弗雷格看来，一个概念必须针对所有的对象来定义。所以，我们能够设想，概念把所有对象分成了处于它下面的那些对象和不处于它下面的那些对象。于是，当我们说"马概念是一个概念"（弗雷格认为这一说法是假的）时，我们只是试着在说：每一事物或者是马或者不是马。在谓词逻辑中，这可以很容易地被形式化为"（∀x）(Hx∨¬Hx)"，其中"Hx"表示"x 是一匹马"。弗雷格会很满意于这样的说法。正像我们在"独角兽不存在"的例子中所看到的那样，该句子能误导我们认为，独角兽必定在某种意义上存在，我们能够重新表述那个有问题的命题，以便弄清楚它"真正"在谈论的东西。这是我所谓的"解释性"或"转换性"分析的另一个例子——通过重新表述已引起麻烦的命题来消解哲学问题。虽然弗雷格本人并没有消解马概念悖论，他却提供了这样做的工具和一般的策略。

陈波：现在让我们回到弗雷格的论文《论涵义和所指》（1892），这是他最著名的和最有影响的工作。在您所编辑的《弗雷格读本》（该文被收入其中）一书的引言中，您写了专门的一节讨论"Bedeutung"一词的译法，这是一个在弗雷格文献中极有争议的问题。我认为该节很有内容，要求一名研究生把它译成中文，如您所知，已经发表在《世界哲学》（2008 年 3 月号）上面。您能够简要地给我们解释一下，您自己关于如何翻译"Bedeutung"的决定吗？

迈克·比尼：好的，我可以确实地告诉您，我的决定是：对"Bedeutung"一词实际上不加翻译！但是，在我说某些东西为我的决定辩护之前，让我利用这个机会对您表示感谢，把我的论著译成中文发表。在该文中，我解释了对"Bedeutung"一词在弗雷格著作中的用法做翻译的历史；所以，对于任何对这个历史感兴趣的中文读者，我推荐他们去读《世界哲学》上的那篇译文。"Bedeutung"已经以各种方式被译成"指称"（reference）、"意义"（meaning）、"指谓"（denotation）、"意谓"（significance）、"指示"（indication）和"所指"（nominatum），并且，对于其中的每一个译法，都有支持和反对的论证，其中有些论证不错，有些论证差劲。正是因为这一点，以及所出现的所有那些争辩，我认为，在编辑供广泛使用的弗雷格论著的版本时，最好的办法是对"Bedeutung"一词不加翻译。通过这种方式，关于应该如何在各种语境中翻译这个词，读者可以做出他们自己的决定，由于未被翻译，"*Bedeutung*"这个关键词的所有出现被凸显出来。如果我必须选一个英文词去翻译"*Bedeutung*"的话，我会挑选"reference"（指称）一词。但是，该词在某些地方比在其他地方更恰切，所以，在有关弗雷格的著述中，我倾向于用那个未被翻译的德文词，只是在合适的场合，我会解释它在任何给定的语境中意谓什么。

人们很容易忘记下面一点：翻译包含着解释，我们在阅读哲学著作的译本时必须十分小心。翻译一部哲学著作本身需要哲学技巧，我担心，有太多的哲学家没有意识到这一点。我认为，阅读和翻译用非母语写作的哲学著作时，一位哲学家所必须具备的实质性技巧是：他必须学会对用来解释一个观念或论证的那些词语保持特别的敏感。

陈波：记住这一点之后，您如何解释弗雷格关于 *Sinn* 和 *Bedeutung* 之间的基础性区分呢？是哪些因素导致了这一区分？它与弗雷格的逻辑主义纲领有什么关系？它引出了哪些问题或麻烦？

迈克·比尼：有大量的因素导致这一区分。弗雷格逐渐认为，所有三类语言表达式——名称、概念词（或更一般的，函数词）和语句，全都有 *Sinn* 和 *Bedeutung*。但是，在每一种情形下，其理由是不一样的（并且，有些理由比其他理由更好一些）。如同弗雷格本人在该篇论文的开头所做的那样，解释该区别的最简单的方式，就是考虑等式语句的信息内容。一个形如"a = a"（例如"7 = 7"）的陈述是不足道地真，而一个形如"a = b"（例如"4 + 3 = 5 + 2"），如果是真的，则能够告诉我们某些东西。在他的早期工作中，弗雷格已经在或多或少同义的意义上使用了"*inhalt*"（内容）、"*Sinn*"和"*Bedeutung*"等词语。但是，如果"a"和"b"的"内容"是同一的，那么，一个形如"a = b"的陈述怎么能够是有信息内容的？弗雷格的回答是，区分"*Sinn*"和"*Bedeutung*"（这是在他早期的"内容"中引入的一个划分）。一个名称的 *Bedeutung* 就是被指涉的那个对象，而 *Sinn* 则表明了该对象被指涉的方式。［您已经看到，我在这里用"refer"（指涉）这个英文词去解释弗雷格的观念。我们因此能够把被指涉的那个对象说成该名称的"指称"（reference）或（也许更好）"所指"（referent）。］

现在考虑弗雷格自己所给出的关于有信息内容的等式陈述的著名例子:"晨星是暮星。"两个名字"晨星"和"暮星"指涉同一个对象,即金星(当然,它实际上是一颗行星,而不是恒星):它们有同一个 *Bedeutung*。这就是该等式陈述为真的原因。但是它们有不同的涵义——以后我将使用"sense"(涵义)一词作为对"*Sinn*"的英译,并且我认为这是完全没有问题的。"晨星"指涉早晨出现的金星,"暮星"指涉晚上出现的金星。我们能够以不同方式给"金星"赋义,这就是我们有两个表达式去反映这些不同方式的原因。如弗雷格所注意到的,我们在早晨看到的那颗明亮的星,与我们在晚上看到的那颗明亮的星是同一颗星,它是一个经验的发现。

弗雷格也为概念词做出了同样的区分。例如,"等边三角形"和"等角三角形"这两个概念词有同样的 *Bedeutung*,根据他的观点,这就是该概念本身。它们也有同样的外延,这就是处于这个概念之下的那些对象的集合(粗略地说,按照弗雷格的观点,如我们已经看到的,我们通常提到对象的序偶)。但弗雷格仍然区分了该概念本身(一个"不饱和的"实体)与该概念的外延(这是一个对象)。不过,尽管它们指涉同一个对象,但它们却是以不同的方式指涉它的,一个反映了等边性的观念,另一个反映了等角性的观念。于是,即使所有等边的三角形都是等角三角形,并且所有的等角三角形都是等边三角形,这两个概念词还是有不同的涵义。我认为,*Sinn* 和 *Bedeutung* 之间的区别在这里不那么直观,因为我们也许倾向于说,这里有不同的概念,并从内涵而不是从外延的角度来理解概念。弗雷格能够为这种做法辩护,不过,关于这个问题存在着争议。

他还对语句做出了同样的区分,而这一做法被证明是特别有争议的。在弗雷格看来,一个句子的 *Bedeutung* 就是真值,它的涵义就是它所表达的思想。于是,"晨星就是暮星"的 *Bedeutung* 是真,它的涵义(大体上)就是下面的思想:我们在早晨看到的那颗明亮的星,与我们在晚上看到的那颗明亮的星是同一颗星。我们已经谈到过弗雷格的学说:概念是函数,它把对象映射到两个真值之一。我们也已经看到,用一个名称去填充一个概念词的结果就是语句。所以,如果对象是名称的 *Bedeutung*,概念是概

念词的 *Bedeutung*，那么，用名称填充概念词所得到的语句的 *Bedeutung* 就是相应的概念对于相应的对象的值，换句话说，就是两个真值之一。我们能够用许多不同的方式去设想这两个真值，其中每一种方式都被反映在相应的语句中，语句的涵义就是相关的思想。

把一个语句的"意义"（meaning）说成是它的真值，这种做法看起来很奇怪，这就是我为什么不赞成用"意义"作为"*Bedeutung*"的翻译的理由之一（尽管必须指出，这在德语中听起来也很奇怪）。但是，"指称"（reference）似乎也好不到哪里去，这就是为什么人们建议用"意谓"（significance）去取代它的原因。但是，无论"意谓"在语句那里具有什么样的优点，它在名称那里是非常不合适的。所以，这个词也应该加以拒绝。我们由此看清楚了为什么"*Bedeutung*"是如此难以翻译：我们所选择的任何一个词都不能恰当地起作用，并且不能同样好地适合所有三种情形——名称、函数词和语句。

弗雷格为所有三种情形做出了那个区分，这一事实表明：那些情形是类似的。但是，这里也有问题。弗雷格允许这样的可能性：有涵义而无所指。确实，这也许可以看作导致那一区分的另一个动因。弗雷格在几个地方谈到，"涵义"是所指的"呈现方式"；但是，如果没有所指，那么如何能够有所指的呈现方式？更频繁地，弗雷格把"涵义"说成是"确定"所指的"方式"，这一说法要好一些，因为结果也许是，没有任何东西被确定。但是，如果一个名称没有所指，那么，该名称在其中出现的那个语句也将没有真值，因为一个语句的 *Bedeutung* 是由它各部分的 *Bedeutung* 所决定的。于是，情况似乎是，我们已经排除了下面的可能性：存在任何虚构的真理，例如"哈利·波特是一个男童巫"。无论如何，弗雷格的语言哲学要站得住，我们还需要对虚构给出某种说明。

哲学家们还在下面二者之间做出区分：一是名称，如"金星"；一是摹状词，如"晨星"（the morning star）。弗雷格却对它们一视同仁，但有非常好的理由去认为，它们各自的语言作用是很不相同的。表达这种不同的一种方式是说：名称必须有所指（如果它们在根本上打算"意指"任何东西的话），但是不必有涵义；而限定摹状词必须有涵义，但不必有所指。这仅仅是关于这个问题的众多可能的观点中的一种。所有这些争论——以及由弗雷格的观念所引起的许多其他的争论——都是当今热烈辩论的对象。

您还问到弗雷格的区分与他的逻辑主义方案之间的关联。关于这一点也有许多话可说。但是让我在这里仅提到一个关键性联系。回忆一下,弗雷格力图证明算术真理如何能够是有信息内容的,也就是说,如何能够不是不足道的。举 "7 + 5 = 12" 为例。在弗雷格看来,这是一个逻辑真理,但它与 "7 = 7" 不同,并不是不足道的,因为 "7 + 5" 和 "12" 有不同的涵义,就像 "晨星" 和 "暮星" 有不同的涵义一样。

陈波:这使我们很好地回到了弗雷格的逻辑主义方案。于是,让我们谈论弗雷格的第三本书——《算术的基本规律》。我的问题与我关于《算术基础》所问过的问题类似。在这本书中,弗雷格的目标是什么?他实际上做成了哪些事情,或什么样的事情?

迈克·比尼:弗雷格的目标就是用形式的方法去证明他在《算术基础》中仅仅用非形式的方法所概述的东西,即算术可以化归于逻辑。他以更为精致的方式表述了他的逻辑系统,并且在第二卷中,他还对现有的关于实数的观点提出了更强有力的反对意见,如同在《算术基础》中他批评先前的关于自然数的观点一样。他攻击心理主义和形式主义——在我看来,非常有说服力——以及像康托尔和戴德金这样的他的同时代人的观点。他打算写第三卷,以完成他的逻辑主义方案,但如您所知,在1902年6月,当时第二卷尚在印刷中,他收到来自罗素的一封信,此信给他的工作以致命的一击。

陈波:是的,罗素致弗雷格的信确实非常著名,我也想问您关于这封信的问题。罗素在弗雷格的系统中所发现的悖论究竟是怎么回事?该悖论如何出现在弗雷格的系统中?弗雷格如何对它做出反应?可能如何去解决该悖论?您能够给我们解释一下这些问题吗?

迈克·比尼:该悖论是由弗雷格诉诸外延概念所引起的。回忆一下,在《算术基础》的结尾处,弗雷格利用概念的外延来定义数。但是,什么是概念的外延?弗雷格对它们的理解实际上体现在《算术基本规律》所规定的一个新公理中。这就是他的不那么著名的公理 V,它断定了如下两个命题之间的等价:

（Va）对于每一个主目，函数 F 与函数 G 有同样的值。

（Vb）函数 F 的值域（value-range）等于函数 G 的值域。

如我们已经看到的，弗雷格关于函数值域的观念是他关于概念外延的观念的推广。（Va）和（Vb）于是生成如下一个特例：

（Ca）概念 F 像概念 G 一样，适用于同样的对象（也就是说，无论什么东西，只要处于概念 F 之下，就处于概念 G 之下，反之亦然）。

（Cb）概念 F 的外延等于概念 G 的外延。

让我们直接注意（Ca）和（Cb）之间的类似——或者更为一般地，（Va）和（Vb），以及（Na）和（Nb），也就是由康托尔—休谟原则所断定的那种等价关系。换句话说，公理 V 与康托尔—休谟原则有恰好相同的形式。如弗雷格所看到的，公理 V 确保了每一个（合法的）概念都有外延，正如同康托尔—休谟原则确保了每一个数词都有 *Bedeutung* 一样。

就其出现在弗雷格系统的情形而言，罗素悖论现在可陈述如下。如果每一个概念都相对于所有对象来定义（如我们已经看到的，这就是弗雷格的主张），那么，每一个概念都可以看作把所有对象划分成两类：那些处于它之下的对象，和那些不处于它之下的对象。如果概念的外延是对象（弗雷格假定它们是如此，就像数一样），那么，外延本身也可以划分成两类：那些处于该概念之下并且它们是其外延的外延（例如概念是一个外延的外延），和那些不处于该概念之下并且它们本身不是其外延的外延（例如，概念是一匹马的外延）。但是，现在考虑概念是一个并不处于它自身之下的概念的外延。这个概念的外延是否处于该概念之下？如果它处于该概念之下，则它不处于该概念之下；如果它不处于该概念之下，则它处于该概念之下。我们已经得出了一个矛盾，这就是罗素悖论。

现在考虑下述情形：概念 F 和概念 G 是同一的。那么，它们有同样的外延，于是（Cb）是真的。但是，如果该概念是一个并不处于它自身之下的概念的外延，那么，情况就不会是这样：任何处于这个概念（概念 F）之下的东西也处于这个概念（概念 G）之下，就如同它自己的外延的反例所表明的，因此（Ca）是假的。公理 V 断定了（Ca）和（Cb）之间的等价关系，因此也是假的。弗雷格试图把公理 V 视为一个逻辑真理，但它远不是一个逻辑真理，甚至根本不是一个真理！

究竟哪里出了错？在我看来，应该对悖论负责的是下述假定：概念的外延是与处于该概念之下的那些对象同类型的——或处在同一层次上的——对象。如我早先说过的，像康托尔—休谟原则这样的原则现在可以叫作"抽象原则"，公理 V 也是一个抽象原则。尽管康托尔—休谟原则可以看作一个好的抽象原则，但是，公理 V 似乎是一个坏原则。在公理 V 中特别成问题的——至少按弗雷格的理解——是下述假定：已被隐含定义的概念的外延——或者说，值域——已经处在对象域之中，在（Ca）和（Cb）中所陈述的等价关系被认为是在该对象域上成立的。

关于"抽象原则"的谈论提示了一个明显的回答：概念的外延应该被视为从相应的等价关系中抽象出来的：无论人们是否把它们看作真正的对象，它们确实不是已经在原来的对象域中的对象。在发展他的类型论以作为对该悖论的回答时，罗素的反应本质上就是如此。有零层对象、概念的一层外延、概念的二层外延，诸如此类。承认对象的这样一种分层就能使人们避开悖论，尽管随之而来的困难问题变成了如何发展一种类型论，使得逻辑主义仍然是一种可行的立场。罗素最后不得不引入其他一些公理，其逻辑性质是完全不清楚的。但是，这是逻辑史和分析哲学史上的另一个长故事。

至于弗雷格，他最初的反应是：简单地不允许把概念用于它自己的外延，并相应地限制公理 V。当时，他的《算术基本规律》第二卷正在印刷中，他匆忙地写了一个附录，在其中给出了如此反应。但是他很快明白，这个反应是不适当的：除其他原因外，它看起来是特设性的，在哲学上没有合理的动因。他承认罗素的反应是可能的，即把概念的外延当作"不合适的对象"，如弗雷格所称呼的。但是，对于弗雷格来说，由此导致的理论的复杂性与他的"普遍主义"逻辑观相冲突，也就是说，与他的下述观点相冲突：逻辑原则应该毫无限制地应用于所有类型的对象。他最终逐渐抛弃了他的逻辑主义。

中户川孝治：最近一些年来，逻辑主义正在以"新逻辑主义"或"新弗雷格主义"的名义得到某种程度的复兴。新逻辑主义与弗雷格或罗素的逻辑主义有什么不同？谁是它的主要提倡者？您自己对它怎么评价？

迈克·比尼：我们早先谈论过目前所谓的"弗雷格定理"，它断言：定义算术的戴德金—皮亚诺公理能够在二阶逻辑中由康托尔—休谟原则推演出来。正是这一结果导致了新逻辑主义。弗雷格和罗素都不准备断言，康托尔—休谟原则是基础性的逻辑原则，他们认为，该原则不得不从逻辑原则和定义中推导出来。但是，如果我们能够以某种方式论证说，它确实是一个基础性的逻辑原则，那么，一种新形式的逻辑主义就是可能的。两个最重要的新逻辑主义者是克里斯宾·赖特和鲍伯·黑尔（Bob Hale）。他们还试图如此确认抽象原则，用它去定义实数，将其理解为"测度数"而不是"计数数"。弗雷格认为，实数和自然数是很不相同的实体，并且提出了不同的逻辑主义说明。赖特和黑尔在这一点上追随弗雷格。我自己关于逻辑主义的看法，如我先前暗示的，取决于你把什么东西看作"逻辑"。在我看来，"算术可以化归于逻辑吗？"这个问题并不允许一个简单的肯定或否定的回答。

陈波：新逻辑主义是哲学家们发展弗雷格思想的一种路径。在近些年来，他的思想还以什么其他路径得到发展了吗？

迈克·比尼：弗雷格现在被广泛地看作分析哲学的奠基者之一，在分析哲学的大多数领域，他的思想被提到、讨论、批评并得到发展。所以，一个充分的回答将包含谈论分析哲学的整个历史。不过，在指出这一点之后，对于下面一点很少有怀疑：在语言哲学和心灵哲学领域，弗雷格的思想特别有影响力，*Sinn* 和 *Bedeutung* 之间的区分处于辩论的中心地带。仅举一个例子，近来对索引词有很多讨论，索引词是指像"我""你""这里""现在"这样的词语，其所指系统地依赖于使用语境。但是，尽管在任何给定的场合可以弄清楚其所指，但这类词语的涵义是什么？弗雷格只对索引词做了很少的评论，他的涵义理论应该如何发展以便容纳索引词，对于这一点是有争议的。

陈波：在他的晚年，弗雷格谈到，在外部世界和内在世界之外，还存在一个"第三域"，数、概念、涵义、思想、真和假以及其他抽象对象居住在其中。比尼博士，您能够解说一下这个第三域概念吗？

迈克·比尼：好的。在其生命的最后几年，弗雷格写作了系列论文，合称"逻辑探索"，在这些论文——特别是其第一篇题为《思想》的论文中，引入了"第三域"概念。基本的想法非常简单。我们可以同意，至少存在两类事物——物理事物和精神事物。物理事物，例如桌子和椅子、树木和岩石，以及其他的经验对象，居住在外部世界中。精神事物，例如感觉、情感和"观念"，弗雷格也将其看作"意识的内容"，居住在内部世界中。但是，似乎还有第三类东西，包括您已经提到的那些东西——数、思想，诸如此类。这些东西不是物理对象，我们在外部世界中不能"感知"（就其字面含义而言）它们。但它们也不是纯粹的"私有的"事物，它们能够被不止一个人所理解。举毕达哥拉斯定理为例。我们全都拥有这个思想，即该定理是真的，所以这个思想不能是一个"观念"（按弗雷格对这个词的理解），它也不能被"感知"（按该词的本义）。所以，弗雷格论证说，必须承认第三域，以便容纳这些既非物质又非精神的实体。

陈波：坦率地说，我发现弗雷格的思想概念非常难以理解。弗雷格如何看待思想和语句之间的关系？如果思想居住在第三域，我们如何去把握它们？既然真值也是第三域中与思想并列的对象，思想和它们的真值之间的关系又是什么？如何把思想个体化？什么是它们的同一性标准？

迈克·比尼：很好，这些全都是很困难的问题，围绕这些问题，不仅在弗雷格学者中间，而且在哲学家中间也发生了激烈的争论。我这里只能提示性地解释弗雷格的想法以及由这些问题所引发的争论。如我们已经看到的，对弗雷格来说，所有逻辑上有意义的表达式都有涵义和 *Bedeutung*。在句子那里，其涵义是所表达的思想，其 *Bedeutung* 是两个真值之一：真或者假。弗雷格区分了思考、判断和断定。思考就是把握一个思想。判断就是承认一个思想的真。在判断中，按照弗雷格的观点，我们从语句的涵义进展到它的 *Bedeutung*。断定是通过用断定语气说出相关语句来宣示一个判断。这里，关于所有这些东西有很多很多的话可说。让我在这里仅仅指出一个问题，它出现在弗雷格关于"把握"一个思想的观念中。谈到把握一个思想，似乎是相当无害的，并且我们甚至可能同意：思想能够作为一类对象被把握，这类说法确实鼓励这样做。不过，在提示思想居住在"第三域"中时，弗雷格还谈到它们是"无时间的"实体。但是，作为一个过程，思考确实出现在时间和空间之中。于是就留给我们一个问题：一个时序过程是如何与无时间的思想相链接的？弗雷格承认，关于"把握"

思想的谈论是隐喻性的，并且在《思想》一文的结尾处认识到该问题。但是，许多人——像陈教授您这样的人，被弗雷格所说的话弄糊涂了。

您还问到思想的同一性标准问题。简短讨论这一问题也许会暗示一条解决我们刚才注意到的那个问题的途径。在此问题上，弗雷格并不完全一致——这也引起了很多争论——但是，能够提供的最好标准（按我的理解）就是按下述思路来理解的某种东西：两个语句 A 和 B（在一给定语境中）表达同一个思想，当且仅当，任何理解这两个语句（在那个给定语境中）的人，如果他们承认 B 是真的（或假的），就能立即承认 A 是真的（或假的），反之亦然。

关于这样的标准仍然有问题，但其细节与我现在所要澄清之点无关。当两个语句处于由这个标准所刻画的关系中，让我们说它们是"认知等价的"。我们于是可以塑述一个关于"思想"（作为语句的含义）的语境定义，恰像我们给表示抽象对象如数、方向、值域和概念的外延的词项提供语境定义一样。换句话说，我们能够说的是：下面两个命题是等价的：

（Sa）语句 A 认知等价于语句 B。

（Sb）A 的涵义（由 A 表达的思想）等价于语句 B 的涵义（由 B 表达的思想）。

您将会看到，（Sa）和（Sb）与（Na）和（Nb）、（Da）和（Db）、（Va）和（Vb）、（Ca）和（Cb）恰好有同样的形式，我们先前讨论过后面这几对。一个断定某种类型的对象之间同一性的命题，被认为可以用一个断定某种另外类型的对象之间的等价关系的命题来定义。这为理解弗雷格的思想概念提供了一种有用的方式。因为您现在能够弄清楚，为什么弗雷格把涵义（思想）视为对象——恰像他把数、方向、值域和概念的外延看作对象一样。它们全都可以借助我们现在所谓的"抽象原则"来定义。

承认我们这里所有的是一个"抽象"原则（虽然这不是弗雷格所用的表述方式），就拥有了理解下面一点的钥匙：我会怎样修改弗雷格关于思想的概念。我们确实能够把思想作为对象来谈论，恰像我们能够把数作为对象来谈论一样。但是，这样的谈论要根据相应的等价关系来解释。正像我们通过理解数词在其中出现的语句的涵义——这通过我们关于——关联的理解来解释——一样，我们也能够通过理解"思想词语"在其中出现的语句的涵义——这通过我们关于认知等价的理解来解释——去理解思想。我把握思想，大意是：我能够使用和理解表达那些思想的语句，并认识到那些语句在什么时候是认知等价的——后者体现在我们的推理以及对词语的重新诠释和相互替代的实践中。于是，如我所表述的，思想并不是独立于我们使用语句的实践而存在的对象。在我看来，关于"第三域"的谈论是致人迷误的。弗雷格正确地强调了思想是"客观的"，并且我们也同意这一说法：思想是"对象"。但是，它们是从我们使用语句的实践中抽象出来的对象，而不是"无时间的"实体。所以，可以做出结论说，陈教授，您对弗雷格关于思想的谈论感到迷惑不解，是相当正常的；不过我也认为，有一种办法把他的说明中正确的东西与致人迷误的东西分离开来。确实，哲学家们一直以来都在做这件事情，尽管我不会说他们已经在这件事情上达成了一致。

中户川孝治：陈教授已经问过您弗雷格对后世哲学家的影响。我却想问您，先前的哲学家对弗雷格本人发生了何种影响。关于这一点，有什么样的新近想法和辩论？日本对新康德主义有很浓厚的兴趣，后者在1868年之后影响了日本的思想界。特别地，新康德主义对弗雷格产生了什么样的影响？

迈克·比尼：在弗雷格研究的早期岁月，人们几乎不关心什么对弗雷格本人产生了影响。达米特在其1973年的那本书的引言中，引人注目地断言：弗雷格的逻辑"诞生于弗雷格的大脑，没有得到任何外在影响的滋养"。自那时以来，我们在理解弗雷格方面已经走过了很长的路。马克·威尔逊（Mark Wilson）和雅米·塔本登（Jamie Tappenden）等人已经对弗雷格工作的数学背景做了很多研究，并且还有人对弗雷格的哲学前辈和同时代人做了很多讨论。在其1980年出版的关于弗雷格的那本书中，汉斯·斯鲁格（Hans Sluga）是最先强调像特伦德伦堡（Trendelenburg）和洛采这样的哲学家是对弗雷格有影响的人；近些年来，哥特弗里德·格布瑞尔（Gottfried Gabriel），他是弗雷格所在的大学——耶拿大学——的逻辑学和科学论教授，已经撰写了一系列论文，讨论重要的德国思想家对弗雷格的影响。我们先前谈论过弗雷格的《算术基础》中的中心主张，即关于数的陈述包含关于一个概念的断定。这个基本思想来自赫巴特（Herbart）。新康德主义的影响甚至更为深远，特别是所谓的西南学派的新康德主义。弗雷格的反心理主义，他关于逻辑规律的规范性质的观点，以及他的判断理论，全都可以广义地定位于新康德主义的传统中。由文德尔班（Wendelban）和里柯特（Rickert）所发展的价值理论，也可以作为已经对弗雷格产生影响的理论，这反映在他把语句的 *Bedeutung* 看作它的真值的观点中——这一点特别地促使格布瑞尔建议，最好把 *Bedeutung* 译成"意谓"（significance）。

陈波：很清楚，在弗雷格哲学的几乎所有方面，已经做了大量的工作，或者是史实性的或者是体系性的。因此，我的最后一个问题是，您能够为那些对进一步理解弗雷格哲学感兴趣的中国读者和日本读者推荐一些关于弗雷格的二手文献吗？

迈克·比尼：一本有用的导论性著作是乔恩·魏纳（Joan Weiner）的《解释弗雷格》（*Frege Explained*, Open Court, Chicago, 2004），这是他先前的《弗雷格》（*Frege*, Oxford University Press, 1999）一书的修订扩充版。我自己的书《理解弗雷格》（*Frege: Making Sense*, Duckworth, London, 1996）在篇幅上更长一些，但我希望，该书对弗雷格哲学的所有主要观念提供了一个好的导引——特别是表明了他的语言哲学如何从他的逻辑主义方案中产生出来。虽然我是在十多年前写作的此书，我现在对其中某些东西弄得比以前更清楚了，但我仍然赞同它的大部分内容！关于弗雷格的数学哲学的最好的书，是迈克尔·达米特的《弗雷格：数学哲学》（*Frege: Philosophy of Mathematics*, Duckworth, London, 1991）。这是他继《弗雷格：语言哲学》（*Frege: Philosophy of Language*, Duckworth, London, 1973）之后被学界期待很久的作品，我在本次访谈的开头提到过它，称它是开创性著作。我认为，这头一本书过多地把弗雷格看作现代语言哲学家。大多数学者现在认识到，弗雷格的语言哲学在很大程度上服务于他的数学哲学，达米特在其续作中对后者给出了出色的说明。

最后，我要提到关于弗雷格的四卷本文集——《戈特洛布·弗雷格：一流哲学家的批评性评价》（*Gottlob Frege: Critical Assessments of Leading*

Philosophers，Routledge，London，2005），由我和加利福尼亚大学河滨分校的埃里奇·瑞克（Erich Reck）合作编辑。这四卷的内容分别是：弗雷格哲学在语境中、他的逻辑哲学、他的数学哲学以及他关于思想和语言的哲学。每一卷都有自己的导言，我们从1986年至2005年这20年间所撰写和发表的论文中挑选了67篇。在这些卷中，也可以找到我刚刚提到的马克·威尔逊、雅米·塔本登和哥特弗里德·格布瑞尔的论文。该文集确实能够使读者很好地感知到目前正在做哪些有关弗雷格的工作。

陈波：比尼博士，本次访谈是非常有助益的，非常感谢您愿意与我们两人交谈。我确信，关于弗雷格本人，关于他的逻辑和哲学，以及关于他的思想所引起的某些论战，中国读者和日本读者已经从这次访谈中获益良多。我们衷心祝愿，您继续在弗雷格研究和分析哲学史方面，以及在其他哲学活动中取得成功！

迈克·比尼：好的，也非常感谢你们两位所提出的问题，以及你们自己对这些问题感兴趣。我希望，我们的访谈将导致一个更高的数字被指派给《弗雷格读本》。

第二辑

交往实录：体会与感悟

13. 逻辑知识的本性
—— 蒯因哲学未完成的任务

蒯因是 20 世纪后半期美国哲学的领军型人物，也是同时期国际分析哲学的代表性人物。在新近进行的一项国际性哲学调查中，他位列过去 200 年间最重要哲学家的第 5 位①。蒯因首先是一位逻辑学家，在数理逻辑方面有很多建树；但更重要的是一位哲学家，他对逻辑哲学问题做了系统性探讨，提出了他自己的独创性理论；他还把数理逻辑运用到他的全部哲学研究中，发展了一个有统一主题和清晰脉络的哲学体系，"从逻辑和语言的观点看"是其哲学研究最鲜明的方法论特点之一②。

傅伟勋曾提出"创造的诠释学"，主张在研究某位思想家的学说时，要依次考虑如下 5 个步骤或层面：(1)"实谓"：原作者实际上说了什么？(2)"意谓"：原作者真正的意谓是什么？(3)"蕴谓"：原作者可能说什么？(4)"当谓"：原作者本来应该说什么？(5)"创谓"：作为创造的诠释家，我应该说什么③？在本章中，我将把此方法应用到对蒯因逻辑哲学的系统探讨中。本章分三节：第一节讨论蒯因关于逻辑或逻辑真理究竟说了些什么，属于"实谓"和"意谓"层次；第二节分析蒯因的逻辑哲学遭遇到了哪些难题、困境和悖论，属于"蕴谓"层次；第三节探讨蒯因关于逻辑或逻辑真理本来应该再说些什么，属于"当谓"和"创谓"层次。我将遵循蒯因的自然化认识论的思路，发展出一种带有实在论和认知

---

① http://leiterreports.typepad.com/blog/2009/03/so-who-is-the-most-important-philosopher-of-the-past-200-years.html. [2014-03-18].

② 陈波. 奎因哲学研究——从逻辑和语言的观点看. 北京：三联书店，1990.

③ Fu, Charles Wei-Hsun. Creative Hermeneutics: A Taoist Metaphysics and Heidegger. Journal of Chinese Philosophy, 1976, 3 (2): 117-119.

主义色彩的逻辑哲学。

一、蒯因关于逻辑究竟说了些什么？

可以说，蒯因的逻辑哲学是他的自然化认识论的一部分，也是他关于知识或科学的整体主义的一部分。可以把他的逻辑观概括为如下 11 个论题。

T1. 只有真值函项和（带等词的）量化的逻辑才是"逻辑"，视需要可将其称为"初等逻辑"、"谓词演算"、"量化理论"或"正统逻辑"。

在蒯因看来，逻辑有三个特征：（1）它是外延的，"我把两个闭语句称为共外延的，如果它们同真或同假。当然，两个谓词、普遍词项或开语句是共外延的，如果它们对于相同的对象或对象序列来说是真的。两个单称词项是共外延的，如果它们指称相同的对象。最后指出，一个表达式是外延的，如果用共外延的表达式替换其部分表达式总是得到一个共外延的整体。外延主义是外延理论的嗜好"①。（2）它是完全的，如果一个模式是有效的，那么它在逻辑系统中是可证的。（3）它有许多方法论甚至美学上的优点，例如方便性、有效性、优雅性、熟悉性、精致性、简单性等。

T2. 真值函项和（带等词的）量化的逻辑为我们关于世界的知识体系提供了标准记法。

蒯因认为，"我们所面临的这个世界体系的构架，就是今天逻辑学家们十分熟悉的结构，即量化逻辑或谓词演算"②。"科学语言的基本结构，已经以一种熟知的形式被离析出来并得到系统化。这就是谓词演算：量化和真值函项的逻辑。"③ 他十分关注本体论。首先，为了揭示出一个科学理论的本体论承诺，我们不得不按照标准记法（即谓词演算的语言）改

---

① Jr. R. F. Gibson. Quintessence: Basic Readings from the Philosophy of W. V. Quine. Cambridge, MA: Harvard University Press, 2004: 329.

② W. V. Quine. Word and Object. Cambridge, MA: The MIT Press, 1960: 228.

③ W. V. Quine. Confessions of a Confirmed Extensionalist and Other Essays. Cambridge, MA: Harvard University Press, 2008: 227.

写这个理论，从而对该理论进行语义整编。其次，根据他的标准"存在就是成为约束变项的值"①，我们可以识别出该理论在本体论上所承诺的实体。最后，依据他的口号"没有同一性就没有实体"②，只有该理论提供了其所承诺的实体的个体化标准，我们才能接受这些实体。

T3. 集合论被排除在逻辑的范围之外。

蒯因不把集合论看作逻辑，其中"∈"是初始谓词，类或集合是量化变元的值。不过，他把关于真类和关系的理论看作"伪装的逻辑"。他认为，"属于关系"（x ∈ α）不能还原为逻辑中的"谓述关系"（Fx）；在逻辑和集合论之间有三个重要区别：（1）逻辑是完全的，而集合论不是。从哥德尔不完全性定理中可以推出，集合论在根本上是不可完全的。（2）逻辑是论题中立的，所以它没有本体论承诺；但是，由于集合论允许对类或集合进行量化，故它在本体论上承诺了类或集合的存在。（3）"集合论有许多种，其区别不仅在表述上而且在内容上：关于什么样的集合被说成是存在的。"③ 相反，逻辑只有一种。我们虽然有不同的逻辑系统，但是它们并不在内容上不同，因为它们有相同的定理集或逻辑真理集。

T4. 高阶量化理论不属于逻辑。

蒯因至少给出了两个理由：（1）从形式上说，逻辑是完全的，但是高阶量化理论不是完全的。也就是说，对于初等逻辑来说，逻辑真理集恰好是定理集，但是这种情形并不出现在高阶逻辑中。在他看来，这是所谓的"高阶逻辑"的一大缺陷。（2）逻辑就其本体论而言是中立的，但是高阶逻辑具有特殊的本体论承诺，例如，它允许对谓词和命题进行量化，所以它在本体论上承诺了抽象对象（例如，性质和命题）的存在。由于这些对象缺少个体化标准，蒯因拒绝承认它们作为抽象对象而存在。

---

① Jr. R. F. Gibson. Quintessence：Basic Readings from the Philosophy of W. V. Quine. Cambridge，MA：Harvard University Press，2004：189.

② 同①107.

③ W. V. Quine. Philosophy of Logic. 2nd ed. Cambridge，MA：Harvard University Press，1986：65.

T5. 模态逻辑不应被看作逻辑。

众所周知，蒯因激烈地批判模态逻辑（即关于必然性和可能性的逻辑）和可能世界语义学。在他看来：（1）模态逻辑来源于混淆表达式的使用和提及，所以就其来源而言是不合法的。（2）模态语境是指称晦暗的，在其中同一替换规则和存在概括规则失效。模态逻辑失去了外延性。在蒯因看来，这是不能把它看作逻辑的最好理由。（3）为了处理模态语境的晦暗问题，我们不得不接受抽象对象，例如命题、性质和概念，这将造成很多棘手的哲学问题。即使如此，我们仍然不能摆脱困境，甚至还能通过证明 p↔□p 使模态逻辑坍塌为初等逻辑。（4）模态逻辑将返回亚里士多德的本质主义，而蒯因将后者视为臭名昭著的柏拉图主义泥潭。因此，他拒绝模态逻辑和可能世界语义学，主张停留在标准语法（即量化逻辑）的范围内。

T6. 没有必要发展关于命题态度词的逻辑。

蒯因断言，命题态度词（例如"认为"、"相信"和"希望"）导致指称晦暗语境，同一替换规则在其中失效。他考虑了对包含命题态度词的语句的几种可能解读，以"汤姆相信达尔文错了"（Tom believes that Darwin erred）为例：（1）承认如下构造，通过前置小品词"that"由语句形成单称词项。例如，"Tom believes that Darwin erred"被释义为三部分：Tom、believes 和 that Darwin erred。（2）承认如下构造，通过插入小品词"that"由二元谓词和语句形成一元谓词：Tom 和 believes that Darwin erred。（3）将"believes that"处理为新的词汇范畴——态度词，然后承认如下构造：通过把态度词"believes that"和语句"Darwin erred"连接起来形成一元谓词"believes that Darwin erred"。（4）承认如下构造，将语句看作其构成部分，并给出一元谓词；动词"believes"不再被视为一个词项，而是成为算子"believes [ ]"的部分（"[ ]"是内涵抽象记号），例如"Tom believes [Darwin erred]"。（5）通过语义上溯，把"Tom believes that Darwin erred"看作"Tom believes 'Darwin erred'"、"Tom believes-true 'Darwin erred'"或者"Tom believes-true 'x erred' of Darwin"。蒯因拒绝（1）和（3），因为它们错误地把命题看作内涵实体。他偏向于（2）和（5），因为他讨厌的内涵实体（如命题）并不在其中出现。按照这种方式，他实际上消掉了态度词，只把它们看作逻辑标准语法的一般谓词，故没有必要再发展关于命题态度词的逻辑①。

T7. 关于逻辑真理的语言学理论是错误的。

根据语言学理论，逻辑真理是纯粹由于语言而真的，与我们生活于其中的世界毫无关系。具体地说，这个理论断言：（1）逻辑真理仅仅由于逻辑词项的潜在意义和使用而为真；（2）逻辑真理仅仅由于语言约定而为真。蒯因认为，即使（1）可能对于初等逻辑成立，它仍然没有解释力，因为我们可以通过其在行为方面的明显性或潜在明显性来解释逻辑真理，而不必诉诸（1）。（2）也不成立，因为如果我们通过约定而承认逻辑真理，我们就应该通过约定而承认任何学科的真理，也就是说，语言约定并不能区分逻辑真理和经验真理；还因为语言约定的证成（justification）不得不依赖于其他语言约定，这将导致循环论证和无穷倒退的谬误。蒯因指出，尽管逻辑理论极大地依赖于语言，但它并不是面向语言而是面向世界的。真谓词维持了逻辑学家与世界的联系，世界乃他的注意力之所在②。

T8. 存在对逻辑真理的多种不同刻画。

在《依据约定为真》（1936）一文和《语词和对象》（1960）一书中，蒯因通过区分表达式的"本质出现"和"空洞出现"来刻画逻辑真理。在《逻辑哲学》（1970）一书中，他通过如下方式来定义逻辑真理：（1）根据结构："一个语句是逻辑真的，如果所有分享其逻辑结构的语句都是真的。"（2）根据替换："一个语句是逻辑真的，如果在改变其谓词的情况下它仍然是真的。""逻辑真理被定义为这样一个语句，在用语句替换其简单部分时我们仍然只得到真。"（3）根据模型："一个模式是有效的，如果它被它的所有模型满足。最后，逻辑真理是……任何可以在有效的模式中进行替换而得到的语句。"（4）根据证明："如果我们选择这

---

① 关于时间、事件和副词，蒯因也得出了类似结论。W. V. Quine. Philosophy of Logic. 2nd ed. Cambridge, MA：Harvard University Press, 1986：30-32.

② W. V. Quine. Philosophy of Logic. 2nd ed. Cambridge, MA：Harvard University Press, 1986：97.

些证明程序其中之一……我们可以把逻辑真理简单定义为由这些证明规则产生的任何语句。"（5）根据语法："一个逻辑真理是……其语法结构使得所有具有该结构的语句都为真的语句。""逻辑真理是通过词汇替换而不会变为假的真理。"①

在关于逻辑真理的这些定义中，蒯因预先假设了一个给定的逻辑词汇清单，使用了哥德尔完全性定理，把替换不变性置于重要位置，这些做法在某种程度上都是可被质疑的，有循环论证的嫌疑。

T9. 逻辑真理具有三个显著特征。

蒯因指出：（1）逻辑真理在行为意义上是明显或潜在明显的。一个语句就其本身而言是明显的，如果在彻底翻译的语境下任何证据都直接地且毫不犹豫地支持这个语句，且在这样做时也不需要任何附加信息。一个语句是潜在明显的，如果它可以从明显的真理通过一系列单独明显的步骤而得到。（2）逻辑真理是论题中立的：它们缺少特殊的主题。"逻辑不偏爱词典的特别部分，也不偏爱变元值的这个或那个子域。"（3）逻辑真理是普遍适用的："它［逻辑］是所有科学（包括数学在内）的婢女。"②

T10. 面对顽强不屈的经验，逻辑是可修正的。

根据蒯因的整体论，我们的知识总体或其中一个足够大的部分是被经验证据不充分决定的；它作为一个整体被经验证据所检验，其中的个别陈述不能被经验确定地证实或证伪。就其经验内容而言，知识体系内只有程度的差别：有些陈述或多或少地接近于观察边缘，比其他陈述具有或多或少的经验内容；不存在种类的不同：有些陈述具有经验内容，有些陈述没有。以这种方式，逻辑或数学陈述也具有它们的经验内容，仅仅就其是处于我们知识中距离感官证据较远的部分而言，它们不同于其他更接近于这些证据的陈述。在顽强不屈的经验面前，任何陈述都不能免于修正，即使逻辑或数学的陈述也不例外。

---

① W. V. Quine. Philosophy of Logic. 2nd ed. Cambridge，MA：Harvard University Press，1986：49-50，52，57，58.

② 同①98.

T11. 不伤害或不修正逻辑总是一个合理的策略。

蒯因认为，虽然我们的知识体系作为整体面对经验法庭，但它仍然有其自身的结构，其中有不同部分和不同层次的差别。例如，有些部分或层次处于这个体系的观察边缘，具有较多的经验内容；其他部分或层次（例如逻辑和数学）处于这个体系的中心，具有较少的经验内容。我们在认识和行动中，应该总是遵循最小损害原则。既然逻辑和数学处于我们知识体系的中心位置，远离观察和证据，倘若我们试图通过修正逻辑或数学来恢复系统的一致性，我们将做出代价很高甚至是很危险的选择，由此导致该知识系统的瓦解。因此，虽然逻辑是可修正的，但我们总是应该克制修正逻辑的冲动，而寻求别的解决问题之道。

除了 T1~T11 之外，蒯因还给出了关于逻辑或逻辑真理的其他观点，在下一节将予以讨论。

应该注意，如同康德试图把逻辑冻结在传统形式逻辑（其主要部分是亚里士多德的三段论和斯多亚派的命题逻辑）层次上一样，蒯因似乎试图把逻辑冻结在真值函项和量化的逻辑层次上，因为他并不接受任何其他版本的逻辑或逻辑分支。然而，当代逻辑的发展与蒯因的原初设想几乎背道而驰，可给出如下例证：

（a）由于卡尔纳普、康格尔、蒙塔古、普莱尔、亨迪卡、马库斯尤其是克里普克的工作，模态逻辑及其可能世界语义学自从 20 世纪 50 年代以来取得了迅猛且成功的发展。在某种意义上，模态逻辑已经成为新的"经典"逻辑，可能世界语义学已经成为新的"经典"语义学：它们是发展新逻辑分支的必要的且强有力的工具。

（b）与蒯因的判断相反，命题态度词归属已经成为当代语言哲学、逻辑哲学、心灵哲学甚至形而上学和认识论领域内的热门话题。

（c）许多当代数学哲学家已经接受了高阶逻辑，因为它对于发展数学理论来说是绝对必需的。例如，对某些数学哲学观点［如莱特的抽象主义和夏皮罗（S. Shapiro）的结构主义］的论证依赖于二阶逻辑。

（d）蒯因的集合论工作偏离了集合论的发展主流。请看如下评论："……集合论的领军人物 D. A. 马丁在一篇评论文章中指出，虽然蒯因的《集合论及其逻辑》发表于 1963 年，那时 ZF 公理系统已被确定为标准系统多年（例如，它的一个版本或变体已被'布尔巴基丛书'的第一卷采纳），但该书对这个话题的处理似乎使人觉得，如何面对罗素悖论而继续发展集合论仍然是一个开放问题。"①

作为一位杰出的逻辑学家和哲学家，蒯因关于逻辑或逻辑真理的说法为什么会如此偏离当代逻辑的实际发展进程，甚至与其背道而驰？对于这个问题，我给出以下尝试性回答：蒯因给逻辑加上了太多的本体论重负，在逻辑和本体论之间施加了过于紧密的联系。如前所述，他提出了两个著名的口号："存在就是成为约束变项的值"和"没有同一性就没有实体"。在他的本体论中，遵循第二个口号，他愉快地接受了物理对象，有些不情愿地接受了类或集合的存在，但是他强烈拒绝承认内涵实体（例如命题）、抽象对象（例如性质）、可能个体等其他实体。主要出于本体论考虑以及方法论和美学上的偏好（例如完全性、简单性和优雅性），蒯因只把量化理论看作逻辑，却把集合论和高阶逻辑都排除在逻辑范围之外，忽视了发展一些新逻辑分支（如模态逻辑、时间逻辑、命题态度逻辑、反事实条件句逻辑等）的可能性。我认为，蒯因的这种做法是错误的，至少值得严肃商榷。事实上，逻辑研究命题之间的推理关系，而这种关系只是假设性的：如果某个前提集是真的，则某个特定的结论也必须是真的。因此，逻辑是论题中立的，它可以适用于任何话语范围，甚至适用于完全虚构的话语范围。例如，关于魔鬼或外星人，我们也可以清楚地和理性地（即合乎逻辑地）谈论，互相交换有关它们的看法，不管我们是否承认它们确实在这个宇宙中存在。

二、蒯因的逻辑哲学遭遇到哪些困境？

在蒯因的逻辑哲学中，有许多矛盾、冲突甚至悖论，其中最明显的是他关于逻辑所说的和所做的之间的鸿沟。在理论上，蒯因严肃地坚持逻辑的可修正性；在实践中，他却是极端保守的：只把关于真值函项和量化的

---

① J. Burgess. Quine's Philosophy of Logic and Mathematics//G. Harman, E. Lepore. A Companion to W. V. O. Quine. Oxford：Wiley-Blackwell, 2014：293.

理论看作逻辑，不承认对经典逻辑做实质性修正的任何变异逻辑是真正的逻辑，其至不承认它们是对经典逻辑的真正修正。下面，我将讨论蒯因哲学中的四个"悖论"，包括卡茨（Jerrod J. Katz）的可修正性悖论、可修正性和坏翻译的悖论、可修正性和变异的悖论，以及用逻辑修正逻辑的悖论。根据我的分析，对于蒯因的逻辑哲学来说，其中的两个悖论是真实的，其他两个悖论则是表面的和虚假的，可以被解释掉。

1. 卡茨的可修正性悖论

卡茨发现，有三个原则处于蒯因整体主义认识论的核心，即不矛盾原则（NC）、普遍可修正性原则（UR）以及简单性原则（S）①。然而，我倾向于把简单性原则替换为实用准则（PMs），因为实用准则更准确地反映了蒯因关于理论评价和选择的立场。因此，我们得到如下三个原则：

NC："……整个科学是一个力场，其边界条件是经验。与边缘经验的冲突导致力场内部的重新调整。对我们的某些陈述必须重新分配真值。"②

UR："经验意义的单位是整个科学……如果我们在系统的其他地方做出足够巨大的调整，那么在任何情况下任何陈述都可以被认为是真的……相反……没有任何陈述是免于修正的。甚至排中律这一逻辑规律的修正已经被提议为简化量子力学的方式。"③

PMs：在评价或选择假说或理论时，我们必须考虑它们是否具有保守性、谦和性、简单性、概括性和可反驳性这些特征④。

卡茨指出，第一个原则是说，在什么时候"必须"修正我们的信念系统："若出现不一致，就要求修正"；第二个原则是说，我们在哪里进行修正："该系统的任何陈述都不能免于修正"；第三个原则是说，我们应该如何修正："它提供了在与经验冲突时最好去修正哪些陈述"⑤。他强

---

① J. J. Katz. Realistic Rationalism. Cambridge, MA：The MIT Press, 1998：72-73.
② W. V. Quine. From a Logical Point of View. 2nd ed. Cambridge, MA：Harvard University Press, 1961：42.
③ 同②42-43.
④ W. V. Quine, J. S. Ullian. The Web of Belief. 2nd ed. New York：Random House, 1978：68-82, 99.
⑤ 同①72.

调,这些原则是蒯因整体主义认识论的构成性原则。然而,如果把它们放在一起,将会产生可修正性悖论:"由于这些原则是赞成信念修正的每个论证的前提,所以就一个支持信念修正的论证而言,不可能修正它们中的任何一个,因为修正它们中的任何一个都锯掉了这个论证所依赖的躯干。任何改变这些构成性原则真值的论证都必然得到与这个论证的某个前提相矛盾的结论,而且必然是关于修正这些构成性原则的不可靠论证。"①

卡茨考虑了这个悖论的一个特例。假定 UR、NC 在原则上是可修正的。如果它是可修正的,那么存在一个可能的对其进行再评价的信念修正论证。但是,因为 NC 是一个构成性原则,它必然作为这个论证的前提出现。然而,如果在系统中正确地修正一个信念,该信念是完全错误的,那么它就不能是一个可靠论证的一部分。修正信念的论证就是不可靠的,没有为修正提供任何根据。因此,不存在任何修正 NC 的可靠论证,它是不可修正的。然而,因为所有信念都是可修正的,NC 也必然是可修正的,因此,它既是可修正的又是不可修正的。他得出如下结论:"无限制的普遍性允许应用于自身的危险步骤,是悖论的熟知特征。把信念修正的认识论应用于自身,由此得到一个不可修正的可修正原则。因此,正如理发师悖论证明,不存在一个实际的理发师,他给那些且只给那些不给自己刮胡子的人刮胡子,可修正性悖论证明,不存在一个实际的认识论,它宣称一切东西包括它自己都是可修正的。"②

一些学者有启发性地但也有争议地回应了这个悖论③。我本人的回应是:该悖论是虚假的,论证如下:

---

① J. J. Katz. Realistic Rationalism. Cambridge, MA: The MIT Press, 1998: 73.
② 同①74.
③ J. Adler. The Revisability Paradox. Philosophical Forum, 2003 XXXIV (3&4): 383−389; J. K. Chase. The Logic of Quinean Revisability. Syntheses, 2012, 184 (3): 357−373; M. Colyvan. Naturalism and the Paradox of Revisability. Pacific Philosophical Quarterly, 2006, 87 (1): 1−11; D. Y. Elstein. A New Revisability Paradox. Pacific Philosophical Quarterly. 2007, 88 (3): 308−318; A. Tamminga, S. Verhaegh. Katz's Revisability Paradox Dissolved. Australasian Journal of Philosophy. 2013, 91 (4): 771−784.

（1）在讨论蒯因的可修正性论题时，我们应特别注意他本人使用的语词：例如，"readjustment"（再调整）、"redistribution"（再分配）、"re-evaluation"（再评价）、"retract"（撤销）、"rescind"（废除）、"exempt"（免除）、"restore"（恢复）、"refute"（反驳）、"reject"（拒绝）等等[1]。我将澄清蒯因的"可修正的"一词的如下确切涵义：

（i）加强或削弱。这两个词非常接近于蒯因的语词"再调整""（真值的）再分配""再评价"。当发现我们的理论与感官证据相冲突时，为了消除冲突且恢复一致，我们不得不首先在理论中进行调整，例如，把某些断言从存在陈述加强为全称陈述，或者从边缘陈述加强为核心陈述；相应地，把某些断言从全称陈述削弱为存在陈述，或者从核心陈述削弱为边缘陈述。

（ii）纳入、废除和替换。为了消除经验的反抗，我们把新的辅助假设加入理论中："我们总是可以通过把恰当的前提明确地纳入S中来提供更为实质性的结论。"[2] 我们可以把某些陈述从理论中废除或撤销，让它们消失；也可以在系统中引入新陈述去替换掉旧陈述。

（iii）否定，这接近于蒯因自己的语词"反驳"和"拒绝"。用卡茨的解释，修正"在于把一个陈述从标记为真变成标记为假"[3]，或者（在我看来还应加上）把一个陈述从标记为假变成标记为真。也就是说，我们否认、反驳或拒绝一些原有的陈述，把它们的真值从真改变为假，或者从假改变为真，或者将其转变成新形式，把后者保留在系统中。

蒯因提纲挈领地阐述了如何去修正我们的理论：我们的理论蕴涵一个失效的观察断言句，我们不得不修补这个漏洞。在修补时，我们并不是只有一种选择，而是有很多选择，并且以简单性和最小损害原则为指导。我们按照这种方式进行尝试，直到有问题的蕴涵被消除。这就是他的整体论

---

[1] W. V. Quine. From a Logical Point of View. 2nd ed. Cambridge，MA：Harvard University Press，1961：42；Pursuit of Truth. 2nd ed. Cambridge，MA：Harvard University Press，1992：13－15；From Stimulus to Science. Cambridge，MA：Harvard University Press，1995：46.

[2] W. V. Quine. Pursuit of Truth. 2nd ed. Cambridge，MA：Harvard University Press，1992：14.

[3] J. J. Katz. Realistic Rationalism. Cambridge，MA：The MIT Press，1998：74.

和可修正性论题的核心内容①。

在重新表述他的可修正性悖论时,卡茨只考虑了两种修正方式:(1)"一个陈述从标记为真变成在系统中消失",以及(2)"把一个陈述从标记为真变成标记为假"②,而且他更关注(2)。即使他的论证在这些情况下是成立的,他仍然不能得到他的结论,因为他忽视了修正的其他情况,即加强、削弱、纳入和替换。很难证明,这四种情况也会导致可修正性悖论。

就"可修正性"这个语词而言,我认为,柯里文(M. Colyvan)和埃尔斯坦(D. Y. Elstein)分别犯了比卡茨更为严重的错误,他们都把"修正"等同于"否定",即把"p 被修正"等同于"¬ p"。让我们看看柯里文的论证(引文中下画横线为引者所加):

让我们把普遍可修正性(R)形式化为 $(\forall x) \Diamond Rx$,其中 Ra = "a 被修正",那么,这个论证是这样得出矛盾的:

1. $(\forall x) \Diamond Rx$ w_1(普遍可修正性)

然而,如果我们把 1 应用于它自身,并且把"被修正"读为接受其否定,则我们得到:

2. $\Diamond \neg (\forall x) \Diamond Rx$ w_1(在 1 中例示为 1)
3. $(\exists x) \Box \neg Rx$ w_2(由 2)
4. $\Box \neg Ra$ w_2(在 3 中例示为 a)
5. $\Diamond Ra$ w_1(在 1 中例示为 a)
6. Ra w_3(由 5)

我们可以得到矛盾:

7. $\neg Ra$ w_3(由 4)

假设 w_2 可通达 w_3。只有通达关系在像 S5(D5 或 K5)这样的逻辑中是传递且对称的情况下,这个假设才成立③。

---

① W. V. Quine. Pursuit of Truth. 2nd ed. Cambridge, MA: Harvard University Press, 1992: 13-16.

② J. J. Katz. Realistic Rationalism. Cambridge, MA: The MIT Press, 1998: 74.

③ M. Colyvan. Naturalism and the Paradox of Revisability. Pacific Philosophical Quarterly. 2006, 87 (1): 7.

柯里文的结论是：关于认识论的恰当模态系统不能像 S5 一样强，这有令人信服的论证，故我们不应采取与 S5 一样强的认知逻辑，因此，卡茨的论证不成立，得不出他的"可修正性悖论"。按照与柯里文类似的方式，我也可以得出结论：如果不把"p 被修正"等同于"¬ p"，那么 (∀x)◇Rx 并不蕴涵◇¬(∀x)◇Rx，柯里文的论证就坍塌了。

埃尔斯坦宣称发现了一个新的可修正性悖论。他的论证非常简单。假定蒯因的一个原则 UR：在经验面前任何信念在原则上都是可修正的；UR 蕴涵 ER：在经验面前有些原则是可修正的。因为 ER 也是我们的一个信念，所以它也是可修正的："我们现在得到某种类似于悖论的方法。发现一个具有如下性质的信念：修正这个信念导致一个新的信念集，这个信念集禁止先前的修正。最明显的信念就是可修正性的存在断言（ER）……在修正 ER 时考虑如下情况：得到的信念集包含¬ ER，因此它禁止任何修正。但是从修正后的角度看，人们不能把修正看作是得到证成。当然，事先已经知道，任何对 ER 的修正都没有得到事后的证成。"①

在埃尔斯坦的论证中，关键的步骤是让"ER 被修正"等同于"¬ ER"。根据我对"可修正的"一词的澄清，这个步骤是不合法的或无效的，因此，他所谓的"新的可修正性悖论"是子虚乌有的。

（2）我们应该严肃地对待蒯因的隐喻"力场"（a field of force）、"力场的边缘"（the periphery of the field）、"力场的内部"（the interior of the field）等等②。按照我的理解，通过这些隐喻，蒯因强调了下面一点：尽管我们的知识或科学的各个部分连为一体，但其中仍可区分出不同的层次和复杂的结构。我这里把蒯因的隐喻转化为另一个隐喻：知识的金字塔，给出如图 13-1。

所有这些项目构成了我们关于世界知识的整体，其中哲学（例如形

---

① D. Y. Elstein. A New Revisability Paradox. Pacific Philosophical Quarterly. 2007, 88 (3): 311. 着重号为引者所加。下同。

② W. V. Quine. From a Logical Point of View. 2nd ed. Cambridge, MA: Harvard University Press, 1961: 43-44.

形而上学、认识论……
逻辑、数学、语法……
经验科学方法论……
物理学、化学、生物学……
较具体的自然科学分支……
观察断言句……
感官证据、观察报告、材料……
感官刺激、观察……

图 13 – 1

而上学和认识论）也被包含进来，因为"自然主义哲学与自然科学是连续的"①，"哲学家和科学家在同一条船上"②。这些项目仅有程度的差别：距离感觉刺激或远或近、经验内容或多或少、抽象程度或高或低等等，而非种类的不同。

显然，蒯因承认知识整体中的这些项目是有区别的：例如有些陈述处于核心，有些处于边缘；有些处于抽象和普遍的层面，有些处于具体和特殊的层面；等等。按照这种方式思考，卡茨提到的三个构成性原则（即 NC、UR 和 PMs）可能处于与我们的经验理论不同的层次上：经验理论是由关于外部世界的所有断言构成的，而构成性原则是关于这些理论的断言；换言之，经验理论是对象理论，而三个原则是关于它们的元理论，所以它们是关于如何修正经验理论的指导原则。

蒯因曾经明确表达了层次的观念。例如，为了消除冲突和反抗，"现在 S 中的某个或更多语句将不得不被废除。我们免除 S 中的某些成员，因为不借助它们，这个重要的蕴涵关系仍然成立。因此，任何纯粹逻辑真理都是可免除的，因为无论如何，这些逻辑真理并没有为 S 逻辑蕴涵的东西增加任何东西"③。也就是说，如果前提集 S 和逻辑一起蕴涵 Q，那么集

---

① Jr. R. F. Gibson. Quintessence: Basic Readings from the Philosophy of W. V. Quine. Cambridge, MA: Harvard University Press, 2004: 281.

② W. V. Quine. Word and Object. Cambridge, MA: The MIT Press, 1960: 3.

③ W. V. Quine. Pursuit of Truth. 2nd ed. Cambridge, MA: Harvard University Press, 1992: 14.

合 S 本身也蕴涵 Q。逻辑承担着蕴涵关系。"这里我诉诸蕴涵：一簇语句蕴涵观察断言句。在这样做时，我赋予逻辑一种特殊地位：逻辑蕴涵是理论和实验之间的纽带。"① 从这些引文容易看出，蒯因相信逻辑是经验理论的基础或者超越于经验理论之外。

通过蒯因隐含承认的陈述或理论的层级，我们可以避免卡茨的可修正性悖论：面对顽强不屈的经验，我们首先选择修正关于世界的理论中较为经验化的部分；如果这个策略行不通，我们可以选择修正我们的逻辑和数学；如果这仍然行不通，我们可以选择修正我们关于科学的哲学，其中包括那些构成性原则，如 NC、UR 和 PMs。我们按照这种方式不断尝试：一个步骤接着另一步骤，一个部分接着另一部分，一个层次接着另一层次。

我的分析非常接近于塔明戛（A. Tamminga）和维海格（S. Verhaegh）的分析②。利用他人发展的基于认知保护带（epistemic entrenchment）的信念修正逻辑，他们论述说，卡茨错误地假定了构成性原则是关于世界的整体论的经验主义理论的内部陈述；实际上，最好把构成性原则看作关于科学探究的整体论的经验主义理论的属性。如果没有卡茨的那个错误假定，就无法得出他的可修正性悖论。

不过，为防止误解，我还要补充说，虽然在范围和层次上相互不同，但我们知识的所有项目仍被连接为一个整体，与观察或感官证据相关联；因此，整体中的任何项目（包括逻辑和数学）仍然分享或多或少的经验内容，面对顽强不屈的经验在原则上都是可修正的。与此同时，对知识整体的任何修正都必须具有合理的证成，必须在不同的层次、部分、片段中进行，并且是分步骤进行。利用罗尔斯所提出的来回往返法（back-and-forth），在修正科学总体时，我们最终将达到"反思的均衡"（reflective equilibrium）。

---

① Jr. R. F. Gibson. Quintessence: Basic Readings from the Philosophy of W. V. Quine. Cambridge, MA: Harvard University Press, 2004: 58.

② A. Tamminga, S. Verhaegh. Katz's Revisability Paradox Dissolved. Australasian Journal of Philosophy, 2013, 91 (4): 771-784.

2. 可修正性和坏翻译的悖论

这个悖论涉及蒯因的逻辑可修正性论题，与他关于逻辑在翻译中的特殊地位的断言相冲突。

在谈论翻译时，蒯因通常指不同语言和文化之间的翻译，特别是指其极端情况：彻底翻译（radical translation），即语言学家把事先一无所知的丛林语言翻译为他们的母语。为了完成这项工作，语言学家不得不进入说这种语言的丛林部落，与这个社群生活在一起，与其中的成员交朋友，如此等等。假设有一个叫作"约翰"的语言学家，他来到某个部落，通常按如下方式进行翻译：

（1）观察这个部落的人在什么情境下说什么话，以及其他人如何回应他的话。

（2）移情：约翰设想，如果他处于这些人的位置，他将会说什么和怎么说。

（3）善意原则：约翰尽可能把部落的人看作与他和他自己的社群相似，如友善、温和、真诚、理性、在大多数情况下说真话，等等。

（4）"保持明显"的准则："翻译的一个准则是，如果所断定的句子明显有错误，那多半在于有一些隐而不显的语言差别。"①"在理解一种陌生语言时，我们应该做的是使那些明显的语句转变成真的，最好还是明显的英语句子。"②

（5）逻辑真理特别是那些包含逻辑常项的真理是明显的或潜在明显的，所以在把丛林语言翻译为他的语言时，约翰应该把他的逻辑施加于丛林部落。约翰让逻辑成为翻译手册的一部分。根据他的手册，丛林部落将赞同所有的经典重言式，反对所有的经典矛盾式。

（6）因此，丛林语言的翻译不能违反我们的逻辑规律。一个丛林人表面上反对形如"p 或非 p"的语句，或表面上赞同形如"p 且非 p"的语句，这就意味着我们的翻译出错了，我们做了坏的翻译甚至荒谬的翻译。

---

① W. V. Quine. Word and Object. Cambridge, MA：The MIT Press, 1960：58.

② W. V. Quine. Philosophy of Logic. 2nd ed. Cambridge, MA：Harvard University Press, 1986：82.

（7）蒯因的结论是：很可能存在前逻辑文化，但是肯定不存在逻辑外或非逻辑的文化。"我们看到，两种文化的逻辑至多是不可比较的，却从不处于冲突之中，因为冲突将会使我们的翻译不可靠。"①

于是，我们得到蒯因逻辑哲学中的第二个悖论：

P1. 根据蒯因的整体主义，逻辑是可修正的。

P2. 根据他关于彻底翻译的论证，逻辑是不可修正的。

结论：逻辑既是可修正的又是不可修正的。

这个悖论的根源是什么？如何消解它？我们有两个选择：第一个是否认 P1，第二个是否认 P2。我不喜欢第一个选择，因为我真诚地信奉蒯因的自然化认识论及其大多数结论，特别是其整体主义知识论。因此，我决定拒斥 P2。

根据我的看法，善意原则和"保持明显"的准则是蒯因关于翻译的论证中最成问题的，而且它们之间有密切关联："'保持明显'的准则禁止把外族人表征为与我们的逻辑相矛盾（可能除复合语句中可改正的混乱之外）的任何翻译手册"，"我的意思仅是，在逻辑与翻译的不可分性中不存在附加的意味。无论其原因如何，明显性都足以说明这种不可分性。""逻辑与翻译不可分，正如任何明显的东西都与翻译不可分。"②

善意原则亦称"最大一致原则"。在我看来，这只是一个实用原则，并没有被充分证成，更别提是绝对确定的了。我们可以想象某种情形，其中这个原则不仅是错误的，而且甚至是危险的和灾难性的。在这个世界上，确实存在着恶棍、灵媒、精神病人、精神变态者、巫师、纳粹分子以及食人部落等。至少在某些情形中，他们并不像我们那样正常和有理性，他们可能以完全不同于我们的方式行动和思考。例如，丛林部落有可能遵循三值逻辑：当知道某个说法为真时表示同意；当知道该说法为假时表示反对；当不知道其为真或为假时则沉默不语。在这种情况下，如果"非

---

① W. V. Quine. Philosophy of Logic. 2nd ed. Cambridge, MA: Harvard University Press, 1986: 96.

② 同①83, 97.

p"对其成员来说意味着 p 是假的,那么他们否认形如"p 或者非 p"的语句并不十分荒谬。这个部落也有可能是思维浅薄的,只要能够满足他们的当下要求,他们乐于在一个场合持有信念 p,而在另一场合持有信念¬ p;也就是说,他们乐于持有相互冲突的信念。

"保持明显"的准则甚至是更成问题的,因为我们不知道"明显"一词究竟意味什么。根据《韦伯斯特新世界词典》,明显指易于看到或理解,清楚的、显然的(Obvious—easy to see or understand; plain, evident),但是此定义没有解释任何东西。关于这个语词的任何解释都易于导致分歧和争论。我们认为有些东西是非常明显的,但是其他人并不这样认为。想象这样一个情形:你与一个丛林人聊天,他是这个部落的巫师,但是你不知道这个事实。突然间,开始下雨。这个人欢快地呼喊:"Nala hama gutai!"根据善意原则和"保持明显"的准则,你猜想他是在说"下雨了!"或者"终于下雨了!",但他实际上是在说"神出现了!"或者"神来了!"。最好还是引用蒯因自己的例子:甚至在面对行为证据的实指层面上,我们都不能分辨土著语词"gavagai"的正确翻译是什么:兔子、兔子的片段、兔子的未分离部分、兔性还是其他?这就是蒯因的著名论题"指称的不可测知性"。如果甚至在实指层面上都不能达到明显性,我们还能指望在更为普遍和抽象的层次上达到它吗?

3. 可修正性和变异的悖论

蒯因认为,变异逻辑其实并不是正统逻辑(即经典逻辑)真正的竞争对手,因为它们与经典逻辑表面上的不相容可以解释为相关逻辑联结词发生意义改变的结果。他宣称:"……当某人采纳一种其规律与我们的逻辑规律明显相反的逻辑时,我们宁愿猜想他只是把新的意义赋予一些熟悉的词语('并且''或者''非''所有'等等)。"① 在反思关于矛盾律的争论时,他的评论是:"我关于这个对话的观点是,两边都不知道他们在谈论什么。他们认为他们在谈论'否定''~''非';但是,当他们把'p·~p'这样的合取式看作真的,并且不把这种语句看作蕴涵所有其他语句时,这个记号无疑不再被视为否定。很明显,变异逻辑学家在这里陷

---

① W. V. Quine. Word and Object. Cambridge, MA: The MIT Press, 1960: 59.

入了困境：当他试图否定这个学说时，他只是改变了主题。"①

我把蒯因关于变异的论证重新表述如下：

（1）如果存在变异，则肯定存在相关逻辑联结词的意义改变。

（2）如果存在逻辑联结词的意义改变，就不存在变异逻辑与经典逻辑之间的真正冲突和对立。

（3）结论：在变异逻辑和经典逻辑之间没有真正的冲突和对立，因为在变异逻辑中显然存在逻辑联结词的意义改变。

因为变异逻辑是对经典逻辑的现成仅有的"修正"，如果它们不是对经典逻辑的真正修正，那么我们将面临一个困境：或者"逻辑是可修正的"是一句空话，或者逻辑本身是不可修正的。由此，我们得到蒯因逻辑哲学中的第三个悖论：

P1. 根据蒯因的整体论，逻辑是可修正的。

P2. 根据他关于变异的论证，或者"逻辑是可修正的"是一句空话，或者逻辑是不可修正的。

C. 逻辑既是可修正的又是不可修正的。

我不接受蒯因关于变异逻辑的论证，所以我不接受上述 P2，我也不认为这个悖论是真实的悖论，但它对于蒯因的逻辑哲学来说是真实的，如果蒯因不改变他关于变异逻辑的观点的话。就变异逻辑和经典逻辑的关系而言，我持有如下两个主要观点：（i）在变异逻辑和经典逻辑之间，当然有逻辑联结词的某种意义改变，但是这种改变并不是完全的和彻底的，以至于像蒯因所断定的那样，变异逻辑完全改变了主题，因而在谈论与经典逻辑所谈论的不同的东西。（ii）在变异逻辑学家和经典逻辑学家之间有实质性的分歧、冲突和竞争，但是这种冲突和对立并不是全局的和总体的，而是局部的和部分的。因此，变异逻辑和经典逻辑仍然有某些共同之处，我们可以在语法和语义上对它们做比较，甚至可以用某种方式把其中之一翻译成另一种。

对蒯因关于变异的论证（1）的最明显论证将诉诸如下论题：逻辑联

---

① W. V. Quine. Philosophy of Logic. 2nd ed. Cambridge, MA: Harvard University Press, 1986: 81.

结词的意义完全是由包含它们的系统的公理或推理规则给出的。由这个论题大概可以得到，采用一个变异公理集蕴涵着其联结词的意义改变。但是，这个论题已经受到普莱尔的联结词"tonk"的挑战。他设计了一个包含联结词"tonk"的系统，遵循如下引入规则和消除规则：

A ├A tonk B

A tonk B ├B

普莱尔试图用这个系统表明，联结词的意义不能由系统的公理或推理规则给出。可以看到，"tonk"的两个规则既不是语法上恰当的，因为它们允许 A ├B，也不是语义上恰当的，因为无法给出与这两个规则一致的唯一真值表。既然这两个规则是不可接受的，它们不能给出"tonk"的意义也就不足为奇了。我引用哈克的断言："联结词的意义被看作是，一部分来自它们在其中出现的系统的公理和规则及其形式语义，一部分来自赋予这些联结词的非形式解读以及形式语义的非形式解释。"①

另外，哈克认为，即便如此，意义是由公理或推理规则给出的这一论题是否支持（1），仍然是可质疑的。因为变异系统的典型情形是：它们的公理或规则非常接近于但不完全等同于经典逻辑的公理或规则，所以联结词在变异系统中的意义部分地而非完全地不同于它们在经典逻辑中的意义。她还认为，无论如何，对"变异逻辑必定包含意义改变"这一点并没有给出合理的一般性论证②。

对蒯因关于变异的论证（2），我将引用两个论证说明，联结词的意义改变并不足以表明，变异逻辑与经典逻辑之间没有实质性对立。

哈克考虑了如下情况：一个变异逻辑学家 D 否认合式公式"(p∨q)→(¬p→q)"是逻辑真理。经典逻辑学家 C 却把这个合式公式看作定理。后来发现 D 用"∨"所指的正是 C 用"&"所指的东西。由此可得，当 D 反对"(p∨q)→(¬p→q)"是逻辑真理时，他所反对的不是 C 在断定

---

① S. Haack. Philosophy of Logics. Cambridge：Cambridge University Press，1978：230.

② S. Haack. Deviant Logic，Fuzzy Logic：Beyond the Formalism. Chicago：The University of Chicago Press，1996：13-14.

"(p∨q)→(¬ p→q)"是逻辑真理时所断定的东西。但是不能由此得出，在 C 和 D 之间就不存在实质性分歧，因为 C 也认为"(p∨q)→(¬ p→q)"是逻辑真理，所以当 D 否认"(p∨q)→(¬ p→q)"是逻辑真理时，他所否认的仍然是 C 所接受的东西①。

威廉姆森重新发现了一个原本被卡尔·波普证明过的结论，与下面的意义改变论题相反：经典逻辑学家与直觉主义逻辑学家之间的区别仅仅是语词上的，因为他们把不同的意义赋予相关的逻辑词语，故他们在谈论不同的东西。他认为："如果争议是口头的，那么我们需要消除那些逻辑词的歧义，比如区分经典否定'并非$_C$'和直觉主义否定'并非$_I$'。此时的图景是，每一方关于自己的话都是对的：'并非$_C$'的逻辑是经典的，而'并非$_I$'的逻辑是直觉主义的。因此，特别地，由于双重否定在经典逻辑中可消去，'P 是并非$_C$ 并非$_C$ 真的'应该蕴涵'P 是真的'；与此不同的是，双重否定在直觉主义逻辑中通常不能消去，'P 是并非$_I$ 并非$_I$ 真的'不应该蕴涵'P 是真的'。在此图景下，只要从符号上区别开来，'并非$_C$'和'并非$_I$'可以在同一语言中和平共处的逻辑原则就足够强以至于蕴涵了'并非$_C$'和'并非$_I$'等价，所以'并非$_C$'满足双重否定律，仅当'并非$_I$'也满足该定律。于是，和平共处是不可能的。经典逻辑与直觉主义逻辑之间的争议是真正的争论，而不只是口头上的。我将这种思考方式推广到与其他逻辑词有关的问题上，比如'存在'。"②

我要追问一个在我看来更为重要的问题：即使在变异逻辑中确实存在逻辑联结词的意义改变，为什么会发生逻辑联结词的这种意义改变呢？实际上，蒯因本人部分地（在我看来，正确地）回答了这个问题："在拒斥排中律时，他实际上是抛弃了经典否定或析取，或是二者都抛弃了；他可能有他的理由。"③ "尝试我们所想做的，三值逻辑却原来是忠实于形式

---

① S. Haack. Deviant Logic, Fuzzy Logic: Beyond the Formalism. Chicago: The University of Chicago Press, 1996: 9.

② 蒂莫西·威廉姆森. 关于逻辑哲学的问答. 湖北大学学报（哲学社会科学版）. 2013, 40（4）: 21.

③ W. V. Quine. Philosophy of Logic. 2nd ed. Cambridge, MA: Harvard University Press, 1986: 83.

的：它是对经典的真假二分法或经典否定的拒斥。"① "直觉主义者不应被看成，在某些固定的逻辑算子即否定和析取的那些真的定律方面，与我们有争执。他毋宁应该被看成是反对我们的否定和析取，认为是不科学的观念，而提出他自己的某种别的有些类似的观念。"②

我想强调指出，变异逻辑学家与经典逻辑学家在重要问题上的分歧还可以追溯到更为根本的层次：关于逻辑与实在的关系、逻辑与认知和思维的关系，以及逻辑与数学的关系，他们持有很不相同的立场。例如，作为变异逻辑的直觉主义逻辑根植于一种非常独特的数学哲学——直觉主义。达米特正确地指出，直觉主义者"承认，他附加给数学词语的意义不同于经典数学家附加给它们的意义；但是，他坚持认为，经典的意义是不融贯的，出自经典数学家对数学语言如何起作用这一点的误解。于是，对'如何可能去怀疑基本的逻辑规律'这个问题的回答就是：在有关逻辑的不一致的背后，还有更为根本的关于正确的意义模式的不一致，也就是关于我们应该把什么东西看作理解一个陈述的构成要素方面的不一致"③。

4. 用逻辑修正逻辑的悖论

在《依据约定为真》一文中，蒯因论述说，无论是逻辑的约定还是非逻辑的约定，都要符合相关词项的日常用法；在证成我们所选择的约定时，我们不得不诉诸其他的约定，这将导致循环论证和无穷倒退："……如果逻辑是从约定中产生的，那么，为了从约定中推出逻辑，也需要逻辑。"④

达米特、哈克和博格西安都注意到相同的现象：在证成最根本的逻辑规则时，例如肯定前件式和否定后件式，我们不得不使用那完全同样的规

---

① W. V. Quine. Philosophy of Logic. 2nd ed. Cambridge, MA: Harvard University Press, 1986: 84.

② 同①87.

③ M. A. E. Dummett. The Logical Basis of Metaphysics. Cambridge, MA: Harvard University Press, 1991: 17.

④ W. V. Quine. The Ways of Paradox and Other Essays Red. Cambridge, MA: Harvard University Press, 1976: 97.

则，所以我们在进行某种循环论证，这似乎是"悖论性的"①。

类似的情形也出现在蒯因的逻辑可修正性论题中：在修正逻辑时，我们不得不使用逻辑。这种情形似乎也是悖论性的，暂且称其为"用逻辑修正逻辑的悖论"。不过，我认为这个"悖论"不是真实的。我将诉诸蒯因最著名的隐喻——"纽拉特之船"来论证这一点："纽拉特把科学比喻为一条船，如果我们想对其重建，我们必须在航行过程中一块甲板接着一块甲板地重建。哲学家和科学家在同一条船上。"② 下面，我用该隐喻去证成逻辑的可修正性而并不导致矛盾和循环论证。

（1）在修正逻辑（即经典逻辑）时，我们通常拒绝经典逻辑的一些规律，而接受经典逻辑的大多数其他规律。例如，直觉主义逻辑仅仅放弃了排中律、间接证明、双重否定律以及经典逻辑的相关规律；弗协调逻辑仅仅排除了矛盾律、爆炸律（即 A&¬A→B）以及经典逻辑的相关规律。在修正经典逻辑的某个部分时，可以使用我们仍然接受的经典逻辑的其他部分。这里根本没有什么矛盾或悖论。实际上，我们既不能拒绝经典逻辑的所有规律，也不能构造一个与经典逻辑完全不相同的新逻辑。

（2）即使我们用一种新的逻辑来修正经典逻辑，这种新逻辑与经典逻辑并不处于相同的层次。在这种情况下，经典逻辑是对象逻辑，而新逻辑是元逻辑。我们用元逻辑来评价或修正对象逻辑，然后用另一种新逻辑去证成第一种新逻辑。按照这种方式，我们没有任何明显的循环或悖论，但有某种无穷倒退论证。不过，并非任何无穷倒退论证都是恶性的，至少它们中的一些是合理的和可证成的，正如蒯因所言，在证成整个科学时，我们没有最后的立足点。

（3）逻辑可修正性论题仅仅意味着：若有必要，我们可以修正逻辑；

---

① M. A. E. Dummett. Justification of Deduction. The Proceedings of British Academy, LIX. Oxford: Oxford University Press, 1974; S. Haack, Justification of Deduction, Mind. 1976, 85 (337): 112 - 119; P. Boghossian. Knowledge of Logic// P. Boghossian, C. Peacocke. New Essays on the A Priori. Oxford: Oxford University Press, 2000: 229-253.

② W. V. Quine. Word and Object. Cambridge, MA: The MIT Press, 1960: 3.

它并不意味着：我们在某些情形下必须修正逻辑。换言之，修正逻辑只是一种可能性，而不是必然性。我们还要清楚地意识到：修正逻辑是代价最大的选择，我们必须慎之又慎；在考虑选择去修正经典逻辑时，我们必须依据翔实的分析和深入的思考，必须有足够充分的理由。

三、如何发展和完善蒯因的逻辑哲学？

为什么逻辑是可修正的？逻辑与我们生活于其中的世界、与我们关于这个世界的认知、与我们的语言和思维实践有联系吗？如果有联系，如何联系？如果逻辑确实是可修正的，我们如何修正逻辑？更具体地说，我们通过什么样的方式、程序或手段来修正逻辑？为什么对于大多数人来说，甚至对于某些资深哲学家来说，接受逻辑的可修正性论题显得如此困难？等等。对于这些问题，蒯因的整体论只为我们勾勒出一幅非常粗略的图画，他没有为我们提供更为翔实的解释和合理的论证。如果他还活着，他应该进一步处理这些问题，并且给出一个足够成熟的说明。然而遗憾的是，他不能再做这些事情了。所有这些工作都留待我们去完成。

在我看来，所有这些问题都可以还原为一个带有根本性和实质性的问题：我们需要对逻辑及其可修正性做全面的证成吗？我的回答是：当然需要！因为逻辑处于我们知识体系的基础和中心，如果它出错了，这将给我们的知识体系带来危险，甚至造成这个体系的崩溃。如果我们要清楚正确地理解我们的自然知识的本性，我们就不得不首先清楚正确地理解我们的逻辑知识的本性。下面，我将遵循蒯因的自然化认识论的精神，发展出对逻辑及其可修正性的系统性证成，其中包括实在论证成和认识论证成。

我的基本观点是：逻辑与我们生活于其中的世界、与我们关于这个世界的认知，以及与我们的语言和思维实践有关联。明确地说，逻辑理论包含关于世界、认知、语言和思维的描述性内容或事实性因素。由于描述对于被描述者而言可真可假，逻辑理论也有可能出错。这就是为什么逻辑是可修正的根本原因①。

作为预备性工作,我想强调"客观逻辑"(objective logic)与"理论逻辑"(theoretical logic)之间的区别。"客观逻辑"是一种广义上的存在逻辑,即作为外部世界的秩序、结构和规律而存在的逻辑,人们在其日常生活中遵循这种逻辑,去指导和规范他们如何思考和行动。"理论逻辑"则体现为逻辑学家们所构建的逻辑系统,它们是对客观逻辑的描述、刻画和重构,因而不是被发明的而是被发现的,所以可真可假。我提出如下的逻辑研究模型:

```
逻辑系统中形式有效的推理       理论形态的"逻辑"
        表征 ↓ 刻画
日常语言中直观有效的推理    ⎫
        依据 ↓ 模仿         ⎬ 作为逻辑研究对象的客观形态的"逻辑"
外部世界的秩序、结构和规律  ⎭
```

图 13-2

1. 逻辑及其可修正性的实在论证成

我认为,逻辑深深地根植于我们的认知方式、思维方式和语言使用方式之中,所有这些都最终建基于外部世界的秩序、结构和规律之上。因此,逻辑与外部世界具有直接或间接的联系。如果逻辑在这个世界中起作用,它必须以这个世界为基础,然后从世界那里获得合作。对于上述观点,我给出如下五个从弱到强的理由。

(1)非常基本的逻辑规律同时也是存在的规律、认知的规律和语义的规律,例如矛盾律和排中律。亚里士多德在《形而上学》② 中已经论证

---

① 参看范丙申的如下断言:"现代逻辑正在摆脱弗雷格的'反心理主义',经历一场认知转向。逻辑学家与其同事在更为经验化的领域的合作正在扩展,特别是在关于智能主体推理和信息更新的研究中。我们把这种跨界合作置于逻辑和经验事实之间长期联系的背景下,因为纯粹的规范性从来不是一个合理的立场。"(J. Van Bentham. Logic and Reasoning: Do the Facts Matter? Studia Logica, 2008, 88: 67.)

② Aristotle. Metaphysics. W. D. Ross, trans. Beijing: Central Compilation & Translation Press, 2012.

过这一点。

第一，亚里士多德断言，矛盾律和排中律是事物的规律和存在的规律。"……事物不能同时既是又不是"（996^{b}29 – 30），"同一属性不能在同一时间且在同一方面既属于又不属于同一对象"（1005^{b}18 – 20），"我们现在已经设定，任何事物不可能同时既是又不是，由此也已经表明，这是所有原则中最不可争议的"（1006^{b}3），"同一事物不能在同一时间既是又不是"（1061^{b}34 – 1062^{a}1）。

第二，亚里士多德宣称，这两个规律是我们的认知行为（例如知道、相信、肯定和否定）的指导原则。"任何人不可能相信同一事物既是又不是"（1005^{b}23 – 24），"同一个人不可能同时相信同一事物既是又不是"（1005^{b}28 – 30），"对立之间没有居中地带，但我们对于一个主词必须或者肯定或者否定一个谓述"（1012^{b}11 – 13），"不可能同时真正地肯定和否定"（1011^{b}20），"所以不可能对同一主词真正地做出相对立的肯定和否定"（1062^{a}23 – 24）。

第三，亚里士多德认为，这两个规律是支配语句或陈述真假的语义学规律。"对立陈述不同时为真"，"对立的东西对于同一事物同时为真，这是不可能的"（1011^{b}13 – 16），"不能对同一主词同时做出对立的陈述，也不能做出相反的陈述"（1063^{b}15 – 18），"对于任何东西，或者肯定是真的或者否定是真的"（143^{b}15）。我们由矛盾律和排中律得到二值原则：任何语句、命题或陈述必须或者是真的或者是假的，它们有且仅有一个真值：真或假。矛盾律、排中律和二值原则共同刻画或确定了亚里士多德的真概念："说是者为非或非者为是，这是假的，而说是者为是或非者为非，这是真的；因此，当一个人说任何东西是或不是，他将或者说出真话或者说出假话。"（1011^{b}25 – 26）

更为重要的是，亚里士多德表明，矛盾律和排中律作为存在规律可以解释它们作为认知和语义规律的地位，前者决定后者。"……如果对立的性质不可能同时属于同一对象……显然，同一个人也不可能同时相信同一事物既是又不是。"（1005^{b}26 – 31）也就是说，事物如何存在决定了我们应该如何认识和思考。矛盾律和排中律首先是作为存在的规律，然后派生出它们作为认知和语义的规律。

（2）经典逻辑不是本体论中立的，它有自己的本体论承诺。

经典逻辑在本体论上并不是完全中立的，它有许多定理对外部世界或经典逻辑的论域做出了存在性断言，例如，∃x(x=x)、¬∃x(Fx&¬Fx)和∃x(Fx∨¬Fx)，其中"∃x(x=x)"是说某物存在。经典逻辑还有两个关于论域的假定：（i）其论域必须是非空的，就是说，经典逻辑的量词毫无例外地有存在涵义，经典逻辑的所有单称词项都指称该论域中的个体，故经典逻辑中不存在无指称的词项。否则，对于一个含无所指词项的句子，我们将无法确定其真值，二值原则将不成立，还会导出一些很不自然的结果。（ii）其论域也不能太大，例如，既不能存在绝对无穷的个体，也不能包含所有集合的集合。否则，经典逻辑将会产生一些悖论①。

（3）逻辑理论依赖于我们如何对外部世界进行概念化。

亚里士多德引入了十范畴：实体、数量、性质、关系、地点、时间、状态、具有、主动和被动。实体范畴是所有其他九个范畴的核心，它们都从不同角度规定和说明了实体范畴，都可以归属于"属性"范畴。实体是所有属性的承担者，可以用作语句的主词。相反，所有其他范畴仅可以用作语句的谓词。因此，亚里士多德十范畴系统的一个逻辑后果是对语句做主谓式分析，在此基础上他发展出关于直言语句、直接推理和三段论的理论，这是人类历史上最早的逻辑系统。这种逻辑给出了如下的世界图景：世界由第一实体（个体）和第二实体（种和属）构成，实体具有其他九个范畴所刻画的属性或性质，例如可感的、在时空之中等等。

康德引入了范畴表和判断表。他的范畴表有四组，其中每组又有三种范畴：1）量：统一性、多样性和总体性；2）质：实在、否定和限制；3）关系：实体和偶性、原因和结果、主动和被动之间的交互作用；4）模态：可能和不可能、存在和不存在、必然和偶然。他的判断表也有四组，每组又有三种判断：1）量：全称、特称和单称；2）质：肯定、否定和无限；3）关系：直言、假言和选言；4）样式：或然、实然和必然。康德给出了比亚里士多德更为丰富的内容，也描绘了一幅更为复杂的

---

① T. Williamson. A Note on Truth, Satisfaction and the Empty Domain. Analysis, 1999, 59: 3-8.

世界图景：世界由对象和对象的类构成，它们不仅具有特定性质，而且处于复杂的相互关系中，其中最重要的关系是因果关系。但是，康德并没有摆脱对语句做主谓式分析的藩篱，只是增加了基于因果关系的语句之间的条件关系（由"如果，则"表达），以及"可能"和"必然"这些模态性质。19世纪之前的传统逻辑就是建立在康德对世界的概念化基础上的。

弗雷格用他对语句的主目—函数分析取代了亚里士多德对语句的主词—谓词分析。在数学中，函数有空位（自变元或主目），是不饱和的，需要填充，填充并经过适当运算后就得到一个应变元。弗雷格从不同方面扩展了函数的概念，例如，自变元和定义域、函数的运算，以及应变元和值域，并且提出了如下的重要主张：概念是从对象到真值的函数。如果概念有一个空位，如 $F(x)$，它是一元概念；如果概念有两个空位，像 $R(x, y)$，它是二元概念，依此类推。这类语句是原子的，由此通过逻辑联结词和量词可以构造复合语句。最后，我们得到真值函项和带等词的量化逻辑。弗雷格的分析为我们提供了关于外部世界的另一幅图景：世界由个体或个体的类构成，其中的个体不仅具有特定属性或性质，还处于复杂的相互关系之中……

（4）逻辑是自然的教导，它对人类来说甚至具有生存价值。

蒯因曾用达尔文的自然选择理论说明了物种的相似标准、预期的成功以及归纳的效率。他谈道，"达尔文给了我们某种鼓舞。假如人们的性质划分是与基因有关的特性，那么已经导致最成功归纳的划分将会倾向于在自然选择中占据主导地位。在其归纳过程中犯错误的生物有一种可怜却值得赞扬的倾向：在繁衍其种类之前就已经死去。"[①] "我感谢归纳的有效，并且注意到，如果达尔文的进化论是真的，那么它有助于解释哪种归纳是灵验的。""学习能力本身是具有生存价值的自然选择的产物。"[②]

我同意蒯因的说法，并且想把他对归纳的说明扩展到对演绎逻辑效力的

---

① W. V. Quine. Ontological Relativity and Other Essays. New York: Columbia University Press, 1969: 126.

② W. V. Quine. The Nature of Natural Knowledge//S. Guttenplan. Mind and Language. Oxford: Oxford University Press, 1975: 70, 71.

解释。实际上，语言和逻辑都是人类为了满足他们的生存需要而回应外部世界以及相互合作的手段。正是自然界本身以及从中获取生存经验的老一代人教会新一代人如何思考和行动。世界对我们正确的思想和行为给予成功的奖赏，对我们错误的思想和行为给予失败的惩罚。日积月累，我们不断积累正确的思维方式，并且将它们内化为我们的认知和行为的普遍结构，这就是客观形态的逻辑，也就是逻辑学家试图在他们的研究中发现和刻画的对象。

因此，我们的逻辑（即经典逻辑）在外部世界中有事实基础。有些逻辑真理不仅是语义有效的，而且是事实真的。举例说明：$\forall x(x=x)$是说，所有事物都是自身同一的；$\neg \exists x(F(x) \& \neg F(x))$是说，世界上没有任何事物具有某个性质同时又不具有这个性质；所谓"莱布尼茨律"，即$\forall x \forall y((x=y) \rightarrow (F(x) \rightarrow F(y)))$是说，如果两个事物是同一的，即它们是相同的事物，那么，如果其中之一具有某个性质，则另一个也具有该性质，反之亦然。所有这些公式都是事实真的，因为它们报道了世界的实际情况，世界的事物正如这些公式所说。另外，有些推理形式，例如肯定前件式（$p \rightarrow q$, $p \vdash q$）和三段论（如MAP，SAM$\vdash$SAP），表达了世界的自然秩序以及事物的真实关系，所以它们是关于世界的事实真理。如果遵循它们去思考和行动，我们就有可能获得成功。相反，有些公式，例如$\forall x(x \neq x)$，$\exists x(F(x) \& \neg F(x))$以及所谓的"莱布尼茨怪律"，即$\forall x \forall y((x \neq y) \rightarrow (F(x) \rightarrow \neg F(y)))$，既不是语义有效的，也不是事实真的。例如，"莱布尼茨怪律"说：如果两个事物不同一，那么，如果其中一个具有某性质，则另一个必定不具有该性质。这等于预设了下面一点：世界中任何两个不同的事物都具有完全不同的性质；换言之，相同的性质不能被世界中不同的对象所分享。这个主张是事实假的：这是关于世界的一个荒谬假定。另外，有些推理形式，例如肯定后件式（$p \rightarrow q$, $q \vdash p$）和三段论（如PAM，SAM$\vdash$SAP）错误地表达了世界的自然秩序和事物之间的关系，所以它们不是事实真的。如果我们遵循它们去思考和行动，我们最终会失败，自然界会惩罚我们的错误思考。

谢尔正确地断言："在某种程度上，使用其他错误理论会导致飞机失事、工人失薪、核电站关闭（或爆炸）、汽车熄火（或相撞）等等，所以，使用错误的逻辑理论也会导致这些情况。的确，科学实在论者对科学理论（或这些理论的抽象部分）所说的也适用于逻辑理论：如果逻辑理论不与世界一致，那么，它在世界中的作用将会变得神秘莫测。因此，在设计一个逻辑系统时，必须将世界考虑在内。"①

（5）逻辑通过真谓词指向世界。

蒯因认为，虽然逻辑必须诉诸语义上溯，但它与实在有关：在把真谓词归属于语句的同时，也把这个谓词以间接的方式归属于实在。"在这里，真谓词能如实地用来通过语句指向实在；它能用来提示我们，虽然提到语句，但实在仍然是全部的关键。""逻辑理论虽然严重依赖于语言的谈论，但已经是朝向世界而非朝向语言的了，真谓词使之如此。"②

谢尔把这个想法发展为对逻辑的一个很系统的基础性解释，其中包含了对逻辑的实在论说明。她将其称为"基础整体论"（foundational holism）。我认为，她的理论在总体上是正确的，与我先前的想法不谋而合③。下面我用自己的话概述谢尔的论证。

众所周知，逻辑是研究推理和论证的，特别是它们的形式有效性。逻辑后承（logical consequence）是逻辑的核心概念。可以用两种不同的方式来刻画它：语法（或证明论）和语义（或模型论）。她偏向于语义刻画。对逻辑后承的塔斯基式标准定义是：

语句 α 是语句集 Γ 的后承，当且仅当，不存在一个模型使得 Γ 的所有语句是真的而 α 是假的。用符号表示：

$$\Gamma \vDash_L \alpha$$

这里，"L"指任一逻辑系统，我们也可以称其为一个逻辑。

---

① G. Sher. The Foundational Problem of Logic. The Bulletin of Symbolic Logic, 2013, 19 (2): 160.

② W. V. Quine. Philosophy of Logic. 2nd ed. Cambridge, MA: Harvard University Press, 1986: 11, 97.

③ 陈波. 逻辑哲学导论. 北京：中国人民大学出版社，2000；"逻辑的可修正性"再思考. 哲学研究，2008 (8)；Chen Bo. The Epistemic Justification of Deduction. Social Sciences in China, Autumn 2003. 谢尔的论文在 2013 年才发表，本文初稿撰写于 2012 年夏天。仅仅在修改本文的过程中，我才偶尔发现了谢尔的这篇论文，并进而搜寻和阅读了她的其他一些论文。坦率地说，我喜欢它们。

为简单起见，我们只考虑两个语句 S_1 和 S_2 之间的推理关系：

$$S_1 \vDash_L S_2$$

根据塔斯基式定义，逻辑后承的最重要的特征是：无论推理的链条多长，从推理的前提到结论保持真或传递真。因为涉及语句或语句集的真，世界必须参与，用谢尔的话说，"世界必须合作"[①]。一个语句是真的，仅当世界的相关事物如同这个语句所说；一个语句集是真的，仅当该集合的任何一个语句都是真的，即仅当世界的相关事物如同这些语句逐个所说。另外，由于后承关系是语句的真的传递或保持关系，故在处理后承关系时，我们必须考虑事物所是的诸方式（相对于相关语句）之间的联系（或缺少联系），也就是说，语句集 Γ 是语句 α 的后承，当且仅当，存在语句集 Γ 所说的事物与语句 α 所说的事物之间的联系。我们由此得到谢尔的如下图示：

（逻辑层次）　　$S_1 \vDash_L S_2$ 　　　　　　　　　　　　　　（3）

假定 S_1 是真的。为了让（3）是有效的，S_1 的真必须保证 S_2 的真，即如下情况必须成立：

（语言层次）　　$T(S_1) \rightarrow T(S_2)$ 　　　　　　　　　　　（4）

令 C_1 和 C_2 是让这两个语句为真而在世界中所要求成立的条件（情形）：

（语言层次）　　$T(S_1)$ 　　 $T(S_2)$ 　　　　　　　　　　　（5）
　　　　　　　　　$\Updownarrow$　　　　$\Updownarrow$
（世界层次）　　C_1 　　　　C_2

谢尔继续论证，实在对逻辑有两种方式的影响。一种方式是"逻辑被世界所限制，即世界至少对逻辑具有负面影响"[②]。如果我们同时发现世界的两个情形 C_1 和非 C_2，这就确定了 $T(S_1)$ 而非 $T(S_2)$，这个发现将直接让逻辑后承"$S_1 \vDash_L S_2$"无效。另外，如果我们发现：世界的情形 C_1

[①] G. Sher. The Foundational Problem of Logic. The Bulletin of Symbolic Logic, 2013, 19（2）：164.

[②] 同①165.

出现无论如何不能保证情形 C_2 出现，这个发现就意味着，$T(S_1)$ 不能保证 $T(S_2)$，所以这也使逻辑后承"$S_1 \vDash_L S_2$"无效。

另一种方式是世界使逻辑成为可能（logic is also *enabled* by the world），这意味着"世界或许使得从一些语句逻辑地得到其他语句（假如给定某些东西，如语言和意义）"①。例如，假定世界被如下很可能是必然且普遍的规律所支配：

$$A \cup (B \cap C) \text{ 非空} \Rightarrow A \cup B \text{ 非空}$$

这个规律足以支持如下断言：

$$\exists x(Ax \vee (Bx \& Cx)) \vDash_L \exists x(Ax \vee Bx)$$

我同意谢尔的如下总结："理论上，逻辑是通过如下方式根植于实在的：（i）它与真的内在联系，（ii）真与实在的内在联系，以及（iii）从（ii）到（i）的内在相关性。而且逻辑根植于支配世界的特定规律，这些规律具有极强的模态力量……"②

2. 逻辑及其可修正性的认识论证成

蒯因主张，"我们在学习语言的过程中学习逻辑"③。他认为："因此，从'p 并且 q'到'p'推理的逻辑规律正是通过对'并且'的学习成为我们的习惯。对于合取的其他规律以及析取和其他真值函项的规律也是类似的。相应地，对于量化的规律也类似……因此，对我们的基本逻辑习惯的习得可以用我们对语法构造的习得来解释。"④"归纳本身与动物的期望和习惯的形成在本质上是相同的，只不过有程度的差别。语词的实指学习是归纳的一个隐含例子。"⑤

---

① G. Sher. The Foundational Problem of Logic. The Bulletin of Symbolic Logic，2013，19（2）：166.

② 同①167.

③ W. V. Quine. Philosophy of Logic. 2nd ed. Cambridge，MA：Harvard University Press，1986：11，100.

④ W. V. Quine. The Nature of Natural Knowledge//S. Guttenplan. Mind and language. Oxford：Oxford University Press，1975：78.

⑤ 同④125.

我同意蒯因的观点：我们在学习语言的过程中学习逻辑，但是语言的学习过程实际上是一个归纳过程，至少是与归纳有关的。从这些前提出发，我们可以推出逻辑的学习过程也与归纳有关这个结论吗？我认为可以。客观逻辑根植于我们的语言和认知实践中，也根植于我们的思维方式中。理论逻辑是对客观逻辑进行表述、抽象和理想化的结果。

通常，逻辑学家把用自然语言表述的我们日常思维中的推理重新表述为用形式语言表述的逻辑系统中的推理。日常语言中的推理可被称为"非形式论证"，逻辑系统中的推理可被称为"形式论证"。前者依赖于"系统外的有效性"这个概念，亦称"直观有效性"；后者依赖于"逻辑系统中的有效性"这个概念，亦称"形式有效性"。哈克指出："形式逻辑系统试图对非形式论证进行形式化，试图用精确、严格和一般化的词项来表达它们；而一个可接受的形式逻辑系统应该是这样的，如果一个给定的非形式论证通过某种形式论证在其中得到表达，那么，只有非形式论证在系统外的意义上是有效的，形式论证才应该在系统中是有效的。"①

当然，在这一过程中，我们会遇到许多模糊和含混，不同的逻辑学家对非形式论证及其直观有效性将做出不同的理解和解释，对此构造出不同的甚至相互排斥的逻辑系统。因此，一个普遍的现象是：不同的逻辑或逻辑系统同时并存。这种观点被称为"逻辑多元论"，图示如下：

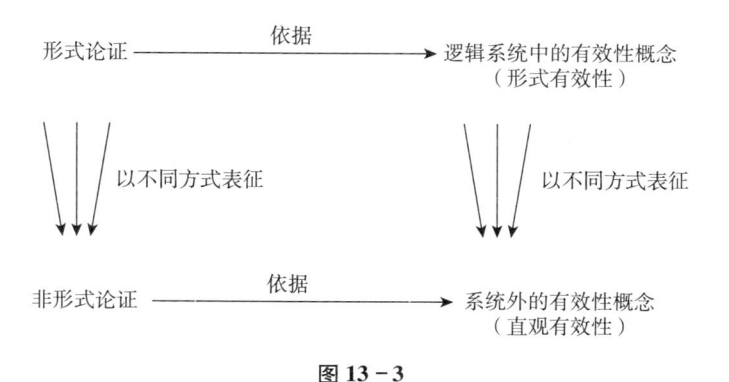

形式论证 ——依据——→ 逻辑系统中的有效性概念
（形式有效性）

↓以不同方式表征   ↓以不同方式表征

非形式论证 ——依据——→ 系统外的有效性概念
（直观有效性）

图 13 – 3

---

① S. Haack. Philosophy of Logics. Cambridge：Cambridge University Press，1978：15.

在这一过程中，逻辑学家必须对我们的认知和语言实践进行某种经验研究，包括我们形成概念、做出判断、进行推理、论证和反驳的方式与方法。不过，逻辑学家既不关心推理的具体心理过程，也不关心推理的前提和结论的实际真值，而是专注于如下问题：通过何种规则、程序和方式，从真前提可以推出真结论。因此，逻辑学家的工作不同于心理学家的工作，至少是研究侧重点有所不同。

总之，像在其他科学中一样，在逻辑系统中也存在对我们认知和语言实践的描述、刻画、提炼、精释、抽象、概括和理想化。逻辑理论需要得到关于自然语言和日常思维的直观的支持，并且与关于世界、认知和语言用法的经验材料有关联。

我的上述逻辑观近似于麦蒂的自然主义逻辑观，后者包括三个论题：

（1）人类是如此构造的，以至于他们使用康德/弗雷格的形式和范畴对这个世界做概念化，也由于这个原因，他们的思考要受到逻辑规律的约束，但现代逻辑的全部规律要等到某些重要的理想化处理和补充假设出现之后才会产生出来。（2）在很大程度上，这个世界具有与这些形式和范畴相对应的一般性的结构特征，但也有例外的情况，在那里即使是那种基础的逻辑也会失去其基础。（3）人们之所以相信逻辑的基础部分，是因为它们由其基本概念装置所决定，但他们得知那些规律，也只是因为那些基本的概念化处理可以被证明是真实的①。

不难理解，蒯因的逻辑可修正论题可以得到这种逻辑观的强有力的支持。

3. 我们如何修正逻辑？如何构建和评价一个新逻辑？

因为修正经典逻辑总是会导致建构一种"新"逻辑，所以我把上面两个问题合而为一：构建一个逻辑系统的程序以及评价该系统的标准是什么？

在我看来，逻辑学家与其他领域的科学家没有本质性区别，他们都必须使用假说演绎法：发现问题，确立研究目标；搜集经验材料，为以后的

---

① P. Maddy. A Naturalist Look at Logic. Proceedings of the American Philosophical Association. November, 2002: 75-76.

理论化做准备；构造尝试性假说；根据各种标准，对这个假说进行评价；从该假说推出许多结论或预测，通过实践或推测进行检验；不断改进这个理论，直到得到广泛认可和应用。许多逻辑学家不这样认为，只是因为他们各自只做了构建逻辑系统这个整体任务中的部分工作，逻辑学家共同体不得不完成所有其他的工作，包括对所构建的逻辑系统做评价、选择和使用①。

（1）发现问题，确立研究目标。

例如，对于莱布尼茨来说，他想发明一套普遍语言和理性演算，把所有的推理都划归为计算，由此达到思维的程序性、严格性和精确性。他一生不断尝试实现这一目标。又如，对于弗雷格来说，他想把数学划归为逻辑，由此证明数学的一致性和可靠性。但当时已有的逻辑不能用来实现这个目标，所以他竭尽全力创造一种新逻辑。当代计算机科学和人工智能提出了许多经典逻辑不能满足的新要求，故逻辑学家们正在构造各种新的逻辑系统，例如认知逻辑，关于行动、博弈和决策的逻辑，关于自然语言表征和理解的逻辑。

（2）进行预备性的经验考察。

在建构新逻辑系统之前，逻辑学家必须已经对相关领域有足够的理解。例如，他们应该澄清相关领域中重要的概念和命题，消除它们的歧义和不精确性，清楚地理解那些概念和命题之间的实际逻辑关系，从而确定哪些概念和命题是基本的，哪些概念是可定义的，哪些命题是派生的。例如，在构造时态逻辑、道义逻辑、认知逻辑时，逻辑学家必须先进行有关时间、义务和规范，以及知识的哲学研究，从而为以后的形式化工作奠定实证基础。

（3）构造新的形式系统。

这是逻辑学家的本职工作，也是构造逻辑系统的过程中的关键步骤。具体工作包括：首先设计一个形式语言，其次选择演绎装置的集合，其中包括目标系统的公理和推理规则，最后从这个系统的演绎装置集合中推出

---

① N. Rescher. Discourse on a Method//D. Reidel. Topics in Philosophical Logic, Dordrecht: Reidel, 1968: 332-341.

许多定理，由此构成一个形式化系统。

（4）对形式系统的元逻辑证成。

并非任何构造出来的形式系统都有资格被看作逻辑。合格的系统必须具有一些元逻辑特征，例如可靠性、一致性、完全性、独立性、可判定性、范畴性等等。其中最重要的是形式系统的可靠性，它关系到一个形式系统是否成立的问题，即该系统的所有定理是否都是逻辑真的。不可靠的形式系统可以推出矛盾，而推出的矛盾足以摧毁那个系统。系统的完全性也是非常重要的，因为它与系统的推演能力有关，即是否所有逻辑真理都可以作为该系统的定理推演出来。既可靠又完全的形式系统一直是逻辑学家们所追求的目标。

然而，形式系统的可靠性和完全性却不能充分证成一个逻辑系统，可以给出两个理由：（i）相互冲突的逻辑系统可以分别是可靠的和完全的；（ii）在各种可靠的和完全的系统中，有的得到了广泛认可和应用，有的则被忽视甚至被完全遗忘。发生此种现象必定另有原因。

（5）对形式系统的认识论证成。

既然逻辑系统是对于我们的语言和认知实践的抽象化和理想化，并且与外部世界有关，那么，还必须给出系统的认识论证成。我们应该考虑，系统是否对应于我们的认知、思维和语言使用，是否与我们在相关领域的直观和常识相冲突，等等。

夏皮罗指出，模型论和证明论都给出了逻辑后承的概念：前者通过解释或模型来说明后承，后者通过推理规则来说明后承。可靠性和完全性是关于形式系统的数学概念，它们仅是证成系统的必要条件。除此之外，演绎后承概念和模型论后承概念都预设了直观的和前理论化的后承概念，即自然语言中正确推理的概念。在某种意义上说，演绎后承概念和模型论后承概念是对自然语言中正确推理概念的刻画和描述，因此有如下问题：这些刻画或描述是否正确和充分。一个模型论语义学是正确的，如果它有足够的解释去拒绝任何混合意义上非有效的论证；一个模型论语义学是充分的，如果任何自然语言中混合意义上有效的论证都对应于一个模型论后承。类似地，一个演绎系统是正确的，如果它的任何初始推理规则都对应于一个合法的且没有间隙的推理步骤；一个演绎系统是充分的，如果任何自然语言中合法且没有间隙的推理链条都被重新纳入这个系统中①。

（6）对形式系统的实用性证成。

在已经构建成功的逻辑系统中，我们的学术共同体进行选择的一个重要标准是：这些系统是否具有重要的理论和实践价值，是否有助于解决困难问题，是否得到了普遍且有效的运用，以及是否简单和方便，等等。在开始阶段，一个逻辑理论不可避免地是幼稚和肤浅的，其理论和实践的价值常常不太高，例如，道义逻辑、认知逻辑、偏好逻辑等曾经处于这种情形中。不过，这种现象是很自然的，也会不断得到改进。世界中绝大多数人都是功利主义者，他们对没有价值或价值很小的东西没有耐心。然而，我想强调的是，请更耐心地对待逻辑的发现和创造，以长焦距、广镜头从不同侧面去评价一个逻辑系统。

4. 为什么逻辑可修正性论题如此难以被认同？

下面讨论一个心理学问题，但其实也是一个认识论问题：对于大多数人来说，甚至对于某些资深哲学家来说，接受蒯因的逻辑可修正性论题为什么显得如此困难？我至少可以给出如下三个理由：

（1）逻辑与外部世界以及我们的认知的联系是如此之遥远和间接，以至于人们错误地认为没有这种联系。我想问一些很重要的问题：如果逻辑只是对世界无所言说的重言式，为什么它们可被运用于世界甚至在世界中管用？如果实际上不存在逻辑真理与人类思维实践之间的联系，为什么逻辑规律和规则对我们的思维具有支配性力量？在我看来，逻辑学家不应该构造这样的逻辑系统，它们与我们的常识和语言直观有根本性冲突，且在我们的思维中毫无应用；即使他们这样做了，他们所构造的"逻辑"系统也不值得认真对待。如果不承认逻辑与人类经验之间有直接或间接的联系，逻辑真理的有效性对于人类认知来说将是难以理喻的谜团。实际上，并不是我们把自己的认知模式强加于世界，而是世界教导我们学习和遵循这些模式；人类在与世界打交道的过程中代代相传积累的模式对于个

---

① S. Shapiro. Logical Consequence, Proof Theory, and Model Theory//S. Shapiro. Oxford Handbook of Philosophy of Mathematics and Logic. Oxford：Oxford University Press，2005：664.

别人来说是先天的，但是对于整个人类来说却并非如此，因为通过最终的分析，这些模式都具有实在论或经验论的起源。

（2）逻辑处于人类知识体系的中心地位。面对顽强不屈的经验，如果选择修改逻辑，我们将付出沉重的代价。有些人由此再走一步，得出了逻辑不可修正的结论。但是，这个结论是错误的，因为逻辑真理在人类知识体系中的中心性并不等同于它的分析性、必然性和先天性，难以修正逻辑并不等同于逻辑可免于修正。的确，修正逻辑将导致巨大的改变，甚至导致世代积累的知识体系崩溃。这仅仅说明我们不能轻易地修改逻辑，而并未证明我们不能修改逻辑。人类知识体系的巨大变化，即所谓的"科学革命"，在过去已经发生过多次，在未来很有可能还会发生。

（3）对逻辑可修正论的一种反对意见是：在修改逻辑时，我们也不得不使用逻辑，所以逻辑可修正性论似乎是自我否定的。我已在上面第二节回答了这个反驳。如我所论证的，经典逻辑的修正并不是全面和整体的，而是部分和局部的。因为经典逻辑按照某种方式反映和刻画了外部世界和我们关于世界的认知，它将长期有效并被普遍地使用，不是完全错误的，故不能被完全否弃。因此，在修正经典逻辑时，我们可以使用经典逻辑中我们仍然接受的那些部分。另外，有些逻辑学家用 T2 修正 T1，其他逻辑学家用 T3 修正 T2，更一般地说，另外一些逻辑学家用 Tn 修正 Tn-1，等等。我们必须一个接着一个地完成对经典逻辑的单个修正，就其本身而言，这些单个的修正是一致的和融贯的。因此，逻辑可修正性论并不是一个自毁的论题。

正如在日常生活层面，像休谟这样的怀疑论者与普通人没有什么区别一样，像我这样的逻辑修正论者与其他那些坚持逻辑不可修正的同行之间也没有实质性区别。虽然不承认逻辑真理具有绝对分析性、必然性和先天性，但我仍然认为，逻辑真理处于我们知识系统的中心，具有相对而言的分析性、必然性和先天性，所以，倘若修正逻辑，我们将付出巨大代价。我们行动的指导原则是蒯因的"最小损害原则"，所以我相信，虽然逻辑是可修正的，但我们不能任意地修正逻辑，我们必须具有非常强劲且充分的理由来这样做。对我们来说，不修正逻辑或许总是一个合理的策略和更好的选择①。

---

① 本章利用了我先前发表的文章《"逻辑的可修正性"再思考》（《哲学研究》2008 年第 8 期）中的部分文字。

14. 一位年轻的中国学者与冯·赖特的交往

冯·赖特（Gerog Henrik von Wright，1916—2003），20 世纪著名的逻辑学家和哲学家，于 2003 年 6 月 16 日去世。德国教授乔治·米格尔（Georg Meggle）主持编辑《冯·赖特纪念卷》，邀请我撰写一篇纪念文章，因为从 1996 年开始，直至冯·赖特去世之前，我与这位伟大人物有许多密切交往，甚至可以说，建立了私人友谊。1997 年 9 月至 1998 年 9 月，我在芬兰赫尔辛基大学冯·赖特那里做访问学者一年；我接到他的最后一封信是 2003 年 2 月 20 日，距他去世仅 100 多天；我撰写了专著《冯·赖特》，1998 年由台湾东大图书公司出版；我主持编译了他的中文版文选——《知识之树》，2002 年由三联书店出版；如此等等。在下面的文章中，我概述了与冯·赖特的交往，披露了他给我的 27 封信中的 12 封信，并把他为我主持编译的他的中文版文选《知识之树》所写的序言作为附录。我认为，这些东西具有文献价值，读者从中可以感受到冯·赖特的思想、学问与人格魅力；就我个人来说，写出这些也是为了寄托我对冯·赖特教授的缅怀与崇敬之情，并留作永远的纪念。

在 20 世纪 80 年代初，当时我作为逻辑学研究生，开始接触哲学逻辑。在相关文献中我时常遇到一个陌生的名字：乔治·亨利·冯·赖特（Gerog Henrik von Wright），并阅读了他的一些论著，例如读了他的《维特根斯坦传略》，他关于道义逻辑、优先逻辑和更一般的模态逻辑的论著，以及他关于归纳和概率的书，并写了一些文字介绍他的学术贡献，特别是其逻辑学贡献。在 1993 年左右，应美籍华裔哲学家傅伟勋先生邀请，我为台湾三民书局出版的"世界哲学家丛书"撰写《冯·赖特》一书，此后，开始系统地研读冯·赖特的英文文献，逐渐地对冯·赖特这个人以及他的学问有了比较系统的了解。

冯·赖特于1916年6月14日出生在芬兰赫尔辛基一个说瑞典语的贵族家庭。1934年入赫尔辛基大学，1937年大学毕业后攻读博士学位。1941年获哲学博士学位。1946年任赫尔辛基大学教授。在1939年和1947年两度赴英国剑桥大学，前一次是作为研究生访学，后一次是应邀做学术讲演，在此期间与在剑桥任教的维特根斯坦有了密切交往，并深获他的信任。1947年，当维特根斯坦辞去剑桥教授职位时，他推荐冯·赖特继任，并获得批准。当时冯·赖特年仅31岁。在任职三年多之后，冯·赖特辞职返回芬兰，任赫尔辛基大学哲学系教授。1951年，维特根斯坦去世，指定冯·赖特为他的三位遗嘱执行人之一。此后，冯·赖特先后担任过美国康奈尔大学无任所教授，芬兰科学院研究教授、院长等职。其研究领域涉及归纳逻辑、哲学逻辑、伦理学、一般价值和规范的理论、行动理论、人文科学方法论、文化哲学、心灵哲学、维特根斯坦研究等，先后用英语、德语、芬兰语、瑞典语等语种出版专著、论文集近30种，其中有些著作又被译为法语、俄语、意大利语、西班牙语、日语、汉语等语种出版。其学术研究的特点是融通分析哲学和欧洲大陆哲学。他是哲学逻辑和维特根斯坦研究方面公认的国际权威，但其思想却具有浓厚的人文主义意味，特别在中晚期更是明显偏向人文主义研究。正如哈贝马斯（Jurgen Habermas）所评价的，他是一位"处于分析传统和诠释学传统之间的人物"。他的研究成果产生了广泛的国际性影响，并给他带来了很高的国际性声誉：先后被授予14个博士或名誉博士学位，是15个国家、地区或跨国科学院的院士，并曾任国际哲学学院主席，国际科学史和科学哲学联合会逻辑、方法论和科学哲学分会会长。1989年，美国"在世哲学家文库"出版了《冯·赖特哲学》卷，此书编者指出："本丛书的《冯·赖特哲学》卷不需要任何辩护。在过去几十年中，冯·赖特已经成为世界范围内哲学家关注的中心。"

通过研读他的著述，我也逐渐厘清了冯·赖特的学术理路和思想进程：早年受其博士学位导师、当时的芬兰哲学领袖埃洛·凯拉的影响，信奉逻辑经验主义，研究归纳概率逻辑。他用充分条件和必要条件等术语重新阐释了培根、密尔等人提出的排除归纳法，这种新表述已经进入当代的许多逻辑教科书中。在 50 年代前后研究逻辑真理时，偶然发现量词、模态词、道义词、时态词、认知态度词之间的类似，由此提出广义模态逻辑的系统构想，并创立了道义逻辑、优先逻辑这样一些新的逻辑分支。在研究道义逻辑的过程中，认识到义务、允许、禁止等一方面与道德规范和法律规范相关，另一方面与人的行动和行为相关，由此导致他对伦理学、一般价值和规范理论、行动理论的研究。对后面这些理论研究的结果，又进一步导致他研究人文社会科学方法论与自然科学方法论的联系与区别，提出了因果论解释模式和意向论解释模式之间的二元对立，并重点研究了意向论解释模式。晚年，他又研究心灵哲学和文化哲学，作为公共知识分子向社会发言，对工业技术文明总体上持批评态度，倡导一种人文主义的生活方式。此外，作为维特根斯坦的遗嘱执行人，他在维特根斯坦遗著的搜寻、整理、编辑、出版等方面做了大量工作，并对其思想做了一些研究，为他在国际哲学界赢得了广泛声誉和重要地位。

1996 年，我开始与冯·赖特通信，他的第一封回信所署日期是 1996 年 6 月 20 日：

> 亲爱的陈波教授，
>
> 非常感谢你写于 6 月 1 日的信。听到你阐述我对哲学的贡献的写作计划，我很感兴趣。你还提到我的某些书在你那里找不到。不幸的是，我这里也没有多余的书册。我设想，你的预期的出版商——三民书局能否帮助你直接写信向出版社购书？不过，我把我新近出版的有关哲学逻辑的书送给你，如果你感兴趣的话，我还可以准备一份我的文献目录送给你。它相当长——70 多页。以适当的方式让我知道你是否需要这些东西。
>
> 谨致良好的祝愿，
> 你诚挚的，
> 乔治·亨利·冯·赖特

自此以后，我们两人频繁地通信，我就一些问题求教于他，向他索取我在北京找不到的一些书籍，并就我的写作计划征求他的意见。请看下面一封信：

> 1996 年 9 月 11 日
>
> 亲爱的陈波教授，
>
> 感谢你的信以及你的书的目录表。我唯一的评论与第五章《伦理学研究》有关。你知道我的著作《善的多样性》吗？我一度认为它是我曾写过的最好的书，如果一个人可以这样谈论他自己的话——如果不（至少）提到它的话，那将是一个遗憾。也许你已经知道它了。
>
> 这里有《说明和理解》一书的日译本。我知道，日语和汉语是两种完全不同的语言——但我也被告知，它们有一些共同的印刷字体，这意味着同一个印刷文本既可以为日语读者理解，也可以为中文读者理解。但也许我弄错了。无论如何，我寄送一册日语译本给你。
>
> 不幸的是，我没有，也找不到我的论文《行动逻辑概述》的抽印本。我也找不到它原来发表在其中的那本书。所以，我不得不遗憾地说，在这个问题上我无法帮助你！
>
> 谨致最良好的祝愿，
> 你诚挚的，
> 乔治·亨利·冯·赖特

在他的安排之下，我在 1996 年 12 月得到了芬兰国际交流中心（简称 CMO）的资助。在 1997 年 9 月 10 日，我作为访问学者赴芬兰赫尔辛基大学哲学系，这是我第一次出国。当我到达赫尔辛基机场时，冯·赖特派了一个人来接我，那个人交给了我一封冯·赖特手写的信：

> 亲爱的陈波教授，
>
> 我高兴地想到，当你得到这封信时，你刚刚踏上芬兰的土地。我希望，你有一个愉快的旅程。
>
> 我明天（9 月 12 日）要去瑞典，但希望在你到达时能够回来。如果你在哲学系找不到我的话，试着给我家里打电话。我家里的号码是 655192。（我在大学的号码是 1917632）。

欢迎你来到芬兰，我希望你会享受你在这里的日子。

你诚挚的，

乔治·亨利·冯·赖特

当在机场读到这封信时，我被触动了，心头一热。这是我在芬兰停留的一个令人愉快的开头。从1997年9月至1998年9月，我在芬兰赫尔辛基大学哲学系待了整整一年。在这期间，冯·赖特的办公室总是对我敞开着，我甚至有它的一把钥匙。我每周与冯·赖特见面和交谈一至两次，每次大约一小时。我先后被邀请到他家里做客4次，并见到了冯·赖特夫人，一位非常热情、娴静、优雅、友善的女士。有时候，冯·赖特会在我的信箱里留下一些字条或短信。在这一年，我完成了关于冯·赖特的那本书，并于1998年6月左右由台湾东大图书公司出版。我告诉冯·赖特，在这本书的末尾，关于他的人格我写了些什么。他非常感兴趣，要我译成英文，我满足了他的意愿，给了他下面这段文字：

> 从阅读他的著作和与他的个人接触中，我对冯·赖特教授获得了这样的个人印象：整个说来，冯·赖特不是像尼采和叔本华那样在学术领域内锋芒毕露、横冲直撞的斗士，不是那种给人以情感的冲击和心灵的震撼的思想家，而是一位稳健、儒雅、勤勉的学者，一位分析型、技术型的哲学家，一位学术圈里的绅士，其睿智、深邃、平和犹如晚年的歌德。在评述他人的观点时，他相当周详和平实，很少做惊人之论；对自己的思想则给予全面、细致、技术化的论证。感觉起来，他的写作风格就像一道山涧小溪，流淌得非常自然、平静、舒缓，沁人心脾，启人深思。读他的书也许不会激活你的血液，却会给你"润物细无声"的春雨般的滋润。——这就是我所获得的关于冯·赖特的真实感受。

冯·赖特非常喜欢我对他的人格的描述，并把它带给她夫人。她夫人也读了这段文字，后来对我说，你的描述是真实的，你确实理解了冯·赖特。甚至在写于2001年元月24日的一封信中，冯·赖特还提到了这段描述：

> 亲爱的陈波，
> 我今天收到了你写于元月17日的信，以及那期《世界哲学》，

里面有你翻译的我关于维特根斯坦和传统的论文。你已经做了并正在做许多工作，使我的著作能够为中国读者所获悉，对此我深表谢意。

我认为，你给我的信全都适时达到了，但我遗憾地说，我给你的上一封信把时间错写成去年的 8 月 1 日。我对我的疏忽表示歉意，但这一点有一个令人沮丧的理由：我一直在病着，有时还相当严重。在 10 月和 12 月，我不得不在医院待了一段时间。现在我好多了——但愿它能持续下去。

我还做了一些与心身问题以及原因和理由之间的区别有关工作，但尚没有完成。我还做了另外一件很不相同的事情：写下我一生的回忆。在这本书中——假如它写完供出版的话——我非常愿意发表你阐述我的哲学的那本书中的那段引文，当然要事先征得你的同意，你在那段文字中刻画了我的人格。于是，在我的回忆录中，将出现我对你所英译的中文原文的瑞典语翻译！你记得我正提到的那段文字吗？我非常喜欢它。尽管在对它做判断时我难免有所偏私，但我倾向于认为，它是真实的。

我注意到，你充满了活力，因为这一点我羡慕你。我祝愿你和你的家人在你的故乡过一个美好的新年节日。我还希望，在你紧张的工作期间你将有足够的时间去放松一下。祝愿你在台湾和香港的大学以及随后在美国的工作激动人心且富有成果！

我将对瑞斯托·威尔柯提到你。我妻子也与我一道，对你和你的家人送上我们热忱的祝福，祝你们有美好的未来。

我期望得到在《当代西方伦理学名著选读》中的我的论文的译文——不过很遗憾，我只能看它们，而不能读它们。

你诚挚的，
乔治·亨利·冯·赖特

我不知道，我的描述是否最终出现在他的回忆录中，因为我没有得到那本书，并且也无法阅读它，因为它是用瑞典语写成的。从网上我查到它于 2001 年出版，书名是 *Mitt Liv Som Jag Minns Det*，我甚至不知道这个书名是什么意思!

当我与冯·赖特在一起的时候,我还做了另外两件事:

(1) 我对他做了一次访谈。由于我当时英语口语不太好,我写下我的问题,他写下他的回答。最后,这篇访问记在北京和台湾的杂志分别发表。由于这篇访问记的回答部分实际上是由冯·赖特本人所写,我认为它具有文献价值,故把它作为本文的一个附录。

(2) 我向冯·赖特建议,由我编辑和翻译他的一本论文选集,并由我译成中文,在中国出版。冯·赖特很高兴地同意了这一方案。我根据中国读者的兴趣和口味,先提出一个选目,然后与他一起讨论,确定最后的选目。他为该选集撰写了一篇序言。当我在翻译方面遇到困难时,我向他求教。由于我诸事缠身,后来邀请我的两位朋友胡泽洪、周祯祥加盟翻译,我则予以仔细校对。该文选拖至 2002 年底才最终出版。在该书的译者前言中,我写道:冯·赖特"使我明白了什么叫贵族,什么叫绅士,什么叫大家气象"。这些话表达了我真实的印象、感受和情感。

在我从赫尔辛基回到北京之后,我仍然与冯·赖特保持密切的通信联系,经常向他报告我的工作、研究甚至生活,当然也包括我新近所做的与他的哲学有关的工作。下面是来自他的两封信:

1998 年 9 月 17 日

亲爱的陈波,

在你离开前,你很周到地给我打电话说再见,很遗憾我未能与你相见。

我希望,你将把你在芬兰的一年作为你一生中美好的时光留存在你的记忆中。我非常高兴你来到了这里,特别感谢你所做的一切,使我的工作能够为中国的读者大众所知悉。

我祝愿你在作为哲学家的职业中取得成功——但是,我首先祝愿你有幸福与和谐的生活。

你永久的,

乔治·亨利·冯·赖特

1999 年 8 月 4 日

亲爱的陈波,

谢谢你写于 7 月 24 日的信。我很高兴收到这封信,并听到有关你的活动的讯息。

首先,我要祝贺你晋升为正教授。你已经不只是配得上这一头衔了——我祝愿你有一个漫长而富有成果的职业生涯。

关于你编辑的我的文选的消息也使我感到高兴。我认为,它的内容是多方面的,且具有代表性。看到该书将是一件美事,只可惜我不能阅读它。

你提到的关于我的哲学和更一般地关于芬兰哲学的两篇论文,听起来令人激动。我十分渴望得到它们的抽印本。我推测它们是用中文写的,我双倍地遗憾我不能阅读它们。或者,你也许可以写一个简短的英文摘要?

你友好地问到我的健康情况。去年冬天,情况不太好。但是,目前我住在位于波罗的海一个岛上的我的小房子里,享受平静和孤独,我觉得好多了。今年在芬兰,我们有一个特别美好的夏天——比你当时在这里的时候好得多。也许你将来某一天再来这里?

你的同胞韩林合将很快从这里回去。部分地因为健康的原因,我没有给他很多关照。他已经完成了一篇论述维特根斯坦关于说与显示之间区别的论文,我已经怀着很大的兴趣读了它。

我希望你和你的家人一切都好,并且我会不时听到来自你的讯息。我夫人与我一道给你送上我们最热忱的问候。我将向你在信中提到的那些人转达你的问候。

你诚挚的,

乔治·亨利·冯·赖特

在信中,我曾与冯·赖特本人讨论过邀请他访问中国的事情,但考虑到他的年纪和健康状况,我们一起放弃了这一设想。

2000 年 6 月 7 日

亲爱的陈波,

我非常高兴地收到你写于 5 月 20 日的信。谢谢你的书——不幸的是，我不能阅读——和发表了你所翻译我关于分析哲学的论文的那本杂志。并且我理解，还会有更多的我写你译的或你写的关于我的文章将到来。你必定知道，对于你为了使我和我的论著为中国学术共同体所知悉已经做出的一切，我充满了特别的感激之情。

在刚刚过去的冬天和春天里，我和我夫人的身体状况都不太好。但是，目前我们觉得好多了，我们正在享受芬兰夏天的阳光。

你与韩林合教授一起，再一次友善地提到邀请我访问中国的问题。但是，你也考虑周到地提到，我的年纪和健康状况似乎不大适合这个计划，若能成行，这将是非常有意思的。我怀疑，在我的余生我是否应进行欧洲之外的任何旅行。

从哲学角度说，我在过去几个月里相当活跃。我一直在研究评价问题，这再一次引导我去考虑维特根斯坦在《逻辑哲学论》中所做出的在我们能够说的东西和我们只能显示的东西之间的区别。你可以把这一点告诉韩林合，他是一名维特根斯坦学者。

我夫人与我一道，给你送上我们热忱的问好和对于未来的良好祝愿。另一个问候你的人是瑞斯托·威尔柯。

你永久的，
乔治·亨利·冯·赖特

2002—2003 年，我作为由美国学术团体理事会、社会科学研究理事会、国家科学院共同资助的研究员，在美国迈阿密大学哲学系与苏珊·哈克一道工作一年。在去美国之前，我与当时的中国人民大学出版社社长共同讨论了一个大的翻译计划。苏珊·哈克和我一起作为"当代西方哲学译丛"的主编，邀请美国、英国、德国、澳大利亚、芬兰、巴西等国的 12 位顶尖哲学家作为编委，他们是：冯·赖特、哈贝马斯、斯特劳森、戴维森、达米特、希拉里·普特南、约翰·塞尔、巴坎·马库斯、托马斯·内格尔等人。编委的职责是推荐过去 50 年最重要的西方哲学著作。在下面的几封信中，冯·赖特谈到了我的美国之行和这个翻译计划。

2001年5月9日

亲爱的陈波教授,

谢谢你写于4月30日的信。我非常高兴再一次听到来自你的消息,同样高兴地获悉,你已经从美国获得了一笔实质性奖助金,它将使你访问那个国家整整一年。我由衷地祝贺!我确信,从哲学上说,你将从这次访问中获益——尽管从人道和社会的角度看,人们对那个国家可能有诸多保留。

还要感谢你,因为你附送了你那篇关于我在分析哲学和诠释学传统之间位置的论文抽印本,以及你花时间所写的英文摘要。

如同我可能在信中告诉过你的,去年秋天由于健康出了问题,我度过了一段有些困难的时光。这些麻烦以某些方式相当严重地改变了我的生活。目前我的健康状况好多了,又再一次能够工作了。近来我主要关注的论题是意识(consciousness)。但我是否会发表任何东西,这一点尚不确定。我将寄给你一些我早些时候写的,但最近才发表的论文。

我期待着在某一天看到你所编辑的我的文选。但我可以等待。

当这封信到达的时候,你也许正在台湾东吴大学讲学。但我还是把它寄到你在北京的通信地址,希望你或迟或早能够收到它。

我祝愿你身体健康,工作满意,生活幸福。

我夫人与我一道,给你送上我们最好的祝福和热忱的问候。

你永久的,

乔治·亨利·冯·赖特

2002年元月20日

亲爱的陈波,

非常高兴地收到你写于元月9日的信。对于送给我你所编辑的那卷大书——《分析哲学——回顾与反省》,并且把我关于分析哲学的历史概述用作该书的首篇论文,也十分感谢。我真希望我能用中文读这本书!

我很高兴,你有机会去美国整整一年。我希望这对于你来说将是颇有收益的一段时光。如果你能花时间写信给我，谈你对美国的印象，我将十分感激。

由于一年以前遇到的健康问题，我必须过某种"与世隔绝的"生活。我不再进行任何旅行，也不再出席会议或研讨班。但我继续工作，通常是同时研究几个论题：价值问题、意识概念，以及——也许有点令人吃惊——维特根斯坦的《逻辑哲学论》。

我们生活在一个不安宁的并且也是无法无天的世界。我不认为这种状况会很快终止——确实，只要美国继续扮演某种世界警察的角色。但是，不幸的是，看不到任何更好的选择。

当我看到瑞斯托·威尔柯和尼尼罗托的时候，我会向他们转达你的问候。也许你的妻子和孩子们能够去美国探访你——这对于你的家庭来说，将是一次很好的经历！

我夫人与我一道，给你送上我们的良好祝福，祝你在已经开始的这一年和所有的未来一切顺利！

你永久的，

乔治·亨利·冯·赖特

2002 年 4 月 3 日

亲爱的陈波，

谢谢你写于 3 月 22 日的信以及封装的材料。我很高兴地再次听到来自你的消息，首先是听到你在美国与苏珊·哈克一起工作的情况。你看起来有很好的工作机会——确实，从物质条件方面看，比你在芬兰所得到的更好。

瑞斯托·威尔柯或某个另外的人是否曾告诉你，赫尔辛基大学哲学系搬到了一个新的大楼？这意味着，我保存在那个旧地方的书籍和其他材料不得不搬到一个新的地方，其结果是十分杂乱的，甚至说得上混乱。由于健康的原因，我不能参与搬运工作，我极大地受惠于瑞斯托·威尔柯。他比我知道得更清楚，各种东西在什么位置——书籍、论文抽印本、维特根斯坦遗留的各种文稿，等等。

近来我没有处于严重的疾病状态，但是，由于背部持续的或许是永久的疼痛，我不能走很长的路——其结果是我或多或少完全拘束在我的家里。但是，我在继续工作，并且事实上能够写很多东西。至于它具有什么样的价值，如果有价值的话，留给后代去判断吧。

现在回答你和苏珊·哈克教授给我提出的问题。

我愿意参加"当代西方哲学译丛"编委会，尽管我的年纪（86岁）和日益衰退的健康状况使我有点犹豫。如果你和哈克教授认为，我不在里边更好一些——请相当坦率地告诉我。（丝毫不会冒伤害我的风险！）

在对该问题采取某种最后的态度之前，关于该计划，我还想知道得更多一点。

作为当代西方哲学的导引，40至50年是不是太短了一点？我们仍然生活在20世纪伟大经典的陶铸性影响之下：海德格尔的《存在与时间》、维特根斯坦的《逻辑哲学论》（和《哲学研究》）、萨特的《存在与虚无》、伽达默尔的《真理与方法》，有人也许还要加上胡塞尔和弗雷格。也许这些经典都已经译成中文了？

我认为，罗素的《哲学问题》、摩尔的《伦理学》是理解这两位"巨人"的思想的最好的入门书。

考虑到你已经对蒯因，也包括我本人的著述做过翻译和阐释，也许没有必要把我们两人包括在所计划的翻译系列中。斯特劳森的《逻辑理论导论》、《个体》和《感觉的界限》是好的候选者——除非它们已经译成了中文。

我可以继续列举当代西方哲学的伟大著作——但我将等待，直到我从你那里听到，我是否完全处在正确的思路上，或者也许我对那个计划的本来意图有所误解。

我这里已经完成了一个清单，但将等待来自你的另一封信。希望你继续享受你在美国的时光——从职业的角度以及从人道的角度。请你转达我对哈克教授的敬意以及热忱的问候。

你的，
乔治·亨利·冯·赖特

2002年5月3日

亲爱的陈波教授，

非常感谢你写于4月15日的信。因此让我们达成一致：尽管我的年纪很大了，但我作为把重要哲学著作译成中文的编委会成员，仍能够发挥某些作用。你在我随信附寄的另一张单子上会发现我的建议。（我所建议的某些书或许已经有中译本了。）

我高兴地知道你正在迈阿密抽枝展叶。我不记得你将在那里待多长时间。当你到新的地方后，请告诉我你的新通信地址。

我会对哲学系的威尔柯、尼尼罗托和其他朋友提到你——当然也会对我的妻子提到你，她对你致以她的问候。

祝一切如意，
你永久的，
乔治·亨利·冯·赖特

附言：请你把我的信转给哈克教授一份。

冯·赖特给出了下面的推荐单，里面包含了他认为的20世纪后半期最重要的西方哲学著作。

A. 盎格鲁—美利坚型，主要是"分析的"哲学

黑尔：《道德和语言》（1952），或后期著作《自由和理性》（1963）。

古德曼：《现象的结构》（1951）。

安斯康姆：《意向》（1957），或者从她的《哲学论文集》1—3卷（1982）中编选一个集子。

查尔斯·泰勒（Charles Taylor）：《行为的解释》（1964）。

斯特劳森：《个体》（1959）。

蒯因：《语词和对象》（1960）。

亨迪卡：《知识和信念》（1962）。

B. "大陆"型的哲学——混合型

霍克海默（Max Horkeheimer）和阿多诺（Theodor Adorno）：《启

蒙的辩证法》（1941，1971）。

　　埃鲁尔（Jacques Ellul）：《技术社会：本世纪的标志》（1954）。

　　保罗·利科（Paul Ricoeur）：《隐喻的规则》（1973）。

　　萨特（Jean-Paul Sartre）：《存在主义是一种人道主义》（1970）。

　　伽达默尔（H. -G. Gadamer）：《真理与方法》。

　　维特根斯坦：《论确实性》（1975）。

　　就意图来说，这个清单是相当"保守的"。

　　如果我足够大胆以至于推荐我自己的某些著作的话，那将是《规范和行动》（1963）或者《说明和理解》（1971）。

由于种种复杂的原因，我主持编译的冯·赖特文选——《知识之树》拖至2002年底才出版。那时我刚从美国迈阿密回来，一拿到漂亮的样书，马上就通过航空邮件给冯·赖特寄了几本，然后收到了他写于2003年2月20日的信，这是我接到的他的最后一封信。在100多天之后，这位伟大的人物与世长辞。

　　亲爱的陈波教授，

　　谢谢你2月9日从迈阿密写来的信，以及几册你最近出版的我的哲学论著的选集。

　　我很想用手写来回答你的信——我认为，你的字写得很好看——但我的眼睛不好，使我难以写出可以阅读的文字。

　　对于你为了使我的哲学能为中国读者大众接触到所已经做出的一切，我充满了特别的感激之情。不幸的是，我不能阅读你们的语言。不过，以我个人对你的了解使我确信：你已经做了一件出色的工作。

　　去年对于我妻子和我本人来说，都显得有些难熬。我们不得不搬到一个比较小的房子里去（幸运的是，离我们的老房子不太远），而搬家对于我们来说是过于沉重的事情，无论从体力上说还是从精神上说都是如此。

　　我继续做哲学工作，但我是否将发表什么东西，或者仅仅把我所写的留给后代去保存或许可能去出版，这已超出了我目前所能说的范围。

我将会按你的要求，送一册书给埃尔卡·尼尼罗托，我确信，他会非常高兴再一次听到来自你的消息。瑞斯托·威尔柯，你肯定还记得他，仍在我的哲学工作中做我的助手。

亲爱的陈波：过一种哲学家的生活，你将会睿智而且幸福！

致以热忱的问候，

你热情友好的，

乔治·亨利·冯·赖特

像往常一样，在这封信的末尾，冯·赖特表达了在先前的信中一再表达的对我的祝福与劝告："亲爱的陈波：过一种哲学家的生活，你将会睿智而且幸福！"我将永远把他的话记在心里，尽最大可能去遵循他的教诲。肯定如此！

当一位年轻的学者，也就是我本人，遇到冯·赖特的时候，在他和我之间确实发生了一些有意思的且动人的故事。我手里保存了来自他的27封信或贺年卡，由于我本人疏忽成性，我确信这并不是全部，肯定在什么地方遗失了来自他的某些信件。对此我感到遗憾。在这篇文章中，我向读者披露了其中某些信件，并且把他为我主持编译的《知识之树》一书所写的序言作为此文的附录，以便显示这位伟大人物的人格和思想，也为了在我心里永远纪念他。

附录：冯·赖特为他的中文选集 《知识之树》所写的序言

当陈波教授最初与我联系时，他正在写作一本关于我的哲学的专门著作。在完成这本书之后，他来到赫尔辛基与我一起工作了一年，并广泛参与了赫尔辛基大学哲学系的活动。在这期间他还着手翻译我的随笔和论文选集，这就是摆在中国公众面前的这本书。我们讨论了选编论文的各种方案，以及有关术语与困难或晦涩的段落的解释问题。我欣赏译者的认真以及优秀的判断力。在我看来，这本集子充分地且有代表性地反映了我在五十多年间所思考的内容以及演变的图景。

我在哲学方面最早的创造性工作是处理归纳逻辑和概率理论。它开始于我的博士论文《归纳的逻辑问题》(1941)，可以说，这本书与我十年后出版的另一本书《论归纳和概率》密切相关。我不时地回到我早期感兴趣的这些问题上，证据之一就是收入本书的那篇 1963 年发表的论确证悖论的论文。

我在归纳逻辑方面的工作在下述传统中有其位置，我的导师埃洛·凯拉在 20 世纪 20 年代中期在芬兰奠定了这一传统的基础，并且它在这样一些人的工作中得到繁荣壮大，如欧洲大陆的冯·米塞斯（L. von Mises）和赖欣巴赫（H. Reichenbach），英格兰的凯恩斯（J. M. Keynes）、尼柯德（J. Nicod）和布劳德（C. D. Broad）。正是为了向这些哲学家求教，我在第二次世界大战前夕去了剑桥。在那里我见到了维特根斯坦。他和凯拉一道，是对我的理智人格的形成产生了最深刻影响的哲学家。

我后来在逻辑方面的工作并不属于任何特定的传统。我认为，最好把它刻画为一系列连续的在新方向上拓荒的努力，它们有时被谈话中漫不经心的评论所激活，有时则由稍纵即逝的新洞见的火花所点燃。

其中的第一个突破是在模态逻辑方面。模态逻辑在古代和中世纪逻辑中一直很重要，但在弗雷格和罗素所引发的逻辑复兴中，相对来说却很少触及这方面的问题。我之所以走进模态逻辑，是因为我偶然注意到：有关可能性、不可能性和必然性的模态概念与量词"有些"、"无一"和"所有"表现出惊人的类似，后者在标准的逻辑理论中处于中心位置，结果是处理它们的那些方法和技巧在经过必要的修正之后，也可以应用于构造关于模态概念的理论的目的。而且，大量其他的概念似乎遵循同样的相似模式，其中有关于允许、禁止和义务的规范概念。它们的逻辑理论现在以道义逻辑著称于世。

于是，为模态逻辑奠定新基础的工作导致了整整一簇新的"逻辑"：一个与讨论知识的概念相关，即认知逻辑；另一个与信念相关，即信念逻辑；第三个与规范相关，即道义逻辑；第四个与时间的连续相关，即时态逻辑。在为我的《论模态逻辑》(1951 年出版) 的西班牙语版所写的导言中，我试图评价这些新发展的意义。该导言也印在此文集中，跟在它后面的是1951年发表于《心灵》杂志的那篇论文,道义逻辑由此文降生。

正是由于对规范的逻辑研究,行动概念成为我一连串研究关注的中心。当行动时,人干预了世界的状态——或者使先前不存在的某物产生,或者损毁已经存在着的某物,或者阻止某物消失,或者抑制若不抑制就会逐渐出现的某物。对于一个充分发展的道义逻辑来说,结果显示有必要把关于这些和其他的不同行动模式的系统理论作为基础。自从我的《规范和行动》一书出版以来,我一直关注着发展和改进我对行动逻辑的贡献;在收入本书的发表于1983年的那篇论文中,给出了对行动逻辑的一个相对来说充分系统的描述。行动逻辑首先研究世界的变化或不变,可以说这是行动的外在方面。但大多数行动还有其内在方面。这就是行动据以实施的意向。行动的意向性与动机和理由概念以及像要求、需要这样的表达意志的概念有关。当我们要解释为什么某个行动被实施或某个行动被忽略时,所有这些概念都是重要的。

大约从20世纪60年代中期开始,关于行动的说明就成为我的哲学探索活动的主题——这部分地是由伊丽莎白·安斯康姆和查尔斯·泰勒的工作所激活的。我试图捍卫这样一种立场,在它看来,行动说明不同于因果说明,后者把个别情形置于普遍规律之下。给行动做说明是"诠释性的",它预设了我们理解当事人在行动时行为的意义。我的立场也是捍卫人文科学相对于自然科学的概念自主性的一种尝试。我最初在专著《说明和理解》中精确表达了此种立场,并且在后来的大量论文中我一直试图厘清这种立场,并针对批评为它辩护。本文集中收入了其中的四篇论文,即《行动的说明和理解》、《决定论和人的研究》、《科学、理性和价值》和《人文主义和人文科学》。

我对行动说明和意向性的关注把我引到了那个以心智哲学著称的具有深厚传统的领域。它的主要问题一直是心与身(或物)之间的关系,笛卡儿哲学最先为它定下了基调。从80年代中期以来,我在这个问题上的工作在很大程度上一直是在笛卡儿为之设定的背景下进行的。但它已经成为寻找一条摆脱"笛卡儿影子"的途径的努力。

尽管就我的技巧而言,我从维特根斯坦那里学到的比从任何其他人那里学到的都更多,但几乎不能把我自己的思维方式称为维特根斯坦式的。

我曾与我的另一位哲学导师摩尔说过，我总是认识到维特根斯坦思维的卓越性和征服一切的力量，但在我自己的工作中我无法追随他的榜样。

不过，我与维特根斯坦的关系还有另一方面。我是他在剑桥的教授职位的继任者，并且他把他的文字遗产授予了我和伊丽莎白·安斯康姆以及卢什·里斯（Rush Rhees）。自从维特根斯坦于 1951 年去世以来，我一直忙于研究这批数量巨大的材料，给它们排序并整理它们以供出版。这项工作也在我的文字产品中留下了痕迹——部分地是以研究维特根斯坦的两部主要著作《逻辑哲学论》和《哲学研究》的缘起和历史演变的形式，部分地是以研究他赖以生长的文化背景和思想氛围的形式，如收入本书中的《维特根斯坦传略》和《维特根斯坦和传统》两文。最后，在收入本书的近年发表的《分析哲学：一个批判的历史概述》和《20 世纪的逻辑和哲学》两文中，还把维特根斯坦的影响和重要性置于更广大的背景即逻辑和分析哲学在 20 世纪的作用中加以考察。

最后，在这里我想提及我作为哲学家和著作家生活的一个侧面，它不属于选入本书中的在比较严格意义上的职业写作的范围。这一侧面反映了我对历史、文学和当代文化或文明的兴趣。我关于这些论题的写作采取了随笔的形式，而不是以科学论文和书的形式。较大部分的随笔是用芬兰语或瑞典语写成的，其主题是人和他的物理环境之间的关系。另一个主题是现代技术在西方科学中的根据。我对现代精神以及它对人类未来所引出的那些问题持批评态度，为其看法蒙上了一层悲观主义色彩。

1998 年 7 月于赫尔辛基

15. 在分析传统和解释学传统之间*
——冯·赖特的学术贡献

一、学术圈内的绅士

在20世纪80年代初，我作为逻辑领域内的新手，开始接触哲学逻辑，在相关文献中时常遇到一个陌生的名字：乔治·亨利·冯·赖特，并着手研读他的著作。在1993年左右，应美籍华裔哲学家傅伟勋先生邀请，我为台湾三民书局出版的"世界哲学家丛书"撰写《冯·赖特》一书，在此期间，开始与冯·赖特教授通信联系。在他的促成之下，1997—1998年我应邀赴赫尔辛基大学哲学系做访问研究一年，与他更是频繁接触，耳濡目染了他的学识、人格和风采。经过如此多的接触之后，我自信对冯·赖特教授其人其说有了较深入的理解，他也使我明白了什么叫贵族，什么叫绅士，什么叫大家气象。（关于冯·赖特的简要介绍，参见本书第14章。）

从阅读他的著作和与他的个人接触中，我对冯·赖特教授获得了这样的个人印象：整个说来，冯·赖特不是像尼采和叔本华那样在学术领域内锋芒毕露、横冲直撞的斗士，不是那种给人以情感的冲击和心灵的震撼的思想家，而是一位稳健、儒雅、勤勉的学者，一位分析型、技术型的哲学家，一位学术圈里的绅士，其睿智、深邃、平和犹如晚年的歌德。在评述他人观点时，他相当周详和平实，很少做惊人之论；对自己的思想则给予全面、细致、技术化的论证。感觉起来，他的写作风格就像一道山涧小溪，

---

* 冯·赖特于2003年6月16日在芬兰赫尔辛基去世，享年87岁。谨以此文悼念冯·赖特教授。此文是我为冯·赖特选集《知识之树》（三联书店"学术前沿丛书"，2002）所写的中译者序言。

流淌得非常自然、平静、舒缓，沁人心脾，启人深思。读他的书也许不会激活你的血液，却会给你"润物细无声"的春雨般的滋润——这就是我所获得的关于冯·赖特的真实感受。

下面对冯·赖特的全部学术工作做一简要概述和评论。

二、归纳逻辑研究

冯·赖特最早投身于归纳逻辑的研究之中。初试身手便表现不凡，受到了当时的归纳逻辑权威、英国剑桥大学道德科学系主任布劳德教授的赏识。冯·赖特在这方面主要研究了下述四个问题：归纳问题及其各种辩护方案，排除归纳法的条件化重建，归纳概率演算及其解释，确证理论和确证悖论等。

1. 归纳问题及其辩护

冯·赖特区分了有关归纳的三个问题：（1）逻辑问题，即归纳过程的推理机制；（2）心理学问题，即归纳推理的起源以及在现象的流变中发现一般性规律的心理条件；（3）哲学问题，即为归纳推理的有效性和合理性提供辩护。他本人主要研究了第三个问题，考察了关于这个问题的各种已有的解决方案，如康德的先验综合判断，以彭加勒为代表的约定论，对于归纳的发明论辩护和演绎主义辩护，培根、密尔传统中的归纳逻辑，对于归纳逻辑的概率论研究，对于归纳的实用主义辩护等。总体来看，冯·赖特为归纳辩护问题提供了否定性答案，认为对归纳既不能提供先验辩护，也不能提供后验辩护。其论证如下：令 A 表示归纳过程中采用的各种先验假设，B 表示经验证据，C 表示归纳结论。并假设能够为 C 提供有效辩护，即可逻辑地推出 C。而从 A∧B→C 可逻辑地推出 A→(¬B∨C)。由于 A 是先验命题，因而是必然的，根据模态逻辑，从必然命题逻辑地推出必然命题，因而¬B∨C 是必然的，这等值于 B∧¬C 是不可能的，这又推出"或者 B 是不可能的，或者 C 是必然的，或者 B 逻辑地推出 C"。这三种选择都是荒谬的，因为经验证据 B 不会是不可能的，归纳结论 C 不会是必然的，从经验证据 B 也不可能逻辑地推出 C。因此，A 不是先验必然命题，于是它也是经验概括。而用经验概括去证实也是经验概括的归纳结论，不是导致恶性循环就是导致无穷倒退。因此，既不能先验地也不能后验地证明归纳过程的有效性。

2. 排除归纳法的条件化重建

这是冯·赖特在归纳逻辑方面的建设性成果之一。他认识到，条件关系是与时间无关的，而因果关系则与时间有关，一般来说原因在先结果在后。并且，因果关系和自然规律都具有普遍性和必然性。如果我们不考虑自然规律及其因果关系的必然性，不考虑原因和结果在时间上的先后顺序和使然性，只保留它们的普遍性，我们就可以用条件语句来刻画自然规律和因果关系，从而对因果关系提供部分的分析。冯·赖特在演绎的条件逻辑的基础上，重新表述了排除归纳法的四种形式，它们分别是直接契合法、反向契合法、差异法、并用法。直接契合法确定给定属性的必要条件，反向契合法确定给定属性的全充分条件，差异法确定给定属性在其正面实例中的充分条件，并用法确定给定属性的充分必要条件。这四种形式中的每一种又可再分为简单和复杂两种形式。

可以这样说，传统的排除归纳法在探寻因果联系时，具有相当程度的模糊性、粗糙性、非形式性以及猜测性。冯·赖特根据因果关系与条件关系之间的类似，对排除归纳法的条件化重建，实际上是用更精确的术语、更精细的形式，把排除归纳法中所暗含的演绎因素明确揭示出来，给排除归纳法以一种演绎的处理：如果经验证据集是确定的，前提的真实性是得到保证的，则关于因果关系的归纳结论是必然的。正如希尔匹伦（R. Hilpinen）指出的："冯·赖特强调条件逻辑对于分析归纳推理的重要性，显然是正确的；并且，他根据条件逻辑对排除归纳法的古典模式的重构，是对归纳哲学的重要贡献。"① 冯·赖特的这种处理已进入现行的各种逻辑教科书中。

3. 归纳概率演算及其解释

冯·赖特在《论归纳和概率》（1951）一书中表述了一个概率演算系统。该演算的构造分三阶段进行：在第一阶段，概率表达式只涉及原子属

---

① P. A. Schilpp, L. E. Hahn. The Philosophy of Georg Henrik von Wright. La Salle, Illinois: Open Court, 1889: 128.

性或含有限多个（比如说两个）构件的复合属性，并陈述了所有概率公理，证明了某些基本定理，如乘法定理、加法定理和逆定理等。在第二阶段，概率表达式还涉及含数量不定的 n 个构件的复合属性，第一阶段的定理被推广到对于 n 的任意取值都成立，并且能够证明某些新的定理，如所谓的大数定理。由这两个阶段得到的演绎系统叫作初等概率演算，它讨论所谓的算术概率或离散概率。在第三阶段，概率表达式还涉及含不可数多个构件的复合属性，初等概率演算的定理被推广到对含不可数多个构件的复合属性也成立。第三阶段得到的演绎系统叫作高等概率演算，讨论了对概率的三大解释：频率解释、可能性解释（量程解释）、心理学解释（信念解释），冯·赖特本人明显倾向于赞成频率解释。

冯·赖特的归纳概率演算是漂亮、精致的，在技术上近乎完善。但他本人并没有对概率提出完全新颖的解释，只是在几种已有的解释之间进行分析和比较，然后倾向于赞成其中他认为比较合理的一种。并且，他的概率演算中的记法 P（A，H，p）（A 相对于证据 H 的概率是 p）也有一定缺陷，这使得他不能把加法定理、乘法定理、逆定理等表述为一目了然的等式形式，而要用好几个公式不甚明显地刻画其涵义，这给理解带来了不必要的困难。

4. 确证理论和确证悖论

冯·赖特把确证理论理解为关于一给定命题的概率如何受到作为证据的那些命题影响的理论。对于这一理论来说，特别重要的情形是：给定命题是一概括命题，而它的证据则是它的某些例证。起证实作用的事例确证（confirm）该概括命题。确证理论的首要任务，就是根据概率去评估那些事例对于该概括命题的确证效果。冯·赖特的确证理论是概率的排除归纳法理论。确证悖论有很多形式，其中之一是问：任何不是 A 的东西或任何是 B 的东西，是否构成了概括命题"所有 A 是 B"的确证事例？冯·赖特早期（1945—1951）的回答是：即使承认它们构成概括命题"所有 A 是 B"的确证事例，它们也不能增加该概括命题的概率；这一事实又使得不能以它们为依据，去排除各种可能为真的概括命题。冯·赖特的这一建议是不成功的，他后来还讨论了其他的确证悖论，并提出了其他的解决方案，但均不太成功。

三、哲学逻辑研究

冯·赖特把"哲学逻辑"理解为：利用现代逻辑的技巧和方法，去分析传统上哲学家们感兴趣的概念、范畴及其结构，从而构建出新的形式系统。他在哲学逻辑领域做了许多开创性和奠基性的工作，是这个领域内举足轻重的大师和权威。他最早明确意识到量词、模态词、道义词、认知动词等等之间的类似与差别，提出了广义模态逻辑的系统构想。这是一个完整的研究纲领，提示了一个全新的研究方向，由此引出了一大批研究成果。他本人成了这个领域内道义逻辑、优先逻辑、行动逻辑的创立者和奠基人。

1. 模态逻辑

冯·赖特区分了模态词的不同种类并讨论了它们之间的相互关系，提出有必要建立四种类型的逻辑，即模态逻辑、道义逻辑、认知逻辑和真理逻辑。他在《模态逻辑》一书中，用分配范式和真值表方法讨论、刻画了模态逻辑系统，并在该书附录中提供了这三个系统的公理化表述，这就是众所周知的 M、M′、M″三个系统，后来证明它们分别与正规模态系统 T、S4、S5 等价。此外，他还把所谓的"模态真值表"作为这三个系统的判定程序，以判定这些系统内的任意公式是不是模态重言式。冯·赖特还认识到模态系统与概率演算之间的类似，构造了二元模态逻辑系统，用以处理相对必然性、相对可能性等，并把绝对必然性、绝对可能性作为相对模态的特例纳入其中。为了解释高阶模态（叠置模态），冯·赖特给一元或二元模态系统以三种解释：几何解释、物理解释和概率解释。

2. 道义逻辑

冯·赖特把道义逻辑看作"模态逻辑的副产品"，于 1951 年提出了第一个可行的道义逻辑系统，因而成为道义逻辑之父。但他后来经常改变自己的观点，以至被戏称为"道义逻辑变色龙"。总起来看，冯·赖特提出和建立了四种类型的道义逻辑：在《道义逻辑》(1951)一文中，建立了关于行动类型的一元道义逻辑；在《道义逻辑的一个新系统》(1964)、《道义逻辑》(1967) 和《道义逻辑和一般行动理论》(1968) 等论著中，建立了二元道义逻辑；在《道义逻辑再探》（1973）、《论规范和行动的逻辑》（1981）等论著中，试图把道义逻辑奠基于行动逻辑之上；在《道义逻辑和条件理论》（1968）一文中，则试图用关于充分条件、必要条件和充分必要条件关系的理论来表述道义逻辑，把道义逻辑化归于真势模态逻辑。冯·赖特在道义逻辑方面的工作得到了广泛的认可，道义逻辑已作为被确认的逻辑分支耸立于现代逻辑之林。

3. 优先逻辑

冯·赖特把优先逻辑理解为研究存在于价值判断之间的优先关系的形式理论。优先逻辑亦称偏好逻辑，冯·赖特是其创始人和奠基人。1963年，他出版《优先逻辑》一书，以"优先"概念作为未经定义的初始概念，并用 pPq 表示"p 优先于 q"，规定了有关优先关系的五个基本原则以及合取、分配、扩张三种基本运算，建立了第一个优先逻辑的形式演算系统。1972年，冯·赖特在《优先逻辑再探》一文中，改进和发展了自己早年的工作。他采纳了与《优先逻辑》基本相同的假设，但也有若干重要变化，引入了像境况、状态空间、优先视野和全视野优先等新概念，并把讨论的重点放在哲学方面而不是形式演算方面。与道义逻辑不同，优先逻辑迄今并未得到普遍的认可，关于它的许多基本原则还存在着许多争论。

4. 行动逻辑

由于规范是与人的行动联系在一起的，冯·赖特因此认为，关于规范的逻辑（道义逻辑）应该奠基于关于行动的逻辑之上。他在《规范和行动》、《行动逻辑概述》（1967）、《道义逻辑和一般行动理论》、《行动逻辑再探》、《论规范和行动的逻辑》等论著中对行动逻辑做了探讨。在他看来，行动逻辑是与行动语句相关的，而行动语句的内容可从两个不同的角度来考察：一是行动过程，二是行动结果。前者是"做"的动作，后者是"是"的状态。与命题的真假值相似，行动语句也有两个值：已实施和未实施。冯·赖特建立了两个行动逻辑系统，前者建立在命题逻辑之上，再根据需要进行量化扩充；后者直接建立在谓词逻辑的基础上，冯·赖特将其称为"述谓逻辑"。述谓逻辑的特点在于区分了外在否定¬[A]x 与内在否定 [¬A]x，前者适用于完全不可能具有属性 A 的对象，而后者却适用于尽管实际上不具有属性 A 却可能具有属性 A 的对象。行动逻辑目前仍未得到普遍的认可和广泛的流行。

5. 时间逻辑

冯·赖特是从研究变化入手来研究时间的。变化总是发生在一定的时间间隔如年、月、日、时、分、秒之内的，并且总是由人的行动所引发的。冯·赖特把变化前的状态叫作"初始状态"，把变化发生后的状态叫作"终止状态"，二者之间有一个"转换过程"。由此出发，他引入了两个时间联结词 and next（然后）和 and then（以后），并构造了相应的演算。"然后"演算预设了时间是离散的线性序。"以后"演算并不预设时间是离散的，也不预设时间是稠密的或连续的。冯·赖特后来还探讨了时间、变化和矛盾的关系，认为时间和变化是相互依赖的：一方面，假如这个世界上没有变化，时间概念就没有任何用处了，我们甚至不能设想世界在时间中的存在；另一方面，变化又要预设时间，因为变化是在时间流程中发生的，并且时间能消解变化所带来的形式上的矛盾。通常的时态逻辑是"模态逻辑的副产品"，而冯·赖特的时间逻辑偏离了时态逻辑发展的这一主流，没有受到广泛的重视和产生重大的影响。

除此之外，冯·赖特还讨论了有关逻辑真理、衍推和语义悖论等逻辑哲学方面的问题，提出了不少创见。

综观冯·赖特在哲学逻辑领域的全部工作，其最大特点就是纲领性、开创性和奠基性：他提出了广义模态逻辑的系统构想，创立了道义逻辑、优先逻辑、行动逻辑和变化逻辑等新的逻辑分支。此外，他的工作还有以下特点：（1）他热衷于把古典命题逻辑的范式和真值表方法，经限制、修正和变形后，推广应用于哲学逻辑领域，这就是在模态逻辑、道义逻辑、优先逻辑和行动逻辑中广泛使用的"分配范式和真值表方法"。这套方法的特点是操作性强，其缺点是笨拙、累赘，陈述和使用起来很不方便，要占用很大篇幅，在目前已几乎弃置不用。（2）由于冯·赖特的哲学逻辑研究带有草创性质，他常常需要把相关概念和命题从其哲学背景中抽象、剥离出来，因此对这些概念、命题的逻辑分析常常伴之以大量的哲学讨论；在构造形式系统时，冯·赖特首先关注的甚至不是技术的完善与完美，而是直观哲学背景上的合理与有效。因此，他的哲学逻辑"哲味"很浓，其哲学性成分压倒了其技术性成分。这与哲学逻辑的目前状况恰成对照：当今人们首先关注的是技术上的完善与完美，其次才是直观哲学背景的合理与有效，技术性成分压倒了其哲学性成分。（3）冯·赖特也讨论相应形式系统的语义，这种语义不是古典命题逻辑语义的移植，就是基本停留在直观的经验语义的阶段，而没有达到抽象的形式语义程度。他在哲学逻辑内广泛使用的分配范式和真值表方法，在模态逻辑中给出的几何解释、物理解释、概率解释，在优先逻辑中给出的点箭示意图等，都是如此。冯·赖特甚至可能还不知道现代模型论的那一套概念、方法和技巧，当然也就不可能发展出像可能世界语义学这样的抽象的形式语义理论。总而言之，冯·赖特在哲学逻辑领域内的工作具有草创性质，其一切优点和缺点都源于此。

四、伦理学和行动理论研究

道义逻辑的发明引发了冯·赖特对一般价值和规范理论的兴趣；由于规范是与行动和行为相关的，这又进一步引发他对行动理论的兴趣，试图建立一般的行动哲学；最后这又导致他去探究关于人的科学的方法论，建立一种不同于自然科学的因果论说明模式的意向论说明模式。这种做法已经有些偏离分析哲学的科学主义传统，而与欧洲大陆哲学的人文主义传统相当接近。越到中后期，冯·赖特越重视社会制度性因素对人的行动的影响，其观点与马克思主义的唯物史观有相通之处，并且显现出某种辩证法色彩。

1. 规范与好

冯·赖特认为，自然规律是描述性的，因而是或者真或者假的；规范则是规定性的，它们规定了有关人们的行动和交往的规则，本身没有真值，其目的在于影响人们的行为。于是，描述和规定的二分就可以给规范和非规范划界：凡规范都是规定性的，否则就不是规范。规范的制定者和发布者叫作"规范权威"，受规范制约和管制的对象叫作"规范受体"。规范体现了规范权威使规范受体按某种方式行动的意志。制定、颁布规范的行为叫作"规范行为"，管制规范行为的规范叫作"权限规范"。如果规范权威在其授权范围内制订和颁布规范,则相应规范是有效的,否则是无效的。规范有三种主要类型:(1)规则,(2)律令,(3)指示或技术规范;此外还有三种次要类型:(4)习俗,(5)道德原则,(6)理想类型。

冯·赖特在《好的多样性》(1963)一书中,通过研究好(goodness)的多样性来对伦理学进行探讨。他区分了好的六种主要用法:(1)工具的好,(2)技术的好,(3)医学的好,(4)功利的好,(5)享乐的好,(6)人的好,并讨论它们各自的性质及其相互关系,进而讨论了德行、义务、正义等概念以及它们与好的关系。在此书中,冯·赖特表达了下述观点:"好""应当""义务"等词并没有特殊的道德涵义和道德用法,这些词在道德语境中的用法和意义与其在非道德语境中的用法和意义完全相同,或者是从后者那里派生出来的。因此,道德规范并不自成一类,它们并不是在概念上或逻辑上自足的。对表达道德规范的概念和命题的意义之理解,必须以对它们在非道德语境中的多样性用法的理解为基础,道德规范可以从非道德前提逻辑地推演出来。并且,关于道德的法律解释和义务论解释都是不能令人满意的,应当用目的论或意向论解释取而代之。冯·赖特自己指出,《好的多样性》一书严格说来不是一部伦理学著作,但"包含着伦理学的种子,一种道德哲学可以从中抽取出来"。

2. 关于行动的意向论模式

冯·赖特认为,行动就是"有意识地造成或阻止世界中的变化",行动的特征就在于它的意向性。如果我们赋予同一个行为不同的意向,它就成为不同的行为。由于行动在逻辑上包含事件和变化,描述行动时就要考虑到如下三个因素:(1)初始状态,即行动实施之前世界所处的状态;(2)终止状态,即行动完成之时世界所处的状态,包括行动的结果(result)和后果(consequence);(3)假如该行动没有发生,世界仍然会处的状态。基于此种观点他建立了行动的逻辑。

说明一个行动,就是要弄清楚行动者为什么会采取该行动,是由于什么原因或出于什么理由、动机或目的。冯·赖特主要讨论了两种说明模式:因果论模式和意向论模式。因果论模式是:

(1)X打算实现p;

(2) X 相信，只当做成 q，他才能引起 p；

(3) 无论何时，如果某个人打算实现 p，并且相信 q 对于实现 p 是因果必然的，他就去实现 q；

(4) 因此 X 打算实现 q。

意向论模式则是：

(1) X 打算实现 p；

(2) X 相信，只当做成 q，他才能引起 p；

(3) 因此 X 打算实现 q。

很容易看出，两种模式之间的唯一差别在于说明人的行动时，是否需要像（3）这样的法则性陈述，亦称杜卡什定理。冯·赖特拒绝因果论模式，而主张意向论模式，并把后者称为"实践推理"或"实践三段论"。他讨论了实践推理的各种形式，如第一人称和第三人称形式，考察了它的回溯性用法和前瞻性用法，并讨论了实践推理是否具有必然性的问题。在后一问题上，冯·赖特的观点前后有一些变化。他开始认为，实践推理中前提和结论的关系是衍推关系，结论以合乎逻辑的方式从前提中得出，具有实践的必然性。他后来考虑到种种复杂情况，给实践推理模式增加了许多辅助假定，其前提加上这些辅助假定可以推出其结论。若这些辅助假定中某一个不具备，其结论仍不具有实践的必然性；即使它们全都具备，如果结论表示的行为未被实施，整个推理仍不具有实践的必然性。因此，冯·赖特后来说，实践推理的结论具有事后必然性。

3. 人的行动的决定因素

冯·赖特后期越来越重视社会制度性因素对人的行动的影响。他认为，人的行动既有内在决定因素，如他的意向、意图和认知态度，也有外在决定因素，他把后者概括为"参加到制度化的行为形式和行为实践中去"。一种简单而又经常发生的参加方式，就是对某种符号刺激做出反应，例如服从一个命令，履行一种请求，回答一个问题，甚至行人见到红色信号灯而止步等等。另一种参加方式，就是遵从国家的法律、道德规范、礼仪形式、传统习俗等，冯·赖特提出了"规范压力"和"外在因素的内在化"等重要概念和说法。所谓规范压力，就是因遵循或违反某种法律、道德、传统习俗而招致的处罚、制裁或奖赏。规范压力可以把人的行动的外在因素内在化，即将其转化、归结、还原为人的意向和认知态度。冯·赖特指出，外在因素给人的行动带来两种形式的不自由：一是因感受到社会规范是一种强制性力量而产生的一种主观意义上的不自由；二是尽管通过对社会规范的内在把握主观上感到自由，但实际上是在受"人们的统治"，客观上仍然不自由。这就为批评产生这些不自由的社会制度提供了可能。

冯·赖特还考察了如下问题：人们为什么会改变他的意向？为什么会有他实际上所有的那些意向？他指出了这样四种决定因素：（1）要求，（2）义务，（3）能力，（4）机会。在这四者中，机会是不断变化的，而要求则是相对稳定的。意向既不会随机会的改变而自动改变，也不像要求、义务和能力那样稳定，意向处于机会和后三者之间。

冯·赖特把情景变化、意向性、能力、动力机制和规范背景之间的相互作用称作"事件的逻辑"，它构成维持历史"机器"运转的诸齿轮，从而使历史事件显现出某种必然性。他主张用决定论的观点来研究历史，研究历史变化和人的行动的决定因素之间的相互作用，人的行动是由历史状况决定的，而历史状况本身又是人的行动的结果。

五、心智哲学、文化哲学和维特根斯坦研究

从青少年时期开始，冯·赖特就被心身二元论及相关的形而上学问题，如唯物主义、唯心主义、一元论等所深深吸引，后来的行动理论研究又把他带回到这个领域。因为行动通常有两方面：一方面在于身体动作及这些动作在外部世界引起的变化；另一方面是心智（或心理）活动，体现于产生身体动作及其进一步后果的意向或意愿。但这些精神的东西怎么能引起身体去动作呢？作用于我们感官的物理事件怎么能产生、"引起"感觉和知觉呢？这是有些神秘的事情。它占据了笛卡儿的大脑，并且自笛卡儿以来，一直是西方形而上学的首要课题。从 80 年代中期开始，冯·赖特着手研究这些问题，并于 1998 年出版了一本新著《在笛卡儿的余荫下——心智哲学论文集》。

冯·赖特还对文化哲学、历史、文学等范围广泛的问题进行了探讨。他从青年时代就被历史和历史哲学深深吸引，通过阅读斯宾格勒、汤因比等人的著作，他逐渐获得下述见解：历史的大单元是文化或文明，西方文明只是几大文明之一，并且正在衰落，在其科学技术成就"全球化"的过程中正走向它自己的终点。从 60 年代起他开始对当代文化进行批判，一开始就关注人与自然的关系。他认为，对自然的科学理解肇始于 17 世纪的"科学革命"，并产生了 19 世纪"工业革命"的科学技术发展。这引出了许多生态学问题。技术改变了生活方式，这种改变首先发生在西方，但逐渐地扩展到整个地球，由此对物理环境和物质资源造成毁灭性后果，并逐渐对人种的生存造成威胁。紧随这些发展而来的是政治的和社会的恶，例如工作的自动化和机器化造成物质生产过程需要越来越少的人工劳动，并由此造成大量失业。社会正经历着分裂的危险：一面是富有的、受过良好教育的少数；另一面则是贫困化和被边缘化的多数。这最终会对民主和公正的社会秩序构成威胁。这些现象是冯·赖特的文化批判一直关注着的我们时代的某些恶。他在四本书——《人文主义作为一种生活态度》、《科学和理性》、《进步的神话》和《理解一个人的时代》——中表达了上述观点。

冯·赖特还是国际著名的维特根斯坦研究专家。他作为维特根斯坦的教授职位继任者和三位遗嘱执行人之一，在维特根斯坦研究方面做了大量工作，主要有：著有《维特根斯坦传略》；搜寻和保管维特根斯坦遗著，并做了分类和编目；单独或参与编辑出版维特根斯坦遗著 13 种，主持编辑的《维特根斯坦全集》（文字版和手稿光盘版）正在出版过程中，并对两部重要的维特根斯坦遗著《逻辑哲学论》和《哲学研究》做了文本考证和研究；还著有研究维特根斯坦思想的多篇论文，并结集为《维特根斯坦》（1982）出版，如此等等。但冯·赖特是一位思想极具独立性的哲学家，搞哲学的方式与维特根斯坦很不相同，因此在其著作中很少能见到维特根斯坦的影子。

16. 论分析哲学的芬兰学派

1997—1998年,我应邀到芬兰赫尔辛基大学做访问研究,对芬兰这个国家及其哲学研究有所了解。芬兰地处北欧,历史上曾分别附属于瑞典和俄国,1917年获得独立;现有陆地面积33.8万平方公里,仅有人口500多万,堪称小国。但芬兰在逻辑和哲学特别是分析哲学方面,却足称大国。这是因为,芬兰哲学在20世纪突兀崛起,在归纳逻辑、哲学逻辑、语言哲学、科学技术哲学、行动理论、文化哲学等方面做出了重要贡献,出现了一批世界知名的逻辑学家和哲学家,其中最著名的是冯·赖特和亨迪卡。在从世界各国遴选100位哲学家组成的国际哲学学院中,目前芬兰有6位,而中国只有1位。芬兰人还先后担任过或正担任世界哲学团体联合会副会长,国际哲学学院主席或副主席,国际科学史和科学哲学联合会逻辑、科学哲学和方法论分会会长、副会长和秘书长,国际符号逻辑学会副会长,美国哲学会太平洋分会会长等要职。一句话,在当今世界哲学舞台上,特别是在逻辑和分析哲学圈内,芬兰人扮演着重要的角色,分量很重。

一、源流和代表性人物

1640年,芬兰第一所大学在土尔库(Turku)成立,有理论哲学(包括逻辑学和形而上学)和实践哲学(包括道德和政治)两个教授席位。直至20世纪前,出现过两个比较重要的哲学家:一个是斯内尔曼(Joham Vilhelm Snellman),记者、教授和政治活动家,享有芬兰"民族哲学家"的美誉,属于当时黑格尔学派的左翼;另一个是韦斯特马克(Edward

Westermark），曾任赫尔辛基大学实践哲学教授和英国伦敦经济学院社会学教授，属于英语国家的自然主义和经验主义传统。不过，埃洛·凯拉才是把芬兰哲学推上世界哲学舞台的头号功臣。

凯拉曾任赫尔辛基大学理论哲学教授，1948 年当选为芬兰科学院 12 名院士之一，是一位美学家和自然哲学家。他与著名的维也纳学派有过交往，和卡尔纳普、石里克等人一度过从甚密。他把当时新兴的符号逻辑、逻辑经验主义（据说是他最先使用这个词的）、现代科学哲学、归纳逻辑以及实验心理学、格式塔心理学、相对论和量子力学等介绍到芬兰，并以自己的人格魅力、雄辩的讲演才能和深刻的著作影响了整整一代芬兰人文主义者和科学主义者。他试图建立一种"整体论的"世界观，为此开始了范围广泛的学习与研究，但他的雄心勃勃的计划最终并没有完成。他的著作在他生前曾在芬兰、瑞典和德国出版，其四项最重要的、探讨实在概念和感知本性的研究，1979 年以《经验和实在》为题用英文发表。1990—1992 年，为纪念他的百年诞辰，用芬兰语出版了他的两卷本选集，并用英文出版了纪念文集《凯拉与逻辑经验主义》。凯拉培养出三位有影响的学生，他们是司滕纽斯（Erik Stenius）、凯托伦（Oiva Ketone）和冯·赖特。前两人有数学和自然科学背景。司滕纽斯研究逻辑学、认识论和语言哲学，凯托伦则从事数理逻辑、科学史、科学哲学、大学政策等方面的研究，并曾讨论科学伦理学、医学哲学、精神疗法以及人类的命运等多种课题，著作有二三十部之多。冯·赖特无疑是凯拉最杰出的学生。

冯·赖特师从凯拉获得博士学位，一度与维特根斯坦、摩尔过从甚密，是维特根斯坦在剑桥大学的教授职位继任者，其三位遗嘱执行人之一，后任赫尔辛基大学教授，美国康奈尔大学无任所教授，芬兰科学院研究教授、院长等职。其研究领域涉及归纳逻辑、哲学逻辑、伦理学与一般价值和规范理论、行动理论、人文科学方法论、文化哲学、心智哲学、维特根斯坦研究等，是道义逻辑的创立者。其研究成果产生了广泛的国际性影响，并给他带来了很高的国际性声誉：先后被授予 14 个博士或名誉博士学位，是 15 个国家、地区或跨国科学院的院士，并曾任国际科学史和科学哲学联合会逻辑、方法论和科学哲学分会会长，国际哲学学院主席。1989 年，美国"在世哲学家文库"出版了《冯·赖特哲学》卷。冯·赖特是第一位在世界哲学舞台上真正发挥了重要作用的芬兰哲学家。

冯·赖特又培养了一位非常杰出的学生——雅科·亨迪卡。亨迪卡先任赫尔辛基大学教授、芬兰科学院研究教授、美国斯坦福大学兼职教授，于1978年移居美国，任佛罗里达州立大学教授、波士顿大学教授。曾任或正任国际符号逻辑学会副会长、国际科学史和科学哲学联合会会长、国际哲学学院副主席、世界哲学联合会副会长等职。其研究领域异常广泛，几乎涉及逻辑和哲学的所有领域，在数理逻辑（分配范式、模型集、无穷深度语言）、数学基础（IF逻辑及其革命性意义）、哲学逻辑（可能世界语义学、认知逻辑、命题态度、游戏论语义学）、方法论（归纳逻辑、语义信息）和哲学史（亚里士多德、柏拉图、笛卡儿、康德、皮尔士、胡塞尔、维特根斯坦）等众多领域做出了重要贡献；作为作者或合著者，他出版了30多本书或专题文集，发表论文300多篇。亨迪卡是当今国际哲学舞台上极为活跃且极富影响力的哲学家。

正如有人指出的，"亨迪卡总是精力充沛，充满新思想，在促进哲学研究方面是非常成功的"。他是国际性杂志《综合》和大型丛书"综合文库"的主编，后者已出版学术著作270多种。他教育、培养了整整一代芬兰逻辑学家和哲学家，后者目前正活跃在芬兰和世界的学术舞台上。下面这些人都是他的学生：托梅拉（Raimo Toumela）、希尔匹伦、皮塔瑞伦（Juhani Pietarinen）、尼尼罗托、兰塔拉、萨瑞伦（Esa Saarinen）、卡尔松（Lauri Carlson）、桑杜等，亨迪卡的影响贯穿在所有这些人的工作中。托梅拉现为芬兰科学院研究教授，早年与亨迪卡一起研究归纳逻辑和科学哲学，后研究社会行动理论、心理学哲学、社会科学哲学和方法论等，在社会科学哲学研究方面享有国际声誉。希尔匹伦现为芬兰土尔库大学和美国迈阿密大学教授，国际科学史和科学哲学联合会逻辑、方法论和科学哲学分会秘书长，主要研究领域为归纳逻辑、科学哲学、哲学逻辑和皮尔士研究等。尼尼罗托现为赫尔辛基大学教授、副校长兼哲学系主任，1975年以来任芬兰哲学会会长，其主要研究领域为归纳逻辑、科学哲学、技术哲学、文化哲学等。皮塔瑞伦现为芬兰土尔库大学教授，早年与亨迪卡一道研究归纳逻辑，目前主要研究领域为伦理学、社会哲学、早期现代哲学。

兰塔拉现为芬兰坦布雷大学教授，与亨迪卡一起提出所谓的"瓮模型"，主要研究逻辑、科学哲学和艺术哲学。桑杜在亨迪卡的指导下于1991年获得博士学位，并与他一道创立了"友好独立的一阶逻辑"（简称IF逻辑），很受亨迪卡赏识，最近已被晋升为赫尔辛基大学教授。

目前，芬兰6所大学中共设有12个正、副教授职位。除上面提到的那些哲学家外，比较重要的哲学家还有：坡恩（Ingmar Porn），冯·赖特和司滕纽斯的学生，长期在英国执教，现为赫尔辛基大学教授，研究领域包括哲学逻辑、社会哲学和健康哲学；赫兹伯格（Lars Hertzberg），一度在美国执教，现为芬兰艾布科学院教授，研究领域属于新维特根斯坦学派传统，包括行动理论、心理学哲学、归纳、伦理学和语言哲学；艾拉克塞伦（Timo Airaksilun），赫尔辛基大学教授，主要研究领域为伦理学，如社会权力、职业伦理学和实践伦理学等；克努提拉（Simo Knnuttila），赫尔辛基大学教授，研究领域为古代和中世纪哲学，最近主持把亚里士多德全集译成芬兰语出版；艾拉伦（Lilli Alanen），现为瑞典乌普萨拉大学教授，研究领域为早期现代哲学、认识论等。

二、主要研究领域

1. 哲学逻辑

冯·赖特把"哲学逻辑"理解为：利用现代逻辑的技巧和方法，去分析传统上哲学家们感兴趣的概念、范畴及其结构，从而构建出新的形式系统。他在哲学逻辑领域是举足轻重的大师和权威，做了许多开创性和奠基性的工作，具体包括：早在1950年，他明确认识到量词、模态词、道义词、认知动词、时态词等等之间的类似和差别，提出了广义模态逻辑的系统构想，并构造了三个模态系统M、M′、M″，后来证明这三个系统与刘易斯系统T、S4、S5等价；他是道义逻辑的创立者，几乎毕生都在从事道义逻辑及其相关问题的研究，建立了一元道义逻辑和二元道义逻辑，并把它们与规范逻辑、行动逻辑、变化逻辑、优先逻辑、时间逻辑相结合，在后面这些逻辑的创立和发展方面做了不少原创性工作。此外，他还研究了语义悖论、衍推、逻辑真理、分配范式和实践三段论等课题，在这些方面也提出了不少创见。

亨迪卡同样是哲学逻辑领域的超级大师，尽管他本人总是不太喜欢"哲学逻辑"这个词。他从冯·赖特的有关思想出发，建立了一阶逻辑的分配范式及其基本性质，并在推广分配范式的语义基础上发展了模型集（现被称为"亨迪卡集"）技术。他把模型集用于研究模态逻辑特别是认知逻辑和道义逻辑的语义学，以及它对于一系列内涵性概念如命题态度词和感知动词的应用，因此成为认知逻辑和可能世界语义学的创始人之一。他的《知识和信念》（1962）和《模态词的模型》（1967）两书已成为这方面的经典性著作。他从维特根斯坦的语言游戏说出发，对逻辑和自然语言的语义学进行新探索，发展了"游戏论语义学"，并在此基础上与他的学生桑杜一道创立了所谓的"友好独立的一阶逻辑"（简称 IF 逻辑），在《数学原理再探》（1996）一书中系统探讨了 IF 逻辑可能产生的影响，称后者将导致逻辑和数学基础研究中的一场革命。

在一次与笔者的谈话中，亨迪卡提到了芬兰的数理逻辑传统，主要包括下列成员：列万琳娜（Rolf Nevanlinna），此人是亨迪卡在赫尔辛基大学的数学教师，亨迪卡受到她很大的影响；凯托伦，研究证明论；司滕纽斯，研究逻辑和集合论中的悖论以及数学基础问题；亨迪卡本人，以及他的两名学生尼尼罗托和桑杜。

2. 归纳逻辑

凯拉受维也纳学派影响，比较重视归纳逻辑，于是后者就成为他的学生冯·赖特最早投身的学术研究领域。冯·赖特的博士论文题为《归纳的逻辑问题》，这也是他的第一本书，出版后受到当时剑桥大学道德科学系主任、归纳逻辑权威布劳德教授的好评，后者在《心灵》杂志上连续发表三篇长文推介此书。后来冯·赖特又写了《论归纳和概率》一书，改进自己早年的工作。总起来说，冯·赖特在归纳逻辑方面主要研究下述四个问题：休谟提出的归纳问题和其他人关于此问题的各种辩护方案，归纳概率演算及其解释，确证理论和确证悖论，排除归纳法的条件化重建。冯·赖特对后一问题的处理已进入现行的各种逻辑教科书中。

60—70 年代，亨迪卡把他的分配范式理论用于研究归纳逻辑的概率测度问题，提出了归纳方法的二维连续统、K 维连续统、归纳接受理论和归纳语义信息理论。他的一些学生如希尔匹伦、托梅拉、皮塔瑞伦、尼尼罗托、冯·柏拉图（Jan von Plato）等人，参与、发展了他在这方面的工作，形成了所谓的"归纳逻辑的芬兰学派"。芬兰学派属于逻辑贝耶斯派，主要是在修正卡尔纳普归纳逻辑的过程中建立起来的，具体进行了下述两个方面的修正：一是使归纳概率主观化，二是使归纳逻辑局部化，由此建立了更加完善的概率逻辑系统，提出了归纳确证理论，还研究了全称假说的语义信息问题。

在60年代晚期，亨迪卡指出：他的归纳逻辑系统所强调的是排除归纳法，因此应该能够表达为英国科学哲学家波普的证伪主义所特有的那些观念。尼尼罗托和托梅拉在《理论概念和假设—归纳推理》（1973）一书中着手探讨这二者之间的联系，并因此认为卡尔纳普和亨迪卡所发展的概念工具可以用于精确阐释波普的逼真性概念。希尔匹伦沿这一方向迈出了第一步，他根据可能世界语义学（其中把世界之间的距离作为初始概念）定义近似的真理。尼尼罗托意识到，假若用亨迪卡的构件代替可能世界，则可以明确定义世界之间的距离。这种"类似性探索"导致了关于逼真度的定义。逼真度适用范围很广，从单称语句、概括命题、量化规律到一阶理论。尼尼罗托在《似真性》（1987）一书中还提出了一种把逼真度看作相对于认知概率的期望值的理论，它是波普的逼真性理论、卡尔纳普和亨迪卡的归纳逻辑以及莱维的认知决策理论的综合。

3. 科学哲学

自从凯拉以来，科学哲学在芬兰的学术共同体中就享有受人尊敬的地位，这表现在这个领域内活跃的学者占据了芬兰哲学的主要席位，如希尔匹伦、托梅拉、皮塔瑞伦、尼尼罗托、兰塔拉、欣托伦（Matti Sintonen）等人自70年代以来先后成为教授。许多系科的学生都要学习方法论和科学哲学方面的课程，尼尼罗托等人所撰写的有关教科书被广泛使用。科学哲学方面的研究受到国家和各种基金会的赞助。他们在此领域内做出的具体工作简要列举如下：

70年代，亨迪卡把他的认知逻辑和游戏论语义学相结合，用于研究关于问题、回答和问答对话的理论，并逐渐发展出"探究的询问模型"（interrogative model of inquiry），在科学哲学界受到很大重视。简单说来，这一模型的渊源可以追溯到苏格拉底的设问法，它把探究看作研究者不断向自然发问，自然给出回答，研究者再根据回答调整自己的研究策略以获得研究的成功的过程。在探究的询问模型中，亨迪卡把探究看作数学博弈论意义上的二人零和游戏，其中一人是"提问者"，他是主动的；另一方为"自然"或"信使"，只作为答案之源。自然所给出的答案又成为后来的探究可资利用的前提。最好的寻求信息的策略取决于所允许的问题的复杂性程度。询问游戏可以用贝思语义表列的变体形式化。亨迪卡本人认为，这一模型揭示了科学推理的真正逻辑，可在许多领域内获得重要应用。他本人已把它用于逻辑教学，与人合著了一本逻辑教科书《假如……会怎么样？——走向卓越的推理能力》，现在此书很受欢迎。

芬兰哲学家还讨论了理论的结构和动态发展机制问题。托梅拉和兰塔拉具体探讨了用观察术语去定义理论概念的可行性，如兰塔拉在《可定义性的各方面》（1977）一书中，发展了测度一个理论在解释其概念时所能允许的不确定性的系统方法，并把这些结果应用于计量经济学的"可识别性"（identifiability）问题。尼尼罗托论证说，理论术语对于归纳的系统化来说是逻辑上不可缺少的，如果把科学理论看作归纳论证的前提，则可以在归纳逻辑的框架内给出关于此一论题的证明。兰塔拉在一系列论文中对元科学进行新探索，他使用抽象模型论以便允许灵活选用逻辑工具。作为精确刻画理论之间关系的框架，对理论结构的这一探索已证明了它的灵活性。1977年，芬兰哲学会在赫尔辛基还组织了一次题为"科学变化的逻辑和认识论"的国际性专题讨论会。

芬兰哲学家捍卫了科学实在论的两种不同形式。尼尼罗托在《科学是进步的吗？》（1984）一书中，把"似真性"（truthlikeness）概念建立在塔斯基的符合论真理观上，并把科学进步定义为似真性的增长。托梅拉在《科学、行动和实在》（1985）一书中，拒绝了本体论、语言学和认识论意义上的"所与神话"，发展了一种可称之为"因果内在实在论"的见解，其中根据"最好的说明"（best explanation）来刻画"真"。欣托伦则使用结构主义或语义学的理论概念作为背景框架，去讨论有关说明、理论选择、简单性和应用科学的问题。他把科学实在论精神与对探究的问题—

理论方面的敏感性结合在一起。

除一般科学哲学外，芬兰哲学家和有哲学偏好的科学家还讨论了各专门科学中的基础问题，所涉及的专门领域有：希腊几何学、中世纪科学、数学、天文学、物理学特别是量子力学、生物学、医学哲学和医学伦理学、认知科学、语言学、人文科学、社会学和人类学、行为科学、教育学、经济学、媒体和大众传播、法哲学、妇女研究和女权主义等等。此外，他们还探讨了有关技术的哲学问题，如技术的变化、技术和人类价值、技术和环境、合理性和现代性等。他们还就公众感兴趣的问题展开论战，成为大众传媒关注的热点。

4. 行动理论和社会科学哲学

道义逻辑引发了冯·赖特对行动理论的兴趣，由此展开他对行动的哲学或逻辑的研究。他认为，行动就是"有意识地造成或阻止世界中的变化"，行动的特征就在于它的意向性，描述行动时要考虑到如下三个因素：（1）初始状态，即行动实施之前世界所处的状态；（2）终止状态，即行动完成之时世界所处的状态，包括行动的结果（result）和后果（consequence）；（3）假如该行动没有发生，世界仍然会处的状态。基于此种观点他建立了行动的逻辑。他还讨论了说明行动的因果论模式和意向论模式，认为二者之间的唯一差别在于说明人的行动时，是否需要如下形式的法则性陈述：

（α）无论何时，如果某个人打算实现 p，并且相信 q 对于实现 p 是因果必然的，他就去实现 q。

他本人主张意向论模式，并把后者称为"实践推理"或"实践三段论"，讨论了它的各种形式。后期他越来越重视社会制度性因素对人的行动的影响。

行动理论又导致冯·赖特进一步去研究与理解、历史解释、决定论、因果性相关的问题，也就是导致他去研究人文主义、人文科学方法论与自然科学方法论之间的联系和区别。他认为，在自然科学和人文科学之间存在着深刻的方法论差异。前者根据原因和结果去解释现象，它寻求一般规律，是"因果论的"。人文科学则根据现象存在的理由去理解现象，它们是"诠释学的"或"解释性的"。冯·赖特实际上奉行一种关于人的行动和人文科学的反实证主义观点，他的论述在芬兰以至整个斯堪的纳维亚地区引起了广泛关注。赫兹伯格、托梅拉和坡恩等人不同意冯·赖特的观点，为因果论模式辩护，认为人的行为还是可以用需求和意向从因果关系上加以说明的，由此引发了一场相当热烈的论战。

5. 维特根斯坦和哲学史研究

冯·赖特因某种特殊的机缘与维特根斯坦相识，后来成为他的教授职位继任者和三位遗嘱执行人之一，在维特根斯坦研究方面做了大量工作，主要有：著有《维特根斯坦传略》；搜寻和保管维特根斯坦遗著，并做了分类和编目；单独或参与编辑出版维特根斯坦遗著13种，主持编辑的《维特根斯坦全集》（文字版和手稿光盘版）正在出版中，并对两部重要的维特根斯坦遗著《逻辑哲学论》和《哲学研究》做了文本考证和研究；还著有研究维特根斯坦思想的多篇论文，并结集为《维特根斯坦》（1982）出版，如此等等。冯·赖特在维特根斯坦研究方面所做的工作，为他赢得了广泛的国际声誉和重要地位。亨迪卡和他的妻子迈瑞尔（Merill B. Hintikka）合著了《探究维特根斯坦》（1986）一书，此书已用三种语言出版，产生了较广泛的影响。亨迪卡还著有多篇维特根斯坦研究论著，也是一位维特根斯坦研究专家。另外，司滕纽斯的《维特根斯坦的〈逻辑哲学论〉》（1960）也是一部有分量的著作。

在芬兰，哲学史受到广泛的重视。亨迪卡就曾指出："芬兰哲学研究的特点之一就是生动的历史感和对哲学史以及一般的思想史的极其尊重。"此话确实不假。柏拉图和亚里士多德的全集都已译为芬兰语出版，亨迪卡的《时间和模态》（1973）一书对亚里士多德的模态理论的解释新意迭出。对中世纪哲学和逻辑的研究甚至也是芬兰的一个强项，这方面有克努提拉的《中世纪的模态理论》（1993）等著作的出版。此外，笛卡儿、斯宾诺莎、霍布斯、莱布尼茨、狄德罗、里德、康德、克尔凯郭尔、黑格尔、马克思、哈特曼、布拉德雷、布伦塔诺、马赫、弗雷格、胡塞尔、尼采、罗素、布劳德、卡西尔、柯林伍德、斯宾格勒、汤因比、甘地，以及芬兰历史上重要的哲学家如韦斯特马克、凯拉等人的思想都有人在研究，并有相应的研究成果出版。总而言之，芬兰尽管是一个小国，但从古希腊、中世纪、近现代、当代哲学一直到芬兰自己的哲学史，都在他们的哲学家的关注范围之内。

6. 文化哲学

芬兰哲学有一个传统，哲学家们不仅从事自己的专门研究，而且作为一个自由知识分子对公众感兴趣的问题发表意见，例如司滕纽斯论自由思考、凯拉论生活的意义、冯·赖特论人权、凯托伦论大学政策，近期的例子是冯·赖特对西方科学技术文明的批判。

冯·赖特从青年时代就被历史和历史哲学所深深吸引，通过阅读斯宾格勒、汤因比等人的著作，他逐渐获得下述见解：历史的大单元是文化或文明，西方文明只是几大文明之一，并且正在衰落，在其科学技术成就"全球化"的过程中正走向他自己的终点。他从 60 年代开始对当代文化的批判，一开始就关注人与自然的关系。他认为，对自然的科学理解肇始于 17 世纪的"科学革命"，并造成了 19 世纪的"工业革命"的科学技术发展。这引出了许多生态学问题。技术改变了生活方式，这种改变首先发生在西方，但逐渐地扩展到整个地球，由此对物理环境和物质资源造成毁灭性后果，并逐渐对人种的生存造成威胁。紧随这些发展而来的是政治的和社会的恶，例如工作的自动化和机器化造成物质生产过程需要越来越少的人工劳动，并由此造成大量失业。社会正经历着分裂的危险：一面是富有的、受过良好教育的少数，另一面则是贫困化和被边缘化的多数。这最终会对民主和公正的社会秩序构成威胁。这些现象是冯·赖特的文化批判一直关注着的我们时代的某些恶。他在四本书——《人文主义作为一种生活态度》、《科学和理性》、《进步的神话》和《理解一个人的时代》——中表达了上述观点。

冯·赖特对科学技术生活方式的批判态度引起广泛关注，许多哲学家如皮塔瑞伦、尼尼罗托、艾拉克塞伦和沃尔格仁都参与到相应的论战中去，讨论有关人、机器和自然之间关系的认识论和伦理学问题。由于苏联—东欧体系崩溃导致芬兰前几年经济衰退，由此引出了一些社会问题，芬兰哲学家们又讨论有关价值和正义的问题。有的哲学家还在社会上扮演着多产的文化评论家的角色，讨论从性、朋克摇滚、诗、美国生活方式、大众传媒、经营管理到"有意义生活的哲学"等范围广泛的问题。从 80 年代以来，芬兰哲学会曾组织了一系列主题为一个英文词的哲学讨论会，这些主题包括：真理（Truth）、价值（Value）、爱（Love）、事物（Thing）、自由（Freedom）、自我（Ego）、美（Beauty）、变化（Change）、意向（Intention）、艺术（Art）、意义（Meaning）、自然（Nature）、情绪（Emotion）、理性（Reason）、意志（Will）、知识（Knowledge）和共同体（Community）。《爱的哲学》（1984）一书就是在其中一次讨论会上由 21 位芬兰哲学家所提供的论文的合集。

三、成功的原因

芬兰作为小国，其哲学在 20 世纪取得如此成功，在我看来，至少归功于下面四个原因：

1. 广泛的国际交往

这里首先要说到语言问题。芬兰的官方语言是芬兰语和瑞典语，也许是意识到使用这两种语言的人太少，若不会英语这样的国际性语言，就等于把自己囚禁在一个异常狭小的圈子里，这无异于慢性自杀，因此几乎每一个芬兰人都会英语，更别说学术圈内的人士了。这就为芬兰人参与到国际学术圈中去扫清了障碍，如进行跨国人际交往，用英语发表研究成果，对于芬兰人来说是很平常的事，但对于很多中国人或俄国人来说恐怕就并非如此了。

在第二次世界大战之前，芬兰也是很封闭的，对外部世界所知甚少。在 40 年代前后，情况开始发生改变。芬兰优秀的知识分子意识到，如此少的人口以及由此而来的异常少的学者，对于从事哲学之类的学术研究来说是存在危险的，如狭隘、嫉妒、宗派主义、恶性竞争等。解决之道就是融入国际性的学术共同体，在国际大舞台上去表演，具体办法同样是两条："走出去"和"请进来"。在"走出去"方面，凯拉参与了维也纳学派的活动；冯·赖特担任过英国剑桥大学教授和美国康奈尔大学无任所教授；亨迪卡长期奔走于芬兰与美国之间，在担任赫尔辛基大学教授或芬兰科学院研究教授的同时，于 1965—1978 年兼任美国斯坦福大学教授，并于 1978 年移居美国，先后任佛罗里达州立大学和波士顿大学教授；希尔匹伦正任美国迈阿密大学教授；如此等等。这些人还在国际哲学团体中担任非常重要的职位，如国际哲学学院、世界哲学团体联合会的主席或副主席。尽管如此，他们都仍然保留着芬兰国籍，并与芬兰国内保持着十分密切的联系，甚至还可从芬兰科学院得到研究经费，在所发表的论著上也注明自己的芬兰国民身份。（好几代在国外任职的各个领域的芬兰学者几乎都是如此。）在"请进来"方面，芬兰经常举办国际性会议，大学讲台上也经常可以看到外国教授的身影。以我在那里一年的经历为例。这一年间，举办了芬兰—俄罗斯逻辑圆桌会议（每年一次）和主题为"现代逻辑的发展"国际讨论会，参加者为欧美逻辑学家；先后有法国、奥地利、英国、美国、澳大利亚、西班牙等国的近十位逻辑学家或哲学家在赫尔辛基大学讲学，短者讲一次，长者讲十几天或一学期。这种高频率或高效率的"走出去"和"请进来"的工作，使芬兰学术界与国际学术界保持着十分密切的联系。

2. 第一流的学术带头人

对于芬兰哲学的发展来说，有三个人功不可没，即凯拉、冯·赖特和亨迪卡，是这三个人把芬兰从"人口小国"变成了"哲学大国"，他们是芬兰哲学的大功臣。凯拉通过他与维也纳学派的关系，把当时的许多新学科或新信息介绍到芬兰，如数理逻辑、逻辑经验主义、现代科学哲学、实验心理学、格式塔心理学、量子力学和相对论等，并以他的人格魅力影响了整整一代芬兰学人，还培养出三个杰出的学生：司滕纽斯、凯托伦和冯·赖特。冯·赖特以其在哲学逻辑方面的创造性工作以及与维特根斯坦的特殊关系，当上了国际哲学学院主席、国际科学史和科学哲学联合会逻辑、方法论和科学哲学分会会长，至此芬兰人第一次走上了世界哲学的前台。在他退下来之后，他的学生亨迪卡成为国际哲学学院副主席和国际科学史和科学哲学联合会逻辑、方法论和科学哲学分会会长，他的秘书希尔匹伦后来成为该分会的秘书长。亨迪卡更是一个思想富有冲击力和创新精神的人，并且活动组织能力极强。他除担任许多国际性学术团体的重要职位外，还长期任国际性期刊《综合》以及大型国际性丛书"综合文库"的主编，他为芬兰培养了一大批学生，并把他们推上了国际舞台。这三个人共同的特点是：开阔的知识视野、极强的创新精神、国际上良好的人际关系、很强的活动组织能力以及优秀的教师等。

3. 宽松、宽容的学术研究环境

宽松、宽容可以从两方面说：一是政府方面，芬兰是自由民主国家，没有多少意识形态控制，学术研究相对自由。二是学术界内部，大多数学者的视野都相当开阔，研究领域非常广，经常在不同的研究领域或研究课题之间转来转去，这就在相当大的程度上避免了派别和门户之见以及由此造成的内耗。正如尼尼罗托所指出的："作为一个小国，芬兰未能在哲学领域内从事狭窄的专门研究，因此，芬兰最优秀的学术代表人物也很容易从哲学的一个分支转到另一个分支。同时，芬兰的地理和文化位置也有助于建立不同哲学传统之间的联结。当前形势的特点是不同哲学思潮令人感兴趣地相互融合，以及在以往相互孤立的哲学流派之间彼此沟通。1984年在赫尔辛基召开的国际黑格尔会议表明，辩证传统和分析传统是能够汇合的，并发现至少能部分地互译它们各自的哲学'行话'。例如，科学实在论作为分析的科学哲学的一种倾向，结果同马克思主义认识论有亲近的关系。冯·赖特的'分析解释学'、亨迪卡关于康德和胡塞尔的新见解以及哈帕兰达有关现象学的工作，已经在'大陆'哲学和分析哲学之间建立起联系。"根据我在芬兰一年的感受，对于芬兰哲学家来说，重要的不在于你研究什么，而在于你怎么研究；一切诚实的研究工作都会受到尊重，他们甚至有时也会参与其中。例如搞证明论研究的凯托伦也研究大学政策、科学史、科学哲学、科学伦理学、医学哲学、精神疗法以及人类的命运等多种课题。冯·赖特的学术理路是这样的：归纳逻辑→广义模态逻辑→道义逻辑→伦理学和价值理论→行动理论→人文科学方法论→文化哲学→心灵哲学，以及维特根斯坦研究等。亨迪卡的学术理路则是：一阶逻辑的分配范式→模型集→认知逻辑和可能世界语义学→归纳逻辑→维特根斯坦研究→游戏论语义学→探究的询问模型→IF 逻辑→数学基础和数学哲学等等，其间伴之以大量的哲学史和逻辑史研究，涉及的人物有亚里士多德、柏拉图、笛卡儿、莱布尼茨、康德、皮尔士、胡塞尔、维特根斯坦等。这种研究方式的好处就是思想不板滞、不僵化，常常能从不同的领域获得灵感。亨迪卡曾深有体会地说道："我发现，我的历史研究与我在某个专门课题上的建设性工作是相互促进的。新的理论或技术常常有助于揭示、显露某些历史理论隐含的预设，发现人们从未意识到的新方面或新特征，从而提高历史研究的精确性和质量……另一方面，从历史研究中所获得的洞见又反过来启发或促进我在某个专门问题上的建设性工作……正是从对康德和维特根斯坦的研究中，我发展出了自己的游戏论语义学。"

4. 相互切磋、合作的团队精神

不同的研究方式和研究领域，如果能相互宽容和相互尊重，反而能相互补充与相互促进，形成一个高效率的学术团队，从而使一个国家的学术研究具有某种继承性和累积性。亨迪卡曾指出："由较年轻的一代芬兰哲学家的几个成员所做的所有这些工作，体现了他们赖以弥补在一个人口数量很少的国家工作所造成缺陷的另一种方式。与芬兰的上一代学者相比，甚至与世界上任何地方的可资比较的当代团体相比，在所提到的这些哲学家——亨迪卡、希尔匹伦、托梅拉、皮塔瑞伦、尼尼罗托、兰塔拉、萨瑞伦、卡尔松——中间已出现了更多的协同合作。在某种程度上，这种合作精神至少可以追溯到冯·赖特，他认为他的早期工作直接源自凯拉关于归纳和概率的工作，而他本人的分配范式技巧又启发了亨迪卡。这种协作精神仍在起作用，并且与人文科学领域内芬兰学者传统的孤立的研究方式形成鲜明的对照。不过，芬兰较年轻的哲学家之间的合作远远超出了单纯的主题和兴趣的连续性或一般的相互启发，他们的合作以及受共同权威指导的程度是罕见的。"亨迪卡本人在这方面做得特别突出。他在自传中谈道：他的长处和短处之一是他有太多的主意和想法，远不是他自己的时间、精力、耐心，甚至常常是背景知识允许他自己去完成的。于是他就把这些主意或想法教给他的芬兰学生或年轻同事，与他们合作研究，一道取得成功，由此带出了一批国际知名的芬兰逻辑学家和哲学家，形成了逻辑和分析哲学的芬兰学派。

他山之石，可以攻玉。芬兰哲学界的一些做法和经验值得我们中国同行借鉴，以便使中国当代哲学早日走向世界，让国际哲学舞台上也有中国哲学家的声音。

17. 苏珊·哈克的学术生涯及其贡献

2002年2月至2003年2月，作为由美国学术团体理事会、国家科学院、社会科学研究理事会共同资助的研究员（CSCC Fellow），我在美国迈阿密大学与苏珊·哈克教授一起合作研究了一年，每周与她至少会面两次，读了她当时已经或即将出版的每一本书。此后分别于2004年和2009年两次邀请她访问北京大学和中国其他高校，做系列学术讲演，一直与她保持着密切的联系，先后对她做了两次长篇访谈[1]，自认为对她这个人和她的学术思想有较为充分的了解。在本文中，我将勾勒和评述苏珊·哈克的学术生涯，并着重概述和诠释她在《证据与探究——走向认识论的重构》（1993；修订扩充版，2009）一书中所发展的基础融贯论及其学术影响。

一、苏珊·哈克的生平和著作

苏珊·哈克于1945年出生于英格兰白金汉郡的一个普通人家，在那里上小学和中学。她的家族中先前没有人上过大学。她亲口对我说，她上大学期间及其之后就学，几乎全靠奖学金，若没有奖学金的话，她上不了大学。她先就读于牛津大学圣希尔达学院，学习哲学、政治学和经济学（PPE），以一等荣誉学位毕业。随后在该校获得B. Phil学位（介于哲学硕士和博士之间的一种学位），她的第一位哲学教师是简·奥斯汀，跟从赖尔学习柏拉图哲学，跟从达米特学习逻辑，跟从菲利帕·富特（Philippa

---

[1] 陈波. 苏珊·哈克访问记——一位逻辑学家和哲学家的理智历程. 世界哲学，2003（5）：101-113；走向哲学的重构——陈波与苏珊·哈克的对话. 河南社会科学，2016（1）：12-23.

Foot)学习伦理学,在佩尔斯的指导下撰写有关模糊性(vagueness)的学位论文。大学毕业后,她在剑桥大学一女子学院(New Hall)任教,同时攻读哲学博士学位,在与安斯康姆教授的交流中继续其哲学教育。据哈克本人说,后来以弗协调逻辑和双面真理论闻名的澳大利亚逻辑学家格雷汉姆·普里斯特曾是她在剑桥讲授的逻辑课程的学生。在蒂莫西·斯迈利的指导下,她于 1972 年获得哲学博士学位。在剑桥大学期间,与当时在那里就读的澳大利亚学者罗宾·哈克(Robin Haack)结婚,这是她的夫姓 Haack 的由来。但她的丈夫不幸早逝,她却一直保留夫姓,或许因为 Susan Haack 这个名字在哲学界早已经很响亮了。1971 年开始在英国新成立的华威大学(Warwick University)任教,1982 年升任正教授。1990 年离开华威大学,到美国迈阿密大学任教至今,目前为该校人文学杰出教授、文理学院库珀高级学者、哲学教授和法学教授。

从理智背景来说,苏珊·哈克无疑属于英国分析哲学传统,她在牛津和剑桥的导师都是重要的甚至著名的分析哲学家或逻辑学家,她早期的工作主要探讨有关逻辑学的哲学问题。直至 1980 年代为止,蒯因对她的学术发展有很大的影响力。在 1970 年代,蒯因的《语词和对象》一书引导她去读皮尔士的著作,她为后者所深深吸引,由此成为皮尔士哲学的忠实追随者和诠释者。随后,她又系统地读了詹姆斯、杜威、米德甚至晚近的霍姆斯等实用主义大师的著作。实用主义成为塑造她的理智品格的最重要的思想资源,在她的学术思想上打下了深刻的烙印。例如,她一直致力于摧毁哲学上一系列虚假的二元区分,如基础论和融贯论、内在论和外在论、先验主义和科学主义等,她强调连续性,赞成皮尔士的"连续论"(synechism),她在认识论上主张温和的自然主义,她认为语言意义是不断生长变化的,形式化方法有其固有的限度,等等。她撰写了很多讨论皮尔士哲学和美国实用主义的文章,编辑了《实用主义经典文选》①,曾担

---

① 此书的编辑实际上是由我提议的。在我停留迈阿密大学期间,我提议由她编辑一本实用主义经典文选,由我在中国组织翻译成中文,我还帮助她搜集文献,提出编选建议,其结果就是中译本《意义、真理与行动——实用主义经典文选》(苏珊·哈克主编,陈波、尚新建副主编,东方出版社,2007)。后来,她在这本书的英文材料的基础上,按照西方出版社的要求,做了一些再加工,其结果就是 Susan Haack(ed.), Pragmatism, Old and New: Selected Writings(Amherst, NY: Prometheus Books, 2006)。

任皮尔士学会会长，有人称她是"皮尔士在理智上的孙女"，亦被作为美国哲学家编入《美国哲学百科全书》，对此她都欣然接受并感到骄傲。她也阅读卡尔·波普和理查德·罗蒂等人的著作，对罗蒂的思想做了一系列激烈的批评，称他是"庸俗实用主义"的代表人物。她曾撰写一幕话剧，其中所有台词都摘自皮尔士和罗蒂的著作，以凸显他们二人的实用主义是多么不同。这幕话剧还实际上演过，她本人在其中扮演皮尔士。她还阅读了很多文学作品，特别是小说，对萨缪尔·巴特勒的《众生之路》推崇有加，认为它精准地描写了英语学界的自我欺骗和虚假探究等。她始终保持高昂的工作热情，几乎把全部身心都献给了学术工作。如今已经70多岁，仍然不停地应邀在世界各地讲演、发表论文、出版著作。

《变异逻辑》（*Deviant Logics*，1974）是苏珊·哈克的第一本书，基于她的剑桥博士论文。在这本书中，她重点关注逻辑的哲学方面，特别是其认识论方面。她详细考察未来偶然性问题、直觉主义、模糊性、单称词项和存在，以及量子力学对由弗雷格、罗素创立的基于二值原则的经典逻辑的挑战，特别是这些挑战的动因、形式、理据、性质等等，阐明了"变异逻辑"和"扩充逻辑"的区分，捍卫了"逻辑是可修正的"这一观念，还探讨了演绎的证成问题，后者实际上涉及逻辑系统与外部实在、与我们的语言和思维实践的关系，她的结论是：演绎像归纳一样得不到绝对的证成，一切知识包括逻辑知识在原则上都是可错的。这本书在1996年出了扩充版，加入了批评模糊逻辑（fuzzy logic）的两篇论文，改名为《变异逻辑、模糊逻辑：超越形式主义》。《劳特利奇哲学史》第九卷《20世纪科学、逻辑、数学的哲学》（1996）把《变异逻辑》的出版列入逻辑学大事记中。

《逻辑哲学》（*Philosophy of Logics*，1978）是她的第二本书。这是一本教科书性质的著作，里面分析了逻辑学的一些关键性概念，如有效性、语句联结词、量词、单称词项、真值承担者、真理论、悖论等，还探讨了有关模态逻辑和多值逻辑的哲学问题，同时阐发了很多原创性观点。例如关于逻辑的性质和范围，关于形式论证和非形式论证、系统内的有效性与系统外的有效性之间的关系，关于逻辑的形而上学和认识论的基础，最后将其观点提炼为逻辑多元论，即认为正确的逻辑系统并非仅有一种，而是有多种，因为逻辑的形式系统旨在表述系统外的有效性概念和逻辑真理概念，但同一个非形式话语有不同的形式投射，当不同的形式系统对同一个非形式论证给出不同表述时，它们有时候可以是同样好的，只是适用于不同的目的。这本书写得很深入、细致、简明、流畅、准确，显示了作者在逻辑和哲学方面的专深素养，在出版近 40 年后仍在不断重印。它在世界范围内获得了广泛认可，被翻译成多种文字出版，中译本于 2003 年由商务印书馆出版。这本书为苏珊·哈克带来了很高的国际性声誉。可以说，我投身于逻辑哲学研究，主要是受到苏珊·哈克的影响，特别是受到她的《逻辑哲学》的影响，她是我在学术上的引路人。

《证据与探究——走向认识论的重构》（*Evidence and Inquiry：Towards Reconstruction in Epistemology*，1993）是她的第三本书，其中最重要的工作是发展了她自己的认知证成理论——基础融贯论：证成不仅需要有感觉—内省经验的输入，从而保持与外部世界的关联，而且还需要信念之间普遍的相互支持，后者并不会导致恶性循环。该书也取得了很大的成功，已经出版了西班牙文、中文、罗马尼亚文译本，德文译本正在准备中。2009 年出版了经过扩充的第二版，加入了篇幅较长的第二版序言，以及先前发表过或未曾发表过的 4 篇相关论文，改名为《证据与探究——对认识论的实用主义重构》。

在《证据与探究》出版之后，苏珊·哈克接到来自不同领域和不同国家的很多邀请，要求她就诸多不同的议题，如女性主义认识论、肯定行动、多元文化论、新实用主义、相对主义、科学哲学、社会科学、大学治理、学术伦理、知识与宣传等等做讲演或写文章，由此促成了她的第四本书：《一位热情的稳健派的宣言——不时髦的论文集》（*Manifesto of a Passionate Moderate：Unfashionable Essays*，1998）。这些工作把她引入了广义的社会哲学领域，开启了其学术研究的跨学科转型。我认真阅读了收入这本书中的每一篇论文，很喜欢它们，哈克对社会现实问题的热情关注，对各种后现代时髦和新实用主义的不妥协的批判立场，对真实探究、虚假探究和假冒探究的区分，对以"理智的诚实"为代表的学术伦理的倡导和坚持，关于哲学既不从属于科学也不只是一种文学的元哲学观念等等，都给我留下了深刻的印象。

《理性地捍卫科学》(*Defending Science：Within Reason*, 2003) 是她的第五本书。在这本书中，苏珊·哈克左右开弓，既反对（对科学的）各种旧尊崇主义，更反对以各种后现代思潮为代表的新犬儒哲学，试图在理性的限度内全面捍卫科学，不仅试图理解科学的认识论和形而上学，还试图描绘出关于科学在探究中、在我们生活中的位置的更为总体性的图景。她的核心观点是：科学既不是神圣的，也不是骗取信任的把戏；无论如何，在所有的人类认知事业中，自然科学确实是最为成功的；科学既是一项理性的事业，也是一项社会的事业，由此才派生出科学的诸多特点以及我们对科学应该采取的态度。随后，她阐述了她自己的科学认识论——批判的常识主义（critical common-sensism）：从本质上说，科学的证据类似于与日常经验断言相关的证据。科学的方法，如爱因斯坦所言，"只不过是我们的日常思维的精致化"，在科学中所使用的只不过是为所有经验探究所共有的推理、程序、前提条件、限制性因素，它们由一整套局部的、演变着的科学的"帮助"所强化：观察的工具、模型和隐喻、数学和统计推理的技术，以及帮助大多数科学家在大多数时间内保持诚实的一套社会建制。哈克还清楚阐述了作为其批判常识主义之基础的坦诚实在论（innocent realism），其要点是：这个世界——唯一的、实在的世界——是独立于我们相信它是什么样子的。坦诚实在论既抛弃非实在论论题——不存在任何实在的世界，也抛弃多元论论题——存在着多个实在的世界。不过，它承认人类干预着这个世界，我们以及我们的生理和精神活动是这个世界的一部分。换句话说，这个唯一的、实在的世界是异质的：除了有自然的事物和事件之外，还有每一种类型的人造物：社会建制、理论、描述，以及科学家、艺术家、诗人、小说家等等的想象构造物。在阐述了所有这些观念之后，哈克继续考虑自然科学和社会科学之间的关系、科学社会学的认识论作用、科学和文学之间的关系、科学和法律的相互作用、科学和宗教之间的紧张关系，最后则讨论了有关科学终结的预言。这本书在科学家团体中受到很大欢迎，在我的安排下，中译本于 2008 年由中国人民大学出版社出版。

《让哲学发挥作用——探究及其在文化中的位置》(*Putting Philosophy to Work：Inquiry and its Place in Culture*, 2008) 是她的第六本书。在《理

性地捍卫科学》出版之后，哈克又收到了很多意外的邀请，要求她就诸多不同的论题发言，这促成了收集在《让哲学发挥作用》一书中的那些论文，涉及如下论题：真理、解释、融贯、科学的整合、科学主义的标志、波普的逻辑否定主义、自然主义和超自然现象、科学与法律体系的相互作用、认识论等等；也涉及连续论、形式方法在哲学中的地位、从小说中获悉的认识论教益、生活的意义，以及学术伦理等等。其中谈得最多的是"真"和"真理"。哈克论述说：只有一个无歧义、非相对的真概念，但有为数众多的、各种各样的真理。无论一个命题、理论、断言等等的主题或内容是什么，无论它们是数学、地理、历史、法律、科学等等，说它们是真的，都意味着相同的东西，这就是命题p，并且p（it is the proposition that p, and p）。她把这一表述叫作"简要论"（laconicism）：确定一个断言是真的还是假的，要看事物是否实际上如其所说的那样。我本人对她的"简要论"的表述持有很大的异议。我认为，真或真理是一个实质性的概念，它至少涉及两个要素：事物在世界中的存在方式，以及我们的说话方式。

《证据的重要性——法律中的科学、证明和真理》（*Evidence Matters: Science, Proof, and Truth in the Law*, 2014）是苏珊·哈克的第七本书。她先前的认识论著作《证据与探究》被迈阿密大学法学院用作相关课程的教材，1997年她应邀开始在该法学院授课，2000年被任命为该院法学教授，正式进入法哲学领域。哈克再一次表现出非比寻常的能力，她把自己的认识论储备与具体的法学实践相结合，主要在三个领域内工作：关于举证的问题，特别是关于科学证据的法律处理；关于教会与国家关系的宪法问题，她对在公立中学讲授进化论的宗教异议特别感兴趣；关于法律实用主义。就像为了写作《理性地捍卫科学》，她决心让自己去熟悉一门具体科学即分子生物学一样，在从事其法哲学研究时，她有意识地既不使她的哲学讨论过于抽象以至远离法律实务，也不使它们与某个特定的法律体系联系过于紧密以至失去普遍性。她让自己尽快熟悉美国的法律体系、各种著名的判例和法律史，并与欧洲大陆和其他某些国家的法律体系做比较。她的努力很快得到国际法学界的认可，被邀请到世界各地的法学院和国际研讨会上做讲演，在各种法学杂志上发表文章，经过优选的文章被结集为这本《证据的重要性》，由剑桥大学出版社列入一套法学丛书出版。该书主要探讨如下问题：法律中的真理只是简单平凡的真理，还是自成一类的真理？审判是对真理的追求吗？抗辩制和证据排除规则是促成还是妨碍对事实争议的精准裁定？证明的程度能够等同于数学概率吗？统计证据在司法审判中能够起什么样的作用？法庭该如何处置案件裁决有时候也要依赖的科学证言？法庭如何区分可靠的科学证言和不可靠的证言？等等。

苏珊·哈克的学术努力得到了广泛的认可。1999 年，她当选为总部设在巴黎的国际哲学学院院士，该机构的一百多名院士经选举产生，代表不同的国家，院士们每年开会一次，旅费自筹。由于哈克几乎从不出席院士大会，其院士资格于 2007 年被取消。2004 年，她入选《一百个哲学家——世界最伟大思想家的生平与著作》一书；2005 年，伦敦《星期日独立报》将其列为所有时代最伟大的十位女哲学家之一；2007 年，出版由他人编辑的研究文集《一位杰出的女性——苏珊·哈克，该哲学家对于批评者的回应》；2011 年，罗马尼亚一大学授予她荣誉博士学位；2016 年，出版由他人编辑的研究文集《苏珊·哈克——重新整合哲学》；也是在 2016 年，爱尔兰都柏林大学学院授予她金质奖章，并入选美国教育网站 TheBestSchools 评选出的全球 50 位最具影响力的在世哲学家。

但客观地说，苏珊·哈克的工作还没有得到足够程度的认可，例如她尚未入选美国文理科学院院士，甚至也不是她的祖国——英国科学院的院士，在某种程度上，她处在当今西方主流哲学圈之外。在我看来，这是多种因素共同造成的：（1）她的学术摊子铺得太大，转换得太快。她早期的工作集中在逻辑哲学领域，但在写了两本很有影响的书《变异逻辑》和《逻辑哲学》之后，她将其学术重心转到了认识论研究，几乎再也没有回到专深的逻辑哲学研究。其专著《证据与探究》受到关注之后，她被引向广泛的社会现实问题和各种文化论题，做了很多跨学科研究，作为公共知识分子发言，也研究美国实用主义和各种新实用主义。她还继续探究《证据与探究》中的主题，针对关于科学的各种后现代批评，撰写了《理性地捍卫科学》一书，对科学做了几乎全景式的审视与辩护，据我判断，她所说的大致上都是正确的，但在深度方面有所欠缺。同样是因为

《证据与探究》一书带来的机缘巧合,她被任命为法学教授,进入法哲学领域,晚年几乎把绝大部分精力都投放于此。她在所有这些领域都有很大的成就,但在其中许多领域都没有长期专注地工作,没有长期追踪和参与其中的学术论战,与当下研究和论战有所疏离。(2)她受到皮尔士的很大影响,试图对这个世界和我们关于世界的认知提供某种总体性说明,她还讨厌哲学上的各种截然二分,认为真理常常存在于各种极端之间,花费了很大的精力去构造各种中间型理论;她似乎特别在意说得正确,因而常常把话说得很周全,加上很多限制性条件,等等。她的这种研究方式与当今西方哲学的主流方式有很大距离,后者常常专注于对很具体的问题做很专深的甚至是技术性的探讨,常常愿意把话说得惊世骇俗,"语不惊人死不休",由此带来影响力,她常常激烈地批评这种现象,说当今哲学界已经蜕变为一些自说自话的小圈子,她主动选择或被动隔离于这些小圈子之外。(3)她自视甚高,率性而为,中后期不太愿意接受学术同行审理她的稿件,也不愿意转让她的文章版权给学术期刊,除非特别邀请,她不给那些重要的学术期刊投稿,而选择在其他地方发表论文,然后把它们放到网上供人自由下载,这会减少她在主流学术圈的引用率和影响力。她坚持理智的诚实,对她不同意、看不惯的各种学术风潮毫不客气地提出批评,例如她批评卡尔·波普,批评蒯因,严厉批评罗蒂的"庸俗实用主义",批评她的认识论同行邦居尔、哥德曼、丘奇兰德夫妇和索萨,批判女性主义认识论,批判各种后现代思潮,批评当代大学的官僚治理和学术文化,由此必然造成她与学术同行以及小单位同事的关系紧张。西方学界中的人也是人,也具有普通人都会具有的一些弱点和缺点……

二、对基础论和融贯论的批评

"认知证成"(epistemic justification)是一个评价性概念,涉及正确或合适的信念必须满足什么样的条件。一个合理的认知证成理论必须解释如下问题:信念如何得到证成、证成在知识中的作用以及证成的价值。有各种各样的认知证成理论,本节讨论苏珊·哈克在《证据与探究》一书中对基础论和融贯论的批评。

1. 基础论及其困境

按哈克的解释，基础论（foundationalism）是指这样一种证成的理论，它要求在被证成的信念中区分出基本信念和派生信念，并且把证成看作单方向的，即只要求用基本信念去支持派生信念，而绝不能相反。也就是说，基本信念构成了被证成信念的整个结构所依赖的基础。一个理论有资格成为基础论的，只要它承认下面两个论题：

（FD1）某些被证成信念是基本的；一个基本信念之被证成，独立于任何其他信念的支持。

（FD2）所有其他被证成信念都是派生的；一个派生信念之被证成，要借助一个或多个基本信念的直接或间接的支持。

（FD1）旨在提出有关成为基本信念的资格条件的最小要求。它允许多个不同的变体，例如有一些理论认为基本信念是经验的，有一些理论则认为它们是非经验的：

（FD1^E）某些信念是基本的；基本信念之被证成，独立于任何其他信念的支持；基本信念就其特性而言是经验的。

（FD1^{NE}）某些信念是基本的；基本信念之被证成，独立于任何其他信念的支持；基本信念就其特性而言是非经验的。

在（FD1^E）中，"经验的"应该理解为大致等同于"事实的"，而不必局限于关于外部世界的信念。（FD1^{NE}）的倡导者们心里想的通常只是逻辑或数学的真理，他们经常把"自明的信念"当作基本的非经验信念。

哈克拒斥非经验的基础论，而只考虑经验的基础论，进一步将后者区分为如下三个版本：感觉—内省论版本，把关于主体自己的、当下的意识状态的信念作为基本的；外在论版本，把关于外部世界的简单信念视为基本的；内在论版本则允许这二者都是基本的。表述如下：

（FD1^{E1}）某些被证成信念是基本的；一个基本信念之被证成，不凭借任何其他信念的支持，而是凭借该主体的（感觉的或内省的）经验。

（FD1^{E2}）某些被证成信念是基本的；一个基本信念之被证成，

不凭借任何其他信念的支持,而是因为在该主体的信念与使得该信念为真的事态之间存在因果的或似规律的联系。

(FD1[E3])某些被证成信念是基本的;一个基本信念之被证成,不凭借任何其他信念的支持,而是依据它的内容,即它内在具有的自我证成的特性。

基础论者通常诉诸如下的"无穷后退论证"来支持自己的立场。假设如下情形:一个信念被证成,是由于受到另一个信念的支持;这另一个信念被证成,又是由于受到另外一个信念的支持……如此往复。这种情况是不可能的,因为对于一个信念来说,除非这种理由的后退到达一个终点,否则第一个信念将不会得到证成;所以,必定有基本信念,它们是通过其他信念的支持之外的方式被证成的,因而可以被看作证成所有其他被证成信念的终极理由。但哈克批评说,这个论证是非结论性的,因为它需要这样的假定:一个信念的理由构成一个链条,该链条或者终止于一个基本信念,或者根本就不会终止。但这个假定并没有列出其他可能的选择:也许该链条终止于一个未被证成的信念;也许它终止于它由之开始的信念,即终止于这样的初始信念,后者得到其他信念的支持,而自己反过来又支持这些信念……

基础论者还可以构造无穷后退论证的一个更强版本,即没有可忍受的选择论证:

假设 A 相信 p。假设他相信 p 是因为他相信 q。于是,他的信念 p 未被证成,除非他的信念 q 被证成。假设他相信 q 是因为他相信 r。于是,他的信念 q 未被证成,所以信念 p 也未被证成,除非他的信念 r 被证成。假设他相信 r 是因为他相信 s。于是,他的信念 r 未被证成,故信念 q 也未被证成,故信念 p 也未被证成,除非……

只有如下四种可能:(1)这个序列继续进行下去,没有终点;(2)它终止于某个未被证成的信念;(3)它构成一个圆圈;(4)它终止于某个被证成的信念,但后者的证成不依赖于其他任何信念的支持。

如果是(1),该链条永远不会终结,A 的信念 p 不会被证成。

如果是（2），该链条终止于一个未被证成的信念，A 的信念 p 不会被证成。

如果是（3），该链条构成一个圆圈，信念 p 依赖于信念 q，q 依赖于 r，……，z 依赖于 p，A 的信念 p 不会被证成。

如果是（4），那么，若该链条终止于某个被证成的信念，但没有借助于任何其他信念的支持，则 A 的信念 p 被证成。

所以，既然（4）恰好就是基础论所断言的东西，其结论是：仅当基础论为真时，任何人拥有任何信念才会被证成。也就是说，基础论是唯一可以忍受的选择。

哈克批评说，上述论证仍然是非结论性的，因为其中嵌入了一个错误的隐含假设：一个信念的理由必定构成一个链条，也就是这样一个序列，信念 p 受到信念 q 的支持，q 受到 r 的支持……如此往复。假如一个信念的理由必须是一个链条、一个序列，那么相互支持确实将不得不是一个圆圈，也确实不能承认由理由构成的这种圆圈会起到证成作用。但是，我们完全有可能摆脱这种链条和圆圈式的证成，证成实际上像一座金字塔或者像一棵倒置的树，这正是哈克的基础融贯论和纵横字谜游戏类比所要说明的。

融贯论者对基础论提出了如下的"因果不相干反驳"：在一个人的经验与他接受或拒绝一个信念之间可以有因果关系，但没有任何逻辑关系。例如，A 看见一只黑天鹅，可能致使他不相信"所有天鹅都是白色的"，但它并不逻辑蕴涵"至少有一只黑天鹅"或者与"所有天鹅都是白色的"逻辑不相容，因为逻辑关系只能存在于信念或命题之间。但证成不是一个因果的或心理学的概念，而是一个逻辑概念，故一个人的信念不可能被他的基本的经验信念所证成。哈克论述说，这一反驳是非结论性的，因为通过改进基础论，可以使因果性因素和逻辑性因素都进入对信念的证成中，这正是她的基础融贯论所要做的事情。

融贯论者对基础论的第二个反驳论证是：基础论要求基本信念既是可靠的（可以合理地宣称独立于任何其他信念的支持而被证成），又是丰富的（可以合理地宣称能够支持一组足够大的其他信念），但没有任何信念能够同时满足这两个要求。该论证继续说，因为这两个要求是相互竞争的：只有去掉基本信念的内容，第一个要求才会得到满足；而只有充实基本信念的内容，第二个要求才会得到满足。于是，基础论者不得不在下述两种情况之间来回穿梭往返：在坚持可靠性时却牺牲了内容，在坚持内容时却牺牲了可靠性。哈克因此把这个反驳论证叫作"来回穿梭往返论证"。她指出，这一论证只对强基础论有效，对于基础论的其他变体并不那么有效，对她本人提出的基础融贯论则完全无效。因为基础融贯论并不需要（也不可能有）绝对的可靠性，而只需要独立的可靠性，即在证成信念 p 的理由是安全可靠时，不要直接诉诸 p 本身，而要诉诸 p 之外的其他理由。实际上，在证成的整个路途上，我们都需要不断地来回往返穿梭。这并不是基础论者所指责的"恶性循环"，而是我们在证成信念时必须依赖的信念之间普遍存在的相互支持，后者至多是合法的间接"循环"，因为并不存在证成的绝对可靠的初始出发点。

2. 融贯论及其困境

按哈克的表述，融贯论（coherentism）主张：证成只涉及信念之间的关系，一个信念集合的融贯证成了作为其元素的那些信念。表述如下：

（CH）一个信念之被证成，当且仅当，它属于一个融贯的信念集合。

融贯论还有如下的不妥协的平均主义版本：

（CHU）一个信念之被证成，当且仅当，它属于一个融贯的信念集合；在一个融贯的集合内，没有任何信念具有特殊的认识论身份，也没有任何信念具有特殊地位。

哈克指出，如果把相容性视为融贯的必要条件，融贯论至少会遇到"要求过多的反驳"：融贯论似乎蕴涵着，如果一个主体具有不相容的信念，他就具有不相容的信念集合，他的任何信念也就不会被证成。哈克指出，这是一个过分的要求，因为几乎没有人具有完全相容的信念集。例如，她本人关于俄罗斯地理的一组信念隐含矛盾，这一单纯的事实无论如何不能成为如下说法的理由：她的这些信念，如"雪是白的"，"在我面前有一张白纸"，"我的名字叫苏珊·哈克"，也未得到证成。但融贯论者还是有可能逃脱这一反驳论证的，即承认其融贯构成证成的信念集合将不是该主体的整个信念集，而是该集合的某个子集合，因为下述想法是合理的：即使一个被证成的信念总是会被编织到其他信念的整个复合体之中，对于一个人的每一个信念的证成来说，并非他的所有信念都是相关的。

哈克指出，即使融贯论者做出某种修正以对付要求过多的反驳，它还是必须面对"相容的童话故事的反驳"：融贯论不可能是正确的，因为一个信念集合的相容性显然不足以成为它为真的保证或标志，就像编织得很好的童话或神话故事并不就是真的一样。但有人或许会辩解说，对于一个融贯的信念集合来说，融贯论者所要求的远不止简单的相容性。不过，稍加反思就会明白，增加一个全面性的要求并不会使情况变得更好：无论如何，一个信念集合是相容的和大的，并不比它只具有相容性，更能够成为它为真的保证或标志。或许融贯论者仍有可能通过对融贯概念进行精确阐释去回应该反驳。但哈克指出，像融贯这样的东西，无论对它提供的辨明有多么精致，都不能保证在证成与可能为真之间具有所要求的那种联系。融贯论的基本问题恰恰在于：它试图使证成只依赖于信念之间的相互支持。

哈克指出，融贯论者还必须面对 C. I. 刘易斯所提出的"喝醉酒的水手论证"。融贯论的断言即经验信念能够仅凭信念之间的相互支持而被证成，就像下述提议一样荒谬：两个喝醉酒的水手在海上能够通过背靠背来相互支撑而站立起来，即使他们两个人都没有站在任何坚实的物体上。她将这个论证更精细地表述为：如果融贯论不允许任何非信念的输入，不允许经验或世界发挥作用，它就不能令人满意地说明；一个信念被证成可以视作该信念为真的标志，即它正确地表征了这个世界是什么样子的。哈克相信，这个论证对融贯论来说确实是致命的。

3. 基础论和融贯论的变体

哈克总结说："基础论的优点是：它承认一个人的经验，即他所看到、听到的等等，是与他如何证成他关于这个世界的信念相关的；它的缺点是：它要求一类具有特权地位的基本信念，后者仅由经验证成但能够支持我们其余的被证成信念，但它忽视了一个人的信念之间无处不在的相互依赖。融贯论的优点是：它承认那种无处不在的相互依赖，且不要求区分基本信念和派生信念；它的缺点是：不允许该主体的经验发挥任何作用。"①

为了克服各自的困难，基础论和融贯论都出现了一些变体。例如，弱的基础论只要求基本信念在某种程度上被经验证成；不纯粹的基础论虽然要求所有派生信念都从基本信念那里获得某些支持，却也允许派生信念之间的相互支持以便提高其证成度。表述如下：

（FD1^W）某些被证成信念是基本的；基本信念之被证成，初看起来是但有可能弄错，或者在某种程度上是但并非完全是，独立于任何其他信念的支持。

（FD2^I）所有其他的被证成信念都是派生的；派生信念之被证成，至少部分地是凭借基本信念的直接或间接的支持。

温和的不平等的融贯论赋予一个人关于其当下经验的信念以突出的初始地位，或者赋予那些从起源上是原发的而不是推论的信念以特别地位，或者赋予那些更深地嵌入一个融贯信念集合的那些信念以特殊地位。表述如下：

（CH^{MW}）一个信念之被证成，当且仅当，它属于一个融贯的信念集合；某些信念具有特殊的认识论身份，并且其证成依赖于被加权的相互支持。

（CH^{MD}）一个信念之被证成，当且仅当，它属于一个融贯的信念集合；某些信念是特殊的，因为它们比其他元素更深地嵌入一个融贯的集合中。

哈克评论说，基础论和融贯论的这些变体都在朝着正确的方向行进，但在这样做时，它们却使自身变得不稳定起来。弱基础论承认基本信念完全不必仅由经验证成，那么，它还有什么理由去否认基本信念也能够或多或少地根据它们与其他信念的关系得到证成？不纯粹的基础论承认派生信念之间的相互支持，那么，它还有什么理由去拒斥信念之间更普遍的相互

---

① S. Haack. A Foundherentism of Epistemic Justification//E. Sosa, et al. Epistemology: An Anthology. 2nd ed. Blackwell, 2008: 135.

支持？更别说弱的且不纯粹的基础论了。既然温和的不平等的融贯论承认，某些信念因其感觉内容或"原发的"起源而具有特殊地位，为什么就不能进一步承认，证成根本不只是信念之间的关系，来自经验的输入也发挥着实质性作用？哈克由此得出结论："我们需要一种新的探索，它允许感觉—内省经验与经验证成相关，但不假定任何类别的具有特权地位的基本信念，或者不要求支持关系在本质上是单向的；换句话说，我们需要基础融贯论。"①

三、基础融贯论的要点及其理由

1. 基础融贯论的核心观点

哈克断言，基础论和融贯论并没有穷尽所有的选择，在二者之间还有逻辑空间。因为基础论要求单方向性，而融贯论无此要求；融贯论要求证成只与信念之间的关系有关，基础论则不这样要求。所以，一个理论若允许非信念的输入，它就不可能是融贯论的；而一个理论若不要求单方向性，它就不可能是基础论的。于是，她本人提出了一个中间型理论——基础融贯论，它允许经验与证成相关联，但不要求任何类型的特殊信念只被经验所证成而不需要来自其他信念的任何支持。基础融贯论可近似地刻画如下：

> （FH1）一个主体的经验是与其经验信念的证成相关联的，但是不需要任何类型的具有特殊地位的经验信念，后者只能通过经验的支持来得到证成，而与其他信念的支持无关。

> （FH2）证成不只是单方向的，而是包含着信念之间无处不在的相互支持。

哈克指出，她的基础融贯论把如下表述作为被辨明项（要说明的东西）："A 的信念 p 在 t 时或多或少被证成，这取决于 A 关于 p 的证据有多好。"

---

① S. Haack. A Foundherentism of Epistemic Justification//E. Sosa, et al. Epistemology: An Anthology. 2nd ed. Blackwell, 2008: 136.

由此出发，派生出基础融贯论的如下一些特点：

（1）这个理论是证据论的：核心观念是，有多好地证成一个主体对某物的信念取决于他关于这个信念的证据有多好。

（2）它是渐进的：从始至终的假设是，证据可以更好或更坏，一个人对某物信念的证成也可以更好或更坏。

（3）它是个人的：证成的程度依赖于主体证据的质量（这当然不是说它是主观的，即依赖于主体认为他的证据如何好）。

（4）它是经验论的："他的证据"被解释为不仅包含一个主体的背景信念（他的"理性"），也包括他的感觉或内省的经验（他的"经验证据"）。

（5）它在某种程度上是因果的：一个主体关于 p 的证据是因果地被识别为使他实际地相信 p 的证据；什么使这个证据更好或更坏，这是一个拟逻辑问题。

（6）它是多维度的：一个人关于一个信念的证据的质量取决于：(i) 信念对证据的支持度；(ii) 他独立于所讨论信念的理性的可靠性；(iii) 证据的全面性①。

下面，我将详细地阐释和讨论哈克的基础融贯论的理论细节。

2. 认知证成的两个方面：因果的和逻辑的

哈克主张，一个人的感觉—内省经验在其信念证成中发挥着重要作用。在她的基础融贯论中，既允许一个人的经验与对他的信念的证成（因果）相关，也允许证成概念包括非因果的评价性要素（逻辑关联）。她通过诉诸一个双面的"状态—内容"的二分来做到这一点，其大致路径是："第一个步骤，如果按照 A 的 S-信念和 A 的其他状态（包括知觉状态）之间的因果关系来表达，将试图刻画'A 关于 p 的 S-证据'。第二个步骤，也即中间步骤，将是一个策略，通过该策略，在对'A 关于 p 的 S-证据'（由 A 的特定状态组成）进行刻画的基础上，得出'A 关于 p 的

---

① 走向哲学的重构——陈波与苏珊·哈克的对话. 河南社会科学，2016（1）：17.

C-证据'的刻画（由特定的语句和命题组成）。第三个步骤是评价步骤，将通过刻画'A 关于 p 的 C-证据有多好'完成对'A 相信 p 或多或少被证成'的辨明。"①

这里只能述其大略。哈克把"A 的信念"区分为 S-信念和 C-信念。S-信念是状态信念，即基于 A 的知觉或内省状态如看到、听到、读到、记忆而产生的信念。C-信念是内容信念，是 A 对其所相信的东西即命题——其内容是：A 处于某种特定的知觉或内省状态中——的信念。假设 A 有信念 p。哈克引入 A 关于 p 的各种"证据"和"理由"概念，它们既可以是正面和支持性的，也可以是反面和抑制性的，前者支持或强化 A 相信 p，后者反对或削弱 A 相信 p。"A 的证据"分为 S-证据和 C-证据。A 关于 p 的 S-证据是指因果地致使 A 相信 p 或不相信 p 的那些状态的集合；A 关于 p 的 C-证据是指能够与 A 的信念 p 处于某种逻辑关系中的那些命题的集合。只有 C-证据才能使 A 关于 p 的证据更好或更坏。但 A 的 C-证据由哪些命题组成，却取决于 A 的哪些 S-证据（感觉—内省状态）因果地致使 A 相信 p。由于背景信念（可能为真，也可能为假）在信念证成中也发挥重要作用，哈克进而区分了 A 相信 p 的"S-理由"和"C-理由"，前者是指支持 A 的 S-信念 p 的那些 S-信念，后者是指 A 所相信的 C-信念，它们构成 A 相信 p 的 S-理由。A 关于 p 的经验 S-证据由 A 的非信念状态组成，后者不是那种 A 关于它有证据或需要证据的事物；A 相信 p 的 S-证据是指 A 的 S-理由和经验的 S-证据。"A 相信 p 的经验 C-证据"指一些语句或命题，其大意是：A 处于某些特定的知觉或内省或记忆的状态中——这样的状态构成了 A 相信 p 的经验 S-证据；A 的经验 C-证据将由全都为真的语句或命题所组成，这些命题的大意是：A 处于如此这般的状态中。除非 A 确实处于那种状态中，那种状态不可能成为 A 的信念 p 的因果连接，故 A 的经验的 S-证据和 C-证据都是确实为真的。"A 相信 p 的 C-证据"指 A 相信 p 的 C-理由和经验的 C-证据。从 S-证据过渡到 C-证据，就是从辨明的因果方面过渡到评价方面，从主体的信念状态过渡到内容即命题或

---

① S. Haack. Evidence and Inquiry: A Pragmatist Reconstruction of Epistemology. Oxford: Blackwell, 1993: 119-120.

语句。在辨明的评价阶段,"证据"将不得不意指"C-证据",因为正是语句或命题,而不是人的知觉或内省或记忆状态,能够相互支持或削弱,相互保持一致或不一致,以及作为解释性说辞保持融贯或未能保持融贯,等等。

3. 好证据的三个维度:支持性、独立安全性和全面性

哈克指出,证成有程度之分。A 关于信念 p 的 C-证据有多好,将取决于:

(1) 支持性:A 关于 p 的 C-证据在多大程度上是有利的;
(2) 独立安全性:不考虑 C-信念 p,A 关于 p 的 C-理由有多可靠;
(3) 全面性:A 关于 p 的 C-证据有多全面。

先说支持性。假设关于 A 的信念 p 有 C-证据 E。仅当给 E 增加 p 比给它增加 p 的竞争者更多地提高了 E 的解释整体性(即更好地解释了 E)时,E 对于 p 在某种程度上就是支持性的。E 可以在或大或小的程度上是支持性的,但有可能未决定性地证成 p 为真;也可以在或大或小的程度上是破坏性的,但有可能并非致命的,即未结论性地证明 p 为假。仅仅在 E 的 p-外推(给 E 增加 p 的结果)一致并且它的非 p-外推不一致的情况下,E 对于 p 才是决定性的;仅仅在 E 的非 p-外推一致并且它的 p-外推不一致的情况下,E 对于 p 才是致命的。如果 E 本身是不一致的,E 的 p-外推和 E 的非 p-外推也都是不一致的,那么,E 对于 p 的证成来说就是不相干的。关于 A 的信念 p 的证成,诉诸 E 对于 p 的演绎蕴涵和归纳支持是不一样的。如果 E 对于 p 是结论性的,E 就演绎地蕴涵 p(由不一致的前提所产生的演绎蕴涵必须排除在外),这时 E 对 p 提供了最强的支持,但这种支持在经验研究中几乎见不到,我们只能更多地求助于最佳解释推理和解释的融贯去刻画支持关系。在说明证据与信念的支持关系时,哈克断言:根本不需要诉诸(可在句法上刻画的)归纳逻辑,"后者往好里说容易导致悖论,往坏里说可能就是虚构"[1],因为证成涉及各证成项的内容关系,而不只是形式关系;也无法求助于数学概率论,"因为认知证成的

---

[1] S. Haack. Evidence and Inquiry: A Pragmatist Reconstruction of Epistemology. Oxford: Blackwell, 1993: 129.

程度有一个与数学概率不同的逻辑侧面：（1）由于证据质量的多种决定因素，证成的程度没有概率中的线性序；（2）p 和非 p 的概率必须合计为 1，但在二者没有证据或者仅有弱证据时，p 的信念和非 p 的信念在任何程度上都没有被证成；（3）（对于相互独立的 p 和 q 来说）p∧q 的概率是 p 的概率和 q 的概率的积，所以总是比二者中任何一个都小，但是结合起来的证据却可以提高证成的程度"①。

哈克更多地诉诸纵横字谜游戏来解释"独立安全性"。她不认为证成关系是单链条式的，仅仅沿一个方向往前延伸，信念 p 被信念 q 证成，q 被 r 证成，r 被 s 证成……相反，就像英语填字游戏所表明的，证成关系更可能是一种树状或网状结构，信念 p 被 q、r 和 s 所证成，其中 q 可能被 t、u 和 v 所证成，其中 u 可能又被 w、x 和 y 所证成，其中 y 可能被 m、o 和 p 所证成……在这个过程中，只要对 q、r 和 s 的证成不直接依赖于 p，而有另外的理由，那么，就可以说对 p 的证成是独立安全的。回到纵横字谜游戏的类比。一个纵横字谜的提示可以看作经验性证据的类似物，而已经填完的格可以看作理由的类似物；一个纵横字谜的格填得有多合理，取决于它多好地符合了给出的提示，以及其他任何已经填完的、交叉在一起的格；取决于其他那些格有多合理，而与所讨论的这一个格无关，此外还取决于这个纵横字谜已经填完了多少。与此类似，一个人对 p 的相信得到了多大程度的证成，取决于他的证据提供了多大的支持；取决于他提供的理由有多可靠，而与该信念本身无关；取决于他的证据包括了多少相关的证据。在判断一个人对某个格的信心有多合理的时候，他将最终达至一点，在那里，问题不在于某个格得到其他格多么好的支持，而在于它得到它的提示多么好的支持。类似地，在评价不依赖 C-信念 p 如何证成 A 相信他关于这个信念的 C-理由的时候，他将最终达至一点，在那里，问题不在于某个信念得到其他 C-信念多么好的支持，而在于它得到经验的 C-证据多么好的支持。哈克断言，经验 C-证据没有证成问题，它们是待证成信念 p 的"经验支撑点"。这并不会退回到基础论的如下主张：其他

---

① 走向哲学的重构——陈波与苏珊·哈克的对话. 河南社会科学，2016（1）：18.

信念只能由基本的经验信念来证成，而只是重述和强调了基础融贯论的如下主张：经验信念的最终证据是经验性的。正是在这里，体现了基础融贯论与基础论的相同和不同之处。

"全面性"很难严格地定义，大约是指一个认知主体的证据中是否包括了足够多的相关证据，这又涉及如何解释"证据的相关性"。根据我的理解，证据相关与否是由我们的认知意图和目标所决定的，仅就司法证据而言，"在一个司法案件中，某个证据是相关的，是指对该证据的采纳将有助于证明案件中某个待证事项的存在或不存在，从而有助于对案件中争议事项的裁决，引起相应法律关系的产生、改变或消灭"①。我的理解也与哈克的如下理解大致吻合："对全面性的判断是视角性的，也就是说，取决于做出这种判断的那个人的背景信念。"② 哈克还指出，就否定方面而言，当我们判断某个人的一个信念因为未能考虑到一些相关证据而未被证成或几乎未被证成时，全面性条件的作用就是最明显的。全面性维度不可能产生一种线性序，因为证据的相关性本身是一个程度问题，所以存在一种更复杂的情形：相对于未能考虑到非常少的、处于更中心位置的相关证据来说，在如何去权衡未能考虑到大量处于边缘的相关证据这一点上，存在着某种不确定性。

哈克指出，A 的信念 p 被完全证成，要求 A 的 C-证据具有决定性和最大程度的全面性，而且还要求他的 C-理由具有最大程度的独立安全性，这在理论上和实践中几乎都是不可能达到的。她还谈到，我们可以根据单个人的证成程度推断出一个群体的证成程度，方法是从这样一个程度开始，一个假想的证据包括了这个群体的每个成员的证据的主体，其信念将会在这个程度上得到证成，然后再根据某种措施对其进行折扣而得到该群体成员的证成度的平均值。其中困难的问题是如何"折扣"，哈克对此并没有给出最终答案。

---

① 陈波. "以事实为依据"还是"以证据为依据"——科学研究和司法审判中的哲学考量. 南国学术，2017（1）：33.

② S. Haack. A Foundherentist Theory of Empirical Justification//E. Sosa. Epistemology: An Anthology. 2nd ed. Blackwell，2000：140.

4. 认可问题：基础融贯论的元证成

对一种证成方案的辨明和认可，就是问该方案是否以真理为导向，是否重点关注可靠性、真性、显示真理的性质，而显示真理正是证成标准成为好标准所需要的东西。哈克在《证据与探究》的最后一章中粗略地给出了对她的基础融贯论的元证成。根据基础融贯论的标准，A 的信念 p 越是被证成，这个信念就越是更好地依托于经验，在被整合到一个解释性理论中时，它更好地得到其他信念的支持，而该解释性理论的成分也依托于经验并得到其他信念的支持，如此等等。哈克断言，一个信念按照这些标准被证成的程度，就是它为真的标志。不过，认知证成有不同于填纵横字谜游戏的特点。你可以对照第二天报纸上刊出的一个纵横字谜的答案，检查你先前对该纵横字谜的填写是否正确；但任何人都不能开列出所有存在着的真理，我们可以对照它们去检查我们的信念是否为真。因此，哈克只能提供对基础融贯论的一种有条件的认可：如果任何对真理的显示对我们来说是可能的，那么，满足基础融贯论的标准就是我们所能得到的最好的对真理的显示。她为这种认可论证给出了两个理由。第一，基础融贯论的如下假定是相当合理的：一是对我们来说，感觉和内省经验是经验性信息的来源；二是除此之外，经验性信息就没有其他终极来源了。更具体地说，按照基础融贯论的标准，关于经验信念的最终证据就是经验证据，也就是感觉和内省。所以，基础融贯论标准显示真理的性质要求这样的情形：我们的感觉给我们提供了关于周遭事物和事件的信息，而内省给我们提供了关于我们自己的心智状态的信息。它并不要求感觉和内省是不可错的信息来源，但它确实要求它们是信息的来源。第二，基础融贯论把关于人类本性的认知融进了其证成标准之中。尽管不同时代、不同文化或社会共同体关于"什么算作证据"和"什么是好证据的标准"的看法很不相同，但基础融贯论却充分地揭示了：对经验支撑的关注并不是一个局部的或狭隘的怪癖，而是不同时代和文化所共有的东西，初看起来，依靠由人的感官所传达的信息是人的本性。

哈克用这样的断言结束了她的《证据与探究》一书："当笛卡儿的认识论故事结尾时说'从此以后，一切太平'，我们知道这一说法太好了以致不会是真的。也许这样结束我的故事是适当的——'从此以后，充满希望',可以说,这一说法把普遍的可错论与关于我们的认知条件的适度的乐观主义结合在一起了。"①

四、新近的回响:谢尔的基础整体论

哈克的基础融贯论被视作当代认识论中几种主要的认知证成理论之一。她概述其基础融贯论的论文《经验证成的基础融贯论》("A Foundherentist Theory of Empirical Justification")被收入至少 4 本重要的认识论文选之中:《知识论——经典的和当代的读物》(The Theory of Knowledge: Classic and Contemporary Readings, ed. Louis Pojman, Wadsworth, 2nd edition, 1998; 3rd edition, 2002)、《认识论——专题文集》(Epistemology: An Anthology, eds. Ernest Sosa et al, Blackwell, 2000; 2nd edition, 2008)、《认识论——当代读物》(Epistemology: Contemporary Readings, ed. Michael Huemer, Routledge, 2002)、《实质性的知识》(Essential Knowledge, ed. Stephen Luper, Longman's, 2004)。她的基础融贯论也激起了很多不同的反响,有人认为它基本上是正确的,新近还有人试图发展完善它,还有人试图把它用于去说明科学保证(scientific warrant)概念;也有些人对它提出批评,说它仍然是一种基础论,或者说它仍然是一种融贯论,或者说它是可靠论的一种变种;也有人似乎有意忽略它,这在西方年轻学者中似乎较为常见,例如《斯坦福哲学百科全书》中关于"认知证成"的基础论和融贯论词条中,甚至都不把哈克的《证据与探究》一书列入文献目录。不过也有例外,在西方哲学界近些年异军突起、影响日盛的美国哲学家吉拉·谢尔在其新著《认知摩擦:论知识、真理与逻辑》中,发展了基础整体论、实质真理论和一种新的逻辑哲学,她明确把苏珊·哈克列为自己的理论先驱,承认受到她的影响:"我们可以像哈克(1993)所做的那样,从基础论和融贯论开始,然后在它们之间建立一座桥梁。"② 谢尔

---

① 苏珊·哈克. 证据与探究——走向认识论的重构. 陈波,等译. 北京:中国人民大学出版社,2004:200.

② G. Sher, Epistemic Friction: An Essay on Knowledge, Truth, and Logic. Oxford: Oxford University Press, 2016: 23.

于 2016 年应我之邀在北京大学做系列讲演,如此概述了她的第一次讲演"基础整体论":认识论的中心任务是为所有知识(包括经验的和抽象的)在世界和心灵中做实质性奠基,或寻找其基础。然而,这种基础论计划在当代被认为名声不佳,一个主要原因是它与一种失败的方法论即基础论紧密关联。她本人将发展一种替代的方法论——基础整体论既关联于又区别于其他的后基础论的方法论。它的突出特征有:可应用于所有的知识分支;实质奠基于实在(reality)的要求;聚焦于有结构的整体论;不仅接受理论之间丰富的联系网络,而且也接受理论与世界之间丰富的联系网络;对循环性的精细探究,包括引入"建设性"的循环性。由此导致的基础方法论,与其他先已存在的方法论(包括基础论、融贯论和基础融贯论)相比,既要求更多,也更为灵活。

对于像哈克的基础融贯论这样的哲学理论建构,我们只能交给哲学界同行去判断,交给未来的哲学史去裁定。这篇文章已经很长了,它主要聚焦于清晰、准确地诠释和介绍哈克的基础融贯论,对后者的批判性评价只能留待他文去完成。

18. 过去50年最重要的西方分析哲学著作

2002年2月初，我作为受美国学术团体理事会、国家科学院、社会科学研究理事会共同资助的研究员（CSCC Fellow），赴美国迈阿密大学哲学系，与国际知名的哲学家、逻辑学家苏珊·哈克教授合作研究一年。临行前一个月左右，我与当时的中国人民大学出版社社长王霁教授通电话，他谈到，目前在西方哲学方面究竟有哪些著作是重要的，能不能把这一点弄清楚，搞清楚之后，我社可安排力量翻译出版，并问我能否在美国帮助做这件事。我答应一试，但要求有出版社的正式授权。王霁教授同意了，于是起草文件，签字盖章。到美国之后，我与哈克教授谈起此事，她很乐意与我一起为之。于是，我们从2002年3月份开始，联名向美国、英国、德国、澳大利亚、芬兰、巴西等6国的16位哲学家发出邀请信，邀请他们参加"当代西方哲学译丛"编委会，并向我们推荐近50年来他们认为最重要的10本西方哲学著作。我们的邀请得到了热烈的回应，约翰·塞尔说此构想"棒极了"（wonderful），戴维森的评价是"非常好"（very good one）。共12位哲学家接受了我们的邀请，他们分属美国、英国、德国、芬兰、巴西5个国家，多数是当今世界第一流甚至是顶尖的哲学家。丛书编委会构成是：

主　编

苏珊·哈克（Susan Haack，美国迈阿密大学文理学院库珀高级学者，哲学教授，法学教授）

陈　波（中国北京大学哲学系教授）

成　员

唐纳德·M. 波切特（Donald M. Borchert，美国俄亥俄大学哲学教授）

奥斯瓦尔德·查提奥布里安（Oswaldo Chateaubriand，巴西里约热内卢天主教大学逻辑学和哲学教授）

唐纳德·戴维森（Donald Davidson，美国加利福尼亚大学伯克利分校 S. 威里斯和马里昂·斯拉塞哲学教授）

迈克尔·达米特（Michael Dummett，英国牛津大学威克汉姆逻辑学教授）

约尔根·哈贝马斯（Jürgen Habermas，德国法兰克福大学杰出哲学教授）

露丝·巴坎·马库斯（Ruth Barcan Marcus，美国耶鲁大学瑞本·波斯特·哈莱克教授，高级研究学者）

托马斯·内格尔（Thomas Nagel，美国纽约大学哲学教授，费奥里罗·拉瓜迪亚法学教授）

约翰·R. 塞尔（John R. Searle，美国加利福尼亚大学伯克利分校米尔斯心灵哲学和语言哲学教授）

彼特·F. 斯特劳森（Peter F. Strawson，英国牛津大学维因弗里特形而上哲学教授）

希拉里·普特南（Hilary Putnam，美国哈佛大学柯根大学教授）

希拉斯·撒耶尔（Hirace Standish Thayer，美国纽约城市大学城市学院哲学教授）

乔治·亨利·冯·赖特（Georg Henrik von Wright，芬兰赫尔辛基大学哲学教授）

可以说，这是当今世界哲学界阵营最豪华、最强大的丛书编委会。

由于编委会成员大都是国际知名人士，异乎寻常地繁忙，且在世界各国频繁往返，所以推荐单姗姗来迟，其中经多次信件、电子邮件以及少量电话沟通，截止日期也由原先预定的 5 月底一拖再拖。9 月 3 日，我们收到了来自哈贝马斯的推荐信，至此为止，我们共收到 11 位编委会成员的推荐信，加上苏珊·哈克本人的推荐单，一共 12 份，但达米特的推荐信一直未接到，我们决定保留他的编委身份。

由于编委会成员除哈贝马斯外，都是英美系的哲学家，所以推荐主要偏重在英语哲学。编委们非常认真、审慎地进行了他们的推荐工作,其中有一位编委是美国俄亥俄大学哲学系主任,他告诉我们,他自己先列出近 60 本著作,然后在本系教授中间投票,选出最重要的 10 本,并且其看法基本一致。下面的统计结果的计算方法是,凡提到一次的就算一票,尽管有的编委列出的不到 10 本,有的编委只列出了恰好 10 本,而有的编委列出的书目远超过 10 本。编委们共推荐或提到属于 50 年左右范围的著作 107 本,不属于这个时间范围但他们认为仍然重要的著作 11 本,论文 3 篇。我下面重点介绍得票最多的一组,简单提及得票次多的一组,至于有人提到但得票不到两张的著作则不予介绍。

下面是得票最多的一组:

1. 维特根斯坦:《哲学研究》(*Philosophical Investigation*, 1953)

提到维特根斯坦的有 13 票,其中《哲学研究》9 票,《逻辑哲学论》(1933)、《蓝皮书和棕皮书》(1958)各 1 票,《论确实性》(1969)2 票。

《哲学研究》是在维特根斯坦死后,由他的弟子安斯康姆和里斯(R. Rhees)根据他的手稿编辑而成,并由前者译成英文,以德英对照版的形式出版。在此书中,维特根斯坦对他的前期哲学——《逻辑哲学论》一书中的思想进行了否定和批判,一个哲学家的后期思想否定、批判其前期思想,这种现象在哲学史上比较少见。在该书序言中,维特根斯坦说:"我在本书发表的思想是我过去十六年来进行哲学研究的结晶。它们涉及许多论题:意义、理解、命题、逻辑等概念,数学基础、意识状态以及其他论题。我把这些思想写成一些札记,即小的段落。它们有时成为关于同一论题的一些拉得很长的链条;但有时我又突然改变,从一个主题跳到另一个主题。"此书所阐述的主要思想是:最好把语言看作一种活动,在这种活动中,词是作为工具来使用的。词的用法是多种多样的,而且只有在相关的语言游戏中才能被理解;词不是事物的标签。根据"意义"一词的大量使用情况,一个词的意义就是它在语言中的用法。关于感觉的谈论是可以理解的,因为有"感觉"这词的语法,以及像"痛苦"和"记忆"这些词的语法,它们可以被任何知道相关的语言游戏的人所把握;除了以这种方式了解这些词的意义之外,它们并不指称一个人心中的东西和私自的感觉。期待、意向、记忆等等,都是由于使用语言而可能的生活方式；语言本身就是一种生活方式。《哲学研究》也许会因为它对语言游戏、生活形式、家族相似（反本质主义）、私人语言等等的论证而被载入史册。

此书已经出版了 4 个中译本，它们分别是：汤潮、范光棣译，三联书店，1992 年；李步楼译，陈维杭校，商务印书馆，1996 年；陈嘉映译，上海人民出版社，2001 年；涂纪亮译，河北教育出版社，2002 年。

2. 蒯因：《语词和对象》（*Word and Object*，1960）

提到蒯因的有 15 票，其中《语词和对象》8 票，《从逻辑的观点看》（1953）5 票，《本体论的相对性和其他论文》（1969）2 票。

据蒯因自己称，《语词和对象》是他花费了 9 年心血写成的著作，其主要目的就是对《经验论的两个教条》一文中的认识论加以阐释与精制。全书由 7 章构成，可以将其视为三部分：第一部分讨论语词，在自然主义语言观和行为主义意义论的基础上，阐述了著名的"翻译不确定性"论题：可以用不同的方式编纂一些把一种语言译为另一种语言的翻译手册，所有这些手册都与言语倾向的总体相容，但它们彼此之间却不相容；在无数场合，它们以下述方式互有歧义，即对于一种语言的一个句子，它们给出另一种语言的一些句子作为各自的译文，但后面这些句子彼此之间却不具有任何似乎合理的等价关系，无论这种关系是多么松散。第二部分回答"有什么东西存在？"这一问题。蒯因所依据的标准是：如果实体能够在经验上被证实或者具有理论上的效用，这些实体就被假定是存在的。他承认两种实体，一是物理对象，即四维时空中的实体；二是抽象对象，即物理对象组成的类；其他一切东西，如感觉材料、属性、事实、可能个体、内涵对象如命题等等，他通通拒绝承认其本体论地位。第三部分是解释一个人的本体论承诺如何用语言明晰地表达出来。蒯因的观点是：所需要的是标准记法，即带等词的一阶谓词逻辑，因为它能简化理论，并且它是清楚、准确、无歧义的。

此书已由陈启伟及其学生译成中文，列入由涂纪亮、陈波主编的《蒯因著作集》。

3. 斯特劳森：《个体：论描述的形而上学》（*Individuals：An Essay in Descriptive Metaphysics*，1959）

提到斯特劳森的有 11 票，其中《个体：论描述的形而上学》8 票，

《感觉的界限：论康德的〈纯粹理性批判〉》（1966）1票，《逻辑理论导论》（1952）1票，《怀疑论和自然主义：某些变种》（1985）1票。

在《个体》一书中，斯特劳森区别了两种类型的形而上学：描述的形而上学满足于描述我们关于世界的思想的现实结构，它要研究世界与作为世界一部分并以某种方式与之相关联的人类的一些普遍、必然的特征；而修正的形而上学则关心产生一种更好的结构，它认为只有满足某些标准的事物才是真实的，由此引出关于现象和实在这样的不同领域的区分。斯特劳森把亚里士多德和康德视为描述的形而上学的先驱，他本人也是一位描述的形而上学家；而莱布尼茨、笛卡儿和贝克莱等人则是修正的形而上学的代表性人物。《个体》一书包括两部分。在第一部分"殊相"（pariculars）中，他着重探讨物质对象和人在一般的殊相中所占的中心地位。他认为，在逻辑主词或指称对象的整个领域内，殊相先于其他一切事物；而在殊相领域内部，物质对象和人这两种殊相又是最基本的，它们是我们认识的基础，也是我们的概念图式的基础。它们存在于具体的四维时空之中，是我们可以观察到的。在它们之外，殊相中还包括特殊的事件或过程、特殊的感觉经验或精神状态等等。在第二部分"逻辑主词"中，他着重探讨个别和一般的关系，以及指称和述谓（predication）、主词和谓词之间的关系，并且讨论了识别与再认、证明性思想与描述性思想、精神状态的拥有、唯我论、怀疑论等论题。《个体》一书的贡献在于：在逻辑实证主义和日常语言哲学所掀起的一片反形而上学的喧嚣中，重新确立了形而上学作为一门值得尊敬的理智学科的地位。分析哲学由此进入一个新时代：逻辑、语言、形而上学被结合在一起加以探讨，许多原本被抛弃的论题成为分析哲学的中心话题，"形而上学"课程重新成为大学哲学系的必修科目。

4. 罗尔斯（John Rawls）：《正义论》（*A Theory of Justice*，1971）

提到约翰·罗尔斯的有9票，全部集中在他的《正义论》一书。

这本书试图揭示社会正义的原则是什么，以及为什么这些原则只有在愿意为了社会最低受益者的利益而重新分配收入和财富的自由社会中才能得到满足。罗尔斯认为，正义的原则就是下面这些人所赞同的东西：他们富有理性，自我关心，不恶意妒忌，知道自己将进入一个按他们的协议组织起来的社会,但不知道自己在其中将占有什么职位,也不知道自己的天赋才干和特殊利益将是什么。罗尔斯设想了由这种人所平等参与的一种"原初状态",处于这种状态中的集团和个人都会同意选择下面两条正义原则:第一,每一个人都在最大程度上平等地享有与其他人相当的基本的自由权利(政治的、思想的和宗教的)。第二,社会和经济的不平等被调节,使得(1)人们有理由指望它们对每个人都有利;并且,(2)它们所附属的职位对所有人开放。第一条原则优先于第二条,即它必须在第二条原则付诸实现之前得到完全满足,用自由去交换经济和社会的利益是不允许的。罗尔斯把非正义定义为:"不是为了一切人的利益的不平等。"在这本书中,罗尔斯复活了洛克、卢梭、康德的社会契约传统,以反对功利主义。它是20世纪后期最有影响的道德哲学和社会政治哲学著作。

《正义论》由何怀宏、何包钢、廖申白译成中文,由中国社会科学出版社于1988年出版。

5. 纳尔逊·古德曼(Nelson Goodman):《事实、虚构和预测》(*Fact, Fiction and Forecast*, 1954)

提到古德曼的有10票,其中《事实、虚构和预测》7票,《世界构成的方式》(1978)2票,《艺术的语言》1票。

《事实、虚构和预测》包括两部分,第一部分"困境",讨论反事实条件句问题,这可能是对反事实条件句最早的讨论之一。第二部分"投射",由三章构成,分别是"可能者的流逝"、"新归纳之谜"和"投射理论的前景"。这本书出版之后,它对反事实条件句,特别是新归纳之谜(绿蓝悖论)的论述,迄今为止一直受到广泛关注,并引发了激烈的哲学论战。福多在20世纪80年代指出,这本书"很有可能是过去二十年由一位哲学家所写的最好的一本书。它可能永久地改变了我们思考归纳问题的方式,以及思考像学习和理性决策的本性等一系列相关问题的方式。这是我最想写出的当代哲学著作"。普特南评论说,它是"我们时代的每一个严肃的哲学研究者不得不读的很少的几本书之一"。

6. 索尔·克里普克:《命名与必然性》(*Naming and Necessity*, 1972)

提到克里普克的有8票,其中《命名与必然性》6票,《维特根斯坦论规则和私人语言》(1982)2票。

1970 年，克里普克在美国普林斯顿大学发表了 3 次讲演，当时他年仅 29 岁，讲演时没有讲稿，甚至连笔记都没有，演说稿后来以记录稿形式发表，这就是《命名与必然性》。在模态逻辑及其可能世界语义学的思想背景下，克里普克深刻批评了关于名称的摹状词理论，提出了名字的直接指称理论：名字作为严格指示词，在某对象存在的每一个可能世界中都指称该对象。也就是说，名字是"附属于"它的所指的标签，没有任何描述性内容。关于名字如何传递，他提出了一种因果历史理论：名字通过最初的命名式，通过某种因果历史链条，在社会共同体内一代一代地传播开来。至于像"黄金""老虎"这样的自然种类词，它们也像名字一样，严格地指示它们的对象。由此出发，他进而对关于"分析和综合""先验和后验""必然和偶然"的传统区分提出质疑，提出存在着先验偶然真理和后验必然真理，并且认为这 3 个区分属于不同的领域："分析和综合"属于语言哲学，"先验和后验"属于认识论，"必然和偶然"属于形而上学。此书发表后，在当代哲学中引起了极其广泛的关注和非常激烈的论战。

《命名与必然性》由梅文译、涂纪亮校，于 1988 年由上海译文出版社出版，2001 年出了第 2 版。

7. 伊丽莎白·安斯康姆：《意向》（*Intention*，1957）

提到安斯康姆的有 8 票，其中《意向》6 票，《哲学论文集》1 票，《形而上学和心灵哲学》1 票。

安斯康姆是维特根斯坦的弟子，她在《意向》中的研究方式令人想起她的那位老师。她把这本书分成不同的部分，对"打算做某件事情"意味着什么从各个方面进行反思。它试图表明，关于我们对意向的理解的那种自然的并且被广泛接受的看法产生了难以解决的问题，因此必须放弃。这本书受到了极高的评价，已经获得了作为现代哲学经典的地位。戴维森评价说，"安斯康姆的《意向》是自亚里士多德以来对行动的最为重要的处理"。下面译出其他一些哲学家的评价："安斯康姆的这部经典著作是所有后来关于行动者（agency）的哲学思考的源泉。""安斯康姆对亚里士多德传统和分析传统的融合是 20 世纪哲学的最高峰之一；对于捣毁哲学的自鸣得意和激发新的哲学思想，它一点也没有丧失它的力量。"

"安斯康姆的《意向》是一部不同寻常的著作。它在不到一百页的篇幅内，没有一句废话，用穿透人心的机智，令人愉悦的冷幽默，设法对关于行动、心灵和语言的哲学，对道德哲学，对亚里士多德和维特根斯坦的解释做出了标志性贡献。"

8. 奥斯汀：《如何以言行事》（*How to do Things with Words*，1962）

提到奥斯汀的有 7 票，其中《如何以言行事》5 票，《感觉和可感觉的》1 票，《哲学论文集》1 票。

《如何以言行事》是奥斯汀于 1955 年在美国哈佛大学威廉·詹姆斯讲座所做的 12 次讲演，由厄姆森（J. O. Urmson）编辑，在奥斯汀死后出版。该书的主要观点是：说什么就是做什么，或者说，通过说什么或在说什么的同时，我们就在做什么。他把言语行为分为 3 种：（1）语意行为，或译为"以言表意的行为"（locutionary acts），这是一种"说出了一些什么"的行为，对它的研究就是对具有意义的语言单位的研究。（2）语力行为，或译为"以言行事的行为"（illocutionary acts）。人们在说出某些话语的同时，也完成了许多行为，如陈述、允诺、发誓、命名等等。这是由传统、习俗、惯例等等决定的。（3）语效行为，或译为"以言取效行为"（perlocutionary acts）。人们在以言表意或以言行事的同时，相关的话语也会对说话人、听话人等的思想、感情和行为产生某种影响和后果，这也就完成了语效行为。按照奥斯汀的观点，这 3 种言语行为的核心和统一点就是语力行为，因为说话就是做事，做事才能取效。因此，奥斯汀把研究的重点放在语力行为，它至少含有"以言行事的力量"（illocutionary force），并且有语法上可判定的外观形式，即施行定式（performative formula）。奥斯汀还把语力行为划分为以下 5 类：判定式、执行式、承诺式、表态式、阐述式。后来，塞尔、格赖斯、齐硕姆、万德勒（Zeno Vendler）等人对奥斯汀的言语行为理论做了更为系统的研究和发展。

9. 托马斯·库恩：《科学革命的结构》（*The Structure of Scientific Revolution*，1970）

提到库恩的有 5 票，全部集中在《科学革命的结构》。

这是作者经过 15 年反复思考所形成的历史主义科学观的简要概述，其核心概念是"范式"，即由一定的科学共同体所持有的信念、理论、方法、现象与实验事实、价值、技术乃至一般世界观所构成的有机整体。在尚未确立任何范式的时期是前科学时期；若某一范式已经形成，在科学共同体内得到公认，科学的发展就进入常规科学时期，科学家在此期间基本上根据范式去解难题。当旧有的范式面对顽强不屈的反常现象而陷入危机，科学家纷纷放弃旧范式，而去寻找或提出新范式时，科学的发展就进入科学革命时期。经过科学革命的洗礼，科学共同体的世界观或看世界的方式发生根本性变革，因此新旧范式之间不可比较。库恩认为，整个科学的发展过程就是常规科学和科学革命交替出现的过程，在这个过程中，除了逻辑的、实验的因素起作用外，各种社会的、历史的、政治的、心理的、审美的因素也发生着重要的影响。此书在当代科学史和科学哲学的研究中，产生了极其广泛而又重要的影响。

此书已经出版了两个中译本：李宝恒、纪树立译，上海科技出版社，1980 年；金吾伦、胡新和译，北京大学出版社，2003 年。

10. 达米特：《形而上学的逻辑基础》（*The Logical Basis of Metaphysics*，1991）

提到达米特的有 8 票，其中《形而上学的逻辑基础》3 票，《弗雷格：语言哲学》2 票，《弗雷格：数学哲学》1 票，《真理和其他谜团》（1978）1 票。

1976 年，达米特应邀在哈佛大学做威廉·詹姆斯讲演，《形而上学的逻辑基础》一书就是在这些讲演的基础上大幅度扩展和修改而成的。这本书包括一个导言和 15 章。达米特认为，构造一个令人满意的意义理论是当代分析哲学最紧迫的任务。为了判定意义理论的正确形式，我们必须获得关于下述一点的清晰观念，即我们能够期望意义理论去做什么样的事情。按达米特的说法，这样一种观念将构成向形而上学山峰发起攻击的营地，在这本书中他的雄心只不过就是建立这样一座营地。在这本书中，达米特试图解释意义理论是什么样的，为什么意义理论有形而上学的意蕴，怎样去评价一个意义理论。他断言，从根本上说，形而上学问题是采用什么样的逻辑的问题，可以用意义理论去为某个逻辑辩护。

此书受到了哲学界的高度评价。普特南说："迈克尔·达米特的《形而上学的逻辑基础》是非常值得去等待的：这部书是重要的、大胆的、论战性的，并且非常深入……它的总的主题是：语言哲学是解决形而上学问题的途径，并且它所提供的大笔形而上学'报酬'只不过是修改经典逻辑……我相信，这本书是20世纪哲学的真正高水平的标志性著作之一。"麦克道威尔的评价是："这是一部异乎寻常的重要的著作。"

11. 普特南：《实在论的多副面孔》（*The Many Faces of Realism*，1987）

提到普特南的有8票，其中《实在论的多副面孔》3票，《实在论和理性》2票，《哲学论文集》2票，《意义和道德科学》1票。

《实在论的多副面孔》是普特南应邀在美国哲学会1985年年会上所做的保罗·卡罗斯讲演，由4讲构成："关于实在和真理还有任何话要说吗？"、"实在论和合理性"、"平等和我们的道德形象"和"合理性作为事实和作为价值"。据普特南自己称，在先前出版的《理性、真理和历史》（1981）一书中，他激烈地抨击了一系列二元区分，特别是"客观和主观"的区分，认为心灵并不是简单地"复制或摹写"世界，后者本身也不是只允许一个真实的理论去摹写。可以用一个隐喻去表达他的观点：心灵和世界一起构成了心灵和世界。在这些讲演中，他要进一步阐述他的这种观点，它一方面不同于关于实在的形而上学实在论观点，另一方面也不同于文化相对主义。在《理性、真理和历史》中，他把关于真理的流行观点称为"异化了的"观点，它使得人们丧失了他的自我和世界的某一部分。在这些讲演中，他试图在关于真理的非异化观点和关于人类繁衍的非异化观点之间的联系中，详细展开这一论述。

12. 福柯：《词与物——人文科学的考古学》（*The Order of Things：An Archaeology of the Human Sciences*，1966）

提到福柯的有5票，其中《词与物——人文科学的考古学》2票，《训诫和惩罚——监狱的诞生》2票，《知识的考古学》1票。

《词与物》有两部分。第一编包括6章，分别是"宫中侍女"、"世界的平铺直叙"、"表象"、"言语"、"分类"和"交换"；第二编包括4章，分别是"表象的界限"、"劳动、生命和语言"、"人及其副本"和"人文科学"。在此书中，福柯用惊人的博学，横跨各个学科，回溯到17世纪，试图表明：古典的知识体系如何让位于各门近代科学，如生物学、语文学和政治经济学,这种古典体系把自然的所有部分连接在巨大的存在之链中,在天穹的星系和人的面部特征之间看到类似之处。其结果只不过是一种关于各门科学的考古学,它发掘出旧的意义模式,揭示出我们公认的真理的惊人任意性。按该书中译者的说法,该书对自文艺复兴以来直至20世纪初的整个西方文化和知识史做了细致入微、富有创见和深度的梳理与剖析,批判了自笛卡儿,尤其是自康德以来200多年西方哲学传统的先验意识哲学和主体主义,从根本上驱除了笼罩在当代知识形式的决定性条件之上的人类学主体主义的迷雾,是福柯最重要的代表作(见该书中译者引言)。

该书由莫伟民翻译,由上海三联书店于2001年出版。

下面是得票次多的一组:

1. 托马斯·内格尔:获得提名票4张,全部集中在《无凭借的观点》(*The View From Nowhere*, 1986)。

2. 诺齐克:获得提名票4张,全部集中在《无政府、国家和乌托邦》(*Anarchy, State and Utopia*, 1974)。

3. 黑尔:获得提名票4张,《道德的语言》(*The Language of Morals*, 1952)和《自由和理性》(*Freedom and Reason*, 1963)各2票。

4. 塞尔:获得提名票5张,其中《言语行为》(*Speech Acts*, 1969)1票,《意向性》(*Intentionality*, 1982)2票,《心灵的重新发现》(*The Rediscovery of the Mind*, 1992)2票。

5. 威廉姆斯(Bernard Williams):获得提名票4张,其中《伦理学和哲学的限度》(*Ethics and the Limits of Philosophy*, 1986)2票,《笛卡儿——纯粹探究的方案》(*Descartes: The Project of Pure Enquiry*, 1978)1票,《道德运气》(*Moral Luck: Philosophical Papers 1973—1980*, 1982)1票。

6. 卡尔·波普:获得提名票4张,其中《猜测与反驳》(*Conjecture and Refutation*, 1963)1票,《发现的逻辑》(*Logik der Forschung*, 1934)2票,《开放社会及其敌人》(*Open Society and Its Enemy*, 1945)1票,但后两本不属于过去50年的著作。

7. 赖尔:获得提名票3张,全部集中在《心的概念》(*The Concept of Mind*, 1949)。

8. 戴维森：获得提名票 3 张，其中《行动和事件论文集》（*Essays on Action and Event*，1980）2 票，《对真理和解释的探究》（*Inquiries into Truth and Interpretation*，1984）1 票。

9. 麦克道威尔：获得提名票 3 张，全部集中在《心灵和世界》（*Mind and World*，1994），其中 2 票分别来自斯特劳森和普特南。

10. 丹奈特：获得提名票 3 张，其中《被解释的意识》（*Consciousness Explained*，1991）2 票，《意向态度》（*The Intentional Stance*，1987）1 票。

11. 阿姆斯特朗（D. M. Armstrong）：获得提名票 2 票，《心灵的唯物主义理论》（*Materialist Theory of the Mind*，1993）和《可能性的组合理论》（*A Combinatorial Theory of Possibility*，1989）各 1 票。

12. 哈贝马斯：获得提名票 3 张，其中《交往行动理论》（*Theory of Communicative Action*，1981）2 票，《在事实和规范之间——对关于法律和民主的对话理论的贡献》（*Between Facts and Norm*，1992）1 票。

13. 德里达（Jacques Derrida）：获得提名票 3 张，《言语和现象》（*La Voix et le Phenomene*，1967）、《论文字学》（*De L a Grammatologie*，1967）和《胡塞尔的"几何学起源"：导论》（*Introduction a "L'origine de la Geometrie" par Edmund Husserl*，1962）各 1 票。

14. 利科（Paul Ricoeur）：获得提名票 3 张，其中《自由和本性》（*Freedom and Nature*，1950）1 票，《隐喻的规则》（*Le Metaphore Vive*，1975）2 票。

15. 乔姆斯基：获得提名票 2 张，《句法结构》（*Syntactic Structure*，1957）和《笛卡儿主义语言学》（*Cartesian Linguistics*，1966）各 1 票。

16. 帕菲特：获得提名票 2 张，全部集中在《理由和个人》（*Reasons and Persons*，1984）。

17. 苏珊·哈克：获得提名票 2 张，全部集中在《证据与探究——走向认识论的重构》（*Evidence and Inquiry*，1993）。

18. 哈特（Herbert Hart）：获得提名票 2 张，《法律的概念》（*The Concept of Law*，1961）和《惩罚和责任》（*Punishment and Responsibility*，1968）各 1 票。

19. 德沃金（Ronald Dworkin）：获得提名票 2 张，《严肃地对待权力》

(*Taking Rights Seriously*，1978）和《法律王国》（*Law's Empire*，1988）各 1 票。

下面是哈贝马斯推荐的三本德国哲学著作：霍奈特（Axel Honneth）的《为获得承认而斗争——社会冲突的道德文法》（*Kampf um Anerkennung*，1992），弗斯特（Rainer Forst）的《正义的语境》（*Kontexte der Cerechtigkeit*，1994），施内德尔巴赫（Herbert Schnadelbach）的《黑格尔法哲学评论》（*Kommentor zu Hegels Rechtephilosophie*，2001）。

值得注意的是，声名显赫的理查德·罗蒂（Richard Rorty）仅获得 1 票，有一人提到他的《哲学和自然之镜》（*Philosophy and the Mirror of Nature*，1979），提到戴维森的也只有 3 票。耐人寻味。

苏珊·哈克和我将从以上所列的两组书中，挑选出重要的、尚未译成中文并且能够买到中文版权的书，分成两辑，组织译者翻译，由中国人民大学出版社陆续出版。

19. 像达米特那样研究哲学

迈克尔·达米特（Michael Dummett，1925—2011），20世纪后半期最有影响的分析哲学家之一。1950年获牛津大学政治学、哲学和经济学（PPE）学士学位。1979—1992年，任牛津大学威克汉姆逻辑学讲座教授，同时在英国伯明翰大学，美国加州大学伯克利分校、斯坦福大学、普林斯顿大学、哈佛大学，德国明斯特大学兼任教职。其研究领域包括语言哲学、形而上学、逻辑学、数学哲学和分析哲学史。其代表性著作有：《弗雷格：语言哲学》（1973）、《真理和其他谜团》（1978）、《形而上学的逻辑基础》（1991）、《语言之海》（1993）、《分析哲学的起源》（1993）、《真理和过去》（2004）、《思想和实在》（2006）等。其哲学贡献集中在两方面：一是对弗雷格的逻辑和哲学提出了系统而独到的解释，二是反对实在论而捍卫反实在论，进而试图根据语句的可断定性条件而不是根据其真值条件去阐释语句的意义。1995年，获得瑞典皇家科学院颁发的"罗尔夫·肖克奖"（Rolf Schock Prize），该奖被认为等同于逻辑和哲学领域的诺贝尔奖；1999年，因其在反对种族歧视和哲学研究方面的贡献，被英国王室授予爵士封号；2010年，因其在分析哲学方面的杰出贡献获得"劳恩奖"（the Lauener Prize）。2007年，美国"在世哲学家文库"出版了《达米特的哲学》。

杰出的当代哲学家达米特去世了。在2007—2008年于牛津大学访学期间，我曾多次见到过他。那时他已年逾八旬，仍时常出现在各种讲座、研讨班上：拖着有些沉重的步子，慢慢地走；不怎么发言，但偶然也会说几句，或评论或提问；在一次小型报告会结束后，我还与他短暂交谈过，主要是谈苏珊·哈克——他先前的一位学生。虽已退休多年,达米特在牛津大学新学院(New College)仍有一间办公室,也时常像其他正常成员一样在教师餐厅免费就餐。他在牛津大学的讲席教授职位的隔代继任者威廉姆森曾请我在该餐厅吃过几次饭,向我谈起过关于达米特的一些逸闻趣事:他的烟瘾很大,难以忍受在飞机上长时间不吸烟,故后来不怎么出去讲学和开会;他的新学院的同事们在餐后聚会的咖啡室曾贴过一个大纸条:禁止吸烟!该纸条就是写给达米特看的,因为只有他一个人吸烟,但他不予理睬,仍坐在他常坐的地方照吸不误。有一种说法,人无癖则无趣。达米特是不是很有趣的人,我不知道;但我知道,他是20世纪后半期一位非常重要的哲学家,对当代哲学做出了很大贡献,其哲学研究的路径与方法值得中国哲学工作者去思考和仿效。

达米特的哲学研究活动包括两部分:一是对分析哲学史的研究,主要是对弗雷格哲学的解释;二是对哲学的带有原创性的研究,主要是他的证实主义的意义理论和反实在论。这两部分是相互关联的,甚至是连为一体的,很难说清楚哪里是其历史研究的终结,哪里是其原创性研究的开始。达米特最初是以弗雷格学者的身份登上哲学舞台的,先后出版了4本在书名中就提到"弗雷格"的著作:《弗雷格:语言哲学》(1973)、《对弗雷格哲学的解释》(1981)、《弗雷格和其他哲学家》(1991)、《弗雷格:数学哲学》(1991),以及很多关于弗雷格的论文,这些论文先后被收录到他的多种文集中。其他弗雷格学者可以不同意他的某些论断,但绝不能不理睬他的这些论著:他是当代和后世的弗雷格学者难以跨越的一道墙。达米特的弗雷格研究与国内的哲学史研究有很大不同,他不仅关注弗雷格本人说了什么,是怎么说的,而且关注弗雷格应该说什么和不应该说什么:他在哪些地方说对了,说出了很重要的东西;在哪些地方又说错了,是在哪里出错的,如何纠正。因此,他所做的工作就不只是考辨、梳理、澄清和诠释等,更多的是引申和发挥,也包括批评。例如,他把弗雷格的"涵义"(sense)细分为三:"涵义"(sense)、"语调"(tone)和"力量"(force)。"涵义"主要与句子的真假相关,有认知价值;"语调"涉及句子中的修辞性成分,他用了两个词:"色彩"(coloring)和"光亮"(lighting);"力量"则涉及使用句子所完成的言语行为,如断定、相信、怀疑、命令等。他坚决不同意弗雷格关于思想是独立于人和人的思考而居住在第三域中的抽象实体的说法，斥之为"神话"，他强调语言在解释次序上对于思想的优先性，认为意义（包括思想）不是纯客观的，而是主体间的，是我们用公共语言所表达的东西，可以被许多人所理解和把握，但不能独立于语言和人。

达米特认为，弗雷格最主要的哲学贡献之一就是开启了西方哲学中的"语言转向"，使其进入分析哲学时代。对于分析哲学来说，下面三个信念是根本性的："哲学的目标就是分析思想的结构"，"对思想的研究明显地不同于思维的心理过程"，"分析思想的唯一正当途径就是分析语言"。因此他认为，语言哲学是所有其他哲学的基础，语义理论在语言哲学中占据中心位置。语义理论着重研究句子的真假如何由该句子构成项的语义值和那些构成项的组合方式决定，并且也研究从某个句子的集合中能够推出哪些句子，以至若前者为真则后者必真。他还认为，语义理论的核心是意义理论，后者必须具有分子性、彻底性和公共性（亦称显示性），例如它要说明：当我们知道一门语言时我们知道什么？我们关于语言的知识体现在什么地方？是如何体现的？他论述说，戴维森所主张的真值条件语义学不符合显示性要求，因为它主张，一个句子的意义就是该句子为真为假的条件；换句话说，若一个人知道了该句子在什么时候为真或为假，他也就知道了该句子的意义。这种意义理论建基于人们对"真"概念的理解之上，但问题在于他们不再对"真"概念本身给出进一步的说明，而只是简单地断定：任一句子必定或者是真的或者是假的，没有既真又假或既不真也不假的情况发生。这就是经典逻辑所秉持的二值原则。据达米特分析，二值原则背后隐藏着实在论假设：是语言之外的外部世界使得述说它的状况的任一句子或真或假，即使这种真假不被我们所知道，甚至在原则上不能被我们所知道。这样的"真"概念是超越人们所拥有的证据和证实的，也超越于人的认知能力之上。达米特认为，建基于二值原则和超越证据的"真"概念之上的意义理论不符合显示性要求，很不合理，例如，对于各种形式的不可判定语句，我们不仅现在没有确证其真假的证据、能力和手段，而且原则上也不可能有，我们凭什么还说它们或真或假、非真即假或非假即真？达米特改造了数学中直觉主义者的某些信念，主张仅当我们有能力、证据、办法和手段去证实某个句子为真（或为假）时，或者至少我们在原则上能够做到这一点时，我们才能够承认该句子为真（或为假）。这样的意义理论带有认知的意味，是反实在论的。达米特认为，传统上把实在论和反实在论之争表述为下面的分歧，即是否承认有一个独立于人的感知和意识而存在的外部世界，这只是停留在表面现象上，既不准确也不深刻。在他看来，实在论和反实在论的真正分歧在于：实在论者承认二值原则，承认排中律，接受经典逻辑，接受超越于证据的"真"概念；而反实在论不承认二值原则和排中律，不接受经典逻辑和超越证据的"真"概念，认为"真"概念是与证据、证实、人的认知能力等相关的。可以按这种路径去重新表述各个具体领域内——例如，关于数、过去、将来、物理对象、可能世界、自然种类等——的实在论和反实在论之争。由此一来，在达米特那里，像实在论和反实在论这样的形而上学的争论就被归结为关于某些逻辑原则的有效性的争论；逻辑原则靠语义理论来提供证成，语义理论靠意义理论来提供证成，而意义理论是否成功则取决于它是否能够令人满意地解释我们的语言实践。达米特在这方面的代表作是他的《形而上学的逻辑基础》（1991）一书，这是他最重要的原创性著作。《美国哲学百科全书》（第二版，2005）写道："达米特对于哲学的重要性在于：他演证了形而上学以何种方式与逻辑哲学相关联，还演证了这两个领域反过来又以何种方式与语言哲学相关联。"

如上所述，达米特从对弗雷格思想的创造性诠释入手，逐渐进入哲学的核心领域——语言哲学、形而上学和知识论，成为一位独立的原创型哲学家，并且是一位非常重要的当代哲学家。哲人已逝，但其风范长存。真诚地希望，中国也能够出一些像达米特这样的原创型哲学家，而不只是众多的他人哲学的诠释者。优秀的诠释者也只是哲学学者，并不是真正的哲学家，而中国这样一个大国需要有真正的哲学家，以增强其文化的影响力。

20. "知识优先"的认识论
—— 读威廉姆森的《知识及其限度》

2007年至2008年，我在英国牛津大学哲学系做了一年访问学者，此事促成了《知识及其限度》[①] 一书在中国的翻译出版。

我的访问邀请人和联系教授就是本书作者蒂莫西·威廉姆森，他的本科生和研究生阶段都在牛津大学度过，1981年获得哲学博士学位，先后任都柏林三一学院哲学讲师，爱丁堡大学逻辑和形而上学教授，现任牛津大学威克汉姆逻辑学教授，英国科学院院士，挪威文理科学院外籍院士，美国文理科学院外籍荣誉院士，是一位有重要国际影响的原创型哲学家。其主要研究领域为哲学逻辑、认识论、形而上学和语言哲学。其专著有《同一与分辨》、《模糊性》、《知识及其限度》以及《哲学的哲学》，已发表论文一百多篇，在世界各地的多所大学和学术机构兼职和讲学。2009年，威廉姆森应我的邀请访问中国，先后在北京、太原、重庆、上海和广州等地的高校讲学，做了为期20多天的学术之旅。2009—2012年，他获得莱弗尔梅研究基金（Leverhulme Major Research Fellowship），有四年空余时间专门从事"二阶模态逻辑的哲学应用"的研究工作。

2000年，牛津大学出版社出版了威廉姆森的第三本书——《知识及其限度》。此书把批判的矛头对准下述三者：首先是认识论中的一个漫长传统，即把信念看作比知识更为基本的概念，并试图根据信念、真理和其他因素来分析知识；其次是心灵哲学中的内在论学说，它赋予主体的纯粹内在的状态作为认识论起点的优先地位；最后是怀疑论，也就是这样一些支持怀疑论的论证，它们也许看起来没有，但实质上却预设了某种形式的

[①] T. Williamson. Knowledge and Its Limits. Oxford: Oxford University Press, 2000.

内在论。该书开篇即说:"知识和行动是心灵与世界之间的核心关系。在行动中,世界要适应心灵。在知识中,心灵要适应世界。当世界不适应心灵时,就徒留愿望。当心灵不适应世界时,就徒留信念。愿望渴求行动,信念渴求知识。愿望的目的是行动,信念的目的是知识。"该书要在与行动的关联中去探讨知识,要在与知识的关联中去诠释信念等其他认知现象,它正面阐述了一种"知识优先"或"以知识概念为中心"的认识论,提出了许多新颖独特的论题。该书出版后,受到英语哲学圈的欢迎和高度评价。我读到过这样的评论:此书是"自 1975 年以来所出版的最好的认识论著作"①,"它为后十年或更多时间内的认识论提供了议事日程"②,"即使按保守的估计……(该书)是过去 25 年内所出版的最重要的哲学著作之一"③。2009 年,牛津大学出版社出版了一卷讨论此书的专题文集——《威廉姆森论知识》④。

那么,《知识及其限度》一书究竟阐述了哪些重要的新思想,为什么会显得如此重要呢?我这里只撮述其要,供读者们参考。

需要先从"盖梯尔问题"谈起。从柏拉图以降,西方哲学有一个根深蒂固的传统:"知识"是"真理",至少蕴涵着"真理"。说某人"知道"某事,但该事却是假的,这是相当反直观的,甚至是悖谬性的。一个命题 p 对某个认知主体 x 来说构成"知识",通常意味着:(1)x 相信 p;(2)p 是真的;(3)x 相信 p 是有充分根据的,用哲学行话来说,是得到证成(justified)的。简言之,"知识"就是"得到证成的真信念"。美国哲学家盖梯尔于 1963 年发表了一篇仅 3 页纸的短文《有证成的真信念是知识吗?》(这也是他一生中所发表的唯一一篇文章),通过几个反例有说服力地证明:以上所列举的只是"知识"的必要条件,而不是充分

---

① K. DeRose. Review of Timothy Williamson, Knowledge and Its Limits. British Journal for the Philosophy of Science. 2002, 53: 573.

② G. Harman. Reflection on Knowledge and Its Limits. The Philosophical Review, 2002, 111: 417.

③ P. Greenough, D. Pritchard. Williamson on Knowledge. Oxford: Oxford University Press, 2009: 1.

④ 同③.

条件。自此以后，大多数认识论学者承认，要对"x 知道 P"做出令人满意的分析，必须加入另外的第四个条件。寻找这第四个条件就成为众所周知的"盖梯尔问题"。"绝大多数认识论学者在最初遇到它时，都确信它有一个简单的解答。一些解决原来盖梯尔反例的条件被发现，但该条件的新反例几乎立刻出现。越来越复杂的反例伴随着越来越复杂的第四个条件。目前，盖梯尔问题变得异常错综复杂，已经没有多少哲学家指望它有一个简单的解答了。"① 威廉姆森在《知识及其限度》一书中指出，回答盖梯尔问题的各种尝试之不成功说明：我们一开始就弄错了，不是要根据"信念"去说明"知识"，而是相反，要根据"知识"去说明信念、证据、证成（justification）、断定等认知现象。他提出了一个著名的口号："知识优先"（knowledge first），一反先前的研究传统，发展了一种"知识优先"或者说"以知识概念为基础或中心"的认识论。

具体来说，该书阐述和发展了以下主要的新思想或新论题：

（1）知道是一种事实性的心灵状态。

威廉姆森断言，我们凭借命题态度构造来描述知道（knowing）状态的方式，与我们描述其他心智状态如感知（perceiving）、记忆（remembering）、相信（believing）、愿望（desiring）、意欲（intending）的方式相同。知道类似于感知和记忆，但在一个明显的方面区别于相信、愿望和意欲：知道是事实性的，或者用一个更为传统的说法来说，知识蕴涵真理。一个人知道某事发生，仅当该事确实发生；否则，那个人仅仅相信该事发生，或者相信他知道该事发生。如果某人断言他知道北京在日本，他的断言仅仅是假的。他也许以为他知道北京在日本，但他弄错了，他并不真的知道北京在日本。他对他自己的无知无知，正像他对地理学无知一样。因此，知道不是一种纯粹内在的状态。一个人是否知道关于外在环境的某事并不仅仅由那个人内在的心智状态决定，它也取决于事物在外在环境中是怎样的。

心灵哲学中的内在论认为，纯粹的心智状态随附于内在于自主体的心

---

① 约翰·波洛克，乔·克拉兹. 当代知识论. 陈真，译. 上海：复旦大学出版社，2008：17.

智生活的东西（如内在的大脑状态或感受性），以至两个内在状态完全一致的自主体有完全相同的认知状态。既然知道是事实性的，知道关于外在环境的某事并不随附于内在状态，因此根据内在论的标准，知道就不是纯粹的心智状态。在内在论者看来，知识是纯粹的心智状态和外在环境条件两部分的合成物，例如，相信天在下雨至少由下面两个因素构成：相信天在下雨的心智状态，以及关于环境的外在条件，即天在下雨。这表明，知识应该分析为真信念加上一些其他因素，如证成。不过，这种内在论遭遇到一些严重的困难和质疑。有强有力的独立论证支持语义外在论观点，即命题态度的内容在内在状态一致的几个摹本之间可以有很大不同，因为自主体所思考的东西构成性地依赖于他们与什么样的东西发生因果作用。于是，根据内在论的标准，对于给定内容的大多数命题态度就不是纯粹的心智状态，甚至像相信、愿望或意欲这样的心智状态范例也不算数。虽然内在论者可以设定核心的纯粹心智状态，它们随附于内在状态，未被自然语言充分地表征，不过，相信有这样一簇核心状态的理由却是很薄弱的。这簇核心的纯粹心智状态被认为在对于行动的因果解释中发挥了特殊作用，因为它们是局部的。但大多数行动本身不是局部的，而且，对于因果解释的内在论限制倾向于迫使人们使用这样的解释条件，它们或者是不适当的普遍的，或者是不适当的一贯的。外在论是下述看法的自然结果：有一个心灵的作用就是使一个人的行动受关于这个世界的知识的指导，典型地是受关于外在环境的知识的指导；一般而言，心智生活应该相对于它成功发挥作用的情形来加以理解。就其内容而言是外在的心智状态要辅之以就其对该内容的态度而言是外在的心智状态。事实性的心智状态，如知道、感知、记忆，就是后一种心智状态的例证。它们能够在行动的解释中发挥充分的作用。

（2）应该根据知识去解释信念、断定等认知现象，而不是相反。

根据当代的心灵解释，信念的适应指向是从心灵到世界。信念若适应世界就为真，否则就为假。尽管真信念和假信念在不同的世界中是相同的心理状态，但信念在心智生活系统中的位置依赖于它与真理的潜在关系。知识只是一种特殊的真信念，"真"和"信念"都只是"知识"的必要条件，还必须找到另外的条件，把所有这些条件合在一起才可能是"知识"的充分必要条件。如果情况确实如此的话，信念就被假定为是比知识更为基本的东西，因为要根据信念来解释知识。但是，威廉姆森指出，这种方案遭遇到了很多难以克服的困难，例如，自盖梯尔证明了甚至证成的真信念对于知识来说也是不充分的以来，认识论学家付出了巨大努力，试图说出知识究竟是哪一种真信念，迄今为止进行了成百上千种这样的尝试，但它们全都失败了；而且，通过找出知识的多个必要条件，例如信念、真、证成以及X（其他条件），就能找出知识的非循环的充分必要条件，这一假定是错误的。举例来说，"是有颜色的"是"是红色的"的必要条件，但是，如果有人问，给"是有颜色的"加入什么样的条件才能成为"是红色的"？只能回答说：除了加入"是红色的"之外别无他法。同样的道理，我们也没有理由认为，把知识的多个必要条件合取起来，就能找到知识的非循环的充分必要条件。等式"红色 = 有颜色 + X"和等式"知识 = 真信念 + X"都不必然有一种非循环的解答。简而言之，根据信念等等去诠释、说明、分析、定义知识的方案是行不通的。

威廉姆森所提出的替代方案是"知识优先"，即把"知识"概念作为不加诠释的基本概念，用它去诠释、说明、分析、定义"信念"等其他认知现象。认知系统的功能就是生产知识，当它发生故障的时候，它生产纯粹的信念，这样的信念是有缺陷的，并不构成知识，典型的是假信念，也包括碰巧为真的信念。如果某人知道事情是如何，他就相信事情是如何；但是，如果他仅仅相信事情是如何，他并不知道事情是如何。单纯的相信要相对于知道加以理解，误感知要相对于感知加以理解，误记忆要相对于记忆加以理解，就像发生故障要相对于正常起作用来加以理解一样。特别地，相信要被理解为这样的心智状态，它对于作为其特殊状态的知道具有类似的直接效果。于是，根据其直接的先行状态对行动做因果解释，经常要合适地诉诸信念而不是知识，即使当自主体事实上知道的时候。但是，许多行动，像搜寻、捕猎、喂食等等，经常包括在相当长时间内与环境直接的复杂反馈。在这样的情形下，知识和信念在给定时间内起了很不相同的因果解释作用，因为它们以不同的方式与长期效果相关联。单纯的信念常常不像知识那样稳定，因为它基于错误的理解之上，这种错误很容易暴露出来。而且，在成功的理智行动中，自主体做某件事情，是因为做那件事是一件好事，这里的"因为"是在给出理由，而不只是因果的。"因为"陈述并不是下述因果断言的省略说法，即该自主体实施该行动，因为他相信做那件事是一件好事。如果他做过那件事是因为做那件事是一件好事，就可以推出做那件事情是一件好事；确实，按照"因为"是在给出理由的解读，下面一点是合理的：仅当该自主体知道做那件事是一件好事的时候，他才因为做那件事是一件好事而做了那件事。如果他仅仅相信做那件事是一件好事，那么，也许在"因为"的因果意义上，他做了那件事因为他相信做那件事是一件好事，也许在"因为"的非因果意义上，他相信他在做那件事因为做那件事是一件好事，但后一信念是假的。

综上所述，知识是核心的而非从属于信念。知识为信念设定规范：一个直率的信念得到充分的证成，当且仅当它构成知识。既然对信念的语言表达是断定，知识也为断定设定规范：一个人应该断定某事如何，仅当他知道某事如何；或者说，一个人应该断定 p，仅当他知道 p。

（3）证据即知识，用公式表示，即 $E = K$。

威廉姆森还用"知识"概念去诠释和说明"证据"概念，得出了一个有点惊世骇俗的结论：证据即知识，并用符号表示为"$E = K$"。他断言，一个人的全部证据（evidence）就是他的全部知识（knowledge）。因此，一个假说与证据不一致，当且仅当，它与已知的真理不一致；它是一种恰当的证据解释，当且仅当，它是对已知真理的一种恰当的解释。一个人的证据证成了对这个假说的信念，当且仅当，他的知识证成了这个信念。知识在解释中的作用主要是作为证成者（what justifies），而不是作为被证成者（what gets justified）。知识也能够证成本身不是知识的信念，例如，由 x 知道某个人拿着一把血淋淋的刀从房间里出来——随后在那里发现了尸体——就可能证成 x 相信他是凶手，即使他实际上是无辜的，因此 x 并不知道他是凶手。

在我于牛津大学对他所做的访谈中，威廉姆森解释说："$E = K$ 是相当自然的、合乎常识的证据观。它不会使你的证据不依赖你的个人状态，因为你所知道的东西依赖于你的个人状态——例如，昨天你把你的头朝向什么样的事件并注意到它们。但同样地，它也不会使证据成为完全主观的东西，因为既然知识依赖于真理，$E = K$ 就确保了所有证据都由真理组成

（尽管不是所有的真理都是证据）。于是，证据就能够帮助我们达到真理。我们不知道的真理的概率可以根据我们所知道的真理来评定。当然，我们并不总是能够知道某物是否构成了我们的部分证据，既然我们并不总是能够知道我们是否知道这一点，但反透明论证表明：这并不构成对 E = K 的异议，既然无论证据是什么样的，具有某个特定的命题作为一个人的部分证据这一状态将不是透明的。所以，一个人能够有该命题作为他的部分证据，但不能知道它是他的部分证据。我们必须学会与这一事实自然相处。"[1]

威廉姆森进一步解释说，一个人的证据和他的知识相等，这并不蕴涵任何关于某些命题证据如何证成某个信念的特殊理论。相反，它将绝对的证成与相对的证成关联起来。一个信念是相对于其他一些信念——这个信念是以某种适当的方式从那些信念派生出来的（可能是通过演绎）——而被证成的，但它不是被绝对证成的，除非其他的那些信念是被绝对证成的。这种倒退止于何处？根据它终止于证据的假设，证据和知识的相等蕴涵着：一个人的信念被绝对证成，当且仅当，它是相对于这个人的知识而被证成的。证成的倒退止于知识。这种解释可能被认为以一种极其不足道的方式而使所有知识都能自我证成：一个人的知识被绝对证成，当且仅当它是相对于自身被证成的。如果证成的目的是尽其所能充当知识的一个条件，这种非议就是公平的。但根据目前的解释，这并不是证成的目的。相反，证成主要是知识能够赋予信念的一种地位，这些信念根据这种地位看起来就很好，而无须它们自身等同于知识。仅作为一种有限的情形，知识本身才享有证成的地位。

也许可以如此概括威廉姆森关于知识、信念、断定、证据的观念：知识是一种事实性的心智状态；信念是更一般的心智状态，要求以知识为条件。成功的信念构成知识，不构成知识的信念是有缺陷的。知识概念不能用更基本的术语来分析。相反，可以用知识去解释信念、证据、证成和断定的性质。这样的观点是一种极端形式的外在论，因为它意味着：我们最

---

[1] 陈波. 深入地思考, 做出原创性贡献——威廉姆森访谈录. 晋阳学刊, 2009（1）：9.

基本的认知状态是由与我们的外在环境的关联来构成的。例如,你知道那只猫坐在那张席子上,仅当那只猫坐在那张席子上……

威廉姆森进而论述说,以上观念可以在一种形式框架内展开,该框架把概率论与用于认知逻辑的可能世界语义学相结合。可能世界刻画了下述区别的结构,即什么东西与一个人的知识相一致,什么东西与其不一致。概率论测度了一个人的知识在多大程度上支持了其他命题。这种做法允许人们使用贝叶斯主义的形式手段,而避免它在认识论上的素朴的主观主义。认知逻辑也能够使人们去探讨菲奇(G. W. Fitch)所谓的可知性悖论,威廉姆森认为,后者实际上不是一个悖论——除非是对于那些持有过时的证实主义预设的人,而是关于什么东西能够被知道的形式限制的重要结果。

(4) 反透明性论证及其意蕴。

对如上所述的观点,如知道是一种心理状态,证据等于知识,必须遵守的断定规则是"你应该断定 p,仅当你知道 p",已经提出了三个相互关联的非议。威廉姆森指出,在这三个非议的底层,都假定了心智状态的某种透明性,而他透过构造反透明论证对它们做出了反驳。

质疑"知道是一种心智状态"的论证是这样进行的:1)我们似乎有特殊的通道进入我们的心智状态,也就是说,我们有能力未经观察就知道我们是否处于一给定的心智状态中。或者说,心智状态在下述意义上是透明的:只要一个人处于这样的状态中,他就能够知道他处于这种状态中。例如,心灵哲学中的内在论者倾向于认为,处于疼痛的状态中是透明的,因为只要一个人处于疼痛中,他就能够知道他处于疼痛中。2)知道状态却不是完全透明的。因为一个人不总能够(in a position to)知道他是否知道某事。如果一个人知道 p,由此不能推出他能够知道他知道 p;如果一个人不知道 p,由此不能推出他能够知道他不知道 p。这就是说,下面两个认知逻辑的公理不成立:

正内省 $K(x, p) \rightarrow K(x, K(x, p))$ [若 x 知道 p,则 x 知道他知道 p]

负内省 $\neg K(x, p) \rightarrow K(x, \neg K(x, p))$ [若 x 不知道 p,则

x 知道他不知道 p]

它们断言，一个认知主体对自己的知识状况（所知和无知）有清楚的认知。威廉姆森本人证明了正内省公理不成立，亨迪卡则给出了拒绝负内省公理的决定性理由①。由前提 1) 和 2) 可以得出结论 3)：知道不是一种心智状态。不过，威廉姆森不接受结论 3)，但他却接受前提 2)，故他把批判的矛头对准 1)，并为此构造了反透明论证。

威廉姆森论证说，唯有不足道的状态在下述意义上是透明的：一个人总是处于这种状态中，或者从不处于这种状态中。而绝大多数心智状态 S 都是足道的，因而一个人处在 S 状态中这个条件不是透明的。一个人不在 S 中这个条件同样也是不透明的。例如，一个人能爱某个人却不能够知道他爱她，一个人能不爱某人却不能够知道她不爱他。一个人能想要某物却不能够知道他想要它，一个人能不想要某物却不能够知道他不想要它。假如知道是一种心智状态，一个人就不应当对此感到惊讶，即他能不知道某事却不能够知道他不知道它。实际上，一个人可以独立地反驳很多心智状态的透明性，它们包括因果关系模式。有时一个人做出了一个关于他现在的状态的判断，但他随后被迫予以否认，因为他介入其间的行为与这种自我归属模式有矛盾。他的判断可能受到了系统的曲解。一个人对心智状态的自我归属有时太不可靠，以致难以构成知识。与一个人的自我形象不相容的心智状态可能被他隐瞒了。回忆儿童时期的一件事与想象它的差异是心智状态上的差异，但这也是一种很容易被弄错的差异。

在反透明论证中，人的辨别力的有限性和误差余地（margin for error）起了重要作用。前者是说，在两个非常接近但有差别的情形中，我们无法准确地辨识它们之间的差别；后者是指在知道 p 和 p 为假之间存在一个缓冲带——由 p 为真但不为人所知的情形构成。这个缓冲带有这样的特性：一个人不可能知道他处于其中。威廉姆森考虑了这样一个过程，凭借该过程，小的改变引导你进入所谈论的那个心智状态。例如，一种折磨人的疼痛缓慢消失了，直到你处于完全舒适的状态。在该过程的某些中间阶段，

---

① J. Hintikka. Knowledge and Belief. Ithaca, N.Y.: Connell University Press, 1962: 106.

在靠近处于疼痛中和不处于疼痛中的临界点的地方，必定会达到这样一个点：在那里，你处于疼痛中，但你不能知道你处于疼痛中。

不过，由心智状态的非透明性却不能否认，人在有利的情形下无须观察就能知道他是否处于某种心智状态中，比如说，是否处于知道状态中。你可能无须观察就知道你是否知道两天前下过雨，就像你无须观察就知道你是否相信两天前下过雨一样。如果你知道两天前下过雨，这种知识（或信念）可能来自过去的观察，但是要知道你知道（和相信）却不需要进一步的观察。当然，随后的观察——它表明两天前没下雨——破坏了关于过去的知识即两天前下过雨的自我归属，却没有破坏关于过去的信念即两天前下过雨的自我归属。但是，即使一个判断能由于某类理由而被破坏，也不能推出它是基于同一类的其他理由而被破坏的。我无须进一步观察就能知道我知道 p，尽管观察能证明关于知道 p 的主张为假。因此，知道仍然是我们有弱进入通道的一种心智状态。

无论证据是什么，反透明性的结果也适用于证据状态：既然一个人的证据就是他的知识，而知识并不是完全透明的，即一个人并不总是能够知道他的所知和无知，那么一个人也并不总是能够知道他的证据是什么，于是，一个人也并不总是能够测度他的信念相对于他的证据的概率。由此得出的结论是：合理性不能完全被操作化。如果把"操作化的"认识论理解为把认识论转变为去评价有关获取、保存和拒绝信念的规则，这些规则在下述意义上是操作性的：只要一个人在遵循那个规则，他就能够知道他在遵循该规则。显然，这会使得遵循规则成为一种透明状态，并且它不是一种不足道的状态。但是，根据反透明论证，只有不足道的状态才是透明的。于是，不存在操作化认识论所要求的那种状态，认识论也不能被操作化。

（5）存在不可知的真理。

威廉姆森指出，反透明论证以及对正内省和负内省的拒绝，全都涉及不能被知道的真理，至少是在相关的情景中。他对意外考试悖论的处理也是类似的。该悖论的一个例子是一位教师告诉他的学生，仅在该年的某一天，他们将面临一场考试，并且在该考试的早晨，他们将不知道考试将发生在那一天。论证是这样进行的：考试日不可能是最后一天，既然那天早晨他们将知道这是留给考试的唯一一天。因此，他们能够提前排除考试发生在最后一天。所以，最后一天的前一天是最后的可能性。但是，这样一来，根据类似的论证，他们也能够排除考试发生在那一天。通过提前对该年的每一天继续该论证，学生们能够"证明"不可能有这样的考试。但是很清楚，如果该教师是值得信赖的，学生们就能够提前知道将会有这样一个意外考试。解决办法是弄明白下面一点：即使人们今天知道某件事情，也推不出他今天知道他明天仍然知道该件事情。这是直接拒绝正内省原则的历时版本。

威廉姆森还捍卫了关于存在不可知真理的另一类型的论证。该论证是这样进行的：他举例说，在 2008 年元月一日，我办公室里的书的数目或者是奇数或者是偶数。既然我当时没有数它们，自那时以来已经发生了太多的改变，没有人将会知道该数目是什么。于是，或者"该批书的数目是奇数"总是一个未知的真理，或者"该批书的数目是偶数"总是一个未知的真理。我们能够允许，虽然那些真理总是未知的，却不是不可知的，既然在 2008 年元月一日，某个人能够通过计数我房间里的书，从而知道这两个真理中的某一个。不过，如果"该批书的数目是奇数"总是一个未知的真理，那么"'该批书的数目是奇数'总是一个未知的真理"就是一个不可知的真理，因为如果任何人知道"'该批书的数目是奇数'总是一个未知的真理"，他们因此就知道"该批书的数目是奇数"，在这种情形下，"该批书的数目是奇数"就不会总是一个未知的真理。所以，在这种情形下，他们根本上就不知道"'该批书的数目是奇数'总是一个未知的真理"（既然知识依赖于真理，整个论证使用了归谬法）。类似地，如果"'该批书的数目是偶数'总是一个未知的真理"，那么"'该批书的数目是偶数'总是一个未知的真理"就是一个不可知的真理。于是，无论按哪一种方式，都存在不可知的真理。反实在论者常常把此论证叫作"不可知悖论"，因为他们不喜欢该结论；而在威廉姆森看来，它不是悖论，而是一个出乎意料的从真前提得出真结论的简洁论证。

在我于牛津对他的访谈中，威廉姆森在回答"此类结论是否含有不可知论的意谓""如何划出可知的与不可知的界限"等问题时，他解释说："我的观点确实蕴涵一种有限度的不可知论，在它看来，我们必须承认，存在着某些我们不能知道的真理，不过，也存在着许多我们能够知道的真理——甚至是关于是否存在一个上帝的真理。同一个认识论原则既解释了在某些情形下的无知，也解释了在另外情形下知识的可能性，我看不出对这样的不可知论有什么可反对之处，只要它不会变成怀疑论。在某些非常清楚的情形下，我们知道我们知道一些东西。正内省的失败只是意味着，当我们知道时，我们不能总是知道我们知道；它并不意味着，当我们知道时，我们不能在某时知道我们知道。类似地，负内省的失败只是意味着当我们不知道时，我们并不总是知道我们不知道；它并不意味着：当我们不知道时，我们不能在某时知道我们不知道。我正在解释的论证类型给予我们很多关于可知性与不可知性之间界限何在的知识，但是它们也表明，我们不可能具有关于这种界限何在的完全知识。生活本身就是这样。"①

（6）对怀疑论的反驳。

尽管威廉姆森承认人的理智辨别力的有限性，承认知识需要误差余地，并断言存在不可知的真理，但这些并不会使他陷入彻底的不可知论和怀疑论，相反，如前所述，怀疑论始终是《知识及其限度》一书批判的靶子之一。他论述说，怀疑论者及其同道通常认为，一个人的信念之真值的变化可以独立于那些信念以及他的所有别的心智状态：一个人的总体心智状态在极其可疑的情景中和在常识的情景中是完全相同的，然而他关于外部世界的大多数信念在常识的情景中为真，而在可疑的情景中为假。但是，如果知道本身是一种心智状态，那么这种假定就相当于这个可疑的结论：一个人的信念在常识的情景中不构成知识，尽管它们为真。因为假信念根本不构成知识，因此一个人在可疑的情景中当然不能知道，因此，假如知道对于一个人的总体心智状态至关重要，那么这个假定，即一个人在这两种情景中处于完全相同的心智状态，就蕴涵着他在常识的情景中也不能知道。威廉姆森明确指出，反怀疑论者不应当接受这个假定。可疑情景中的任何心智生活都是一种极其贫乏的心智生活，当然它不是"从内部"

---

① 陈波. 深入地思考，做出原创性贡献——威廉姆森访谈录. 晋阳学刊，2009（1）：10.

感觉贫乏的,而是说自我知识的失败是这种贫乏的一部分。

应该指出,即使在某些西方哲学同行看来,威廉姆森的《知识及其限度》一书以及他的其他论著也很难读。我猜测,这可能是由于下述四个原因:(ⅰ)威廉姆森的思想与论证相当有原创性,这种原创性也体现在其表达方式上有许多新概念和新术语,以及一些陌生的表达方式。(ⅱ)他常常把一些必要的交代、预备知识等等置于背景之中,假定它们是已经为读者们所知道和熟悉的,但情形并非总是如此,并且很多时候不是如此。(ⅲ)威廉姆森是有逻辑学背景的哲学家,他喜欢使用逻辑学的形式工具去建构和表述他的哲学理论。他常常用到的逻辑知识包括一阶逻辑、二阶逻辑、模态逻辑(甚至是高阶模态逻辑)、可能世界语义学、认知逻辑、反事实条件句逻辑、概率论等等,以及一些语义分析方法,大多数读者并不总是具备这些知识,因而也就不那么容易读懂他的论著。(ⅳ)威廉姆森的个人风格。同样的思想,假如放到罗素和蒯因的手里,就能够表述得既严格和精确,也能够为读者们所理解,至少易于被那些认真的且有相当知识基础的读者所理解。

从威廉姆森那里,我获得了一个重要的教训:我们应该去面对重要的哲学问题,去做原创性的哲学研究,去建构自己的哲学理论,做一名真正的哲学家,而不只是去研究他人的哲学,去做一名哲学学者,哪怕是一名出色的哲学学者。在中国哲学界,"别人研究哲学,我们仅仅研究别人的哲学"的局面必须改变,我相信,在年轻一代学者那里,这种局面能够改变①。

---

① 陈波. 面向问题,参与哲学的当代建构. 晋阳学刊,2010(4).

21. 反驳威廉姆森关于二值原则的论证

在其论著《模糊性和无知》（1992）和《模糊性》中，以及在《真、假和边界情形》（2000）[①]中，威廉姆森先后构造了三个论证去表明：否定二值原则将导致荒谬，即逻辑矛盾。在这篇文章中，我遵循 Pelletier & Stainton（2003）[②]的记法，把"否定二值原则将导致荒谬"这个断言缩写为 DBA，把支持这个断言的三个论证分别记为 DBA_1、DBA_2、DBA_3。我对这些论证持有严重异议，将论证以下断言：（1）在一个良好设计且能得到很好证成的三值逻辑中，否定二值原则并不会导致逻辑矛盾；（2）在威廉姆森的论证中，某些推理步骤只在二值的经典逻辑中有效，而在某些非二值逻辑中无效；并且，那些论证使用了塔斯基的"真"去引号模式，后者本身就预设了二值原则。因此，威廉姆森的三个论证几乎是直接的循环论证：在假定二值原则之后，再证明否定二值原则将导致逻辑矛盾。最后，我列出了据以反驳威廉姆森论证的一些底层思想，并为它们做了简要的证成和辩护。

一、对二值原则等的澄清

本小节将逐一澄清二值原则（B）、排中律（LEM）、矛盾律（LNC），

[①] T. Williamson. Vagueness and Ignorance//Aristotlian Society Supplementary Volume, 1992, 66: 145-177. T. Williamson. Vagueness. London: Routledge, 1994. M. Andjelkovic & T. Williamson. Truth, Falsity, and Borderline Cases//Philosophical Topics, 2008, 28: 211-243.

[②] F. Pelletier & R. Stainton. On "The Denial of Bivalence is Absurd" //Australasian Journal of Philosophy, 2003, 81: 369-382. 我从这篇论文中获益良多。

以及三者之间的关系。

1. 二值原则

为简单起见，本文把"命题"看作一个直陈句所说的东西，并且承认命题是真值载体。于是，二值原则可以表述如下：

（B）每个命题恰好有两个真值"真的"和"假的"中的一个。

若仔细分析，（B）包含如下三个断言：

（B1）每个命题能够是真的或者是假的；就是说，存在两个真值。

（B2）每个命题不能既不是真的也不是假的；就是说，它至少有一个真值。

（B3）每个命题不能既是真的又是假的；就是说，它至多有一个真值。

此后，令'P'是命题 P 的名称，T'P'表示"P 是真的"，F'P'表示"P 是假的"，T'~P'表示"~P 是真的"，其他情形下使用经典逻辑中的标准逻辑记法。于是，（B）可以符号化为：

（B'） T'P'∨F'P'

为了部分地否定（B），我们至少有三个选择，即分别否定（B1）、（B2）和（B3）。从理论上说，否定（B1）也有两个选择：第一个选择是允许所有命题有恰好同一个真值：或者每个命题都取值"真"，或者每个命题都取值"假"。这一选择是荒谬的，没有人会这样做。第二个选择允许每个命题有"真""假"之外的其他值，假如可以把那些值也看作"真值"的话。许多非二值的逻辑采取这种策略。否定（B2）就是允许某些命题有像"既不真也不假"（真值间隙）这样的真值。否定（B3）就是允许某些命题有像"既真又假"这样的真值（真值过剩）。目前已经发展出有真值间隙或有真值过剩的非二值逻辑。为了完全否定（B），我们必须同时否定（B1）、（B2）和（B3）。否则，我们将只会得到不完全意义上的非二值逻辑。

2. 排中律

通常，（LEM）表述为如下的标准形式：

（LEM）或者一个命题 P 是真的，或者其否定~P 是真的；换句话说，P 和 ~P 不能同时是假的。

可用两种方式将其符号化：

(LEM′) T'P'∨T'~P'

(LEM″) T'P∨~P'

(LEM′) 和 (LEM″) 都包含语义谓词"T"，故它们是元逻辑规则。

值得注意的是，亚里士多德用不同方式表述了（LEM），可以把他的不同表述看作（LEM）的不同版本：形而上学的、元逻辑的、认知的等等。亚里士多德在表述（LEM）时，在本体论上针对个体与属性的结合或分离，在语法上针对主谓式语句。他区分了三种形式的否定：系词否定，如"a 不是 P"；谓词否定如"a 是非 P"；以及句子否定，如"并非 a 是 P"。前两种可以看作"内在否定"，后一种可以看作"外在否定"。

（1）形而上学版本：（LEM）是关于世界上事物的规律。亚里士多德断言："对于每一个事物来说，它必然或者是怎么样的或者不是怎么样的。"① "令 A 代表'是好的'，B 代表'不是好的'……那么，或者 A 或者 B 将属于每一个事物，但它们绝不会属于同一个事物。"②

（2）元逻辑版本：（LEM）是许多逻辑系统的支柱性或基础性规则，也是我们日常思维的基本的指导原则。亚里士多德指出："肯定命题或者否定命题必然是真的"③，"对于每一个事物，或者肯定命题或者否定命题是真的"④，"在矛盾命题之间没有居间者，而是对于一个主词，我们必须或者肯定或者否定任一谓词。这一点一开始就是清楚的，假如我们要定义何为真何为假的话"⑤。

（3）逻辑版本：这是当代逻辑学的新添加，亚里士多德没有对其有太多考虑。在某些基于（B）和（LEM）的逻辑系统中，有（LEM）的派

---

① Aristotle. Complete Works of Aristotle. Princeton, NJ: Princeton University Press, 1991: 18a34.

② 同①51b37-40.

③ 同①18b6-7.

④ 同①143b15.

⑤ 同①1011b24-26.

生形式是那些系统的定理，它们常常也被叫作"排中律"。例如，经典命题逻辑中的"P∨~P"，词项逻辑中的"(a 是 P)∨(a 不是 P)"，"(所有 S 是 P)∨(有些 S 不是 P)"，以及"(所有 S 不是 P)∨(有些 S 是 P)"；经典谓词逻辑中的"∀x(Fx∨~Fx)"，模态命题逻辑中的"□(P∨~P)"，以及模态谓词逻辑中的"∀x□(Fx∨~Fx)"。

在谈论排中律的时候，我们通常是指作为元逻辑规则的（LEM′），而不是不同逻辑系统中的那些定理。（LEM′）经常被等同于定理"P∨~P"，这是错误的。（LEM′）是构成许多逻辑系统之基础的元逻辑规则，而"P∨~P"只是基于（B）和（LEM′）的经典命题逻辑的一个定理。我们必须小心地将它们区别开来。

（4）认知版本：有时候，亚里士多德将（LEM）表述为有关我们认知行为如知道、相信和断定的指导原则。他指出："对于一个主词，我们必须或者肯定或者否定任一谓词"①，"相对于每一事物，必须或者肯定它或者否定它"②。

3. 矛盾律

通常，（LNC）表述为如下的标准形式：

（LNC）一个命题 P 及其否定 ~P 不能同时为真。

类似地，可用两种方式将其符号化：

（LNC′）　~(T'P'∧T'~P')

（LNC″）　T'~(P∧~P)'

亚里士多德也表述了（LNC）的不同版本：形而上学的、元逻辑的、认知的等。

（1）形而上学版本：（LNC）是有关世界中事物的规律。亚里士多德断言："同一事物不可能在同一时间、同一方面既属于又不属于同一事物。"③ "事物中有一个原理，关于它我们不会被骗，而是相反必须总是承认其为

---

① Aristotle. Complete Works of Aristotle. Princeton, NJ: Princeton University Press, 1991: 1011b25.
② 同①1012b11−12.
③ 同①1005b19−20.

真。这个原理所说的是：同一事物不可能在同一时间既是又不是，或者允许任何其他类似的对立属性。"①

（2）元逻辑版本：（LNC）是许多逻辑系统的支柱性或基础性规则，也是我们日常思维的基本的指导原则。亚里士多德指出，"所有信念中最无可争议的信念就是：矛盾的陈述不能同时为真"，"下面一点是不可能的：矛盾的命题将会对同一事物同时为真"②。

（3）逻辑版本：这也是当代逻辑学的新添加，亚里士多德没有对其有太多考虑。在某些基于（B）和（LNC′）的逻辑系统中，有（LNC′）的一些派生形式是那些逻辑系统的定理，它们也经常被称为"矛盾律"。例如，经典命题逻辑中的"～(P∧～P)"，词项逻辑中的"～((a 是 P)∧(a 不是 P))"、"～((所有 S 是 P)∧(有些 S 不是 P))"，以及"～((所有 S 不是 P)∧(有些 S 是 P))"；经典谓词逻辑中的"～∃x(Fx∧～Fx)"，模态命题逻辑中"～◇(P∧～P)"，以及模态谓词逻辑中的"∀x□～(Fx∧～Fx)"。

与（LEM′）的情形类似，（LNC′）是作为许多逻辑系统基础的元逻辑规则，而"～(P∧～P)"只是基于（B）和（LNC′）的经典命题逻辑中的一个定理。我们不能把（LNC′）混同于"～(P∧～P)"。当谈论矛盾律时，我们通常是指作为元逻辑规则的（LNC′）。

（4）认知版本：有时候，亚里士多德把（LNC）表述为有关我们的认知活动如知道、相信和断定等的一个指导原则。他指出："［对于同一事物］不可能在同一时间真实地肯定和否定。"③ "很明显，同一个人不可能在同一时间去相信同一事物既是又不是。"④

4. 二值原则、排中律和矛盾律的关系

很明显，（B）只包含作为真值载体的"命题"概念，以及两个语义谓词"真的"和"假的"，并不包含否定词。（B）的形式是 T('P')∨F('P')。相比之下，（LEM）和（LNC）都包含"否定"这个联结词。

---

① Aristotle. Complete Works of Aristotle. Princeton, NJ: Princeton University Press, 1991: 1061b35-1062a1.
② 同①1011b13-17.
③ 同①1011b20.
④ 同①1005b30.

这是（B）与（LEM）和（LNC）之间的一个重要区别。如果我们对（LEM）和（LNC）中的命题变项和否定词给予二值解释：如果 P 是真的，则 ~P 是假的；如果 P 是假的，则 ~P 是真的。由此得到：

(1) F 'P' ↔ ~T 'P'
(2) F 'P' ↔ T ' ~P'

这样一来，（LEM）将会等同于（B2），且（LNC）会等同于（B3）。由此，我们将会得到这样的结果：（B）=（LEM）+（LNC）①。不过，如果我们对（LEM）和（LNC）中的命题变项和否定词给予非二值的解释，其结果将会很不相同。下一节将会清楚地证明这一点。

二、对 DBA$_1$ 和 DBA$_2$ 的反驳

1. 威廉姆森的论证 DBA$_1$ 和 DBA$_2$

再说一遍，DBA 是下述断言的缩写：否定二值原则将导致荒谬，而 DBA$_1$ 和 DBA$_2$ 分别指威廉姆森支持 DBA 的第一个论证和第二个论证。

假设 TW 是"瘦子"的边界情形，"TW 是瘦子"是威廉姆森喜欢用的模糊语句的一个例证。令"P"代表这个语句且该语句既不真也不假，于是它成为二值原则的一个反例。

威廉姆森构造了关于"否定二值原则导致荒谬"的第一个论证 DBA$_1$②：

---

① 关于（B）、（LEM）和（LNC）及其关系的讨论，可参看以下诸文：D. DeVidi, G. Solomon. On Confusions about Bivalence and Excluded Middle. Dialogue, 1999, 38: 785-799; B. J. -Y. Béziau. Bivalence, Excluded Middle and Non-contradiction//L. Behounek. The Logica Yearbook 2003. Prague: Academy of Sciences, 2003: 73-84; P. Pérez-Ilzarbe, M. Cerezo. Truth and Bivalence in Aristotle. An Investigation into the Structure of Saying//N. Öffenberger, A. Vigo. Iberoamerikanische Beiträge zur modernen Deutung der Aristotelischen Logik. Hildesheim/Zürich/New York: Olms, 2014: 75-103; J. Woleński. An Abstract Approach to Bivalence. Logic and Logical Philosophy, 2014, 23: 3-15。

② T. Williamson. Vagueness and Ignorance. Aristotelian Society Supplementary Volume, 1992, 66: 145-146.

（1） ~(T 'P'∨T '~P')　　　(B) 的反例
（2a） T 'P' ↔P　　　　　　塔斯基模式（T）
（2b） T '~P' ↔ ~P　　　　塔斯基模式（F）
（3） ~(P∨ ~P)　　　　　　(1)(2a)(2b)，置换
（4） ~P∧ ~ ~P　　　　　　(3)，德·摩根律

威廉姆森断言："这是一个矛盾，无论是否消除其中的双重否定。于是，（1）导致荒谬。实际上，人们使用塔斯基模式把二值原则（T 'P'∨T '~P'）等同于排中律（P∨ ~P），然后由否定后者的非融贯性去论证否定前者的非融贯性。"① 在我看来，这段引文中有两个错误：（T 'P'∨T '~P'）不是（B），而是（LEM）；（P∨ ~P）本身不是（LEM），而是（LEM）的一个派生形式。这些混淆在威廉姆森支持 DBA 的论证中发挥了重要作用。下面会清楚地揭示这一点。

威廉姆森坚持认为，在 DBA₁ 中，如果把（2a）和（2b）中的"当且仅当"读作其两边的语义值相等，那么，从（1）、（2a）和（2b）到（3）的推理应该是无争议的。于是，该论证的负担就转向（2a）和（2b），并透过它们转向（T）和（F）②。

在其《模糊性》一书中，威廉姆森构造了他的第二个论证 DBA₂③。为了避免可能把模糊语句"TW 是瘦子"看作歧义句的麻烦，他现在偏爱说出模糊语句"TW 是瘦子"的话语行为，而不是由"TW 是瘦子"所表达的那个模糊命题。在表述二值原则和塔斯基模式时，真值载体是话语行为本身。令"u"代表"utterance"（话语行为），"P"代表由该话语所说出的那个命题。于是，我们有如下形式的二值原则和塔斯基模式，其中的撇点"'"是我本人添加的，以区别于 DBA₁ 中的相应各项：

(B') 如果 u 说 P，那么，u 是真的或者 u 是假的。

---

① T. Williamson. Vagueness and Ignorance. Aristotelian Society Supplementary Volume, 1992, 66: 146.

② T. Williamson. Vagueness. London: Routledge, 1994: 189-190.

③ 同②187-189.

(T′) 如果 u 说 P，那么，u 是真的当且仅当 P。

(F′) 如果 u 说 P，那么，u 是假的当且仅当非 P。

然后，DBA_2 如此进行：

(0) u 说 P

(1) 并非：u 是真的或者 u 是假的

(2a) 如果 u 说 P，则 u 是真的当且仅当 P　　塔斯基模式（T′）

(2b) 如果 u 说 P，则 u 是假的当且仅当非 P　　塔斯基模式（F′）

(3) u 是真的当且仅当 P　　(0)(2a)，肯定前件

(4) u 是假的当且仅当非 P　　(0)(2b)，肯定前件

(5) 并非：P 或者 u 是假的　　(1)(3)，置换

(6) 并非：P 或者非 P　　(5)(4)，置换

(7) 非 P 且非非 P　　(6)，德·摩根律

在威廉姆森看来，DBA_1 和 DBA_2 表明：假设（B′）的一个反例，通过使用对真和假的阐明以及一些显然成立的逻辑（trivial logic），直接导致了一个矛盾[①]。他在一个脚注中写道："该论证的一个版本如下。给每个公式'P'指派一个语义值 [P]。该语义值在一个偏序≤下成为一个格，即每一对值都有一个最大下界（glb）和最小上界（lub）。$[P \land Q]$ = glb$\{[P], [Q]\}$，$[P \lor Q]$ = lub$\{[P], [Q]\}$，如果 $[P] \leq [Q]$ 则 $[\sim Q] \leq [\sim P]$。这些假定被标准的经典逻辑、超赋值逻辑、直觉主义逻辑、多值逻辑等所满足。然后很容易表明：$[T(u)] = [P]$ 和 $[F(u)] = [\sim P]$ 蕴涵 $[\sim \lceil T(u) \lor F(u) \rceil] \leq [\sim P \land \sim \sim P]$。"[②]

在《真、假和边界情形》中，安杰尔科维奇（M. Andjelkovic）和威廉姆森构造了支持 DBA 的第三个论证 DBA_3。该论证使用了施予变项 S、P 和 c（分别代表语句、该语句所说的东西和说出该语句的语境）的全称量化。据我判断，这些新添加没有使 DBA_3 与 DBA_1 和 DBA_2 有任何实质性差别。由于篇幅所限，我将把 DBA_3 撇在一边，不予考虑。

---

① T. Williamson. Vagueness. London：Routledge，1994：188.

② 同①300−301.

2. LV₃ 及其后果

为了反驳 DBA₁ 和 DBA₂，我将设计一个关于模糊性的非二值逻辑，记为 LV₃，展示 LV₃ 的某些与 DBAᵢ（i≤3）相关的结果，然后借助 LV₃ 去论证：DBAᵢ 不是可靠的，因为其中的某些前提是假的，并且某些推理步骤是无效的；还将论证：在 LV₃ 中否定二值原则并不会导致荒谬。也就是说，我们能够在一个非二值逻辑中前后融贯地否定二值原则。

如往常一样，LV₃ 包含命题变项 P、Q、R、S，…，联结词 ¬、∧、∨、→和↔。① 其联结词有如下的真值表：

真值表 1：

P	¬ P
t	f
i	i
f	t

真值表 2：

∧	t	i	f	∨	t	i	f	→	t	i	f	↔	t	i	f
t	t	i	f	t	t	t	t	t	t	i	f	t	t	i	f
i	i	i	f	i	t	i	i	i	t	i	i	i	i	i	i
f	f	f	f	f	t	i	f	f	t	t	t	f	f	i	t

真值表 3：

P	T 'P'	F 'P'
t	t	f
i	f	f
f	f	t

通过在 LV₃ 的对象语言中加入两个语义谓词 'T'（真的）和 'F'（假的），我们得到了 LV₃ 的元语言。对这三个真值表的证成和辩护留至本章最后一节。

如此定义的 LV₃ 及其元逻辑满足威廉姆森所提到的"某些明显正确

---

① 在本章中，用 "~" 表示经典逻辑中的否定，用 "¬" 表示本章所引入的特殊否定，其定义见下面的真值表。

的逻辑"的所有那些条件。但我将证明，威廉姆森的论证 DBA_1 和 DBA_2 在 LV_3 中不是可靠的。

令"t"（真的）是 LV_3 中唯一的特指值。于是，一个命题是 LV_3 中的逻辑真理，当且仅当，它相对于 LV_3 的每一个赋值所得到的值都是特指值。LV_3 将会有如下一些重要结果：

(LV_{3a}) 如果 P 取值 i，那么，F'P'和 T'P'都取值 f，¬T'P'取值 t。由此一来，(F'P' ↔ ¬T'P') 取值 f 而不再成立；还有，¬P 将取值 t，T'¬P'取值 t，于是 (F'P' ↔ T'¬P') 取值 f 而不再成立，但 (¬T'P' ↔ T'¬P') 取值 t，仍然成立。

(LV_{3b}) 如果 P 取值 i，那么，¬P 取值 t，¬¬P 取值 f，于是 (P→¬¬P) 取值 i 而不再成立，但 (¬¬P→P) 将取值 t 而仍然成立，故 (P↔¬¬P) 不成立。所以，从 (F'P' ↔ T'¬P') 不成立，不能通过双重否定律推出 (F'¬P' ↔ T'P') 不再成立。实际上，当 P 取值 i 时，¬P 将取值 t，F'¬P'和 T'P'都取值 f，所以 (F'¬P' ↔ T'P') 取值 t 而仍然成立。

(LV_{3c}) 如果 P 取值 i，那么，F'P'和 T'P'都取值 f，故 (T'P' ∨ F'P') 不成立，但 ¬P 取值 t，T'¬P'取值 t，(T'P' ∨ T'¬P') 仍然成立，故 (T'P' ∨ F'P')（即二值原则）不等同于 (T'P' ∨ T'¬P')（即排中律）。

(LV_{3d}) 如果 P 取值 i，那么，F'P'和 T'P'取值 f，故 (T'P' ∨ F'P') 取值 f 而不再成立，但 ¬P 取值 t，T'¬P'取值 t，(T'P' ∧ T'¬P') 取值 f，¬(T'P' ∧ T'¬P') 取值 t。这就是说，在 LV_3 中 (B) 不成立，但 (LNC) 仍然成立。

(LV_{3e}) 如果 P 取值 i，那么，T'P'取值 f，(P→T'P') 取值 i，而 (T'P'→P) 取值 t，于是，(T'P' ↔ P) 取值 i。也就是说，塔斯基模式 (T) 不成立。

(LV_{3f}) 如果 P 取值 i，那么，¬P 取值 t，T'¬P'取值 t，故 (T'¬P' ↔ ¬P) 取值 t。也就是说，塔斯基模式 (F) 仍然成立。

(LV_{3g}) 如果 A 取值 i 且 B 取值 f，那么，A→B 取值 i。也就是说，肯定前件式将取值 i 且不再成立。

（LV$_{3h}$）如果 A 取值 i 且 B 取值 f，那么，A→B 取值 i，¬（A→B）取值 t，且 A∧¬B 取值 i。所以，从¬（A→B）推不出 A∧¬B。

（LV$_{3i}$）如果 A 和 B 取值 i，那么，（A→B）取值 t，¬B 和¬A 取值 t，（¬B→¬A）取值 t。所以，否定后件式取值 t 且仍然成立。

（LV$_{3j}$）根据上面的真值表，两个德·摩根律¬（A∧B）↔（¬A∨¬B）和¬（A∨B）↔（¬A∧¬B）仍然成立。

（LV$_{3k}$）根据上面的真值表，置换规则"A↔B 和……A……衍推……B……"仍然成立。

3. 对 DBA$_1$ 的反驳

在 DBA$_1$ 中，威廉姆森利用了以下推理手段：

（i）假设（1）：¬（T'P'∨T'¬P'）

（ii）塔斯基模式（T）

（iii）塔斯基模式（F）

（iv）置换规则：（A↔B）和……A……衍推……B……

（v）德·摩根律：¬（A∨B）↔（¬A∧¬B）

（vi）否定后件式：如果 A 衍推 B，则¬B 衍推¬A

考虑（i）。如上所示，二值原则（B）的公式是（T'P'∨F'P'），而不是（T'P'∨T'¬P'），后者是（LEM）。如此一来，DBA$_1$ 的假设（1）并没有否定（B），而是否定了（LEM）。并且，在 LV$_3$ 中，（T'P'∨T'¬P'）仍然成立，所以一位 LV$_3$ 逻辑学家将不会接受假设（1），因为它在 LV$_3$ 中是假的。

甚至在 DBA$_1$ 的开头，威廉姆森已经出了错。这是因为他断言："L 的一个语句的假等同于它的否定的真。于是，那个有争议的假定，即否定二值原则对于 L 的某个语句成立，将等同于否定下面一点，即该语句或它的否定将会是真的：（1）~[T'P'∨T'~P']。"①

我认为，这段引文中有两个错误。第一，如（LV$_{3a}$）所示，如果 P 取

---

① T. Williamson. Vagueness and Ignorance. Aristotelian Society Supplementary Volume，1992，66：145.

值 i，那么，(F'P'↔T'¬P')取值 f 而不再成立。确实，在像经典逻辑这样的二值逻辑 L 中，以及在某些特殊的非二值逻辑中，L 的一个语句的假等同于该语句的否定的真①。不过，至少在 LV_3 中，一个语句的假并不等同于其否定的真。所以，那个一般性断言"L 的一个语句的假等同于该语句的否定的真"不再成立。第二，如（LV_{3c}）所示，如果 P 取值 i，则 (T'P'∨F'P')取值 f 不再成立，但 (T'P'∨T'¬P')取值 t 仍然成立，所以威廉姆森的断言"否定二值原则对于 L 的某个语句成立，将等同于否定下面一点：该语句或它的否定将会是真的"在 LV_3 中是假的。

考虑（ii）。如（LV_{3e}）所示，塔斯基模式（T），即 DBA_1 中的(2a)，不再成立。于是，在 DBA_1 中，从（1）、（2a）和（2b）我们不能凭借置换规则推出（3），因为（2a）在 LV_3 的元逻辑中不再成立。

要言之，DBA_1 在 LV_3 中不是可靠的，因为它利用了 LV_3 中两个假前提（1）和（2a）。

4. 对 DBA_2 的反驳

在 DBA_2 中，威廉姆森利用了以下推理手段：

（a）推理规则：当从否定（B'）推演出 DBA_2 的前提（0）和（1）时，他使用了 ¬(A→B) 衍推 (A∧¬B)

（b）塔斯基模式（T'）

（c）塔斯基模式（F'）

（d）肯定前件式

（f）置换规则：(A↔B) 和……A……衍推……B……

（g）德·摩根律：¬(A∨B) ↔ (¬A∧¬B)

考虑（a）。如（LV_{3h}）所示，当 A 取值 i 且 B 取值 f 时，我们不能从 ¬(A→B) 推出 A∧¬B，因为"¬(A→B) 衍推 A∧¬B"在 LV_3 中不

---

① 我感谢王文方教授提醒我注意如下一点：在普里斯特的真值过剩理论和菲尔德的真值间隙理论中，'F<A>' 和 'T<¬A>' 被认为是逻辑等值的。参看 G. Priest. In Contradiction: A Study of Transconsistent. 2nd ed. Oxford: Oxford University Press, 2006: 64; H. Field. Saving Truth from Paradox. Oxford: Oxford University Press, 2008: 23n。

成立。所以，在 LV_3 中我们不能从否定（B'）推出 DBA_2 的两个前提（0）和（1）。威廉姆森在这里弄错了。

考虑（b）。如（LV_{3e}）所示，塔斯基模式（T）不成立。不过，麻烦在于 DBA_2 中所用的（T'）与（T）本身有些许不同。威廉姆森对（T'），也就是 DBA_2 中的（2a），解释如下：

> 人们能够用引号去形成指谓引号内特定书写的指示词，并且把那些书写看作广义上的话语。于是，（2a）或许是说："TW 是瘦子"为真当且仅当 TW 是瘦子，而且（2b）或许是说："TW 是瘦子"为假当且仅当 TW 不是瘦子。于是人们能够像先前一样论说。不过，即使在这里，（T）和（F）似乎也解释了（2a）和（2b）。正因为它说 TW 是瘦子，"TW 是瘦子"为真当且仅当 TW 是瘦子，并且"TW 是瘦子"为假当且仅当 TW 不是瘦子。作为话语的谓词，真和假是去引号的，如果言说（saying）是去引号的话。①

若我们暂时接受下面的假定：说出"TW 是瘦子"就是说 TW 是瘦子，则（T'）与（T）几乎完全相同。既然（T）在 LV_3 中不成立，（T'）也是一样。于是，在 DBA_2 中，凭借置换规则从（0）和（2a）推出（3），以及从（1）和（3）推出（5），在 LV_3 中都不是有效的。

考虑（d）。如（LV_{3g}）所示，肯定前件式在 LV_3 中不成立。于是，在 DBA_2 中，凭借肯定前件式从（0）和（2a）提出（3），从（0）和（2b）推出（4），在 LV_3 中都不是有效的。

要言之，在 LV_3 中，DBA_2 坍塌了，因为其中有一个假前提（2a）和一些无效的推理步骤。

三、证成和辩护

1. 关于模糊性的明显事实

在自然语言和我们的日常生活中存在一些关于模糊性的明显事实。这

---

① T. Williamson. Vagueness. London：Routledge，1994：189.

里，我择要列举如下：

（1）模糊的词语和句子构成了自然语言的大半部分。换句话说，它们在自然语言中几乎无处不在，例如"秃头""谷堆""孩子""成人""年轻""中年""老年""高""矮""聪明""愚笨""美""丑"等。或许，数学语言在某种程度上是个例外。甚至许多科学词汇，例如"颜色"（诸如"红色的"、"橘红色的"与"紫色的"）、"光"（诸如"明"与"暗"）以及"力"等等，也仍然是模糊的。

（2）在我们日常的理性活动（如思考、推理、交流、理解等）中，模糊性并没有给我们造成太大的麻烦和伤害。通过使用充满模糊性的自然语言，我们能够有效地思考，顺利地与他人交流，幸福地生活在这个世界上。可以这样说，我们与自然语言的模糊性相处得很好。

（3）在日常生活中，像"大和小"、"胖和瘦"、"贫和富"、"美和丑"以及"聪明和愚笨"等谓词似乎都是相对性和比较性的，我们是根据我们的生活经验以及由此得到的参照范围，得出关于这些模糊谓词边界的大致区分的。例如，关于"高个子"的标准，在云贵川等少数民族地区，与在北京和上海这样的现代化大都市，以及在欧美国家，似乎很不一样。我们的生活世界为我们提供了区分模糊谓词适用范围的总体参数和大致标准。

（4）我们让某些词项在我们的日常语言中保持模糊，是因为其模糊性在我们的日常生活中无关紧要，不会给我们造成太大的麻烦。如果确实需要，我们会尽力让它们达到我们所需要的任何精确性程度。事实上，自然语言中词语的精确或模糊，或许反映了相应词语所指称的事物在我们生活中的稀缺性或重要性程度。例如，白菜、萝卜、土豆论堆买，黄金论克买，钻石的量度单位是克拉；谈人的高度时，一般说1.85米，很少说多少毫米、微米；但对于电子元器件、对于宇宙飞船的建造、对于微观物理学来说，有些构件或对象的量度单位却超乎寻常的精确。可以说，精确性和模糊性是相对于人的认知和实践需要而言的。

（5）模糊词语的精确应用的标准是由人们规定的。只有相对于人们的实践需要，我们才能证成和辩护这些规定。

我的结论是：模糊性是一种语义的不确定性，而不是一种本体论现象，也不是一种认知现象。

2. 对 LV_3 的否定词 "¬" 的辩护

当谈论模糊性时，学者们通常承认，对一个模糊语句的否定同样是模糊的，因为它与原语句分享了同样的模糊边界。如果一个模糊语句，比如说"张三是富人"取"真""假"之外的 i 值，不管这个 i 究竟意味什么，则该语句的否定，即"张三不是富人"也取值 i。在关于模糊性的真值度理论中，对有关模糊性的否定，学者们持类似立场：

$$(\sim) \qquad [\sim P] = 1 - [P]$$

这就是说，如果 P 是一个模糊语句，那么，~P 的值将是 1（真）减去 P 的值。例如，如果 P 取值 i（既不真也不假），则 ~P 也取值 i。甚至经典逻辑的否定也满足这个条件（~）：每个命题只取两个值 1 或 0 中的一个，于是，如果 P 取值 1，则 ~P 取值 0（=1−1）；反之亦然。

在我看来，如此处理有关模糊性的否定词 "~" 很不合理。假设 P 是一个模糊语句且取值 i，那么，~P 取值 i，(P∧~P) 取值 i，~(P∧~P) 取值 i，(P∨~P) 也取值 i。这就是说，矛盾律（LNC）和排中律（LEM）对于模糊语句都不成立。当谈论模糊性时，只要在有关模糊性的相应逻辑中（除 "¬"、"∧" 和 "∨" 外）不再引入联结词 "→" 和 "↔"①，我们就没有争论，没有不一致，没有矛盾，也没有对立。关于模糊性，每个人想怎么说都行，每一种说法都可以。这样的后果难道不荒谬吗？

所以，在 LV_3 中，我偏好由真值表 1 所定义的否定词 "¬"，它与 "~" 很不相同：如果 P 取值 1，¬ P 将取值 0；否则，¬ P 将取值 1，不管 P 取值 i 还是 0。对于这样的否定，双重否定律（P↔¬¬P）不再成立，因为若 P 取值 i，¬ P 将取值 t，¬¬P 将取值 f。这一后果有点不寻常。但在我看来，它确实相当合理。假设有三个人 A、B 和 C 一起谈论另一个人 X。A 说："X 是富人"。B 不同意并且说"X 不是富人"。A 问 B 为什么。通常，在回答 A 时，B 会提出他自己关于富人的标准，根据他的

---

① 否则，例如在我的 LV_3 中，¬ (P→P) 将会与 (P→P) 相矛盾。感谢王文方教授提醒我注意到这一点。

标准，B算不上富人。如果C不同意B并说"并非X不是富人"，他会陈述他的富人标准，根据他的新标准，B的说法是假的。但这并不意味着C会赞同A的说法，因为他们二人也可能持有不同的有关富人的标准。如果发生这样的情况，这三个人应该停止谈论X究竟是不是富人，应转而讨论究竟什么样的人才能算作"富人"。

威廉姆森曾经考虑过弱否定，后者相当于LV₃中的否定"¬"："其想法是，对'P'的弱否定'Ne P'是正确的，仅当断言'P'是不正确的。断言'P'是不正确的，如果普通的强否定'Not P'或一种中立的态度是不正确的。"① 但他很快把弱否定撇在一边，因为他认为它必定面对棘手的高阶模糊性问题。

3. LV₃的塔斯基模式

我认为，威廉姆森所表述的所有塔斯基模式（T）、（F）、（T′）和（F′）都预设了二值原则，因为在其底层都隐含了如下的赋值函数v：

[v1]　　$v(\sim A) = 1$ 当且仅当 $v(A) = 0$；$v(\sim A) = 0$ 当且仅当 $v(A) = 1$

[v2]　　$v(T'A') = 1$ 当且仅当 $v(A) = 1$；$v(F'A') = 1$ 当且仅当 $v(A) = 0$

基于[v1]和[v2]，下面的公式全都是真的。借助于（1）和（2），（3）~（6）很容易从其他公式中推演出来：

(1) T'A'↔A　　　　　塔斯基模式（T）
(2) F'A'↔~A　　　　塔斯基模式（F）
(3) T'A'∨F'A'　　　（B）
(4) T'A'∨T'~A'　　（LEM作为元逻辑规则）
(5) T'A'∨~T'A'　　（LEM的另一种形式）
(6) A∨~A　　　　　（LEM作为逻辑定理）

但是，在LV₃中，它们并不都是真的：（1）和（3）不成立，而

---

① T. Williamson. Vagueness and Ignorance. Aristotelian Society Supplementary Volume, 1992, 66: 193.

(2)、(4)、(5) 和 (6) 仍然成立。在他的论证 DBA₁ 和 DBA₂ 中，威廉姆森接受塔斯基模式（T）和（F），但假设了（B）的一个反例，由此演绎出一个逻辑矛盾。坦率地说，这件事是很容易做到的，因为他所做的只不过是：在二值逻辑框架内，从否定二值原则推演出逻辑矛盾。基于这一事实，我断言，威廉姆森的论证 DBA₁ 和 DBA₂ 都犯了"丐题"的逻辑谬误：它们是直接循环的。

威廉姆森本人也意识到，他的论证 DBA₂ 严重依赖于塔斯基模式："该论证的负担就转向（2a）和（2b），并透过它们转向（T）和（F）。"① 因此，他花了很大的精力去捍卫塔斯基模式（T）和（F），并论证说：即使把它们用于模糊语句，也仍然成立："（T）和（F）的理据很简单。假定一个话语说 TW 是瘦子，使得它所说的为真的只不过是 TW 是瘦子，且使得它所说的为假的只不过是 TW 不是瘦子。这里不需要更多，也不需要更少。对真和假提出更高或更低的条件，都会扭曲真和假的本性。"②

我不同意这样的说法。如果我们完全不清楚"TW 是瘦子"这个语句的精确意思，我们也就没有办法回答该语句究竟为真还是为假的问题，然后我们会悬置我们关于该语句真假的判断，或者暂时假设它既不真也不假。在这种情况下，我们没有必要非得接受塔斯基模式（T）和（F）。在这里，我并没有假定模糊语句是歧义的，我本人不接受这个假定，认为它是错误的。依据我的判断，模糊语句没有精确的意义，故它们没有精确的真值条件，也就没有确定的真值。用威廉姆森自己的话来说，真值条件随附于精确的意义，而意义随附于用法③。

4. LV₃ 的元逻辑是二值的

很明显，在 LV₃ 中，由真值表 3 所定义的 T'P'和 F'P'，即使应用于模糊语句，也是二值的。假设 P 是一个模糊语句。若 P 取值 t，T'P'将取值 t；如果 P 取值 f，F'P'将取值 t；如果 P 取值 i 或者 f，T'P'将取值 f；如果 P 取值 t 或 i，F'P'将取值 f。我认为，这样的

---

① T. Williamson. Vagueness. London：Routledge，1994：190.
② 同①.
③ 同①206.

T'P'和 F'P'准确地把握了亚里士多德关于真假的直觉:"说是者为非,或说非者为是,是假的;而说是者为是,非者为非,是真的。"① 带语义谓词 T'P'和 F'P'的 LV₃ 的元逻辑是二值的:对任一语句 P 而言,甚至对任一模糊语句 P 而言,或者 T'P'或者 F'P',没有第三种可能性。

但威廉姆森认为,一个模糊的对象语言的元逻辑应该仍然是模糊的:"人们不能在一个精确的元语言中说一个在模糊的对象语言中所说的东西,因为要做后面这件事,人们必须模糊地言说;[在清晰的元逻辑中]人们对那些模糊的话语只能做出精确的评论。既然这样一种元语言的表达力限制使得它不能给出对象语言话语的意义,也就几乎不能把它看作适合于该对象语言的真正的语义处理。"②

我不同意这样的说法。我们为什么要花费很多、很大的精力和资源去研究模糊性问题?其理由是我们想把该问题弄清楚,使得该问题可以理解,并尽最大努力去解决它。所以,我们要用清晰的元语言去讨论该问题,而不是仍然用模糊的语言去讨论它。由此得到的元语言是用清晰的句法或语义词汇去扩充该模糊语言,故它能够清晰地刻画原模糊语言的本来意义。

顺便说一下,有些逻辑学家已经令人信服地证明:每一个非二值的逻辑,例如直觉主义逻辑、许多的多值逻辑、关于模糊性的真值度理论、超赋值的逻辑、自由逻辑、次协调逻辑等等,都能够在元逻辑层面变成二值的。办法很简单:把命题的 n 个值分成两组——特指值和非特指值,然后规定:一个命题在一个逻辑系统中是逻辑真的,当且仅当,它的值相对于该系统的每一个赋值都是特指值。这个结果被叫作"Suszko 论题"③。

不过,在 LV₃ 中,由真值表 3 所定义的 T'A'和 F'A'有一些相

---

① Aristotle. Complete Works of Aristotle. Princeton, NJ: Princeton University Press, 1991: 1011b25.

② T. Williamson. Vagueness. London: Routledge, 1994: 191.

③ R. Suszko. The Fregean Axiom and Polish Mathematical Logic in the 1920s. Studia Logica, 1977, 36: 377–380; B. J.-Y. Béziau. Bivalence, Excluded Middle and Non-contradiction. The Logica Yearbook, 2003: 73–84; J. Woleński. An Abstract Approach to Bivalence. Logic and Logical Philosophy. 2014, 23: 3–15.

当"奇异的"结果：

(T'A'∨¬T'A')仍然成立

(F'A'↔¬A) 仍然成立

(T'A'∨T'¬A')仍然成立

(¬T'A'↔T'¬A')仍然成立

(T'A'↔A) 不再成立

(T'A'∨F'A')不再成立

(F'A'↔¬T'A')不再成立

(F'A'↔T'¬A')不再成立

5. LV₃ 没有高阶模糊性

既然 LV₃ 的元逻辑是二值的，在 LV₃ 中就没有所谓的高阶模糊性。在 LV₃ 中，我们用清晰的元语言研究模糊性，主要通过两条途径：第一条是使用由真值表 1 所定义的否定词。当否定一个模糊语句时，我们使得该语句中的模糊词语精确化或清晰化，人为地把所有事物分为两部分：满足那些模糊词语的部分和不满足的部分。第二条是使用由真值表 3 所定义的 T'P' 和 F'P'：对任一语句 P，即使 P 是一模糊语句，在 LV₃ 的元逻辑中，关于 P 的谈论仍然是二值的，或者 T'P' 或者 F'P'，没有第三种可能性。

在我所组织的一个有关模糊性的研讨班上，有的同行试图在 LV₃ 的元逻辑中"复制"威廉姆森的论证 DBA₁，以便挫败 LV₃ 的元逻辑：

(1) ¬(T'T'P''∨F'T'P'')   (B) 的一个反例

(2a) T'T'P''↔T'P'   元塔斯基模式（T）

(2b) F'T'P''↔¬T'P'   元塔斯基模式（F）

(3) ¬(T'P'∨¬T'P')   (1) (2a) (2b)，置换

(4) ¬T'P'∧¬¬T'P'   (3)，德·摩根律

但是，这个论证在 LV₃ 的元逻辑中是不可靠的，正像 DBA₁ 在 LV₃ 中不可靠一样。因为 LV₃ 的元逻辑是二值的，LV₃ 的元元逻辑也是如此，故 (T'T'P''∨F'T'P'')在该元元逻辑中不是有效的，故（1）是假的。从包含至少一个假前提的一组前提中，我们不能证明任何东西为真。

22. 反驳克里普克反描述论的语义论证

一、引言

在克里普克之前，最有影响的名称理论是弗雷格和罗素所主张的描述论，以及维特根斯坦、塞尔等人所主张的更精致的版本——簇描述论。克里普克把后者重新表述成6个论题，其中论题（1）、（3）和（4）是他的语义论证批评的靶子："（1）对每一个名称或指称表达式'X'来说，都有一簇与之相应的特性，即特性族 φ 使得 A 相信'φX'。""（3）如果 φ 的大多数或加权的大多数为唯一的对象 y 所满足，则 y 就是'X'的所指。""（4）如果表决不产生任何唯一的对象，那么'X'就无所指。"①

在我看来，可以把克里普克的语义论证概述如下：

假如关于名称的描述论是正确的，即一个名称与相应的（簇）摹状词严格同义，那么，名称的意义②就应该是确定其所指的充分必

---

① S. Kripke. Naming and Necessity. Oxford, UK: Blackwell Publishing, 1981: 82-87.

② 在语言哲学文献中，"意义"（meaning）一词有广义和狭义两种用法。广义的"意义"包括语言表达式的"涵义"（sense）和"所指"（reference）；本章仅在狭义上使用"意义"一词，即语言表达式所表达或内蕴的涵义，它们被人的心智所理解和把握。关于名称，我们可以区分许多不同的问题：名称的语义值是什么？它们是否既有意义又有所指？名称如何指称它们的对象？名称如何对于它们出现于其中的语句做出语义贡献？名称使用者如何确定名称的所指？等等。所有这些问题又可以区分出个人的维度和社会（语言共同体）的维度，例如，语言表达式的意义和指称是相对个人而言的，还是相对于一个语言共同体而言的？本章只讨论其中一部分问题，不讨论"名称如何对于它们出现于其中的语句做出语义贡献？"这类问题。

要条件。就是说，任何满足与该名称相应的（簇）摹状词的对象，就是该名称的语义所指（意义对于确定所指的充分性）；或者，任何不满足相应的（簇）摹状词的对象，就不是相应名称的语义所指（意义对于确定所指的必要性）。但实际情形并非如此。因此，描述论在语义事实上出错。①

该论证可以简单表述如下，其中"P1"表示前提1，"C"表示结论：

P1　如果描述论是正确的，则名称的意义必须是确定其所指的充分必要条件。

P2　事实上，名称的意义不是确定其所指的充分必要条件。

C　描述论是错误的。②

对于此论证，我只接受前提 P2，但不接受前提 P1，因此不接受结论 C。我认为，在这个论证中隐含着两个很成问题的假设：

假设 1（记为 A1）：名称 α（或一个摹状词 the F）与一个对象的关系是严格"客观的"或"形而上学的"，它对有关我们的语言共同体的事实不敏感。换句话说，它与我们的语言共同体对 α 的理解没有任何关系。特别是，我们不需要 α 的意义作为 α 与 α 所指对象之间的中介。

我将论证 A1 是错误的，因为名称、摹状词与对象之间的指称关系是一种社会的意向性关系，它至少涉及三个要素：名称（或摹状词）、对象、作为该名称（或摹状词）的使用者的语言共同体。一个名称（或摹状词）究竟指称什么取决于两件事情：我们的语言共同体打算用该名称（或摹状词）去指称什么，我们的共同体如何理解和使用该名称（或摹状词）。

假设 2（记为 A2）：描述论者必须主张，如果名称有意义并且其意

---

① S. Kripke. Naming and Necessity. Oxford, UK：Blackwell Publishing, 1981：82-87.

② 萨蒙把语义论证看作支持直接指称论首要论题的三类论证中"最强有力和最有说服力的一个"（N. Salmon. Reference and Essence. 2nd ed. New York：Prometheus Books, 2005：29）。我不同意萨蒙的看法，本章就是要反驳克里普克的反对描述论的语义论证。

义由一个（或一簇）摹状词给出的话，这个（或这簇）摹状词就应该是确定名称所指的充分必要条件，并且，我们有可能找到这样的充分必要条件。

我将论证 A2 是错误的，理由如下：（1）A2 是对传统描述论者的误解或曲解；（2）我们不能要求给出名称意义的那个或那些摹状词与名称严格同义，不能要求给出确定名称所指的充分必要条件，因为我们根本不可能找到这样的充分必要条件。（3）当根据名称的意义去确定名称的所指时，我们不仅要考虑作为一名称的意义或部分意义的那些描述①与对象之间的客观的符合关系，还应该考虑说话者的意向、相关的知识网络和背景、世界本身的状况等，所有这些东西共同决定了该名称的所指。

最后，我将得出一个总结论：克里普克的语义论证不成立。

二、反驳语义论证的第一假设

1. 语义论证的假设 1

克里普克给出了一些簇描述论的"反例"，试图表明存在这样的情形：与一个名称 α 相对应的一簇描述 φ 被某个唯一的对象 y 所满足，但 y 仍不是 α 的所指，由此去反驳簇描述论的论题（3）。

虚构的例证。克里普克说，我们可以设想这样的反事实情形：哥德尔有一位名叫"施密特"的好友，后者证明了形式算术的不完全性，但不幸早死，其手稿落到了哥德尔手里，他就用自己的名义将这些手稿发表了，于是获得了"形式算术不完全性的证明者"的名声，但后一摹状词的真实所指是施密特。如果"哥德尔"与摹状词"形式算术不完全性的证明者"同义，难道"哥德尔"的语义所指也变成了施密特这个人吗？

---

① 在本书中，"摹状词"和"描述"根据上下文需要交替使用。当与名称并列使用时，按习惯使用"description"的旧译"摹状词"，这一译法很雅致。但"description"的本义就是关于对象的描述，故有些地方用"描述"。"descriptivist theory of names"就是把名称理解为关于名称所指对象的一个或一组描述的理论，译成"名称的描述理论"，以与罗素关于摹状词的理论——"摹状词理论"相区别。旧译"名称的摹状词理论"并无错误，只是人们对术语有不同的偏好和选择。

克里普克指出，并非如此，"哥德尔"仍然指称哥德尔这个人，但"形式算术不完全性的证明者"却指称施密特这个人，因为满足该摹状词的人事实上是施密特，它就指称施密特，尽管我们用它去指称哥德尔，但我们的用法是错误的。

非虚构的例证。人们通常把皮亚诺说成"发现了几条说明自然数序列性质公理的人"，但实际上，更早做出这种发现的人却是戴德金，故该摹状词就指称戴德金这个人；有许多人误以为爱因斯坦既是"相对论的发明者"又是"原子弹的发明者"，但后一摹状词是错误的，发明原子弹的并不是一个人，而是一群人；许多人把哥伦布说成"第一个认识到地球是圆的人""第一个发现美洲新大陆的人"等，但其中有些摹状词是错误的，另外的人满足这些摹状词，这些人就是这些摹状词的语义所指，但他们并不是"哥伦布"的语义所指，"哥伦布"仍然指称哥伦布这个人。

由这些例证，克里普克论证说：一个描述甚至是一簇描述都不是识别一个名称的所指的充分条件，满足那个或那簇描述的个体有可能不是该名称的所指，而是另一个名称的所指。

在克里普克的上述论证中，我发现了一个隐藏的他所理解的一个描述论假设：一个摹状词究竟指称什么对象，只涉及该摹状词与其满足者的关系，只涉及语言和世界之间的关系，它只是一个事实问题，而与我们使用该摹状词和该语言时的意向、约定、传统和习惯无关。换句话说，一个摹状词的语义所指是恰好事实上满足该摹状词的那个对象，而不是我们的语言共同体认为该摹状词所适用的那个对象。例如，如果施密特这个人事实上满足摹状词"形式算术不完全性的证明者"，则该摹状词就指称施密特；如果戴德金事实上比皮亚诺更早地发现了刻画自然数序列的某些公理，那么，摹状词"发现了几条说明自然数序列性质公理的人"就指称戴德金而不是皮亚诺；如果某个另外的人，而不是哥伦布，事实上是最早认识到地球是圆的并且最早发现美洲大陆的人，那么，那个人就是这些摹状词的语义所指。虽然我们用上面提到的那些摹状词去分别指称哥德尔、皮亚诺和哥伦布，但我们的用法是错误的。

克里普克在其语义论证中坚持 A1，我还可以给出某些另外的证据。

(1) 克里普克明确表示，他不赞成普特南关于语言分工的说法①。

普特南指出，自然种类词的使用者常常并不很清楚，例如，如何去确定某物品是不是"黄金"，如何区别"榆树"（elm）和"山毛榉"（beech）等，他们不得不求助于语言共同体内的相关专家，后者在这些事项上更有权威性和发言权。并且，这种现象不是个例，而是很普遍的。他据此提出了语言分工假说："每个语言共同体都表现出上面所说的那种语言分工，也就是说，至少拥有一些词汇，与之相关的'标准'只有少数掌握它的人知道，而其他人对它的使用则依赖于他们与上述少数人的有条理的分工合作。"② 但克里普克不同意，其理由是：一个名称指称什么对象，这是一个语义学问题，并且有确定的答案，所谓"专家"在这个问题上没有任何帮助，他们并不具备一种特殊的语义能力。

克里普克谈到了"黄金"、"20世纪法国内阁成员、国务部长"、"榆树"和"山毛榉"等。首先，这些词都有确定的外延，什么东西处在其外延中或者不在其外延中，这一点是确定的，与说出这些词的时间无关，例如，"黄金"一词的外延在阿基米德时代和在化学非常发达的当代是一样的；也与说这些词的人无关，例如，无论是从我嘴里还是从专家嘴里说出这些词，它们都意指它们所意指的对象，都有其确定的外延。具体就第二个谓词而言，他指出："这个词仅仅意指它所意指的东西。要判定什么东西处在它的外延中，或许是棘手的或艰困的，这是一个关于我们将要知道什么的特殊问题。有时候，或许在很长时间内，我们有可能不知道……什么对象是否处在其外延内。但是，就实际地确定该词项的外延而言，专家不能提供任何帮助。他们只能在此之后帮助我们弄清楚，哪些对象实际地处在该词项的外延之中。"③

其次，"专家"有可能不够格，他可能是伪专家，例如炼金术士或星

---

① S. Kripke. A Problem in the Theory of Reference: the Linguistic Division of Labor and the Social Character of Naming//Philosophy and Culture: Proceedings of the XVIIth World Congress of Philosophy. Montreal: Editions du Beffroi, 1986: 241-247.

② 普特南. "意义"的意义//陈波, 韩林合. 逻辑与语言——分析哲学经典文选. 北京：东方出版社, 2005: 466.

③ 同①244.

相学家；即使是够格的专家也有可能出错，例如他对名称所指对象的信念大多数是错误的；甚至在有些名称那里，根本就不存在能判定其外延的"专家"。克里普克由此断言："在自然种类词的情形下，专家没有特殊的语言学权威。如普特南在另一段落中说过的，'仅仅有这样的人，他们关于黄金知道得很多'，他们并不具有任何类型的类似于法兰西学院那样的权威性，不具有在这个词的外延上的一种特殊的权威性。"①

不过，克里普克还是承认专家在两种情况下的作用。有一类词源自专家，它们是由专家发明和创造的，并且是从他们那里传播到语言共同体中的。专家在这类词上显然有特殊的权威和发言权。但克里普克指出，这种特殊的权威性不是来自专家的特殊的语义能力，而是来自他们是这些对象的初始命名者，可以用一般性的初始命名礼的重要性来解释。专家的另一个作用与指称转移有关。他们可以抵制在命名礼上使用的样本被其他赝品所污染或替换，假如我们不当心的话，发生这样的事情将导致词项的指称转移，即一自然种类词本来指称事项 A，在样本被污染或被替换的情况下，变成了指称事项 B。周围的专家越多，发生这种指称转移的概率就越小。

克里普克还把类似的论证和结论推广到像"皮亚诺"这样的专名上。他因此断言，与通常的看法相反，他自己的学说与普特南的语言分工学说并不一致，语言分工学说甚至也与普特南自己的某些相当正确的说法不一致。他强调说："实际上，我现在认为，'语言分工'这个词包含着很强的为假的暗示。我不知道它是假的，因为按普特南的意思，它或许是正确的。我能够由此得到的所有那些联系，由像达米特这样的人物所采纳的那些联系，在我看来，首先是并且最重要的是（我推测）假的，其次，或许因此与普特南已经在别处所说的，甚至与在强调这个概念的这同一篇论文中所说的相当正确的东西，不相容。"②

---

① S. Kripke. A Problem in the Theory of Reference: the Linguistic Division of Labor and the Social Character of Naming//Philosophy and Culture: Proceedings of the XVIIth World Congress of Philosophy. Montreal: Editions du Beffroi, 1986: 245.

② 同①243.

（2）克里普克把下面两个问题截然区分开来：一是"名称（或摹状词）如何指称对象"，这似乎只是名称（或摹状词）与其所指对象之间的一种客观关系，即存在于语言和世界之间的一种形而上学关系，与名称的使用者——"我们"无关；二是"我们如何确定名称（或摹状词）的所指"，这才是名称（或摹状词）及其使用者与名称（或摹状词）的所指三者之间的关系，因而是一种社会历史性关系。他对前者的回应是"严格指示词理论"，对后者的回应是"因果历史链条"①。

克里普克指出，一个专名直接指称它的对象，不需要以名称的意义做中介。例如，"亚里士多德"这个名称总是指称亚里士多德这个人，甚至在设想他有完全不同的生平和经历，没有做过他在现实世界中所做过的任何一件事情的反事实情况下，我们也仍然是在谈论亚里士多德这个人，而不是在谈论任何其他的人。因此，专名是严格指示词，它们在一个对象存在的所有可能世界中都指称该对象，甚至在该对象不存在的那些可能世界中也指称该对象。而自然种类词在指称机制上与专名类似，也是严格指示词。我认为，理解"严格指示词"的关键是：名称与对象的指称关系几乎是一种先天的形而上学关系，不需要我们对相应对象或对象类有任何了解和知识。一个对象在初始命名礼上被给定某个名称之后，后来说到、听到、写到这个名称的人，都在用这个名称去指称原来被命名的那个对象，即使他们对这个对象的状况一无所知。考虑克里普克的一个极端例子："一位数学家的妻子偷听到她的丈夫在咕哝'南希'这个名称。她不知道南希是一个女人还是一个李群（物理学中的特殊连续群）。为什么她对'南希'的用法不是命名的一个事例呢？如果不是的话，那么其原因并不在于她

---

① 我认为，这两个问题不能清楚地分开。我同意塞尔所谓的"识别公理"："如果一个说话者指称一个对象，则他能够为听者把该对象从所有其他对象中识别出来，或者是要求能够做到这一点。"（J. Searle. Speech Acts: An Essay in the Philosophy of Language. Cambridge: Cambridge University Press, 1969: 79.）这个公理背后的基本直觉是：为了能够有意义地说在指称一个对象，一个人必须能够识别出那个对象；否则，即使从字面意义上说，那个人也根本不知道他自己在谈论什么东西。

的指称是不明确的。"① 这就是说，即使那位妻子对"南希"是什么类型的东西，对"南希"是哪个个体一无所知，她仍然能够把"南希"用作一个名称去指称某个东西。

或许有人会提醒我注意克里普克的下述说法："在一般情况下，我们的指称不光依赖于我们自己所想的东西，而且依赖于社会中的其他成员，依赖于该名称如何传到一个人的耳朵里的历史以及诸如此类的事情。正是遵循这样一个历史，人们才了解指称。"② 难道克里普克这里不是在强调语言的社会性因素，诸如我们的共同体中其他人对名称的使用吗？在一种意义上，我将回答"是"；在另外的意义上，我将回答"否"。如上所述，克里普克区分了两个问题：一是"名称（或摹状词）指称什么"，另一个是"我们如何确定名称（或摹状词）的指称"。前一个问题是关于名称（或摹状词）的语义学问题，它有确定的和客观的答案。上面的引文只与回答第二个问题有关。如果我们要识别一个名称（或摹状词）的所指，我们不得不追溯该共同体中其他人对它的最初使用。这就是克里普克关于他的历史理论所解释的："在正常情况下，我们想到相关的语义特征被保留了。这就是历史理论的精髓。一个说话者在时间流程的任何给定点上，即使他已经完全忘记了他与存在物的名称相关联的大多数摹状词，甚至他或许成为一个失忆症患者，他仍然把（该名称）正常地视为保留了与他先前所有的同样的指称。"③

总之，克里普克隐含地认为，名称α（或一个摹状词）与一个对象的关系是严格"客观的"或"形而上学的"，它对有关我们的语言共同体的事实不敏感。换句话说，它与我们的语言共同体对α的理解没有任何关系。特别是，我们不需要α的意义作为α与α所指对象之间的中介。这

---

① S. Kripke. Naming and Necessity. Oxford, UK: Blackwell Publishing, 1981: 116n.

② 同①95.

③ S. Kripke. A Problem in the Theory of Reference: the Linguistic Division of Labor and the Social Character of Naming//Philosophy and Culture: Proceedings of the XVIIth World Congress of Philosophy. Montreal: Editions du Beffroi, 1986: 247.

就是隐藏在克里普克的名称理论中的假设 A1①。

2. 对语义论证的假设 1 的反驳

根据 A1，当我们使用一个名称、一个摹状词和一个谓词时，该名称指称它所指称的东西，该摹状词指称满足该摹状词的对象，该谓词有确定的外延，其外延包括该谓词实际对之为真的所有那些个体。可以这样说，语言似乎是一个自动与外部世界关联的自主的系统，它的名称自动地指称外部对象，它的句子自动地描述外部事态，并因而有客观的真假。所有这些事情都与作为该语言使用者的我们以及我们所属的语言共同体无关。我将论证，这是一种刻画语言如何工作的完全错误的方式。

《牛津英语词典》把"语言"定义为"由一个民族、人群或种族所使用的词语及其组合方式的整体"②。这里，我想强调语言的如下 4 个特征：

（1）语言是社会性的。

也就是说，语言明显是人类的和社会的，为人类社会所形塑：它们随着人类社会的形成而产生，并且随着社会生活的变化而发展。儿童习得其母语的过程，就是儿童成人化和社会化的过程。"获得某一种语言就意味着接受某一套概念和价值。在成长中的儿童缓慢而痛苦地适应社会成规的同时，他的祖先积累了数千年而逐渐形成的所有思想、理想和成见也都铭

---

① 这里，我想插入一些相关评论。实际上，在像弗雷格、埃文斯、塞尔这样的描述论者和像克里普克、唐奈兰这样的因果论者之间，有很多类似之处：他们都认为存在因果历史的传播链条，其中名称从一个人传到另一个人，从一代人传到下一代人；他们都要求意向性构成要素，即指称的意向。把两派区分开来的是对下述关键问题的回答。一个问题是：在因果历史链条上所传递的究竟是什么？很显然，所传播的不只是名称，而且是名称加上与该名称约定关联的某些另外的东西。对于描述论者来说，与名称约定关联的东西是"涵义"（或某个摹状词，或某簇摹状词，或挑选出某个东西的某种方式）；对克里普克来说，与名称约定关联的东西是"对象"。另一个问题是：名称如何与其所指相关联？弗雷格宣称，存在着某种中间环节，即"涵义"；塞尔断言，"对象并不先于我们的表征体系而给予我们"，我们的表征必须居于名称和所指之间（J. Searle. Intentionality：An Essay in the Philosophy of Mind. Cambridge：Cambridge University Press，1983：231）。但克里普克坚持认为，那种联系是无中间环节的，即名称是直接指称的。正是这些分歧把描述论者和因果论者区隔开来。

② Oxford English Dictionary. Second edition on CD-Room. Oxford：Oxford University Press，2009.

刻在他的脑子里了。"①

　　达米特也强调了语言和意义的社会特征："……语言是社会现象，绝不是为个人所私有的，它的使用是公共可观察的。"②"语言分工是这样一个事实，必须把对它的注意纳入把语言视为一种社会现象的任何考虑之中。'gold'（黄金）这个词作为一个英语词的意义，既没有被关于专家所使用标准的描述所充分传达，也没有被对普通人所使用标准的描述所充分传达；它包含二者，是对它们之间关系的一种把握。"③他认为，语言是由约定的实践和公认的使用标准构成的；在使用词语时，个别的语言使用者必须信守这些词语所属的那个语言的标准。"……一般而言，对于语言哲学更具重要性的是，导致承认个别语言使用者对一个表达式的理解与该表达式在公共语言中的涵义之间区别的那些考虑。"④

　　在我看来，语言不是作为一个抽象的形式系统自动地与外部世界发生关系，例如，它的名称并不自动地指称外部对象，它的命题并不自动地表述外部事态或事实；躲在语言背后的是"人"，正是使用语言的"人"（语言共同体）让语言与世界发生关系，通常是指称和表述的关系。指称关系既取决于我们如何理解名称，也取决于事物在世界中是怎样的。同样，表述的真假也取决于两个因素：我们的说话方式，以及事物本身在世界中的存在状况。语义学并非不考虑语言使用者，它只是不考虑个别的语言使用者，而必须考虑语言共同体。在语义学层次上谈论语言表达式的意义和指称，都是相对于语言共同体而言的意义和指称⑤。由此观之，语言

---

① 帕默尔. 语言学概论. 李荣，等译. 北京：商务印书馆，1983：148.

② M. Dummett. Origins of Analytical Philosophy. London：Duckworth，1993：131.

③ M. Dummett. The Social Character of Meaning//Truth and Other Enigmas. London：Duckworth，1978：427.

④ M. Dummett. The Interpretation of Frege's Philosophy. London：Duckworth，1981：195.

⑤ 我认为，关于名称的语义学和语用学之间的差异与名称的社会使用和个人使用有关。语义学只关注我们的共同体对名称的普遍的公共的使用，而语用学则关注个别说话者在某个语境中带着特定的意图对名称的特殊的、个人的使用。借用克里普克的术语，名称的社会使用涉及名称的语义指称，名称的个人使用涉及名称的说话者指称[S. Kripke. Speaker's Reference and Semantic Reference. Midwest Studies in Philosophy，1977（2）：255-276]。

作为自主自足的体系是一种虚构，脱离人去理解语言与世界的关系是一条歧途。

（2）意义是公共的。

我认为，语言表达式的意义在于语言和世界之间的意向性关联，这种关联是由语言共同体的集体意向建立的。那么，究竟什么是"语言共同体"？我认为，语言共同体的最主要特征就是"共享"，其成员对属于某个语言的表达式有大致相同的理解，在相互之间能够顺利地交流和沟通。这样的共同体可大可小，例如在当今的网络上，一些网民用一些特殊的符号（如台湾媒体所谓的"火星文"）去相互交流和沟通，他们就形成了一个小的语言共同体。当然，使用同一个自然语言（如汉语、英语、日语、藏语）的各个民族更是一个语言共同体，他们能用他们的母语去相互交流和沟通，就表明他们对其中绝大多数语言单位有大致相同的理解。世界上说不同语言的民族之间也能够相互交流和沟通，这说明他们各自的语言之间也有某些共同的成分，使得能够在这些不同的语言之间进行翻译和对接，由此也可以把他们看作一个广义的语言共同体——"双语共同体"或"多语共同体"。因此，"语言共同体"是一个边界模糊的概念，其主要特征就是"共享"。

而且，名称和对象之间的指称关系必须回溯到相应对象的初始命名仪式。交际的因果历史链条所传递的是关于名称所指对象的描述性信息，只有那些被我们的语言共同体所认可的信息才构成相应名称的意义。于是，一个名称的意义反映了我们对该名称所指称的对象的共识。可引入一些符号去刻画名称 α 的涵义：令小写字母 a、b、c、d、e、f、g、h、i、j、k 等代表关于 α 所指对象的一些描述，有些描述没有得到语言共同体的认可，不能进入作为 α 的意义的描述集，只有那些得到语言共同体认可的描述才能进入与 α 相关的描述集：{a, b, c, d, e, f, …}，其中省略号表示该集合还有其他成员，并且还可以去掉旧成员，接纳新成员，因而该集合是一个开放集合。由于这个集合体现了语言共同体关于 α 所指对象的共识，是得到公认的，我们引入一个公认算子♣，把它加在某个描述集合上，表示该集合体现了我们关于名称 α 的所指对象的共识：♣{a, b, c, d, e, f, …}。这个得到公认的描述集决定名称 α 的所指。尽管通过各种反事实设想，还可以设想或构造出关于α的所指对象的其他描述集，例如，{-a, -b, -c, -d, -e, f, g, h, j, k, …}，{-a, b, -c, -d, e, -f, u, v, w, x, …}，{-a, -b, -c, d, -e, f, r, s, t, …}（其中"-a"表示去掉a这个描述，依此类推），由于这些描述集没有得到语言共同体的公认，没有成为关于名称α的共识，故不构成α的意义，也不能用来确定α的指称，至少不能用它们去识别出我们通常用α指称的那个对象。

（3）语言和意义是约定俗成的。

也就是说，一个语言成为它现在所是的样子，没有什么先天必然的逻辑，而是该语言共同体无意识选择的结果，是一种约定俗成的产物。当然，这里"约定俗成"不是以立契约、签协议的形式完成的，而是一个潜移默化的渐进过程：某些名称出现了，某些特殊的表达方式出现了，其中有些名称和说法没有得到语言共同体内多数成员的接受和认可，没有流行开来，于是逐渐消亡；但另外一些名称和说法却得到接受和认可，被该共同体的成员跟进使用，大家的用法逐渐趋同，成为某种形式的公共选择，这种公共选择就是不成文的"约定"。后来，这些名称和说法得到辞典编纂家的提炼或订正，进入辞典或百科全书，其意义被相关释文明确规定下来，成为明文形式的"约定"。不过，即使明文形式的约定也是有弹性和有例外的，可以被违反，也可以做变更①。

（4）语言和意义总是处于变化和生长的过程中。

由于人所面对的世界是不断变化的，人对这个世界的认知也是不断变化的。为了适应人的生活、实践、认知的需要，语言共同体不断地对语言及其意义做出适应性调整。这会导致语言像一个有机的活物，处在不断地变化和生长的过程中，具体表现在：某些旧的语言表达式及其意义被废弃

---

① 埃文斯在我之前表达了类似的思想："……对一个名称获得一个所指或改变其所指的现象的考察表明，存在着一个说话者共同体，他们使用该名称去指称他们意欲指称的如此这般的对象，这很可能是这些过程的一个关键性的构成要素。正如语言中的其他表达式一样，名称所表示的东西取决于我们使用它们去表示的东西。"见 G. Evans. The Causal Theory of Names. Reprinted in his Collected Papers. Oxford: Clarendon Press, 1985: 12-13。

不用，直至死掉，甚至某个语言都可以成为"死语言"；某些新的表达式会涌现出来，某些旧的表达式的意义范围会发生变化，例如被缩小或扩大；等等。语言的这种演变在一个短的时段内也许不易察觉，但如果我们把目光放远，它就是一个明显的事实：只要看一下古英语和现代英语、古汉语和现代汉语的区别就够了①。

我把我自己关于语言和意义的系统观点叫作"语言和意义的社会建构论"（缩写 SCLM）②，并基于它发展出一种新的名称理论——"社会历史的因果描述论"（缩写 SHCD）③。下面，我将根据 SCLM 和 SHCD 去回应克里普克与 A1 有关的论证。

如前所述，克里普克假定，"名称或摹状词如何指称对象"这一问题只涉及名称或摹状词和一个对象之间的客观关系，也就是语言和世界之间的形而上学关系，而与作为该名称使用者的"我们"无关。在他看来，名称都是严格指示词，它们作为常函数，固定了名称与相应对象之间在所有可能世界中的指称关系，而与我们使用该名称或摹状词的意向、约定、传统和习惯无关。但我认为，这一假设是错误的。我们有两条途径去解释名称和对象之间的指称关系，即实指（ostension）和描述（description）。实指命名，即指着一个眼前的对象给它命名。但大部分对象不在我们的视野之内，能够被我们实指的对象是很少的。因此，大部分对象不能通过实指方式被命名或被指称，而必须借助有关该对象的某些描述性信息。在建立名称和对象的关联时，最小程度的描述性信息，通常由"系词 + 分类词（sortal）"组成，例如，"α 是一颗新发现的行星"，"β 是一个人"，"γ 是一条狗"，"δ 是我最近新买的一幅画"，甚至是不可缺少的。只有在此时，α、β、γ、δ 对我们来说才是名称，至于它们究竟是哪个对象的名称，这样的描述性信息当然是不够的，但这是另外一个问题。克里普克谈到，名称后来的使用者必须与先前的使用者的意图保持一致，以便确保所

---

① S. Haack. The Growth of Meaning and the Limits of Formalism: Pragmatist Perspectives on Science and Law. Análisis Filosófico, 2009, 29 (1): 5-29.

② 陈波. 语言和意义的社会建构论. 中国社会科学, 2014 (10): 121-208.

③ 陈波. 社会历史的因果描述论——一种语言观和由它派生的一种新名称理论. 哲学分析, 2011 (1): 3-36.

使用名称的所指相一致。但我想进一步追问：在不能对相应对象做实指辨认的情况下，仅仅凭借听到一个声音，究竟如何保持这种指称意图的一致？在因果历史链条上，关于名称我们究竟在传递什么？这是一个相当严肃的问题，有待克里普克及其追随者去回答①。

按上述观点去看，克里普克在语义论证中所提到的那些"反例"都不是描述论的真正反例。

哥德尔/施密特反例。我将这样回答克里普克：您的这个例子是完全臆造出来的，没有被我们的语言共同体所接受，没有进入关于哥德尔的因果历史链条。因此，我们仍然认为，"形式算术不完全性的证明者"指称哥德尔这个人，而不指称施密特这个人。您在这件事情上弄错了！不过，假如您所设想的情形被我们的语言共同体所确认，那么，我们会切断名称"哥德尔"与摹状词"形式算术不完全性的证明者"之间的关联，该摹状词将与名称"施密特"建立新的关联，因而其语义所指就变成施密特这个人；而名称"哥德尔"也许会与另外一个摹状词——"那位在形式算术不完全性的证明上偷窃别人成果的臭名昭著者"——建立关联。

皮亚诺/戴德金等反例。其回答与上面类似：关于皮亚诺、爱因斯坦、哥伦布这些人，重要的不是他们本身做了什么，而是我们的语言共同体认为他们做了什么。只有那些得到语言共同体确认的事情或描述才会进入这些人物的"正史"，构成相应名称的意义或部分意义，而那些没有得到语言共同体确认的描述则会被人们逐渐遗忘，它们最多成为"野狐禅们"酒后茶余的谈资，但难登大雅之堂。我们从来不会认真考虑它们。

---

① 一位学者在审读本章早先的版本时评论说，这一段文字混淆了下面三个问题：一个对象如何得到它的名字，这是一个元语义学问题；一个名称的意义是什么，这是一个语义学问题；人们如何知道一个名称的所指，这是一个认识论问题。我不同意这种说法，因为我不认为我们能够区分开这三个问题。如果甚至连我们的语言共同体都不知道一个名称指称什么，我会说该"名称"无所指，它不是一个真正的名称，而是一个假名称。如果语义学只告诉我们：一个名称指称它所指称的东西，而不继续告诉我们它究竟指称哪一个个体，或者至少告诉我们指称什么类型的个体，那么，语义学所说的就是套话和废话，毫无内容可言。如此看待语义学是错误的。

三、反驳语义论证的第二假设

1. 语义论证的假设 2

对簇描述论的论题（4），即"如果表决不产生任何唯一的对象，那么'X'就无所指"，克里普克提出了如下反驳：

第一，基于不充分性的反驳。表决有可能产生不出唯一的对象，因为描述是不充分的，可能有不止一个对象满足那个或那些描述。于是，满足那个或那些描述的有可能不是相应名称的所指，而是另一个名称的所指。例如，很多人关于西塞罗所知道的也许仅仅是"著名的古罗马演说家"，关于费因曼所知道的仅仅是"一位物理学家"，显然这些描述不能唯一地决定相应名称的所指。

第二，基于错误的反驳。这里有两种可能性。一种是表决产生出错误的对象，因为那个或那些描述被错当成对一名称 α 的承担者的描述。其结果是：满足那个或那些描述的对象不是 α 的所指，而不满足那个或那些描述的对象却是 α 的所指，例如前面谈到过的"哥德尔"和"施密特"的例子。另一种是表决有可能产生不出任何对象，即没有任何对象满足所给出的那些描述中的全部或大多数。克里普克谈到，有《圣经》学者断言，《圣经》所谈到的约拿是一个真实的历史人物，但关于他的谈论或描述几乎全都是错误的①，那些描述是关于一个真实人物的虚假描述，但"约拿"这个名称仍然指称约拿这个人，尽管他不满足《圣经》上关于他的那些描述。还可以设想，摩西可以不做《圣经》上归于他的所有事情或大多数事情，但不能由此推出摩西不存在，或"摩西"这个名称没有所指。也可以设想，亚里士多德没有做过我们通常归于他的任何事情，但他仍然还是亚里士多德，并不会因此就成为别的什么人。

第三，基于无知的反驳。克里普克谈到，即使我们对名称 α 所指的对象一无所知，我们仍然可以用 α 去指称它所指称的对象，例如前面引

---

① S. Kripke. Naming and Necessity. Oxford, UK: Blackwell Publishing, 1981: 67.

用过的"南希"的例子①。

克里普克用这些例证去论证,作为名称的意义或部分意义的一个或一簇描述对于确定名称的所指来说是不必要的;有可能不满足那个或那簇摹状词的东西仍然是该名称的所指。

从上面三个反驳中,我发现了另一个隐含的假设,即 A2:如果名称有意义并且其意义由相应的摹状词提供的话,这些摹状词应该是确定名称所指的充分必要条件②。我们有可能找到这样的充分必要条件。我可以解释断定克里普克持有 A2 的理由。当他指责描述论者并把下面一点——作为一个名称的意义某个或某簇描述不能提供一组确定该名称所指的充分必要条件——作为理由时,他必须假定:确实有这样一组充分必要条件,并且描述论者有义务找出这样一组充分必要条件。否则,他指责描述论者没有做一件不该做或者不可能做到的事情有什么意义?!

2. 对语义论证的假设 2 的反驳

我认为,克里普克所持有的 A2 是错误的,理由如下:

(1) 克里普克把描述论的重要原则——"意义决定指称"——解释为要求名称的意义提供确定其所指的充分必要条件,是对该原则的误解或曲解。

普特南指出:"关于意义理论,令人惊讶的是这个话题陷于哲学误读的时间是如此之长,而且这种误读又是如此之强烈。一个又一个哲学家把意义等同于一个充分必要条件。在经验主义传统中,也是一个又一个哲学家把意义等同于证实的方法。而且这些误读还不具有排斥性的优点:有不少的哲学家都主张,意义 = 证实的方法 = 充分必要条件。"③ 达米特明确

---

① S. Kripke. Naming and Necessity. Oxford, UK: Blackwell Publishing, 1981: 116n.

② 作为一位直接指称论者,萨蒙也持有与克里普克类似的看法:"我们考虑一个特定的专名或索引单称词项 α,它被用在一个特定的可能语境中,或许与词项 α 相关联的属性 P_1, P_2, P_3,……被认为给出了它的涵义。如果 α 根据这些属性确实是描述性的,那么,唯一具有那些属性就应该构成该词项的所指的逻辑上充分必要的条件。"(N. Salmon. Reference and Essence. Princeton, NJ: Princeton University Press, 1981: 28. 着重号系引者所加。)

③ 普特南. "意义"的意义//陈波,韩林合. 逻辑与语言——分析哲学经典文选. 北京:东方出版社,2005:522.

谈道："……当根据一个限定摹状词引进一个专名时，不能试图把该名称看作与该摹状词严格同义；该专名受制于支配专名的一般约定，就像该摹状词受制于支配限定摹状词的一般约定一样。"① 塞尔也断言，对传统描述论有广泛的误解或曲解，似乎描述论者都主张专名可以被相应的摹状词穷尽地分析。"我不知道描述论者当中有谁曾经坚持过这种看法，尽管弗雷格有时谈起，好像他可能会对此表示同情。但无论如何，这从来就不是我的观点，我相信，它也从来不是斯特劳森或罗素的观点。"② 在塞尔看来，描述理论真正断言的是：为了说明专名如何指称一个对象，我们需要表明：该对象如何满足或适合在说话者头脑中与该名称相联系的"描述性"的意向内容，后者包括说话者用某个名称指称某个对象的意向、对该对象特征的某些描述、相关的知识网络以及相应的背景条件等。

我认为，甚至弗雷格也不认为，专名的涵义（Sinn）是决定其所指（Bedeutung）的充分必要条件。他关于专名涵义的相关论述可概括如下：（a）专名的涵义是其所指对象的呈现方式。一个专名只有表达了某种涵义，才能指称某个对象；一个专名究竟指称哪个对象，取决于相应的对象是否具有该专名的涵义所描述的那些特征或性质。这表明，专名的涵义是识别其所指对象的依据、标准、途径。反过来，专名的所指并不决定其涵义，由所指的同一不能推出涵义的同一，因为同一所指可以由不同的涵义所决定。例如，同一个三角形既可以被称为"等边三角形"，也可以被称为"等角三角形"。（b）专名的涵义由描述其所指对象的特征的摹状词给出，同一个专名的涵义可以用不同的摹状词来表示，这等于说，对同一个专名的涵义可以有不同的理解。"只要所指保持同一，涵义的这种变化是可以容忍的……"③ （c）由于自然语言的不完善性，其中一个专名可能对应于不止一种涵义（歧义性），还存在涵义无所指的专名，例如"奥德

---

① M. Dummett. Frege：Philosophy of Language. 2nd ed. New York：Harper & Row，1981：183.
② 塞尔. 意向性：论心灵哲学. 刘叶涛，译. 上海：上海世纪出版集团，2007：239-240.
③ G. Frege. On Sinn and Bedeutung//M. Beaney. The Frege Reader. Oxford，UK：Blackwell Publishers，1997：153n.

赛""离地球最远的天体""最小的快速收敛级数""发散的无穷序列"等。弗雷格提议，在自然语言中，只要一个名称在同一个语境中有同样的涵义，人们就应该感到满意；当遇到一个没有所指的名称时，我们就人为地指定它的所指，例如 0 或空类。

从弗雷格的论述中，我们可以得知：(i) 名称的涵义是确定其所指的充分条件。这就是说，只要给定一个涵义，我们就能找到与该涵义相应的所指；若在现实世界中找不到，就人为地给它指定一个所指，即 0 或空类。由此保证，所有名称都有由其涵义确定的所指。(ii) 名称的单个涵义却不是确定其所指的必要条件。因为，弗雷格允许对名称的涵义有不同理解，只要这些涵义都能确定其所指就行。这意味着，这些涵义中的任何一个对于确定所指来说都不是必要的，即使缺失其中的某一个涵义，其他的涵义也能够确定其所指，故我们仍然可以说：涵义决定所指。所以，当克里普克把涵义解释为确定所指的充分必要条件时，他至少违背或误解了弗雷格的原意。

(2) A2 这个预设是假的，因为寻求确定名称的所指的充分必要条件，就等于寻求对名称的所指对象做完全充分的描述，这种描述因而能够长期保持不变。但我们在原则上不可能做这样的事情，也不可能得到这样的描述！我可以列出很多理由，例如，外部事物总是在变化，我们对这些事物的认识也总是在变化，于是，我们的语言及其意义也总是处于生长和变化的过程中：语言表达式的意义随我们关于被描述对象的知识积累而生长。如前所述，语言（包括名称）及其意义都是社会性的，由一个语言共同体的成员约定俗成，只有那些得到共同体认可的关于对象的描述才进入相应名称的意义中。意义还随着知识的生长而生长，它是由被共同体认可的关于其所指对象的那些描述组成的一个松散而开放的集合。随着知识的扩展和新证据的出现，共同体可以变更它们的认可，一些旧的或新的摹状词就会在这个开放集合中不断"进进出出"。并且，在具体使用中，名称的意义还受特定话语的语境的影响。于是，单个的描述，甚至很多的描述，都只是对名称意义的不完全刻画，都没有提供确定名称的所指的充分必要条件。普特南正确地断言："无可争议的是，科学家们在使用那些词项的时候，并不觉得相关的标准就是这些词项的充分必要条件，而是把这些标准看作对一些独立于理论的实体的某些属性的近似正确的描述;而且他们认为,一般而言,成熟的科学中一些更晚的理论,对较早的理论所描述的同样的实体做出了更好的描述。"① 甚至克里普克自己就谈到,关于名称如何指称对象,他本人只是提出了一种比描述论"更好的描述",却不想把它发展成一个理论,不想给出一组适用于像指称这类词的充分必要条件,因为"人们可能永远也达不到一组充分必要条件"②。既然如此,克里普克有什么权力去要求描述论者做一件连他本人也不可能做到的事情?!

(3) 克里普克的充分必要条件预设也违背了我们的语言常识和直觉。

对基于无知的反驳的回应。我认为,一个语词对于一位使用者来说要成为一个名称,该使用者就必须知道它是那个对象的名称,否则他就不能把该语词分辨为一个名称,而只是一个纯粹的噪音③。举例来说,假如我发出一个声音"索伊拉",对于听到的人来说,它是一个名称吗?如果是,是什么东西的名称?甚至我自己也可能不知道,因为也许我只是出于自娱自乐的缘故弄出一些声响来,而碰巧确实有人叫作"索伊拉"。当有人听到我发出"巴特"的声音或看到我写下的文字后,该声音或文字对他是一个名称吗?不一定,它也许是英语单词"but"的发音,也可能是我的某位朋友的名字,也可能是我的某条宠物狗的名字。听者肯定要问我:"你说的'巴特'是什么?你是什么意思?"我可能进而解释说:"我

---

① 普特南. "意义"的意义//陈波,韩林合. 逻辑与语言——分析哲学经典文选. 北京:东方出版社,2005:477.

② S. Kripke. Naming and Necessity. Oxford, UK: Blackwell Publishing, 1981: 94.

③ 在审读本章的一个早期版本时,一位国外同行问道:为什么不能只告诉他这是一个名字,他随后不就能够把它与噪音区分开来了吗?我的回答是:一个名称应该是某个对象的名称;如果他对该"名称"指称哪一个对象一无所知,甚至对它指称哪一类对象(例如:一个人、一只动物、一个地方,甚至是一本书)也一无所知,该"名称"就不是一个真名称,而只是一个假名称,等同于噪音。例如,尽管一个人可能不能识别谁是俾斯麦,但只要他知道俾斯麦是一个人,"俾斯麦"对他来说就成为一个名称:一个人名;否则,这三个中文字对他的耳朵来说就是纯粹的噪音,就像"乌卡谢维奇"对我的作为农民的老父亲是纯粹的噪音一样。

在说英语词'but'","巴特是我的一位朋友","巴特是我的宠物狗的名字",或者指着某个对象说"这就是巴特"。在这个时候,你才能判定"巴特"究竟是不是一个名称。再看前面谈到的"南希"例子:克里普克认为,即使该数学家的妻子对"南希"是什么东西一无所知,这也不妨碍她把"南希"当作一个名称。我这里却要质疑:那位妻子怎么知道"南希"是一个名字,而不是她丈夫无意识发出的噪音,或某个自娱自乐的音调,或某些其他的语法辅助成分?因为她丈夫除了发出"南希"这个声音外,还发出了很多其他的声音,例如"嗯哼"、"哈哈"和"啰里啰唆"。为什么"南希"是名称而"哈哈"等不是名称?"南希"和后面这些声音究竟有什么差别?我认为,在不能实指辨认对象的情况下,一个人若对一个对象彻底无知,他根本不能把任何语词作为该对象的名称。

塞尔先前表达了类似的思想:"……为了使一个名称用来指称一个对象,必须要有对该对象的某种独立的表征。这可以通过感知、记忆、限定摹状词等,但是必须要有足够的意向内容,以便识别出该名称被赋予了哪一个对象。"① 根据塞尔,所谓"意向内容",包括使用一个名称去指称某个对象的意图(intention)、关于该对象的知识网络(network)和背景(background)等。在他看来,网络是人们所运用的概念知识和框架,它包括个人信念、科学知识、所存在的社会实践及其设置。正是因为网络的存在,人们才能成功地获得有意义的经验,说出有意义的话语。背景是人们所有的才能、能力、倾向和禀赋等的集合,它们本身是非表征的和非意向的。举例来说,当有人邀请我出席他或她的婚礼时,我知道我必须穿着正装,给他或她带有意义的礼物;当有人邀请我去参加一个乡村音乐会时,我则可以穿着很随便,并且表现得比较狂野,而不是相反。即使正式的邀请中不包含这些要求,但我根据背景、网络和惯例等,知道了我该怎么做。

对基于错误的反驳的回应。关于像"约拿""亚里士多德""西塞罗""孔子"这样的历史人物的名称,我认为,我们真正关心的是历史典籍、历史文献关于它们的所指对象的种种描述,我们不可能直接接触这些

---

① 塞尔. 意向性:论心灵哲学. 刘叶涛,译. 上海:上海世纪出版集团,2007:265.

历史人物，我们关于他们的种种信息都是由这些描述得来的。对于我们来说，真正重要的不是"亚里士多德""孔子"这些名称在历史上本来指谁，而是满足与这些名称相关的那些描述的人是谁，我们真正关心的是由这些描述"建构"出来的对象①。至于克里普克本人所设想的，那个没有做过《圣经》上归于摩西的那些事情的人，他爱把他叫作什么就叫作什么，也可以仍然叫作"**摩西**"，但肯定不是《圣经》上所说的那个摩西，我们只关心后一个摩西，对前一个**摩西**，我们不关心，也不在乎。克里普克所设想的那个没有做过历史记载中关于亚里士多德所做过的任何事情的人，他爱把他叫作什么就叫作什么，我们也不在乎。我们真正在乎的，是"活"在我们的历史典籍中、"活"在我们的文化传统中的苏格拉底、亚里士多德、孔子这些人。假如后来发现的历史文献证据，证明我们先前接受的关于某个历史人物的某些描述弄错了，或者先前的描述很不充分，可以大大增补，这种"更正"和"增补"也需要得到我们的语言共同体的认可，进入我们关于这些名称的"因果历史链条"之中。否则，它们就不构成相应名称的意义，也不能用来确定相应名称的指称。改用克里普克的话，关于一个名称的意义和指称，在很大程度上不取决于我们单个人怎么想，而取决于该名称如何传到我们这里的整个历史，取决于我们的整个语言共同体。确定名称的意义和所指的活动是一种社会的、历史的活动！

达米特先前表达过类似的观点："只关注该名称本身到达我们的那根历史链条，就像只关注我们相信什么东西对该名称的承担者为真一样，几乎是同样错误的……在许多情况下，该名称是否被正确地传递下来，或者某些错误是否在传递过程中发生，对我们来说是不重要的，只要该传统的实质性内容是正确的……通常重要的是该传统的传递，而不是该名称本身的传递……或者该传统的实质性部分是正确的，或者根本就没有这样一个人。并且，即使在传递他的（所给予的）名称时发生一些错误，这一点也不具有关键的重要性。"②

---

① 有一个说法十分贴切而中肯：耶稣的名字是靠他的"圣迹"流传下来的。

② M. Dummett. Frege：Philosophy of Language. 2nd ed. New York：Harper & Row，1981：194-195.

关于历史人物的名字，我还想再说一些话。我们能够设想，即使亚里士多德不是《形而上学》一书的作者，他也仍然是被我们叫作"亚里士多德"的那个人。我们的设想的合理性依赖于某些限制条件，其中之一就是：关于亚里士多德的所有其他事情保持不变。如果不满足这个条件，其结果将是荒谬的，下面将证明这一点。所以，我明确拒绝克里普克的下述断言："耶拿"仍然指称我们叫作"耶拿"的那个人，即使他没有做过《圣经》归于他的任何事情；"摩西"仍然指称被我们叫作"摩西"的那个人，即使他没有做过《圣经》归于他的任何事情。

我认为，塞尔的下述断言是正确的："……我在提议，亚里士多德具有通常归属于他的那些属性的逻辑和即相容析取，这一事实是必然的；任何个体，若不具有这些属性中的至少某些属性，就不可能是亚里士多德。"[①] 用符号表示，我们有：

(i) $\Box(a = 亚里士多德 \rightarrow (P_1 a \lor P_2 a \lor \cdots \lor P_n a))$

我们还可以有 (ii)：

(ii) $\Diamond((a = 亚里士多德) \land \neg P_1 a) \land \Diamond((a = 亚里士多德) \land \neg P_2 a) \land \cdots \land \Diamond((a = 亚里士多德) \land \neg P_n a)$

这就是说，即使一个人缺少我们通常归属于亚里士多德的那些属性中的某个属性，那个人仍有可能是亚里士多德。从直觉来看，(ii) 是合理的，并且也不与 (i) 相矛盾。

为了拒斥 (i)，克里普克必须证明 (iii) 而不是 (ii)：

(iii) $\Diamond((a = 亚里士多德) \land (\neg P_1 a \land \neg P_2 a \land \cdots \land \neg P_n a))$

这确实是克里普克要做的事情，因为他断言："亚里士多德"仍然指称亚里士多德这个人，即使他没有做过我们通常归属于亚里士多德的任何事情。不过，这是非常不合理的！格林（K. Green）解释说："……我们通常归属于亚里士多德的所有那些事情对于他都不是真的，这件事情是有可能发生的。不过，他（克里普克）从来没有令人满意地表明这一点。的

[①] J. Searle. Proper Names. Mind, 1958, 266 (67): 171.

确,下面一点似乎是概率非常小的:某个人会是亚里士多德,且通常归属于他的那些事情没有一件适合于他。例如,什么东西能够使我们这样去想:某个人是亚里士多德,但不是一个男人?很好,我们或许会发现,某个女人是所有那些书的作者,是亚历山大的老师,但如果我们这样做,就会与在为了识别亚里士多德通常归属于他的属性簇中所已经使用的其他属性这个背景相冲突。"①

我同意格林的论证。如果某个人说,"亚里士多德是一条凶猛的狗",或者"亚里士多德是一位女人",我们通常会发出惊呼:"你在说什么?你是什么意思?"当我们弄清楚这个人不是在开玩笑,不是在使用隐喻时,那就只剩下两种可能性了:一是他所谈论的"亚里士多德"不是我们所谈论的"亚里士多德",他或许只是在谈论碰巧同名的另外某个东西;二是他不是我们的语言共同体的正常成员,缺乏像我们共同体中的大多数成员一样使用"亚里士多德"这个名称的语义知识或语义能力②。

对基于不充分性的反驳的回应。当我论证说,名称 α 的意义几乎不可能提供确定 α 的所指的一组充分必要条件时,我从不否认,α 的意义可以充当识别 α 的所指的向导、依据、标准或途径。实际上,如塞尔所言,凭借与 α 相关的某些描述,加上 α 使用者的意向,加上关于 α 所指对象的知识网络,加上某些语境因素或背景条件,我们最后总能够识别和确定 α 的所指。就是说,与 α 相关的描述是与许多其他因素一起共同决定了 α 的指称。

我认为,关键是从话语语境中提炼出"话语论域"(domain of dis-

---

① K. Green. Was Searle's Descriptivism Refuted? Teorema, 1998, XVII (1):100.

② 对关于描述论的基于错误和无知的反驳,杰克逊给出了与我所给出的不同的回应,可概述如下:对于名称 α,在错误的情形下,我们对 α 的承担者有错误的描述;在无知的情形下,我们对 α 的承担者没有任何描述。不过,我们有一种特殊的才能或能力,从使用 α 的某个语境中,提炼出关于 α 所指称的对象的某些合适的描述,凭借这些描述,我们就能够识别出 α 的所指。(F. Jackson. Reference and Description Revisited//J. E. Tomberlin. Philosophical Perspectives 12: Language, Mind and Ontology. Oxford: Blackwell, 1998.)

course）这一概念，它由某次会话所涉及的所有那些对象组成，比由现实世界中的个体所组成的"全域"（universe）小得多，更比由所有可能世界中的那些可能个体所组成的"超域"（super-domain）小得多。当我们说名称的意义决定其所指的时候，常常不是从全域中，更不是从超域中去识别、挑选该名称的所指，而是从当下的话语论域中去识别、挑选其所指。由于话语论域所涉及的个体数目有限，在这种情况下，常常很少甚至很一般的描述就能达到识别指称的目的。

例如，"那个穿红衣服的女孩"当然不足以一般性地确定任何名称的所指，因为这个世界上有太多的穿红衣服的女孩；更不能在所有可能世界中去识别出一个名称的所指，因为其中穿红衣服的（可能的）女孩可能多得无法计数。但是，在一个具体的话语语境中，肯定只有数目有限的人在那里。当一个人问"谁是吴霞？"时，有人回答说"吴霞就是那个穿红衣服的女孩"，而当时恰好只有一位穿红衣服的女孩，于是，仅凭这个描述外表特征的摹状词，我们就能够挑选和识别出"吴霞"的所指。如果那里碰巧有多个穿红衣服的女孩，我们就继续谈话，给出关于吴霞的更多的描述性信息，由此总能够确定"吴霞"的所指。

下面利用塞尔对一些所谓的描述论反例的回答，说明说话者的意向（intention）、知识网络（network）、话语背景（background）在确定名称所指时的作用。

先看卡普兰的一个例子①。在《简明传记辞典》中，有"拉美西斯八世"这个词条，对它的说明是："对其一无所知的众多埃及法老中的一位。"卡普兰说，尽管我们对这位法老一无所知，因而无法满足描述理论关于使用名称的要求，但我们仍然能成功地指称他。塞尔指出，即使史书上对这位法老没有任何记载，但根据我们关于古埃及历史的知识，以及史书上关于拉美西斯七世和拉美西斯九世的记载，我们还是可以获得关于这位法老的大量间接知识，由此获得关于他的很好的识别性描述，例如，"继拉美西斯七世之后、在拉美西斯九世之前统治埃及的那位名叫'拉美

---

① D. Kaplan. Bob and Carol and Ted and Alice//J. Hintikka, et al. Approach to Natural Language. Dodrecht and Boston: Reidel, 1973: 490−518.

西斯'的法老"。这是根据知识网络中关于过去的知识确定了一个名称的所指。因此,"拉美西斯八世"不是描述理论的反例,相反却是因果理论的反例,因为这里没有命名仪式,也没有得以追溯的传播链条,但仍然有成功的指称。塞尔还举了另外一例:尽管我对华盛顿市 M 街一无所知,既不知道命名仪式,也不知道传播链条,但根据已有的知识系统,例如我已经知道华盛顿的街道是根据字母顺序命名的,已知有 A、B、C……L、N 街,由此我可以推知必定有 M 街,即介于 L 街和 N 街之间的那条街道。这也是根据描述加上已有的知识网络确定名称的所指①。

再看唐奈兰(K. S. Donnellan)构造的泰勒斯/挖井人/隐士/青蛙的例子②。假设我们关于泰勒斯(Thales)唯一知道的是:他是一位主张"万物都是水"的希腊哲学家;再假设实际的情形是:根本没有一位希腊哲学家主张这种观点,历史文献所提到的实际上是一位挖井人,他在挖井时说:"我真希望万物都是水,这样我就不必挖这该死的井了!"再假设有一位与世隔绝的隐士,他确实认为"万物都是水"。最后设想这样一种情形:某史实记载者听到一只井底的青蛙发出了一串声音,它听起来类似于希腊语的"万物都是水",而这只青蛙刚好是他家的一只名叫"泰勒斯"的小宠物。于是,问题出现了:当使用"泰勒斯"一词时,我们究竟用它指称什么对象?假如仅依据对象在客观上的符合关系去确定一个名称或摹状词的所指的话,选择似乎应该是后三种,即"泰勒斯"指那位挖井人,或者指那位隐士,或者指那只青蛙,但这是明显荒谬的。塞尔论证说,回答这个问题要依据相关的意向性网络。当我们说"泰勒斯是那位主张万物都是水的希腊哲学家"时,我们并不是指主张万物都是水的任何一个人,而是指这样一个人:其他希腊哲学家都知道他论述过"万物都是水",某些希腊人在当时或后来用"泰勒斯"来称呼他,他的著作和思想在他死后通过其他著作家的著述传授给我们,被我们所知晓,等

---

① 塞尔. 意向性:论心灵哲学. 刘叶涛,译. 上海:上海世纪出版集团,2007:244-246.

② K. S. Donnellan. Proper Names and Identifying Descriptions. Syntheses,1970,21 (3-4):335-358.

等。塞尔断言:"在所有这些情形当中,都会存在一种关于我们如何获得信息的外部的因果性说明,但获得指称的并不是外部的因果链条,而是意向内容的传递序列。我们之所以不倾向于允许那位隐士有资格作为泰勒斯,是因为他根本就不适合知识网络和背景。"①

综上所述,在一个具体的话语语境中,有时候我们用单个摹状词就足以确定名称的所指,有时候则需要一簇摹状词才能做这件事情。我们能够一般性地说明,在确定一个名称的所指时究竟需要给出多少摹状词吗?不能。这是因为在确定名称的所指时,通常还需要考虑说话者的意向、知识网络、知识背景等。因此,与"名称指称什么对象"一样,"我们如何确定名称的所指"也需要许多社会性因素的参与和配合。

四、结语

可以把克里普克的指称观点和我的指称观点之间的差别列示如下:

1. 克里普克关于指称的观点

$$名称 \xrightarrow{(指称)} 对象$$
$$(常函数)$$

$$一个或一簇摹状词 \xrightarrow{(指称)} 对象$$
$$(事实上的满足关系)$$

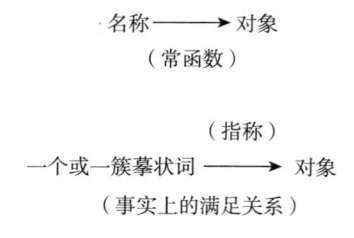

图 22-1

(1) 名称和一个或一簇摹状词与其对象之间的指称关系仅仅是语言和世界之间的一种形而上学关系,与我们作为名称和摹状词的使用者无关,与我们的语言共同体对它们的理解无关。

(2) 如果名称有意义且其意义由一个或一簇摹状词给出,则该(簇)

---

① 塞尔. 意向性:论心灵哲学. 刘叶涛,译. 上海:上海世纪出版集团,2007:260.

摹状词提供了确定名称的所指的充分必要条件,并且我们有可能找到这样的充分必要条件。

2. 我关于指称的观点

(指称)
名称或摹状词 ——→ 对象
(不是常函数,不是事实上的满足关系)
(与我们的语言共同体有关联)

图 22 - 2

(1)名称或摹状词指称什么对象,取决于我们的语言共同体使用它们去指称什么对象。我们的语言共同体对它们的理解在确定其所指的过程中将发挥作用。

(2)克里普克把传统描述论的"涵义决定所指"的原则解释为名称的涵义给出了确定其所指的充分必要条件,这是错误的,至少是出于误解。他对该原则的解释过强,以致使传统描述论与我们的语言直观和常识相冲突。在某一语境中,我们通常借助某些摹状词、说话者的意向、知识网络和背景条件等因素来确定名称的所指。

23. 分析哲学内部的八次大论战

很难给"分析哲学"一个总括性的且能赢得广泛赞同的刻画和说明。大致说来，它是一个源于弗雷格、摩尔、罗素、维特根斯坦和逻辑实证主义者的不连续的历史传统，其发展途中曾经有过一些或大或小的学派，但从来没有形成一个统一的分析哲学学派，更没有形成一套为所有的甚至是大多数的分析哲学家所秉持的实质性的哲学理论或立场。把所有分析哲学家聚合起来的，毋宁是一种做哲学的方式或风格，例如，尊重科学和常识，运用现代逻辑，强调精确和清晰的论证，把追求知识和真理的目标看得高于激发灵感、道德提升和精神慰藉等目标，以及自发形成的专业分工。此外，还有一个特点：分析哲学家不断地相互诘难和相互批判[1]，从而导致从 19 世纪末叶到当代，分析哲学内部发生了多次大论战，分别发生在逻辑哲学、数学哲学、语言哲学、形而上学、知识论、真理论、心灵哲学等领域之中。本章从中挑选出八大论战：心理主义和反心理主义的论战、数学基础研究中三大派的论战、描述论和直接指称论的论战、实在论和反实在论的论战、本质主义和反本质主义的论战、内在论和外在论的论战、关于真理和逻辑真理的论战、逻辑一元论和逻辑多元论的论战，分别对它们做简要的历史回顾与评论，最后阐释哲学论战的意义：揭示已有理论观点的问题和缺陷；开拓新的思维空间，发展新的理论观点；防止学术领域里的盲从、独断和专制；凸显哲学的追求智慧和真理的本性。

一、心理主义和反心理主义的论战

这次论战发生在 19 世纪末叶和 20 世纪初，论战双方都关注如何给逻

---

[1] 陈波. 分析哲学的价值. 中国社会科学，1997（4）.

辑学"奠基",只是对所要奠定的基础有不同的看法。

在19世纪,受经验论哲学和实验心理学发展的影响,在德语和英语地区出现了一股心理主义思潮,其中逻辑心理主义主张:逻辑可以解释性地化归于经验心理学。更具体地说,(i)逻辑可以化归于心理学:逻辑概念可用心理学概念来定义,逻辑规律可用心理学规律来证明;(ii)逻辑是思维过程的模型,因为它只不过是这个过程的一部分,或者因为它在这个过程中起规范性作用。为了捍卫逻辑和算术的客观性、普遍性和必然性,弗雷格和胡塞尔激烈地批判心理主义,其要点如下:

(1) 模态降格:心理主义错误地把逻辑规律的必然性和严格的无所不适性归约为经验规律的偶然的普遍性。

(2) 认知相对主义:心理主义错误地把客观的逻辑真理归约为单纯的(个别的、受社会制约的或受题材限制的)信念。

(3) 题材偏向:心理主义错误地把逻辑的完全形式的或题材中立的特性归约为心智内容的题材偏好(个体的、受社会制约的或受题材限制的)特性。

(4) 激进的经验论:心理主义错误地把逻辑知识的先验性归约为获得信念与证成信念的经验方法的后验性[1]。

也可以用更简明的方式,把弗雷格的反心理主义论证重构如下:

P1 逻辑是客观的、普遍的、必然的和先验的。

P2 心理主义把逻辑看成主观的和描述性的。

C 心理主义是错误的。

显然,即使前提 P2 是真的,结论 C 还依赖于前提 P1;如果 P1 是真的,则 C 是真的;如果 P1 是假的,或者 P1 未被证明是真的,我们就不能断定"心理主义是错误的"。P1 在上面的论证中扮演了一个关键性角色。但真实的情况是:弗雷格从未给出关于 P1 为真的任何证明[2]。

为了反抗心理主义,弗雷格在其《算术基础》一书的序言中,开宗

---

[1] R. Hanna. Rationality and Logic. Cambridge, MA: The MIT Press, 2006: 8.
[2] 陈波. 超越弗雷格的"第三域"神话. 哲学研究, 2012 (2): 63.

明义地提到了他的研究必须遵循的三个基本原则，其中第一个就是："始终把心理的东西和逻辑的东西、主观的东西和客观的东西严格区分开来。"① 他明确区分了语言表达式的涵义和所指：专名的所指是个体，概念词的所指是概念，作为特殊专名的语句的所指是它所具有的真值，这些东西都是客观的，与主观内在的带有神秘意味的"观念""意象""心象"无关。至于语言表达式的涵义，也不是个人的、私有的、内在的和主观的东西，而是可公共理解和可交流的东西。例如，语句的涵义就是语句所表达的思想即命题。弗雷格在外部世界、内心世界之外，又设定了一个"第三域"，主要由具有如下特征的思想组成：独立自存、不占时空、因果惰性、永恒实体。弗雷格由其研究对象——思想的客观性、普遍性和必然性来确保逻辑规律的客观性、普遍性和必然性，由此给逻辑学"奠基"。

弗雷格和胡塞尔对心理主义的批判在 19 世纪末叶风行一时，几乎被后来的数理逻辑学家无保留地接受。从弗雷格开始，逻辑走上了客观化的道路，即从对观念的研究走向了对语言的研究，从对心智领域的研究走向了对业已形成的客观知识的逻辑结构和形式的研究。不过，弗雷格的批评也遭遇到了某些严重的理论困难。法国哲学家恩格尔（Pascal Engel）指出："弗雷格指责他那个时代的心理主义把逻辑学变成了'心理学的洗脸盆'，他提倡一种强形式的实在论去治疗这种心理主义疾病。但情况很可能是：该药方比该疾病本身更糟糕。"② 近些年来，随着认知科学和认知逻辑的勃兴，人们开始反思心理主义和反心理主义的论战，甚至出现了某种形式的"心理主义复兴"。荷兰逻辑学家范丙申（J. van Benthem）指出："现代逻辑正在经历着一个认知的转向，避开了弗雷格的'反心理主义'。逻辑学家与更多以经验观察为根据的研究领域的同事们之间的合作正在增进，特别是在关于理智主体的推理与信息更新方面的研究。既然纯粹的规范化从来不是一种可靠的立场，我们便把交叉领域的研究置于逻辑

---

① G. Frege. The Frege Reader. M. Beaney, ed. Oxford: Blackwell, 1997: 90.

② P. Engel. The Norm of Truth: An Introduction to the Philosophy of Logic. Hemel Hempstead: Harvester Wheatsheaf, 1989: 320.

与经验事实之间长期存在联系这样的语境之中。我们还要讨论弗雷格城墙的倒塌对于作为一种理性主体性理论的逻辑的一个新议程意味着什么，以及什么会是对作为逻辑理论的朋友而非敌人的'心理主义'的一个切实可行的理解。"①

二、数学基础研究中三大派的论战

19 世纪末 20 世纪初，数学基础研究中出现了三大流派——逻辑主义、直觉主义和形式主义——之间的论战，涉及如何给逻辑和数学"奠基"，也涉及逻辑和数学的关系。

逻辑主义主张，数学可以还原为逻辑学。也就是说，数学概念可以通过显定义从逻辑概念定义出来，数学定理可以通过纯粹的逻辑演绎法从逻辑公理推导出来。其代表性人物有弗雷格、罗素和蒯因等。弗雷格的逻辑主义主张算术可以还原为逻辑，即用逻辑符号定义算术符号，从逻辑公理推出算术公理。他在《算术的基本规律》中给出了一个二阶理论，它实质上是由公理 V 和二阶逻辑构成的。正当弗雷格在这个二阶理论中执行逻辑主义方案时，罗素在其中发现了悖论，这个悖论最后迫使弗雷格放弃了他的逻辑主义。此后，罗素和蒯因分别从不同角度发展了逻辑主义，虽然他们都在某种程度上获得成功，但也都面临许多困境：罗素的系统使用了还原公理、无穷公理和选择公理，许多人认为这些公理具有更多的数学特征；而蒯因的 NF 系统的一致性至今仍然是一个开放问题。

直觉主义的代表人物是布劳维尔（L. E. J. Brouwer）。他创造性地继承了康德的先验（apriori）直观理论，把对时间的先验直觉作为数学的基础；数学是独立于感觉经验的人类心灵的自由创造，它独立于逻辑和语言；先验的、原始的二--性（two-oneness）直觉构成了数学的基础。这种直觉使人认识到作为知觉单位的"一"，然后通过不断的"并置"（juxtaposition），创造了自然数、有穷序数和最小的无穷序数。直觉主义者持

---

① 范丙申. 逻辑与推理：事实重要吗？湖北大学学报，2012（3）：1. 着重号系引者所加。

有如下基本观点：(1) 不承认实无穷，只承认潜无穷。他们把从潜无穷引申出来的自然数论作为其他数学理论的基础。(2) 排中律不普遍有效。他们认为，排中律只对有穷论域有效，对无穷论域却是无效的，因为在后者中没有能行的判定程序；他们把"真"理解为被证明为真，把"假"理解为假设为真将导致荒谬，这样排中律在数学中就等于说：每一个数学命题或者是可被证明的，或者假设为真将导致荒谬（即可被否证）。而数学中有不可证明的命题，故排中律失效。(3) 存在等于被构造，也就是说，数学对象的存在以可构造为前提，或者能够具体给出数学对象，或者至少是能够给出找到数学对象的程序或算法。直觉主义者把上述观点用于改造古典数学，并建立了体现构造性观点的逻辑——直觉主义逻辑。

形式主义的代表性人物有柯里（H. B. Curry）、罗宾逊（A. Robinson）和柯恩（H. Cohen）等人。罗宾逊说道："我对数学基础的看法，主要根据以下两点，或者说两条原则：(i) 不论从无穷总体的哪种意义来说，无穷总体是不存在的……更确切地说，任何讲到或意思上含有无穷总体的说法都是没有意义的。(ii) 虽然如此，我们还是应该'照常'继续搞数学这个行业，也就是说，应该把无穷总体当作真正存在的那样来行事。"① 形式主义者不承认数学对象的客观实在性，把数学等同于纯粹的符号操作，认为数学对象的存在性和数学命题的真理性就在于它们的一致性，"数学的存在即无矛盾"。数学是一门关于形式系统的科学，它所研究的只是一些事先毫无意义的符号系统，数学家的任务只是为某一符号系统确定作为前提的合式的符号串，并给出确定符号之间形式关系的变形规则，从给定的前提按给定的变形规则得出作为定理的符号串。因此，数学就是符号的游戏，从事数学研究如同下棋，所驱遣的数学对象就像无实在意义的棋子，按给定的变形规则对符号进行机械的变形组合，就像按下棋规则去驱动棋子。对这种游戏的唯一要求就是它的无矛盾性（柯恩），还要考虑到"是否方便，是否富于成果"（柯里），以及结构上是否美（罗宾逊）等。

---

① 罗宾逊. 形式主义64//中国社会科学院哲学研究所逻辑研究室编. 数理哲学译文集. 北京：商务印书馆，1988：62.

蒯因曾经指出，这场争论实际上是中世纪关于共相争论的延续，逻辑主义相当于实在论，直觉主义相当于概念论，形式主义相当于唯名论。这场论战在当代哲学和逻辑中得到某种延续：新逻辑主义、虚构主义（唯名论）、自然主义和结构主义都在某种程度上继承了数学基础研究三大派的思想。例如，在20世纪80年代，新逻辑主义发现，被弗雷格放弃的休谟原则与二阶逻辑是一致的，并且从休谟原则和二阶逻辑可以推出皮亚诺算术公理，这一结果被称为弗雷格定理。休谟原则是说，概念 F 的数和概念 G 的数相等当且仅当 F 和 G 等数。然而，很多人对休谟原则提出质疑，包括恺撒问题和良莠不齐反驳。此后，新弗雷格主义者尝试在保留公理 V 的前提下通过限制二阶逻辑来发展新逻辑主义：首先证明公理 V 与受限制的二阶逻辑的一致性，然后从公理 V 和受限制的二阶逻辑推出休谟原则，最后从休谟原则与受限制的二阶逻辑推出算术公理①。

三、描述论和直接指称论的论战

这场论战主要发生在语言哲学领域。自从克里普克的《命名与必然性》于1972年发表以来，在关于名称的描述论和直接指称论之间发生了一场长达40多年的"战争"。这场论战不仅发生在语言哲学领域，而且影响到了形而上学、知识论和心灵哲学领域，并衍生出许多新的理论，如严格指示词和因果历史理论、因果描述论和二维语义学等。

在这场论战中，长期居于统治地位的描述论是被攻击的一方。传统描述论的代表人物是弗雷格和罗素（其观点有差异），其核心观点是：（1）名称都有涵义和所指；（2）关于名称所指对象的一个或一簇描述给出名称的涵义；（3）名称的涵义是识别名称所指的依据、标准或途径；（4）名称的所指是外部世界中的对象。维特根斯坦、斯特劳森和塞尔将描述论发展成簇描述论：确定名称所指的不是单个描述，而是数目不定的许多描述的析取，后者也给出名称的意义。

---

① 刘靖贤. 新逻辑主义的困境与二阶分层概括. 湖北大学学报，2014（2）：17.

直接指称论是发动攻击的一方，认为名称直接指称对象，而不必以"涵义"或"描述性内容"为中介；名称对所在语句的唯一语义贡献就在于所指称的对象。有些直接指称论者还认为，确定名称所指的不是关于相关对象的一个或一组特征性描述，而是开始于对象的初始命名仪式和在语言共同体内传播的因果历史链条，通过追溯这根因果历史链条，人们能够找到该名称的所指。直接指称论的代表人物是克里普克、唐奈兰、卡普兰、马库斯、普特南，他们是直接指称论的发明者和倡导者，以及后来的萨蒙和索姆斯，他们是克里普克理论的追随者、诠释者和修补者，也是回击新批评的捍卫者。

对直接指称论做出描述论回击的代表人物是达米特、埃文斯、塞尔、普兰廷加（A. Plantinga）、刘易斯、大卫·索沙（David Sosa）、斯坦利等人，其中有人对直接指称论提出了宽辖域名称的回击，即名称相对于模态词总是取宽辖域；有人提出了严格化摹状词的回击，即通过给摹状词加上"现实的"或"在现实世界中"，使相应的摹状词严格化，总是指称它在现实世界中所适用的对象，即使在其他可能世界中也固定地回指它在现实世界中所指称的对象；还有人发展了某种替代性理论，如"元语言的描述论"和"因果描述论"。

在这场论战的前多半个时段，直接指称论获得了压倒性优势地位，以至有人说"描述论已经死掉了"。但近一二十年来却出现了"描述论复兴"，与斯托内克、杰克森（F. Jackson）和查默斯（D. J. Chalmers）等人的工作有关。他们发展了"二维描述论"，认为每一个名称都有两个意义：第一内涵，即一个唯一的识别属性；第二内涵，即例示该属性的对象。表达该属性的描述可以是因果描述，也可以是其他形式的描述；它们被用来确定该名称的所指，是其意义的一部分。我本人近十年来在国际A&HCI期刊发表了多篇英文论文，对克里普克的严格指示词理论提出了系统性批评，发展了一种基于我自己提出的"语言和意义的社会建构论"的名称理论——"社会历史的因果描述论"，其要点是：（1）名称与对象的关系始于广义的初始命名仪式；（2）在关于名称的因果历史链条上，传递的首先是并且主要是关于名称所指对象的描述性信息；（3）被一个语言共同体所认可的那些描述性信息的集合构成了名称的意义；（4）相对于认知者的实践需要，在作为名称意义的描述集合中可以排出某种优先序：某些描述比其他描述更占有中心地位；（5）若考虑到说话者的意向、特定话语的背景条件和相关的知识网络等因素，由名称的意义甚至是部分意义也可以确定名称的所指；（6）除极少数名称外，绝大多数名称都有所指，但其所指不一定是物理个体，也包括抽象对象、虚构对象和内涵对象①。

四、实在论和反实在论的论战

这场论战主要发生在形而上学领域，也发生在认识论、语义学、逻辑学、数学、伦理学等领域。很多西方的主流分析哲学家，例如蒯因、达米特、戴维森、普特南、大卫·刘易斯、克里普克、麦克道威尔、范·弗拉森、塞拉斯、内格尔、菲尔德、德维特（M. Devitt）、布兰登、夏皮罗等人，都参与了论战。他们所争论的主要问题是：（1）存在问题：这个世界上究竟存在哪些对象及其属性和关系？（2）独立问题：这个世界上的对象及其属性是否独立于人的意识和心灵（信念、语言实践、概念框架等）而存在？（3）表征问题：假如这个世界真的独立于人的意识和心灵而存在的话，人的意识和心灵如何表征不依赖于它们而存在的事物及其状况？或者说，我们如何获得关于这个独立存在的世界的知识？

形而上学的实在论断言：这个世界是按照它本来的样子而存在的，独立于我们关于它如何存在的信念；这个世界的事物及其属性和关系与我们发现它们是如何的能力无关；我们关于这个世界的信念客观地为真，与任何人认为它们为真或为假的信念无关。非实在论有多种不同的形式：错误理论、非认知主义、工具论、唯名论，某些形式的还原论和取消论对存在问题给出否定的回答；而观念论、主观主义、反实在论等对独立问题给出否定的回答：它们承认存在某些对象及其属性和关系，但否认这些对象及

---

① 陈波. 语言和意义的社会建构论. 中国社会科学，2014，10：121 – 142. 陈波. 名称如何指称对象？一个新的名称理论. 南国学术，2015，3：79 – 91.

其属性和关系独立于人的意识和心灵而存在。具体就科学领域而言,实在论主张,存在一个不依赖于人的意识的物理世界,甚至那些未被观察到的现象(如基本粒子和黑洞)也是实际存在的;而反实在论断言,不能把科学理论视为真理,而只能看作有用的工具,即使被证明错误之后也被经常使用。普特南断言:"实在论……是唯一不把科学获得成功诉诸奇迹的哲学。"①

在逻辑学领域,实在论和反实在论之争主要在达米特和戴维森之间进行。按达米特的表述,实在论和反实在论的真正分歧在于:实在论者承认二值原则,承认排中律,接受经典逻辑,接受超越于证据的"真"概念;而反实在论不承认二值原则和排中律,不接受经典逻辑和超越证据的"真"概念,认为"真"概念是与证据、证实、人的认知能力等等相关的。戴维森的真值条件语义学主张:一个句子的意义就是该句子为真为假的条件,但它不再对"真"概念本身给出进一步说明,而只是简单地断定:任一句子必定或者是真的或者是假的,没有既真又假或既不真也不假的情况发生,后者就是经典逻辑所秉持的二值原则。按达米特分析,二值原则背后隐藏着实在论假设:是语言之外的外部世界使得述说它的状况的任一句子或真或假,即使这种真假不被我们所知道,甚至在原则上不能被我们所知道。这样的"真"概念是超越人们所拥有的证据和证实的,也超越于人的认知能力之上。达米特从直觉主义逻辑出发,主张放弃二值原则:仅当我们有能力、证据和办法去证实某个句子为真(或为假)时,或者至少我们在原则上能够做到这一点时,我们才能够承认该句子为真(或为假)。他由此提出了一种证成主义的意义理论,其关键特征是分子性、彻底性和公共性(亦称"显示性"),例如它要说明:当我们知道一门语言时我们知道什么?我们关于语言的知识体现在什么地方?是如何体现的?在达米特看来,逻辑原则靠语义理论来提供证成,语义理论靠意义理论来提供证成,而意义理论是否成功则取决于它是否能够令人满意地解释我们的语言实践。

---

① H. Putnam. Mathematics, Matter and Method. Cambridge: Cambridge University Press, 1975: 72.

五、本质主义和反本质主义的论战

本质主义是自亚里士多德以来一种根深蒂固的哲学学说，其核心主张是：（1）事物的所有属性区分为本质属性和偶有属性。（2）模态刻画：一个对象的本质属性是它必然具有的属性，其偶有属性是它实际具有但可能不具有的属性。若用可能世界来刻画，一个对象的本质属性是它在所有可能世界中都具有的属性，其偶有属性是它实际具有但在有些可能世界中没有的属性。（3）解释刻画：一个对象的本质属性将派生出该对象的其他属性和外显特征，它是其他特性和特征生成的基础、根据和原因，因而可以依据其本质属性去充分解释和说明其非本质特性。在整个20世纪，各种后现代思潮对本质主义和理性主义做了激烈的批判和攻击，但这是来自分析哲学外部的批判。下面只考察分析哲学内部对本质主义的批评。

有些分析哲学家否认对象有所谓的"本质属性"。蒯因举例说，指称9有两种方式：一是用"7+2"，7+2必然大于7，故可以说9本质性地大于7；一是用"太阳系行星的数目"（当时的共识是该数目为9），但该数目有可能是6，因此太阳系行星的数目只是偶然地大于7。再考虑另一个例子：一位数学家必定是有理性的，但可能没有两条腿，故"有理性"是该数学家的本质属性，"有两条腿"则是他的偶有属性；一位自行车选手必然有两条腿，但可能不足够理性甚至缺乏理性，故"有两条腿"是他的本质属性，"有理性"则是他的偶有属性。但该数学家恰好也是一名自行车选手，他的本质属性是什么呢？蒯因通过这些例子试图表明，一个对象的本质属性取决于指称或描述该对象的方式，既然可以用不同方式去指称或描述一个对象，该对象就可能会有不同的"本质属性"，这会使得本质属性成为完全相对和主观的东西，从而陷于哲学泥潭[①]。后期维特根斯坦提出"家族相似"概念：一个家族的众多成员在很多特征上或多或少是相似的，但又有或大或小的差别，很难找出一个特征作为本质属性为

[①] W. V. Quine. Word and Object. Cambridge, MA: The MIT Press, 1960: 196–200.

该家族的所有成员所共有。这种家族相似性也存在于各种游戏特别是语言游戏中:"我想不出比'家族相似性'更好的表达式来刻画这种相似关系;因为一个家族的成员之间的各种各样的相似之处:体形、相貌、眼睛的颜色、步态、性情等等,也以同样方式互相重叠和交叉——所以我要说:'游戏'形成一个家族"①。维特根斯坦进而断言,对象之间只有家族相似,没有所谓的"本质属性",本质主义是错误的。

有些分析哲学家质疑对本质属性的模态刻画。根据模态刻画,一个对象的本质属性就是它的必然属性,也就是它在所有可能世界中都具有的属性。基特·费恩(Kit Fine)试图切断"本质"和"必然性"的这种联系。他考虑了这样一些属性:"是一种元素(假如是金子的话)","是如此这般以至使得 $2+3=5$","不同于埃菲尔铁塔","是单元集 {亚里士多德} 的元素",等等,这些属性都是亚里士多德在所有可能世界中都具有的属性,因而都是他的必然属性,根据模态刻画,因而也是他的本质属性,但这是荒谬的。他认为,模态刻画不能区分一个事物的同一性条件和该事物同一性的后果。回到上面的例子,"是一种元素(假如是金子的话)"和"是如此这般以至使得 $2+3=5$"这两个属性并不能使亚里士多德成为他之所是;"不同于埃菲尔铁塔"并不是亚里士多德身份中的一个要素;尽管单元集 {亚里士多德} 必定包含亚里士多德作为唯一元素,但"是单元集 {亚里士多德} 的元素"并不是亚里士多德成为亚里士多德的条件。考虑到模态刻画的这些反例,费恩提出了替代方案——定义刻画:对于每一个对象,都有一个与之关联的命题 D(x) 作为 x 的"真实定义",x 的本质属性就是由 D(x) 指派给 x 的那些属性②。

有些分析哲学家无视或质疑本质属性的解释功能。克里普克认为,个体的本质就是其因果起源。例如一个人的本质就是源自他父母的、他由之发育而成的那颗受精卵;一张桌子的本质就是它由之制成的那些材料;自然种类的本质就是其内部结构,例如水的本质是 H_2O,金子的本质是原子序数为 79 的元素,老虎的本质是其内部的生理结构。他还认为,一个或

---

① 维特根斯坦. 哲学研究. 李步楼, 译. 北京: 商务印书馆, 1996: 48.
② K. Fine. Essence and Modality. Mind, 1994, 459 (115): 659-693.

一类对象只要其本质保持不变，即使它们失掉许许多多其他特性，甚至失掉它的全部偶有特征，也仍然是该个或该类事物；反之，一个或一类事物如果失去其本质，即使它们在其他性质方面仍然与原事物相同，它们也不再是该个或该类事物。我们可以设想这样一种非真实的情形：其中有这样一种动物，它具有现实世界中老虎的一切外部特征：胎生的、四肢着地、爬行、食肉、凶猛等等，但它却具有现实世界中鸟的内在结构。克里普克认为，即使在这种情况下，我们还是应该称之为鸟，而不该称之为虎："我们不能够以虎的外貌特征来定义虎；因为可能存在着另一个物种，它具备虎的所有外貌特征，但又具有与虎完全不同的内部结构，因而这个物种不是虎种……"① 我曾对此提出批评：这种说法"完全忽视甚至排除了事物的本质属性与事物的其他性质及外显特征的内在联系，认为前者并不支配、决定、派生后者，但这是完全错误的"②，因为一个对象具有人的基因，它必定看起来就是人的样子，而不会是狗的样子。

六、内在论和外在论的论战

1963年，埃德蒙·盖梯尔发表了仅3页的短文，提出了著名的"盖梯尔问题"：有证成的真信念是知识吗？③ 该文用几个例子表明：由于某种碰巧和运气成分，人们可能有内在适当的证成却没有知识，因而知识不等于有证成的真信念。把盖梯尔问题引入当代认识论中，要求重新思考真信念与知识的关系，由此引发了内在论和外在论的论战。内在论者坚持认为，知识要求证成，并且证成的性质完全由一个认知主体的内在状态或理由所决定。外在论者至少否认内在论者的某个承诺：或者知识不要求证成，或者证成的性质并不仅由主体的内在因素所决定。按照外在论的后一种观点，证成一个信念的那些事实包括一些外在事实，例如，信念是否由

---

① 克里普克. 命名与必然性. 梅文, 译. 上海：上海人民出版社, 2001：133.

② 陈波. 专名和通名理论批判. 中国社会科学, 1989 (5)：43.

③ E. Gettier. Is Justified True Belief Knowledge? Analysis, 1963, 23：121-123.

使得该信念为真的那些事态所引发？该信念是否反事实地依赖于使它为真的那些事态？信念是否由一个可靠的（或追踪真理的）信念形成过程所产生？或者，信念是否在客观上很有可能为真？这次论战重点关注如下问题：日常知识归属的意义、合理性的本性、信念的伦理学、怀疑论以及自然主义在认识论中的作用。

为了理解内在论和外在论的区别，我们有必要先区别命题证成（propositional justification）和信念证成（doxastic justification）。命题证成是证成某个信念仅仅有好理由就足够了，而信念证成＝命题证成＋某种因果关系，即要求基于那些理由而持有某个信念，常把这个要求称为"建基要求"（the basing requirement）。

内在论者认为，命题证成，而不是信念证成，是完全由认知主体的内在状态决定的。这里，内在状态可以指他通过反思（例如回想或记忆）可通达的状态，也可以指他当下的身体状态、大脑状态或者心智状态（如果心智状态不同于大脑状态的话）。前一种看法被称为"可通达主义"（accessibilism），后一种观点叫作"心智主义"（mentalism）。我们也可以把内在论表述为如下观点：除建基要求之外，所有决定证成的要素都是内在的。关于证成的外在论否认除开建基要求之外的证成要素都是内在的。从肯定的角度说，外在论强调一个信念和外部环境之间的依赖关系对于证成的重要性。例如，一个人的信念"绿草丛中有一只老虎"是由"绿草丛中有一只老虎"这个事实引起的，该事实对于确定该信念的证成状态是至关重要的，即使该事实可能未被那个人意识到，甚至不能被他意识到。

支持内在论的常常是如下三个考虑：（1）合理性：不具有好理由而持有一个信念是不合理的，对一个信念的认知证成要求持有使该信念为真的好理由，并且这些理由还必须为相应的认知主体意识到或所知晓。外在论者却允许用一些不为认知主体所知悉的外在因素——如一个信念的因果起源，或某个信念形成过程的可靠性——去证成一个信念。（2）信念的伦理学：证成就是履行一个人的理智义务或责任，而一个人是否忠实履行其理智责任，例如他是否让他的信念严格依从于他所得到的证据，完全是一件内在的事情。（3）关于一些案例的自然判断，此处细节从略。

支持外在论的常常是如下三类论证：（1）依据真值联系的论证。对一个信念的认知证成意味着该信念在客观上很可能为真,这涉及该信念为真与相应的证据在现实世界中的关联度,而内在论所主张的仅仅拥有好理由不能确保一个信念客观上为真。(2)依据日常知识归属的论证。我们常常把知识归属给理智上不成熟或不精细的孩子、老人甚至动物,他(它)们对于这些知识缺乏内在的证成,即不能给出为他(它)们所知晓的好理由,自然的结论是:或者知识不需要证成,或者证成只需要一些外在条件,尽管这些条件不被相关认知主体所知晓。(3)依据激进怀疑论的不合理性的论证。外在论者认为,他们能够比内在论者更好地解释和说明激进怀疑论的不合理性,此处细节从略。

内在论和外在论的论战在当代哲学中广受关注,是因为它们涉及关于认识论的根本性问题:当建构有关信念、证据、证成、知识等关键性认识论概念的理论时,我们想达到的目标是什么?这些理论化工作的性质是什么?

七、关于真理和逻辑真理的论战

"真"和"真理"是哲学研究的中心话题,围绕下述问题产生了很多哲学争论,例如:什么是真值承担者,即究竟是什么东西——语句、陈述、命题、判断、信念、理论——为真或为假?什么是语句或命题的真或假?如何定义"真"和"假"?"真"和"真理"在我们的整个知识体系中究竟发挥什么作用,如何发挥作用?等等。已经提出的各种各样的真理论,如符合论、融贯论、冗余论或紧缩论、实用主义真理论等等,相互进行了激烈的论战①。

亚里士多德的如下断言构成符合论的精髓:"说是者为非,或说非者为是,是假的;而说是者为是,或说非者为非,是真的。"② 也就是说,

---

① 陈波. 语句的真、真的语句、真的理论体系——"truth"的三重含义辨析. 北京大学学报, 2007 (1).

② Aristotle. Metaphysics. W. D. Ross, trans. Beijing: Central Compilation & Translation Press, 2012: 85.

语句的真不在于词语与词语的关系，而在于词语与世界的关系，或内容与世界的关系，更具体地说，在于语句所表述的内容与对象在世界中的存在方式或存在状况的符合与对应。符合论后来演变出不同的版本，例如有假定事实的本体论地位的版本：存在一类特殊的实体——"事实"，与事实相符合的语句为真，不符合的语句为假。罗素、早期维特根斯坦、奥斯汀以及绝大多数逻辑经验论者，都是这个版本的倡导者和坚持者。但后来也发展出不假定事实的本体论地位的符合论版本。

融贯论的基本思想是：一个命题的真不在于它与实在、事实的符合或对应，而在于它与它所从属的命题系统中的其他成员是否融贯：融贯者为真，不融贯者为假。更明确地说，真理在于一组信念的各个元素之间的融贯关系。一个命题是真的，当且仅当，它是一个融贯的命题集合中的元素。由此可以引申出：对融贯论者来说，谈论作为一个命题系统的元素的单个命题的真假是有意义的，但谈论它所从属的整个命题系统的真假是无意义的。早期融贯论属于哲学中的唯理论传统，17 世纪的莱布尼茨、笛卡儿、斯宾诺莎，19 世纪初的黑格尔和 19 世纪末的布拉德雷都持有融贯论思想。20 世纪，某些逻辑经验论者如纽拉特和亨普尔，以及雷谢尔也是融贯论者。

实用主义真理论是由皮尔士、詹姆斯和杜威等人提出的。他们认为，一个概念的意义是由运用它所产生的"实验的"或"实践的"结果来确定的；不实际造成任何经验差别的理论差别都不是真正的差别。在真理问题上，他们研究这样的问题：若一个信念或语句为真，会在实践中造成什么差别？可以对实用主义的真理观做如下概括：

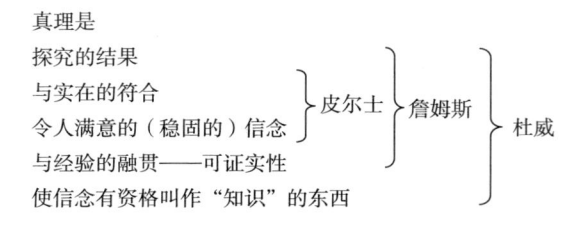

真理是
探究的结果
与实在的符合 ⎫
令人满意的（稳固的）信念 ⎬ 皮尔士 ⎫ 詹姆斯 ⎫
与经验的融贯——可证实性 ⎭   ⎬   ⎬ 杜威
使信念有资格叫作"知识"的东西   ⎭

图 23-1

冗余论最早由拉姆塞于 1927 年提出，后来由艾耶尔、斯特劳森、格罗弗（D. Grover）等人加以充实和发展。他们认为，"p 是真的"仅仅等同于 p，或者说，说"p 是真的"只不过意味着断定 p，接受 p，同意 p，等等。"真的"和"假的"这两个谓词是多余的，它们并没有对 p 做出什么新的描述和断定，可以把它们从任何语境中删除，而不会引起任何语义损失；根本没有孤立的真理问题，有的只是语言混乱。近几十年来，冗余论被发展成"静默论"（quietism）、"去引号理论"（disquotationism）和"紧缩论"（deflationism）等形式，它们试图卸掉真概念的形而上学和认识论的重负，使其平凡化，认为"p 是真的当且仅当 p"穷尽了真概念的一切意蕴。

真理论方面的争论必然延伸到逻辑真理和数学真理。什么是逻辑真理和数学真理？它们在什么意义上为真？是什么东西、哪些因素使得它们为真？传统上，哲学家们利用"理性真理"和"事实真理"或"分析命题"和"综合命题"的区分去说明这些问题：逻辑真理和数学真理是空无经验内容的分析命题，因其所包含词语的意义或整个命题的形式结构为真，因而是普遍的、客观的、先验的和必然的。蒯因在《经验论的两个教条》等论著中，阐述了一种整体主义知识观：我们关于世界的知识总体是一个悬浮在经验基础上的结构，其中所有部分都与我们关于外部世界的感觉经验有关，各部分的差别不是经验内容有无的差别，而是程度的差别：多些或少些，远些或近些，直接或间接，等等。我们的知识总体中的任何部分，包括逻辑和数学，都含有经验内容，在原则上都是可修正的；但鉴于逻辑和数学在整个体系中的核心位置，对它们的修正必须慎之又慎：让逻辑不受伤害总是一个合理的策略。蒯因的观点引发了热烈的争论，一直延续至今。

八、逻辑一元论和逻辑多元论的论战

这场论战紧随上一场论战而来。蒯因的整体论引出了逻辑的可修正性论题，进一步引发的问题是：逻辑理论为什么要修正？如何修正？修正后得到的逻辑系统与原来的逻辑系统是什么关系？由于经典逻辑、变异逻辑和扩充逻辑等多种逻辑系统同时并存，其中有些还在下述意义上相互冲突：一些系统包含某些定理，另外一些系统则拒斥这些定理。由此牵扯出更具根本性的问题：逻辑有正确与错误之分吗？根据什么标准去做这种区分？正确的逻辑是一种还是多种？由此形成了逻辑一元论、多元论和工具论等，其中逻辑多元论是目前较为强势的一方。

问题1：逻辑系统有正确和不正确之分吗？是否可以依据世界和心灵的某些结构性特征以及自然语言的使用惯例，去分辨逻辑理论的正确与错误？

逻辑工具论者对此给予否定回答：不存在任何"正确的"逻辑，正确性观念是不适当的。他们只承认"内部问题"，即一逻辑系统是否一致与可靠，而拒绝"外部问题"，即一逻辑系统是否正确地刻画了日常语言中的非形式论证，特别是世界和心灵的某些结构性特征。在他们看来，逻辑只是人们进行推理的工具，只有是否适用、方便、易于操作等问题，没有正确与否的问题，谈论逻辑的正确与否是文不对题的。

一元论者和多元论者全都承认有"外部问题"，也全都承认讨论一个逻辑系统的正确性是有意义的，但他们在下一问题上有分歧。

问题2：是只存在一个正确的逻辑系统，还是存在多个同等正确的逻辑系统？变异逻辑与经典逻辑之间是否有冲突或竞争？

一元论者的回答是：正确的逻辑是唯一的，经典逻辑及其扩充构成了那个正确的逻辑，而其他的逻辑则与经典逻辑及其扩充构成竞争关系，也就是说，或者经典逻辑是正确的，或者变异逻辑是正确的，但不能二者都是正确的。

多元论者认为，正确的逻辑系统不止一个，而是有好多个，不同逻辑系统之间表面是竞争的，内在是相容的。这是因为，人类心灵对世界的结构性特征的把握是多视角的，对推理和论证有效性的直观和领悟也是有差别的，这就为逻辑学家进行形式建构留下了很大的自由空间，由此可以构造出不同的逻辑系统，它们适用于处理不同领域的推理和论证，有不同的用途；在一定方面或程度上都是正确的，但并非完全和绝对正确。主张逻辑多元论的一个理由是：它鼓励逻辑创新，产生逻辑领域内的新发现，导致新逻辑系统的创立，这些都是有价值的事情。

问题3：一个逻辑系统必须是普遍适用的，即适用于一切题材的推理吗？或者一个逻辑可以是局部正确的，即只适用于某个有限的话语领域吗？

一元论者假定：逻辑应该是普遍适用的，可以应用于任何题材的推理。

多元论可区分为局部多元论和整体多元论。局部多元论者认为，不同的逻辑系统可以适用于不同的话语领域，例如经典逻辑也许适用于宏观现象领域，量子逻辑则适用于微观现象领域。他们把系统外的有效性或逻辑真理概念相对化，也把逻辑系统的正确性概念相对化，即相对于不同的话语领域。在他们看来，一个论证不是普遍有效的，而是在某个范围内有效的。整体多元论者则与一元论者持有同样的假定：逻辑应该是普遍适用的，可以应用于任何题材。但是，他们或者否认经典逻辑学家和变异逻辑学家恰好在同样意义上使用"有效"或"逻辑真"概念，或者否认他们之间在关于同样的论证或陈述上真正发生了分歧。

九、哲学论战的意义

像几乎所有的哲学论战一样，如上所述的八次大论战并没有就所争议的问题达成共识，所争议的那些问题并没有被最后解决，而是留待我们后人来继续研究，并对它们的解决做出我们的贡献。这就引出了一个问题：不解决争议且造成新争议的哲学论战究竟有什么价值和意义？哲学家们为什么要投身于这样的论战中去？这是一个严肃的问题，值得认真加以回答。

我认为，哲学论战的价值和意义至少体现在以下四点：

（1）揭示已有理论观点的问题和缺陷。

在某种意义上，分析哲学肇始于弗雷格的反心理主义，在后来的很长时期内，后者占据了绝对统治地位。随着时间的推移，这种反心理主义暴露出很多严重的问题。首先，它基于早期实验心理学的不成熟，认为只要一触及心理现象，其研究结果就必然是私有的、个人的、主观的和不稳定的。但随着研究方法的不断改进，心理学已经像其他自然科学一样，成了一门值得尊敬的严肃科学，其很多研究结果也可以被重复验证，具有相当程度的客观性。其次，弗雷格在反对逻辑心理主义的过程中，所使用的不少关键性前提只是被假定为理所当然的，而没有得到严格的论证，其成立依据值得严重怀疑。再次，它把推理和论证的有效性完全与人的实际思维过程分离开来，从而使逻辑的规范性得不到合理的说明和辩护。最后，随着认知科学和人工智能的发展，我们必须研究人究竟是如何接受信息和处理信息的，如何根据新信息和环境反馈来调整和改变自己的思考和决策，这就要求我们去研究人的实际认知过程、思维过程和决策过程，从中提炼出认知的模式、程序、方法和规则等等。这样的工作既是描述性的，又是规范性的，认知规范从对成功或失败的认知实践的反思中提取，又被新的认知实践所检验。因此，当代逻辑学家和哲学家开始重新检讨和反思过去的心理主义和反心理主义的论战，甚至出现了某种形式的新心理主义。

（2）开拓新的思维空间，发展新的理论观点。

哲学家们的相互诘难和相互批判，必然形成新的思维冲击力，促使旧理论的同情者和捍卫者去想尽办法回应批评，利用一切可能的资源，去改进和发展自己的理论；同时也促使不满意旧理论的思想家去构想新的可能性，提出和建构新的理论，由此可以促进哲学的繁荣和进步。例如，在模态概念"必然"和"偶然"、理性概念"先验"和"后验"、意义概念"内涵"和"外延"之间，存在着下述论题所刻画的密切关联：

> 弗雷格论题：两个表达式 A 和 B 有同样的涵义，当且仅当 "A ≡ B" 没有认知意义。
>
> 康德论题：句子 S 是必然的当且仅当 S 是先验的。
>
> 卡尔纳普论题：A 和 B 有同样的内涵，当且仅当 "A ≡ B" 是必然的。

结合康德论题和卡尔纳普论题，可以推出：

> 新弗雷格论题：A 和 B 有同样的内涵，当且仅当 "A ≡ B" 是先验的。

由此导致如下的"金三角"：

```
        模态
         ╱╲
        ╱  ╲
       ╱ 卡 ╲
    康 ╱  尔  ╲
    德╱   纳   ╲
     ╱    普    ╲
    ╱_____╲
  理性   弗雷格   意义
```

图 23-2

但是，克里普克反对名称的描述论而建立了严格指示词理论，还由此推出"先验偶然命题"和"后验必然命题"的存在，这直接威胁到康德论题和新弗雷格论题，破坏了原来的金三角。有些哲学家，如卡普兰、斯托内克、埃文斯、戴维斯、汉姆斯通和查默斯，试图通过一些二维处理方法来恢复这个金三角，从而产生了二维语义学，后者的"中心思想是一个表达式的外延以两种不同的方式依赖于世界的可能状态：一是认知依赖（epistemic dependence），这是指表达式的外延依赖于现实世界（actual world）的呈现方式；二是指虚拟依赖（subjunctive dependence），这是指在现实世界的特征都已经固定的情形下，表达式的外延还依赖于世界的反事实（counterfactual）状态。对应于这两种不同的依赖性，一个表达式就具有两种不同的内涵，这两种内涵以不同的方式将表达式的外延和世界的可能状态联系起来。在二维语义学的框架中，这两种内涵被看作体现了一个表达式的意义或内容的两个不同的维度。"① 二维语义学在当代逻辑和哲学中都有很重要的应用，但目前还不成熟，正处于发展过程中。

（3）防止哲学领域里的盲从、独断和专制。

如果说，政治或军事领域的独断和专制还可以找出些许"理由"的话，例如为了政府机构的高效运转，为了保证军队能打胜仗，那么，学术领域特别是哲学领域的独断和专制绝对是有害无益的。某些哲学"天才"人物，凭借其扎实的知识储备、卓越的洞察力、"天不怕地不怕"的特殊人格，以及罕有其匹的创新能力，颠覆旧理论，提出新理论，很可能把普

---

① 贾益民. 二维语义学及其认知内涵概念. 哲学动态，2007（3）：52.

通读者一时"击晕",使其失去判断力,成为他们的粉丝和俘虏,从而导致造神和盲从现象。只有少数冷静者和有能力者,躲在一边阅读和思考,对"天才"的学说提出质疑,逐渐形成影响,普通人也慢慢从"晕眩"状态中清醒过来,开始独立思考,最后往往导致旧偶像的坍塌和新英雄的出现。有一种说法:哲学史就是一种"学术弑父、思想弑父"的历史,后来者推翻其前辈,超越其前辈。想一想当年维也纳学派是何等风光,"拒斥形而上学"的口号是如何响遏行云,维特根斯坦和蒯因如何在很长时期内居于领袖地位,如今却物是人非,其影响日渐式微了。

(4)凸显哲学追求智慧和真理的本性。

哲学对智慧和真理的追求,不能由单个哲学家来完成,而要靠哲学家群体的"对话"或"论战",他们通过相互质疑、批评、诘难、提醒、补正、激励……来确保他们的探索活动始终对准理性、智慧和真理这样的目标。有学者指出:"如果不对假定的前提进行检验,将它们束之高阁,社会就会陷入僵化,信仰就会变成教条,想象就会变得呆滞,智慧就会陷入贫乏。社会如果躺在无人质疑的教条的温床上睡大觉,就有可能渐渐烂掉。要激励想象,运用智慧,防止精神生活陷入贫瘠,要使对真理的追求(或者对正义的追求,对自我实现的追求)持之以恒,就必须对假设质疑,向前提挑战,至少应做到足以推动社会前进的水平……在这一过程中,那些提出上述恼人问题并对问题的答案抱有强烈好奇心的人,发挥着绝对的核心作用。"[①]

---

① 麦基. 思想家. 周穗明,等译. 北京:三联书店,1987:4.

24. 没有事实概念的新符合论[*]

各门科学的目标是在其各自的范围内发现有哪些真理,哲学的目标则更具一般性,它研究这样的问题:什么是真?当一个人说一个命题是真的时候,他在说些什么?传统上有几种主要的真理论:符合论,强调真命题与外部世界之间的关联;融贯论,强调真命题之间的融贯和相互支持;实用主义真理论,强调真理所造成的实际后果;冗余论,断言真概念不具有实质性作用;等等。其中,符合论被认为是最古老也最有影响的真理论,但它遭遇到了某些严重的理论困难,后来又出现了很多其他的真理论,其中很多只是前几种的新变种,至少与它们有密切关系,例如语义真理论、使真者理论、真理同一论、实质真理论、多元真理论、紧缩真理论、初始真理论,等等。本章的目标是:先概述传统符合论所遭遇到的理论困难,再提出和论证一种新的符合论,它不使用传统符合论的事实概念,但坚持它的基本思想:命题的真不在于词语与词语的关系,而在于词语与世界的关系,或内容与世界的关系;具体地说,在于命题的内容与对象在世界中的存在方式或存在状况的符合与对应。这里的关键在于:不是我们语言中的东西,也不是我们思维中的东西,而是外部世界中的东西使得一个命题为真或为假;真理在外部世界中有其使真者(truthmaker)。新符合论试图由此确保真理具有某种程度的客观性。

一、传统符合论的困难

一般认为,亚里士多德对真理符合论做了最早的表述:"说是者为非,

---

[*] 本章属于国家社会科学基金重大项目"当代逻辑哲学重大前沿问题研究"(项目号17ZDA024)的阶段性成果。

或说非者为是，是假的；而说是者为是，或说非者为非，是真的。"[1] 换成更明白的表述，事情是怎样的偏说它不是怎样的，事情不是怎样的偏说它是怎样的，这样的说法是假的；而事情是怎样的就说它是怎样的，事情不是怎样的就说它不是怎样的，这样的说法是真的。为了说明命题的真，传统符合论大都设定了"事实"概念，并认为事实在外部世界中，是使得命题为真的使真者：与事实相符合和对应的命题为真，否则为假。为了说明这种符合和对应，罗素提出了逻辑原子论，维特根斯坦提出了图像论，撇开细节差异，其核心思想是近似的，即命题中的名称指称外部世界中的个体，命题中的谓词指称或描述个体的性质和关系，命题本身则指称或描述外部世界中的事实（fact）或事态（states of affairs）：若相应的事实或事态存在，则该命题为真；否则为假。这套理论更深层的假设是：语言与世界在逻辑形式上同构，因此，由语言可以推论世界。

下面把罗素的逻辑原子论概要图示如下[2]：

语言（命题） ←—同构—→ 世界（事实）

图 24-1

1. 基础层

表 24-1

原子命题	原子事实
逻辑专名	可感知的殊相
一元谓词	性质
多元谓词	关系

---

[1] Aristotle. The Metaphysics. Translated with an Introduction by Hugh Lawson-Tancred. Penguin Books，2004：107.

[2] 陈波. 客观事实抑或认知建构：罗素和金岳霖论事实. 学术月刊，2018（10）：24.

2. 构造层

表 24-2

否定命题	否定事实
其他分子命题	无特殊对应项，依赖原子事实
逻辑联结词	无对应项
量化命题	一般事实、存在事实
量词	无对应项
表达信念等的命题	无明确对应项
摹状词：非指称短语	无对应项
专名：伪装的摹状词	个体，逻辑构造物
普遍名称	类，逻辑构造物
……	……

罗素和维特根斯坦等人的这套理论遇到的最大困难是：如何说清楚命题与"事实"的"符合"和"对应"。

1. 事实是连成一片的，无法个体化

蒯因有一个著名的断言："没有同一性就没有实体。"① 个体的同一性是一个体在不同场合出现时将其确认为同一个体的标准，也是把该个体区别于其他个体的标准。因此，同一性标准亦称"个体化标准"。只有 x 具备同一性，我们才能把它称作某个"东西"，并且把它与别的"东西"区别开来：这个 x、那个 y；才能对它们进行计数：一个 x、两个 x、三个 x……如果有事实并且是某类实体的话，那么，事实的同一性标准是什么？我们如何划定一个事实的边界条件？我们依据什么在不同事实之间做出区分？

先看"CB 正在写作"这样的原子命题。所谓"原子命题"，就是其本身中不能析解出别的命题的命题，如果硬要对它再做分析的话，只能将其拆解为不同的命题成分，例如主词"CB"，谓词"正在写作"。问题：

---

① Jr. R. F. Gibson. Quintessence：Basic Readings from the Philosophy of W. V. Quine. Cambridge，MA：Harvard University Press，2004：107.

这个原子命题符合什么样的"原子事实"？是"CB 正在写作"这个事实吗？它在何种意义上是"原子"的？当 CB 在写作时，他通常是用电脑写作，因此，他面前有一台电脑或显示屏，他用手指在键盘上操作，他坐在某张椅子上，这张椅子在某个房间里，这个房间在某座公寓楼里，这座楼在某个小区里……当他写作时，他或许还在抽烟，手边还有一个茶杯，当然他还穿着衣服……所有这些是对"CB 正在写作"这同一个事实的不同描述，因而是这同一个事实的不同构成部分？或者它们根本上就是完全不同的事实？如何区分？其标准是什么？大概没有人能够说清楚。

再看否定命题。有两种类型的否定："CB 不在牛津大学"和"并非 CB 正在牛津大学"。这两个命题的区别在于：在第一个命题中，否定词"不"插在其主词和谓词之间；在第二个命题中，否定词"并非"作为命题联结词置于一命题的开头。当然，这两个命题是等值的，但并非对于其他命题也是如此，例如"CB 不是牛津大学教授也不是哈佛大学教授"，与"并非 CB 既是牛津大学教授又是哈佛大学教授"就不等值。我们仅考虑"CB 不在牛津大学"这个否定命题，它对应什么事实？罗素说它对应于相应的否定事实"CB 不在牛津大学"。问题：否定事实是寄居、附随在相应的肯定事实之上，还是独立于肯定事实之外的另一种事实？例如，从"CB 正在北京"这一事实，我们可以知道下面这些都是"事实"：CB 不在上海、CB 不在广州、CB 不在香港、CB 不在台北、CB 不在东京、CB 不在纽约、CB 不在南极、CB 不在月球上……由此可知：（1）如果有所谓的"否定事实"的话，这样的否定事实是无穷多的，如金岳霖所言"滔滔者天下皆是"①；承认和接纳这样的否定事实真的有必要吗？（2）这样的否定事实似乎是寄居、附随在肯定事实之上的，因而就没有必要在肯定事实之外去承认所谓的"否定事实"？（3）如果硬要断言"否定事实"自成一类的话，则很难给出识别和确认"否定事实"的可以操作的清晰标准。

丘奇、哥德尔、蒯因、戴维森等人还用所谓的"弹弓论证"去证明：如果真命题对应于某个事实的话，它就对应于所有事实，甚至对应于唯一

---

① 金岳霖. 知识论. 北京：商务印书馆，1983：760.

的"大事实"。他们所使用的"弹弓论证"非常技术化,普通人很难理解。我对他们的结论给出了一个"直观论证",只要回过头去仔细思考"CB 正在写作"那个例子即可。为了清楚起见,再不厌其烦地通过另一个例子来说明。考虑"张学良、杨虎城发动了西安事变"这个命题:它是否只描述、刻画了"一个"事实?这取决于你怎么看。这个事件有前因,有具体的发生过程;有众多的人物参与、牵涉其中,这些人有不同的出生和历史,有不同的意图和打算,等等;这个事件有结局,还产生了重要且深远的历史影响,等等。如果有人愿意,完全可以写出几大卷的历史书,实际上已经有多种这样的书。所以,历史学家贝克尔指出:"简单的事实最后看来绝不就是一个简单的事实,而是许许多多事实的一个简单的概括罢了。"① 戴维森也断言:"……如果我们试图为指称事实提出某种严肃的语义学,我们就会发现:事实是连成一片的;没有办法在它们之间做出区分。"② 如果所有事实都融合成了唯一的"大事实",后者就蜕变成"世界"和"实在"的同义语。符合论的主张"一个命题为真当且仅当它符合某个事实"就变成了"一个命题为真当且仅当它符合整个世界",这样的符合论是非常反直观的。通常认为,如果有事实的话,那么,"雪是白的"符合一个事实,"草是绿的"符合另一个事实,"CB 是北大教授"则符合第三个事实。如果说它们为真,因为它们共同符合唯一的大事实,并且所有真命题都符合同一个大事实,所有的假命题都不符合这个大事实,这样的符合论还有意义吗?还有多少人能够严肃认真地对待它?

仔细思考一下就会发现,所谓的"事实"背后隐藏着人的视角。先看普列维尔的一首诗《公园里》③:

一千年一万年

也难以

诉说尽

---

① 卡尔·贝克尔. 什么是历史事实? //张文杰. 历史的话语——现代西方历史哲学译文集. 北京:中国人民大学出版社,2012:279.

② D. Davidson. Truth, Language and History. Oxford: Clarendon Press, 2005: 5.

③ 诗刊社. 世界抒情诗选. 沈阳:春风文艺出版社,1983:358.

> 这瞬间的永恒
> 你吻了我
> 我吻了你
> 这冬日朦胧的清晨
> 清晨在蒙苏利公园
> 公园在巴黎
> 巴黎是地上的一座城
> 地球是天上的一颗星

这首诗先用特写镜头捕捉到了一个"瞬间的永恒":两个恋人接吻,然后镜头开始后退、拉开、拉远,由此逐渐把那个画面推入无穷,也推入永恒,从而贴近了诗开头的关键词"永恒"。同样的道理,"事实"如何捕捉和切分,也取决于你是用特写镜头,还是用广焦距、长镜头,而最后又取决于你究竟想从这个世界捕捉什么,能够捕捉什么,怎么捕捉,以及这个世界的真实状况。在这个意义上,"事实"已经不完全在这个世界中,而是含有某种认知建构的成分。我曾论述说:"'事实'与认知主体的意图或目标有关,是认知主体利用特殊的认知手段,对外部世界中的状况或事情所做的有意识的提取和搜集,因而是主观性和客观性的混合物。用一种隐喻性说法,'事实'是我们从世界母体上一片片'撕扯'下来的。究竟从世界母体上'撕扯'下什么,既取决于我们'想'撕扯下什么,即我们的认知意图和目标;也取决于我们'能'撕扯下什么,即我们的认知能力;还取决于我们'如何'撕扯,即我们所使用的认知手段和方法。如此刻画的'事实'在科学研究和司法实践中起'证据'作用。"[①] 这样的事实可能以多种方式撒谎,从而掩盖本体论意义上的客观真相,故在定义真概念时很难发挥什么实质性的作用。

2. 事实与命题的关系无法厘清

刻画"事实"概念的常见策略是:为了说明一个命题 p 的真,由此就创制一个事实 p,符合论由此变成了如下的等价式:

---

① 陈波."以事实为依据"还是"以证据为依据"——科学研究和司法审判中的哲学考量. 南国学术,2017(1):31-32.

对于任意命题 p 而言，命题 p 是真的当且仅当 p 是一个事实。

用英语来表述更好理解：

It is true that p if and only if it is a fact that p.

很显然，这种"事实"概念是为了符合论的目的而由真语句投射出去的，是为了说明语句的真而特别创制的。我们先有一个语句，为了说明这个语句的真，我们设定这个语句所对应的事实。在这样做时，我们实际上是把语句及其结构"移植"和"投射"到现实世界中去。由此至少会带来如下问题：（1）根据这种符合论，"CB 在说话"这个语句符合"CB 在说话"这个事实。不过，当 CB 在说话时，他是对着某个人或某些人说的，他的舌头和喉咙在动，存在适当的空气条件传播 CB 的声音，别人有能够听见 CB 声音的耳朵；CB 还穿着衣服，站着或坐着，比画着某些手势，处于一个特定的时间和地点；他还是他国家的公民；等等。所有这些都包括在"CB 在说话"这个事实中吗？一个"事实"的边界条件在哪里？（2）"王强与李莉结婚了"和"李莉与王强结婚了"是两个不同的命题，它们对应于同一个事实还是两个不同的事实？"北京是一个现代化大都市"和"中国的首都是一个现代化大都市"这两个命题对应于不同的事实吗？通常认为，同一个事实可以由不同的命题来刻画，故"事实"与"命题"并非一一对应。

上述版本的符合论还会导致"事实"与"真"这两个概念是相互依赖的。蒯因论述说，有人告诉我们，"鸟会飞"为真是由于鸟会飞这一事实，"鸟会飞"这个真语句符合鸟会飞这个事实，"鸟会飞"这个语句是真的当且仅当鸟会飞是一个事实。稍微思考一下就会发现："事实"概念是通过"真语句"来定义的，而语句之"真"又是通过"事实"来定义的，这样一种定义是明显的循环，甚至是恶性循环，因而是空洞无效的。设定"事实"对于真语句没有任何解释力，我们应该放弃"事实"这个概念。"鸟会飞是一个事实"因此就被简缩为"鸟会飞"。我们根据鸟会飞这一事实说明"鸟会飞"为真，现在变成："鸟会飞"是真的当且仅当鸟会飞。蒯因由此断言，"真"就是去引号。但他的去引号论仍含有符合论成分："真谓词在某种程度上用来通过语句指向实在；它用作提醒物：

虽然提及语句，但实在仍然是要点所在。"①　"正如符合论已经暗示的，真谓词是词语和世界之间的中介。真的东西是语句，但该语句的真就在于世界恰如它所说的那样。"②　去引号论"是真理符合论的重要残余。把真归属于语句③就是把白归属于雪。把真归属于'雪是白的'仅是去引号并且说雪是白的"，"我们看到符合论退化为去引号"④。

　　由于"真命题"与"事实"之间的紧密联系：一个命题为真当且仅当它所说的是一个事实，一个命题为假当且仅当它所说的不是一个事实，最后导致有些学者提出了"真理同一论"：真命题与事实是同一的，真命题不仅符合事实，甚至就是事实本身，例如真命题"雪是白的"等于"雪是白的"这个事实。这种同一论会遭遇比传统符合论所遭遇的更严重的困难。首先，"句子"是语言性的，"命题"是心智性的，传统符合论所要强调的是：语言所表达的东西，人脑中所想到的东西，与外部世界中的某种状况或情景相符合或对应，由此来保证真理的客观性。按照真理同一论，真命题与事实变成了同一类东西，它们究竟是同属于语言或心智，还是同属于外部世界？相互等同的东西还有传统符合论所说的那种"符合"或"对应"吗？我们之所以设定"事实"，是为了让它们成为真命题的使真者。如果让事实等同于真命题，那么，真命题能够成为它们自己的使真者吗？事实难道也有真假之分吗？其次，如果让事实成为某种命题型的东西，那么，它们二者的存在条件应该是相同的，但实际情形并非如此：即使命题 p 不为真，该命题仍然存在；只有命题 p 为真时，相应的事实 p 才存在。具有不同存在条件的东西怎么能够相互等同？！

　　由此可以得出结论："事实"很难作为一个哲学概念被严肃认真地对待，更难以在定义"真"概念时发挥实质性作用。但这并不妨碍"事实"作为一种日常话语方式仍被广泛使用，说 x 是事实就是说 x 是真实存在的

---

①　W. V. Quine. Philosophy of Logic. Englewood：Prentice Hall，1970：97.
②　W. V. Quine. Pursuit of Truth. Cambridge，MA：Harvard University Press，1990：81.
③　指"雪是白的"。
④　W. V. Quine. Quiddities：An Intermittently Philosophical Dictionary. Cambridge，MA：Harvard University Press，1987：213-214.

情形或所发生的事情，说者的主观意图是要强调 x 的客观性，但 x 不会因为有人说它是事实就自动具有客观性，那个说法的真假还需要鉴别，还需要做大量的探查和研究工作。

二、新符合论的预备性断言

尽管使用事实概念的符合论遭遇到了严重的困难，最主要是"事实"概念以及"事实"与"命题"的关系说不清楚，但这不意味着就要完全放弃传统符合论，转而求助于某种另外形式的真理论。在我看来，为了确保真理的客观性，符合论的如下核心洞见是任何合理的真理论都必须坚守的：不是我们语言中的东西，也不是我们心智中的东西，而是外部世界中的东西，使得我们说出的描述这个世界状况的命题为真或为假。外部世界中的东西是使得命题为真的使真者。下面，我着手塑述一种不使用事实概念的新符合论，它有如下四个预备性断言。

1. 命题是真值载体

在逻辑学上，"真"和"假"被叫作"真值"，能够为真或为假的东西被叫作"真值载体"（truth-bearer）。关于什么东西能够为真或为假，有许多不同的说法，例如"语句""命题""陈述""判断""言说""断言""信念""理论"等等。这里只考虑前两种选择。"语句"是相对于语言的，例如"Snow is white"和"雪是白的"分别是英语和汉语的句子，但真理是跨语言的，不同语言的说话者可以说出和拥有同样的真理，这是把语句作为真值载体难以说通之处。"命题"是跨语言的，是不同语言的句子所表达的共同的语义内容（意义或思想），例如"Snow is white"和"雪是白的"表达同一个命题，并且是真的。我们把命题视作真值载体，命题还可以是像知道、相信和其他命题态度的对象，以及英语中 that-从句的所指，例如"x knows that p"，"it is true that p"。近些年来，语言哲学中对所谓"单称命题"或"罗素式命题"的讨论较多，将其视作一种复杂的结构性实体，直接由个体、属性和关系组合而成。罗素早年基于他所主张的"亲知原则"，认为单称命题不由表达个体、属性和关系的语词构成，而是直接由个体、属性和关系本身构成。当说"苏格拉底是聪明的"这句话的时候,我们直接谈论的就是苏格拉底这个人以及他具有什么属性。罗素式命题可以如此表述：< Socratics, being wise >, < a, b; being bigger than >, 其中的构成成分直接就是对象及其性质和关系。这样的"命题"几乎与"事实"不可区分。真理同一论大都采纳这种命题观,但会遇到如前所述的很多麻烦。本文不接受这种命题观,只把命题看作某种语义实体。

2. 真是关系属性

首先,"真"是命题的一种属性。通常接受如下的表述,其中 x 代表一个命题：

$$\forall x\,(x\text{ 是真的当且仅当 }x\text{ 具有属性 }F)$$

意思是：对任一命题 x 来说,x 是真的当且仅当 x 具有属性 F。不同的哲学家对这个属性 F 有不同的理解,例如"与实在或事实相符合","与某个被相信为真的命题或信念系统相融贯","在实践中造成某种理想的效果",等等,由此形成了不同的真理论。

其次,"真"还是一种关系属性。真预设了表征,表征预设了语言、世界和心灵。当考虑一个命题是否为真时,我们必须从书本中抬起头来,睁开眼睛去看世界,看命题所说到的对象在世界中是否确如该命题所说的那样呈现,如亚里士多德所言："说是者为非,或说非者为是,是假的;而说是者为是,或说非者为非,是真的。"

命题 —— 表征 ——> 世界

图 24-2

最后,要特别强调,只有描述性命题才有真假,评价性命题没有真假,因为后者中隐藏着价值判断,而价值判断因人而异,没有公共客观的标准。例如,一份食物是否可口好吃,一位姑娘是否美丽性感,一个人是否道德高尚,一段旋律是美妙动人,一首诗是否触及心灵深处,一种宗教是否对人有特别的吸引力,等等,对诸如此类的事情很难达成主体间的共识,即使达成共识,也与其真假没有多少关系,而是别有原因。新符合论至少暂时不考虑所谓的"道德真理""美学真理""宗教真理"之类,除非它们是对相关事情的描述性陈述，不包含明显的价值判断。

3. 命题具有优先性

在考虑一个命题的真假时，我们先有该命题，对它有一个清晰准确的理解，然后转身去看世界，看世界中的相关对象是否确如该命题之所说；而不是先有某个事实，我们用一个命题去描述该事实，然后再去确定该命题的真假。之所以如此，一是如金岳霖所言："有时我们的确感到命题容易说事实难说，与其由事实说到命题，不如由命题说到事实。"① 二是金岳霖谈到一个重要洞见：一件东西并不就是一件事实，假如我们把那件东西加以解析，"我们也许会发现许许多多的事实。我们也许要说，一件东西是一大堆的事实的简单的所在底枢纽"。"不但一件事实②本身是一大堆事实底简单所在底枢纽，而就它和别的东西底关系说，它也牵涉到另一堆的事实。"③ 仅以 CB 这个人为例。他首先是一个物理个体，具有一定的物理量，如长宽高和体重等，并且与其他的物理个体处于各种各样的关系中；他还是一个生物个体，具有很多生物特征或生理特性，如皮肤、毛发、骨骼、血液等，其中最重要的生物特性是他有特殊的基因，根据其基因可以做出很多判定；他还是一个社会个体，在特定的社会群体中具有一定的身份和地位，还与其他社会个体发生各种各样的关系。即使在 CB 这个人身上，假如有事实的话，也隐藏着无穷多的"事实"等待我们去发现和提取。若从"事实"开始，我们会无所措手足，故我们选择从命题开始，命题具有优先地位。

4. 可以给出关于"真"的一般定义

对塔斯基式递归真定义的一种常见批评是：它们只刻画和定义了一些特殊命题的真，例如：

"雪是白的"是真的当且仅当雪是白的。

"草是绿的"是真的当且仅当草是绿的。

"CB 是北大教授"是真的当且仅当 CB 是北大教授。

---

① 金岳霖. 知识论. 北京：商务印书馆，1983：749.
② 此处的"事实"应为"东西"。——引者注
③ 同①742-743.

并没有对任一命题为"真"给出一般性定义。这个指责有点严苛,也有点不厚道,但还是可以回答的。我这里提供一个对"真"概念的一般性定义:

  DT 对任一命题 p 而言,p 是真的当且仅当世界中的相关事物正如 p 所说的那样呈现。

更具体地说,如果 p 是一个含一元谓词的命题,形如 Fx,DT 的变形是:

  DT_1 对任一形如 Fx 的命题而言,Fx 是真的当且仅当 x 所指称的对象具有 F 所表征的性质。

如果 p 是一个含多元谓词的命题,形如 $R(x_1, x_2, \cdots, x_n)$,DT 的变形是:

  DT_2 对任一形如 $R(x_1, x_2, \cdots, x_n)$ 的命题而言,$R(x_1, x_2, \cdots, x_n)$ 是真的当且仅当 $x_1, x_2, \cdots, x_n$ 分别所指称的对象具有 R 所表征的关系。

在此基础上,按照塔斯基关于真的递归定义的方式,就可以得出其他命题的真定义。

需要注意的是,DT 中没有使用"事实"概念,而只需要对象、性质和关系等,这是新符合论所接受的本体论假定。在新符合论的世界中,没有"事实"的本体论地位,最多可以把它看作一种说话方式,旨在强调所述内容的客观性。

三、新符合论的形而上学假定

像传统的真理符合论一样,新符合论预设实在论,认为存在一个外部世界,它构成我们描述的对象,我们的描述因它们为真或为假。如普特南所言:"对实在论的肯定论证是,它是唯一不使科学的成功沦为奇迹的哲学。"[①] 具体来说,我同意苏珊·哈克的如下断言:"有一个真实的世界,这个世界

---

  ① H. Putnam. Mathematics, Matter and Method. Cambridge: Cambridge University Press, 1975: 73.

在很大程度上独立于我们，独立于我们的行动和信念，但并不是完全独立的，因为这个世界也包括人类以及所有我们创造的物理的、理智的和想象的物品。"① 在我们所面对的世界中，包括如下几类存在物。

1. 物理个体

有时也被称为"宏观物体"，如太阳、月亮、树木、花草、飞禽、走兽、男人、女人、桌子、板凳，以及物质名词所表示的存在，如金、木、水、火、土等。它们存在于物理时空之中，能够为人的感官所感知，并且相互之间还能够产生因果作用。这是唯名论者所承认的唯一一类存在物，也是亚里士多德所谓的"第一性实体"："实体，在最严格、最原始、最根本的意义上说，既不述说一个主体，也不存在于一个主体之中。"②

现代科学所说的原子、电子、光子以及其他基本粒子，在有关的哲学争论中被叫作"理论实体"。这些微观实体并不像宏观物体那样是摆在那儿的，而是不可由我们的感官直接触知的，我们对它们的认知是通过仪器进行的，而仪器又是根据一整套科学理论制造出来的；并且通过仪器我们也只是观察到一系列现象，至于这些现象背后所"是"的东西如基本粒子，则是我们根据现有理论所做的推测或假设，根据海森堡的测不准定理（亚原子粒子的位置和动量不可能同时准确测量），我们也许根本不可能彻底弄清楚基本粒子本身究竟是什么样子的。有人因此断言：它们不是作为纯粹的客体而存在的，而是在某种程度上依赖于认知主体，是在主体和客体的认知关系中而存在的；脱离开这种关系，它们也许就不存在了。但实验的可重复性以及所建立的理论在实践上的一再成功，以及这些微观实体还可以对宏观物体产生因果作用，说明把它们视为客观存在是有充分根据的。我把这种"理论实体"也归入"物理个体"的范围之内。

2. 性质和关系，自然种类

先有物理个体，但它们并不是一个光秃秃的、什么规定性也没有的存在物。相反，个体自身有一定的性质，又与其他的个体发生一定的关系。

---

① 陈波，苏珊·哈克. 走向哲学的重构——陈波与苏珊·哈克的对话. 河南社会科学，2016（1）：13.

② 亚里士多德全集：第1卷. 北京：中国人民大学出版社，1990：6.

对于性质和关系，有两种不同的看法：一是把它们当作"共相"（universals），即某种形式的抽象实体，可以为不同的个体所"分有"（sharing）或"例示"（instantiation），例如柏拉图断言，存在作为共相的"美"，其他个体以不同的方式甚至分量分享、例示这种"美"。另一种是把它们看作"特普"（trope），即体现特殊性的普遍性，例如"某头大象很重"，这里的"重"是指这头大象所特有的重，但它又具有一般性，因为我们还可以说"那头大象很重"，"那只犀牛很重"，等等。同样地，"约翰爱玛丽"，这里的"爱"有约翰特有的方式和程度，但又具有一般性，我们还可以说"罗密欧爱朱丽叶"等。

不同的个体因某些重要性质的相同而构成不同的类别，如花草类、动物类、人类等，生物学上还有"种、属、科、目、纲、门、界"的分类系统。这些类别叫作"自然种类"（natural kinds）。要是不承认自然种类，我们平时的说话方式就会遭遇到严重的困难，我们的科学体系也几乎会崩溃。但自然种类并不是与物理个体并列的另一种存在物，它们是基于个体之上的一种思维抽象，但仍具有客观性，仍然可以视为一种客观的存在。

3. 时空、因果关系与规律

物理个体总是存在于一定的时空之中，个体是客观存在的，因而时空也是客观存在的，时空是物理个体的存在方式。此外，任何个体由于内部矛盾和外部环境的作用，都处于变动不居的状态中，都在由此个体向彼个体演变，因而未来的彼个体相对于现在的此个体来说，就是可能的个体。事物的变化并不是完全任意的，而是有特定的因果关系，有特定的规律可循的，因此，可能个体、因果关系、规律等等也是客观的，如此等等。

我先前曾把性质、关系、自然种类、可能个体、时空、规律等等叫作"依附性存在"。虽然这些东西不能作为个体而存在，但不能排除它们作为个体的依附物而存在；正是有这些依附物的个体才是真正的现实的个体，否则它们就会变成空洞的抽象和纯粹的虚无[①]。

[①] 陈波. 逻辑哲学研究. 北京：中国人民大学出版社，2013：339-340. 在那里，我还把"事实"也归入"依附性存在"，现在则把它删掉了。

4. 数与集合

数是一个用作计数、标记或用作量度的抽象概念，是比较同质或同属性事物的等级的简单符号记录形式（或称度量）。代表数的一系列符号，包括数字、运算符号等，统称为记数系统。最早出现的是自然数：1、2、3、4、5、6、7等，然后逐渐延伸至分数、负数、无理数、超越数和复数等等。数究竟是什么？它们是如何形成的？在本体论上地位如何？特别是与物理个体的关系如何？这类问题是数学哲学的中心问题。

集合是一种数学构造，可以通过枚举法和刻画法来形成，前者逐一枚举构成一个集合的全部对象，后者根据是否满足特定的性质或关系而从个体域中选取作为集合元素的对象。研究集合的性质及其关系的数学理论叫作集合论，它是数学的基础部分。

鉴于数学在我们的科学体系中的重要地位，新符合论承认数和集合的存在。

5. 人造物品

人类给这个世界造成的变化太大了，例如有很多或辉煌或精细的人造物品：航天飞船，海底电缆，摩天大楼，高速公路，跨江、跨海、跨山川的大桥，计算机和互联网，贝聿铭的各种建筑设计作品，等等，不可胜数。这些东西里面灌注着人的意识和理念，不能说它们完全独立于人或人的意识而存在，但也不能因此就说它们不是客观存在。因此，或许要把先前关于外部实在的定义从"独立于人的意识或心灵"修改为"独立于我们如何相信和希望"的东西。

6. 社会实在（制度性事实）

约翰·塞尔在其一系列论著[1]中促使我们注意到，在我们的生活中起至关重要作用的，除了各种各样的物理实在之外，还有许许多多的社会实在，例如货币、公司、政府机构、学校、财产、社会阶级、种族、婚姻、家庭、艺术品、语言、法律、奥运会等，它们都是某种形式的社会制度建构，或者是如塞尔所称谓的"制度性事实"。研究这样的社会实在如何建

---

[1] 例如，参见约翰·R. 塞尔的《社会实在的建构》（李步楼译，上海人民出版社，2008）。

构，又是如何发挥作用的，是当代形而上学研究的一个重要领域——社会本体论的研究主题。

7. 文化构造物

主要指用语言表述的人类知识系统中的存在物，大致相当于卡尔·波普所说的"世界3"，其中包括各种内涵性对象如意义、概念、命题，各种神话故事、科学理论、文艺作品中的角色，如"龙""上帝""孙悟空""哈姆雷特""太空人"等等。这些东西是由现实世界中的人利用各种物质性工具（例如笔墨、纸张、电脑和其他器材）创造出来的，又存在于某种物质形态（例如书籍、影像制品、网络文件等等）之中。这些东西一旦被创造出来，就作为人类的精神产品存在着，是人类主体间共有的精神文化财富。

概而言之，我们所面对的这个世界是丰富且异质的，其中的各种对象都是我们的认知对象，我们都可以对它们做描写、刻画和报道，在这样做的时候，我们有可能成功或者失败：有些描述和报道是真实的，有些则是虚假的。

四、新符合论的认识论假定

在认识论方面，符合论可以持有两个不同的假定：强假定和弱假定。

强假定断言，命题的真假与人是否认识到这种真假无关，甚至与人是否能够认识到这种真假无关，而是纯粹由外部世界的状况决定的。考虑这样几个命题："宇宙中还有类似于地球的适合人居住的其他星球"，"生物体内含有比DNA更重要的遗传密码"，"海洋里今后将没有鱼类"，"地球最终将会毁灭"。既然这些命题都是在述说外部世界的状况，或者是对其未来的状况做了某种预言，那么外部世界到时候会自行决定这些命题的真或假。由此导致的后果是，强假定必须承诺"二值原则"：任一描述性命题或者为真或者为假，二者必居其一，且只居其一。

强假定的背后隐藏着一双"上帝之眼"，它洞察一切，烛照一切，自行给命题分派真值，即真或假，并且这种真假还是确定不移的：一旦为真就永远为真，一旦为假就永远为假。这种真假观完全排除了人的视角和人的参与，确实是合理的吗？与我们的认知实践特别是科学实践相吻合吗？对此我持有严重且深刻的质疑。科学理论肯定不是由这样的真命题组成的集合，目前达成的共识是：科学不是绝对真理，而是某种形式的假说，任何科学理论都可能被证伪，只是暂时未被推翻而已。

弱假定断言，命题的真假既与外部世界的状况有关，也与人的认知能力有关。只有已经被我们认识到其真假的命题，至少是在原则上有可能被我们认识到其真假的命题，我们才能确定地说它们是真的或假的。既然在逻辑和数学中存在不可判定其真假的命题（这一点由哥德尔不完全性定理保证），我们就不能说这些命题必定或真或假，因为我们在这样说时没有合理的理据，就像你非得说"上帝存在"又给不出任何可能的确证途径一样。这样的断言只是教条或独断，类似于某种顽固的信仰，超越于理性证成的范围之外。假如命题的真假部分地与人的认知有关，而人的认知有可能出错，也就是说，我们先前当作真的东西后来有可能发现是假的，原来以为假的东西后来有可能发现是真的，原来以为绝对真的东西有可能只是部分真，原来以为绝对假的东西有可能只是部分假，这就为我们的认知改善留下了空间，也为科学理论的进步留下了空间。并且，由于人的认知能力暂时无法确定一些命题的真假，因此最合理的办法不是说它们或真或假，而是说它们暂时处于真值缺失状态。这就意味着二值原则并不总是成立……

新符合论究竟该采取哪一种认识论假定，是强假定还是弱假定？我本人在这二者之间摇摆不定：强假定在真理问题上预设了一双上帝之眼，摒弃了人的视角和人的参与，带有严重的独断论色彩，但或许能保证真理的客观性。弱假定在真理问题上容纳了人的视角，考虑到了人的认知能力，似乎与我们的科学实践比较吻合，但它是否会削弱真理的客观性而导致某种程度的主观性？这些问题需要得到严肃认真的思考，特别是深入系统的思考。到目前为止，我本人更同情或更偏向于认识论的弱假定。

五、新符合论的语言哲学假定

在语言哲学中，新符合论主张：语言是连接我们的认知和外部世界的媒介，我们用语言表达式去指称或谓述外部世界中的对象，由此获得关于那些对象的或真或假的认知。

1. 个体词指称个体

个体词包括专名（个体常项）、个体变项、摹状词、索引词等。

"专名"就是我们通常所说的名字，指称外部世界中的个体。例如：国家名如"中国""美国""俄罗斯"分别指称某个特定的国家，地名如"纽约""香港""成都"分别指称某个特别的城市，机构名如"北京大学""牛津大学""哈佛大学"分别指称某个著名的教育机构；建筑名如"长城""埃菲尔铁塔""美国自由女神像"分别指称某个著名的历史文化建筑，事件名如"十月革命""美国南北战争""西安事变"分别指称历史上的某个重要事件，人名如"孔子""曹雪芹""毛泽东"指称某个特定的人物，书名如《红楼梦》《三国演义》《西游记》分别指称三部中国古典文学名著，如此等等。

在新符合论的实在论假定中，承认像数和集合这样的抽象实体，也承认作为文化构造物的观念实体，如各种理论、学说，以及虚构实体，如神话人物、文学人物、科幻作品中的角色，因此就有指称这类对象的相应专名，如"空集""大全集""实用主义""相对论""女娲""维纳斯""哈姆雷特""孙悟空"等等，它们并不如通常所说的那样是"空专名"，而是各有其特定的所指对象，只是所属领域不同而已，但这些领域都在现实世界之中。

"个体变项"指逻辑、数学及其他科学理论中表示某个特定范围内不确定个体的符号，如 x、y、z 等。那个特定的范围叫作"论域"或"个体域"。通常取"全域"即一个理论所承认的所有东西的集合为论域，有时候为了满足特别的需要，也取某个更小范围的个体集合为论域。如果把个体域定为全域，那么 x、y、z 等就表示全域内某个不确定的东西；如果把个体域定为自然数集合，那么 x、y、z 等就表示某个不确定的自然数；如果把个体域定为北大学生的集合，那么 x、y、z 等就表示某个不确定的北大学生。要把变项的值确定下来，需要对变项做指派：令 x 代表自然数 5，y 代表 9，等等。

"摹状词"指通过描写只能为一个对象所具有的特征来指称某个特定

对象的短语，如"秦始皇"（秦朝的第一个皇帝）、"世界最高峰"、"最小的自然数"、"美国第一任总统"、"华为公司的精神领袖"等等。关于摹状词是不是指称短语，存在不同的看法。罗素认为它们不是，而是由个体词、谓词、联结词和量词组成的复合谓词，用于谓述现实存在的个体对象，然后根据是否有现实对象满足这个复合谓词，相应的陈述为真或为假。例如，按罗素的分析，"司各脱是《威弗利》的作者"是如下三个命题的合取：至少有一个人是《威弗利》的作者，至多有一个人是《威弗利》的作者，谁是《威弗利》的作者谁就是司各脱。用符号表示就是 $\exists x (Fx \wedge \forall y (Fy \to (y = x) \wedge (a = x)))$，把 a 的位置变成空位，那个摹状词就变成谓述 a 的复合谓词。罗素的这套理论背后的动机是，不承认除现实个体之外的各种虚构实体，例如"独角兽"、"帕加索斯（飞马）"和"当今的法国国王"，以便让逻辑理论保持健全的实在感。既然在新符合论的本体论中承认各种抽象对象和虚构对象，我们就没有必要把摹状词改写成复合谓词，而是直接将它们视作指称短语，于是"华盛顿是美国第一任总统"就可以用符号写成"$a = b$"。

"索引词"（indexicals）包括指示代词"我""你""他/她""它""这个""那个"，副词"这里""那里""现在""今天""昨天""明天"，以及形容词"我的""你的""他的""现在的""过去的""将来的""现实的"，等等。大卫·卡普兰的索引词理论最有影响，他区分了索引词的两种意义：特征（character），即索引词的语言学意义或字面意义，受制于语言共同体的约定；内容（content），指索引词在特定语境中的意义，随语境的改变而改变。考虑索引词在语境中的内容时，至少要确定四个要素：当事人、时间、场所和可能世界。例如"我"相对于语境 C 的内容是语境 C 中的说话者，"现在"相对于语境 C 的内容是 C 中的说话时间，"这里"相对于语境 C 的内容是 C 中的说话场所，"现实的"相对于语境 C 的内容是 C 中所涉及的可能世界中确实发生的情形。一个句子相对于语境 C 的内容是一个有结构的命题，由 C 中所涉及的个体、性质和关系组成。具体考虑下面两句话：

  李娜说："我是大学教师。"

王刚说:"我是大学教师。"

这里,李娜和王刚所说的这两句话的共有特征是:同样的句子,清晰无歧义,有确定的意思。但李娜和王刚所说的内容不同:李娜是在说她自己是大学教师,王刚是在说他本人是大学教师。假如李娜确实是大学教师但王刚不是,则李娜说的是真话而王刚说的是假话。

2. 谓词指称性质或关系

谓词有一元谓词和多元谓词。可以将语言中的不及物动词看作一元谓词,将及物动词看作多元谓词。

一元谓词述说一个个体的性质或行为,例如"是枝叶繁茂的""是一所世界一流大学""是一座现代化的大都市""走路""读书"等,它们都表示一个个体的性质或行为。由于现代逻辑大都是外延逻辑,在逻辑中一般都把性质谓词外延化,变成具有该性质的那些个体所组成的集合,一元谓词作为指称短语就指称那个集合:$\{x \mid x$ 是枝叶繁茂的(树)$\}$,$\{x \mid x$ 是一所世界一流大学$\}$,$\{x \mid x$ 是一座现代化的大都市$\}$,$\{x \mid x$ 是正在走路的(人)$\}$,$\{x \mid x$ 是正在读书的(人)$\}$。相应地,"小明读书"就被解读为小明作为元素属于 $\{x \mid x$ 是正在读书的(人)$\}$ 这个集合。

多元谓词述说个体之间的关系,例如"爱""大于""在……之间""把……给……"等等。同样地,现代逻辑也把关系谓词外延化,变成具有该关系的个体序对的集合,例如,"爱"关系就变成了下面这个集合:$\{<x, y> \mid x$ 爱 $y\}$,由于我们一般所说的"爱"都是一种人类情感,故这里的论域是人的集合,x 和 y 都表示某个人。于是,"王刚爱李娜"就被解读成:<王刚,李娜> 这个序对属于 $\{<x, y> \mid x$ 爱 $y\}$ 这个集合。

3. 逻辑常项指称对象的形式结构

逻辑常项表示连接命题中各成分的结构要素,包括命题联结词和量词等。罗素和维特根斯坦出于其逻辑原子论或图像论的思路,都曾考虑过逻辑常项是否对应于世界中某些要素的问题。不过,他们都得出了否定的结论,例如维特根斯坦断言:逻辑常项不代表什么,没有逻辑对象[1]。吉

---

[1] 维特根斯坦. 逻辑哲学论. 贺绍甲,译. 北京:商务印书馆,2015:45,58,70.

拉·谢尔的看法与此不同,她认为逻辑常项对应于个体等等的形式结构性质。她关于逻辑的核心主张是:"逻辑既奠基(需要奠基)于心灵也奠基于世界,并且这些奠基是相互关联的。"① 在我对她的访谈中,她明确说道:

(6)为了具有普遍性和特别强的模态力,逻辑不能仅仅奠基于与世界有关的任何事实,它必须奠基于约束世界的适当规律——它们要具有普遍性和特别强的模态力所要求的特征。

(7)这种类型的规律是形式规律,它是对一般对象的形式性质(关系、函数)的规范。一些形式性质的例子是同一、非空、(在论域内)普遍性、补、并、交、包含等等,这些性质与标准数学性质的逻辑常项一一对应。在我的观念里,标准的数理逻辑奠基于约束这些性质的规律。

(14)任何形式性质都可以作为适当的逻辑系统中的逻辑常项的外延。因此,逻辑比标准的一阶数理逻辑更广泛。它包含了二阶逻辑,以及所有所谓的广义一阶逻辑——具有如下逻辑常项的逻辑,比如"大多数""无限多""是对称(关系)"等等②。

我同意吉拉·谢尔的总体判断:逻辑常项对应于个体的形式结构性质。至于这些性质究竟是什么,还需要进一步研究。

六、定义"真"的一般策略

一门语言中几乎有无穷多的词语,由这些词语可以构成无穷多的句子,这些句子表达无穷多的命题。没有一个人,包括逻辑学家,能够逐一给出这些命题的真值条件,并实际地定义出这些命题的真假。仿效语言学家特别是语言教育家的做法是非常必要的。一个小孩在出生后短短几年

---

① G. Sher. Epistemic Friction, An Essay on Knowledge, Truth and Logic. Oxford: Oxford University Press, 2016: 259.

② 陈波,吉拉·谢尔. 一种新的逻辑哲学——陈波与吉拉·谢尔的对话. 徐召清,译. 逻辑学研究,2018(2): 134-135.

内，至少是在中学毕业以后，他就能很好地掌握一门语言，用它流畅地读写听说，这件神奇的事情是如何发生的？父母和老师先用各种办法教给孩子们一些基本词语以及一些简短的句子，同时不断教给他们一些组词造句的规则。孩子们掌握了一些基本词语和一些组词造句的规则之后，逐渐获得了理解和使用他们先前从未见过的新词、新句的能力。这种现象被叫作语言的"生成性"：有限的语言材料可以创造性地生成无限多的句子。

在定义"真"概念时，逻辑学家也只能这么做，这就是塔斯基定义"真"概念的递归方法。首先，给出一个语言的所有成分的列表（初始符号集）：个体词，包括个体常项和个体变项；谓词，包括一元谓词和多元谓词；命题联结词；量词；以及其他逻辑常项（如果有的话）。如果有函数符号的话，则给出由已有个体词造出新个体词的规则（项形成规则）。例如，把"中国"填入"……的首都"这个函数符号，可以得到新个体词"中国的首都"，它是指称北京的一个摹状词；把1和2填入"＋"两边，可以得到"1＋2"，它是指称3的另一个表达式。其次，给出由该语言的各种成分造出合格的句子（合式公式）的规则（公式形成规则）：先给出最简单的公式结构（原子公式），再对原子公式使用联结词和量词生成越来越复杂的公式。在定义真概念时，也循此路径，先定义原子公式的真，再定义越来越复杂公式的真。

为了避免误解，有必要再强调两点：（1）逻辑学家一般不定义也不判断具体命题的真假。某个数学命题、天文学命题、物理学命题或生物学命题究竟是不是真的，那是各门具体科学家要去判定的事情，不是逻辑学家能够管得了的。逻辑学家所能够做的，只是给出具有某种形式结构的命题的一般真值条件。（2）逻辑学家更不能实际地定义出所有命题的真假，因为语言具有生成性，可以不断地从已有的语言材料生成先前从未见过的新句子或新命题。为了定义先前从未见过的新命题的真值条件，逻辑学家只能遵循如下一般程序：先把该命题分步骤拆解，再按照从简单到复杂的顺序把它重新组装起来，然后按照这种顺序，给出其中各种组成成分的语义值，给出其中子命题的真值条件，最后再给出整个命题的真值条件。逻辑学家给出定义"真"的一般方法，这种方法适用于无穷多（不管先前是否见过的）具体命题。

由于新符合论的本体论既承认物理个体，也承认抽象对象如集合，还承认虚构对象如贾宝玉、林黛玉等，因此，新符合论的语义学可能需要像某些自由逻辑的语义学那样，设定内域和外域，内域是由现实世界中的所有个体组成的集合，外域则是由所有抽象对象和虚构对象组成的集合。一个词项只要在内域或外域中有所指，它就有所指；一个公式只要在内域或外域中有真值，它就有真值。但仍有必要区分这两种不同的所指和真值。例如，"吴承恩"指称现实世界中的一个人，"孙悟空"则指称《西游记》所构成的小说世界（属于外域）中的一个角色；"吴承恩写了《西游记》"在内域中为真，"孙悟空是唐僧的大徒弟"在《西游记》所构造的小说世界中为真，但它在内域中不真；"乾隆皇帝喜欢孙悟空"这个句子则连接了内域和外域，权且假设它为真。仿效菲尔德在《塔斯基的真理论》[①]一文中的做法，下面我给出一个表达力非常有限的一阶语言 L^*，然后递归定义出其中闭公式的真，由此显示递归定义真命题的一般路径与方法。

（一）一阶预言 L^*

1. 初始符号

（1）个体词：常项 a、b、c，变项 x、y；

（2）谓词：一元谓词 F、G、K，二元谓词 R、S；

（3）联结词：¬、∧；

（4）量词：∃。

2. 公式的形成规则

（1）如果 t 是任一个体词，则 F(t)、G(t) 和 K(t) 是原子公式；

（2）如果 t_1 和 t_2 都是个体词，则 R(t_1, t_2)、S(t_1, t_2) 是原子公式；

（3）如果 A 是公式，则 ¬A 是公式；

（4）如果 A 和 B 分别是公式，则 A∧B 是公式；

（5）如果 A 是公式，则 ∃xA 是公式；

[①] H. Field. Tarski's Theory of Truth. The Journal of Philosophy, 1972, 69 (13)：347–375.

（6）只有按以上方式形成的符号串是公式。

3. 定义

（1）（A∨B）=$_{df}$¬（¬A∧¬B）

（2）（A→B）=$_{df}$¬（A∧¬B）

（3）（A↔B）=$_{df}$¬（A∧¬B）∧¬（B∧¬A）

（4）∀xA =$_{df}$ ¬∃x¬A

（二）一阶预言 L* 的语义

先给定模型 M = 〈U，I〉，其中 U 是论域，I 是论域上的解释函数，U 由内域 U_1 和外域 U_2 合成，其中 U_1 = ｛吴承恩，施耐庵，乾隆｝，U_2 = ｛唐僧，孙悟空，猪八戒｝。令 I_1 表示 I 在内域 U_1 中的解释，I_2 表示 I 在内域 U_2 中的解释。再令 a_1'、b_1'、c_1' 表示 a、b、c 在 I_1 之下的值，分别是吴承恩、施耐庵、乾隆；令 a_2'、b_2'、c_2' 表示 a、b、c 在 I_2 之下的值，分别是唐僧、孙悟空、猪八戒。再令 F_1'、G_1'、K_1' 表示 F、G、K 在 I_1 之下的值，分别是"写了小说《西游记》""是一位作家""是一位清朝皇帝"；令 F_2'、G_2'、K_2' 表示 F、G、K 在 I_2 之下的值，分别是"去西天取经""是唐僧的大徒弟""是好色之徒"。类似地，令 R_1 无定义，S_1 表示"喜欢"；令 R_2 表示"比……能耐大"，S_2 无定义。

在这一模型之下，下面的命题都有确定的真值，其中"t"表示"真"，"f"表示"假"：

I_1（Fa）= t，因为 $a_1' \in F_1'$。也就是说，在 I_1 的解释之下，"Fa"意味着"吴承恩写了《西游记》"，这是真命题。在 I_2 的解释之下，"Fa"意味着"唐僧去西天取经"，也是真命题。

I_1（Kb）= f，因为 $b_1' \notin K_1'$。也就是说，在 I_1 的解释之下，"Kb"意味着"施耐庵是清朝皇帝"，这是假命题。在 I_2 的解释之下，"Kc"意味着"猪八戒是好色之徒"，这是真命题。

由于 c_1' 是乾隆，b_2' 是孙悟空，S_1 表示"喜欢"，则 I（S（c，b））意味着"乾隆喜欢孙悟空"，假设现实情形的确如此，则它是真命题。I_2（R（b，c））意味着"孙悟空比猪八戒能耐大"，也是真命题。

由于 L* 中含有个体变项，它们表示论域中的某个个体，究竟是哪个个体？这需要通过指派 ρ 来实施，若没有这样的指派，含自由变项的开公式就没有真值。令 $ρ_1$ 表示在 U_1 中对个体变项做指派，$ρ_1(x)$ = 施耐庵，$ρ_2(y)$ = 乾隆；令 $ρ_2$ 表示在 U_2 中对个体变项做指派，$ρ_2(x)$ = 孙悟空，$ρ_2(y)$ = 猪八戒。$ρ = ⟨ρ_1, ρ_2⟩$。指派 ρ 与模型 $M = ⟨U, I⟩$ 合成赋值 σ，即 $σ = ⟨M, ρ⟩$。在这样的赋值 σ 之下，L^* 所有的公式都有确定的真值。例如在 $σ_1 = ⟨M, ρ_1⟩$ 之下，"Fx"意味着"施耐庵写了《西游记》"，这是假命题；"Ky"意味着"乾隆是一位清朝皇帝"，这是真命题。在 $σ_2 = ⟨M, ρ_2⟩$ 之下，"Kx"意味着"孙悟空是好色之徒"，这是假命题；"Ky"意味着"猪八戒是好色之徒"，这是真命题。

$σ_1(∃xGx)$ 意味着"（内域中）有的个体是作家"，这是真命题；$σ_2(∃xGx)$ 意味着"（外域中）有的个体是唐僧的大徒弟"，也是真命题。

在这样的赋值 σ 之下，任一公式都获得了确定的真值，我们有下面的真定义：

> 一个公式为真，当且仅当，该公式在某些（或所有）赋值 σ 之下为真。

由此导致的真理论将是一个非二值的理论，因为有些个体词和谓词可能只在内域和外域的某一个中有定义，在另一个中无定义，由此导致某些公式可能只在内域和外域中的某一个中有真值，在另一个中无真值。这会导致一些复杂且棘手的技术性问题。由于这里旨在显示定义真的一般程序与方法，那些技术性细节留待以后去处理。当然，还有很多哲学问题需要讨论，一篇文章不能完成所有任务，须留待他文去完成。

七、融贯作为真理的内在要素

"融贯"（coherence）不是一个足够清晰的概念。一个信念体系相互融贯究竟包括哪些要求？首先当然是"逻辑一致"，即不包含逻辑矛盾，因为逻辑上矛盾的命题不能同时为真，如果有逻辑矛盾的话，那就说明信念体系中有些命题是假的，必须把它从该体系中清除出去。其次可能是信念体系内各命题在逻辑上相互支持,以至构成了一个紧密联系的整体。问题是如何刻画这种逻辑上的相互支持?肯定有某种推理关系存乎其间。但这种推理关系强到何种程度?是实质蕴涵意义上的推理关系(只要求不会前提真结论假)?还是相干和衍推意义上的推理关系(还要求前提与结论有意义关联甚至是必然联系)?需要进一步研究。

关于融贯,哲学家在下面一点上几乎达成了共识:尽管融贯不是真理的充分条件,因为与已有真理相融贯的命题不一定就是真的,但却是真理的必要条件,因为真理之间必定相互融贯,不与已有真理相融贯的命题很可能不是真的。在考虑真理问题上,我们必须把"融贯"当作真理的一个内在构成要素。实际上,这涉及在探索新真理的路途上,我们应该如何看待我们所要认知的这个世界的存在状况,以及我们应该如何看待大众的常识、直观,我们先辈的认知成果,我们同行的认知努力,等等。

我们所面对的这个世界,是一个处于普遍的相互联系、相互制约以及永恒的发展变化之中的整体。如果我们只考虑它的某个部分、某个侧面或某种表现,那么我们就只能获得关于它的部分的、片面的或某种程度的真理性认识。真理是全面的,它是由现象、现实的一切方面的总和以及它们的互相关系构成的。真理必定是以某种融贯和相互支持的系统的形式,而不是以单个命题的形式呈现出来。真理必定与其他真理相融贯,必定会得到来自其他真理的支持。

大众的常识、直观和我们先辈的认知成果,是在人类的世代更替中积累下来的,它们长期以来在很大程度上行之有效,在人们的信念体系中根深蒂固,必定有它们赖以如此的道理,不可能全部都是错的。我们在开始新探索的时候,不能置所有这些先前的认知成果于不顾,一切从头开始、从零开始,这实际上也做不到,因为我们就是从这种已有的文化传统中成长起来的。新探索的结果可以与人类先前认知的个别或部分的成果相冲突,但不能与其全部成果相冲突,因为我们的文化先辈不可能全都弄错了。因此,在评价新的认知成果时,通常要奉行"宽容原则",也可以叫作"思维经济原则":与先前的理论成果的冲突越少越好,对先前的理论成果保存得越多越好。换成融贯论的表述,与先前被视为真的理论成果越融贯的,越有可能被当作真的东西加以接受。

此外，在探索新真理的路途上，我们并不是踽踽独行，还有很多认知同伴，或许有少数同伴在智力上有些愚钝，在道德上抱有欺世盗名的想法，没有付出艰苦的努力，因而其成果不堪信任。但应该相信，我们的绝大多数同伴也像我们自己一样，在智力上足够优秀甚至卓越，在道德上足够真诚和严肃，付出了极其艰苦的认知努力，他们的探索成果不可能都是错的，其中肯定有很多可以比较、思考、参照、借鉴、吻合之处。在智力卓越、严肃认真的研究同伴之间，具有更多的融贯、吻合、相互支持的探索成果，更有可能是真的。

因此，在探索真理的过程中，我们要像罗尔斯所倡导的那样，力求达到"反思的平衡"。罗尔斯论述说，在思考公平、正义和其他伦理道德问题时，即使处于原初状态的人类个体也都具有理性思考能力，但他们的思考能力还是有差别的；现实的个体在其知识教养、生活经验以及所处的认知地位等方面更有差别，由此会形成有关公平、正义和道德等等的不同直觉和各种各样的"慎思判断"（considered judgments），甚至会导致相互之间的冲突和矛盾，包括来自内部和来自外部的：一个人自己的道德直觉与慎思判断不一致，他所持有的多个慎思判断彼此不一致，他的直觉和判断与社会生活现实不一致，他的直觉和慎思判断与别人的类似直觉和判断不一致。这就使得有必要对他自己的观念进行反思：它们各自有哪些理由？这些理由都成立吗？哪些观念得到较好的证成？哪些则得到较弱的证成？是否需要放弃或修改某些观念？如何放弃或修改？由此达成自己观念内部的协调和融贯。这叫作"狭义的反思平衡"。"广义的反思平衡"还要求认真思考别人的不同道德观念及其理由：在什么地方有分歧？为什么会有这些分歧？对方持有哪些理由或根据？它们都成立吗？其与社会生活的吻合程度如何？回过头来再对照思考自己的观念及其理由，如此反复权衡比较，不断调整、修改和完善自己的观点，直至达到这样的程度："这个人已经考虑了我们哲学传统中那些最重要的政治正义观念，已经权衡了其他哲学和其他理由的力量"，他的观点"是在范围广泛的反思和对先前众多观点加以考虑的情况下产生的"[①]。这样的反思平衡凸显了"多元""开

[①] 罗尔斯. 作为公平的正义. 姚大志，译. 上海：上海三联书店，2002：52.

放""宽容""理解""对话""审慎"等关键词语的价值,并且是一个动态的过程。

基于我自己的治学经验,我曾经在很多场合谈到,按国际学术水准做学问,就是要做到这样几点:"(1)在一个学术传统中说话;(2)在一个学术共同体中说话;(3)针对具体论题说一些自己的话;(4)对自己的观点做出比较严格系统的论证;(5)对他人的不同观点做出适度的回应。"① 在精神实质上,我的这些话与罗尔斯的"反思的平衡"庶几近之。

八、余论:真概念是实质性的

我非常不同意紧缩论者的断言:真概念是平庸的、不足道的和非实质性的。我的看法与他们的截然相反:真概念是非常重要和实质性的,主要基于以下理由:(1)追求真理不仅是我们的首要认知目标,而且是我们生存于世的基本凭借。不对我们所面对的世界做真实的认知,这个世界就会以各种方式惩罚我们,我们就会碰得头破血流,就会逐渐从这个世界上被淘汰掉。(2)真理不仅是人类先前认知活动的总结,也是指导我们进行以后的认知活动的规范,给我们指明了从事新的认知活动所必须遵循的方向、路径、方法、策略、规则和原理。(3)真概念是关系性的,涉及我们的认知与外部世界之间的关联,承载着很多重负,如关于这个世界的形而上学假定,关于我们如何认知的认识论假定,以及关于我们如何使用语言的语言哲学假定,它们并不那么容易被紧缩掉。(4)为了判定一个命题是否为真,为了做出有认知担保的断言,我们需要做大量艰苦的研究工作,例如观察、实验、搜集与评价证据、论证与反驳、知识共同体的验证等等,并不是简单说出某句话,该句话就会自动变成真的。

追求真理是我们的使命!

---

① 陈波,刘叶涛. 哲学首要是思想家的事业——陈波教授访谈录. 安徽师范大学学报,2016(6):664.

25. 哲学研究的两条不同路径
—— 对当代中国哲学的批评性反省

尽管俗语说，条条大路通罗马。但是，通向罗马的道路毕竟有理论上最短的路径，也有大家所习惯走的路径。同样地，虽然哲学研究也有众多的路径，但中外哲学界毕竟还有占主导地位的路径，也有各自所熟悉和习惯的路径，由此建构出不同学术共同体所遵循的不同范式。我把哲学研究的路径主要概括为两条：一条是面向原典和传统的，另一条是面向问题和现实的；前者着眼于诠释和继承，后者着眼于开拓和创新。从地域上说，欧洲大陆、中国和东亚文化圈的哲学界偏向于第一条路径，英美澳加哲学界等偏向于第二条路径[1]。在本章中，我将结合当代中外哲学，特别是当代中国哲学研究的现实，对这两条不同路径做一些探索、阐发、比较、反思和评论。本章由四节组成：（1）面向原典和传统，传承文化和文明；（2）由"本"开"新"，走向创造性诠释；（3）面向问题和现实，建构当代特色的哲学；（4）百花齐放，共同营造当代中国哲学的繁荣。以此就教于国内哲学界同人，敬请大家批评指正。

顺便说一下，以牛津哲学家威廉姆森的《哲学的哲学》[2] 一书的出版为标志，欧美哲学界近些年开始了对哲学本身的任务、使命、方法、基本

---

[1] 有三位国外学者合作撰文，其中谈到当代西方哲学的现状："在欧洲大陆，在很大程度上只有哲学史，但斯堪的纳维亚国家和波兰是例外。在盎格鲁-撒克逊世界，大多数哲学家都不是哲学史家。在欧洲大陆，把哲学几乎等同于哲学史，这反映了对哲学领域内任何理论雄心的极大怀疑。这些断言几乎是没有争议的，看看欧洲大陆哲学家的出版物就容易明白这一点。"（K. Mulligan, P. Simons, B. Smith. What's Wrong with Contemporary Philosophy? Topoi, 2006, 25: 63-67.）

[2] T. Williamson. The Philosophy of Philosophy. Oxford: Blackwell Publishing, 2007.

预设、学科性质等等的反思，元哲学和哲学方法论研究方兴未艾。下述问题成为目前的关注热点：哲学研究究竟是面向语言、概念或思想，还是像其他自然科学一样，面向外部世界本身？哲学是不是人类认知这个世界的总体努力的一部分？如何评价 19 世纪末和 20 世纪西方哲学研究中所发生的"语言转向"或"思想转向"？它们带来了什么样的积极成果，同时又产生了哪些消极影响甚至根本性缺陷？哲学这种在"扶手椅"中所进行的研究能否产出关于这个世界的有价值的认知？哲学研究与其他自然科学在目标和方法上有什么异同？哲学研究也需要"证据"吗？如果需要，是"文本证据"还是来自外部世界的"经验证据"？传统上重要的那些哲学区分，如"必然性和偶然性""分析性和综合性""先验性和后验性"等等，究竟是否成立？其根据是什么？有什么样的理论后果？哲学研究需要诉诸"直觉"、"想象"和"思想实验"等等吗？哲学研究中是否需要引入像问卷调查、统计数据、某种类型的实验等等？由这样的方法得到的结果在哲学论战中究竟起什么作用？有可能建立所谓的"实验哲学"吗？如此等等。

一、面向原典和传统，传承文化和文明

在本节中，我集中关注两个问题：为什么要面向原典和传统？为什么历代中国学者大都选择面向原典和传统？

1. 为什么要面向经典文本和思想传统？

黑格尔有言："凡是现实的东西都是合理的"①，至少有它们之所以如此的原因、理由和根据。用此种观点来分析中国哲学研究的状况，或许能够尽可能做到"同情的理解"。

"我是谁？""我从哪里来？""我到哪里去？"这些近乎永恒的哲学问题几乎人人都要面对，并且每个文化、民族、国家和其他共同体也要面对。在某种程度上，"我从哪里来"定义了"我是谁"，也会影响关于"我到哪里去"的思考和选择。正因如此，对我们这些后人来说，我们祖

---

① 黑格尔. 逻辑学. 梁志学，译. 北京：人民出版社，2002：37.

先所留下的经典文本和思想传统具有极其重要的价值，主要谈三点：

（1）经典文本是我们作为文化生物自我认知的入口。

作为中国人，我们的精神和心理世界、思维方式、安身立命之道、为人处世之道、生活习惯、审美趣味等等，都是以我们祖先所留存的经典文本为载体的思想文化传统所塑造的，后者以无形的方式渗透到我们生活的各个细节中，理解那些经典文本，在某种意义上就是理解我们自身以及我们当下的生活方式。

顺便谈到，在中国逻辑学界，关于中国古代是否有逻辑学，是否应该以及如何研究中国逻辑史，学界同人发表了很多不同意见，不时还有很激烈的争论。有一些学者执着于"逻辑研究必然得出关系，逻辑是一门关于推理的形式结构的学科"等观念，不断撰文强调中国古代没有逻辑学。我对这样的看法多有保留，这既涉及对"什么是逻辑学"的理解，也涉及对中国文化传统的理解。这里退一步，权且接受他们的说法为真，中国古代确实没有像亚里士多德三段论那样的"形式"逻辑，但对下述问题的研究仍然是有重要意义的：哪些因素造成了这种"没有"？这种"没有"对中国传统文化造成了哪些"正面"或"负面"的后果？再做一个反向追问：在思维理论方面，中国传统文化中究竟有"什么"？中国古代思想家如何思考问题？有哪些大致共同遵守的程序、模式、方法和规则？他们之间如何进行像"鹅湖之辩""朱张会讲"那样的论辩以及评判其胜负优劣？在中国传统典籍中，有关于"如何思维"、"应该如何思维"和"如何交流和论辩"的论述吗？有关于思维的过程、程序、模式、规律、规则、方法、技术、谬误等等的研究吗？在这些问题上，中国古代思想家的思考与西方思想家的思考有什么"同"与"异"？造成这些"同"与"异"的原因是什么？在海外汉学家对这些问题的研究中，哪些说法是正确的或有启发性的？哪些说法则是错误的？如何改善中国人的思维方式，以便更有利于中华民族的重新崛起？我们作为中国传统文化的后裔，当然有必要把这些问题弄清楚，这样的研究由具有逻辑学背景的学者来做也更为合适，甚至是他们不容推卸的责任和使命。至于把这样的研究结果叫作什么为好，如"中国逻辑学史"、"中国名辩学史"或"中国论辩学史"等等，远不是那么重要的事情。

（2）经典文本是文化、文明传承的可靠载体。

我曾经写道："经典文本是经过时间的无情淘洗所留下来的珍珠或黄金，是经过无数双挑剔的眼睛筛选所留下来的精品。尽管各个时代的出版物浩如烟海，但真正有真知灼见、能够流传后世的并不多。有不少书籍，其诞生就是其死亡；还有一些书籍，刚出版的时候也许热闹过一阵子，但时间无情，很快就从人们的视野中消失了，并被人们完全遗忘。只有真正有价值的东西，才会被后人反复翻检，不断被重新阅读、审查和思考。之所以如此，是因为这些经典或者提出了真正重要的问题，或者阐述了真正有创见的思想，或者对某个思想做出了特别有智慧的论证，或者其表达方式特别有感染力，更多的时候，是以上各者兼而有之。"①

（3）经典文本是进行新的思想文化创造的重要参考。

在思想文化史上，不大可能出现"万丈高楼平地起"的现象，任何后人的创造都必须建立在前人、他人工作的基础上，都必须借助"巨人的肩膀"才能站得更高、看得更远。我曾经写道："哲学家要思考这样的问题：这个世界究竟'有'或'存在'什么？——这些'什么'构成我们生存和认知的前提和出发点；什么样的信念构成'知识'？什么样的语句、命题或信念是'真理'？个人和社会的关系应该是什么样的？什么是'幸福'？什么是'正义'？人与自然的关系应该是怎样的？什么是'美'？对这些问题的关切和思考并不会随着历史的变迁、环境的改变、科技的进步而变得有根本性不同。在这个意义上，先前哲学家的智慧仍然对我们有启迪、引领、指导作用，哲学史研究具有十分重要的意义。"②

鉴于如上谈到的经典文本的重要性，许多学者把精力投放到对它们的整理、解读和诠释上，就是在做一件功德无量的事情。特别考虑到在历史的流传中，很多古代典籍残缺不全，其中有很多脱落、误植、讹误和有意的伪托，不加标点的古汉语书写系统对于现代中国人几近"天书"。即使古典文献的校勘和释读也已经成为一件非常专业的事情，需要长期浸淫其中、训练有素的专家学者来进行。在此之后，他们再按照自己的理解，对

---

① 陈波. 与大师一起思考. 北京：北京大学出版社，2012：1.
② 陈波. 面向问题，参与哲学的当代建构. 晋阳学刊，2010（4）：13.

其做整理、诠释和评价，将其介绍、传播给普罗大众。有些欧洲大陆哲学家如黑格尔、海德格尔、胡塞尔、伽达默尔、德里达等人的作品，即使是其母语圈的哲学家，也公认为晦涩难懂，有些中国学者依托他们的外语背景和学识功底，付出极大的辛劳，将它们移译为可以理解的中文。所有这些工作都非常有价值，丰富了当代中国人的思想文化资源，功莫大焉！向他们致以崇高的敬意！

2. 为什么历代中国学者大都选择面向原典和传统？

这种局面是由多重社会和个人因素共同造成的，其中一部分是外部环境迫使他们不得不然，另一部分则归结于他们的自觉选择。

（1）政治和学术制度。

秦始皇并吞六国，一统天下，创立"书同文、车同轨"的中国，但也随即"焚书坑儒"。汉朝"罢黜百家、独尊儒术"，统一官方意识形态。隋朝开始科举制，打破血缘世袭和世族垄断的官场用人制度，为民间士人（知识分子）开辟了阶层上升之道，但同时也把他们纳入官方学术的轨道。从此之后，中国士人走上了皓首穷经以谋一官半职的道路，学术视野和思想自由受到极大的限制，很多学术作品都以"经典注疏"的形式出现，"我注六经"成为最强大的学术传统。即使有些学人真想说点自己的思想，也常常让其隐藏在"注疏"的形式之下，有时候甚至放弃署名权，伪托古人，企图混入"经典"，以传后世。甚至像康有为这样的一代豪杰，也不得不"托古改制"，从古代和圣人那里获得思想支持和论证力量。1949年新中国建立后，许多哲学工作者都去撰写马恩列斯毛著作的解说，像贺麟、洪谦、苗力田这样有西学背景的学者，则几乎把全部精力都投放在对西方哲学经典文献的编选和移译上。自由的思想创造几成绝响，"六经注我"只是偶尔提及的一个口号，从来没有成为一个稍微有影响力的传统。

（2）师承和传统。

一代又一代的学者在上述氛围内长大和生活，很多东西在反复操作中成为习惯，甚至潜移默化为自己的内心选择。由这样的老师教出这样的学生，这样的学生后来又成为老师，再教出这样的学生，按照大致固定的模板不断复制，从而演变为"学术传统"。"熟知"慢慢变成了"真知"，

"司空见惯"慢慢变成了"理所当然",只有个别特立独行之士能够且敢于溢出常轨,但大多以悲剧性结局收场。

在中国学术界,有一个说法曾长期流行,但实际上很成问题:"君子述而不作"。《墨子》一书对此提出了有说服力的批评:"(儒者)曰:'君子循而不作。'应之曰:古者羿作弓,伃作甲,奚仲作车,巧垂作舟;然则今之鲍、函、车、匠,皆君子也,而羿、伃、奚仲、巧垂,皆小人邪?且其所循,人必或作之;然则其所循,皆小人道也。"墨子的批评却一直没有得到应有的重视。我在读大学本科和研究生时,常常听到这样的规劝:50岁之前不要写任何东西。实际情况却是:不少哲学经典出自年轻人之手,如休谟30岁之前完成了皇皇巨著《人性论》,维特根斯坦20多岁在第一次世界大战的战壕中完成了《逻辑哲学论》初稿。我深感怀疑的是,一个人在50岁之前什么也不写,在50岁之后还有学术创作的冲动和能力吗?!

(3) 见识和能力。

如果一个年轻人只在一种学术传统中受训,他只接受一位或几位特定老师的教导,只读特定老师指定的特定类型的书,只接受其老师的解说和观点,那么很难指望这样的学生有什么批判性思考的能力。他知道得太少,他的知识视野太窄,他的思维模式被固化,没有比较和鉴别,很难在学术上有什么突破性建树。相反,像严复、梁启超、陈寅恪、胡适、冯友兰、金岳霖等这样的学者,幼习中学,打下了很好的国学底子,然后又出国留洋,接受西方学术训练,受到中西文化的冲撞激荡,其见识和学术眼光自然不同凡响,其治学也别具气象,甚至能够成一家之言。

(4) 功利性考虑。

学者也是普通人,他自己要生存,他还有一家老小要养活,他需要生存资源,他要有社会地位,他必须获得社会的认可。于是,他通常会遵循当时社会的主流价值观,寻求晋升之阶,很少有人能够逆流而动。我曾看过京剧《马前泼水》,讲的是朱买臣一介书生,家贫如洗,生存能力非常有限。出生大家闺秀的妻子早年还能忍耐,对丈夫未来的前途还抱有期待。随着朱买臣屡试不中,逐渐失去耐心,在贫穷生活的逼迫下终于变成"泼妇"……当代年轻学者也面临很多生存困境,房价高企,但他们无房无车无钱,还要面对年度考核、课题结项、职称评定,以及许多后面带"金"的头衔评选。他们很难做到心如止水、安坐十年冷板凳,大都选择做文化快餐式的操作。许多研究当代西方哲学的学者,不是与国外同行一起投身于某项研究之中,变成他们的对话者,而是仍然采用"哲学史"的做法,把所谓的"研究"变成了"现场直播",找或许有些影响的外国学者的文章和著作来读,然后写成介绍类的中文文章,看得懂的地方多写一点,看不懂的少写一点,末尾再来一点无关痛痒的"简要评论",其中很多评论他自己都不当真。这样的文章在国际刊物上绝不可能发表,却占据了国内学术期刊的主要版面。我这里做个类比:假如某位国内学者在《中国社会科学》等刊物上发表了几篇文章,其他好些人另写文章介绍该学者的观点和论证,其中没有严肃认真的商榷和批评,没有对其工作所做的有意义扩展,这样的文章能够在国内学术刊物上发表吗?发表后甚至会引起版权问题。国内学术期刊必须改变"介绍评述类"文章泛滥、真正的研究性文章很少的局面。

二、由"本"开"新",走向创造性诠释

实际上,做原典和哲学史研究,也有两种不同的方式,一是把全部注意力都放在老老实实阅读、原原本本理解上,然后加以整理和诠释,力求忠实准确地介绍和传播给公众。二是按照傅伟勋所提出的"创造的诠释学"所指引的路径去做。我对傅伟勋的"创造的诠释学"非常欣赏,觉得他本人已经把有关步骤、环节、要旨说得非常清楚,详细引述如下:

> 作为一般方法论的创造的诠释学共分五个辩证的层次,不得随意越等跳级。这五个层次是:(1)"实谓"层次——"原思想家(或原典)实际上说了什么";(2)"意谓"层次——"原思想家想要表达什么",或"他所说的意思到底是什么";(3)"蕴谓"层次——"原思想家可能要说什么",或"原思想家所说的可能蕴涵是什么";(4)"当谓"层次——"原思想家(本来)应当说出什么"或"创造的诠释学者应当为原思想家说出什么";(5)"必谓"层次——

"原思想家现在必须说出什么"或"为了解决原思想家未能完成的思想课题,创造的诠释学者现在必须践行什么"①。

就广义言,创造的诠释学包括五个层次;就狭义言,特指"必谓"层次。如依狭义重新界定五个层次的各别功能,则"实谓"层次属于前诠释学的原典考证;"意谓"层次属于依字解义的析文诠释学;"蕴谓"层次乃属历史诠释学;"当谓"层次则属批判诠释学;"必谓"层次才真正算是狭义的创造的诠释学,但此层次的创造性思维无法从其他四层任意游离或抽离出来。

……创造的诠释学坚决反对任何彻底破坏传统的"暴力"方式,也不承认不经过这些课题的认真探讨而兀自开创全新的思想传统的可能性。创造的诠释学站在传统主义保守立场与反传统主义冒进立场之间采取中道,主张思想文化传统的继往开来。创造的诠释学当有助于现代学者培养正确处理"传统"的治学态度。②

下面,我从中外哲学史研究中选取几个例子,作为傅伟勋所提倡的"创造的诠释学"的应用事例,尽管有关当事人并不知道所谓的"创造的诠释学",但他们实际上却是这样做的,这也从侧面证成了"创造的诠释学"的理据和价值。

1. 休谟研究和新休谟争论

休谟哲学是一个相当古老的话题,当代西方学者在这上面也能有新的创获。对休谟哲学的"传统解读"认为,休谟的因果论证和归纳论证否定了因果关系的客观必然性,也否定了归纳推理的合理性,从而威胁到整个经验科学的合理性,由此把休谟解释成一位彻底的怀疑论者,甚至是一位不可知论者。自 20 世纪 80 年代以来,出现了一种"因果实在论"解释,由此引发了一场激烈的"新休谟争论"③。斯特劳森和赖特等人认为,休谟并未把因果关系等同于相似对象之间的恒常结合,相反他实际上相信

---

① 傅伟勋. 创造的诠释学及其应用. 时代与思潮, 1999 (2): 240.
② 同①257.
③ R. Read, K. A. Richman. The New Hume Debate: Revised Version. New York: Routledge, 2007.

外部世界中存在因果必然性或因果力，它们才是这种恒常结合的根本原因。他们的主要论证手段是：对来自休谟的某些引文进行强调和新的解释，这些引文中包含休谟对因果关系或因果力的直接指称性用法；通过区分"设想"（conceiving）和"假设"（supposing）以及对象中的因果性本身和我们关于因果性的知识，试图表明休谟的怀疑论只是针对我们关于因果性的知识，而不是针对客观的因果性本身；揭示传统解释将会遭遇到的困难，即若只把因果关系解释为接续的合乎规则性，排除任何实在论意义上的因果关系，则这种合乎规则性就失去了根基，只是纯粹的混乱；休谟最后求助于人的本能、自然信念和常识，即尽管我们无法从理性上证明外部世界和因果关系的存在，不能证明归纳推理的有效性，但是我们的本能、习惯和常识却要求我们相信外部世界和因果关系的存在，也相信归纳推理是管用的①。我本人不太同意对休谟关于因果和归纳的怀疑论的传统解释，而对近些年涌现出来的因果实在论解释抱有很大的同情②。

2. 弗雷格研究和新弗雷格主义

弗雷格要把数学首先是算术化归于逻辑，用逻辑概念定义算术概念，从逻辑真理推出算术真理，通过逻辑的确实可靠性来确保算术的确实可靠性。这种构想被称为"逻辑主义"。亚里士多德的主谓词逻辑不能承担这个任务，于是弗雷格自己创立了以主目—函数为基础、能够刻画关系命题和多重量化的一阶逻辑和高阶逻辑，并着手从二阶逻辑加公理 V 所构成的二阶理论中推出算术。但罗素后来证明，从公理 V 可以推出逻辑矛盾，即著名的"罗素悖论"。在得知这个结果后，弗雷格构想了几个补救方案都不成功，导致他本人放弃了逻辑主义构想。数学哲学中的逻辑主义已经死了，这一看法在很长时期内几乎得到公认。从 20 世纪 80 年代开始，赖特、黑尔、赫克等学者发现，先前被弗雷格放弃的休谟原则与二阶逻辑是一致的，并且从休谟原则和二阶逻辑可以推出皮亚诺算术公理，这一结果

---

① G. Strawson. The Secret Connexion: Causation, Realism and David Hume. Oxford: Clarendon Press, 1989; J. Wright. The Sceptical Realism of David Hume. Minneapolis: University of Minnesota Press, 1983.

② 陈波. 有关休谟哲学的两个重要问题. 哲学与文化. 台湾，2015 (8)：3-24.

被称为弗雷格定理。有些学者对休谟原则提出质疑，其中包括恺撒问题和良莠不齐反驳。此后，不少学者尝试在保留公理 V 的前提下通过限制二阶逻辑来做下述工作：首先证明公理 V 与受限制的二阶逻辑的一致性，其次从公理 V 和受限制的二阶逻辑推出休谟原则，最后从休谟原则与受限制的二阶逻辑推出算术公理①。这样的工作被叫作"新逻辑主义"或"新弗雷格主义"。

再说一件事。在其著名论文《涵义和指称》（1892）中，弗雷格论述说，任一名称都有涵义和指称，语句是广义专名，其涵义是它所表达的思想，其指称是它所具有的真值（真或假）。他进而提出了"外延原则"：在一个复合表达式中，若其中的某个成分表达式被指称相同的表达式所替换，由此得到的新复合表达式的指称保持不变。但弗雷格注意到，在间接引语和命题态度等语境中，外延原则会遇到反例，例如在"哥白尼相信地球围绕太阳转"中，就不能用"哥德尔是伟大的逻辑学家"来替换"地球围绕太阳转"，尽管这两个句子有相同的真值。弗雷格由此提出了他的补救方案：在间接引语语境和命题态度语境中，表达式有间接涵义和间接指称，其间接指称就是正常语境下的涵义。例如，在"哥白尼相信地球围绕太阳转"这个语句中，哥白尼所相信的是句子"地球围绕太阳转"所表达的思想，而不是它的真值。大多数学者都为这样的补救方案鼓掌和欢呼，但克里普克却发现了严重的问题：这会导致涵义和指称的无穷倒退和无穷分层，使得很多平常可理解的句子变得不可理喻，甚至使语言学习变得不可能。例如，"张三相信李四知道王丽认为大阪是日本的首都"，在涵义和指称的三重转换中，"大阪""日本""日本的首都"都不再指称我们通常所理解的东西，究竟指称什么谁也说不清楚，而这样的看法是荒谬的。克里普克随后做了两件事情：解决弗雷格涵义和指称理论带来的困惑；作为解决该问题的衍生，他认为弗雷格有类似于罗素的亲知理论②。

---

① 郭永盛. 什么是新逻辑主义?. 湖南科技大学学报，2009（3）：35-39；刘靖贤. 新逻辑主义的困境与二阶分层概括. 湖北大学学报，2014（2）：17-21.

② S. Kripke. Frege's Theory of Sense and Reference: Some Exegetical Notes. Theoria, 2008, 74: 181-218.

3. 中国现代新儒家

《中国哲学大辞典》（修订本）如此诠释"现代新儒家"："20 世纪 20 年代产生的以接续儒学'道统'为己任、服膺宋明理学为主要特征，力图用传统儒家学说融合、会通西学，从文化上探讨中国现代化进程的学术思想流派。"① 刘述先将其发展轨迹提炼成"三代四群"的架构：第一代第一群有熊十力、梁漱溟、马一浮和张君劢，第一代第二群有冯友兰、贺麟、钱穆和方东美，第二代第三群有唐君毅、牟宗三和徐复观，第三代第四群有余英时、刘述先、成中英和杜维明②。蔡仁厚则把当代新儒家的学术贡献概括为如下五点：（1）表述心性义理，使三教智慧系统焕然复明于世；（2）发挥外王大义，解答中国文化中政道与事功的问题；（3）疏导中国哲学，畅通中国哲学史演进发展的关节；（4）消纳西方哲学，译注三大批判，融摄康德哲学；（5）会通中西哲学，疏导中西哲学会通的道路③。这样的评价是否确当，我不敢置喙。至少初看起来，现代新儒家试图把传统儒家学说与当代社会现实相连接，与西方哲学和西方文化的某些理念相融合，对其做出某些改变和发展，以便适应当代社会的需要。这是否也能算作"创造性诠释"？还是留给有关专家去评判吧。

我同意如下的说法：新儒家的缺陷之一是"对传统儒家文化造成中国历史和现实的巨大负面影响，不是低估就是视而不见，即使有一点批判也往往是轻描淡写的"④。在我看来，由儒家伦理建构出来的人格多有问题：资质平庸者容易迂腐，"无事袖手谈心性，临危一死报君王"，几乎百无一用；资质好一些的容易虚伪，"满口仁义道德，满肚子男盗女娼"，光鲜的外表下掩藏一肚子肮脏。当然也不排除曾塑造出少数既品德高尚又非常能干的儒家精英。这或许表明，儒家伦理所依据的基础理论有问题，它把道德训练和人格养成变成了单纯的个人心性修养问题，而严重忽视相应的社会政治制度和经济基础的维度；它太喜欢唱高调，而又没有提供

---

① 张岱年. 中国哲学大辞典. 修订本. 上海：上海辞书出版社，2014：744.
② 刘述先. 现代新儒学发展的轨迹. 杭州师范学院学报（社会科学版），2008（1）：1.
③ 蔡仁厚. 当代新儒家的学术贡献. 成报（香港），2005-06-01.
④ http://www.oureb.com/guoxue/rjxin.html. ［2016-08-09］.

任何切实可行的指导。儒家常常说"内圣外王","修身、齐家、治国、平天下",甚至还有大得惊人的抱负:"为天地立心,为生民立命,为往圣继绝学,为万世开太平。"听起来很美,但稍微仔细思考一下就会疑窦丛生:中国传统社会提供了实现此类抱负的制度环境吗?这是一个知识分子合理的自我期许吗?究竟如何去具体实现这样的理想和抱负?真实情况是:"天下"是皇帝私有的,只要你一开始想"外王""治国""平天下",马上就有可能背上"谋反"的罪名,遭遇杀身之祸,甚至被诛灭九族。即使是那些较低层次、听起来很合理的儒家伦理,如"老吾老以及人之老,幼吾幼以及人之幼",在生存资源非常匮乏的情况下,也会遭遇像"郭巨埋儿"之类的人伦困境。我认为,那些真想弘扬传统儒学的中国学者,必须付出极大的理智努力,把儒学从高耸的云端拉回到坚实的地面。

还有必要提请注意一种异常现象:一批海外汉学家也在那里研究中国哲学和中国文化,他们之间常常会就某些有关中国的议题发生激烈的论战,但在这样的论战中,中国学者甚至是华裔学者却常常完全缺席[1]。汉学家有时候会得出一些相当奇怪的结论,甚至渐渐被视为定论。例如,原香港大学教授陈汉生在《中国古代的语言与逻辑》等论著中,从"古汉语名词没有单复数之分"这类前提出发,得出古汉语名词非常类似于西方语言中的"物质名词"如"金木水火土",指称某种具体的物质形态,而并不表示抽象概念,由此他引出了一系列重要结论:"中国古代没有一个用汉语表达的哲学系统以任何传统上重要的方式承认抽象(共相)实体的存在,或让其发挥作用,而西方语义学、认识论、本体论或心理哲学则给抽象以重要地位。"中国哲学中甚至没有"真理"概念:"中国思想集中于语用的研究……较少关心语义上的真假,而较多关心语用上的可接受性。"[2] "中国古代那些用来评价不同学说的'哲学理论'并不依赖西

---

[1] 顾明栋. 语言研究的汉学主义——西方关于汉语汉字性质的争论. 南国学术,2014(1):125-134;韩振华. "语言学转向"之后的汉语哲学建构——欧美汉学界对于先秦中国思想的不同解读. 华文文学,2014(2):22-39.

[2] 陈汉生. 中国古代的语言与逻辑. 周云之,等译. 北京:社会科学文献出版社,1998:45,74.

方人非常熟悉的真假区分。"① 假如陈汉生的这些结论真成立的话，甚至可以得出"中国无哲学"的结论，因为没有抽象概念和真理概念的哲学还能叫"哲学"吗？我曾给国际期刊投寄有关中国哲学和逻辑的英文稿件，有的审稿人就以陈汉生的这类观点对我的稿子提出了一大堆问题。假如某种谬见成为"主流"和"定论"，以后要改变会非常困难。因此，我主张：中国哲学家要与国际同行一道，全面参与到与中国哲学有关的国际性研究中去，也要全面参与到哲学的当代建构中去。对于中国学者来说，过去或许没有这样的条件和能力，但今天这样的条件和能力至少是初步具备了。

三、面向问题和现实，建构当代特色的哲学

做原创性的哲学研究，关键是要面向哲学问题，提出理论去回答和解决这些问题。中国哲学家要继续研究那些传统上仍未解决的重要学理性问题，也要直面当代社会现实生活的需要，从中提炼出相关的哲学问题，或者赋予旧问题以新形式，或者在新背景中探讨老问题，发展新的哲学理论，回答当代社会生活的关切。歌德说得好："理论是灰色的，生命之树常青。"

这里先举几个学理性问题的例子，它们仍有待哲学家们去仔细深入的研究。

1. 社会实在论研究

当做形而上学研究时，我们不能只关注那些传统问题：这个世界上"有"什么？特别是我们所面对的自然界中"有"什么？我们更有必要把目光投向我们沉浸其中的生活世界。我们的社会生活中"有"什么？显然，有法律制度、政府机构、货币、婚姻、家庭、学校、警察、交通规则、奥运会等等，塞尔把这些统称为"社会实在"②。问题是：这些社会实在是如何形成的？它们又如何发挥作用？塞尔提出和论证了如下四个命题：

---

① C. Hansen. Chinese Language, Chinese Philosophy, and "Truth". The Journal of Asian Studies, 1985, 44 (3): 494.

② 塞尔. 社会实在的建构. 李步楼, 译. 上海：上海人民出版社, 2008.

第一，所有人类制度性实在的最初形式都是通过某种语言表征被创造出来的，这种表征和宣告以及创造身份功能的话语具有相同的逻辑结构。我称它们为身份功能宣告。

第二，已有的制度性实在得以保存也要靠身份功能宣告。

第三，身份功能无一例外地产生权力，包括积极的权力和消极的权力。例如，美国总统有积极的权力，即可以否决国会的立法；他也有消极的权力或者说义务，即每年给出一个国情咨文。因此，制度性事实的目的是产生权力关系。

第四，这种权力有其特殊地位，因为它们通过产生行动的理由发挥作用，这些理由独立于行动者的欲望和倾向。这里提到的权力有权利、义务、责任、权限、授权、权威、要求等。所有制度性事实都是身份功能宣告产生的，这种宣告产生道义权力。当我们意识到这种权力时，它就会产生独立于欲望的行动理由。①

我认为，塞尔提出的议题非常重要，中国学者有必要对他的观点及其论证展开严格审查，并发展出自己独立的观点和论证，甚至是比较系统的原创性理论。

2. 自然化认识论与当代认知科学

蒯因认为，哲学与自然科学是连续的。具体就认识论而言，它不应该站在科学之上和之外，凭借抽象思辨，提出一些认知方法、标准和规范，试图以此规范、指导科学家的认知活动。相反，认识论研究也要使用常识和科学所使用的那些认知手段和方法，利用已有的科学成果，与其他各门自然科学一道，对人的认知过程做发生学式的研究，由此提炼并证成认知规范。蒯因把这样的认识论叫作"自然化的认识论"②，它与当代认知科学有密切关联，甚至有很多重叠的部分，它们之间必须有活跃的互动③。

---

① 塞尔. 语言和社会本体论. 董心, 译. 世界哲学, 2013（3）：11.
② 蒯因. 自然化认识论//涂纪亮, 陈波. 蒯因著作集：第2卷. 北京：中国人民大学出版社, 2007：401-415.
③ 刘晓力. 当代哲学应该如何面对认知科学的意识难题. 中国社会科学, 2014（6）：48-68.

3. 真理论研究

"真""真理"在我们的日常生活以及科学研究中都是非常实质性的概念，哲学家当然要对"一个语句为真意味着什么""它在什么时候为真""如何检验和确证真理"等问题做深入系统的研究。有三种主要的真理论：符合论，强调真理与外部世界之间的关联；融贯论，强调信念体系之间的相互支持；实用论，强调真理所造成的实际效果："不造成差别的差别就不是差别"。近年来，还有一种真理论在西方哲学界比较活跃，叫作"紧缩论"（deflationism），认为断言一个语句为真就等于断言该语句。紧缩论试图卸掉真理论的形而上学和认识论重负，我个人对它抱有极大怀疑，并认为赖特对它做了强有力的批评①。有些国外学者还把现代逻辑方法引入真理论研究之中，"公理化真理论"或"形式真理论"研究目前也颇为流行。我坚持认为，必须保持真理符合论的基本直觉，把真理牢牢拴在外部世界以及我们对外部世界的认知上，故我对吉拉·谢尔正在发展的"实质真理论"非常欣赏，看好其理论前景②。

4. 模糊性和连锁悖论

像"大小""高矮""胖瘦""贫富""秃头""谷堆"等等叫作"模糊谓词"，其最大特点是没有大家公认的截然分明的界限，容易导致连锁悖论。假设 F 是任一模糊谓词，1 明显是 F；若 n 是 F，则 n+1 是 F；所以，对任一 n 而言，不管它是多大，n 都是 F。这里，推理的前提似乎都正确，但结论却明显违反常识和直观，例如：尽管一粒谷不是谷堆，只加一粒谷也不会使不是谷堆的东西变成谷堆，但十万粒谷却绝对是谷堆。模糊谓词及其派生的连锁悖论对经典逻辑所奉行的二值原则（任一命题必

---

① C. Wright. Truth: A Traditional Debate Reviewed. Canadian Journal of Philosophy, Supplementary Volume, 1998, 24: 31-73.

② G. Sher. On the Possibility of a Substantive Theory of Truth. Synthese, 1999, 117: 133-172; In Search of a Substantive Theory of Truth. The Journal of Philosophy, 2004, 101: 5-36; Epistemic Friction: Reflections on Knowledge, Truth, and Logic. Erkenntnis, 2010, 72: 151-176; Truth as Composite Correspondence//T. Achourioti and et al. Unifying the Philosophy of Truth. Dordrecht: Springer, 2015: 191-210.

取且只取"真""假"二值之一）提出了严重挑战，也对基于二值原则的传统认识论、真理论、方法论和形而上学提出了严重挑战，成为近几十年来西方逻辑学和哲学研究的热门话题。

5. 决定论和自由意志的关系

决定论基于普遍因果律：对于世界的任何事件，都有先已存在的充分的原因，导致该事件必然发生。一般认为，从决定论可得到如下三个推论：（1）世界上的一切未来事件至少在原则上是可预测的。（2）每个事件都有先已存在的充分的原因。既然人的每一次选择或行动都是一个事件，根据决定论，也被其先在的原因所决定，由此推知：人似乎没有自由意志。（3）既然人没有自由意志，人对其选择和行动就不负有任何道德或法律的责任。这些推论是高度反常识和反直观的。如何消解或调和决定论与自由意志之间的冲突？自由意志是否可能以及如何可能？这是重要的形而上学问题，也是重要的伦理学和法哲学问题，值得深入研究。

下面仅列出几个紧迫的现实性问题，由于篇幅所限，只略述其一二。

1. 不同文明的冲突、对话与共处

放眼望去，这个世界正处于剧烈动荡之中，族群分裂，区域战争频发，恐怖主义盛行。在所有这些现象背后，都可以找到不同文明冲突的影子。如何理解和对待不同文明及其派生的社会治理方式和生活方式，让它们之间真诚地对话，相互理解和尊重，做到在这个世界上和平相处？如何消除恐怖主义的根源？对这些紧迫问题的探究，中国哲学家不能缺席。

2. 社会的公平和正义

在其巨著《正义论》（1971）中，罗尔斯系统地阐发了一个核心理念：正义即公平。换句话说，没有公平就没有正义，而没有公平和正义，社会就不会安宁，就会处于冲突和动荡之中。中国近几十年的改革开放取得了很大的成就，如何让全民共享社会发展成果，如何处理保护弱势群体和让社会充分竞争的关系，如何处理公平与效率的关系，如何保持社会永续发展的活力，中国哲学家有义务参与到对这些问题的研究中去。

3. 人与自然环境的和谐

中国近几十年的高速发展带来了很多负面后果，其中每个人都能切身感知到的就是环境污染问题，包括对土壤、水源和空气的严重污染。中国哲学家有必要从哲学上说明人与自然的关系，当下发展与永续发展的关系，当代人的利益与子孙后代福祉的关系，等等。

4. 互联网和虚拟现实

互联网已经极大地改变了信息传播方式，也随之改变了中国人的思想观念和行为方式；互联网极大地改变了商业模式、社会的某些组织形式以及人们的生活方式，只要想一想马云所创立的阿里巴巴对中国社会所造成的革命性影响就够了；互联网还产生了所谓的"虚拟现实"问题。中国哲学家有必要从形而上学、认识论、方法论、伦理学、美学、法哲学、社会哲学等多侧面对它们进行研究。

至少有些时候，哲学家需要把他们工作的抽象程度降下来，让其与社会现实有所接触。所以，中国哲学家所要研究的不只是先贤、原典和思想传统，所要做的工作也不只是校勘、翻译、阅读、理解、诠释和传播。至少一部分中国哲学家必须从书房里走出来，走进当代的社会现实，对其中的紧迫问题从哲学层面加以研究，提出新的哲学观点、理论，甚至是可供实际操作的政策建议。这里，与哲学界同人一起重温弗朗西斯·培根对哲学家的一些批评：

> 作为哲学家，他们只是为想象的国度制造出一些假想的法律。他们的论述就如天空中的星辰，只能给大地带来微弱的光亮，因为它们的位置太高了。

> 最后我们还要贬斥远古一些让人尊敬的哲学家和具有哲学家气质的人，他们过于纤悉，在现实生活中缺乏用场。他们为了逃避轻蔑和烦扰，轻易地从公共事务中抽身而出，而真正有道德的仁人志士，他们的意志应当如康萨罗所说的士兵的荣誉似的，像一个粗壮的网，不要那么精细，以至任何东西碰到上面都会危及它的安全。[1]

---

[1] 弗朗西斯·培根. 学术的进展. 刘运同, 译. 上海：上海人民出版社, 2015：185, 141-142.

四、百花齐放，共同营造当代中国哲学的繁荣

面对"为义孰为大务？"这一问题，《墨子》一书回答道："譬若筑墙然，能筑者筑，能实壤者实壤，能掀者掀，然后墙成也。为义犹是也，能谈辩者谈辩，能说书者说书，能从事者从事，然后义事成也。"对于我们文化先辈如此明智的态度，我至为感佩，极其欣赏。我想强调的是：中国哲学界也需要有劳动分工，学者的专长领域可以有所不同，但没有高下优劣之分；只要好好做研究并且研究得很好，都应该得到鼓励和尊重。实际上，不同中国学者在不同领域以不同风格所做的高质量的学术研究，组合在一起，将会提高中国哲学研究的总体水准，为中国哲学在国际哲学界赢得尊严。唯一的要求是：谨守学术规范。

按我自己这些年的摸索和体会，按照国际性学术标准做学问，要特别注意以下几点：

（1）在一个学术传统中说话。

即使是天才，也不可能平地起高楼，他也要站在巨人的肩膀上。一个原创型的思想者必须对相关的先贤、前辈和思想传统有足够专深的了解。

（2）在一个学术共同体中说话。

学术研究是一种对话，一位原创性的思想者也必须足够熟悉他的同时代人的工作，他的新工作也最好在与学术同行对话的语境中展开。

（3）针对具体问题说一些自己的话。

一个人的知识和能力是有限的，一本书、一篇文章、一次讲演的容量也是有限的。要对问题有足够新颖和专深的研究，学者必须对自己的学术雄心有所节制。国内学术期刊常见两类文章：一类是介绍述评类，另一类是针对大题目说大话和空话。这两种现象都必须改变。学术对话是一种交换，你用来交换的只能是你独特的见解和论证。

（4）对自己的观点给予比较严格而系统的论证。

学术是公共产品，你不仅要告诉你的同行你思考的结果（"想什么"），而且要向你的同行展示你的思考过程（"怎么想"）。这就要求把你的思考外化为文字特别是论证，以便你的同行能够追踪和检查你的思考

过程，由此来评价你思考的好坏，并决定是否同意或改进你的观点及论证，或者投入与你的学术论战①。你不能像孙悟空那样，一个筋斗翻十万八千里，这会使你的许多同行不能理解你的思考过程及结果，无法与你做实质性的学术交流，于是他们做出选择：不搭理你。

（5）对他人的不同观点做出适度的回应。

这是由第二点所派生的，但其作用又不止如此。为了避免一厢情愿式的思考，你必须思考你的观点已经遇到哪些反对意见，或者设想它可能遇到哪些反对意见，并对其中的部分重要意见做出答辩，由此来从反面保证你的思考及结果的正确性。

我觉得，还有必要特别强调以下三点：

第一，新探索必须从学术传统中寻求强大支撑。即使是原创型的思想者，也需要从学术传统和学术同行那里获得激励，从而加强自己思想的论证力量。常常有这样的学术现象，即使是那些自称原创型的学者，在阐述他们的思想时，也会把许多伟大的先贤和著名的同辈引为同道。例如，当代美国哲学家布兰登是"分析实用主义"的代表性人物，创造了"推理主义语义学"，但他按自己的理解，大量征引解说康德、黑格尔、弗雷格、维特根斯坦、塞拉斯、罗蒂、达米特，以及他的同事麦克道威尔，把他们视为自己的先驱和同道②。但情况是否真的如此，尚需仔细甄别和研究。

第二，新探索需要学术共同体的共同参与。俗话说，"众人拾柴火焰高"。一位独立的研究者要从他的学术同行那里获得反馈，不管这种反馈是赞扬、改进、批评，还是彻底的否定，由此产生相互切磋甚至是论战，从而促进相互理解，共同进步。但中国哲学界目前的状况是：各位学者埋头于自己的工作，对同行所发表的著述基本上不读不看，当然更不评论，实际上没有形成真正意义上的学术交流。这种情况必须改变，可以仿效国

---

① 陈波. 与大师一起思考. 北京：北京大学出版社，2014：272-287.

② R. Brandom. Between Saying and Doing, Interview by Richard Marshall. 3：Am Magazine. http://www.3ammagazine.com/3am/between-saying-and-doing/. ［2016-07-20］.

外学术出版机构的做法：在匿名审稿过程中，凡是不征引、不讨论当代学术同行工作的相关论著，都不被接受发表或出版，因为你身处于一个学术圈子中，很多与你的工作有关联的出版品你应该了解和知道，但这一点从你的论著中却看不出来，由此就可以判定你似乎不是圈中人，你的工作质量要大打折扣。循此办法，逐渐硬性地建立起真正意义上的学术共同体。

第三，少一点排斥，多一些包容；少做空泛无谓的争论，多做翔实可靠的研究；关键不在于研究什么，而在于怎么研究，以及最后拿出什么样的学术成果供国内、国际学术共同体去评价。一位学者不会因为所研究的论题"前沿"而变得前沿，不会因为其所研究的论题"重要"而变得重要，而只能因为其研究成果的"重要"而变得重要。由于多种复杂的原因，学术共同体或许在某个局部、某个时段不够公正，但有理由相信，它在总体上会是公正的，至少最后会是公正的。大浪淘沙，历史无情，泡沫和浮尘终会消散或被抹去，最后留下来的可能是金子。

26. 哲学作为一项认知事业*

一、导言

美国哲学家蒯因断言：科学与常识是连续的，哲学与科学也是连续的。"正如科学是自觉的常识一样，哲学力求将事物阐释得更加清楚明白，就其目的和方法的要点而言，应无异于科学。"① 在蒯因那里，"科学"一词有两种涵义：狭义仅指自然科学，广义指我们关于这个世界的一切知识所构成的整体。将蒯因的上述论断展开来说，就其目标和使命而言，哲学像常识和科学一样，是人类认知这个世界的总体努力的一部分，它应该帮助人们更好地认知这个世界。就其方法论而言，正像科学方法是常识方法的精致化一样，哲学方法也是对常识方法和科学方法的提炼和总结，没有独一无二的哲学方法。

牛津哲学家威廉姆森继承和发展了蒯因的上述思想。他从两个方面严厉批判如下的哲学例外论：哲学研究只是由哲学家在扶手椅中完成的，其方法论与评价标准与其他各门科学的有实质性区别。首先，他论述说，哲学与科学在研究对象上是连续的。20世纪西方哲学中发生的所谓"语言转向"和"思想转向"是错误的，已经过时了。哲学家并不只是对语言的性质和结构感兴趣，也不只是对有些人所认为的优先于语言的概念、思

---

* 本章属于国家社会科学基金重大项目"当代逻辑哲学重大前沿问题研究"（项目号17ZDA024）的阶段性成果。

① 蒯因. 语词和对象. 陈启伟，朱锐，张学广，译. 北京：中国人民大学出版社，2005：4.

想、心灵感兴趣,而是相反,像其他科学家一样,哲学家所关注的也是我们生活于其中的这个世界本身。例如,当形而上学家研究"时间""空间"时,他们所关注的是这个世界中真实的时间和空间的性质及其结构。当认识论家研究"知识""真理"时,他们是在探究如下至关重要的实质性问题:究竟什么是知识?如何获得知识?如何证成知识?知识受到哪些社会性因素的影响?知识如何在社会共同体中发挥作用?等等。其次,哲学和科学在方法论上也是连续的,只不过有自己的特点。哲学更像数学,二者主要是在扶手椅中完成的,其方法首先不是实验,而是溯因(abduction)和演绎推理。但这并不妨碍它们都是科学。哲学也要利用自然科学的成果,并且像在自然科学中一样,哲学进展主要在于构造解释力更强的更好的模型,而不是提供更多有信息量且无例外的普遍概括。我们不应该过多地考虑哲学究竟是先验的还是后验的,因为这个区分在认识论上是表面的和肤浅的[1]。

我同意蒯因和威廉姆森等人的总体哲学倾向和立场,也同意他们对哲学例外论的批评,在他们工作的基础上,我将进一步提出和论证一个核心论题:哲学是一项认知事业。这个论题旨在强调:哲学与其他各门科学是连续的,它是人类认知这个世界的总体努力的一部分。哲学要帮助人们更好地认知自然界,更好地认知人本身,更好地认知个人所组成的社会,更好地认知我们对这个世界的认知。这个论题显然是针对关于哲学的其他看法的,例如只把哲学理解为对先贤学说的整理,对经典文本的解读,对思想传统的继承,对异域思想的引介,对哲学教科书的编撰,等等。这些活动当然是哲学的内在环节和必要部分,但绝对不是哲学研究的全部。至少一部分中国哲学家应立足于当代生活现实,在先贤思想成就的基础上,以哲学问题为导向,以论证、对话、质疑、挑战为主要形式,去撞击已有的思想边界,去展开对新领域的开拓和对新理论的创制。一句话,要参与到

---

[1] T. Williamson. The Philosophy of Philosophy. Oxford:Blackwell Publishing,2007;溯因哲学. 刘靖贤,译. 哲学动态,2017(7):101-107;Doing Philosophy. Oxford:Oxford University Press,2018;Armchair Philosophy. Epistemology & Philosophy of Science,2019,56(2):19-25.

哲学的当代建构中去，由此确认中国哲学家的身份并赢得中国哲学家的尊严①。

本章从三个方面对上述核心论题做详细的展开和论证：就其研究对象与目标而言，像其他各门科学一样，哲学的使命也是帮助人们更好地认知这个世界；就其方法论而言，哲学和科学没有实质性区别；哲学与哲学史之间既有连续也有断裂，哲学对哲学史的特别关注并不构成对该核心论题的严重挑战。本章最后回应了对该核心论题的另外两个挑战，认为它们都是想当然的说法，似是而非：科学依赖观察和实验，哲学诉诸诠释与理解；科学重点关注"实然"（事情实际上怎么样），哲学重点关注"应然"（事情应该怎么样）。

二、哲学的使命：帮助人们更好地认知这个世界

1. 人类的利益和需求是人类认知的出发点

在我看来，美国实用主义哲学的最大贡献就是倡导"从人或人类的视角去看世界"。我们生存于斯的这个世界，纵无际涯，横无边界，时空都是无限的。庄子说："吾生也有涯，而知也无涯。以有涯随无涯，殆已！"（《庄子·养生主》）因此，我们对这个世界无法做镜像式的全面透彻的认知，我们认知我们需要认知的，我们认知我们能够认知的。我们的欲望、需求、利益、关切决定了我们要去认知这个世界中的什么；我们所具有的认知和行动能力以及认知资源，决定了我们将如何认知。这二者的结合划定了我们的认知边界，即把这个世界划分为截然不同的两部分："人化的实在"（humanized reality），即人类认知和行动能够达到的现实世界中的那一部分；"原生的实在"（brute reality），即当下的人类认知和行动尚不能达到的现实世界的那一部分，相当于康德哲学中的"自在之物"（things in themselves）。

有必要强调指出，设定一个"自在之物"的世界是充分合理的，也

---

① 陈波. 面向问题，参与哲学的当代建构. 晋阳学刊，2010（4）：12-20；哲学研究的两条路径：诠释与创新. 中国社会科学评价，2017（1）：58-68.

是绝对必要的。首先，这是人类先前世代的认知经验的归纳总结和合理外推。当"人猿相揖别"时，早期人类的认知和行动范围很小，只局限于他们当下的生存环境，重点关注在哪里去获得生存资源以及如何获得，偶尔也抬头仰望星空，看到他们用肉眼能够看到的东西，这构成了人类对这个世界的最初认知。随着人类认知能力和生存能力的增强，他们的活动范围越来越大，人群与人群的相互交往越来越多，经验、信息、知识的传播速度加快，他们的认知空间随之大大扩展，从前科学认知，到古代科学，到近代科学，再到现代科学，他们知道了这个世界中很多他们先前不知道的东西。他们也知道，不是他们的认知创造了这些东西，而是这些东西本来就在那里，只是对他们来说先前静默无声地存在着。此类经验积累多了，人类通过归纳总结，由此合理外推出一个论断：有一个原生的、本然存在的世界，它独立于我们当下的认知，超越于我们当下的认知，却构成我们的认知对象。其次，承认有一个"自在之物"的世界，也为人类的未来认知扩展留下了足够大的空间。显然，人类的认知能力在迅速增强：人类遨游太空，潜入海底，探究物质的微观结构，一本本陌生而神奇的"自然之书"正在被我们打开。我们必须承认：它们本来就在那里，只是由于人类先前认知和行动能力的局限，它们不被我们所知。

虽然哲学和各门科学（包括自然科学、社会科学和人文科学）都以这个世界为认知对象，但它们之间既有分工也有合作。各门具体科学通常以这个世界的某个局部、侧面、维度为认知重点，探究其中的结构、秩序和规律。哲学则要在各门科学成果的基础上，绘制这个世界的整体画面，探究这个世界的一般性的结构、秩序和规律，因此哲学在抽象程度和普遍程度上远高于各门具体科学。哲学还要质疑或证成各门科学的基本假设，质疑或证成各门科学的价值维度，撞击或推展已有的认知边界。但哲学仍然要在常识和科学理论的框架内活动：利用科学的发现，使用科学的方法，去反思、质疑甚至挑战常识和科学，去挖掘和质疑科学理论背后所隐藏的根本性假设，去构想做别种选择的可能性。不能据此就断定哲学与常识和科学是断裂的，就如同不能说近代科学与古代科学、现代科学与近代科学是完全断裂的一样，尽管前者否定和抛弃了后者的许多理论断言，但仍有一些关键性要素贯穿其间：以追求真理为目标，诉诸科学证据，使用科学方法，进行科学验证，最后还要得到科学共同体的认可。

2. 哲学和哲学家如何看待这个世界

追求真理是我们的使命。这是因为：真理是我们生存于世的基本凭借。如果一个个体或种群对这个世界及其周围环境经常做出不真实的认知，经常做出错误的决策和应对，大自然就会通过自然选择机制，通过各种途径，让他们的基因从大自然的基因库中消失，逐渐把他们这个种群从这个世界上淘汰掉。要对这个世界做出正确的认知，首先必须弄清楚这个世界中究竟有什么，这就是本体论和形而上学研究。

很显然，这个世界中有很多的物理个体，如恒星、行星和卫星，山川河流，果木菜蔬，它们占据时间和空间，有其时空边界，能够被我们的感官所感知。但它们不是孤零零的存在，而是有很多属性，相互之间发生复杂的关系。由于这些性质和关系，不同物理个体形成不同的自然种类，不同的种类处于不同的层次，受制于不同的结构、秩序和规律。它们相互发生因果作用，由此产生变化和发展。把自然种类进一步抽象化，变成了集合。集合有元素，对集合的元素以及物理个体都可以计数：一个、两个、三个……由此产生了数。因此，物理个体、性质和关系、自然种类、时空、层次、结构、因果关系、规律、集合和数等等都在这个世界上存在着，只不过采取不同的形式，相互之间还有依赖关系：有些是基础性的，有些则是派生的。

这个世界中还有很多人造物品。人是这个世界上最能干的种群，他们给这个世界带来了很多新物品，小至钟表手机、桌椅板凳，大至高铁、摩天大楼、海底电缆、跨海大桥、航天飞机等。这些东西与自然物的相同之处在于：它们都有物质形态，存在于时空之中，能够被我们所感知。它们与自然物的不同之处在于：里面都灌注了人的思想、观念、设计、制作甚至情感。没有人的设计和制作，它们就不可能存在，也不可能发挥其作用。

这个世界上还有很多"社会实在"，亦称"制度性事实"，例如，国家、政府、军队、警察、货币、银行、大学、学术研讨会、婚姻等。塞尔指出，制度性事实是被社会建构出来的，涉及如下五个要素：功能赋予、集体意向、构成性规则、语言和背景，其中集体意向是关键性的。在构成性规则"在情境 C 中，X 被当成 Y"中，X 是原生事实，Y 是制度性事实，把 X "当成" Y 是社会集体意向通过语言赋予并确保 Y 有一定的身份和功能来实现的。拿一张一百元的人民币来说，就其物质形态来说，它就是一张纸，尽管是一张特殊制作的纸，使它在当代社会中变得如此重要的显然不是它的物质形态，而是在其背后支撑它的一整套社会制度，是这套社会制度赋予和保障了它发挥神奇的功能。

还有很多文化构造物，例如神话、民间传说、文学作品、电影、戏剧、动漫游戏等等中的角色，如"女娲""龙""孙悟空""林黛玉""哈姆雷特"，以及由人所创制的概念、命题、理论、学说，如"区块链""人是万物的尺度""实用主义""毛泽东思想"等等。这些东西是由现实世界中的人利用各种物质性手段（例如笔墨纸张、电脑和其他器材）创造出来的，又存在于某种物质形态（例如书籍、影像制品、网络文件等等）之中。关于文学人物，我们可以说两种意义上的真话：一种是"孙悟空是唐僧的大徒弟"，这是站在小说《西游记》里面说的一句真话；另一种是"孙悟空是吴承恩所创作的一位虚构人物"，这是超脱于《西游记》，站在现实世界立场上说的一句真话。这些文化构造物在我们的理智生活和情感生活中发挥着非常重要的作用。

更重要的是，这个世界上还有很多很多的人，以及由人所组成的各种群体、组织、社会、民族、国家等等，他们各有不同的甚至相互冲突的利益、需求、愿望、观念和行为模式，他们对"我"的生存来说构成合作与竞争关系，是"我"必须认知的这个外部世界的一部分，或许是其中最重要的一部分。

如上所列的所有这些"实在"，对于我们的个体生存和类生存来说都是极其重要的，因而都是我们的认知对象，也是哲学所要研究的对象。如果"实在"中包括如此歧异的元素和类别，那么，究竟什么是"实在"？如何去说明、刻画甚至定义"实在"？这对于哲学家来说构成一个严重的挑战。通常的说法是，"实在是独立于人的意识和心灵的存在物"。若考虑到人造物品、社会实在、文化构造物、人类社会等等，这个说法显然不成立，因为没有人的意识和心灵的参与，这些东西根本就不可能存在。或许如美国实用主义哲学家皮尔士所言："实在并不必然独立于一般意义上的思想，而只是独立于你或我或任何有穷数量的人关于它可能持有的想法……"①

3. 哲学和哲学家如何有助于促进或改善对这个世界的认知

可以从多方面去回答这个问题，由于篇幅关系，下面只谈两点。

（1）哲学可以拓展新的认知领域，展示新的思维空间，达至先前未及的认知深度。

以前的形而上学家大都只关心自然界中有什么，而美国哲学家约翰·塞尔促使我们注意到，在我们的社会生活中，除了自然物之外还有什么？哪些东西对于我们作为人的社会生活是至关重要的？他提出还有"社会实在"，如政府、军队、警察、钞票、婚姻和大学等等，并探讨了如下一些问题：这些社会实在是如何形成的？发挥了哪些作用？如何发挥其作用？等等。显然，这些探讨是非常新颖的，也是非常重要的，形成了"社会本体论"这个新的研究领域，并对政治学、伦理学、管理学等等产生重要的影响。

休谟分别提出了两个重要的"休谟问题"，一个关涉归纳推理和因果关系，另一个关涉"是"与"应该"，也就是事实与价值的关系。从事具体科学研究的科学家大都使用归纳推理，相信因果关系，据此做出规律性概括，并进而做出对未来的预测。休谟进而追问：这么做的基础和理据是什么？归纳推理能够确保从真前提得出普遍必然的真结论吗？我们凭什么断定事物和现象之间有因果关系？他的这些质疑是深刻的，至今没有得到满意的回答，以致有这样的说法："归纳法是自然科学的胜利，却是哲学的耻辱。"② 休谟还注意到，有许多作者依据关于"是什么或怎么样"的陈述，得出了"应该做什么或怎么做"的断言，前者是描述性陈述，后者则是规定性或规范性陈述，这二者的差别是巨大的。如何从前者推出后

---

① C. S. Peirce. The Essential Peirce: Volume 1. Bloomington: Indiana University Press, 1992: 139.

② 施太格缪勒. 归纳问题：休谟提出的挑战和当前的问题//洪谦. 逻辑经验主义. 北京：商务印书馆，1989: 257.

者,或者说,如何从"事实"进到"价值"或"规范",这就是"是—应该"问题①。它在当代哲学中以"规范性研究"特别是"规范性之源"的形式被重新复活。什么是规范性,有哪些种类的规范,例如认知规范、伦理规范、法律规范以及各行各业的规范,这是关于规范性的初步研究;是什么东西使得我们必须遵守哪些规范,或者说,我们为什么"必须"或"应该",这涉及规范的基础和依据,是在追问"规范性之源",是关于规范的形而上学研究;如何获得和证成我们的规范性信念,这是关于规范的认识论研究;规范如何发生作用,如何确保规范得到实施,实施某些规范会有哪些或好或坏的后果,这是关于规范的社会学和政治学研究。规范性以及与之相关的合理性问题,是当代西方哲学研究的热点之一。

(2) 哲学在本质上是批判的和革命的,它给我们的认知发展提供永不衰竭的动力。

马克思指出:"辩证法不崇拜任何东西,按其本质来说,它是批判的和革命的。"② 实际上,这个断言可以推广到一般哲学。哲学的特点就是试图穷根究底,不停追问,从多方面质疑和挑战,构想新的可能性,这导致哲学研究的批判性色彩十分浓厚。批判常常采取两种形式:内部批判和外部批判。前者是一个哲学理论派别内部的相互切磋和相互诘难,暴露或揭示该理论的内在冲突和理论困境;后者是持有不同理论观点的人去反驳该理论的根本假定和主要论题,试图挫败该理论。在这两种批判中,起最大作用的常常是内部批判,从而导致该理论的演变和发展。例如,以维也纳学派为代表的早期分析哲学,具有非常狭隘和刚性的立场,提出把(在感觉经验中的)"可证实性"作为区分(认知上)有意义与无意义的标准,由此把形而上学和伦理学等等都归于"无意义"之列。在内部压力之下,"可证实性"被进一步区分为"直接的可证实性"和"间接的可证实性";卡尔·波普提出以"可证伪性"作为科学与非科学的划界标

---

① D. Hume (1739). A Treatise of Human Nature. Harmondsworth: Penguin Books, 1969: 521.

② 马克思恩格斯文集:第5卷. 北京:人民出版社,2009:22.

准；蒯因批判"经验论的两个教条"，质疑分析命题和综合命题的区分，提出整体主义知识观；斯特劳森和蒯因等人证明，形而上学在科学研究中是不可缺少的，只是有不同的形式（如修正的形而上学和描述的形而上学，本体论承诺等等）；麦金泰尔（Alasdair Chalmers MacIntyre）、罗尔斯、帕菲特等人把伦理学、正义论、规范性研究等重新纳入分析哲学的怀抱；普特南、塞尔、戴维森等人则使心灵哲学成为分析哲学的热门领域；等等。由于内部批判，分析哲学从早期的一些学派、一场运动演变成一种研究风格，即一种做哲学的方式，没有固定的边界，也没有固定的立场①。据研究，法兰克福学派的社会批判理论也是这样，其成员至少可以分成四代：第一代的主要代表是阿多诺、霍克海默和马库斯，第二代的主要代表是哈贝马斯和韦尔默，第三代中最知名的是霍耐特，还有第四代。甚至在第一代中，也可以区分出四个不同的阶段……②

通过学哲学和做哲学，我们可以培养怀疑和批判精神、理性论辩的能力以及清晰表达和写作的能力，这显然有助于我们的认知能力的提升。

三、哲学与科学在方法论上的连续性

在哲学中，可以利用的方法论资源是十分丰富的：像在其他各门科学中一样，哲学也要求助于对这个世界的观察和实验（特别是思想实验）、直觉和常识、数据和证据、思考和反思、想象和思想实验、溯因—最佳解释推理、模型建构、猜测性假说、逻辑推理、证成与反驳、证实与证伪，如此等等。正像科学方法是常识方法的精致化一样，哲学方法也是对常识方法和科学方法的提炼和总结。在方法论上，哲学与常识和科学没有实质性区别。

下面仅讨论三种最具特色的哲学方法，它们只不过是相应科学方法的延伸与扩展。

---

① 陈波. 分析哲学的价值. 中国社会科学，1997（4）：63-73；分析哲学内部的八次大论战. 北京大学学报，2018（2）：163-169.

② N. Joll. Metaphilosophy. UCL = < https://www.iep.utm.edu/con-meta/ >.

1. 溯因—最佳解释推理

皮尔士在演绎和归纳之外，提出了一种新的推理形式——溯因（abduction）：令人惊奇的事实 C 被观察到，如果 A 为真，C 就会是理所当然的；因此，有理由猜想 A 是真的。他认为，"溯因是形成一个解释性假设的过程，它是产生任何新观念的仅有逻辑运算"①。哈曼最早提出了"最佳解释推理"（缩写为 IBE），它是从解释反常证据 E 的多个可能假说中，选出关于 E 的最佳解释性假说的一套程序和方法②。利普顿（Peter Lipton）后来对 IBE 做了比较系统的探讨，其创新之处在于提出了"潜在合理的解释"和"最可爱的解释"等概念③。

我倾向于把溯因推理与 IBE 看作一套统一的方法，记为"溯因—IBE"，并用一个四元组模型 <E, B, {H_1, H_2, ……, H_n}, C> 来刻画它：

待解释的反常现象 E；

背景信念 B 加上可能假说 H_1, H_2, ……, H_n 中的某一个，都可以合理地解释 E；

根据选择标准 C，H_n 是比其他可能解释更佳的解释，并且是最可爱的解释；

因此，有很强的理由接受假说 H_n。

再做几点必要的说明：

（1）E 是被观察到的新奇且令人惊讶的证据；B 是一组背景信念，主要包括具有高接受度的已有理论，或许还要加上常识信念。E 与 B 不相容：仅从 B 出发，可以推出 E 的否定，即 ¬ E。

（2）H_1, H_2, ……, H_n 是用来解释证据 E 的一些可能的假说。根据迪昂-蒯因的整体主义论题，对 E 的解释并不单纯依据 H_1, H_2, ……,

---

① C. S. Peirce. Collected Papers of Charles Sanders Peirce, Vol. 5. Cambridge, MA: Harvard University Press, 1931—1935: 189, 171.

② G. H. Harman. The Inference to the Best Explanation. Philosophical Review, 1965, 74（1）: 88-95.

③ 彼得·利普顿. 最佳说明的推理. 郭贵春，王航赞，译. 上海：上海科技教育出版社，2007.

H_n 中的某一个，还要加上一组更新过的背景信念 B。

（3）C 是选择最佳假说的一组标准。我愿意采纳蒯因所给出的标准：（a）保守性：在同等条件下，一个假说对先前的信念摒弃越小就越合理。（b）谦和性：除非必要，不要构造离奇的假说。（c）简单性：在逻辑结构上越简单的假说越好。（d）概括性：一个假说所覆盖的经验证据越多，它的适用范围越广，就越合理。（e）可证伪性：一个合理的假说必须有某种可设想的事件将构成对该假说的反驳[1]。或许再加一条：（f）精确性，主要来自逻辑和量化手段。一个假说越精确，它被无关原因而巧合证实的概率就越小，由预测成功得到的支持就越强。

（4）根据利普顿，对 E 有解释力并且与 B 相容的假说是"潜在合理的假说"；与已有证据吻合度最高的假说，构成对现有证据的"最可能为真的解释"；不仅能够解释现有证据，而且能够解释其他已知的类似现象，并且能够预测未来的类似现象的假说，构成对现有证据的"最可爱的解释"。

（5）根据利普顿，在得到"最可爱的解释"的过程中，有三次认知过滤：从"可能解释"到（不必为真的）"潜在合理的解释"；从"潜在合理的解释"到"最可能的解释"（最可能为真）；从"最可能的解释"到"最可爱的解释"（最佳解释），后者最可能为真并且解释力最大：能够解释最大范围的类似现象。

毫无疑问，在自然科学研究中广泛使用了"溯因—IBE"方法，只不过先前被包裹在"假说演绎法"的名下，涉及其中的三个重要环节：如何提出假说，如何评估和选择假说，以及如何证成假说。威廉姆森近年来大力倡导在哲学研究中使用溯因方法："哲学应该使用广义的溯因方法论。的确，在某种程度上它已经这样使用了，但它应该以一种更大胆、更系统和更有自我意识的方式使用。"[2] 下面以我本人近年关于事实、证据、

---

[1] 涂纪亮，陈波. 蒯因著作集：第 5 卷. 北京：中国人民大学出版社，2007：379-389.

[2] T. Williamson. Abductive Philosophy. Philosophical Forum, 2016, 47（3-4）：268.

真理的研究为例，说明"溯因—IBE"在哲学研究中的使用。

"事实"是一个在哲学中被频繁使用的概念，被作为真理符合论的基础性概念，哲学家们先后提出了本体论的事实观和事实—命题同一论等。前者认为，事实存在于世界之中，是使得命题为真为假的东西；后者认为，事实与命题特别是真命题是同一的：事实就是真命题，真命题就是事实。但前一理论面临很多严重的困难，例如：难以厘清命题与事实的关系，如命题与事实究竟谁先谁后，谁依赖谁，谁说明谁？"事实"与命题之"真"是否相互定义，从而导致恶性循环？如何把事实个体化？例如是否有原子事实、否定事实？能否对事实进行计数：一个、两个、三个……？一个事实的边界条件在哪里？是否所有事实都相互关联着，从而形成了"唯一的大事实"，"事实"因此蜕变为像"实在""世界""真相"这样的大词，从而在定义命题的真假时不起实质性作用？同一论把"事实"与"命题"相等同，会带来更多严重的问题，其中最严重的是：如果它们都是客观的，或者都是主观的，怎么能够用"事实"概念去说明和刻画一种主观认识（用句子或命题表达）的真假？由此，我提出一种认知主义的事实观："事实"是我们从世界母体上一片片"撕扯"下来的。究竟从世界母体上"撕扯"下什么，既取决于我们"想"撕扯下什么，即我们的认知意图和目标，也取决于我们"能"撕扯下什么，即我们的认知能力，还取决于我们"如何"撕扯，即我们所使用的认知手段和方法。如此刻画的"事实"是主观性和客观性的混合物，在科学研究和司法实践中起"证据"作用①。

在关于"事实"的研究中，我的工作模式是这样的：

> 起点："事实"概念在哲学上很重要，已有事实理论遭遇严重困难，需要重新解释。

---

① 陈波."以事实为依据"还是"以证据为依据"——科学研究和司法审判中的哲学考量. 南国学术, 2017 (1)：22-38；客观事实抑或认知建构：罗素和金岳霖论事实. 学术月刊, 2018 (10)：17-29；没有事实概念的新符合论（上）. 江淮论坛, 2019 (5)：5-12；没有事实概念的新符合论（下）. 江淮论坛, 2019 (6)：120-126.

进程：本体论的事实观面临诸多困境，可以断言其不成立；

事实—命题同一论面临更严重困境，可以断言其根本不成立；

……

认知主义的事实观是更好的解释，甚至是"最佳的或最可爱的解释"。

结论：认知主义的事实观是成立的。

2. 想象、思想实验与模型建构

（1）想象与思想实验。

爱因斯坦指出："想象力比知识更重要，因为知识是有限的，而想象力概括着世界上的一切，推动着进步，并且是知识进化的源泉。严格地说，想象力是科学研究中的实在因素。"[①] 例如，从 1911 年卢瑟福所提出的原子结构的行星模型（原子的大部分体积是空的，电子按照一定轨道围绕着一个带正电荷的很小的原子核运转）中，我们感受到想象力的巨大跨越和瑰玮神奇。哲学研究也需要有想象力，"想象是我们了解诸种假设的可能性的基本方式"[②]，后者主要通过思想实验来发挥作用。

思想实验是在研究者的头脑中进行的，不借助任何物质手段，只是一套纯粹的概念推演或逻辑操作。它只在类比的意义上是"实验"，通常包括以下步骤：(i) 确定目标：为了挫败或证成某个哲学论断，或者构想一种新的可能性；(ii) 展开想象：假如怎么样，就会怎么样；(iii) 设计情景：该情景含有目标哲学论断的某些要素，但没有另外一些要素；(iv) 逻辑推演：从所设计的情景中，分析和推演出一系列结论；(v) 做出最终结论：该哲学论断成立或不成立。思想实验亦被称为"心灵的实验室"。

有的学者正确地指出："在 17 世纪，伽利略、笛卡儿、牛顿和莱布尼茨都是思想实验的最杰出的实践家，他们全都致力于'自然哲学'的方

---

① 爱因斯坦. 论科学//爱因斯坦文集：第一卷. 许良英，范岱年，译. 北京：商务印书馆，1977：284.

② 蒂莫西·威廉森. 哲学是怎样炼成的：从普通常识到逻辑推理. 胡传顺，译. 北京：燕山出版社，2019：85.

案。在我们这个时代，如果没有思想实验所扮演的关键性角色，量子力学和相对论的创立几乎是不可想象的，其中大部分实验都与这些科学理论所产生的重要哲学问题有关。此外，伦理学、语言哲学和心灵哲学的许多内容是以思维实验的结果为基础的，其方式看起来与科学中的思想实验非常相似（尽管有些人可能会质疑这一点），包括塞尔的中文屋、普特南的孪生地球和杰克逊的色彩科学家玛丽。如果没有思想实验，哲学甚至会比科学遭受更严重的伤害：变得更为贫乏。"① 这里补充一点：在中国先秦哲学中，也有很多很好的思想实验，如"庄周梦蝶"和"濠梁之辩"。但在现当代中国哲学文献中，却很难见到想象与思想实验的踪影，都变成了从文本来到文本去。

思想实验在哲学研究中主要被用作论证手段，用于挫败或证成某个哲学论断或学说，其作用常常是破坏性的。例如，塞尔的中文屋实验旨在反驳如下的强人工智能观点：人脑不过是一台数字计算机，人心只不过是一种计算机程序，心与脑的关系就是程序与计算机硬件的关系；普特南的孪生地球旨在表明：（词项的）意义和指称不在人的头脑中，而是由外部世界的状况决定的；盖梯尔反例旨在表明：知识不仅仅是得到证成的真信念；富特的电车难题则挑战了关于道德的后果主义或功利主义观点；"庄周梦蝶"在质疑外部世界的实在性，至少是我们如何证明这种实在性；"濠梁之辩"在挑战具有不同世界观的人相互理解的可能性。不过，沃伦的"道德的太空旅行者"思想实验却力图表明：堕胎有可能不是谋杀，因为只有人才能被谋杀，而胎儿并不具有完整的人格；汤姆森的"生病的小提琴家"的思想实验进一步表明：胎儿是不是一个人或潜在的人跟怀孕的女性是否有权堕胎根本没有关系，因为即使胎儿是一个人，怀有这个胎儿的女性仍然有权决定是否终止妊娠，就像那位被强行连接其身体以拯救那位患病的小提琴家的人有权终止其连接一样②。

---

① J. R. Brown, Y. Fehige. Thought Experiments. The Stanford Encyclopedia of Philosophy (Winter 2019 Edition). Edward N. Zalta (ed.). forthcoming URL = < https://plato.stanford.edu/archives/win2019/entries/thought-experiment/ >.

② 小西奥多·希克，刘易斯·沃恩. 做哲学. 柴伟佳，龚皓，译. 北京：北京联合出版公司，2018：44-47, 54.

关于思想实验，有很多问题尚待回答和研究，其中最主要的有：思想实验有哪些重要特征？如何对思想实验进行分类？有哪些主要的类别？如何可能在没有新经验数据的情况下，仅凭在头脑中想象、思考、推演（思想实验），就能够获得关于外部实在的新知识？能够把思想实验分成好的和坏的吗？根据什么标准去评价和区分？能够反驳某些思想实验吗？从哪些方面去反驳？如此等等。

（2）模型建构。

所谓"模型"，是我们描述或构想的一种假定性结构，希望用它们去帮助我们正确地理解和把握现实世界中更复杂系统的运作。模型方法在自然科学、工程技术、数理科学特别是逻辑学中使用得十分广泛，例如，用水流经沙盘的模型，模拟一条河流侵蚀河岸；用彩色的圆柱体和球体的结构模型，模拟 DNA 分子结构；用沙盘推演，模拟战争中各方的策略应对及其结果。在理论科学特别是逻辑学中，模型是一种更为抽象的理论结构。现代逻辑有一个专门的分支，叫作"模型论"。在现代逻辑中，我们先用无意义的符号语言去建构形式系统，然后为该形式系统寻找模型（满足一定条件的对象域），在模型中对该系统内的各个要素做出解释：给它的词项确定指称，给它的公式确定真值条件，给它的推理形式确定有效性条件，最后再证明该形式系统的可靠性（系统内可证的公式都为真）和完全性（在相应对象域中为真的公式都可证），等等。还可以去寻找使得某个公式在其中为真的"正模型"，也可以去寻找使得某个公式为假的"反模型"。

在哲学中也可以甚至更需要运用模型建构，因为哲学研究的是复杂现象背后的一般结构及其规律。由于所研究的现象过于复杂，我们需要做必要的简化，撇开其他不相关要素，凸显我们所关注的要素，研究其中各要素的关系，这就适合使用一种简单的结构模型。一旦简单模型获得成功，我们再尝试逐渐添加更多的复杂细节，以逼近现实生活的丰富性和复杂性，即使如此也仍然比现实生活系统简单得多。如果一开始就事无巨细全都考虑在内，我们的思维就无法起飞，什么也做不成，达不成任何有意义的哲学结论。由于模型所展示的是一般的结构关系，而不是全称判断式的哲学结论，因而它们就能很好地经受住反例的考验，而不会像波普所说的那样，那么容易被证伪。威廉姆森指出，"取代一个模型的是另一个更好的模型。它的部分优势在于，它能更充分地处理旧模型的反例，但它也应该再现旧模型的成功"①。他自己用一千张彩票抽奖的模型，根据数学概率去说明其中隐藏的认知不确定性②。

3. 认知分歧、哲学论战与反思的均衡

（1）认知分歧。

由于人们受立场、背景知识、认知方法、认知能力、所获得信息和证据的质与量、陈见和偏见、利益冲突等因素的影响，相互之间很容易发生分歧（disagreement），对于哲学来说，最重要的是认知分歧。什么是分歧？如何界定分歧？分歧有哪些种类？认知分歧如何发生？如何解决？通过什么程序和方法？需要遵循什么样的规则？认知分歧在人的认知发展以及社会文明发展中有什么积极或消极作用？这些问题在 21 世纪初才进入哲学家的视野，成为他们研究的课题③。

以往的认识论着重研究个体的认知行为：一位认知主体，或者说一位理想的认知主体，凭借什么样的过程、方法、程序和规则等等才能获得关于这个世界的真实认知？它们严重忽视的认知的社会维度，如不同认知主体之间的交流、对话和论战等等，对他们最后所持的认知立场产生非常重要的影响，其中甚至有某种权力分配结构：认知权威的意见会受到更大程度的关注和重视，而处于弱势地位的认知同伴的意见则很容易被忽视或轻视。着重研究认知的社会维度的叫作"社会认识论"，它目前集中关注两个话题：一是信任（trust），特别是对他人证言（testimony）的信任；二是认知同伴之间的认知分歧（epistemic disagreement）。

---

① 蒂莫西·威廉森. 哲学是怎样炼成的：从普通常识到逻辑推理. 胡传顺, 译. 北京：燕山出版社, 2019：85.

② T. Williamson. Model-Building in Philosophy//R. Blackford, D. Broderick. Philosophy's Future：The Problem of Philosophical Progress. New York：John Wiley & Sons, 2017：163-164.

③ B. Frances, J. Matheson. Disagreement. The Stanford Encyclopedia of Philosophy (Fall 2019 Edition). Edward N. Zalta (ed.). URL = < https://plato.stanford.edu/archives/fall2019/entries/disagreement/ >.

关于如何看待和处理认知分歧，目前形成了两种主要立场：一是折中调和论，主张在面对认知分歧时，各方应该等量齐观各自的立场及其理由，从而都后退一步，对自己的立场做出重要的修改或调整；二是固执己见论，它批评前者在理智上不真诚，既然自己的认知立场是在仔细权衡证据、认真思考之后得到的，即使面对分歧也应该严肃坚持自己的立场，努力去说服对方，这样做的依据是：各方在认知证据、认知德性和认知能力等方面存在或大或小的差距①。

（2）哲学论战。

哲学家的认知分歧只能通过对话和论战来解决，就像其他各门科学中的情况一样。不过，很多时候，哲学论战不仅不解决分歧，还制造新的分歧。那么，这种论战究竟有什么价值和意义？哲学家们为什么要投身于这样的论战中去？我曾撰文指出，哲学论战有如下的积极意义和价值②：

第一，哲学论战有助于揭示已有理论观点的问题和缺陷。例如，在19世纪末至20世纪上半期，弗雷格、胡塞尔等人的反心理主义在逻辑学和哲学领域几乎取得了压倒性胜利，但一些当代学者却揭示出了这种反心理主义的诸多问题：一是它基于早期实验心理学的不成熟，认为只要一触及心理现象，其研究结果就必然是私有的、个人的、主观的和不稳定的。但当代心理学已经像其他自然科学一样，成为一门值得尊敬的严肃科学，很多研究结果具有相当程度的客观性。二是它的不少关键性前提只是被假定为真，并没有得到严格论证，其成立依据值得严重怀疑。三是它把推理和论证的有效性完全与人的实际思维过程分离开来，从而使逻辑的规范性得不到合理的说明和辩护。四是认知科学和人工智能的发展，要求我们去研究人的实际认知过程、思维过程和决策过程，从中提炼出认知的模式、程序、方法和规则等等。

第二，哲学论战有助于激活思维，发展新的理论观点。例如，为了回应克里普克语言哲学的质疑，维护三对重要哲学概念——必然和偶然（模

---

① E. Diego, Machuca. Disagreement and Skepticism. New York: Routledge, 2013: 1-7.

② 陈波. 分析哲学内部的八次大论战. 北京大学学报, 2018 (2): 81-83.

态)、先验和后验(理性)、分析和综合(意义)——之间的密切关联,一些当代哲学家发展了二维语义学,"中心思想是一个表达式的外延以两种不同的方式依赖于世界的可能状态:一是认知依赖,这是指表达式的外延依赖于现实世界的呈现方式;二是指虚拟依赖,这是指在现实世界的特征都已经固定的情形下,表达式的外延还依赖于世界的反事实状态。对应于这两种不同的依赖性,一个表达式就具有两种不同的内涵,这两种内涵以不同的方式将表达式的外延和世界的可能状态联系起来。在二维语义学的框架中,这两种内涵被看作是体现了一个表达式的意义或内容的两个不同的维度"①。

第三,哲学论战有助于防止哲学领域里的盲从、独断和专制。如果说,政治或军事领域的独断和专制还可以有一些理由的话,例如为了政府机构的高效运转,为了保证军队能打胜仗,那么,学术领域特别是哲学领域的独断和专制绝对是有害无益的。有一种说法:哲学史就是一种"学术弑父、思想弑父"的历史,后来者推翻其前辈并超越其前辈。想一想当年维也纳学派是何等风光,"拒斥形而上学"的口号是如何响遏行云,维特根斯坦和蒯因如何在很长时期内居于领袖地位,如今却物是人非,其影响日渐式微了。

第四,哲学论战有助于凸显哲学追求智慧和真理的本性。有的学者正确地指出:"如果不对假定的前提进行检验,将它们束之高阁,社会就会陷入僵化,信仰就会变成教条,想象就会变得呆滞,智慧就会陷入贫乏。社会如果躺在无人质疑的教条的温床上睡大觉,就有可能渐渐烂掉。要激励想象,运用智慧,防止精神生活陷入贫瘠,要使对真理的追求(或者对正义的追求,对自我实现的追求)持之以恒,就必须对假设质疑,向前提挑战,至少应做到足以推动社会前进的水平。"②

(3) 反思的均衡。

罗尔斯在《正义论》一书中最早提出和使用了"反思的均衡"(reflective equilibrium),这个方法的核心就是追求最大程度的"融贯"(co-

---

① 黄益民. 二维语义学及其认知内涵概念. 哲学动态, 2007 (3): 52.
② 麦基. 思想家. 周穗明, 等译. 北京: 三联书店, 1987: 4.

herence)，并且解释尽可能多的现象：一个人自己的观点相互融贯，一个人的观点与其理由和证据相互融贯，他的观点与其他学者的合理观点相互融贯。这必须通过前思后想（forth and back）、左思右想、"上穷碧落下黄泉"，付出极其艰辛的理智努力才能达到。

罗尔斯论述说，即使处于原初状态的人类个体也都具有理性思考能力，但他们的思考能力还是有差别的；现实的个体在其知识教养、生活经验以及所处的认知地位等方面更有差别，由此会形成有关公平、正义和道德等等的不同直觉和各种各样的"慎思判断"（considered judgments），甚至导致相互之间的冲突和矛盾，包括来自内部的和来自外部的：一个人自己的道德直觉与慎思判断不一致，他所持有的多个慎思判断彼此不一致，他的直觉和判断与社会生活现实不一致，他的直觉和慎思判断与别人的类似直觉和判断不一致。这就使得有必要对他自己的观念进行反思：它们各自有哪些理由？这些理由都成立吗？哪些观念得到了较好的证成？哪些则得到了较弱的证成？是否需要放弃或修改某些观念？如何放弃或修改？由此达成自己观念内部的协调和融贯。这叫作"狭义的反思平衡"。"广义的反思平衡"还要求认真思考别人的不同道德观念及其理由：在什么地方有分歧？为什么会有这些分歧？对方持有哪些理由或根据？它们都成立吗？其与社会生活的吻合程度如何？回过头来再对照思考自己的观念及其理由，如此往复，权衡比较，不断调整、修改和完善自己的观点，直至达到这样的程度："这个人已经考虑了我们哲学传统中那些最重要的政治正义观念，已经权衡了其他哲学和其他理由的力量"，他的观点"是在范围广泛的反思和对先前众多观点加以考虑的情况下产生的"①。这样的反思平衡凸显了"多元""开放""宽容""理解""对话""审慎"等关键词语的价值，并且是一个动态的过程。

从关于帕菲特写作《重要之事》一书的报道性文字中，可以看出他认真践行了"反思的均衡"，由此亦可看出他的理智诚实、治学严谨以及对自己的学术观点的忠诚，这些真的是让人肃然起敬："帕菲特想要这本

---

① 罗尔斯. 作为公平的正义. 姚大志，译. 上海：上海三联书店，2002：52.

书尽可能地接近完美。他想回答每个可设想的反驳。为此目的,他把手稿几乎送给了他认识的所有哲学家,寻求批评,有超过250位哲学家给了他评论。他辛苦多年,修正每一个错误。随着他对错误的纠正与对论证的澄清,书也变得越来越长。他原本的设想是一本小书,然后是一本长书,再然后是一个非常长的书加上一本甚至更长的书——总起来有1400页。人们开始怀疑他最终是否还能完成这本书。"①

四、哲学与哲学史的连续与断裂

对"哲学与科学是连续的"这个论题,最有可能提出的一个异议是:哲学史在哲学研究中具有特殊地位,甚至"哲学就是哲学史",而历史研究在其他各门科学中的地位远不如在哲学研究中那么重要。下面来回答这个异议。

1. 哲学与哲学史的连续性

(1) 哲学史关涉文化与文明的传承。

连动物都知道向下一代传承其生存技能和生活经验:去哪里寻找食物和水源,用何种技巧去捕猎,如何避开危险物,特别是其捕食者,等等。人类更重视技能、经验、知识的传承,更重视后代的智能培养。人类远胜于其他动物之处在于发明了文字和印刷术,因而有了书籍,人类先前的经历、经验和智慧被记录在书本里,使得知识的隔代传承有了可能。既然哲学是人类关于这个世界的总体知识的一部分,先前世代的哲学思考和哲学智慧当然也在需要传承的"薪火"之列。哲学史家以其严肃的学术工作,给我们清晰、扼要且系统地展示了先前的哲学家是如何思考的,其理论要点是什么,其各要点之间又是如何关联的,受到他的同代人和后代人的哪些批评,给我们搭建了进入他们的思想世界的阶梯,当然功莫大焉。由于哲学是一个文化和文明的核心要素,在传承一个民族的哲学史的时候,也就在传承那个民族的文化和文明,并且在塑造后来者的民族身份和文化认

---

① 拉里莎·麦克法夸尔. 如何为善——帕菲特小传. 葛四友,译. 政治思想史, 2017 (1): 188.

同。例如，在学习和研读儒家经典时，我们就在懂得和理解何谓中国人，同时也在学习怎么做中国人。一个没有历史的民族是"无根"的民族，一个没有某种形式的哲学的民族则是"无魂"的民族。研读哲学史，就是在为我们自己的民族或整个人类"寻根""找魂"。

（2）哲学史是训练思想和人格的媒介。

历史无情，大浪淘沙，很多喧嚣一时的作品都被后代无情地抛弃，只有通过了很多世代的无数双挑剔眼睛的严格检视，少数优秀人物和优秀作品才得以流传下来，这就是所谓的"经典文本"和"先贤大哲"。优秀人物及其作品必有其优秀之处，也必有值得我们学习、模仿、改进、发展之处。我们研读孔孟著作，体会其"推己及人"的运思方式：首先认清自己，然后对他人做同情之理解，所谓"老吾老以及人之老，幼吾幼以及人之幼"（《孟子·梁惠王上》）。我们研读庄子，透过其汪洋恣肆的文字，体会其瑰玮奇丽的想象、恢诡奇谲的思想，更着迷于其所描述的真人境界："古之真人……其心忘，其容寂，其颡頯。凄然似秋，暖然似春，喜怒通四时，与物有宜而莫知其极。"（《庄子·大宗师》）"藐姑射之山，有神人居焉。肌肤若冰雪，淖约若处子；不食五谷，吸风饮露；乘云气，御飞龙，而游乎四海之外；其神凝，使物不疵疠而年谷熟。"（《庄子·逍遥游》）我们读笛卡儿，感受其彻底的怀疑、奇特的想象、步步推进的哲学思考。我们读康德，感受其沉郁的人格特质、系统而严谨的理论思考、对人类认知能力的严格审问、对人的主体地位的极度推崇（"人为自然立法"）以及令人着迷的感悟："有两种东西，我对它们的思考越是深沉和持久，它们在我心灵中唤起的惊奇和敬畏就会日新月异，不断增长，这就是我头上的星空与心中的道德律。"[1] 我们读维特根斯坦，感受其有点偏执的人格、惊人的创造力、怪异而深刻的运思方式和写作方式，对哲学和自己人生的忠诚。我们从不同的哲学家那里学习和感受做哲学的不同方式，然后我们自己开始学习做哲学，如果足够幸运和有才能，也许能成为

---

[1] I. Kant. The Critique of Practical Reason, translated by Thomas Kingsmill Abbott, First published in 1788. 网络版：http://ebooks.adelaide.edu.au/k/kant/immanuel/k16pra/part2.html#conclusion.［2019-11-05］.

某种类型的哲学家。

（3）哲学史是激活创造的资源。

关于优秀哲学家的优秀作品，必须强调两点：第一，体现在这些作品中的那些思想、智慧和运思方式并没有完全死掉，它们仍然以某种方式活着，仍然可以成为我们新思考的参照和向导。因为哲学家探究的是有关自然、社会、人生的大问题，隐藏在这些事物之中并统御它们的大道理与当时情景的关联并不那么紧密，而是具有某种普遍性，例如哈姆雷特的人生困惑和艰难选择"活，还是不活"（to be or not to be），每个时代的人都会遭遇到和感受到，只是以不同的方式。第二，先前的哲学家并没有把话说尽，我们遭遇新的情景和问题，必须自己找到解决方法。套用爱默生的表述：展现在我们面前的世界是新的，是尚未被触碰过的处女。我们的任务是通过深入观察和独自冥思，获得和展示我们自己关于当代现实的新观念。但我们的思考不能平地起高楼，而是要站在巨人的肩上。通过批判性地思考前人的思考及其理论，我们逐渐认识到：他们在哪些地方是对的，哪些地方弄错了，哪些地方虽然是对的但还不够……由此改进他们的思考，发展他们的思考，以致完全超越他们的思考，提出我们自己的新思考和新理论。只有这样，我们才不愧为那些先贤大哲在理智上合格的后嗣。

2. 哲学与哲学史的明显断裂

人们常常把哲学与哲学史之间的连续性夸大了，以致提出有点怪异的论断："哲学就是哲学史"，并不断重申这一论断。如果对该论断做弱解读：通过学习哲学史来学习哲学和进入哲学，通过批判地研究先前哲学家的思想来研究哲学和发展哲学，那么，它就是明显合理的。如果对它做强解读：研究哲学就是研究哲学史，研究哲学就必须研究哲学史，那么，它就是明显偏颇的，甚至是错误的。威廉姆森谈道："我有时被问到在研究哪个哲学家，仿佛那是任何一个哲学家必须做的事情。我用牛津风格回答道：我研究哲学问题，不研究哲学家。"[①] 他还谈道，既然哲学史是哲学的一部分，那么，研究哲学史也是在研究哲学，但是哲学却不只是哲学

---

① 蒂莫西·威廉森. 哲学是怎样炼成的：从普通常识到逻辑推理. 胡传顺，译. 北京：燕山出版社，2019：144-145.

史，他论证说：

> 哲学就是哲学的历史这个观点是在自掘坟墓，它本身就是一个有争议的哲学选项，我们没有义务必须接受它。它没有证据的支持。在哲学史上，几乎没有任何一个哲学家……是自己写哲学史的。他们的目标并不是解释其他哲学家的理论，或者甚至是他们自己的理论，而是首先建构这样的理论。例如，关于心灵及其在自然中的地位。这与科学理论并无本质区别。这同样适用于今天仍然在发展的大部分哲学理论。而且，如同我们已经看到的，有很多在诸种理论之间进行合理决断的方法。把哲学与哲学史看成是一样的，这是一种极其不历史的态度，因为它违背了历史本身。虽然研究一个哲学问题的历史（例如自由意志）是研究这个问题的一种方式，但还有许多研究问题的方式并不是研究其历史，正如对数学和自然科学问题的研究，就典型的不是研究它的历史。幸运的是，哲学史可以被研究，但并不是以让它接管整个哲学的帝国主义的野心来研究。①

对威廉姆森的论证，我再补充一个重要证据，即哲学史分为明显不同的阶段、派别、风格，存在明显的断裂：后一代哲学家在研究不同的论题，使用不同的方法，有不同的哲学立场。例如，有一种广为流传的说法：西方哲学经历了至少三个阶段和两次转向：以古希腊哲学为代表的西方哲学侧重研究本体论问题：这个世界上有什么？它们有什么性质（本质属性和非本质属性）、关系、层次、结构和规律？西方近代哲学转向认识论研究：人能否认识这个世界？如何认识这个世界？经验论和唯理论是其主要派别及其理论成果。19 世纪末至 20 世纪，西方哲学发生了"语言转向"：我们实际上是透过语言的棱镜去看世界，也就是通过语言去认知这个世界，我们关于这个世界的认知严重受到我们语言的影响，因此，有必要先仔细审查语言本身，研究它们的结构、意义及其关系，即语言是否对世界有遮蔽作用？是否扭曲、误导我们的认知？在 20 世纪末 21 世纪

---

① 蒂莫西·威廉森. 哲学是怎样炼成的：从普通常识到逻辑推理. 胡传顺，译. 北京：燕山出版社，2019：145.

初，又开始了对 20 世纪哲学的反思和纠偏，被 20 世纪的分析哲学家们贬得一塌糊涂的形而上学、心灵哲学、伦理学、政治哲学等等又重新回到哲学的怀抱，甚至成为其研究热点。如果没有一次一次的转向、背叛、反思和纠偏，就没有哲学的发展，也就没有丰富多彩的哲学史可供研究了。

所以，通过哲学史来学习哲学和进入哲学，通过批判地反思先前的哲学理论来发展哲学，从先前的哲学遗产出发，通过开拓新的领域，使用新的方法，提出新的理论来推进哲学，这才是看待哲学和哲学史之间关系的正确态度和做法。不能所有中国哲学家都研究哲学史，并且只研究哲学史。

五、对另外两个异议的答复

异议1：科学关注知识和真理，哲学关注理解和智慧；科学重视观察和实验，哲学重视直觉和体验；科学有累积性进步，哲学几乎没有什么进步。

例如，苏德超认为，"科学更依赖于外在观察。外部世界独立于观察者，因此也就在观察者之间保持着中立。不同观察者的内在体验虽然难以比较，但他们对被观察者的描述却是可以比较的，这些描述不但有高下，而且有对错，从而就可以获得累积性进步"。相比之下，"哲学的目的并不是形成新的科学，而是通过回答当时科学所回答不了的问题，满足人天生的好奇心，构建起生活世界的整体，从而为人的生命寻找意义……这部分哲学问题，依赖外在观察是无论如何都得不到回答的……实际上主要靠内在体验来回答"①。

答复：关于苏德超的上述说法，我做以下回应：

苏德超所说的"科学"似乎仅指自然科学，其中是否包括数学？按照常识，当然应该包括数学。我所说的"科学"更为广义，包括自然科学、社会科学和人文科学，之所以把它们都叫作"科学"，是因为它们都

---

① 苏德超. 问题、经典与生活：哲学教育的三大支点. 湖北大学学报（哲学社会科学版），2019（6）：66-67.

关注我们生活于其中的这个世界,只是关注不同的部分或侧面;都力图发现和揭示隐藏在纷繁复杂的现象底下的具有普遍性和一般性的规律和规则,最后以理论化的形式呈现出来;都力图揭示和把握这个世界的真相,都以追求真理(关于这个世界的真实认知)为目标,还要以对真相和真理的把握为基础,去努力在这个世界获得更好的生存;其理论成果都具有某种形式的客观性,至少是主体间性,因而不同的认知主体有相互交流、对话、理解、评价的公共平台。在这个意义上,它们都是关于这个世界的认知性事业。苏德超也承认,"哲学活动主要是一项认知性事业而不是一项审美性事业"①。

当把量子力学、相对论、宇宙物理学、分子生物学、生态学、宏观经济学、文化人类学、政治科学、管理科学等等都囊括在"科学"之内后,各门科学就呈现为一个复杂程度和抽象程度明显有别的等级序列,科学与哲学还存在如下所说的明显的方法论分野吗?自然科学主要靠观察和实验、数据和证据,而哲学主要靠"思辨"(speculation),也就是说,坐在扶手椅里,靠理性思考来提出理论和反驳理论,不怎么使用证据。这些说法有太多明显的反例:与哲学家一样,数学家也不怎么做观察和实验,主要坐在扶手椅里工作,难道数学不是科学?各门具体科学家真的不做思辨吗?否!设计实验、思考数据的准确性和证明作用、从数据和证据中概括出理论原理等等,也要诉诸想象和思想实验,这就是某种形式的"思辨"。一门科学所研究的对象越复杂,一门科学越抽象,其从业者的工作方式与哲学家的工作方式就越少区别,例如牛顿、爱因斯坦和霍金的工作方式与康德、蒯因、威廉姆森的工作方式几乎是相同的。有很多大科学家(如伽利略、牛顿、爱因斯坦、罗素等)本身就是某种等级的哲学家,难道在他们作为科学家和作为哲学家的身份之间存在某种分裂吗?他们在思考科学问题时用的是一种思考方式,在思考哲学问题时用的是另一种思考方式吗?不!在他们那里,他们所研究的问题构成一个抽象等级相互连续的序列,其所使用的思考方法也是相互连续的。此外,哲学家也并非不需

---

① 苏德超. 问题、经典与生活:哲学教育的三大支点. 湖北大学学报(哲学社会科学版),2019(6):71.

要证据，他们的证据来自常识、直观、思想实验以及各门科学，根据威廉姆森的"知识就是证据"这一论断，所有被确证为真的东西都可以被哲学家拿来当作证据，用于证成或证伪某个哲学命题。一个哲学理论要成为可以分享的公共性资源，它应该越来越多地依靠明晰的概念和观念、可靠的理由或证据、明白晓畅的说理、严格的推理链条，而越来越少地依赖私人化的直觉、体验、印证甚至是某种形式的"密码""呓语""当头棒喝"等。哲学中也有进步，哲学的进步首先体现在方法论上：把能够说的尽量说清楚，暂时说不清楚的尽量往清楚的方向去说。正是在这样的精神指引下，当代哲学中涌现出许多新的哲学分支：语言哲学、心灵哲学、逻辑哲学、数学哲学、政治哲学等等，它们对相关问题的探讨比先前的哲学更细致也更深入，提出了更合理的洞见或理论，这就是哲学的进步。至于在哲学中很少有达到完全共识的"真理"，这是由其研究对象的复杂性和理论概括的抽象性造成的，在其他各门科学（如生物进化论、分子生物学、量子力学、宇宙学、理论经济学、管理学、社会学、人类学和政治学等等）中情况也是类似的，其中共识稀缺和分歧是常态，但不能说它们不是科学。

异议 2：科学重点关注"实然"，即事情实际上怎么样；哲学重点关注"应然"，即事情应该怎么样，涉及规范、价值、理想、愿景等等。

这个异议是 2019 年 11 月在北京大学举办的"如何做哲学——元哲学与哲学方法论"国际研讨会上，袁祖社教授在私下交流中向我提出来的。

答复：这个异议以休谟的"是与应该"问题中所隐含的事实与价值和规范的分裂为基础，但我认为这个分裂是不存在的，是一种误解和虚构。有必要回到我在本文前面所述及的思想：我们对这个世界无法做镜像式的全面透彻的认知，我们认知我们需要认知的，我们认知我们能够认知的。我们的欲望、需求、利益、关切决定了我们要去认知这个世界中的什么；我们所具有的认知和行动能力以及认知资源，决定了我们将如何认知。按照这种思路，"事实"是我们带着一定的认知意图，使用一定的认知手段，从世界的母体上一片片撕扯下来的，带有明显的认知主体的印记，在某种程度上是一种认知建构，没有纯客观的事实。我们为什么"应该"和"必须"？这是由以下三个要素共同决定的：一是我们的需求、意愿和目标，其中意愿和目标产生于需求，意愿的强度往往取决于需求的强度，而需求有客观基础；二是当下的实际状况，常常与我们的需求和意愿存在很大的差距，因此我们意图改变现状，造成能够满足我们的需求和意愿的某种另外的状况（愿景）；三是相关的科学原理：面对当下的状况，根据相关科学原理，我们"应该"或"必须"做什么和怎么做，才能满足需求、达成目标、让愿景变成现实？所以，有一条共同的纽带，即我们的欲望、需求、利益、关切，把"事实"与"价值"和"规范"关联起来，由此架通了从"事实"到"价值"和"规范"的桥梁。科学理论会派生出相应的规范，也有它们自己的价值追求；哲学理论也需要有事实性基础，由此建构出"价值""规范""愿景"。在这一点上，哲学与科学之间没有明显的断裂。由于篇幅关系，我这里只能概述相关想法，以后将另外撰文将它们详细展开，提供系统性的论证和答辩。

最后，我以威廉姆森的断言来结束本文："哲学作为一种系统性的、有序的探究形式，它是一门科学，但不是一门自然科学。"[1]

---

[1] 蒂莫西·威廉森. 哲学是怎样炼成的：从普通常识到逻辑推理. 胡传顺，译. 北京：燕山出版社，2019：130.

27. 批判性思维与创新型人才的培养

> 批判性思维是大胆质疑而非愤世嫉俗，是思想开放而非举棋不定，是分析批判而非吹毛求疵。批判性的思考果断但不固执，评价但不苛责，有力但不武断。①
>
> ——彼得·范西昂（美国批判性思维专家）

美国耶鲁大学前校长理查德·莱文（Richard C. Levin）曾指出：中国大学本科教育缺乏两个非常重要的内容：第一，就是跨学科的广度；第二，就是对批判性思维的培养。我认为，莱文的评论实事求是，一针见血，切中肯綮。在本文中，我将把他的评论当作出发点，探讨如何改善中国的本科教育以利于创新型人才培养的问题。本章由四小节组成：一、创新型人才的一些特质；二、什么是批判性思维；三、批判性思维与创新；四、如何培养批判性思维。我将阐发的主要观点是：创新型人才具有某些理智和人格方面的特质，大学生在大学校园里要完成两个转变，批判性思维在培养这些特质和促成这些转变方面有重要作用。我将厘清"批判性思维"的四重涵义，论证批判性思维与创新是相辅相成的，并提出在大学本科教育中培养批判性思维的七条具体建议。

一、创新型人才的一些特质

按我的理解，创新（包括知识创新和创业）型人才通常具备如下一

---

① 彼得·范西昂. 批判性思维：它是什么，为何重要？都建颖，李琼，译. 工业和信息化教育，2015（7）：26.

些特质：

（1）自我期许高，怀抱雄心壮志。一个人不想成为什么几乎肯定不能成为什么，因为天上不会掉馅饼；但一个人能够成为什么却在很大程度上取决于他想成为什么。有这样的说法："人或许可以分为两类，有那么一点雄心的和没有那一点雄心的。对普通人而言，那一点雄心，是把自己拉出庸常生活的坚定动力；没有那一点雄心的，只能无力甚至无知无觉地、慢慢地被庸常的生活没顶。在变革时代，那一点雄心或许能导致波澜壮阔的结果。"① 有雄心的人常会有两个相互关联的目标及后果：成就自我，造福社会。

（2）开阔的知识视野。孤陋寡闻的人成不了大事，创新型人才必须见多识广。

（3）开放的心灵和活跃的思维。创新型人才通常不板滞、不拘泥、脑子活、主意多、办法多，善于发现问题和捕捉机会。

（4）想象力和洞察力。创新型人才常常要"无中生有"，思维必须具有前瞻性：要看到别人没有看到的，想到别人没有想到的，最后才能做到别人没有做到的。就像马云通过互联网搭建电商平台，硬生生弄出一个"光棍节"，变成了一个全中国甚至输出国外的购物狂欢。

（5）良好的知识储备和优秀的学习能力。光有想法和点子是不够的，还要有实现它们的知识储备和操作能力。当已有知识不够时，知道该学习什么新知识，并能迅速掌握那些新知识。

（6）审慎的思考与决策。投入一项研究，创办一项事业，常常需要巨大的投入和付出，要避免一厢情愿式的思考，从正反两方面反复权衡，通过审慎的思考与决策来规避风险，争取成功。

（7）一往无前，埋头苦干，忍辱负重。一旦通过审慎的思考做出决定，就不再前瞻后顾、左顾右盼，而是以极大的勇气投入工作，付出极大的辛劳，穷尽一切可能的手段去争取成功。在此过程中，甚至要忍辱负重。

（8）与团队成员的良好合作，与社会环境的良好互动。在当代社会，

---

① 徐一龙. 能人同学都有的异禀. 大学生，2013（11）：73.

无论是科学研究还是创办事业，都很难靠单打独斗来完成，需要一个团队的精诚合作，需要友善的社会环境，要尽可能争取社会资源的协助和支持。

（9）根据环境反馈，适时做出调整。一项研究、一项事业很难按最初的构想来完成，中途会出现很多意想不到的情况，甚至遭遇很多挫折和失败。遇到这种情况，要冷静分析原因，适时做出必要的调整和改变。

（10）一些良好的心理品质：充满自信，能够自我定向和自我校正，遇到困难不轻言放弃，坚忍不拔，等等。

可以看出，上面这些特质中有些属于理智品质，有些属于道德心理品质，有些则属于具体操作技能。创新型人才必须是复合型人才。

我认为，大学生在大学校园里要完成两个转变：

知识层面：在进入大学前，中国学生大都是在被动学习，一切为了考上大学，具备了初级的知识基础。在走出大学校门时，他们应该有一个大致的知识分类框图，具备较为宽广的自然科学和人文社会科学知识，在某些专门领域具备较为扎实的知识基础，特别是具有进一步学习的能力，有较强的可塑性，能够迅速适应和满足社会对他们的要求和期许。

人格层面：在进入大学前，学生们是一批心智不成熟的少年；走出大学校门时，他们应该是心智成熟、品格健全、独立自主、理性负责的公民。

因此，大学必须完成两项任务：知识教育和人格养成。人格养成主要通过知识传授来完成。问题是：大学本科教育如何完成这两项任务，特别是把一部分或者少数大学生培养成创新型人才？我下面仅限于说明：批判性思维在促成大学生的两个转变和培养创新型人才方面可以发挥重要作用。

二、什么是批判性思维

按我的理解，"批判性思维"有如下四重涵义：

第一，指在 20 世纪中后期在北美兴起，后来被世界很多国家所仿效和追随的一场教学改革运动，要求从以知识传输为主的教育模式，改变成以人格和素质养成以及能力培养为主的模式。美国实用主义哲学家杜威的教育哲学在其中发挥了重要作用。20世纪中后期，美国教育界逐渐达成共识：在当代民主社会，在信息爆炸和知识快速更新的今天，教育的重点不应该放在传授离散和陈旧的知识与信息上，而应该放在探究、学习和思考的过程本身上；它的首要目标不是培养知道很多的"知道分子"，而是培养能够批判性思考、理性地判断和决策、有责任心、充满活力和创造力的公民。"20世纪40年代，批判性思维被用于标示美国教育改革的一个主题；20世纪70年代，在美国、英国、加拿大等国的教育领域兴起一场轰轰烈烈的'批判性思维运动'；20世纪80年代，批判性思维成为教育改革的焦点；20世纪90年代开始，美国教育的各层次都将批判性思维作为教育和教学的基本目标。"[1]

第二，指现代社会中合格公民和创新型人才所必须具备的一种精神气质，一种人生态度，一种思维倾向。批判性思维服膺理性、逻辑和真理，其基本预设是：任何观点或思想都可以而且应该受到质疑和批判；任何观点或思想都应该通过理性的论证来为自身辩护；在理性和逻辑面前，任何人或任何思想都没有对于质疑、批判的豁免权。"把一切送上理智的法庭"，可以看作批判性思维的基本主张和口号。或如有的哲学家所言：今天，除了在所有人面前辩护的必要性是无须辩护的之外，一切都需要辩护[2]。善于进行批判性思维的人具有这样的个性特征：心灵开放、独立自主、充满自信、乐于思考、不迷信权威、尊重科学、尊重他人、力求客观公正。他们随时准备对所面对的各种观点和主张进行评估，以便确定什么样的信念最适合或切近于当下或长远的目标；不断发展出新的阐释，以便改善其对周围世界的理解；积极搜寻对所提出的阐释的质疑、修正或反驳意见；对所搜集的信息进行比较、分析和综合，以便更有效地做出决定和选择，如此等等[3]。

---

[1] 武宏志，周建武. 批判性思维：论证逻辑视角. 修订版. 北京：中国人民大学出版社，2010：2—3.

[2] 布劳耶尔，等. 德国哲学家圆桌. 北京：华夏出版社，2003：171—172.

[3] 陈波. 逻辑学导论. 第三版. 北京：中国人民大学出版社，2014：231.

20世纪90年代，美国哲学联合会底下的一个哲学教学委员会着手一个大的研究项目，运用德尔菲方法，咨询了46位有不同学科背景的批判性思维专家，历时两年，经过六轮磋商，最终就有关批判性思维的诸多事项达成一些共识，写成"德尔菲报告"，其中关于"批判性思维倾向"的共识如下：

> 对广泛的议题怀有好奇心；
> 注重变得见多识广并保持这种状态；
> 善于把握运用批判性思维的机会；
> 信赖理性的探究过程；
> 对自己的理性能力保持自信；
> 对不同的世界观持开放态度；
> 在考虑其他选择和意见时保持灵活性；
> 理解他人的意见；
> 公正地评估推理；
> 诚实地面对自己的偏好、成见、陈规、自我中心或社会中心的倾向；
> 谨慎地悬置、做出或改变判断；
> 当诚实的反思表明有必要做出改变时，愿意重新考虑和修正自己的观点。[1]

第三，指在面对做什么或相信什么时，人们做出合理决定的一系列思考技能、方法和策略。例如，美国学者恩尼斯（Robert H. Ennis）曾列出理想的批判性思维者所具有的如下技能：（1）集中关注某个问题；（2）分析论证；（3）提出并回答解释性问题或挑战性问题；（4）判定资源的可靠性；（5）观察，并对观察报告进行判断；（6）演绎，评估演绎；（7）归纳，评估归纳；（8）做出价值判断，并对它们做评估；（9）给词项下定义并

---

[1] American Philosophical Association. Critical Thinking：A Statement of Expert Consensus for Purposes of Educational Assessment and Instruction. The Delphi Report, Committee on Pre-College Philosophy.（ERIC Doc. No. ED 315 423）. 1990：25. URL = http://files.eric.ed.gov/fulltext/ED315423.pdf.

评估这些定义；（10）给未陈述的假设定性（一种既归属于澄清同时在某个方面又属于推理的能力）；（11）考虑前提、理由、假设、见解，以及其他那些他们不认同或怀疑的命题，并从它们出发做推理——而不让他们的不认同或怀疑干扰他们的思考（"假设性思维"）；（12）在做一个决定并为它辩护时，整合其他技能和倾向；（13）以一种与情境匹配的有序方式进行；（14）对他人的情感、知识水准以及精细程度保持敏感；（15）在讨论和表达（口头的和书面的）过程中，使用适当的修辞手法，包括以适当的方式运用"谬误"标签，并对它们做出反应。在这些技能中，前12项是构成性技能，后3项是辅助性技能①。

在上面提到的"德尔菲报告"中，美国专家们就批判性思维技能达成了如下共识：解释（interpretation）、分析（analysis）、推理（inference）、评估（evaluation）、说明（explanation）和自我调整（self-regulation）是批判性思维的核心技能。其中，"解释"是指"领会和表述各种经验、境况、数据、事件、判断、公约、信念、规则、程序或标准的意义或重要性"，包含的子技能有：分类、破解意涵、澄清意义；"分析"是指"从陈述、问题、概念、描述以及其他旨在表明信念、判断、经验、理由、信息或观点的各种表达形式中，识别出所意向的，或实际的推理关系"，包含的子技能有：检验观点、识别论证、识别理由；"推理"是指"找出并夯实得出合理结论所需的因素，形成猜测和假设，考虑相关的信息，从数据、陈述、原理、证据、判断、信念、观点、概念、描述、疑问或其他表达形式中推导出结论"，包含的子技能有：寻求证据，考虑多种可能性，得出逻辑有效的或可以辩护的结论和主张；"评估"是指"评估可信度和逻辑性，包括评估各种用于说明或描述个人的见解、经验、处境、判断、主张的陈述或其他表达形式的可信度，以及各种主张、描述、疑问或其他类似表达形式之间的实际或所意向的推理关系是否合乎逻辑"，包含的子技能有：考察论断的可信度，考察论证中所用的归纳或演绎推理的质量；"说明"是指"既要在多个层面陈述和论证自己的推理结

---

① H. Robert, Ennis. An Outline of Goals for a Critical Thinking Curriculum and Its Assessment. URL = http://faculty.ed.uiuc.edu/rhennis/outlinegoalsctcurassess3.html.

果，顾及证据性、概念性、方法论、标准以及背景因素，还要能以合理的论辩形式展示推理过程"，包含的子技能有：陈述结果，为过程的合理性进行辩护，陈述论证；"自我调整"是指"有意识地回顾自己的认知活动，在这些活动中使用的元素以及所得出的结果，特别是将分析和评估技能用于自己的推理判断，来质疑、确认、验证或修正推理过程和结果"，包含的子技能有：自我监控、自我修正[1]。

第四，指作为这场运动结晶之一的一门新的大学教育课程。一些社会因素促成了这一改变：20世纪六七十年代，美国社会风云激荡，越南战争、种族隔离、性别歧视、性解放等等，成为各种社会势力竞逐的热门话题，各种观点的交锋与论战空前激烈。学生们要求有一门课程告诉他们，如何去分辨关于这些话题的观点或论战的合理性，评判它们是否概念清晰、根据充分、论证合理或有效等等。批判性思维课程就是一些大学教师为呼应这种要求而尝试开设的，他们提出了一个口号：逻辑教学应该"与人们的日常生活相关，与人们的日常思维相关"。迄今为止，这门课程仍未定型，不同作者所编撰出版的教科书所强调的重点不同，内容差异很大。按我的理解，这门课程的核心内容应该是：论证分析理论、谬误辩驳理论和概念定义理论[2]。

作为参考，有必要提及"德尔菲报告"中专家们就"什么是批判性思维"达成的如下共识：

我们将批判性思维理解为有目的的、自我调整的判断，它导致针对它所依据的那些证据性、概念性、方法性、标准性或情境性思考的解释、分析、评估、推导以及说明。批判性思维实质上是探究的工具。它本身是教育中的一股解放力量，也是人们的私人和公共生活中强有力的手段。尽管批判性思维不等于好思维，它却是无处不在、自我矫正的人类现象。理想的批判性思维者习惯上是好奇的、见多识

---

[1] 彼得·范西昂. 批判性思维：它是什么，为何重要？都建颖，李琼，译. 工业和信息化教育，2015（7）：16.

[2] 陈波. 逻辑学导论. 第三版. 北京：中国人民大学出版社，2014：219-252.

广，信任理性，心灵开放，灵活，能公正做出评估，诚实面对个人偏见，审慎做出判断，乐于重新思考，清楚争议所在，有序处理复杂问题，勤于寻找相关信息，合理选择标准，专注于调查询证，坚持不懈地寻求被探究的主题和情景所允许的精确结果。所以，培养好的批判性思维者就意味着朝这个理想目标努力。它把发展批判性思维技能与培育如下倾向相结合，这些倾向持续地产生有用的洞见，并且是理性和民主社会的基础。①

在我看来，这个表述过于冗长，也不足够清晰。不过，他们给出了一个更简单的表述：

> 关于"批判性思维"的共识：
> 有目的的、反思性的判断，
> 表现为对证据、背景、方法、标准及概念的合理考察，
> 以便决定相信什么或者做什么。②

三、批判性思维与创新

所谓"创新"大致是指：发现旧理论、旧技术、旧产品等的毛病与缺陷，提出待解决的新问题，随后提出新思路、新技术、新方法，创造新理论、新技术或新产品。现在需要弄清楚的是：批判性思维在这个过程中起什么作用？

有一种对批判性思维的误解，即认为它和创新是相互冲突的。因为有人认为，"创新"意味着"制造""生成"等，而批判性思维本质上是否定性的，只能用来发现缺陷和不足，它所强调的"批判"似乎会导致对创造性的破坏，从而不能使人做出系统的理论建构和新的实践操作。但这

---

① American Philosophical Association. Critical Thinking: A Statement of Expert Consensus for Purposes of Educational Assessment and Instruction. URL = http://files. eric. ed. gov/fulltext/ED315423. pdf.

② 彼得·范西昂. 批判性思维：它是什么，为何重要？都建颖，李琼，译. 工业和信息化教育，2015（7）：25.

种看法是错误的,因为"通过严格检验和批判来挑错的探索方式,正是把发展放在第一位的做法,是促进认识发展的更有效的方法。阻碍认识发展的不是发现错误,而是不去发现错误;没有什么比发现错误能更快促进新理论的产生"①。我下面将论证,批判性思维和创新是相辅相成、相得益彰的,具体表现在②:

第一,新问题的提出需要批判意识和怀疑精神。

科学研究始于问题,而问题至少有以下类型:(1)发现了新的事实材料是已有理论不能解释的,或者是与已有理论相冲突和矛盾的;(2)已有理论之间的冲突,如某一领域内一个理论与另一个理论之间不一致;(3)已有技术产品的性能与目标用途之间的差距;(4)某些领域或用户有特殊需要,但尚没有与之配套的相关产品;如此等等。而发现这些问题和困境,则需要有良好的批判性思维训练。很难设想,一个思维板滞、性格保守、懒于观察和思考的人,他的脑袋里会有很多问题。他只习惯于在固有的思维轨道中滑行。相反,一个具有批判性思维态度和习惯的人,通常视野开阔,勤于观察和思考,善于找错和挑刺,能够不断发现旧理论和旧做法的问题、毛病和缺陷,从而产生解决它们的需求、冲动和欲望。

第二,新解决方案的提出需要批判性思维,包括技能和精神气质两方面。

对旧理论、旧做法的审慎思考,找准其问题、缺陷、毛病之所在,是提出正确解决方案的先决条件。例如,伽利略在考察亚里士多德的"物体的重量与物体的下落速度成正比"的学说时,就通过思想实验,推出它将导致逻辑矛盾,从而提出了他自己的"在真空条件下,物体的下落速度与物体的重量没有关系"的新学说。在这个过程中,伽利略就使用了归谬推理等基本思维方法,同时也体现出一种怀疑、探索和实验求证的科学精神。更重要的是,具有批判性思维态度和习惯的人,绝不会把"熟知"看作"真知",把"司空见惯"视为"理所当然",他们勤于思

---

① 董毓. 批判性思维三大误解辨析. 高等教育研究, 2012 (11):66.
② 刘叶涛, 陈波. 附录: 批判性思维论纲//陈波. 逻辑学概论. 北京: 北京师范大学出版社, 2007: 315-316.

考，勇于创新，其思维总是向新的可能性敞开，其脑袋里的新观念和新想法像潺潺小溪一样涌流不息。

第三，批判性思维者能够避免"一厢情愿的思考"，后者是成功创新的大敌。

有些人在面对自己的创新时，因为与自身的利益直接相关，总是逃避批判性思维，具体表现在：喜欢听好话和赞扬的话，不喜欢听批评和不同意见；总是找有利的证据，回避或忽视不利的证据，对后者极尽敷衍搪塞之能事，结果导致创新失败。而具有强批判性思维态度和习惯的人，即使面对自己的创新性理论或方案，也力求做到客观公正，在寻找支持性理由和证据时，并不忘记做反向思考，尽可能设想出反面证据或反驳意见，并提前对它们做出答辩或构想解决方法。在自己的理论、方案已经成形后，从两个方面对其做批判性检验：一是做"验前评价"，从逻辑上考察它与已有理论、方案的关系，弄清楚其相对优势和劣势之所在；二是做"验后评价"，即把自己的理论、方案交付实践检验，根据检验的证实或证伪的结果，对自己的理论、方案做出重新分析，或做出调整、补充、修改，使其完善；或干脆加以放弃，提出新的替代方案。这样反复尝试的结果，最终总能导致创新的成功。我常说这样一句话：聪明人总会找到自己的道路。

"德尔菲报告"中提到了运用批判性思维解决问题的5个基本步骤，从中可以看出，批判性思维并不妨害创新，相反有助于创新，甚至本身就是创新，至少包含创新的成分：

第一步：I = Identify，即发现问题，设定次序；

第二步：D = Determine，即决定相关信息，加深了解；

第三步：E = Enumerate，即列出备选方案，预测后果；

第四步：A = Assess，即评估场合背景，做出初步决策；

第五步：S = Scrutinize，即审查整个过程，进行必要的自我纠正。[①]

[①] 彼得·范西昂. 批判性思维：它是什么，为何重要？都建颖，李琼，译. 工业和信息化教育，2015（7）：27.

四、如何培养批判性思维

　　对大学生批判性思维的气质、倾向、习惯、能力的培养，对其创新性能力的培养，不能仅靠大学里某门或某些课程来完成，也不能仅靠某些教师和管理人员来实施，而需要整个大学体制的协同合作，需要整个大学校园文化的熏陶。我认为，大学本科教育可以这样改革：大学生在头两年偏重于接受文理通识教育，后两年主要接受专业教育，并把批判性思维习惯和能力的培养贯穿于四年本科教育的始终。我提出如下七条具体建议：

　　第一，开设一批文理通识课程，分成不同的板块。我提请注意以下事实：大学生在走出校门后，求职的范围广，工作的流动性大，只有很少一部分人会从事他们在大学校园里所学的专业，很多人将做与他们大学所学专业关系不大或没有关系的工作。为了使大学教育对大学生毕业以后的职业生涯有所贡献，必须使他们在大学里所学的很多知识和技能具有可迁移性（transferability），这就要求我们适当地淡化专业，加强通识教育课程，把后者分成不同的版块，如语言与写作、人文教育、公民教育、科学教育等，要求学生在不同的板块中选修。本科教育在很大程度上是自由或博雅教育（liberal education），旨在培养大学生走出校门的适应性，培养其批判性思维的习惯和能力，培养其健全的人格特质。

　　第二，建议给大学生普遍开设逻辑和批判性思维课程，最好是小班教学，培养他们的严格的理性精神：从清楚明白的概念和问题出发，清楚地、有条理地思考，按程序操作，按规则办事，一步一步来，并且能够识别、反驳诡辩和谬误。由此可以提高他们的思维及其结果的可理解性和可通达性，促成有效的交流和沟通，促成问题、争议和困境的有效解决。

　　第三，建议给大学生普遍开设"经典阅读和写作训练"课程，在事先精细阅读的基础上，安排课堂对话和讨论，要求他们：就文本提出中肯、相关的问题；在讨论中自信、清晰地表述自己的看法；在对文本的重要思想做出释义和阐发时，进行逻辑说理和文本支持；倾听并尊重其他讨论参与者的观点；在协作性探索的过程中取得新的更丰富的理解；进行持续连贯的思想讨论；将不同文本相互联系，并联系人类经验、个人体验和当代社会现实从事创造性写作①。

第四，要有丰富多彩的校园文化和社团活动。大学之"大"就在于它"无所不包"（universal）。大学校园里应该有各种各样的讲座，有电影、戏剧、音乐、绘画等文艺演出和文化活动，有活跃的学生社团及其活动，有丰富多彩的信息、知识、思想的流动和传播，有不同观念和思想的交锋与对撞，由此给学生们提供众多选择，让他们在其中培养兴趣，发现爱好，启迪思考和探索，陶冶情操，锻炼能力，滋养智慧。

第五，大学课堂不能仅仅局限于传授知识，而且要激发兴趣和培养能力。所有大学教师都不能仅仅满足于传授知识，还要挖掘引发这些知识的底层思想和隐含预设；要允许和引导学生提问，在课堂教学中引入交流和对话环节，要学习哈佛大学教授桑德尔（Michael J. Sandel），如他讲授"公平和正义"课程时，即使面对上千名学生，也引入讨论和对话环节，引导学生积极参与和主动思考；在条件许可的情况下，多安排一些小班教学，以便于师生互动和学生之间的互动；考试方式也要有相应的创新，少用记忆性考试，多用智能型考试。

第六，引导学生进行探索式学习，边学习边研究。可以设置一些本科生小型研究课题和小额研究基金，为他们配备高水平的教师指导其研究活动，为他们组织小型研讨会或辩论会，办一些学生刊物，发表其习作或探索性成果。未来的"爱因斯坦""霍金"们就是从这些初级的研究活动中培养出来的。

第七，开设一批核心课程，严格要求，严格考试。大学教育也要避免另一种可能性：学生选修了一堆杂七杂八的课程，道听途说了很多东西，脑袋里装满了一知半解的知识，但在任何方面和任何领域都没有专深的知识，甚至话说不好，文章也写不好，动手能力差。因此，在本科教育的后两年，要求学生把主要精力投入专业学习，通过一批核心课程的设置，确保他们在具有开阔知识视野的同时，也具有某些专深的知识，特别是可迁移的专深的基础知识。

---

① 徐贲. 阅读经典：美国大学的人文教育. 北京：北京大学出版社，2015：15.

在当代社会，大学应该或已经成为人才、人文思想、科学理论、前沿技术的生产单位和输出单位，大学最重要的产品就是它的毕业生。大学本科四年是一个人一生中最重要的一段时光。要通过整个大学系统的集体努力，确保大学生在这四年中开阔了知识视野，学到了很多可迁移的知识和技能，养成了独立思考、自主负责的习惯，具有了健康的体魄和健全的人格，度过了丰富多彩的校园生活。一旦走出校园，他们能够各自演绎出成功而精彩的人生，为母校增光添彩，为国家的发展和人类的进步做出自己的贡献！

第三辑

主办国际研讨会纪实

28. "弗雷格、逻辑和哲学"国际研讨会（2011）

2011年8月29日至30日，"弗雷格、逻辑和哲学"国际研讨会在北京大学正大国际交流中心举行。本次会议由北京大学哲学系、北京大学外国哲学研究所和北京大学"研究生教育创新计划"主办，华南师范大学政治与行政学院协办。来自美国（加利福尼亚大学）、英国（伦敦大学、约克大学）、日本（北海道大学、东京都大学、鸟取大学）以及中国（台湾的阳明大学、中正大学、"中央"研究院，大陆的北京大学、清华大学、中国人民大学、中国社会科学院、浙江大学、南开大学、南京大学、西南大学、华南师范大学、山西大学、河北大学等）的40多位教授和博士生参加了本次会议。会议的工作语言为英语。

在会议开幕式上，首先由北京大学哲学系陈波教授简短致辞并介绍各位与会学者。他说，弗雷格是现代逻辑和分析哲学的创立者，对当代的逻辑和哲学仍然有着重要的影响力。我们在会议期间所要讨论的问题，有些直接与弗雷格的思想有关，有些间接与他的思想有关。期待之后两天会有富有成效的理智交流与论辩。随后，北京大学研究生院贾爱英女士、北京大学外国哲学研究所所长尚新建教授以及北海道大学哲学系中户川孝治教授分别讲话。贾爱英女士说，北京大学研究生院"研究生教育创新计划"致力于推进研究生的培养，拓宽研究生的国际视野，提高研究生的学术水平，本次会议提供了一个国际交流平台，有助于提高哲学学科的研究水平以及哲学研究生的培养质量，预祝大会取得圆满成功。

本次会议为期2天，共8个专场，其中4个专场的主题是"弗雷格的逻辑和哲学"或"新弗雷格主义"，3个专场的主题分别涉及逻辑哲学、哲学逻辑和语言哲学，并安排了一个博士后和博士生专场，前后共有26

位学者做特邀报告或大会发言。28日晚，会议还安排了一次关于博士生教育的圆桌会议，国内外学者交流了各自在博士生教育和培养方面的一些做法和相关信息。

大会设6位特邀报告人，他们分别是：英国约克大学迈克·比尼教授，日本东京都大学野本和幸（Kazuyuki Nomoto）教授，北京大学哲学系叶峰教授，美国加州大学罗伯特·梅教授，日本鸟取大学田畑博敏（Hirotoshi Tabata）教授，北京大学哲学系博士生刘靖贤。

迈克·比尼的论题是"弗雷格的逻辑主义和解释性分析的重要性"。他认为，逻辑主义贯穿于弗雷格哲学生涯的始终，对于数学的关注不仅在弗雷格的逻辑和哲学中占据重要地位，而且与弗雷格的分析观念密切联系。哲学史上存在三种分析概念：回溯性分析、分解式分析和解释性分析，而弗雷格的分析是解释性分析。按照这种理解，他对弗雷格的许多论题进行了重新阐释。

野本和幸的论题是"在弗雷格的逻辑主义及其语义学中作为原型的语境原则和判断优先性论题"。他认为，逻辑主义是弗雷格哲学的中心论题，为此弗雷格采取了两个重要的方法论原则：判断的优先性和语境原则。随后，他详细分析了如上两个论题如何具体贯穿于弗雷格的《概念文字》、《算术基础》和《算术的基本规律》之中。

叶峰的论题是"对自然主义数学哲学的介绍以及对弗雷格的自然主义评论"。他首先介绍了他自己近年来主张的一种唯名论的、严格有穷主义的和真正自然主义的数学哲学。基于这种自然主义视角，他认为弗雷格对涵义和思想的探索是无意义的、空洞的和前科学的，弗雷格对数学应用的说明忽略了很多重要细节。如果自然主义发展成熟，我们就会普遍认同弗雷格或者新弗雷格的哲学探索是一种误导。

罗伯特·梅的论题是"莱布尼茨问题和弗雷格谜题"。梅指出，弗雷格不仅发明了现代逻辑，而且把这种逻辑运用于科学之中，因此弗雷格不仅重视思想所表达的逻辑结构，而且也重视思想所表达的客观内容。就作为数学科学的逻辑主义而言，弗雷格不仅关注概念内容，而且关注主题内容。但是，莱布尼茨问题，即同一陈述"2＋3＝5"和相等陈述"5＝5"之间的区别，使得弗雷格无法兼顾概念内容和主题内容。梅认为，对于莱布尼茨问题的解决与弗雷格谜题密切相关。

田畑博敏的论题是"弗雷格定理：现代弗雷格研究的起点"。他详细描述了从二阶逻辑和休谟原则推出算术公理的过程，即所谓的弗雷格定理的证明过程，包括《概念文字》中对于祖先关系的表述，《算术基础》中对于数的定义，以及《算术的基本规律》中对于主要算术公理的证明。田畑博敏还简略勾画了如何推出实数理论的过程。最后他指出，在弗雷格的逻辑主义中，我们应该继承的不是按照某种特征给形式系统冠以"逻辑"的名称，而是尽可能地探索形式系统的推演能力。

刘靖贤的论题是"内涵的《算术的基本规律》"。他指出，弗雷格的《算术的基本规律》中的悖论是由二阶逻辑的概括公理和公理 V 造成的，这一悖论根源于弗雷格的两个哲学信条："数的给出包含着概念的断定"和"数是独立自主的对象"。刘靖贤从新的角度解释了弗雷格的指称和涵义的区分，并且提出从涵义角度解决罗素悖论的方案。他所给出的模态形式系统 IG 是由内涵的公理 V 和内涵的概括公理构成的，这一系统试图通过模态逻辑来实现弗雷格逻辑主义的理想。

此外，华南师范大学陈晓平教授、中国人民大学余俊伟副教授、北京大学陈波教授等也围绕弗雷格的逻辑和哲学做了大会发言。

陈晓平的论题是"论谓词的指称和涵义"。他试图解决由于弗雷格区分概念和对象而导致的马概念悖论。他认为，谓述函项在某种意义上也是完整的，行使谓词功能的谓词是有空位而无指称的，但行使主词功能的谓词是无空位而有指称的。在前一种情况下，谓词具有带空位的涵义即概念；在后一种情况下，谓词具有不带空位的涵义和指称，它们分别是一个命题集合和相应的序偶集。

余俊伟的论题是"从弗雷格的观点看黑尔与莱特的新弗雷格主义"。他认为，弗雷格的逻辑主义试图把数学还原为逻辑，然而其形式系统中的公理 V 导致了罗素悖论。为了拯救弗雷格的逻辑主义，黑尔和莱特放弃了公理 V 转而诉诸休谟原则。虽然休谟原则与二阶逻辑是一致的，但是，余俊伟在文本研究的基础上认为，新弗雷格主义偏离了弗雷格逻辑主义的精神实质。

陈波的论题是"弗雷格思想理论的去神秘化"。他认为，现代逻辑和分析哲学在某种意义上起源于弗雷格的反心理主义，弗雷格由此提出了他的思想学说（陈波将其概括为10个论题）和"第三域"概念。但弗雷格的思想学说面临很多困难的问题，例如，思想是否先于语言？如何把握思想？如何确定思想的真假？思想的同一性标准是什么？等等。弗雷格对其中许多问题都未给出合理的回答，甚至不可能给出合理的回答。为了保证弗雷格思想理论的一致性，陈波从新的角度对思想理论进行了修补，并讨论了这种修补对于弗雷格逻辑观的影响。

在关于语言哲学、逻辑哲学和哲学逻辑的专场中，很多学者做了有实质性内容的发言。例如，英国伦敦大学哲学研究所所长巴瑞·史密斯（Barry Smith）教授的论题是"语言先于形而上学吗？"，台湾阳明大学王文方教授的论题是"反经典真理两面论"，日本北海道大学哲学系主任山田友幸教授的论题是"预设、会话涵义和单称命题"，北京大学哲学系王彦晶博士的论题是"公开宣告逻辑的公理化"，南京大学哲学系潘天群教授的论题是"希望的逻辑结构"，北海道大学中户川孝治教授的论题是"T0906和不完全性定理：面向第二部分的思想"，山西大学刘杰副教授的论题是"关于数学真理困境的语境主义解释"。

在博士生和博士后专场，来自国内外各个大学的博士研究生积极发言，踊跃讨论，分别做了与自己的研究领域相关的发言。例如，台湾"中央"研究院博士后苏庆辉的论题是"普遍化的平凡性结果"，北京大学徐召清的论题是"知识、预设和语用含义"，南开大学林田的论题是"逻辑哲学的中心问题"，北京大学赵震的论题是"说谎者悖论的一个解"，中国人民大学贾青的论题是"分支时空中的施为性行为"，台湾中正大学陈今伟的论题是"查尔莫斯的新弗雷格主义与描述主义"，日本北海道大学中岛小一的论题是"语言的内外之别：维特根斯坦论实指定义"，浙江大学雷丽赟的论题是"科学中隐喻性语言的双重指称"，西南大学姜桂飞的论题是"现代逻辑的语言刻画与推理表达分析"。其中，有两三位博士生是代其导师发言的。

在29日晚上，会议分别邀请来自美国、英国、日本、中国的经验丰富的博士生导师以及一些博士生参加关于博士生教育的座谈会，相互交流经验和心得。首先，一些博士生导师介绍了他们所在国家和地区的博士生教育情况，大致分为三个方面：第一，博士生项目申请的难易程度；第二，博士生在读期间的经费来源；第三，经过何种训练才能培养出一个优秀的哲学家。随后，与会的博士生分别就他们感兴趣的问题向博士生导师们提问，有如下几个热门问题：第一，博士生如何在国际刊物上发表学术论文；第二，如何申请美国、日本等国家的博士后项目；第三，国外都有哪些促进国际博士生交流的资助项目；等等。

在会议末尾，由陈波教授做总结性发言。首先，他对参加这次会议的国内外的学者表示感谢。他表示这次会议取得了圆满成功，因此，他计划在未来几年内继续召开这种形式的逻辑和哲学会议，邀请更多的海外学者，促成更为深入的国际学术交流，为北京大学博士研究生提供更为宽广的国际平台，拓展其国际性视野，以改善和提高博士生的培养质量。

本次会议取得了圆满成功，得到了国内外参会者的高度评价。罗伯特·梅教授说，本次会议取得了意想不到的效果，胜过了他在北京所参加的其他国际学术会议。野本和幸教授说，这次会议非常成功，本次北京之旅给他留下了深刻印象，他会后将把他主编的《弗雷格著作集》日译本以及他本人的两本关于弗雷格的著作捐赠给北京大学图书馆哲学分馆。中户川孝治教授说，非常荣幸参加本次会议，他希望与北京大学哲学系建立长期的合作伙伴关系。华南师范大学的陈晓平说，本次会议的许多论文都不是简单地复述前人，而是在已有的研究基础上的创新，这种研究态度和方法是值得提倡的。北京大学博士生赵震说，这次会议扩展了博士研究生的国际视野，而且会议的工作语言全部是英语，为博士生提供了一个展示和提升自身英语水平的好机会。

本次会议将促进中国的弗雷格和新弗雷格主义研究水平的提升，国内学者的研究不再仅仅局限于对弗雷格哲学的介绍与解释，而是在弗雷格哲学研究的基础上深入地进行批判和创新；不再仅仅局限于弗雷格哲学的研究，而是从技术和思想、逻辑和哲学相结合的角度重新全面地审视弗雷格；不再仅仅局限于国内弗雷格学者之间的交流，而是扩展国际视野，加强与国际弗雷格学者的对话和互动。

本次会议也产生了很好的社会影响。《中国社会科学报》于 2011 年 9 月 20 日刊发了会议简讯并配发照片。北京大学哲学系简报刊发了该会议综述。《哲学研究》2012年第1期和第2期发表了马明辉和陈波的会议论文（修改版）；上海《哲学分析》杂志2012年第5期发表了4篇会议论文，其中有陈波以及他的博士生刘靖贤的论文。中国英文杂志《中国哲学前沿》（*Frontiers of Philosophy in China*）将发表7篇会议论文，其中有一个专题是"弗雷格、逻辑和哲学"，陈波为此专题撰写了编者序言，有北大博导叶峰和北大博士生刘靖贤等的论文。日本野本和幸教授会后寄来了他所主编的弗雷格著作集日译本（6卷本）以及他本人的两本关于弗雷格的著作，英国迈克·比尼教授也把他所主编的《分析哲学史丛书》（4本）一并捐赠给北京大学图书馆哲学分馆。

本次会议经费由北京大学哲学系陈波教授提出申请，2011年4月中旬得到北京大学研究生院"研究生教育创新计划"批准，并得到华南师范大学政治与行政学院的经费支持。

（刘靖贤　撰）

29. "克里普克、逻辑和哲学"国际研讨会（2012）

2012年9月2日至3日，"克里普克、逻辑和哲学"国际研讨会在北京大学守仁中心召开。此次会议作为北京大学哲学系百年系庆活动的一部分，由北京大学哲学系和外国哲学研究所主办，北京大学国际合作部"海外名家讲学计划"和北京大学研究生院"研究生教育创新计划"资助，来自美国、英国、日本、澳大利亚、中国（包括香港地区和台湾地区）的60余位专家学者参加了会议。

北京大学陈波教授主持了本次研讨会的开幕式，北京大学副校长李岩松教授与北京大学外国哲学研究所所长、哲学系副主任尚新建教授在开幕式上分别致辞。研讨会通过主旨报告、特邀报告、分组报告、夜间论坛和自由讨论等形式进行，除克里普克做了题为"通向哥德尔之路"的大会主旨报告外，另有7位特邀报告人和与会者围绕"规则和私人语言""克里普克与形而上学""对话克里普克""克里普克、语言哲学和认识论""克里普克与悖论""克里普克与名称理论""哲学逻辑""语言和逻辑"这8个主题做了发言和讨论。

剑桥大学阿里夫·阿赫默德（Arif Ahmed）博士在题为"三角和私人语言论证"的报告中，介绍了维特根斯坦的两条思想路线的交叉点，指出了其中存在的不足，主张私人的实指定义和其之后的使用是存在间隙的，因为前者无法修复后者，故私人实指定义是注定要失败的，这就意味着私人语言没有任何意义。日本东京大学一濑正树（Masaki Ichinose）教授在题为"克里普克斯坦遵守规则悖论的两种质疑"的报告中认为，克里普克斯坦的遵守规则悖论在描述性事实和规范性证成之间预设了泾渭分明的界限，他主张，在这二者的区分上，不应该从一开始就采纳自然主义谬误的说法，应该进一步研究如何理解元不确定性或高阶的不确定性。

美国加利福尼亚州立大学八木泽敬（Takashi Yagisawa）教授在题为"从物存在"的报告中认为，分析哲学的中期历史以源于克里普克的"直接的物本主义"（direct thingism）为主要特征。在界定了什么是直接的物本主义及其与概念物本主义（conceptual thingism）的区别之后，他将直接的物本主义延展至"存在"话题，表明了自己的形而上学立场。在题为"亚里士多德的本质主义，'本质'的引入语境"的报告中，日本北海道大学千叶惠（Kei Chiba）教授在历史的语境中澄清了"本质"的意义和角色，并论证：亚里士多德所发展的对话理论是对苏格拉底对话方法的尝试性改进和系统化处理。北京师范大学江怡教授在题为"指称和描述的形而上学"的报告中指出，通过对"指称"（reference）和斯特劳森所言的"识别"（identification）进行明确区分，我们可以在形而上学的意义上处理指称问题。

在"对话克里普克"的会议专题中，克里普克做了题为"通向哥德尔之路"的大会主旨报告。他在报告中从逻辑发展史及逻辑技术角度阐述了自己对哥德尔不完全性定理的理解。他认为，虽然借助于现代递归论的帮助，我们能把哥德尔不完全性定理归结为停机问题的不可解性，但是这种理解已经偏离了哥德尔本身对不完全性定理的陈述。克里普克在发言中阐明，哥德尔不完全性定理是人类思想史上一个不可避免的必然结果，他通过更加技术性的推断证明，在哥德尔第一不完全性定理中证明了不可判定性的那个哥德尔陈述是完全可以理解的。美国纽约城市大学罗米娜·帕德罗（Romina Padro）女士在题为"乌龟对克里普克说了什么？"的报告中，分析了刘易斯·卡罗尔（Lewis Carroll）的论文"乌龟对阿基里斯说了什么？"的主要观点，并讨论了克里普克对它的解读。她指出，克里普克的观点是：卡罗尔的思想要点是某些基本的逻辑规则拥有特殊的地位，因而不能像其他陈述或原则那样被采纳；而这些规则之所以不能被采纳，是因为如果我们已经按照它们进行了推理，则不需要采纳它们，而如果我们没有依照它们进行推理，则说明不采纳是可能的。

日本驹泽大学和东京大学铃木佐夫（Satoru Suzuki）博士在"论信念与知识逻辑的决策论基础"的发言中，针对信念和知识构造了一个新的逻辑系统——信念和认知逻辑（DEL），以期回答在什么条件下我们能够认为一个主体的信念会满足 K、D、T、正自省和反自省等公理的要求。在"本质主义者可以成为绝对主义者吗？"中，来自香港大学的澳大利亚博士丹·马歇尔（Dan Marshall）力图在梳理当今几个主要的本质主义论述的基础上，说明克里普克对理解绝对主义（Categoricalism）的贡献。北京航空航天大学林允清教授在关于"维特根斯坦与乔姆斯基"的报告中，探讨了克里普克和乔姆斯基关于语言规则本性问题的争论，论证了乔姆斯基的普遍语法原则是不可能实现的，主张利用维特根斯坦的哲学理论来消解普遍语法原则。在"心智表征与模糊性"的论文中，日本东京大学博士生继田俊（Shun Tsugita）从语言哲学的角度描述和考察了关于自然化语义学中心智表征和模糊性问题的争论。

台湾阳明大学王文方教授在题为"为真理的固定点理论添加条件"的报告中，详细阐述了使用固定点理论解决语义悖论这一趋势的发展历程、研究方法及尚待解决的问题。在题为"不存在意外考试悖论"的发言中，香港中文大学张锦清教授指出，由于意外考试悖论中聪明学生的推导是存在问题的，因此克里普克的解悖方案并不完善，在此基础上，他借助蒯因的理论给出了修正方案。独断论悖论（Dogmatism Paradox）是克里普克在解决意外考试悖论过程中提出的一种新悖论，四川大学徐召清博士在"论克里普克的独断论悖论"的报告中，以动态逻辑为视角对独断论悖论的本质进行了分析，指出我们应把它理解为知识归属悖论，而不是知识悖论。为探讨解悖方案，他以选择理论为基础构造了一个公开回撤的逻辑（a logic of public retraction）。北京大学博士生刘靖贤在"二阶弗协调概括公理"中指出，二阶弗协调概括公理与弗雷格的基本规律 V（Frege's Basic Law V）在休谟原则的推导和弗雷格定理的证明中都起了重要作用。

北京大学周北海教授与北京师范大学琚凤魁博士在其共同提交的论文"从剧本的视角看名称与指称"中详细区分了观众语言和角色语言，指出了剧本命名理论是一种澄清命名与指称理论各种不同方案的中间类型理论，有利于对弗雷格和克里普克的命名理论进行整合。在题为"历史的因果命名理论"的报告中，香港浸会大学李少芬助理教授认为，虽然克里普克关于名称的历史因果解释是必要的，且使空名理论的解释更加容易，但这对于解释名称的使用是不充分的，所以有必要将名称与人类语言实践结合起来以便解释复杂的言语行为。香港公开大学周柏乔副教授在题为"为跨范式交流辩护"的发言中主张，一旦我们摒弃了由于译者或共同的解释程序所引发的可疑的涵义，我们就能够检验一个交流者是否能通过其自身语言而知晓他人意见，从而相应地解决跨范式交流问题。来自香港大学的澳大利亚博士迈克尔·约翰逊（Michael Johnson）在报告"作为普遍词项的严格性的严格应用"中强调，严格应用确实是从克里普克的单独词项严格性到普遍词项的自然扩充，但没有严格的普遍词项是这一标准的典型事例，即便存在，也无法解释含有此类词项的同一性陈述的必然性，因此应该拒绝严格应用这一标准。

日本北海道大学中户川孝治教授在"论预先判断性表达式中的词项的指谓"的发言中，从弗雷格和康托尔的争论入手，应用现代逻辑的形式技术手段论述了有关命名理论的诸多问题。他指出，从语言学的角度将箭头（arrows）指派给汉字会弥补蒙塔古语法解决不可数名词的不足，这将使科学语义学向着更有前途的方向发展。清华大学刘奋荣教授在题为"共同体信念修正的逻辑动态"的发言中指出，在共同体成员可能采用的信念修正规则及由此导出的整个共同体的信念分布这一动态性质之间是存在联系的，共同体信念修正的很多方面都能用一个简单的模型加以刻画，她提出了这一模型的局限性并给出修正方案。北京大学王彦晶副教授在题为"通过提问来学习"的发言中，从程序上对如何提问做了规范化处理，并提出了从回答问题而得到认知推理的新逻辑框架。华中科技大学万小龙教授在论述"非真值函项与真值函项的等值转化"时，阐释了关于函项的相关性的特殊理论对于现代模态逻辑及多值逻辑的解释作用，提出该理论能对很多没有被真值函项逻辑解决的问题给出新解释。

中国社会科学院博士生张璐和邹崇理教授在论文"逻辑语义学和组合原则"中指出，组合性原则是逻辑语义的基本概念。他通过给出组合原则的形式和非形式解释，指出组合原则在处理自然语言的意义方面是十分有效的工具，能满足计算语言学的需要。江苏警官学院张力锋副教授在题为"自然种类词的逻辑"的报告中指出，指称不可测知论题是有条件的，蒯因用它反驳的是绝对指称观，而自然种类词相对于语言共同体而言是指称确定的，所以蒯因的不确定论题不能用来否定关于自然种类的本质主义方案。西南大学马明辉博士在题为"论认知模态的程度"的发言中，通过使用自然数表示信念的程度，展示了其所主张的克里普克语义下具有完全性的关于信念度的命题逻辑。山西大学陈敬坤讲师在题为"二维主义、认知可能性和形而上学的可能性"的发言中，探讨了克里普克、索姆斯和查尔莫斯在解释后验必然思想时的共同点及他们在对认知的可能性和形而上学的可能性进行区分时的不同点。在题为"克里普克的反物理主义模态论证"的发言中，浙江大学任会明副教授指出，克里普克的模态论证对物理主义一直是一个强有力的挑战，物理主义者在回应该论证时说出了一些真实的东西，但他们错误地同意克里普克的下述看法：在把握一个现象概念例如疼痛概念时，我们是在把握疼痛的内在性质或者本质属性。

本次研讨会还专辟了"夜间论坛"板块。河南工业大学惠继红博士在题为"克里普克论二维语义学"的发言中认为，克里普克表明可以将语义真值区分为形而上学领域和知识论领域这种二维语义特征。山东大学郭鹏副教授在关于"与专名相关的摹状词的语义功能"的发言中认为，克里普克对塞尔的质疑是一种误解，主张塞尔的观点应该得到捍卫。北京外国语大学谭慧颖助理研究员在关于"克里普克论必然性和可能性"的发言中，主要分析了克里普克的先验偶然和后验必然思想。北京大学博士生赵震在"说谎者悖论新解纲要"中，分析了塔斯基的层级理论在解决各种版本的说谎者悖论中存在的不足，给出了自己的修正方案并论证了其可行性。西南大学博士生梅祥在"论塔斯基的真理的语义理论"的发言中阐述了塔斯基的真理论，并对蒯因、保罗·霍维奇、克里普克等人的真理论进行梳理。北京大学硕士生赵新侃在发言中，以"马克·扎克伯格"为例说明按照传统的描述理论，一个专名的意义是由说话者通过与该专名相关联的一些限定摹状词给出的，但这一理论却会使一些专名的意义含混不清，他对此提出了自己的解决方案。

除上述报告与发言外，还有多位学者向会议提交了论文。北京大学陈波教授的论文《语言和意义的社会构造论》系统地提出了一种"语言和意义的社会构造论"，并将该理论应用于解释专名的语义特征和功能，据此提出了一种新的名称理论——"社会历史的因果描述主义",该理论吸收了严格指示理论的合理要素,但与之有根本性的不同。中国社会科学院黄益民副教授在《专名和二维语义学》的论文中,阐述并捍卫了二维语义理论,并试图凭借该理论为专名的意义提供一个令人满意的解释。燕山大学刘叶涛副教授在《可及性、必然性和严格性》的论文中指出,从可及关系的分层上可把握克里普克个体本质主义的成就,克里普克的名称理论不能适当地回答"如何通过专名来确定指称"这个语用问题,从分类属性(sortal property)的视角看,在实际的指称行动中,意向性要素必须被考虑。首都师范大学冯艳副教授在《一个自由模态的摹状词理论 LFM-DT_K》一文中通过引入模态算子"□"给出了一个自由摹状词理论 LFM-DT_K(简称"L_K"),以便处理同时含有必然模态词以及空限定摹状词的语句。华中科技大学博士生陈明益与万小龙教授合作的论文《函项相关性特殊理论视角下的现代模态逻辑》讨论了函项相关性的特殊理论。中国人民大学博士生刘东在《二维模态逻辑和先验偶然》的论文中,讨论了与二维模态逻辑相关的先验偶然命题,认为即使克里普克关于先验偶然命题的例证不适当,也不能据此断定此类命题不存在;若以二维模态逻辑为框架,可定义出不同的必然性和偶然性。中国人民大学博士生张佳一的论文《名称和涵义》以专名的描述理论和因果历史理论之间的历史争锋为焦点,为描述理论做了辩护。

"克里普克、逻辑和哲学"国际研讨会的召开,将有助于加强北京大学哲学系以及中国哲学界与国际哲学界的交流与合作,提升北京大学哲学系以及中国逻辑学与哲学的研究水准、国际地位和影响力。

(彭杉杉 撰)

30. 大学哲学教育如何回应当代社会的需求与挑战？
——世界各国哲学系主任会议（2012）

  煌煌北大，包容并兼，巍巍哲学，华彩绵延；
  爱智门启，英才汇集，融汇争辩，古今中西；
  日升月降，潮落潮涨，悠悠数载，文运弥彰；
  时逢金秋，岁在壬辰，八方宾客，共聚燕园；
  畅叙旧情，展望新景，同庆哲学，华诞百年。

  2012年10月27日，北京大学哲学系百年系庆活动正式拉开帷幕。作为此次百年系庆的重头戏，"哲学教育与当代社会——世界大学哲学系主任联席会议"在北京大学博雅国际酒店隆重召开。"有朋自远方来不亦乐乎"，本次会议邀请了很多国内外著名高校的哲学系主任与会，例如，英国牛津大学哲学系主任克里斯多夫·希尔兹（Christopher Shields）教授、伦敦政治经济学院哲学系主任卢克·鲍文斯（Luc Bovens）教授、约克大学哲学系主任汤姆·斯通汉姆（Tom Stoneham）教授，美国芝加哥大学哲学系主任坎迪斯·福格勒（Candace Vogler）教授，德国柏林自由大学哲学研究系主任西比尔·克鲁默（Sybille Krämer）教授，法国索邦大学哲学系主任代表安德烈·查拉克（André Charrak）教授，比利时卢汶大学哲学学院副院长巴特·雷梅克斯（Bart Raymaekers）教授，俄国圣彼得堡国立大学哲学系主任代表图马尼扬（T. G. Tumanyan）教授，瑞典皇家理工学院哲学与技术史系主任斯文·奥夫·汉森（Sven Ove Hansson）教授，以色列耶路撒冷希伯来大学哲学系主任梅尔·布扎格罗（Meir Buzaglo）博士，土耳其苏雷满大学人文社会科学学院院长阿德南·埃司兰（Adnan Aslan）教授，澳大利亚悉尼大学文理学院院长邓肯·艾文森（Duncan

Ivison）教授，日本东京大学哲学中心主任代表石井刚（Shinji Kajitani）教授，印度德里大学人文学院院长普拉萨德（H. S. Prasad）教授，中国北京外国语大学校长韩震教授、台湾大学哲学系主任苑举正教授、香港中文大学哲学系主任王启义教授、中国人民大学哲学院院长郝立新教授、复旦大学哲学学院院长孙向晨教授、武汉大学哲学学院院长朱志方教授、南京大学哲学系主任唐正东教授、南开大学哲学学院院长王新生教授、中山大学哲学系主任鞠实儿教授、清华大学哲学系主任卢风教授、北京师范大学哲学与社会学学院江怡教授、山东大学哲学与社会发展学院院长刘杰教授、山西大学哲学与社会学学院院长魏屹东教授，等等。另外，还邀请了一些国际知名的哲学家或哲学教授与会，例如，美国加州大学伯克利分校约翰·塞尔教授、波士顿大学雅科·亨迪卡教授（因突然生病未能参加）、耶鲁大学哲学系谢利·卡根（Shelly Kagan）教授，英国剑桥大学哲学系约翰·马仁邦（John Marenbon）教授，荷兰阿姆斯特丹大学兼美国斯坦福大学范本特姆（John Van Benthem）教授，等等。

一、大会开幕式及主题报告

　　本次会议的开幕式由北京大学哲学系党委书记尚新建教授主持，北京大学哲学系主任王博教授和北京大学校长周其凤教授致开幕词。王博主任在简短的致辞中表达了对各位与会嘉宾的欢迎，并预祝本次会议取得圆满成功。周其凤校长在致辞中认为，在13世纪大学建立的时候，哲学就已经存在了，哲学是最古老的学科之一。中国古代虽无哲学之名，但有哲学之实。成立于1912年的北京大学哲学系，抓住历史机遇，总结创新，融通东西方各种思想，成为现代中国第一所哲学系。周校长说，北京大学始终鼓励和支持国际合作和交流，这次国际会议就是国际合作交流的成果。希望此次会议能达成一些共识，对有争议的问题则留待以后探讨。周校长认为，哲学系在北京大学的地位十分重要，哲学是时代精神的精华，而当今时代精神的精华是"和谐的中道"。

　　大会第一场是主题报告，报告人依次是王博教授，约翰·塞尔教授和韩震教授。

王博教授做了题为"北大的中国哲学教育"的报告。他谈到，哲学或许不是学生们热衷的一个专业，但很多学生却喜欢哲学类课程。很多人不是为了获得学分，而只是出于对知识和理智的兴趣。这说明，哲学的魅力足以给予从事哲学教育的人们一些信心。接下来，他介绍了中国的哲学学科划分以及北京大学哲学系的历史。他还介绍了中国哲学史学科的创立，并认为做中国哲学研究就是要使传统与现代、中国与西方相结合，从而使中国哲学既是哲学的也是中国的，这是中国哲学史的独特之处和存在的理由。中国哲学本身的特点是：不仅与知识和理智有关，而且与生命密切相关；不仅锻炼理论思维，而且提升人的精神境界。哲学教育不仅是专业教育，更是一般性的生命教育，是使人成为一个完整的人的教育。王博认为，这是哲学课堂具有魅力的最根本原因。

世界著名哲学家约翰·塞尔教授做了题为"哲学的现在和未来"的报告。他的演讲慷慨激昂，语速极快。约翰·塞尔认为，随着知识的快速增长和成功实施，哲学的中心问题已经由"知识如何可能？"或"语言表达式的意义是什么？"等等，转变为要对包括人类社会的制度性事实——如货币、婚姻、财产、国家、政府、大学——和自然界在内的整个实在给出统一的自然主义和实在论的说明。为了完成这一任务，我们必须摆脱三个传统的哲学错误：第一个错误是身心二元论，认为哲学的核心问题就是如何使作为意识的"心"与作为物理粒子的"身"统一起来。第二个错误是认为我们不能直接感觉到事物和事态，我们直接感觉到的是我们的经验、观念，或者如休谟所说"印象"，或者如20世纪哲学家所说"感觉材料"。第三个错误是我们继承了很多哲学范畴及其假设，如同一性、还原、因果性、一元论、唯物论和二元论，它们设定了以往哲学讨论的框架。这些错误形成了两个传统：一是上帝、灵魂和不朽，二是科学。前者处理精神和心智的领域，后者与物理的自然界打交道。约翰·塞尔认为，以上传统是错误的，因为只有唯一一个实在，人类社会的制度性事实和由物理事物组成的自然界都只是它的组成部分。近些年，他着重探讨了语言和社会本体论之间的关系，至少包括以下要点：（1）就其原初形式而言，所有人类制度实在都是通过某种语言表征被创造出来的，这种表征和宣告以及创造身份功能的话语具有相同的逻辑结构——身份功能宣告。

（2）已有的制度实在得以保持也要靠身份功能宣告。（3）身份功能无一例外地产生权力，包括积极的权力和消极的权力。制度事实的目的是产生权力关系。（4）这种权力有其特殊地位，因为它们通过产生行动的理由发挥作用，这些理由独立于行动者的欲望和倾向。所有制度性事实都是由身份功能宣告产生的，这种宣告产生道义权力。

韩震教授做了题为"哲学教育与批判性思维的培养"的报告。他认为，哲学教育在当代中国面临着很大的困难，比如生源少。面对困难，我们应该有正确的态度和冷静的分析，正确的解决方法是：一方面要投入社会变革的进程中，从重大实际问题和现实生活中寻找研究课题；另一方面要有坐冷板凳的心理准备和毅力。真正值得担心的不是哲学专业人数的减少，而是缺少高素质的学生以及对哲学的兴趣。哲学教育和哲学研究的真正出路在于：必须让哲学成为哲学，即让哲学恢复自己的本性。让哲学成为哲学，首先在于教师要引导学生进入批判性的思维活动，而不是照本宣科。哲学的批判性不是虚无主义，而是在有前提的情况下通过否定推进其发展。让哲学成为哲学，还在于要有好的教材和课程资源。优秀的教材和课程资源应该符合时代要求和学校特色；优秀教材和课程资源应该是知识探险的地图，而不是既成结论的汇集；优秀教材和课程资源应该培养学生的反思和批判力，而不是把他们当成知识的储存器；优秀教材应该是一个与其他课程资源相互支持、相互补充的体系。

在大会报告之后，国内外参会者交叉分成两组进行报告和讨论。来自世界各地的哲学系主任和学者谈了他们各自对哲学教育、哲学研究、国际哲学交流、中国哲学等问题的看法，并做了比较充分的讨论。

二、国外学者论哲学教育

比利时卢汶大学巴特·雷梅克斯教授做了题为"反思与批判：哲学在高等教育中的作用"的发言。他首先追溯了西方大学的历史：现代大学制度的形成有三条线索，都可以归结于启蒙运动的遗产：一是由法国拿破仑创立的，其程序、质量控制、承认和经费都由国家提供，学生所学也应该对国家有用，同时也强调专门化，各个学院和系科都有自己的专门研究领域，大学的最终目的是为国家培养精英。二是由托马斯·杰弗逊创立的美国大学制度，认为高等教育的首要目的是培养国家公民和进行道德教育，为达此目的，要从博雅教育的传统入手，最后落实到实践的和职业的可应用性。美国教育更强调人格发展和责任心。三是由洪堡主导的德国传统，后来成为现代大学的原型。洪堡关注教育、养成（formation）和社会三者之间的关系，他认为其中的关键是知识。个人的养成或社会的成长只能通过获取知识才能实现。在大学中，对知识的追求应处于中心地位，学术自由、大学自治是不断获取知识的保证。公权力、社会和金钱都不应主导大学的研究和教学议程。研究和教学有它们自己的目的，即知识增长。巴特·雷梅克斯教授认为，哲学在如此理解的高等教育中的作用是：培养反思和批判的态度，即把一切已被确认的观点或见解提交理性的法庭，审查其成立的理由及其合理性。哲学首先是一种反思性活动，但反思本身就是批判性的：批判通过反思才开始存在。因此，我们不应该把哲学教学弄成哲学名人和思想僵尸的陈列馆，而应该通过哲学教育去培养学生的批判性思维的能力、习惯、态度、倾向和禀赋。若如此理解，则一切已有的哲学资源，不管它们之间多么不同，如笛卡儿和德里达，都是可资利用的。

　　美国耶鲁大学谢利·卡根教授做了题为"为什么要学哲学？"的发言。他认为，大学生被期待接受职业的或者前职业的训练。对许多学生来说，职业训练似乎比人文科学（哲学作为其中一员）更具吸引力。然而，也有一些非职业技能被认为是非常重要的。这些技能包括：精细的批判性思维、清晰并雄辩地进行写作和交流、创造性和原创性。尽管一开始就业时主修哲学的学生不怎么占优势，但过十年、二十年后再看，主修哲学的学生一般发展得很好，在就业市场上处于较高的等级。他强调说，哲学不仅具有如上所说的工具性价值，它还以一种更基础性的方式为人类知识整体提供内在的价值和功能，促进人们对这个世界做真实的认知。

　　牛津大学克里斯多夫·希尔兹教授做了题为"牛津哲学：一个不断变化的形象"的发言。他追溯牛津哲学的过去，描述它的现在，展望它的未来。自从邓斯·司各脱和奥卡姆·威廉以来，牛津哲学已经有600多年历史，但此前的哲学教育活动分散在各个学院，早期常以神学的形式出现。在 20 世纪中后期，赖尔在牛津哲学的现代转型方面发挥了关键性作用，使其成为英语世界的哲学中心。2001 年正式设立哲学系。目前，牛津大学哲学教育的一个显著特点是：没有只学哲学的本科生，他们在学哲学的同时还要选读另外一门学科，例如，哲学和现代语言、哲学和神学、哲学和数学、哲学和物理学、哲学和认知科学、哲学和计算机科学。牛津大学专门设置了 PPE（指哲学、政治学和经济学，但不限于这三者，还可以包括社会学、国际关系等）制度，即本科生在学哲学的同时，另外选读所列的一专门领域。牛津哲学的未来定位是全球化：不断增多的来自世界各地的学生和教师，以及教师的研究兴趣的不断增长的多样性。

英国伦敦政经学院卢克·鲍文斯教授做了题为"高等教育中的哲学和社会"的发言。他自 2003 年起就担任哲学（公共政策）方向的一年级硕士课程协调人，在发言中他具体介绍了哲学和社会科学是如何在该学院（在社会科学和政策服务领域中极负盛名）被整合起来的。他首先介绍了哲学系在伦敦政经学院处于何种地位，这既包括历史性回顾也包括当下的现状。而后，他展示了一份把哲学与社会科学和政策服务整合起来的哲学课程的蓝图，其中有大量关于伦敦政经学院的课程是如何得到设计和组织的细节性信息。最引人注目的部分是，相较于通常对哲学史教育的强调，伦敦政经学院的哲学硕士和学士教育强调以问题为导向的方式，这种方式最适合该学院的教学目标：学生们或者受实践性洞见的引导进行哲学学习，或者以批判性思考进行社会科学的学习。

澳大利亚悉尼大学邓肯·艾文森教授做了题为"为什么课程要全球化？"的发言。首先，他对课程全球化做了一些一般性的评论：把学习过程设置在更宽广的文化、历史、政治和地理背景下；除了把自己置于外国的情境之中外，学生还被要求去反思一些复杂的情况。其次，他论述道，有三条潜在的理性原理支持课程的全球化：第一条是促使学生去反思什么是他们自己的文化或文明中最有价值的部分；第二条是培养具有全球视野的公民，以便使他们更好地生活在这个世界上；第三条是第二条的一种转化，要求我们更严肃地对待不同文化、文明和世界观之间的认知分歧和道德分歧。

荷兰阿姆斯特丹大学兼美国斯坦福大学教授范本特姆教授做了题为

"当今作为同盟的逻辑和哲学"的发言。他力图阐明，逻辑是如何帮助人们思维和形成哲学论证的。现代逻辑对哲学论证的贡献在于它可使论证的主要部分易于被把握；在训练有素的哲学家之间，逻辑是一种学术语言；逻辑学也是一种比较和整合的力量。逻辑除了在哲学领域内的应用外，它也有其外部使用。为了哲学的拓展，逻辑通过与数学、语言学、计算机科学、博弈论、社会科学和认知科学等等的富有成效的联系，提供了一个广泛而有效的跨学科窗口。逻辑学应该通过对认知事实和社会事实的反思来扩展自己的丰富性和可应用性。他最后指出，逻辑和哲学作为一种合力在其外部应用上有两种主要趋势：其一是走出大学校门对中小学生进行逻辑教育；其二是利用逻辑方法来分析社会运行和管理的过程，如所谓的"社会软件"。

瑞典皇家理工学院斯文·奥夫·汉森教授做了题为"哲学在各门学术科目中的作用"的发言。他着重关注哲学和其他学科的关系。一个被广泛接受的观点是：哲学是一种与其他学科很不一样的科目。当然，也有一些人认为哲学和其他科学有一些相同的特征，例如，认为哲学是一种不成熟类型的科学或者原科学，或者认为哲学是诸门科学的一个特别分支，或者认为哲学分为思辨的和科学的，其中前者不属于科学的范畴。他建议，最好把哲学看作知识学科共同体中的一员。知识学科是指以系统性和批判性的方式寻求知识的学科。作为这一共同体中的重要成员，人们期待哲学与其他学科有更多、更好的互动，哲学家和其他学科的学者们由此可以通过足够的概念交流使得双方都受益。遗憾的是，有两种常见的误解阻碍学科间的交流，这包括哲学家对经验科学的无知以及将哲学视作超级学科。最后，他提出了哲学可以惠及其他学科的三种方式：第一，哲学可以帮助分析其他学科的认识论基础；第二，哲学可以通过区分价值问题和事实问题来帮助其他学科；第三，哲学可以通过使概念精确来帮助其他学科。

德国柏林自由大学西比尔·克鲁默教授做了题为"立场不同但又共存的（西方）哲学"的发言。她认为，欧洲启蒙运动和西方哲学有紧密关联，两者皆把理性视作批判性推理的能力。我们因此可以把西方哲学描述为立场不同但又是共存的。哲学并存的特征并不是同构的，毋宁说是非同构的。她试图区分哲学领域内三种形式的非同构性共存：其一，不同学派观点间的外在分歧，例如大陆哲学和分析哲学之间的分歧；其二，个别哲学家在不同时期的断裂所导致的内在分歧，例如前批判时期和批判时期的康德，或者早期和后期的维特根斯坦；其三，哲学家个别著作间的文本分歧，比如奥斯汀的著作《如何以言行事》。

土耳其法提大学塞纽·奇里克（Şengül Çelik）教授做了题为"对话的哲学"的发言。她使用一种比较方法，将其应用于有地域差别的东方哲学和西方哲学之间的对话。由于西方文化和哲学被认为是主导性的、理性的和杰出的，如果还认为西方的思想方式是唯一的和普遍的，这实际上就对哲学自身产生了一种威胁。因此，有理由在对话之中看待文化。她引用克尔兹斯托夫·高里科夫斯基（Krzysztof Gawlikowski）的观点，提供了以下几种文化间对话的方法：第一，对话各方应该相互尊敬和承认；第二，双方都不应该把他们的知识作为唯一的和绝对的真理；第三，要求对各自文化做深入的反思；第四，拓展文化间对话，不仅要在科技上展开，同时也应在其他一些更宽泛的话题和领域中展开。

此外，美国芝加哥大学坎迪斯·福格勒教授、英国约克大学汤姆·斯通汉姆教授、法国索邦大学安德烈·查拉克教授、日本东京大学石井刚教授、芬兰赫尔辛基大学阿蒂·皮塔瑞伦（Ahti-Veikko Pietarinen）教授、芬兰图尔库大学哈尼·皮塔瑞伦（Juhani Pietarinen）教授、印度德里大学普拉萨德教授、日本北海道大学中户川孝治教授、韩国汉城大学李素嘉（Sukajae Lee）教授等，也在大会上报告了各自的相关研究成果。

三、华人学者论哲学教育

北京师范大学江怡教授做了题为"哲学教育中不同方式的共同动机"的发言。一开始，他区分了三个类似的概念：哲学教育、哲学中的教育、教育哲学。根据他的论述，哲学教育更准确地说是一种特别的教育方式，这种方式也许会被贴上哲学的标签，但并不一定直接涉及哲学知识。他进一步指出，哲学教育引导的是一种理性的和经过省察的生活，这种生活驱除了人类的迷误与鲁莽。推广哲学教育方式的关键是激发批判性思维。

北京大学陈波教授做了题为"哲学教育的目标和使命"的发言。他认为,哲学教育的目标和使命是帮助学生具备哲学素养,即便他们中的大多数人不去做职业哲学家。具备哲学素养是指变得智慧、聪颖、理性、开明、豁达,能够很好地思考、说话、写作、交流等等。具备哲学素养将有助于学生们在将来获得事业的成功并过一种有意义的生活。为了有哲学素养,学生们必须掌握必要的哲学知识,这些知识由五种类型的哲学课程提供:逻辑类课程、哲学导论类课程、哲学通史类课程、基于人物或经典的课程、讲授更专门哲学分支如心灵哲学的课程。哲学教育必须培养学生在哲学上的技巧、能力、态度、气质、倾向和禀赋,为达此目的,我们必须在三个问题上下功夫:如何教会学生读哲学文献,如何对其他哲学家的主张和论证做批判性思考,如何形成我们自己的哲学主张并做出论证。他最后说,苏格拉底式的问答法,尤其是它的现代变体——讨论班,是哲学教育的重要途径之一。

华东师范大学郁振华教授做了题为"论哲学专长"的发言。他认为,哲学作为一项理智的事业,需要专门训练方能成就。这种训练的指向,就是哲学专长(philosophical expertise)。他以当前英美哲学界关于能力型知识(knowing how)和命题型知识(knowing that)的争论为背景,试图澄清哲学专长的基本内涵。在他看来,哲学专长是哲学的命题型知识和能力型知识的统一。所谓哲学的命题型知识,即古今中外的义理学说。在全球化时代,特别需要倡导一种具有包容性的世界哲学的观念。所谓哲学的能力型知识,即所谓的穷理能力。穷理能力,既包括架构好的论证的技能,也包括义理层面的趣味、判断力、鉴别力等内容。卓越的穷理能力有其形式特征:清晰、严格、精确、深厚(哲学处理的是人生在世最为根本的问题)、系统(哲学问题的复杂性要求人们做出系统整全的思考)。郁教授认为,在哲学专长的训练中,特别要关注经典和传统的作用。世界哲学最重要的成就都蕴藏在古今中外的经典之中,通过对经典的研读、模仿和批判性考察,哲学生不仅习得了哲学的命题型知识,而且发展了相应的能力型知识。他还强调,学术传统的培植和发扬,是训练哲学专长的重要途径。他分疏了传统的明述方面和默会维度,并指出,20世纪中国哲学的三大传统,即延安唯物论、北大观念论和清华实在论,在培养中国现代哲学人才方面起到了不可替代的作用。

台湾大学苑举正教授做了题为"哲学教育所面对的困难与挑战——以台湾高等教育为例"的发言。他谈到,现代社会中,哲学教育面对极大的困难,原因很多,其中有关于哲学本身的定义问题(不知所指为何),有关于哲学的应用问题(不知所学何用),有关于哲学的理解问题(不知如何学习)。他进一步论及台湾社会及其哲学工作者所面对的三种挑战:长期的商业化导致高等教育以就业的前景作为学习的重点;科技的发展产生讲求效率的精神,完全忽略理解的意义来自长期努力的成果;民主化的进程贯彻了多元发展,却也带来"反规范"教育的思维。这些挑战共同导致台湾社会普遍轻视哲学教育。苑教授强调说,这种状况必须改变,因为:哲学教育能够引发学生思考,辨别表象与真实的区别,养成独立判断与批判性思维的心智准备;它追求真理,在一个讲求言论自由的现代社会中,哲学教育的理性思辨为价值追求提供了真实保障;现代社会讲求民主、自由,而哲学教育训练每一位学生成为负责任的公民,不但促进国家民主程度的提高,也能够在自我期许的情况下整体提升国家的发展。苑教授提出了一些克服哲学教育所面临的挑战的具体策略:阐明哲学教育对于一个国家发展民主政治与开放社会的重要性,与此同时,哲学教授也要放下身段,主动去接近、吸引甚至争取社会大众的认同。

南京大学唐正东教授做了题为"哲学教育所面临的挑战与应担负的责任"的发言。他认为,当今的哲学教育面临很多挑战,比如:思想魅力难抵世俗的压力,人文教育难抵市场价值的诱惑,对哲学教育的关注难抵教育权力寻租的诱惑。为了应对这些挑战,哲学教育所应承担的责任包括:首先,要打破传统的培养模式,推行更灵活的培养方式,比如南京大学推出了三三制改革,即把三年级以后的学生培养模式分成三种:专业学术型、学术交叉型、创业就业型,并相应规定了不同的基础学分要求;其次,哲学系老师应尽量改变对项目—工程型学者的过度依赖,把更多的时间投入通识哲学的教学中,扩大哲学课程在高校的影响力甚至在社会上的影响力;第三,国内高校哲学界的同行应更多地形成共同体意识,共同探索哲学教育的发展问题;第四,哲学教育工作者要自觉承担起文化守护者的责任,通过影响的不断扩大来促进对社会公众的思想影响力,从而对我们的生活世界产生积极作用。

南开大学王新生教授做了题为"当今中国哲学类本科生选拔与培养的若干问题"的发言。他首先谈到，当前中国高校哲学类专业从招生到就业面临一系列问题，其中最突出的就是高考生源质量下降和入校后学生学习积极性不足的问题。新中国成立以来，中国高校的人才选拔和培养始终有双重脱节，一是人才选拔与人才培养之间脱节；二是学生报考志愿时往往只注重所报学校而不重视所报专业，服从"调剂"成为一种普遍现象，而"调剂"往往都是违心的选择，故出现了所报专业与专业兴趣之间的脱节。当今中国高考制度处于一个转变的特殊时期，这为我们解决问题提供了契机。南开大学哲学院在这方面做出了一些尝试，比如通过举行"全国中学生哲学夏令营"来吸引和选拔对哲学感兴趣且具有潜力的优秀中学生。王教授还指出，在哲学教育中应加强"专业史"的教育，以激发专业兴趣，巩固专业思想，其目的并不是教育学生为了更好地逐利而从事哲学专业的学习，而是以学者的切身体会去引导学生追求智者的生活，把爱智慧本身作为最高价值取向，把追求智慧作为实现自我价值的方式，从爱智慧中获得快乐。最后，他认为，应该改革本科生培养模式，以学生导师制引导人才成长。南开大学从2001年开始采取了一系列措施：在本科生中实施"全程导师制"，建立起教师与学生之间的有效沟通平台；制定一系列配套的规章制度，建立教师与学生之间联系的长效机制；全面改革教学方法和教学内容，采取"三强化模式"，使教师在个性化教学中充分发挥人格的影响力。

山东大学刘杰教授做了题为"中国的哲学空间与专业哲学教育"的发言。他指出，在中国大陆目前约有70个哲学系在实施专业哲学教育，与20世纪80年代相比较，规模有了较大的发展。导致这种情况的原因有：20世纪90年代开始的"国学热"，邓小平"南巡讲话"后极左思潮在高校的消退，最近30年社会生活的"去道德化"及其引发的反思，高校自主办学权的增长，大学的国际化进程，等等。综观当前中国的哲学研究和教育，四大哲学研究风格处于支配地位：分析的、欧陆的、马克思主义的和传统中国哲学的。分析风格的哲学研究和教育适应了科技的发展和英语在国际上的学术霸权，以及年轻的"电子游戏一代"对"技术解决问题"的心理习惯；欧陆哲学满足了那些热爱所谓"人文学科"的学生；

马克思主义哲学天生的"社会取向"使它具有反市场逻辑和解决社会问题的优势；传统中国哲学在解决人们的生活痛苦和满足"民族文化心理"方面格外有市场。但我们也应该看到，专业哲学教育只是中国哲学空间或"场"（布尔迪厄语）的一个"位置"而已。这个哲学空间是由各种组织机构和哲学形象构成的，决定价值和意义的这些"位置"之间的客观关系共同构成一个网络空间，按照自主的逻辑运行。

中央民族大学宫玉宽教授做了题为"本科哲学专业课程体系建设研究——以中央民族大学哲学专业为例"的发言。他指出，高等学校的人才培养主要是通过课程体系实现的。各个专业的课程体系建设的基本原则是：专业定位、学科发展、社会需求、学校定位、学校特色、人的发展等。哲学专业的课程体系建设的基本框架是"三个三"，即马克思主义哲学、中国哲学、西方哲学三种哲学形态，真、善、美三种价值观念，理性、信仰、理性与信仰的统一三种精神形态。中央民族大学哲学专业依据上述原则建立了自己独特的课程体系。

湘潭大学李佑新教授做了题为"略论现代社会中建构德性人格的共同体基础"的发言。他指出：由于现代社会结构的转型，社会秩序规范的主导形式不可避免地是形式化、制度化的法律与公共伦理。但大量的社会失范现象表明，在缺乏德性人格支撑的情况下，形式化、制度化规则体系是无效的，或者说，其有效性极其有限。麦金泰尔曾论证，由于没有德性的支持，这种现代性道德建构工作"决定性地失败了"。他给出的解决方案是回到"尼采或亚里士多德"，除此之外没有第三种选择。李教授却认为，由于现代社会中有各种各样的现代型共同体，个体能够在这些共同体中进行道德生活与建构德性人格，因而就不会像麦金泰尔所认为的那样，只有返回传统共同体中才能拯救德性并因此拯救现代性道德。

河北大学张燕京教授做了题为"哲学本科教育与哲学学科特征"的发言。他认为，哲学学科的特征是：它主要不是一种知识形态，而是一种方法论。哲学提供的主要不是一种知识，而是一种思维方式。在哲学本科教育中，无论是课程的设置还是教师的讲述，都不同程度地存在着偏离哲学学科自身特征的情况，这是哲学本科教育在当代社会面临困难和挑战的原因之一。应对困难和挑战的重要举措是，哲学本科教育应从哲学学科自身的特征出发，紧紧围绕培养和提供学生的哲学思维能力这个中心任务来开展教学工作。哲学本科教育应以学生为主体，激发学生学习哲学的兴趣和潜能，引导学生通过具体的哲学思维活动提高哲学思维能力。其目标在于把学生培养成具有质疑、反思、批判的态度和精神的主体，培养成具有哲学思维能力特别是哲学创新能力的主体。

中山大学马天俊教授以自身的例子形象生动地说明了（西方）哲学并不塑造人，它只是一种思维训练，真正塑造人的是中国古代的儒道思想。此外，香港中文大学王启义教授、兰州大学陈春文教授、云南大学李兵教授、内蒙古大学赵东海教授、西南大学邹顺康教授、南京师范大学王小锡教授、河南大学吕世荣教授等也在大会上发言，阐述了自己的学术见解。

四、对其他哲学话题的探讨

中国社会科学院哲学所谢地坤教授做了题为"西学东渐与现代中国哲学"的发言。他认为，近代中国西学东渐共有三次高潮，分别是：明末清初的中西文化之碰撞，清末民初的中西对话，以及五四运动至20世纪40年代的中西哲学之融合。每一次高潮都对中国哲学产生了重要影响。但谢教授认为，中国哲学家应该在吸收西方哲学成果的同时，不搞全盘西化，而是从我们的传统哲学中提炼出中国哲学特有的概念和问题，形成当代中国哲学的话语系统，建立中国特色的中国哲学。

复旦大学孙向晨教授做了题为"在中国学习和研究西方哲学所遭遇的困境和挑战"的发言。他提出了如下一个重要问题：如何用中国经验来理解西方哲学，同时又如何用西方哲学来思考源于中国经验的问题。他认为，中国的西学研究遭遇到了一个深层困境：不同文化的哲学，其方法与其文化的思维方式、语言息息相关，当我们把英语、德语、法语哲学作品翻译成汉语时，其佶屈聱牙、不为人所理解也是必然的，其哲学更无法在汉语中推进和深入。为了破解这一难题，我们是否应该在研究西方哲学时避开汉语，而是直接用外语来进行研究和讲授西方哲学呢？孙教授认为，这涉及我们究竟为什么要研究西学这个大问题：如果我们只是为了以西方人的语言加入西方人的游戏，这固然是一个好办法，但与丰富和拓展汉语学术没有什么关系。如果我们能正视自己的传统，用汉语学习和研究西方哲学将会呈现出某种新形态，因为用汉语讲授和研究西学有某种西方人所没有的优势。他主张，在西学研究中要重视中国经验，让来自西方的哲学开始说汉语，强化中国经验的哲学表达。复旦哲学学院的具体做法是，拟在学院下面设4个系：哲学系，重点关注哲学史以及包括马克思主义哲学在内的欧洲大陆哲学传统；宗教研究系，重点关注基督教、佛教、伊斯兰教和中国传统宗教；中国经典和哲学系，遵循中国传统学术训练的方法，强调训诂学的基本技巧；逻辑和科学哲学系，遵循英美世界的培养模式，强调对逻辑和科学的学习与研究。

武汉大学朱志方教授做了题为"哲学中的跨语言教学"的发言。他谈到，数学语言和其他自然科学如物理学、化学的语言是通用的，对各民族来说是一样的，至少是近似的，但是不同民族或国家的哲学语言却差异和歧异甚大，由此提出了一个跨文化问题：德语或英语的哲学能够用中文来教授吗？用英语或德语提出的哲学问题可以用中文来探讨吗？朱教授对此问题的回答包括两点：第一，哲学的有些方面具有语言相对性，例如，海德格尔的存在、罗素的摹状词理论、中国哲学的"阴阳"等，很难在另外一种语言中被很好地重新表述。这一事实表明，哲学最好以原始文本的方式或者语际交流的方式进行讲授，以使学生把那种哲学内化。第二，他同时认为，进一步的研究表明，哲学的语言学方面可以被隔离，哲学话题和哲学理论还是具有普遍性的，可以用所有的语言来学习、讲授和研究。武汉大学的哲学教学实践是跨语言教学的一项例证：从2000年开始，他们启动了比较哲学项目，选择了一些英语的哲学经典文献，用英语和汉语双语教学，结果表明：用双语教学的学生们比用单语（汉语）教学的学生对那些文献有更好的理解。

土耳其苏雷满大学阿德南·埃司兰教授做了题为"永恒哲学可以提供一种全球视野吗？"的发言。他讨论了"永恒哲学"（perennial philosophy）这一话题，并将其视作一种以整体性方式来恰当处理现代性和全球化问题的可能视角。尽管他并未提供对"永恒哲学"这一术语的充分定义，但他确实谈到了永恒哲学的某些显著特征。永恒哲学的视界首先是传统，解释这个术语必然涉及解释学循环，解释学循环意味着对传统的解释不可能在不援引传统的条件下进行，而且被形成的定义本身就已经是一种新传统的开始，而传统却是无法在以上的那种意义上得到完全解释的。更进一步说，传统这一术语在永恒哲学家那里并不仅仅是流逝的历史，而且是有关所有类型的知识的一种整体性洞见。阿德南·埃司兰教授认为，永恒哲学可能给我们提供一些好处：潜在地为宗教研究提供合适的奠基；潜在地提供伦理价值，这种价值主要处理有关神圣知识的问题，而这种知识和在西方理性主义与实证科学中时常表现出来的有关数量的知识形成鲜明对比；是解决现代性所造成的种种问题的另一条途径。

清华大学卢风教授做了题为"哲学回归生活"的发言。他认为，古希腊哲学不仅是话语体系、理论体系、论辩活动或逻辑分析，更是追求智慧的生活方式，哲学话语与作为生活方式的哲学本身是不同的。古代哲学与哲学家的具体生活不可分，哲学家总是不满于流俗的生活，他们竭力追求一种真正值得过的生活，从而追求极高明的生活智慧。极高明的生活智慧与哲学家的生活是不可分的，换言之，古代哲学家是知行合一的。古代汉语中没有"哲学"一词，但古代中国一直不乏追求极高明的生活智慧的哲学。孔子、老子、庄子、王阳明等都是知行合一的哲人（哲学家），但现代学院派哲学已经沦为话语体系、论辩活动或逻辑分析，不再追求极高明的生活智慧，这是哲学的堕落和悲哀。哲学必须回归生活，重新追求极高明的生活智慧，才能对世道人心有所裨益。

以色列希伯来大学梅尔·布扎格罗博士做了题为"通向'虚无'的阶梯"的发言。他认为，阶梯是一种对沟通当下有意义的句子和那些当下意义不甚明了的句子之间关系的一种类比。作者受到蒯因整体主义和拒斥还原论的启发，也认为理论设定作为科学理论中的本质性要素在发挥作用，例如在数学和物理学中。然而，类似的考虑同样也可以扩展到对形而上学文本的理解，特别是那些大陆哲学家的文本，例如黑格尔和海德格尔。阶梯的想法也是对原本在数学和物理中无意义的句子获得一个从理论设定得到意义的方式之类比，同时也是形而上学句子可能在数学和物理中以类似途径获得意义的方式。他提供了如何解读形而上学式写作的哲学家的方法，以及5种针对形而上学式写作的可能态度。

上海社会科学院哲学所成素梅教授做了题为"技能性知识与体知合一的认识论"的发言。她认为，技能性知识与认知者的体验或行动相关，有5个特征：实践性、层次性、语境性、直觉性和体知合一性。对技能性知识的哲学反思把关于理论与世界关系问题的抽象论证转化为讨论科学家如何对世界做出回应的问题。这将形成一种体知合一的认识论。这是一种新的认识论，它更关注如何获得认知能力与直觉判断的问题，并且使得规范性概念由原来哲学家追求的一个无限目标，转化为与科学家的创造性活动相伴随的不断建立新规范的一个动态过程。

日本东京大学石井刚教授做了题为"哲学作为一个多元一体的场域：日本哲学实践的机遇与挑战"的发言。他用很流畅和漂亮的汉语普通话谈到，章太炎曾主张世界的理想图景应该是一切生命千差万别的多样化生态。21世纪的人类更需要多元化的生存平台，这在哲学实践中如何体现？第一，需要语言的多样化。正如大江健三郎所说，"翻译者（traduttore）等于背叛者（traditore）"，概念的翻译总是伴随着歧义的产生，也是一个新的意义产生的契机。第二，要从系谱学的角度梳理文本诠释的历史脉络：任何语言的哲学话语都不会是封闭的，而是不断地吸收外来观念的开放系统。梁启超曾经描述了中国哲学内外交融的学术系谱，使我们认识到中国哲学史本身包含着与外部的碰撞和融合的过程。在全球化的今天，我们需要广泛接触世界上同时发生的无数思考以求回应人类课题。世界上的各个语言中都潜藏着丰富的"哲学素"（philosopheme），等待着我们通过在多语言平台上的交流挖掘出来。我们应该努力增加阅读经验，在培养学生基本功的同时，更要关注世界动态，加强学术网络化。多元化的学术网络和高水准的阅读经验，二者齐头并进才是我们哲学研究创新发展的唯一路径。

山西大学魏屹东教授做了题为"跨学科视野下的认知哲学研究"的发言。他断言，认知哲学（philosophy of cognition）是当代哲学领域出现的一个交叉性学科。虽然不少认知科学哲学家的论著中论及认知哲学的内容，但迄今为止，国外相关文献中极少有这个概念，而国内相关文献中几乎没有这个概念。他提出这个概念，试图使之成为一门显学科，且在哲学研究和教学中实施。他认为，认知哲学主要研究认知历史思想、认知表征、意识问题、具身认知、认知的语言学、认知隐喻与认知建模、认知语境范式、记忆哲学、意象哲学、机器思维可能性等，重点解决10个问题：（1）哲学家是如何看待认知现象和思维的；（2）认知科学的基本理论与当代心灵哲学范式是冲突还是融合；（3）认知是纯粹心理表征还是心智与外部世界相互作用的结果；（4）心理表征是如何形成的，有没有无表征的认知；（5）意识的本质和形成机制是什么，有没有无意识的表征；（6）如何在计算理论层次、脑的知识表征层次和计算机层次上联合实现；（7）注意、记忆、意象的哲学预设是什么；（8）语言的形成与认知能力的发展是什么关系；（9）知识获得与智能发展是什么关系；（10）脑机交互实现的机制是什么。

山西省社会科学院刘景钊教授做了"哲学何以成为'自由的学校'？——当代中国哲学创新的原则与方向"的发言。他谈到，"自由的学校"是联合国教科文组织对哲学重要功能的比喻。我们可以这样理解这所"学校"的意义：与其把它说成一种对哲学功能的比喻，不如说成是一种哲学态度、哲学方法或者是一些哲学创新的原则。这一比喻对推动当代中国哲学的发展具有极为重要的启迪。创建一所跨学科、重问题、共话语、自觉沟通和配置哲学与人文社会科学各学科资源的"自由的学校"，是当代中国哲学应对挑战走向创新的战略性选择。作为"自由的学校"，当代中国哲学应当是一种启发性哲学、交往性哲学、对话性哲学、理论性哲学，它的作用在于鼓励不同领域的思想者、行动者参与对话，并在对话中发出自己的有创见的声音，通过对话扩大和促成交流、创造和共识。在某种意义上说，建构"自由的学校"也就是建构当代中国哲学新形态的话语系统。

五、大会主题报告及闭幕式

10月29日上午十点半，大会进入最后一节，由北京大学哲学系王博教授主持，俄罗斯圣彼得堡州立大学图马尼扬教授、剑桥大学约翰·马仁邦教授和北京大学赵敦华教授做了大会报告。

图马尼扬教授的报告题为"讲授哲学：西方哲学和东方的哲学传

统"。他认为，在全球化的时代，讲授哲学是一项很有挑战性的任务。最先面对的问题就是如何理解"哲学"这个词。有人如海德格尔、黑格尔认为，"哲学"不能在欧洲文化之外使用；也有人认为，哲学是文化共同体之上的对话，因此哲学在每一个人类共同体的文化中都能找到。图马尼扬教授认为，"哲学"这个词并没有一个固定的意义，而是在不同的历史时期有不同的主题，"哲学"是一个历史性的概念。即使在欧洲，"哲学"这个词也有不同的意义，比如"古希腊哲学""中世纪哲学""现代哲学"等。不同民族、不同国家的哲学建构代表一种行为，通过这种行为，当地传统在人类理智发展史的一般过程中改变和理解自身，并且以一种可理解的方式向其他民族表达自身。正是在这个意义上，各种非西方的哲学也是同样合法的和有价值的。

约翰·马仁邦教授所阐述的问题是：为什么在当代还要研究中世纪哲学？尤其是不同的民族，比如在中国，为什么还要研究欧洲中世纪哲学？他的回答是：之所以要研究中世纪哲学，首先是因为我们需要研究哲学史，因为只有这样才能成为一个更好的哲学家，以便提出和解决哲学问题。哲学问题是对哲学家的一阶活动进行反思的活动，因而是二阶的。其次，不学习中世纪哲学的一些理由不能成立，至少是不充分的：近代哲学更容易与当代哲学接轨；中世纪哲学与宗教有关；中世纪哲学很技术、很晦涩，所以应该忽略中世纪哲学。马仁邦教授认为，别的民族，比如中国，要学习中世纪哲学的理由是这样的：为了理解研究对象并且对其有一个公平的看法；哲学家需要研究整个哲学的历史，而这整个历史当然包括中世纪哲学。此外，在中国研究中世纪哲学还有两个优势：一是可以不受西方文化影响而更客观地进行研究，二是中国的学术传统使得其比西方学者更擅长研究文本的、基于评论的哲学文字。

赵敦华教授做了题为"哲学在中国的多语言条件"的报告。他认为，在中国，现代哲学家所面临的条件是多语言的。下面这些因素促成了多语言的形成：大量外国哲学作品被翻译成中文，中英双语教学，各种国际交流，评价哲学系教员的官方体系。此外，中国哲学学科分类的独特性也促成了多语言的形成。当然也有人批评这种情况，例如有人主张，在中国学习和研究西方哲学不能用包括中文在内的其他语言，而只能采用那种哲学本身的语言，并认为只有这样才能真正理解西方哲学；有人主张，学习和研究中国哲学不能采用外国语言，只能采用中文，而且是古代汉语，只有这样才能更好地理解中国哲学；而一些比较哲学家则主张，不同语言的哲学之间是可以互通的，哲学中好的翻译源于好的比较哲学。赵教授本人同意比较哲学的视角。比较哲学的目的是建立世界哲学。只有通过在中国的西方主义和在西方的东方主义的相互碰撞融合，才能实现相互理解的世界哲学。

最后，由北京大学哲学系党委书记尚新建教授致闭幕词。他认为，本次会议达到了预期目标，取得了圆满成功，取得的成果包括以下 5 个方面：

（1）许多与会者就会议主题发表了看法，进行了交流。他们介绍了所在大学的哲学教育，包括课程设置、教材的编写和选择、招生等方面的情况。许多学者似乎达成了这样的共识：大学哲学学科目前受到了挑战，面临着困难，需要找到应对的解决方法。

（2）与会者就如何应对上述挑战提出了很多方法和建议。所给出的方法不同源自他们各自对哲学的理解不同，比如有人认为哲学是一种分析活动，有人认为哲学是一种生活方式，有人认为哲学是寻根究底的、研究存在之为存在（being as being）的学科。这从另一个方面说明，"哲学是什么"本身就是一个哲学问题。

（3）在不同国家和民族中，哲学如何生长，如何展开哲学教学，这尤其是东方国家所面临的问题。有人认为，哲学前面不能加限制词，如中国哲学、印度哲学、韩国哲学等，哲学应该向数学、物理学那样直接叫作"哲学"，我们是以不同的方式研究同一门哲学。也有许多学者不同意此看法，发表了不同的意见。

（4）有人认为，哲学家需要治疗一些"社会病"，但是哲学家作为知识分子应该如何介入社会，这些问题也值得认真讨论。

（5）由于时间限制，很多问题及其相关讨论没有充分展开。通过这次会议，我们建立了长效机制，即一个比较正式的圆桌会议（round table），每隔一两年在中国和其他国家举办一次，本次会议上没有得到充分讨论的问题，以后有机会将通过相应的圆桌会议去继续讨论。

尚新建教授衷心感谢各位与会者嘉宾的参与，并特别感谢本次会议的具体组织者陈波教授，会务负责人杨弘博老师和张岩老师，以及为会议提供服务的志愿者团队，正是他们仔细、认真、负责任的工作才使本次会议取得了圆满成功。

本次会议在长久而热烈的掌声中落下帷幕。

（陈波、赵震、李琳　撰）

31. "蒯因、逻辑和哲学"国际研讨会（2013）

2013年7月27日至28日，"蒯因、逻辑和哲学"国际研讨会在北京大学人文学苑举行。来自美国、加拿大、日本和中国（包括香港地区和台湾地区）的40余名中外学者，从不同的视角和不同的侧面对蒯因哲学做了深入的探讨和交流，涉及蒯因的认识论、形而上学、语言哲学、逻辑学和逻辑哲学、数学哲学、心灵哲学等方面的议题，也涉及了如何利用分析哲学资源去改善和促进中国哲学研究的问题。会议的工作语言为英语，所有报告和讨论用英语进行，未设翻译。

在会议开幕式上，北京大学哲学系主任王博在开幕致辞中对各位与会者表示欢迎，并概略介绍了北大哲学系的一些情况。此会议由北京大学哲学系陈波教授负责组织和操办，他在开幕致辞中强调了蒯因哲学的重要性，并指出：在此次会议中，蒯因将是我们的对话伙伴，甚至是我们批评和挑战的对象。

本次会议为期2天，共分8个专场，每个专场由3~6名中外学者做特邀报告或大会发言。会议设8位特邀报告人：美国夏威夷大学成中英教授、美国内布拉斯加州立大学爱德华·贝克尔（Edward Beck）教授、日本大学丹治信春（Nobuharu Tanji）教授、日本京都大学出口康夫（Yasuo Deguchi）副教授、武汉大学朱志方教授、北京师范大学江怡教授、首都师范大学叶峰教授、台湾阳明大学王文方教授。

成中英的论题是"蒯因那里有一个隐藏的心灵理论吗？"。他首先仔细分析了蒯因对翻译的不确定性的论证，认为蒯因本人并没有对翻译的不确定性是如何产生的以及为什么会产生给出一个合适的解释。他认为，问题的关键在于作为有倾向性生物体的翻译主体的活动和行为，而不是语言的指称。通过考察蒯因的语言倾向理论,他发现其理论中存在一个以隐蔽的方式工作的活跃心灵,翻译的不确定性恰好揭示了一个正在工作的隐蔽心灵,而所谓的不确定性只不过是心灵的同一个语言形式或表达式在不同特定个体中的确定性。然后,他将蒯因对心灵的解释和他本人的解释做比较:蒯因将心灵还原为神经学,而他直接将心灵看作在时间中成型或正在成型的倾向。他认为后一种解释不会导致二元论。

贝克尔的论题是"蒯因对模态逻辑的批评"。首先,他仔细考察了蒯因对模态逻辑的批评,特别是对量化模态逻辑的批评。其次,他对其他学者的回应给出了详细的介绍和分析。最后,他认为,我们能够给出关于真的同一性陈述的模态性质的先验知识的语言学说明,并且,只要假定名称是纯指称的因而能够在模态语境中的全称量化步骤中得到使用,我们也就能够给出关于包含名称的真的同一性陈述的先验知识的语言学说明,由此可以进一步给出关于分析性、必然性和先验知识的语言学说明。

丹治信春的论题是"从约定论到整体论"。他认为,蒯因在他的哲学生涯的前期对彭加勒约定论的接纳是他整体论思想产生的必要条件。通过比较彭加勒的约定论和蒯因的整体论,丹治信春发现,蒯因整体论中对语言的理解包含对常识的两步偏离:第一步与彭加勒的约定论一致,也就是说,对于一个句子集为真的接受给出了对于一个语词的理解;第二步则是建立在对彭加勒约定论的批判之上,约定论认为句子集决定了语词的意义,而整体论却认为理解一个语词不一定需要知道其意义。之后,他详细论述了蒯因哲学思想中的这个过渡是如何产生的。

出口康夫的论题是"蒯因与统计学"。他认为,蒯因哲学的中心问题之一是如何把证据与我们关于世界的理论关联起来。蒯因对此问题的回答有些过时,我们应该采用目前很精致化的统计学方法论。一旦这样做,蒯因关于证据和理论、整体论和自然主义的观点都要做很大的修正,并最终被某种类型的方法论先验主义所取代。

朱志方的论题是"再论原始翻译的不确定性——一个进化的视角"。首先,他介绍了原始翻译的不确定性以及他人对该思想的继承和批判,他指出了这些批判论证的正确和错误之处。其次,他列举了认知科学的三个发现,并由此对蒯因的不确定性论证给出了一个认知的反驳,他认为蒯因在论证中所隐含的语言和文化相对主义观点与认知科学的发现相冲突。最后，他进一步从进化论的角度分析论证了不同文化和语言之间的融合与统一，在此基础上反驳了蒯因的论证。

江怡的论题是"论蒯因的形而上学——与摩尔商榷"。他详细考察了摩尔对蒯因形而上学的解释，他认为摩尔的解释与蒯因本人的解释不一致。摩尔认为，蒯因的形而上学是使事物有意义的最普遍的尝试；然而，在蒯因看来，形而上学应该关注的是语言而不是事物。摩尔对蒯因的形而上学的定义分为两个部分：概观和本体论。江怡认为，这两个部分都有不合理和值得商榷之处。

叶峰的论题是"卡尔纳普、蒯因和当代自然主义者的一个隐含的超自然立场"。他认为，卡尔纳普、蒯因以及当代大部分自然主义者，他们一方面接受物理主义，与此同时又不自觉地在自己的哲学中使用了一个超自然的主体立场。首先，他在还原物理主义的背景下论证了卡尔纳普容忍原则的无效性，从而指出了其隐含的超自然立场。其次，他进一步探讨了超自然立场的自然和心理起源。再次，他对蒯因的《从刺激到科学》和《真之追求》进行了详细分析，在此基础上他论证了蒯因哲学中程度不一的超自然立场，并指出蒯因哲学中最具特色的部分只能从超自然的立场理解，这无疑损害了蒯因哲学思想的一致性。最后，他简要指出了当代自然主义者哲学思想中隐含的超自然立场。

王文方的论题是"蒯因论逻辑真理的根据"。他认为，虽然蒯因对逻辑真理的语言学教条的批评是丰富而有力的，然而仔细分析就会发现很多薄弱之处。首先，他给出了蒯因的逻辑真理批评的一个区分：对逻辑真理作为一个经验教条的批评和对其作为一个形而上学教条的批评。其次，他详细分析了蒯因在《逻辑哲学》中对逻辑真理的反驳论证，他认为这两个论证都是对逻辑真理的形而上学版本的批评，并且均包含不可靠的前提。最后，他分析了蒯因早期哲学工作中对逻辑真理的批评，他认为蒯因在三种意义上将逻辑真理视为空，而这三种论证都是不可靠的。

此外，台湾中正大学王一奇教授、香港浸会大学陈强立副教授、北京大学陈波教授等也围绕蒯因的逻辑和哲学做了大会发言。

王一奇的论题是"非否证与不充分决定性"。他仔细考察了普特南对蒯因在《经验论的两个教条》中反对先验知识的论题的批评，认为普特南的批评因为下述原因而失败了：该论证依赖某种类型的关于反事实条件句的知识，而根据在哲学和社会科学领域中关于反事实知识的新近讨论，反事实推论和反事实条件句都不是先验的，因而普特南的批评有内在缺陷。这个结果也表明，蒯因的自然主义认识论可以超越外延主义框架而纳入像反事实条件句这样的内涵概念。

陈强立的论题是"蒯因整体论的自欺性以及关于他的方法论的一元主义的一些批判性评论"。他分析了蒯因整体主义的内在逻辑结构，其中包含几个相互独立的中心论题。他认为，这些中心论题是自相矛盾的，一旦拒绝这些中心论题，人们就没有充足的理由接受他的方法论一元论，以及他对分析—综合区别的拒斥，这样的结果对于我们的方法论选择有重要意义。

陈波的论题是"逻辑知识的特征"。首先，他概述了蒯因关于逻辑或逻辑真理所做出的主要断言，分析了他的逻辑观所遭遇的主要困难甚至"悖论"，包括"翻译"悖论、"变异"悖论、"用逻辑修改逻辑"的悖论，并且探讨了蒯因关于逻辑或逻辑真理应该进一步说些什么。其次，他遵循蒯因哲学的精神，初步论证了一种实在论和经验论的逻辑哲学。最后，陈波给出了逻辑系统的构造程序和评价标准：发现问题，确立研究目标；进行预备性的"经验"考察；构造形式系统；对形式系统的元逻辑证成；对形式系统的认识论证成；对形式系统的价值性或实用性证成。

会议还涉及其他论题，例如，华东师范大学郁振华教授做了"认识论：终结还是转型——走向人类知识的默会维度"的发言。他认为，虽然当今有"认识论转向"和认识论成为第一哲学的说法，然而随着理查德·罗蒂的《哲学和自然之镜》的出版，整个认识论的宏伟蓝图已经受到了攻击。在过去的三十年间，拒绝认识论已经成为一种时尚。他对认识论的通过转型而延续的方式持同情态度，并认为对默会知识和相关论题的讨论能对此提供一些有趣并且附有价值的贡献。

与会者中有不少刚毕业的博士或在读的博士生。其中，有些学术新人做了比较出色的大会发言，例如北京大学哲学博士刘靖贤做了题为"二阶分层概括与休谟原则"的报告，加拿大卡尔加里大学的博士生陈家和做了题为"蒯因对逻辑真理的刻画所引起的矛盾"的报告,武汉大学哲学博士李楠做了题为"亨普尔悖论与误判威胁"的报告,华东师范大学博士生潘松做了题为"蒯因的观察语句"的报告,等等。

会议末尾,由陈波教授做了总结发言。他真诚感谢与会学者的积极参与和对会议成功所做出的贡献。接着,他对国内哲学界年轻一代的学者寄予深切期望,他认为:做学问不能封闭自己,而应当具备远大的眼光和胸怀;只有与国际学术界积极互动,才能逐渐成熟起来,并最终被国际学术共同体所接纳。世界正在走向中国,而中国学术特别是中国的哲学研究也应该走向国际化。像中国这样的大国,应该有国际一流的且具备国际影响力的哲学家。这是年轻一代的中国哲学学者的责任和使命。

本次会议经费由北京大学哲学系陈波教授申请,2013年年中得到北京大学研究生院"研究生教育创新计划"批准,并得到北京大学外国哲学研究所的经费支持。

(王海若 撰)

32. "威廉姆森、逻辑和哲学"国际研讨会（2015）

2015年10月16日至17日，在北京大学召开了"威廉姆森、逻辑和哲学"国际研讨会。本次会议受北京大学研究生院"研究生教育创新计划"和"海外名家讲学计划"共同资助，由北京大学哲学系、外国哲学研究所和分析哲学中心共同主办，哲学系陈波教授具体筹办。本次会议邀请到了来自美国、英国、荷兰、挪威、克罗地亚、日本、中国的近50名学者，其中有两位科学院院士，多位国外哲学系主任，三位英文A&HCI期刊主编。在会议开幕式上，北京大学哲学系主任王博教授、北京大学研究生院贾爱英女士和陈波教授分别致辞，对威廉姆森教授本人以及其他与会者的到来表示欢迎。陈波教授特别强调，我们要从"学习、理解、转述别人的哲学"逐渐转变到"与别人一起研究哲学"。

开幕式结束后，威廉姆森教授做了会议主题讲演"溯因哲学"（Abductive Philosophy）。在威廉姆森看来，所谓"溯因哲学"是一种使用非演绎的溯因推理方法的哲学，而溯因推理就是最佳说明推理（inference to the best explanation）。威廉姆森回忆了他的博士论文指导老师达米特对他所说的一段话："我们在如何做哲学上的区别是，你认为，最佳说明推理是哲学论证的合理方法，但我不这样认为。"从这种方法论上的差别出发，威廉姆森认为，如果像达米特那样，在给出一个解释某种证据的理论之前首先追问一个理论本身是否有意义，那么需要继续追问关于意义的论证本身是否有意义，这将导致无穷倒退。正是在这个地方，威廉姆森认为，溯因推理或最佳说明推理可以避免这种无穷倒退。通过最佳说明推理，我们从证据推出能够为该证据提供最佳潜在解释的理论或假说。事实上，最佳解释说明广泛应用于自然科学和日常生活，例如，从过去没有直接证据的事件得出宇宙大爆炸理论。当然，潜在解释（理论）之间有好坏的程度区别，威廉姆森对此给出了一个标准："理论 T 是否与证据 E 一致；从 T 是否可以衍推 E；从 T 是否可以证明 E；T 是否具有简单性和优雅性的优点，以及 T 是否可以避免任意性和特设复杂性的缺点。"有人或许会问，如果按照溯因的方法做哲学，那么哲学所需要的证据是什么？威廉姆森的回答是，整个人类的知识都是哲学的证据基础。有人可能会继续质疑，如果是这样，那么哲学就变成了科学，哲学家就会像科学家一样通过实验来做哲学。威廉姆森的回答是，自然科学并非唯一使用溯因推理的系统探究，作为扶手椅探究的数学也使用溯因推理。数学被看作演绎科学的典范，所有数学定理都可以通过第一原则来证明，但是这些第一原则本身却不能得到证明。事实上，在寻找第一原则时，数学使用了溯因推理，例如，公理化集合论通过寻找新公理来解决连续统假设。因此，虽然作为扶手椅探究的数学使用了溯因推理，但并没有变成自然科学。类似地，同样作为扶手椅探究的哲学也可以使用溯因推理，这并不意味着哲学变成自然科学。虽然哲学在使用溯因推理时所依赖的证据来自其他科学，例如，时间哲学之于物理学，知觉哲学之于心理学，但是并非所有哲学都依赖于这种证据，例如，人们经常从常识出发构造各种哲学逻辑系统。此外，威廉姆森还考虑了有关溯因哲学的其他问题：通过使用溯因推理而得出的更为大胆和精确的哲学理论是否也是错误的理论，诉诸简单性和优雅性这些近似于美学标准的溯因方法是否能够得到真的哲学理论。

随后，参会学者被划分为逻辑组和哲学组分别进行会议发言。所有会议发言都围绕威廉姆森的四本主要著作展开，即《知识及其限度》、《作为形而上学的模态逻辑》、《哲学的哲学》和《模糊性》。

在威廉姆森的著作中，《知识及其限度》吸引了众多学者的讨论。阿姆斯特丹大学范本特姆教授的报告题目是"谈论知识"，他从动态认知逻辑的角度深入考察了逻辑与认识论之间的互动。夏威夷大学成中英教授的报告题目是"从'知识第一位'到知识和信念的统一"，他反对威廉姆森关于知识的外在主义，从知识的内在性出发给出了真、知识、信念和行动的统一结构。四川大学徐召清博士的报告题目是"威廉姆森对先验和后验区分的挑战"，他认为威廉姆森给出的反例成功说明存在既非先验又非后验的知识，但这个反例并不具有一般性，仅是一种扶手椅式的知识。富兰克林与马歇尔学院克罗尔（Nick Kroll）教授的报告题目是"威廉姆森适中提议的平凡化"，他反对威廉姆森把知识看作事实性的静态态度，认为这种观点将导致平凡化的结果。日本先端科学技术研究院水本正晴（Masaharu Mizumoto）教授的报告题目是"不敏感不变主义的知识优先语义与知识优先方法的一般化"，他从威廉姆森"知识第一位"的口号出发，以调和认知语境主义与认知不变主义之间的分歧为目的，提出了一种新的知识第一位的语义学。香港岭南大学纳多（Jennifer Nado）教授的报告题目是"知识第二位"，与威廉姆森针锋相对，她从方法论的角度提出了"知识第二位"的口号。中国社会科学院唐热风教授的报告题目是"知识、信念和证成"，她提出了"系统第一位"的整体论知识观，把传统的信念第一位的知识观与威廉姆森的知识第一位的知识观结合在一起，给出了盖梯尔反例的解决方案。山东大学任会明教授的报告题目是"幻象与认知规则"，他探讨了知觉理论中的幻象问题，由此引出了关于认知规则的思考。北京大学迪莫克（Paul Dimmock）博士的报告题目是"机会、可错论与悖论"，他从捍卫知识第一位的立场出发，对近年来兴起的可错论进行反驳。云南大学喻郭飞博士的报告题目是"如果你不同意，我应该改变我的想法吗？"，他探讨了当代认识论中的认知合理性与证据之间的关系。日本北海道大学奥托布兰多（Andrea Altobrando）博士的报告题目是"自我知识的限度"，他从现象学角度出发，类似于威廉姆森为知识设定限度，探讨了如何设定自我知识的限度。北京大学王彦晶副教授的报告题目是"知道如何的逻辑"，一般认知逻辑只处理命题态度词"知道"，他给出了一种新的处理"知道如何"的逻辑系统。日本北海道大学山田友幸教授报告的题目是"断言与承诺"，他从动态认知逻辑的角度，针对威廉姆森把命题承诺逻辑与道义逻辑结合起来的建议，给出了一个形式语义。日本京都大学笠木雅史（Masashi Kasaki）博士的报告题目是"知识、证据和推理"，他为威廉姆森的"知识等于证据"的主张做辩护，反驳了近年来对该主张的批判，并且在威廉姆森知识论的框架下说明了证据和推理之间的关系。西安交通大学的雒自新博士与燕山大学刘叶涛教授的合作论文是"威廉姆森的反KK论证"，他们不赞同威廉姆森对认知逻辑中正内省公理的反对，指出威廉姆森的论证预设了不精确的知识，但这一预设是不合理的。北京大学李麒麟博士的报告题目是"作为心灵状态的知识与盖梯尔问题"，他通过一个范例指出威廉姆森的外在主义方法论是不可行的。厦门大学陈嘉明教授的报告题目是"知识优先与理性空间"，他认为，威廉姆森从解释知识的角度提出知识优先的论题，与此相反，他从信念形成的角度考察了知识优先论题是否可能。斯洛文尼亚马里博尔大学米塞维奇（Nenad Miscevic）教授的报告题目是"威廉姆森论贬损语及其语义地位"，他不同意威廉姆森把贬损语看作约定涵义的做法，通过语义分析指出贬损语的指称是社会种类。

《作为形而上学的模态逻辑》是威廉姆森关于模态形而上学的新著，也引起了参会学者的广泛争论。美国福特汉姆大学博士生坎帕（Sameul Kampa）的报告题目是"威廉姆森论此性"，围绕此性这个概念，他为普兰廷加的偶然主义做辩护，反对威廉姆森的必然主义。香港岭南大学马歇尔（Dan Marshall）教授的报告题目是"对应体理论和现实性问题"，他通过修改对应体理论的某些技术细节，反驳了威廉姆森关于对应体理论不能充分说明现实性算子的观点。明尼苏达大学罗伊·库克（Roy Cook）教授的报告题目是"必然性、必然主义和数"，他指出威廉姆森的必然主义与当代数学哲学中的抽象主义之间的平行关系，因此后者的优点和缺点也反映了前者的优点和缺点。美国加利福尼亚大学河滨分校迈克尔·内尔森（Michael Nelson）教授的报告题目是"偶然存在"，他认为威廉姆森不能通过无限制地使用必然化规则而得出必然主义的结论，他通过限制必然化规则为一种直观上合理的偶然主义做辩护。美国纽约大学博士生古德曼的报告题目是"计数不可共存者"，他认为，如果可以刻画纯粹可能个体，那么存在必然的性质，他运用一阶模态逻辑、广义量词和无穷逻辑给出了纯粹可能个体的刻画方式。北京师范大学江怡教授的报告题目是"形而上学的复兴与逻辑本性的理解"，他强调了形而上学在当代分析哲学中的复兴以及这种复兴对我们关于逻辑本性理解的推进。美国纽约城市大学拉凯（Douglas Lackey）教授的报告题目是"威廉姆森与复活"，他从基督教关于复活的理论出发，回顾了由威廉姆森的必然主义导致的关于永恒主义和瞬间主义的争论。挪威奥斯陆大学林奈博（Oystein Linnebo）教授的报告题目是"威廉姆森论绝对普遍性",他同意威廉姆森关于拒绝绝对普遍性导致表达力局限的论证,他在一个模态系统 S4.2 中给出了一个解决该问题的方案。

《哲学的哲学》是一本关于方法论的著作,威廉姆森教授在该书中捍卫了哲学传统中的扶手椅方法的合理性。首都师范大学叶峰教授的报告题目是"对自然主义来说什么是可行的直觉",他赞同威廉姆森对极端方法论自然主义的批评,但他为一种唯名论物理主义的方法论做辩护。台湾中正大学侯维之教授的报告题目是"如何思考关于外在世界知识的怀疑论证",他反对威廉姆森关于思想实验的认识论,通过经验论证说明关于外在世界知识的怀疑主义是站不住脚的。日本东京大学一濑正树教授的报告题目是"如何解决多余因果问题",他从威廉姆森"既需要事实情形又需要反事实情形"的方法论出发,考察和分析了多余因果问题。香港岭南大学博士生王庭浩的报告题目是"实验批判和哲学实践",他认为不应该完全抛弃威廉姆森批判的实验哲学的否定纲领,而是应该在方法论上改进这个纲领。香港大学多伊奇(Max Deutsch)教授的报告题目是"论证、直观与哲学案例",他从更为一般的角度考察了方法论问题,他认为论证的方法优于论证加直观的方法。

《模糊性》是一本关于模糊现象和连锁悖论的著作,威廉姆森在该书中批判了传统的语义解决方案,他通过一系列巧妙论证捍卫了经典逻辑,提出了认知主义的解决方案。台湾阳明大学王文方教授的报告题目是"模糊谓词的多赋值论",他不同意威廉姆森对连锁悖论多值解决方案的批评,给出了一个多元赋值方案,在他看来,这个新方案可以解决高阶模糊问题。日本东京大学迪茨(Richard Dietz)博士的报告题目是"二十年来的模糊性",他指出威廉姆森的《模糊性》一书对模糊哲学的重要贡献,从历史角度回顾了边界情形和认知合理性的重要意义。北京大学博士生王海若的报告题目是"固定容忍原则",她分析了导致连锁悖论的深层原因,由此指出语义方案和威廉姆森的认知主义都不能从根本上解决连锁悖论。大连理工大学李楠博士的报告题目是"现象连锁悖论的窄目标可错论解决方案",她认为模糊现象是伴随物理性质而产生的,从可错论角度发展出了一种新的解决连锁悖论的方案。

在会议闭幕式上，陈波教授对此次会议进行了总结发言，他感谢各位参会学者对本次会议做出的贡献，他还宣布明年（2016年）将在北京大学举办"悖论、逻辑和哲学"国际研讨会。此前，陈波教授已经主办了三次"逻辑和哲学"系列国际研讨会，分别是"弗雷格、逻辑和哲学"国际研讨会（2011）、"克里普克、逻辑和哲学"国际研讨会（2012）、"蒯因、逻辑和哲学"国际研讨会（2013）。本次"威廉姆森、逻辑和哲学"国际研讨会在人数、规格、等级上都超越了以往三届，其中有很多知名学者和优秀学者，会议论文总体上达到了很高水准。正因为如此，与会的美国A&HCI期刊《哲学论坛》（*Philosophical Forum*）的主编道格拉斯·拉凯教授将在该杂志明年（2016年）秋冬两期发表本次会议的优秀论文。

此次国际研讨会不仅为中国哲学学者提供了一个国际交流的平台，有助于提升中国哲学学者的研究水平和国际影响力，而且此次会议本身就是一个国际舞台，来自世界各个国家和地区的哲学学者围绕威廉姆森哲学的各个论题展开了争论与合作。

（刘靖贤　撰）

33. "悖论、逻辑和哲学"国际研讨会（2016）

受北京大学研究生院"研究生教育创新计划"和北京大学外国哲学研究所共同资助，2016年10月15日至16日在北京大学人文学苑召开了"悖论、逻辑和哲学"国际研讨会。本次会议邀请了来自美国、德国、意大利、澳大利亚、荷兰、芬兰、南非、日本、菲律宾、中国等国家的30多位学者参会，其中有多位国际知名哲学家和国际知名哲学杂志的主编等。会议设置了8位特约报告人，分别是美国加州大学圣迭戈分校吉拉·谢尔教授、美国明尼苏达大学罗伊·库克教授、香港岭南大学达雷尔·罗博顿（Darrell Rowbottom）教授、美国加利福尼亚大学迈克尔·内尔森教授、荷兰格罗宁根大学巴特尔德·柯伊（Barteld Kooi）教授、南非金山大学穆拉里·拉玛钱德朗（Murali Ramachandran）教授、台湾阳明大学王文方教授、辽宁大学刘靖贤副教授。

在开幕式上，此次会议的组织者和主办者北京大学哲学系陈波教授致开幕词。陈教授对各位专家学者的到来表示欢迎，他先简单论及悖论的定义和悖论的程度之分，从低到高列举了悖论的六种类型，然后重点讨论"悖论为什么对科学、哲学和教育是重要的"这个问题，从多方面揭示了悖论研究的意义。悖论是提醒者，它们促使我们注意到我们的看似合理、有效的共识、前提、推理规则在某些地方出了问题，我们思维中的最基本的概念、原理、原则在某些地方潜藏着风险；悖论是挫败者，它们揭示了我们在某些方面的无知，挫败了我们的理智傲慢、虚骄和自欺，要求我们保持理智的谦卑和恭谨；悖论是推动者，它们把我们置于一种冲突和矛盾的境地，推动我们去寻找摆脱矛盾、恢复一致的途径、方法和理论，由此推动哲学和科学的发展；悖论是教育者，它们教育我们不要只是记忆、接受和相信，而且要合理地怀疑和挑战，不要做教条主义者和独断论者，而要做温和的有节制的怀疑主义者，这种健康的怀疑主义态度有利于科学、社会和人生。陈波教授最后预祝此次会议圆满成功。

开幕式结束后，由特邀报告人美国加州大学吉拉·谢尔教授首先发言，其题目为"真理和超越：说谎者悖论的地位转变"。她认为，将"说谎者悖论"的研究作为真理论发展的必备条件的传统观点是不必要的，需要扭转这种观点，重新考量"说谎者"悖论与真理论的关系。如果真理论能够深刻注重实质的充分性（如它是否对"真"的本性做出了解释）而非应对一种官方的需求（如它是不是一致的理论），那么它能够自我发展而不必担心在发展过程中出现"说谎者"悖论。这种转变是一种方法论意义上的转变，具体的方法就是构建一种具有实质性的真理论。谈及构建这种真理论所需要的原则，谢尔教授将其定义为一种高层次的"内蕴性原则"，它由三个子原则组成，分别是低层面的内在性、超越性和规范性。其中，"内在性"意味着"内在于理论"，而"内在于理论"意味着"指向外在于理论的事物"；如果某个思想无意于或不能成功地对世界及其事物有所言说或者把性质（关系）归属于世界中的事物，那么它就不具有内在性。"超越性"意味着如下能力和实践：为了对特定的思想进行反思、检查、言说、提问和回答、设定规范或标准、挑战、性质归属等等而走到该思想之外。真（truth）所要求的超越性是对内在性思想的超越。思想的规范性是指根据我们积极地或消极地重视的东西，询问、评价、设定标准，认可我们的思想、决定和行动。例如，下面的问题涉及思想的规范性，它也要求超越性的视角：世界是否如内在性思想 X 所说的那样？X 所谈论的对象是否具有它们所归属的性质，处于它们所具有的关系？谢尔教授将内蕴性论题及其子原则总结为：（1）只有对内在性思想而言，关于真的问题才会出现；（2）真是内在性思想的规范性和超越性标准［真和假（非真）是内在性思想的规范性和超越性的性质］；（3）真思想是内在性的、超越性的和规范性的。谢尔教授论证说，这种高层次的"内蕴性原则"加上传统的"等值原则"便可有效地阻止悖论的产生。

特邀报告人辽宁大学刘靖贤副教授做了题为"当公孙龙遇上弗雷格——东西方哲学中的'马悖论'研究"的报告，试图将中西方哲学研究的思想和方法相结合。刘教授认为，公孙龙马悖论的消解方案大致可以划分为两种进路：一种是抽象进路，以集合论为逻辑工具，主要通过共相、性质或概念的层次区分来消解悖论，这方面以冯友兰、赫梅莱夫斯基、成中英和冯耀明为代表；另一种是具体进路，以部分论为逻辑工具，主要通过部分与部分之间的组合关系来消解悖论，这方面以陈汉生、葛瑞汉、刘玉宇和任远为代表。但是这两种进路都不能令人满意。受弗雷格马悖论的启发，他认为公孙龙马悖论的消解方案也应该从逻辑学、语言学和本体论三个方面着手。在逻辑学方面，弗雷格马悖论是由于概念与外延的区分，而公孙龙马悖论是由于概念与复数的区分；在语言学方面，弗雷格马悖论反映了德语定冠词与不定冠词的替换，而公孙龙马悖论反映了汉语从单音词到双音词的演变；在本体论方面，弗雷格马悖论说明如何在具体世界之外设定出抽象世界，而公孙龙马悖论说明如何在自然现象的基础上模拟出宇宙图式。

特邀报告人香港岭南大学达雷尔·罗博顿教授的报告题目为"论伯特兰悖论"，主要介绍伯特兰悖论的相关内容，他不仅详细介绍了伯特兰的弦悖论，解释了其对理性决策的实用价值，还评估了包括近几年来提出的一些有潜力的解决方案。

在以上特邀报告人的大会报告之后，会议分为了两个会场进行报告和交流。专家学者们的报告内容大致可概述如下：

其一，针对某一具体悖论的研究。例如，华南师范大学熊明教授主要介绍了他对布尔悖论的研究，其题目为"布尔悖论及其修正期"。熊明教授认为，随着真理理论的修正，布尔悖论也经历了一个阶段的修正期。正是这段修正期，对于描述布尔悖论悖逆性的等级起着重要的作用。通过分析这种等级，可以延伸出犹如数学的架构和性质一样的无限延展的稠密网络。香港学者、山西大学兼职教授周柏乔的报告为"论古德曼悖论"，通过严格分析"绿蓝"（grue）这个词语的概念和范围来解决明确指示条件下的语义预测问题。还有很多学者不约而同地选择了将"说谎者悖论"作为研究对象，如安徽大学赵震博士做了题为"说谎者悖论何以成为一个问题"的报告，意大利国立米兰大学的弗兰卡·达戈斯蒂尼（Franca d'Agostini）教授做了题为"脸红的骗子"的报告，二者都是针对说谎者悖论的研究。前者认为说谎者悖论不同于其他悖论的原因在于矛盾形式的构建，并给出了三种消解悖论的途径；后者则是按照说谎者悖论的框架，构造出了两个新的悖论"脸红的说谎者"（the Blushing Liar）和"匹诺曹悖论"（Pinocchio Paradox）。达戈斯蒂尼教授比较了这两个悖论，并分析了其哲学意涵。

其二，针对逻辑悖论的整体研究。例如，南京大学张建军教授的报告"逻辑悖论的语用性质和悖论消解 RZH 准则"分析了逻辑悖论的定义及其消解标准。通过对这两个问题的历史考察和比较分析，张教授试图揭示逻辑悖论的语用性质，表明一个明确的"逻辑悖论"应该是一个语用学的概念。他建立了一个关于"悖论"解决标准的系统，并在此之上附加了"罗素—策梅洛—哈克准则"（Russell-Zermelo-Haack Criterion），简称 RZH 准则。上海大学王天恩教授以"悖论的一种描述方法"为题做报告，他认为悖论产生于一个描述与它所预设的隐含规则之间的冲突，紧接着他总结了典型悖论中该种意义上冲突的三种类型。王教授认为，描述理论与隐含预设之间的交织关系涉及哲学的基点，是根植于逻辑和哲学之中的重要课题。华侨大学王洪光博士则用一种哲学视角探究逻辑悖论，其报告题目为"多结论型的悖论逻辑 LP$^+$：一种哲学视角"，LP$^+$ 是"the multiple-conclusion version of logic of paradox"的缩写。王博士的报告分为三部分：哲学动机问题，即为什么需要 LP$^+$ 理论；对 LP$^+$ 理论的解释和应用；对 LP$^+$ 理论应用的哲学评论。

其三，针对悖论消解方案的研究。例如，来自菲律宾的科泰·西·塞罗先生做了题为"一个简单而全面的解决身心问题的途径"的报告，他在梳理了笛卡儿和笛卡儿之后身心问题的发展过程后，将"能量"（energy）奉为解决身心矛盾问题的核心概念，认为"能量"是灵魂本质的关键。来自日本京都大学的大森仁（Hitoshi Omori）博士发表了题为"关于弗协调逻辑的统一问题"的报告，他在报告中提到，弗协调逻辑是因为 ECQ（"ex contradictione quodlibet"的简称）问题而产生的，因各种动机而产生的弗协调逻辑系统只是在论证 ECQ 问题时有松散的联系，大森仁希望弗协调逻辑能够以一种更紧密的方式相互统一起来。他认为，弗协调逻辑之所以站在贝尔纳普和邓恩的四值逻辑以及普利斯特所发展的以悖论逻辑而著称的三值逻辑的对立面,恰恰是因为它的弗协调性这一核心特征。不同的弗协调逻辑系统可以根据它们的附加词和语义进行分类。大森仁讨论了这样一种分类方式,并且将雅斯科夫斯基(Jaskowski)的对话逻辑成功地运用于这个统一的图景之中。

其四,针对某一个悖论研究者的理论做出评判。例如,北京大学陈波教授以及香港浸会大学陈强立教授都评论了当代哲学家蒂莫西·威廉姆森的有关学说及其论证。陈波教授的发言题目是"反驳威廉姆森的二值原则",主要是对威廉姆森所提出的"拒绝二值原则将会导致荒谬即逻辑矛盾"这种观点提出质疑,以下将这种观点简写为DBF。陈波教授首先从两个方面对DBF发出疑问:第一,在一个精心设计和构造的非二值逻辑系统当中,拒绝二值原则并不会导致荒谬;第二,DBF犯了用未经证明的假设来做论证的错误:威廉姆森所说的拒绝二值原则所导致的矛盾只存在于二值逻辑框架下,而不存在于一些非二值逻辑之中,他所使用的塔斯基模式(T和F)本身假设了二值原则。陈波教授最后澄清了他反驳DBF的理论依据,即他自己关于模糊性的一般观点。陈强立教授的报告则对威廉姆森关于模糊性的认知主义做了批判性分析,其题目是"对威廉姆森秃头悖论认知消解方法的批判性讨论"。威廉姆森的模糊理论表明,模糊词其实是有一定明确的界限存在的,但是由于人的认知限度而无法被认识到。陈强立教授认为,该理论无法合理解释如"大致""好""美丽"这样的模糊词语的模糊性。

分组讨论结束后,两个小组再汇聚到一起共同出席了另外5位特邀报告人的报告。

美国加州大学河滨分校迈克尔·内尔森教授做了题为"定性变化的悖论"的报告,内尔森教授列举了日常生活中"煮咖啡"的例子,意在说明在整个变化过程中,始终存在相同的实体——"从60度变化到212度的水",这种变化是不违反矛盾律的,是可能而非矛盾。具体的分析可以分别从两个问题入手:首先要确定句子"水是60度并且将在几分钟后变成212度"与句子"水在t_1时间是60度,在t_2时间是212度"是否表达同一命题,如果不是,则要说明二者之间的关系。其次,时间修饰语"在t时刻"所修饰的是句子的哪个部分?是主语、谓语还是整个句子?

对于第一个问题，内尔森教授给出的答案是否定的，他认为像是"水是60度并且将在几分钟后变成212度"这样的时态语句并不是为了描述某个具体的时间命题，而是为了替代描述一种不可通约的时间命题。他认为将"原子命题的时态当作语句基础"的观点要求一种非还原主义的时态，特别是现在时，所以在预设理论中，现在时享有特权。但是，这种观点是违背时间哲学的现在主义（presentism）理论的。因而，内尔森教授认为，绝对过去的事物、绝对将来的事物和现在的事物是同样真实的，我们应该拒绝专制主义所做的那种预设。对于第二个问题，他认为时间修饰整个句子是最完美的答案，因为前两个选项会对形而上学的改变做出不合理的解释。总之，内尔森教授认为，想解决变化悖论需要完全接受现在时态的现实性和不可通约性，并且拒绝专制主义的"现实的法则是非透视的"这样的推论。事物的本质和原子命题的真值不能还原为某个具体的时间。

台湾阳明大学王文方教授做了"普理查德对激进怀疑论悖论的解决"的报告，他首先介绍了普理查德所给出的两个激进怀疑论悖论的具体内容，并且解释了前提的合理性和推理结果的相悖性，然后详细介绍了普理查德解决两个悖论的方案和自己对于普理查德消解方案的看法。普理查德对于第一个悖论的消解运用的是维特根斯坦式的方法，根据维特根斯坦的理论，每一个合理的评价背后都会预先设定一些不需要解释的"核心承诺"（"hinge" commitment），因此它们是无须根据的。普理查德认为消解第一个悖论的关键就在于这些"核心承诺"不是信仰，有两点理由支撑这样的观点：第一，它们是预先的假设而非推理的结果；第二，它们没有根据性可言。所以第一个悖论中原本被认为合理的条件二就被排除在外了，它实际上并不受演绎封闭性原则的保护。王教授并不认可这种解释：首先，普理查德给出的两点理由只是维特根斯坦理论的一些不重要的结论而非对于"不是信仰"的合理解释；其次，根据人们对于信仰的理解，这些"核心承诺"符合信仰的要求。普理查德对于第二个悖论的消解源自他对于第二个悖论的前提一的解释，他认为前提一是不成立的，原因在于其中隐含了一种假设，即认为既然人不能凭借经验区分处在"好"和"坏"哪一种情境下，那么在任意一种情境下，人们沉思而得到的理性证据应该是相同的。这个假设被认为是不成立的，可以用认识论的析取论的核心命题（ED）来解释。王教授认为这种解释方法也是镜花水月，并给出了自己的观点。他认为我们要严格区分一种感觉（如"头部受到撞击后看到满天星"）和感觉到实在（如"夜晚看到满天繁星"），前者是可沉思而非真实的，后者是非沉思但现实性的，只有将二者相结合，才能真正掌握 ED 原则的核心。

荷兰格罗宁根大学巴特尔德·柯伊教授做了题为"可知性的歧义性"的报告。报告围绕菲奇悖论（Fitch's Paradox）展开，首先介绍了菲奇悖论的具体内容，认为菲奇悖论的产生是对"证实论题"（Verification Thesis）的威胁，即对"真理都是可知的"这一原则的否定。但柯伊教授认为，之所以"证实论题"在这里失效，是因为人们将从物（de re）和从言（de dicto）的可知性的解释混淆了，但这二者是完全不同的。为证明以上观点，柯伊教授区分了从物和从言，在一般的意义上讲，对于从物的解释是超出某些模态词的辖域之外的，而对于从言的解释则包含在某些模态词的辖域之中。但是，这种一般性解释不足以完全解决菲奇悖论，需要严格建立一个具有二阶抽象谓词的形式语言去区分从物和从言。因此，柯伊教授为此建立了一个包含三个关键元素（对于知识的解释 K、对于必然性的解释□、二阶的抽象谓词 λp）的二阶形式语言，其中将"可知性"处理成一个复杂的二阶谓词，再通过形式论证，便可以消解菲奇悖论。

南非金山大学穆拉里·拉玛钱德朗教授做了题为"KF-自证法：走向对可知识化的预言悖论的一个统一解决方案"的报告。他主要是从"意外考试悖论"入手，首先讨论了索伦森（R. A. Sorensen）和奥林（D. Olin）对于此悖论的分析，认为他们的解决方案没有给"意外"这个词以一个合理解释。接着他也对威廉姆森和贾纳韦（C. Janaway）的解决方案表示担忧，认为他们也有各自的不成功之处。他论证说，最适合像"意外考试悖论"这样的知识预言类型的悖论的消解方案，是他自己对"自证法"的诊断，其要点是：人们不能凭借知道某人知道某些东西而获得关于非认知的事实的知识。这个方法将给预言类悖论一个统一的解决方案。

美国明尼苏达大学罗伊·库克教授做了题为"拥抱复仇和逻辑后承"的报告。他首先为我们展示了"拥抱复仇"的哲学意义，通过古典形式语言的逐步扩充，又为我们展示了"拥抱复仇"的语义学图景，这种图景要求接受这种"复仇"作为语义理论本身固有的特征,尊重语言现象的生成,它提供了关于真、假和更为普遍接受且满足要求的语义值,并且以一种神奇的方式寻回古典的推理形式,因而很有必要建立一个关于这种语义图式的严格的形式语义学。库克教授本人试图建立这样的形式语义学,并且解释了一些相关细节,界定了其中的概念。最后他探讨了这种形式语义下的逻辑后承。

最后是简短的闭幕式。陈波教授做了总结性的发言,再次感谢各位专家学者出席会议以及所做的精彩报告,并且希望本次参会的国内外专家学者能够一如既往地支持明年(2017年)将要举办的"真理、逻辑和哲学"国际研讨会。在此之前,陈波教授已经举办过四次"逻辑和哲学"系列国际会议,分别是"弗雷格、逻辑和哲学"国际研讨会(2011)、"克里普克、逻辑和哲学"国际研讨会(2012)、"蒯因、逻辑和哲学"国际研讨会(2013)、"威廉姆森、逻辑和哲学"国际研讨会(2015),加上此次"悖论、逻辑和哲学"国际研讨会,使得"逻辑和哲学"系列国际会议逐渐成为北京大学哲学系的品牌活动,不仅吸引了一批固定的海内外学者前来参会,并且每年会议代表中都有当前很有影响力的哲学家和新锐学者参加,参会者人员构成广泛,会议报告质量较高,国内外影响力逐渐扩大。

(胡兰双 撰)

34. "真理、逻辑和哲学"国际研讨会（2017）

由北京大学哲学系外国哲学研究所陈波教授发起并组织的、北京大学哲学系与北京大学外国哲学研究所主办的、北京大学"研究生教育创新计划"和北京大学人文学部共同资助的"真理、逻辑与哲学"国际研讨会于2017年9月23日至24日在北京大学召开。参加会议的60余位学者来自欧洲、美洲、大洋洲、亚洲等7个国家和地区，其中海外学者15人。陈波教授为大会致开幕词，他强调："真"和"真理"是意义重大且意蕴深长的概念，已经被赋予形而上学、认识论、语义学甚至是伦理学等多重意涵，需要对它们做全方位的深入探讨。

会议分三个阶段进行，首先和最后进行的是特邀讲演，中间阶段是分组学术报告。按照会议程序，具体如下：

美国加州大学圣迭戈分校的谢尔教授做了主题为"真理与科学变革"的特邀讲演。谢尔提出两个关键问题：一是科学变革现象在研究真理的本质问题上给了我们什么教训？二是在解决由科学变革的盛行所引发的问题，尤其是在解决悲观元归纳问题的过程中，真理理论的最新发展以及科学变革带给我们的教训发挥了什么样的作用？在谢尔看来，我们寻求真理时可以从认识论的角度出发，去判断真理规则或真理概念是否需要追求或理解知识，如果是，我们就可以运用这个方法来理解真理的本质。对于知识，谢尔的看法有三点：（1）知识与世界强相关；（2）人类的认知构造使得理论知识成为可能；（3）知识的获得是一个积极、动态的过程。谢尔认为，她对知识的这种理解始于人类理性，并由对知识的追求所推动。每一项理性的行动都需要摩擦（friction）和自由（freedom），摩擦是由我们的行动目标、周遭环境以及理性的规范所设定的，自由则是指根据这些规范来实现这些目标。由于对理论知识的追求本身就是一项理性的行动，因而它同样需要摩擦与自由。谢尔分别从实在论（Realism）、无奇迹（No-Miracle）论证与实在论渴望（Realistic Aspirations）论证、世界导向的整体论（World-Oriented Holism）、真理、规范性（Normativity）、动态符合（Dynamic Correspondence）几个方面阐述并例证了她的基础整体论（Foundational Holism）的真理理论。同时，谢尔还讲述了科学变革对我们理解真理的影响与真理对我们理解科学变革的影响。关于前一种影响，谢尔认为：第一，通过表明理论知识既是人们艰苦追寻的又是被人类复杂化的，科学变革增强了我们对人类基本认知环境的理解；第二，人们感觉到的悲观元归纳对科学的威胁证明真理对于科学事业所具有的核心地位。谢尔认为，无论是悲观的科学变革还是乐观的科学变革，都会对人们常规的真理概念提供支撑。从科学变革现象中还可以衍生出真理的动态本性概念：科学变革在很大程度上是变化着的，因而我们关于真理的标准也是动态的和可变的。关于后一种影响，谢尔认为，对于真理本质的理解有助于我们正确把握悲观归纳论证的实质和意义，因为它提醒我们注意到，悲观归纳论证对于实在论的威胁基于某些毫无根据的预设。这些预设关系到科学的目标，严重歪曲了人们对科学实在论的理解，以及我们对悲观元归纳与科学实在论之关联的理解。总之，科学的进步是一种整体性进步，它的最核心的方面就是真理。

英国牛津大学的哈尔巴赫（Volker Halbach）教授做了主题为"组合性有根基真理"的讲演，他试图提出一种哲学上有用的真理理论，一种置入了一个非形式的、素朴真谓词的理论。这种真谓词理论的用法，由于它将在哲学理论中加以描述的那些性质，与其他真理理论相比，要求对这些哲学理论进行更少的修正。特别地，这种理论是一种彻头彻尾的古典真理理论，它不要求用一种非经典逻辑或者非经典的真理概念去改写现存的哲学理论。与塔斯基的 T 理论不同，这是一种免于分型（typefree）的理论，其真谓词能够有意义地应用于那些含有相同真谓词的句子。

2017 年 4 月 3 日出版的美国《时代周刊》（Time）一反往常，封面上黑底红字印制了这样的话——"真理死掉了吗？"，其中刊登了一篇主题为"特朗普总统能解决真理问题吗？"的文章，探讨了美国总统特朗普与其就职初段美国政坛发生的与"真理"有关问题之间的随机关联。作者由此断定我们已经进入一个"后真理"（post-truth）的政治时代。按照牛津词典的释义，所谓"后真理"指的是，对于影响和塑造政治争论或公众意见来说，情感和信念的力量要强于客观事实，人们对真理的关切变得不再那么重要。香港大学阿萨伊（Jamin Asay）教授以此为背景并针对上述文章的断定以及"后真理"的词典定义，做了题为"真理死掉了吗？——一种对于'后真理'的哲学分析"的讲演。他在讲演中阐述了"后真理"概念在近些年发生的涵义上的重大变化，强调对于这个概念需要进行澄清，而不能想当然地进行滥用。阿萨伊首先强调了自己的方法论，即不能把自己的研究看成是一种纯"概念分析"，因为"后真理"的意义仍处在变动和发展之中，对其进行纯静态的概念分析是不恰当的。随后，通过考察和比较媒体与政治评论家们对这个概念的各种使用手法，他认为用"后真理"去描述当前的政治生态是值得怀疑的，不能认为当今社会已经进入了"后真理"的时代。

美国明尼苏达大学的库克教授做了关于"克里普克固定点语义学中的一元内涵算子"的讲演，他从讨论克里普克的"三值语义"方案入手，分析了其中存在的问题：其一，克里普克固定点真理理论不允许我们直接表达很多直观上我们认为应该可以表达的概念；其二，对克里普克固定点理论的解释通常会导致该理论关注不到很多重要的外延性概念。库克在报告中提出了一种一般性框架，为克里普克固定点框架增加了一个一元内涵算子，为该框架建立了基本的语言和语义，并为这种扩展性语言的固定点定理及其完全性结果提供了证明，最后指明了进一步研究的方向。

韩国延世大学的佩德森（Nikolaj Pederson）教授的题为"关于真理和逻辑的温和多元论"的讲演试图完成四项任务：一是给出林奇对于温和真理多元论和逻辑多元论的论证，并比较林奇与比尔（Beall）和雷斯托尔（Restall）逻辑多元论的区别；二是给出一个关于如下观点的一般性论证：温和真理多元论和逻辑多元论之间不存在任何通道，温和真理多元论者都是逻辑一元论者；三是就温和真理多元论者如何看待逻辑的问题提供一种解释：既然温和多元论者致力于区别正确的真理与准真理，他们也应该认识到正确的逻辑与准逻辑之间的区别；四是讨论了逻辑和准逻辑的规范性，认为真理和逻辑是规范性的，因为它们是工具理性的保障。

北京师范大学的唐热风教授做了关于"知识与真理"的主题讲演，对威廉姆森的知识理论进行了分析和批判。她认为，威廉姆森关于"知道是一种纯心智状态"的基本观点只是被他用作了一种初始假定，他并没有对其提供论证。正因如此，他没有给出充分的理由去拒斥关于知识的形而上学混合理论，因而就不能指责将知识界定为"被证成的真信念"这一传统做法存在着让我们去接受一种错误的知识观的问题。知识就是被证成的真信念这一观点与知识是一种纯心智状态这一点是相容的，而且这种相容不会让我们接受关于知道的形而上学混合理论。她进而讨论了知识的认识论混合理论，证明关于知识的传统定义尽管不会让我们接受这一理论，但仍然可以成功地解决盖梯尔问题。这说明，知识传统定义的正确版本不仅是合理的而且也是充分的。

美国夏威夷大学成中英教授特邀讲演的主题是"从戴维森对'T约定'的使用到汉语中的意义与真理"，包括两部分内容：一是依据在塔斯基语义学的形式化表达中确立的 T 约定对戴维森真理理论进行系统的解释，进而表明这种解释如何用来阐明和澄清汉语和中国哲学中的意义与真理概念；二是把中国哲学也看作一种真理理论，就如何理解汉语中的意义和真理提出了五条基本原理：开放语法和句法原理、自然创造性原理、内部实在外显化原理、历史性指称和生活世界原理、全面整体性和终极来源原理。他认为这五条基本原理属于中国语言的元语言，能够指导中国语言中的有意义的语句如何进行翻译。

美国加州大学河滨分校尼尔森教授在题为"真理的视角性"的讲演中认为，真理是一个视角性概念，世界和时间是一个语义解释中的指标，认为它们能够判定不同的意义是不合理的。当可能世界和时间作为对被解释语句的真值进行相对化处理的指标时，就能够理解为什么说真理是一个视角性概念了。如果真理是一个视角性概念，那就意味着最基本的真值载体的真与假是相对于某个视角而言的，从不同的视角看其真值，可能会发生改变，由此可以推出，实在也是一个视角性的概念，如果我们坚持认为实在最终是融贯的，实在也就不可能是绝对的。要想化解真理视角性理论的反对意见，需要承认，我们实际上不可能为模态和时态话语提供充分的语义学，因为这种话语的元语言也必须是非模态的和非时态的。坚持真理的绝对化观点会导致与集合论悖论相类似的悖论。

美国里德学院的亨奇利夫（Mark Hinchliff）教授在讲演中提出了一种"发展中世界的模型论"（Model Theory for a Developing World），旨在贯彻普莱尔（Prior）关于"未来就像是一种许诺"的思想，认为这一思想实质上就是关于发展中世界的思想。基于这种哲学理解，亨奇利夫为发展中世界建立了一个模型结构 <T, j, < >，其中 T 是一个非空的指标集，代表时间，j 是 T 中一个元素，代表未来的时间；< 是 T 上的非自返、反对称和传递关系，代表"早于"关系。基于这种模型结构给出了模型 M，即（D, dom, val），D 是一个非空集，dom 是一个函项，给每一个时间指派一个论域，即 D 的一个子集，val 为该语言的每一个谓词相对于一个时间和分支的序对指派一个外延，这样的序对是否适当取决于这个时间是否位于这个分支之上。他给出了这个系统的语义，并提供了一些有效的例证。

台湾中正大学侯维之教授的讲演"对不同的人要圈定不同的辖域吗？"，主要关注了由坚持断定的窄辖域真理标准，例如 TCA（如果 p 是真的，那么断定 p 就是正确的）与 CAT（如果断定 p 是正确的，那么 p 就是真的）所引发的悖论问题。他根据帕菲特矿难救助一例说明，TCA 会导致窄辖域悖论，而 CAT 又依赖于对避开窄辖域悖论的一种令人难以置信的解释。借助对规范性算子的否定的宽辖域读法，可以给出关于 TCA 和 CAT 的三个宽辖域悖论，由此可见，同时接受 TCA 和 CAT 会导致不相容，因此这两条标准应该被否弃。

会议分两个会场同时进行分组学术报告，依主题近似程度具体如下：

第一，关于特定人物的真理理论的研究。

德国帕德伯恩大学的菲卡拉（Elena Ficara）教授的报告"黑格尔的真理理论"从两个方面对黑格尔的真理理论进行了探讨：一是黑格尔理论中的真值载体是什么；二是对于黑格尔来说，"真的"意味着什么。报告认为黑格尔的真理理论与真理的融贯论和实用论截然不同，而且与亚里士多德真理论及塔斯基真理论存在密切关联。中国政法大学奥托布兰多（Andrea Altobrando）博士的报告"真理、直观与法律"，从掌握法律的角度诠释了对胡塞尔范畴直观的理解，特别研究了与形式范畴相关的满足（fulfillment）理论，他认为胡塞尔的范畴直观理论对当前有关真理理论的争论，尤其是使真者（truth-maker）理论做出了原创贡献。菲律宾大学的古兹曼（Symel Noelin De Guzman）博士的"塔斯基与模态"的报告认为，塔斯基用于解决说谎者悖论的元语言方案同样适用于为量子逻辑中的命题赋值。由于模态包含了量子逻辑，元语言优越于对象语言，因而说某事在所有可能世界为真并不必然要接受量子逻辑。南京大学张力锋教授的报告"时态全知、自由意志与条件宿命论"，基于麦考尔（McCall）的真理随附性理论，着重考察了神的时态全知性与人的自由之间的不相容问题，试图从句法与语义两方面说清楚不相容论证中存在的谬误，证明该论证未能证明人的自由意志能够威胁上帝的不可错性。通过诉诸未来经验命题的真值的整体概念，论证神圣信仰不能衍推出行动主体实际行动的必然性，而只能推出实际行动本身，同时提出了一个容许人的自由意志的条件宿命论概念，这个概念可由神的不可错性析出。中国人民大学的许涤非教授的"论何物存在"的报告认为，蒯因的本体论承诺不能为逻辑理论提供答案，通过探讨费恩对本体论的量化解释的批评，认为本体论承诺本身尽管没有说清楚普通承诺与理论承诺的区分，但本体论承诺背后的哲学分析并不是不足道的。报告还探讨了费恩和弗雷格的实在论理论，通过对弗雷格和蒯因进行比较，分析了蒯因本体论承诺的根源以及弗雷格对本体论的量化解释的评论。兰州大学的李菁教授在"维特根斯坦和康德均犯有乞题之误"的报告中，对《逻辑哲学论》和《纯粹理性批判》的论证形式进行了勾勒，并分别基于对其中所含子论证（前著的 2.021 - 2.0212 和后著的 A26/B42，B40 - 41）的分析，认为这两部经典著作，无论是主论证还是子论证，其逻辑形式都属于肯定前件式推理；但从推理所依据的前提看，都犯了乞题的谬误，都把其合理性还有待论证的论题视作了想当然。北京大学的李麒麟博士的报告"真信念与关于知道的威廉姆森型心灵状态"指出，认识论研究中有一个历史悠久的传统观点，即认为偶然的真信念与知识之间存在着根本区分。报告试图利用这一观点分析针对威廉姆森的"知道"概念（"知道"是一种特殊类型的心灵状态）提出的一些挑战所具有的合理性。北京大学的孙嘉阳博士所做报告的主题是"存在与真理"，试图阐明海德格尔是如何使用司各脱个体性及存在理论构建自己关于主体性的理论的，并借此表明，海德格尔让"个体性""存在的单义性"这些概念获得了重要的现代意义，即让真理和存在成为可以把握和企及的东西，从而使人在这个世界的存在获得了意义。

第二，关于真理理论中特定未解问题的研究。

北京大学陈波教授在他的报告"对事实与使真者的怀疑论"中，首先概述了他本人发展的认识论的事实观："事实"是认知主体从世界的母体上一片片"撕扯"下来的；认知主体最后撕扯下一些什么，取决于他们"想"撕扯什么、"能"撕扯什么、"怎么"撕扯，以及外部世界中的情形。如此撕扯下来的"事实"甚至会以多种方式撒谎，从而扭曲本体论意义上的客观真相。此后他重点揭示了本体论的事实观，即认为事实存在于外部世界中，是纯客观的，以及使真者理论所面临的一系列理论困难，认为它们在学理上很难说得通。接着他强调指出：尽管基于事实和使真者概念的真理符合论有问题，但并不意味着真理符合论就死掉了。相反，真理符合论是一个可行的、有前途的真理论方案，并且有可能是唯一值得尊重的真理论方案。澳大利亚国立大学的彼得·埃尔德里奇-史密斯（Peter Eldridge-Smith）教授的报告"匹诺曹反对语义层级"，对匹诺曹悖论进行了解析，认为这个典型的悖论表明说谎者语句不一定要包含语义谓词，通过梳理与学术界多轮交锋的情况，再次论证，塔斯基-克里普克通过语言层级解决说谎者悖论的方案对解决匹诺曹悖论并不适用。山西大学的魏屹东教授在"'如果—那么'推理中有效性悖论的语境论解决方案"的报告中指出，基于规则的"如果—那么"推理是科学认知的重要形式，但形式规则的逻辑真值与经验或常识之间存在"认知间隙"，导致人们怀疑推理的有效性。通过进行语境分析，他分别为蕴涵悖论、三段论悖论及对预设的影响提出了有效性条件，并为"如果—那么"推理建构了语境模型和语境层级模型。山东大学的苏庆辉教授的报告"现实可知的反事实条件句"，从分析威廉姆森关于爱丁顿（Edgington）对于可知性悖论的重述策略注定失败的两个原因入手，认为这两个原因是以"现实性"（actuality）的标准观点为基础的，而现实性往往被看作索引词；但由于这一点近来遭到了否认，于是威廉姆森的第二条反对理由的合理性将被质疑。我们可以通过关于现实世界的知识而知道反事实条件句，爱丁顿的策略仍然有效。四川大学徐召清博士在报告中对认知语境论（epistemic contextualism）进行了辩护，针对来自瑞布斯奇（Rebuschi）和列赫里埃（Lihoreau）以及鲍曼（Baumann）的挑战进行了反挑战，认为这些挑战均与知识的事实性（factivity）相关，它们的问题是：前者把知识理解成索引性的随语境变化，会危及知识的事实性；后者将从认知语境论中导出逻辑矛盾。陕西师范大学的王晶博士报告了"可知性悖论的两种解法"，为了避开全知原理，她从反实在论角度考察了对可知性原理的两种回答：第一种是将 KP 弱化为 RKP，建立一个新系统 S_{RRK}；第二种是把 KP 的后件从 $\Diamond Kp$ 修改为 $\Diamond K \Diamond p$。只要采取了这两种修改方法，可知性悖论就会消失。北京大学的南星博士的报告"先验理念论、内在实在论以及有关真理的问题"论证了普特南内在实在论存在的问题主要在于未能充分说明"理想化"（idealization）的概念，指明了普特南的康德研究中存在的短板，即完全没有关注康德的先验统觉学说，还探讨了该学说与先验理念论的关系。

第三，关于真理理论一般性问题的研究。

美国纽约大学的博士研究生布隆伯格（Kyle Blumberg）的"假定性态度"的报告讨论了态度条件句，认为这种条件句造成了肯定前件推理式的反例，这些反例的根源在于这一事实，即假设性环境中的态度动词的指谓可以与主体的假定性态度关联起来，而这种态度与主体的非假定性心智状态截然不同，仅当主体做出某种假定时才会持有这种态度。意大利国立米兰大学的达戈斯蒂尼（Franca d'Agostini）教授的报告"真理虽不重要，但它是不可避免的"，试图从柏拉图、亚里士多德关于真理的符合论概念中寻找一个新的角度，以便为逻辑学特别是哲学逻辑奠基，进而揭示出真理概念最主要的特征就是它的"不可否认性"。复旦大学的邵强进教授在报告中讨论了"古代中国的真理"，简要探讨了如下问题："真"在古代中国如何解释？它与逻辑研究有何联系？古代汉语的特点如象形字源、语法经济、难以形式化等，都影响了中国传统思想中逻辑形式方向的发展。古代汉语中，"真"从词源上是道家所说"真人"之真，意指"仙人变形而升天"，与西方"真"之所指无涉；古代汉语的"然"也不能对应西方的"真"。更能代表中国传统文化中真实、原初概念的是古代汉语的"是","辩是非"是中国传统文化的逻辑基础,从正名到行德代表了中国传统思维方式的伦理化、政治化倾向。厦门大学的周建漳教授做了题为"真理的两种基本形式"的报告,认为关于真理的理论可以划为两大阵营:实质/形而上学真理论和语义真理论。从实质/形而上学真理论的观点看,对"真"或"真理"及真命题的语义分析不必然与真理问题相关;而从语义真理论的观点看,真的语言分析也只不过是包括真理问题在内的哲学研究的正确方法。山西大学兼职教授周柏乔在关于"对真理如何关联证成的反思"的报告中讨论了为什么会存在一些为真却没有得到证成的断定,其基本观点是:有些所谓真断定对我们来说并非为真,因而不值得对之进行证成;任何证成都需要考虑认知背景发生的变化。中南财经政法大学的周志荣在题为"自然语言的过剩、间隙与不相容"的报告中论证了真矛盾论(dialetheism)希望让自然语言避免琐碎化,其方法是通过次协调逻辑背后的逻辑让扩张变得无效,但这种策略的合理性并没有得到独立证明。他提出了一种间隙论策略,认为对于解决悖论来说,间隙论要优于真矛盾论。西南财经大学的朱敏博士在报告"确定性论题和语言游戏"中指出,确定性论题和语言游戏本来分属数学哲学和语言哲学两个独立领域,但近来为了回应对于数学语言之指称的确定性以及数学陈述之真值的确定性的模型理论怀疑论,要把它们联系起来。确定性论题和语言游戏在实施行动的意义上具有结构上的相似性,数学语言的指称和数学陈述的真值都是可以判定的。辽宁大学的刘靖贤博士在关于"可设想性论证及其限度"的报告中认为,不加限定地应用可设想性论证导致了很多激烈的哲学争论,因而需要进行如下限定:源自主体A所设想的内容的可能性与源自主体B所设想的内容的可能性具有相同的程度,当且仅当这两个主体就这种所设想的内容产生了共鸣,这种共鸣包含三个要素:同感、中立和透明。如此限定,僵尸论证(Zombie argument)可以被否决。在"关于信念、非信念和悬置的探究"的报告中,北京大学的朱薇博士在信念修正理论的一个分支,即分级理论(ranking theory)框架中讨论了信念、无信念(non-belief)和悬置(suspension)三个概念,试图表明有些可推出的东西至今还没有被关注到。报告就信念和无信念区分了两组态度，阐述了五条假定，就信念悬置提出了两条假说。南开大学的孙新会博士的报告"紧缩真理、保守性与公理性真理"，重新整理了几种经典的紧缩真理理论，分析了由紧缩论的三个不适当的承诺所引发的二难困境，探讨了真理的紧缩论和公理论之间的匹配问题，提出了真理的公理论的基本规范并阐释了真理语义论在公理理论中发挥的指导作用。南京大学的伍岳轩的报告"真理修正理论的最新发展"讨论了古普塔（Gupta）和斯坦佛（Standefer）对真理修正论的最新发展，在其中关于塔斯基双条件句的所有表述均有效，报告试图细致阐释这种新理论，并用相对化T-模式的观点对其进行了评论。天津外国语大学的姜奕村的报告"隐喻、真理与主体间理性"试图通过连接拉可夫/约翰逊（Lakoff/Johnson）的具身哲学和哈贝马斯的交往行动理论，为真理和隐喻建立一种新的关系，哈贝马斯的主体间理性概念在其中扮演重要的角色。云南大学的喻郭飞的题为"弹弓论证和语义实在论"的报告试图通过阐释弹弓论证的逻辑前提和语义前提对标准的弹弓论证进行否证，捍卫了语义实在论的合理性，并论证了语义实在论对捍卫真理的符合论是必不可少的。

本次会议是陈波教授自2011年以来发起举办的"逻辑和哲学"系列国际研讨会之一。系列国际研讨会已连续举办六届，每届都有十名左右国外学者参加，包括当今世界顶尖的学者。陈波教授在会议闭幕式上做总结发言，对本次会议的状况表示非常满意，并回顾了先前举办的几次会议，谈了以后的一些设想和安排。本次国际会议在人数、规格、等级等方面再创新高。与会的国际A&HCI刊物《中国哲学季刊》主编成中英教授承诺将提供版面刊发本次会议的优秀论文。

（刘叶涛、魏良钰　撰）

35. "亨迪卡、逻辑和哲学"国际研讨会（2018）

2018年8月21日至23日，"亨迪卡、逻辑和哲学"国际研讨会在北京大学人文学苑举行。该会议由北京大学哲学系和外国哲学研究所陈波教授发起并组织，由北京大学哲学系和北京大学外国哲学研究所共同主办，受北京大学"研究生创新教育计划"资助。来自芬兰、美国、挪威、南非、日本、澳大利亚、中国（包括香港和台湾地区）的40多位教授和博士生参与了此次会议。

在开幕词中，北京大学哲学系的陈波教授介绍了亨迪卡的主要研究工作并对其学术贡献做出了高度的评价。亨迪卡是芬兰著名逻辑学家和哲学家，他一共出版了30部专著和合著，发表了300多篇学术论文。亨迪卡在逻辑、哲学、数学、语言学和认知科学等诸多领域都做出了重要贡献。在哲学方面，亨迪卡的研究涵盖了形而上学、认识论、逻辑哲学、数学哲学、语言哲学、科学哲学、自然科学方法论等诸多论题。在哲学史方面，亨迪卡对亚里士多德、柏拉图、笛卡儿、康德、皮尔士、维特根斯坦和胡塞尔的哲学都做出了独到的阐释。在逻辑和数学方面，亨迪卡开创了现代认知逻辑、IF逻辑及其博弈论语义学、探究的询问模型，并且是可能世界语义学、分配范式、语义树、无穷深度逻辑、归纳概论的当代理论的缔造者之一。亨迪卡的贡献得到了国际学术界的高度赞誉。2005年，亨迪卡因在模态概念特别是知识和信念概念的逻辑分析方面做出的开创性贡献，获得由瑞典皇家科学院颁发的"罗尔夫·肖克奖"，该奖被视为逻辑和哲学领域的"诺贝尔奖"。2006年，著名的"在世哲学家文库"出版了《雅科·亨迪卡的哲学》。2011年，他获得了美国哲学联合会颁发的"巴威斯奖"，以及"芬兰狮子级大十字勋章"。陈波教授认为，亨迪卡是莱布尼茨式的天才,他像莱布尼茨一样雄心勃勃,充满了新思想,总是精力充沛,能够从事许多不同种类的事务。"天才值得敬仰",尽管斯人已逝,但其贡献值得铭记,其思想潜能值得进一步挖掘,其缺点和不足需要反思,其想法需要进一步发展。最为重要的是,我们需要对这些天才们所探究过的或未及探究的领域做出我们自己的贡献,这也是此次大会的目的。

此次大会设有六位特邀发言人,他们分别是:芬兰赫尔辛基大学的伊尔卡·尼尼罗托教授、美国斯坦福大学和挪威奥斯陆大学的达格芬·弗莱斯塔教授、中国山西大学的江怡教授、美国堪萨斯大学的约翰·塞蒙斯(John Symons)教授、南非威特沃特斯兰德大学的穆拉里·拉马钱德朗教授和中国台湾阳明大学的王文方教授。

亨迪卡最著名的贡献是创立了现代认知逻辑。在《知识与信念》(1962)中,他不仅开启了对知识和信念的模态语义分析,而且用认知逻辑工具分析了知识与信念的关系、知道自己知道、知道他人知道以及摩尔悖论等具体的认识论问题。

三位特邀发言人的报告都与亨迪卡在认知逻辑方面的工作直接相关。弗莱斯塔教授在题为"亨迪卡对模态逻辑的贡献"的报告中,系统地回顾了亨迪卡在模态逻辑语义学方面的工作。他认为,亨迪卡、康格尔和克里普克同为可能世界语义学的创立者。亨迪卡用于分析认知逻辑的模型集,本质上非常接近后来被称作"克里普克语义学"的可能世界语义学,因此也可以视作对模态逻辑语义学的一般贡献。尼尼罗托教授在题为"作为命题态度的知觉、记忆和想象"的报告中指出,亨迪卡在《模态的模型》(1969)中将对知识和信念的模态分析推广为包括知觉、记忆和想象在内的命题态度的一般理论。他认为,知觉逻辑是亨迪卡在内涵逻辑方面的重要遗产,相关的研究在 20 世纪七八十年代非常活跃。但是,相比于知识和信念逻辑在哲学逻辑和人工智能等领域的流行程度,对知觉逻辑和记忆逻辑的研究还非常薄弱。稍微不同的是,对想象逻辑的研究在近年来有所复兴。王文方教授的报告题目是"认知逻辑的一个新语义框架"。他认为,亨迪卡的认知逻辑使得知识封闭原则有效,因而不能用来分析拒斥知识封闭原则的认识论理论。有鉴于此,美国学者霍利德(W. H. Holliday）提出了一个新的语义框架，并对一组拒斥知识封闭原则的认识论理论进行形式化分析。其结论是，除非我们放弃单一知识路径这一传统观点，所有这些理论都会面临怀疑论、限制问题和空洞知识问题的三难困境。而王文方则指出，只要我们采取另外一种推广方式，那么在保持单一路径的同时，这个看似不可避免的三难困境，实际上也是可以避免的。

其他多位发言人的报告，要么利用非形式的方法来探讨认知逻辑试图刻画的知识和信念，要么利用认知逻辑的形式方法来探讨相关的认识论问题。山东大学的任会明教授的报告题目是"真信念来之不易"。他认为，求知和求真在信念形成过程中具有相同的规范力，因为以真信念为目标的行动并不容易，知识只是求真过程中的副产品。山西大学和香港理工大学的周柏乔教授的报告题目是"理解所信之物"。他认为，要达成一个信念是关于什么的共识是有可能的；与弗雷格的涵义—指称理论相比，普特南的直接指称论对在盖梯尔案例等情形中如何确定信念对象能给出更好的分析。陕西师范大学的王晶博士在认知逻辑的基础上探讨"摩尔句与可知性悖论"。她认为，造成可知性悖论的是可知性原则，而非标准的摩尔句；用强的摩尔句和弱的摩尔句来代入可知性原则，都不会导致可知性悖论。四川大学的徐召清副教授的报告题目是"用信息定义知识"。他在知识—信息逻辑中给出了关于知识可定义性的两个初步结论：K45 的知识不能显定义为 S5 的信息，但可以归约为 S4.4 - S5 之间的信息。辽宁大学的刘靖贤副教授和博士生李琳在题为"鱼乐之辩中作为想象的知道"的报告中，将庄子和惠施辩论时的"知"解释为想象。他们认为，二者辩论的结果是庄子和惠施在交互迭代的想象过程中达成了共鸣。北京大学的陈波教授和博士生胡兰双的报告题目是"亨迪卡和威廉姆森论 KK 原则"。他们认为，亨迪卡在为 KK 辩护时使用的是一种过强的知识概念；而威廉姆森在反驳 KK 时尽管使用了较弱的知识概念，但其反驳存在双重标准的问题。

在亨迪卡的诸多贡献中，关注度第二的是分枝量词、IF 逻辑及其博弈论语义学。分枝量词是广义量词的一种，最早由亨金提出，其允许不同量词之间的约束关系是非线性的，以表达不同量词在辖域上的相互独立性。亨迪卡在《量词与量化理论》（1973）一文中提出，自然语言中有些句子只有用分枝量词才能做出最好的解读。亨迪卡和他的学生桑杜在《作为语义现象的信息独立性》（1989）一文中首次提出容纳分枝量词的独立友好逻辑（IF 逻辑）及其博弈论语义学。更多相关成果出现在亨迪卡的专著《数学原理再探》（1996）之中。此次大会多位发言人的报告也与亨迪卡的这一贡献有关。

特邀发言人塞蒙斯教授以"亨迪卡和蒯因论分枝量词"为题，概述了关于分枝量词的争论。他批评蒯因对亨金创新的忽视。在他看来，尽管亨迪卡和蒯因都将日常语言视作逻辑划界的标准，但诉诸日常语言只是亨迪卡为广义量词理论所做的辩护中最弱的部分。天津师范大学和香港中文大学的李行德教授报告的题目是"关于儿童语言中分枝量词的若干观察"。他发现，以中文普通话为母语的 4~8 岁的儿童更容易接受辖域依赖的解读，因此对量词的分枝解读并不是一种缺省配置。与此同时，年龄小的儿童比成人更能容忍分枝解读，而这种倾向随着年龄的增长而消退，因为他们逐渐掌握不同类型量词的特征并适应了自己母语中的辖域解释原则。澳大利亚国立大学的彼得·埃尔德里奇-史密斯博士报告的题目是"独立友好逻辑中的真理论"。他认为，IF 逻辑之所以能表达自己的真谓词而不会导致矛盾，关键是在处理说谎者悖论时将真等同于证实者的必胜策略；同样的方式也能处理"未满足悖论"和蒯因版本的"格雷林悖论"，但在处理强化的说谎者悖论时会遇到困难。中国人民大学的许涤非副教授报告的题目是"亨迪卡的逻辑革命"。她认为，像亨迪卡那样将 IF 逻辑当作数学基础，会面临严重的挑战：IF 逻辑既不是一阶逻辑又不是二阶逻辑的片段；由于没有完全性，因而不能确保所有逻辑真理都能用 IF 语言来表达；因为二阶逻辑能做 IF 逻辑所做的事情，如果承认二阶逻辑是逻辑，那么 IF 逻辑作为数学基础的重要性就会被削弱；亨迪卡的真定义本身也不能在 IF 逻辑的语言中表达。北京大学的朱薇博士报告的是她与意大利帕多瓦大学卡拉拉（Massimiliano Carrara）教授合作的论文《以博弈论语义学为基础的对 PAR 的论证》。PAR（任意指称原则）说的是，论域中的任何对象都能够被一个指称行为选出。他们认为，正如在量词语义学中起到决定性作用一样，PAR 对博弈论语义学而言也是本质性的。

与大多数逻辑学家和分析哲学家不同的是，亨迪卡特别重视哲学史的研究。他对维特根斯坦哲学和笛卡儿哲学的研究也得到了多位发言人的关注。

特邀发言人江怡教授报告的题目是"亨迪卡论维特根斯坦论存在与时间"。与亨迪卡将中期维特根斯坦归为维特根斯坦后期思想不同，他认为存在一个独立的中期维特根斯坦时期。他给出了自己对中期维特根斯坦的理解，以及亨迪卡对中期维特根斯坦的存在与时间概念的解释；在探寻中期维特根斯坦哲学思考特征的同时，他也指出了亨迪卡的解释中所缺少的存在的意义。最后，他概述了亨迪卡在维特根斯坦哲学研究上的贡献。在他看来，亨迪卡更像是维特根斯坦哲学和当代分析哲学研究中的启蒙者或启发者。北京第二外国语学院的林允清教授的报告题目是"维特根斯坦论遵守规则和私人语言"。维特根斯坦在《哲学研究》第 202 节说私人地遵守规则是不可能的，其私人语言论证说私人语言也不可能。在林允清看来，先前的研究者对私人遵守规则和私人语言论证以及二者关系的解释都是有缺陷的。他提出了一种新的解释，认为二者都是关于语法事实的陈述，从而能够使维特根斯坦的哲学观念与其实际哲学实践相协调。北京外国语大学的谭慧颖博士报告的题目是"维特根斯坦的私人语言与佛教的解答"。她认为，私人语言的问题是能否为内在感觉命题的问题。在她看来，维特根斯坦和佛教都认为语词/概念/共相不指称内在的感觉，它们之所以有意义只在于其他语词/概念/共相的关系；与维特根斯坦只是否定各种直觉谬误相比，佛教对内在感觉的问题直接给出了正面理论，建立了感觉—想象模型，从而具有更少的争议。中国政法大学的奥托布兰多博士报告的题目是"我判断故我在：论亨迪卡对笛卡儿名言的解释"。他认为，对亨迪卡而言，"我思故我在"只是一种反思行为，是在思考、怀疑、断定自身的存在；但对笛卡儿而言，"我思故我在"不只是一种施为，而是旨在揭示一种未经判断的生命状态，以及想要知道和做出判断的那种意志。华东师范大学的张留华教授报告的题目是"我思故我在：是不是推理?"。亨迪卡在《我思故我在：推理还是施为》（1962）等系列论文中认为，"我思故我在"既是一种推理又是一种施为。但张留华认为，要对这个问题给出适当的回答，需要进一步考察什么是推理，这不只是如何使用

"推理"的语词之争,而且涉及当代逻辑哲学中的重要争论:逻辑是否不同于推理理论,以及不同的有效性观念从何而来。为了对这些问题做出更有成效的回答,他建议我们不要对规定性定义有过多期待,而是要着手构建哲学研究的术语伦理。山东大学的苏庆辉教授报告的题目是"亨迪卡论直觉"。亨迪卡在《皇帝的新直觉》(1999)中认为,当代哲学家并没有任何可证成的直觉。但苏庆辉认为,如果将直觉理解为一种能力,一种形成条件信念的倾向,那么诉诸直觉就可以通过表明相应的条件句为真或可靠而得到辩护。

特邀发言人拉马钱德朗教授报告的题目是"对应体理论中一个被忽视的问题:三种进路再探"。他指出,刘易斯在《量化模态逻辑的对应体理论》(1968)中存在的一个问题尚未引起足够的重视。刘易斯的理论使量化模态逻辑的定理 $\Diamond \alpha \rightarrow \Diamond (\alpha \vee \beta)$ 无效。而福布斯(1982,1985)和他自己(1989,2008)给出的修正版本是能够避免这个问题的不同进路。浙江大学的廖备水教授报告的是他与三位国际合作者共同完成的论文《形式论证中的优先规范》。他们提议用论证理论来表达具有优先规范的推理。他们使用分层的抽象规范系统(HANS)来定义三种优先规范的进路:贪婪、归约和最优化。他们给出 HANS 的论证理论后,证明对全序的 HANS,贪婪和归约可以分别用最弱链条原则和最后链条原则加以表达,而最优化可以通过引入额外挫败者来表达,其背后的想法是,每个包含不属于最大可遵循集的规范的论证都应该被拒斥。中国台湾"国立"政治大学的侯维之教授报告的题目是"回溯分析和单一历史事件的归因"。瑞思(2009)认为,对历史思想实验中的反事实条件句做回溯分析是历史学研究中为单一事件归因的标志性做法,并主张找到导致差异的关系就足以消除归因中的争议。侯维之指出了瑞思理论的不足之处,并为反事实条件句提供了一种更细粒度的以时段为基础的回溯分析,从而能够为单一历史事件做出更好的归因。西南大学的杜世洪教授报告的题目是"人类假装的逻辑问题与原则:反思奥斯汀对假装的分析"。他讨论了奥斯汀的《假装》(1958)一文引出的两个问题:一是"假装"是否通常是明显的,二是"假装在假装"在逻辑上是否可能。他区分了四种假装的情形:儿童的假装、戏剧的假装、隐晦的假装和秘密的假装。在他看来,只有前两种情况下的假装才是明显的。而根据这四种情形下的假装标准来看,"假装在假装"都是不可能的,"假装在假装"只不过是无意义的语法表达。日本北海道大学的中户川孝治教授报告的题目是"走向佛教逻辑句法和语义的建构"。他简要地回顾了佛教逻辑的发展历程,以及东西方哲学家在 20 世纪 50 年代的首次交流:斯塔尔用限制变元理论来研究佛教逻辑,而中村则使用施罗德的代数逻辑。之后,他以"有烟必有火"为例,尝试性地提出用一阶逻辑来建构佛教逻辑的句法和语义。北京大学的博士生王海若报告的题目是"论确定性算子在模糊性研究中的作用:高阶模糊性的一种组合解释"。研究模糊性的哲学家大多用确定性算子来解释界限情形和模糊边界。赖特(2008)认为,要解释高阶模糊性就需要高阶的边界情形。但在王海若看来,一旦我们为确定性算子赋予一种证实角色,那么模糊性的两个重要特征(容错直觉和高阶模糊性)都能得到合理的解释,而不需要诉诸高阶的界限情形。南京大学的博士生陈晨报告的题目是"先验可理解性论题中的理想化问题"。查尔默斯在《构造世界》(2012)中,以 PQTI 假说和贝叶斯论证为基础,提出了先验可理解性论题。其中,PQTI 假说是指一组名为 PQTI 的语句提供了对认知和形而上学可能性空间的认知上透明的通路。但陈晨认为,PQTI 假说只是一种理想化的概念,通常主体的认知有诸如不一致和不融贯等缺陷。因此,先验可理解性论题是可错的,而贝叶斯原则也不适用。问题的核心在于,意义只是后天生成的,而不是先验可理解的。所以,查尔默斯的可理解性论题并不能令人信服地恢复认知可能性和形而上学可能性之间的联系。

最后,还有一些发言人的报告,尽管没有直接引用亨迪卡的著作,但正如陈波教授在开幕词中所言,对过往的天才们所未及探究的领域做出我们自己的贡献,也是此次大会最重要的目的。

此前,北京大学哲学系的陈波教授一共举办了六场"逻辑和哲学"系列国际研讨会,分别是:"弗雷格、逻辑和哲学"(2011)、"克里普克、逻辑和哲学"(2012)、"蒯因、逻辑和哲学"(2013)、"威廉姆森、逻辑和哲学"(2015)、"悖论、逻辑和哲学"(2016)、"真理、逻辑和哲学"(2017)。这些会议都取得了丰硕的学术成果。其中,美国 A&HCI 期刊

《哲学论坛》（*Philosophical Forum*）提供了 2016 年的秋冬两期的版面发表"威廉姆森、逻辑和哲学"会议的优秀论文。"真理、逻辑和哲学"会议的优秀论文，也即将发表于美国 A&HCI 期刊《中国哲学季刊》上。2019 年的"逻辑和哲学"系列会议有可能移师广州，由华南师范大学和北京大学联合主办。

（徐召清　撰）

36. 在现象学与分析哲学之间
—— 弗莱斯塔教授在北京大学的五次讲演

受北京大学"海外名家讲学计划"资助，应北京大学哲学系陈波教授邀请，弗莱斯塔教授于2018年11月6日至12日在北京大学做了五次学术讲演。弗莱斯塔是美国斯坦福大学刘易斯讲席荣休教授，挪威奥斯陆大学荣休教授。他出生于1932年，本科在奥斯陆大学学习数学和自然科学，师从著名数学家司寇伦，硕士阶段在德国哥廷根大学学习，后来于哈佛大学在著名哲学家蒯因的指导下完成博士论文。他撰写和编辑了30部著作，发表了200多篇论文，一些论文被翻译成19种语言。他还担任过《符号逻辑杂志》的主编以及30多个杂志的编委。自1975年以来，他担任了10多个国家科学院或国际研究机构的主席或院士。

在介绍弗莱斯塔的五次讲演之前，让我们先简单回顾他的主要哲学工作。在大陆哲学和英美哲学两个迥然有别的传统中，他是为数不多的在两大领域都做出过重要贡献的哲学家。

首先，在现象学方面，弗莱斯塔是现象学分析性解读的引领者。所谓分析性解读就是把现象学与分析哲学关联起来，在分析哲学的背景下考察现象学。有些分析哲学家对现象学采取了回避或拒斥的态度，但在弗莱斯塔看来，这种态度是错误的。实际上，在现象学与分析哲学的创始人胡塞尔和弗雷格那里，他们已经分享了相同的动机。弗莱斯塔分别指出了现象学与分析哲学在多个方面的关联性。早在1958年的硕士论文中，他就深入探究了胡塞尔和弗雷格的反心理主义，并在大量文本证据的基础上指出胡塞尔的反心理主义在多大程度上受到弗雷格的影响。在他的成名作《胡塞尔的意向对象概念》（1969）以及《胡塞尔的意向对象与意义》（1990）中，弗莱斯塔在大量研读胡塞尔手稿的基础上指出，胡塞尔的意向对象概念实际上对应于弗雷格的涵义概念,由此开启了现象学金三角(意识行为、意向对象和对象本身)与分析哲学金三角(语言表达式、涵义和指称)之间的比较研究。后来,弗莱斯塔也在分析哲学背景下深入解读了胡塞尔现象学的其他重要论题,包括知觉、证据、设定、构成、还原等。特别值得指出的是,弗莱斯塔利用古德曼和罗尔斯的反思均衡方法,重新解读了胡塞尔的证成方法与生活世界,非常具有启发意义。弗莱斯塔还把现象学方面的研究引申到存在主义和解释学方面,其中他的两篇论文《解释学与假设演绎法》(1979)和《合理性假设在解释与行动解释中的地位》(1982)引领了当代自然化解释学的趋势。

其次,在分析哲学方面,弗莱斯塔主要在蒯因哲学方面做出了重要的解释和批判性推广工作。这些工作又是从两个角度平行展开的。一方面,弗莱斯塔从蒯因对模态概念的质疑出发,既认为蒯因对模态概念的批评是站得住脚的,量化模态语境确实导致了模态区分的坍塌,同时也认为,蒯因的批评并不意味着模态逻辑是完全不成立的,可以通过某种修正来建立和发展模态逻辑。弗莱斯塔的论文《蒯因论模态》(1968)以非常清晰的方式呈现了这个方面的工作,后来弗莱斯塔经过不断地充实和完善,最终发展出自己的洞见,这体现在他的论文《个体化》(1994)一文中。实际上,在1961年的博士论文中,弗莱斯塔已经早于克里普克发展出新指称理论的基本想法,与克里普克"严格指示词"这个术语不同,弗莱斯塔称之为"真正的单称词项"(genuine singular term)。因为康格尔和亨迪卡早在克里普克之前已经在很大程度上发展出可能世界语义学,所以这种语义学应该被更恰切地称为"康格尔—亨迪卡—克里普克语义学"(Kanger-Hintikka-Kripke semantics)。类似地,因为马库斯与弗莱斯塔也早于克里普克发展出新指称理论或名称的历史因果理论,所以这种语言哲学理论也应该被更恰切地称为"马库斯—弗莱斯塔—克里普克理论"(Marcus-Føllesdal-Kripke theory)。另一方面,弗莱斯塔也从蒯因的翻译不确定性论题出发,重构出这个论题的三种论证,与前面的工作类似,他既认为蒯因的翻译不确定性论证是站得住脚的,意义本身是一个晦暗不清的概念,同时他也认为不确定性论题并不意味着任何关于心灵状态的谈论都是不可能的,人们可以修正通常的心灵观,也就是说,为了理解意义与交流,人们必须诉诸公共可观察的证据。弗莱斯塔在《翻译的不确定性与自然理论的不充分确定性》(1973) 一文中以非常清晰的方式呈现了这方面的工作，后来经过不断地充实和完善，他也最终发展出了自己的洞见，这体现在他的《心灵与意义》(1999) 一文中。

以上就是弗莱斯塔主要的学术贡献，下面将介绍他近期在北京大学所做讲演的具体内容。

第一次讲演的题目是"胡塞尔的现象学及其与当代哲学的关联"。弗莱斯塔不仅回顾了胡塞尔本人的生平与著作，也追溯了胡塞尔现象学的先驱与后学。弗莱斯塔是在一个广大的背景下展开现象学谈论的，他特别强调从学派角度对哲学进行区分——例如大陆哲学与分析哲学的区分——是一种封闭思想的错误做法。在弗莱斯塔看来，现象学的出发点是知觉问题。传统观点把知觉等同于单纯被动的接受，是物理对象在感官中带来的变化。例如，亚里士多德在《论动物》中指出，"能感知的东西潜在地类似于被实际感知的东西"，感觉器官"接受事物的可感形式，但没有接受事物的质料，正如蜡块接受了图章戒指的印记，但没有接受图章戒指的铁器和金器"。但是，胡塞尔认为，知觉是主动的结构化，他特别强调预期在知觉活动中所发挥的重要作用。虽然知觉的结构化过程受到感官经验的限制，但是预期的结构既可以与感官经验相容，也可以与感官经验不相容。正是在预期结构与感官经验和谐相处（或不和谐相处）的过程中，"视域"呈现在一个认知主体面前。胡塞尔所说的"视域"不仅包括主体用语言表达出来的信念和欲求，也包括主体已经意识到但尚未被语言表达出来的信念和欲求，还包括主体尚未意识到的（但如果主体意识到就会用语言表达出来的）信念和欲求，甚至包括不能用语言表达出来的身体倾向和心理倾向（例如在滑冰时为了保持身体平衡而具有的运动感觉）。总而言之，有意识预期只是整个"视域"的冰山一角。弗莱斯塔通过援引维特根斯坦的"鸭兔图"这个例子来说明预期在知觉过程中的重要作用。人们究竟把"鸭兔图"识别为鸭子还是兔子，这取决于他们的预期，而这种预期又依赖于他们的背景知识等因素。

从这个角度出发，胡塞尔的意向性概念就是指我们的预期通过对感官经验进行结构化从而使得我们的意识行为具有一个对象。胡塞尔把这种结构化称为意向对象（Noema）。这种结构化是整体主义的，一个对象各个方面的特征相互适应从而被统一为一个整体。因此，从现象学的角度看，我们直接经验到的并不是碎片化的感觉材料，而是一个完整的对象；并不是片段性的身体运动，而是一个有明确意图的行动；并不是一个僵死的身体，而是一个活灵活现的人。所以结构化的预期并不是先天的，而是一种习惯、一种沉淀甚至是一种归纳，结构化的过程蕴涵着时间维度（如胡塞尔所说的前摄和持留）、实践功能以及价值规范。这里，弗莱斯塔特别比较了胡塞尔的意向对象与弗雷格的涵义。正如弗雷格认为，语言表达式的涵义使得这个表达式指称一个对象（如果存在这样一个对象的话），胡塞尔认为，意识行为的意向对象使得这个行为具有一个对象（如果存在这样一个对象的话）。弗雷格与胡塞尔的相似之处在于，他们都摆脱了传统观点关于行为（或名称）与对象之间的二元关系，将其替换为行为（名称）、意向对象（涵义）与对象之间的三元关系。然而，他们之间的差异在于，胡塞尔的意向对象比弗雷格的涵义更广泛、更丰富，这体现在胡塞尔关于质料、意向活动（Noesis）与意向对象的结构中。意向对象是非时间性的、进行结构化的行为，意向活动是时间性的、在行为中进行的结构化活动，其中意向对象与意向活动是相互关联的，而质料是对意向活动从而也是对意向对象进行限制的经验。在从非时间性向时间性展开的过程中，意向对象包括两个组成部分，一个是设定，另一个是意义。设定部分把知觉与想象区分开来，而意义部分把各种性质识别为一个确定的对象。

  以上是弗莱斯塔对现象学核心内容的介绍，在第一次讲演的后半部分，他还介绍了胡塞尔现象学的其他重要话题，包括自我、身体、主体间性以及伦理学。从现象学的意向性结构出发，自我并不是一个纯粹的主体，而是包括心灵维度、身体维度以及社会维度的主体。正如前面所说，意向性是建立在过去经验的基础上的，这是一种沉淀，包括了过去的所有意识行为活动所归纳形成的"习惯"，在这个意义上，意向性实际上是过去经验与当下经验的配对。这里，弗莱斯塔特别强调，意向性的配对关系不同于类比推理。因此，现象学的自我不仅涉及他者，也涉及主体间性，自我以同情的方式理解他者，自我也把他者经验为一个"自我"，这实际上也是自我视域与他人视域的配对。任何自我都是在与他者的相互调整的过程中不断形成一个关于我们的观念，亦即我们的世界观。从主体性到主体间性的过渡并不意味着胡塞尔取消了客观性，相反，他坚定地反对相对主义和心理主义，他探索的方向是如何从主体间性走向客观性。这自然而然地引向了现象学的伦理学问题。弗莱斯塔通过大量援引胡塞尔的手稿来说明现象学伦理学的规范性问题："我们在伦理学中也不得不追问：初始伦理概念的来源在哪？这些概念的有效性所依赖的经验证据基础在哪？""情绪（sentiment）行为是价值证据的来源。""很明显地，如果抽象掉情绪，那么将不会有关于'善'和'恶'的谈论。""我们似乎不能接受休谟论证的所有内容，但一个确定的也完全明显的事情是，情绪本质上包含了伦理区分的产生。""英国道德哲学毕竟毫无疑问地建立起来了：如果我们想象一个没有情绪的存在者，正如我们认识一个没有视力的存在者，那么任何道德都会失去内容，道德概念也会成为无意义的语词。"

第二次讲演的题目是"数学中的证据：哥德尔与胡塞尔"。该讲演主要包括三个部分。第一部分是哥德尔对胡塞尔的研究。第二部分是胡塞尔现象学中的知觉与本质直观。第三部分是哥德尔如何把现象学应用于数学哲学研究。弗莱斯塔以哥德尔的《什么是康托的连续统问题》中一个令人困惑的段落为开篇："有些超出知觉的东西实际上是被直接给予的，这是从如下事实中得出的，即使我们指称物理对象的观念也包含了在性质上不同于感觉或感觉组合的构成成分……显然，数学背后的'被给予性'与我们经验观念中的抽象因素密切相关。然而，这并不意味着，由于抽象材料不能与特定行动关联起来从而作用于我们的感觉器官，所以它们是某种纯粹主观的东西，就像康德所说的那样。相反，它们也能表征客观实在的一个维度，但与感觉不同，它们的出现是由于我们与实在的另一种关系。"弗莱斯塔认为，这个令人困惑的段落必须在胡塞尔的视角下得到理解。根据弗莱斯塔的考证，上述段落在哥德尔手稿中紧跟着如下段落："或许某一天，现象学的进一步发展会使如下问题有可能得到决断，即能否以完全令人信服的方式获得初始符号及其公理的可靠性。"然而，哥德尔在正式发表时删去了后面这段话。弗莱斯塔认为，哥德尔将其删去的原因是：第一，由于没有足够的篇幅讨论现象学，所以这段话是突兀的、不恰当的；第二，哥德尔本人对于哲学观点的表达非常谨慎。但在弗莱斯塔看来，哥德尔对胡塞尔有过充分的研究，哥德尔仔细研究并翔实评注了胡塞尔的许多著作，哥德尔也在遗稿中对胡塞尔的现象学给出了高度评价："正是由于清晰性的缺乏以及字面表述的不正确性，从康德的思想中发展出分道扬镳的派别，然而，他们实际上都没有公正地对待康德的思想。对我来说，现象学似乎第一次满足了这种要求，完全像康德所预想的那样，既避免了从唯心主义拼命地跳跃到一种新的形而上学，也避免了对所有形而上学的实证主义拒斥。"

第二部分不仅回顾了胡塞尔现象学的知觉理论，而且特别说明了现象学的本质直观理论。根据现象学的意向性以及进行结构化的意向对象，被经验的对象不一定是物理对象，也可以是普遍特征或本质（Eidos）。弗莱斯塔特别强调，这种本质并不是有些哲学家所认为的个体本质。为了说明这种本质特征以及胡塞尔的本质变更，弗莱斯塔列出大量实例，包括拓扑学纽结理论中的莱德麦斯特移动（Reidemeister Movements）、微积分中的连续性概念、可计算理论中的可计算性概念等。例如，莱德麦斯特于1927年证明，相对于平面合痕，两个纽结图形属于同一个纽结，当且仅当，它们可以通过一系列莱德麦斯特移动而关联起来。

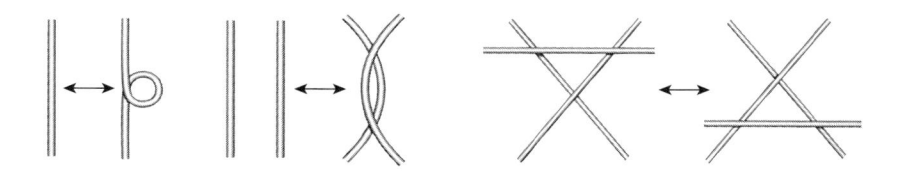

图 36 - 1

通过这些生动的例子弗莱斯塔指出，数学中的这些概念都是对现象学本质概念的最好说明。在此基础上，弗莱斯塔介绍了现象学的直观理论。在胡塞尔那里，直观包括两个方面：知觉和本质直观。前者是对物理对象或具体事物的把握，后者是对数学对象或本质的把握。

第三部分说明哥德尔如何把现象学的本质直观理论应用于数学哲学研究。哥德尔关心的两个主要问题是：是否存在非物质的对象？如果存在，那么我们如何认识这些对象？这里，弗莱斯塔仍然引证了大量哥德尔的著作。"这些对象的假设与物理对象的假设是同样合理的，也有同样的理由相信它们的存在。在相同的意义上，它们对于一个令人满意的数学系统来说是必不可少的，正如物理对象对于一个令人满意的感官知觉理论来说是必不可少的。""如果数学与物理学一样描述了一个客观世界，那么没有理由不把归纳法应用于数学，正如没有理由不把归纳法应用于物理学。但事实是，我们至今在数学中仍然持有以前对待所有科学的态度，即试图通过有说服力的证明从定义推导出一切（用本体论术语来说，这相当于从事物的本质推出一切）。如果这种方法占据了垄断地位，那么它在数学中与在物理学中一样都是错误的。""数学直观的对象是否客观存在，这个问题完全是如下问题的复制，即外部世界是否客观存在。""在数学直观与物理感觉之间具有明显的相似性。把'这是红色的'看作直接的感觉材料，但不把表达分离规则或完全归纳的命题看作直接的感觉材料，这是随心所欲的做法。就其相关性而言，这种差异只在于如下事实，在第一种情况中，被知觉到的是一个概念与其特殊对象之间的关系，而在第二种情况中，被知觉到的是概念之间的关系。""虽然远离感觉经验，但我们确实知觉到集合论的对象，这可以从如下事实中看出，集合论的公理迫使我们接受其为真。我有理由认为，我们应该像对感官知觉一样对这种知觉（即数学直观）有信心。"

最后三次讲演都是围绕蒯因的语言哲学展开的。

第三次讲演主要是对蒯因哲学的概述。弗莱斯塔在蒯因的指导下获得博士学位，所以他在介绍蒯因哲学生涯的同时，还穿插着对他与蒯因实际交往的谈论。在弗莱斯塔看来，蒯因是一个孝敬父母的人，他从上大学开始就每周坚持给他的父母写信，直到他的父母去世，一共写了2 000多封长信。蒯因还是一个努力工作的人，他曾经在一个暑假里平均每周工作100个小时来撰写他的《集合论及其逻辑》。蒯因是一个诲人不倦的人，在他讲授语言哲学的一次课程上，有25个学生参加，每个学生除了期中和期末论文外还要撰写7篇课程论文，蒯因对每一个学生的每一篇论文都给出详细的批注和修改意见。弗莱斯塔认为，蒯因的哲学把清晰性与深刻性完美地结合在了一起。蒯因不仅从以往的深刻哲学问题中发现了不清晰之处，对这些问题予以澄清并发展出新的论证，而且善于从晦暗之处发现被默认的预设以及被隐藏的深刻问题，由此引申出看待这些问题的新角度和新方式。从发展过程来看，蒯因最早是从逻辑出发的，从他的博士论文直到《数理逻辑的新基础》，蒯因都是以逻辑学家的身份著称的，其中他早年所建立的 NF 系统不仅是解决罗素悖论的新方案，而且是数学基础方面的重要工作。后来，蒯因从逻辑转向哲学，在本体论方面提出"存在就是成为约束变元的值"，在语言哲学和认识论方面提出对意义、分析性和模态性的系统性质疑。针对语言哲学的意义问题，蒯因从语言的公共本性这一前提出发得出了翻译不确定性这一结论。蒯因的论证彻底瓦解了逻辑经验主义关于分析性和综合性的区分，并导致逻辑经验主义在二战后的衰落。蒯因关于量化模态语境导致模态区分坍塌的论证对模态概念的晦暗性提出了根本性挑战，这种挑战间接地推动了"新指称理论"的产生。总而言之，弗莱斯塔把蒯因的整个哲学工作概括为如下几个方面：在逻辑和数学基础方面的工作、本体论方面的工作、对分析与综合区分的质疑、对模态概念的质疑、翻译不确定性论题以及自然主义。

第四次讲演主要是关于蒯因语言哲学的核心思想。在弗莱斯塔看来，哲学家和语言学家总是说语言是社会的产物，但在他们的实际研究中又总是立刻忘记了这一点，转而采取非社会性的意义观念，这使得我们仍然不清楚如何把握意义。例如，弗雷格几乎没有谈论语言的社会本性。蒯因是第一个严肃对待这个问题的哲学家，他深入考察了意义与交流的关系，也由此提出了丰硕的和革命性的洞见。蒯因语言哲学的出发点是经验主义和行为主义，正如蒯因所说，"在我看来，行为主义只是一种主体间的经验主义……如果你把你自己的知觉当作证据材料，与你的同事分享，并获得了你们之间的公共因素，那么从主体间行为主义的角度看，你会获得与科学相关的证据材料"。当然，主体间行为主义并不仅仅意味着同事之间的分享，也涉及科学中的各种证据材料，例如从生理学和神经科学中收集的证据材料。也就是说，行为主义并不引入所有经验证据，仅引入与行为相关的、在社会方面可通达的经验证据。这里，蒯因也强调了移情在社会交往中的核心作用，"移情就是我们把命题态度词归属给一个从句内容的原因……从句的内容旨在反映主体的心灵状态而非事物的状态"。

蒯因在原始翻译的思想实验中也说明了行为证据的重要性。蒯因认为，把两种语言关联起来的翻译手册受到两个方面的限制。第一个方面的限制是观察，翻译手册应该把一种语言中的观察语句翻译为另一种语言中具有相同"刺激意义"的观察语句。第二个方面的限制是善意，不要把别人同意的语句翻译为你认为荒谬的语句，也不要把别人不同意的语句翻译为你认为平淡无奇的语句。这里，第一个方面的限制诉诸刺激和刺激意义，这正是行为主义所要求的。正如蒯因所说，"就当下的目的来说，视觉刺激或许可以识别为眼睛色光照射的样式。看一个主体大脑的内部，这即使是可行的，也是不恰当的，因为我们想要避开特殊的神经路径或习惯形成的私人历史。我们在追求他被社会反复灌输的语言用法，探究他如何回应受社会评价限制的条件"。在弗莱斯塔看来，这两个方面的限制显示出信念与意义之间的紧密联系。人们使用语言是为了表达信念，通过聆听他人所同意或不同意的语句，我们可以逐渐形成一幅关于他人的世界观的图画。翻译就是一种把意义与信念分离开来的方式，翻译手册使我们把他人似乎具有的信念归属给他人。这种归属在认识论层面具有两个要素：知觉与推理。这分别对应两个方面的限制，观察的限制是关于知觉的，善意的限制是关于推理的。然而，就刺激而言，蒯因具有两个相互冲突的观点。在《语词和对象》中，蒯因有时认为刺激是一个神经学概念，即被触发的神经末梢，有时又认为刺激是色光照射的样式，即摄影底版上的光影样式。从前一种观点看，因为神经末梢是因人而异的，所以感官刺激似乎也是因人而异的；但从后一种观点看，感官刺激却是人尽皆同的。由于被触发的神经末梢不是可公共通达的证据，所以如果采取第一种观点，那么蒯因似乎远离了行为主义。究竟应该采取第一种观点还是第二种观点，这在蒯因哲学中是一个复杂问题。

第五次讲演是对第四次讲演的延续。弗莱斯塔一开场就指出，戴维森曾经发现了蒯因哲学中的问题，但是，他并没有尝试解决这个困难，而是彻底放弃了蒯因第一个方面的限制，即观察或刺激的限制，转而把交流和语言学习完全奠基于第二个方面的限制，即善意限制。戴维森把善意原则加强为极大一致原则：一个人以获取极大一致为目的来解释另一个人。然而，与其说戴维森解决了蒯因的困难，不如说他回避了这个困难。此外，戴维森的回避方案也带来了更为严重的问题。例如，我与土著人生活在森林中，我尝试性地假设土著人的"Gavagai"是"兔子"，当我看到兔子时，为了检验我的假设，我表达出"Gavagai"。如果土著人不同意，那么根据戴维森的说法，这是对我的假设的否证，我或许将放弃这个假设。但是，如果我注意到，土著人的视野被一棵大树遮蔽，他没有看到兔子，那么我反而会把他的不同意看作对我的假设的确证。我不能期望土著人可以透过大树看见兔子，也就是说，我需要考虑土著人是如何获得信念的。这里，认识论发挥了重要作用，我不仅把一致同意极大化，而且在应该期望一致同意时对一致同意进行极大化。也就是说，仅有极大一致原则是不够的，知觉、观察和刺激这些认识论维度也是不可或缺的。虽然弗莱斯塔批判了戴维森的观点，但他认为戴维森在这个问题上也做出了重要贡献。戴维森指出，观察人们的行动有助于我们确定他们的信念。因此，在蒯因的行为主义之外，行动也成为确定意义的另一个重要证据来源。行动包括两个方面，一方面是我们认为什么东西是有价值的，另一方面是我们相信我们可以通过做什么来实现我们认为有价值的东西。也就是说，为了理解人们的信念，我们不仅听他们说了什么，也应该看他们做了什么。无论如何，蒯因的原始翻译论题以及戴维森的后续发展表明，翻译本身不是不充分确定的，而是不确定的。不充分确定性是说，虽然经验证据不能使一个问题得到充分确定，但是仍然有其他办法使之确定；而不确定性是说，如果经验证据不能使一个问题得到确定，那么没有任何其他办法使之确定。在这个意义上，翻译就是不确定的，因为一旦离开经验证据，任何翻译都将无所谓对错。

弗莱斯塔认为，蒯因原始翻译背后所隐藏的深刻问题是对象的个体化问题。这里，弗莱斯塔从对蒯因原始翻译的解释走向他本人对这个问题的见解。在弗莱斯塔看来，一方面，我们把世界设想为是由对象构成的，对象之间相互不同，但有些对象看起来非常相似。另一方面，在不同视角下，同一个对象也会看起来不尽相同。为了掌握一种语言，也为了理解他人的世界观，我们不得不掌握两套标准，既掌握相似性与差异性，也掌握相同性与不同性，也就是说，在差异性中看出相似性，在不同性中看出相同性。这些标准与专名和通名的区分有关。蒯因继承了弗雷格和卡尔纳普等人的哲学传统，在这个传统中，虽然很早就区分了专名与通名（或者个体词与概念词），但这两类词项都在一种单一类型的语义学框架内得到了处理。专名指称元素，通名指称由元素构成的集合。然而，这种单一类型的语义框架不能从根本上保证通过名称的涵义来确定它的指称，也就是说，把单称词项看作限定摹状词或抽象类的做法面临着严重的反例。弗莱斯塔建议把这种单一类型的语义框架替换为双重类型的语义框架，其中专名和通名的语义解释得到了不同的处理。这也是在内涵语境或模态语境中所不得不采取的措施。最后，弗莱斯塔不仅说明了这个问题在语言哲学中的发展演变，也介绍了他自己在这方面所做的工作。

弗莱斯塔的哲学风格带有中庸之道的色彩，他善于在多个哲学传统之间纵横捭阖，在开阔的视野下展开自己的哲学运思。这不仅体现在他对分析哲学与现象学两个传统的沟通和连接，也体现在他对罗尔斯反思均衡方法的重视。虽然他不像有些哲学家那样对以往的哲学传统进行激烈批评，但他通过敏锐的目光，不仅寻找到了不同哲学道路之间的相似性与对应性，也发现了重要哲学论证中所忽视的微妙区分与精致差异。我们认为，弗莱斯塔的哲学工作对于中国哲学如何走向世界来说具有重要的启发和借鉴意义。

（刘靖贤 撰）

37. "模态、逻辑和哲学"国际研讨会（2019）

模态逻辑是关于必然性和可能性的逻辑，也涉及与必然性和可能性相关的一些哲学问题。随着模态逻辑日趋成熟，很多与模态相关的逻辑和哲学问题成为目前的关注热点。例如，形而上学问题：究竟什么是可能世界？可能世界语义学有什么优势与劣势？模态谓词逻辑与本质主义的关系如何？什么是形而上学模态（必然性、可能性、不可能性和偶然性）？形而上学模态与逻辑、物理、认知模态有何异同且如何关联？认识论问题：我们如何能够获得、证成、理解关于现实事物的模态信念和模态知识？可以凭借哪些途径、程序、方法和规范？对广义模态逻辑、模态形而上学和模态认识论进行反思和研讨很有必要。这将有助于中国学者追踪国际学术前沿，直接参与前沿问题的讨论和研究，获得能够进入国际学术圈的研究成果，从而提升中国逻辑学和哲学的研究水准。

有鉴于此，受北京大学"研究生教育创新计划"资助，由北京大学哲学系主办，陈波教授具体筹办，2019年10月12日至13日在北京大学李兆基人文学苑召开了"模态、逻辑和哲学"国际研讨会，涉及如下论题：一般模态逻辑，包括真势模态逻辑、认知逻辑、道义逻辑、反事实条件句逻辑等；模态形而上学；模态认识论等。会议秉承"百花齐放、百家争鸣"的方针，为有不同背景、不同倾向、不同主张的中外学者提供一个交流对话的平台，以达到沟通思想、促进思考、繁荣学术的目标。

会议邀请了来自美国、挪威、澳大利亚、韩国、中国（包括港台地区）等国的40余名学者和学生参会，其中有多位国际知名学者。会议的工作语言为英语，有特邀报告、一般大会发言和交流讨论。会议设9位特邀报告人，分别是：美国迈阿密大学奥塔·布鲁诺（Otávio Bueno）教授、美国明尼苏达大学罗伊·库克教授、美国卫斯理大学斯弗·谢（Sanford Shieh）教授、美国堪萨斯大学约翰·塞蒙斯教授、清华大学刘奋荣教授、华南师范大学熊明教授、美国加州大学伯克利分校卫斯理·霍利德副教授、美国加州大学河滨分校迈克尔·内尔森副教授和北京大学王彦晶副教授。

陈波教授首先致简短的开幕词，向与会学者和学生表示热烈欢迎，并介绍会议的主题等。与会者围绕以下四个主题展开交流和讨论。

第一，关于模态逻辑的研究。

美国加州大学伯克利分校卫斯理·霍利德副教授做了题为"可能性语义"的精彩报告。他概述了他本人的一个新近研究计划，即可能性语义，这是模态逻辑、超直觉主义逻辑和探究逻辑的可能世界语义的推广。可能性语义从技术方面发展了汉博斯通（Lloyd Humberstone）在《从世界到可能性》（1981）一文中的思想，试图基于局部的"可能性"而不是完整的"世界"去发展正规模态逻辑的模型论。可以把可能性语义看作是把集合论弱力迫法中使用的经典逻辑语义扩展到模态逻辑，或者是把古典模态逻辑的否定翻译到直觉模态逻辑加以语义化。因此，像直觉模态框架一样，可能性框架基于具有可及关系的偏序集，但加了一个限制条件：对每个公式的解释都是关于该偏序集的 Alexandrov 拓扑中的一个正则开集。模态逻辑的标准世界框架是可能性框架的一个特例，要求该偏序集是离散的。经典的克里普克框架（即全世界框架）的类似物是全可能性框架，其中命题变元可以解释为任一正则开集。霍利德的报告涉及如下内容：基本的对比——世界与可能性，从世界的不完全性到可能性的完全性，关系的不完全性，直觉主义的推广，开放问题。

清华大学刘奋荣教授做了题为"集体信念：走向共识的趋势"的报告。她提出了一种理解集体信念（信仰归因于一群人而不是一个单一主体）的方法，以及集体成员之间的社交网络如何在塑造群体的集体信念中发挥作用。基于 DeGroot 模型的不确定性形式，她把这种理解集体信念的方式形式化，并提供了集体信念的准确定义，称之为潜在集体信念。此外，她还分析了潜在集体信念的逻辑特性，并在一个可靠且完备的逻辑中对其进行刻画。除了上面提到的主要工作外，她还为正则马尔可夫链的经典收敛结果提供了新证明，并将其用于形式分析中。

北京大学王彦晶副教授做了题为"当名字不是公共知识：带赋值的知识逻辑"的报告，概要呈现他与塞里格曼（Jeremy Seligman）合作的论文。在标准的知识逻辑中，通常假定主体的名字是隐含的公共知识。这对于各种各样的应用是不合理的。受词项模态逻辑和动态逻辑中赋值运算的启发，他们引入了一种轻量级的模态谓词逻辑，其名字是非严格的。该语言可以很自然地处理各种从言/从物的区分。所获得的主要技术成果是该逻辑在 S5 系统上的完备公理化。

华南师范大学熊明教授做了题为"真与模态说谎者：一些对称性比较"的报告。他谈到，我们依据关于必然性和真谓词的两种可能世界解释来研究关于模态和真的悖论。一方面，对于包含必然谓词□的句子集，一个赋值在框架下是可允许的，需要满足对于该集合中的任意句子 A，□A 在 W 中的任意 u 下为真，当且仅当对于 W 中的任何满足 uRv 的 v，A 在 v 下是真的。另一方面，对于包含真谓词 T 的句子集，如果该集合中的任意句子 A 在 W 中满足 uRv 的任意点 u 和 v，TA 在任意 v 中为真当且仅当 A 在 u 中为真。他证明，在上述解释下，必然谓词和真谓词不能互相定义。而且，L_T 中的任何句子集在框架的外延下都保持悖论性质，但是 $L_□$ 中的句子集却并非如此。他还通过真说谎者和模态说谎者的特征框架来说明其对称性差异。

美国明尼苏达大学罗伊·库克教授做了题为"'对立日'的逻辑"的有趣报告。他指出，许多（但不是全部）英语国家的儿童经常尝试通过"对立日"游戏摆脱吃蔬菜或做家务的麻烦。简言之，如果一个孩子被告知必须做一些自己不想做的事情，例如，被告知"必须打扫房间"，他们会说"但今天是对立日！"。最初的直觉是，"对立日"表示一个（假想的）日子，其中所有真的表达都为假。因此，我们可以把"对立日"解释为一个模态运算符，将我们的注意力从现实世界转移到以这种方式转换句子真值的可能世界。库克按照这个思路创建了一个关于"对立日"的形式逻辑。

安徽大学赵震博士做了题为"建立一个更好的单调条件联结词"的发言，报告他与罗伊·库克教授合写的论文。他们模仿雅布罗（2003）

的内涵条件联结词，添加一个二元的条件联结词，由此扩展了克里普克（1975）的不动点语义，并展示了这个更为复杂却直观的构造如何回应菲尔德（2005）对这个方法所提出的最为有力的批评。

美国加州大学戴维斯分校研究生樊达做了题为"带焦点的反事实条件句"的发言。他考虑了这样一个案例：克莱德获悉，只有他结婚才能继承一大笔遗产，他与谁结婚则随他所愿。他目前有一个名叫博莎的女朋友。他与博莎结婚了，也得到了那笔遗产。于是，有以下两个反事实条件句：(1) 如果克莱德不**结婚**，他就得不到那笔遗产；(2) 如果克莱德不与**博莎**结婚，他就得不到那笔遗产。其中，黑体字表示句子的语义焦点。根据上面的背景约定，(1) 为真但 (2) 为假。樊达提出了一种"好问题—回答"（GQA）的语用说明去解释语义焦点对反事实条件句真值的影响，还用这种说明去解释有关反事实条件句的其他疑难，如带真前件真后件的反事实条件句，带析取前件的反事实条件句的简化（假使 A 或 B 则 C，可推出：假使 A 则 C，假使 B 则 C），以及在反事实条件句中等值前件的相互替换。

第二，关于模态形而上学的研究。

美国卫斯理大学斯弗·谢教授做了题为"被恢复的模态：维特根斯坦论文中的可能性及描绘"的报告。他讨论了模态在维特根斯坦《逻辑哲学论》中角色的核心部分。特别地，他表明维特根斯坦将命题构想为本质上包含一种初始的可能性概念。追溯维特根斯坦哲学发展的三个阶段，肇始于对罗素关于判断的多重关系理论的批评，终止于《逻辑哲学论》中关于命题的模态观念。斯弗·谢概述了维特根斯坦产生上述看法的哲学背景：弗雷格和罗素对模态的摒弃以及对用模态术语刻画逻辑的古老传统的摒弃。在这种背景下，维特根斯坦的命题观点作为对弗雷格和罗素观点的反驳的一部分出现，使模态重新回到逻辑之中。

美国加州大学河滨分校迈克尔·内尔森副教授做了题为"单称命题的本性"的报告。他认为，命题是句子表达的内容，不同的句子（无论是来自同一语言还是不同语言）可以表达一个相同的命题；命题是命题态度（如相信、希望、欲求）的内容，是最基本的真值承担者以及真值模态和时态模态的承担者（例如可能是真的，曾经是真的）。他假设了关于命题的实在论，关注如下议题：单称命题和非单称命题之间的区别，以及这个区别相对于命题的模态状态、命题和可能性之间关系所衍推的东西。他认为，单称命题和非单称命题的区别只能在结构化命题的框架中得到充分阐明，因为关于对象 o 的单称命题的标志是 o 为该命题的一部分，因此命题必须是结构化的复合物。这意味着：命题不只是可能世界的集合，解释次序必须倒过来，可能性只是某种类型的命题的集合。因为单称命题含一个个体作为构成要素，像所有复合物一样，命题在本体论上依赖其构成要素，只要存在关于真正偶然个体的单称命题，就存在不是必然存在物的命题。于是，所存在的命题，就其关于碰巧存在的偶然存在物而言，是偶然的。

南京大学张力锋教授做了题为"名字作为严格化摹状词"的发言。他通过区分普型和殊型的不同语义特质，引入殊型的同一性观念，论述索引性表达式对语言哲学观念造成的巨大冲击，重新界定了"分析性"和"必然性"等重要哲学概念，论证在"现实"词族的索引词解读下，现实化摹状词策略将模态论证言及的分析性归于句子普型，非必然性或偶然性归于句子殊型所表达的命题，由此切断了分析性与必然性之间的衍推关系，从而有效破解了相应的模态论证变体，是一条颇有前景的描述论进路。

南京大学司徒安（Andrea Strollo）副教授做了题为"同一性和专名的归属性/指称性用法"的发言。他认为，在克里普克的影响之下，通常把含不同专名的同一性语句（如"长庚星是启明星"）视为后验必然真理的例子。所谓后验必然真理奠基于名字作为指称性的严格指示词的语义行为之上。他论述说，除了指称性用法之外，专名还具有归属性用法，尽管后者在语言哲学中通常被忽略，但在特定语境中会系统地出现。一旦承认专名的归属性用法，他认为同一性语句不再是后天必然真理的清晰例证。

北京大学陈波教授做了题为"词项的两种用法、宽辖域和'反宽辖域'"的发言。他认为，在自然语言中，无论是专有名词、限定性摹状词，还是形容词、动词，都有指称性用法和谓述性用法，前者是用表达式去指称世界中的对象，后者是用相应表达式去描述对象的属性。上述区分是从语义角度做出的，语义和语用都跟使用者相关，区别在于是依据个别使用者的特殊语境，还是一个语言共同体的公共认知。他还概述了关于克里普克严格指示词理论的宽辖域反驳和严格化摹状词反驳。通过诉诸指称性/谓述性用法和宽辖域/窄辖域的区分，他表明，卡普兰在反驳宽辖域论时犯了一个关键性错误：在假设名称与相应的摹状词同义后，仍然允许名称和相应的摹状词在二者都出现的语境中有不同的用法，因而指称不同的对象。

台湾中正大学侯维之副教授做了题为"历史的局部必然性和可变性的因果结构"的发言。他指出，历史决定论和非决定论可能只在一件事上达成共识，那就是不存在历史必然性。对于决定论者而言，从必然性和因果决定论来推断，全局必然性，即认为因果历史中大多数（假若不是全部）事件是不可避免的，是不成立的。本-曼纳海姆（Ben-Menahem）认为有必要解决这个棘手的形而上学之争，但是除了这个想法之外，她的解释并不令人满意。侯维之根据形而上学的充分条件的获得，进而提出了与因果关系不同的另一种偶然的必然联系，可称之为局部必然性。然后，他进一步澄清了形而上学充分条件的使用，深入探讨了该概念的形而上学方面，即形而上学的充分条件是因果的。使用因果模型的经验知识论，以解释对于不同事件类型，形而上学的充分条件是如何形成的。

澳大利亚国立大学彼得·埃尔德里奇-史密斯博士做了题为"寻找模态低度悖论"的发言。他提出：是否存在值得哲学家去研究的模态低度悖论？低度悖论（hypodox）通常是关于某物有两个（或多个）语义值或模态值的谜题，这些值分别来看可以是一致的，但合在一起却不一致，迄今并没有公认的规则来确定究竟该取哪个值。通常，某个语义值或模态值是有争议的。的确，"低度悖论"的概念是"受限制悖论"概念的对偶。许多背反的悖论都有对偶的低度悖论。素朴集合论中罗素悖论的对偶是：所有以自身为元素的集合的集合是否以自身为元素？格雷林的非自谓悖论的对偶是他的自谓悖论；说谎者悖论的对偶是说真话者。也有很多悖论没有低度悖论的对偶，例如卡里悖论、彩票悖论和匹诺曹悖论等。不过，有理由对低度悖论做哲学研究。低度悖论的理论可以扩展到模态低度悖论吗？这是一个有待研究的问题。

北京大学硕士生韩亦笑做了题为"论可能世界在当代哲学中的地位：基于简约原则的检视"的发言。他认为，为了回应逻辑经验主义者在哲学史上提出的对模态概念的怀疑，可能世界被引入当代形而上学之中，继之以大卫·刘易斯和阿尔文·普兰廷加为代表的进一步发展。尽管我们已经有很多方式来解释"可能世界"概念，但它们是否成功应对了先前的怀疑仍有待重新评估。在方法论方面，他首先回顾了经典的奥卡姆剃刀原理，并回应了关于它的三种反对意见，然后学习梅农（Alexius Meinong）的对象理论以确立"简约原理"。在具体的方面，他指出了经典的可能世界理论的缺点，例如过度的本体论承诺、可能世界的无穷倒退等，提出了一个新建议，即根据"观察"结果，依据承诺与承认的区分，去动态调整所承诺的存在实体的数量，还对一些可能的反驳做出了回应，并建议澄清可能世界概念在哲学其他分支和日常语境中的不同言说标准。

第三，关于模态认识论的研究。

美国迈阿密大学奥塔·布鲁诺教授做了题为"想象力和模态认识论"的报告。他认为，想象力通常被作为关于可能事物的知识的一种方式或来源，是模态认识论的核心组成部分。但他挑战了想象力在产生和生成模态知识中的这种作用，特别地，论证了想象力不是关于可能事物的知识来源，想象力绝不是可以提供知识甚至是关于可能事物的知识的东西，尽管它对相关任务非常有用。正是这些不同任务的混淆初看起来使想象力成为模态知识的合理来源。当研究模态知识时，一个人不必甚至不应该处理可能世界的知识。不存在这种关于可能世界的知识，因为根本不存在这样的世界要被知悉，或者至少我们没有理由相信它们的存在。给定适当的变化，可能情况只不过是现实世界能够出现的情况；每个变化都等于一种可能性。模态主义者认为，这些可能性是初始的，没有更基本的东西来解释可能性。他勾画出一种模态主义的知识论方法，其中没有涉及可能世界。

香港学者周柏乔教授做了题为"确证和可能世界"的发言。我们从世界上随机挑选一个事物并将其称为 α。如果发现它是翡翠并且是绿色的，则将其视为"翡翠是绿色"的证据。但是，α 可能不是绿色的翡翠，而可能是其他颜色的翡翠，或者，它可以是翡翠以外的任何绿色或非绿色的东西。问题是：鉴于 α 有四种可能性，它如何用于确证或否证翡翠的颜色的某个论断如"如果 α 是翡翠，则 α 是绿色的"呢？在这里，α 可能是翡翠，但并非总是如此。刚刚提及的论断涉及前件"α 是翡翠"和后件"α是绿色的"这样一个蕴涵。前件与后件之间的联系与确证和否证有很大关系。正如古德曼所说，我们可以将这种联系（或非联系）用于解决蕴涵句的真值。周柏乔主要讨论在某些条件下，蕴涵式前件和后件之间的联系是如何形成的，但其中的许多条件存在争议。他转而求助于一个可能世界模型，看它能否嵌入对确证和否证的分析，以加深我们对蕴涵的理解。

山东大学苏庆辉教授做了题为"论对反事实条件句知识的证成"的发言。他谈到，反事实条件句讨论实际上没有发生的事件，因此人们怀疑是否可以获得关于反事实条件句的知识。他所关注的重点是我们能否证明反事实条件句的合理性，而不是我们是否可以知道它们的真值，后者很可能是全能的上帝的事情。应该区分两种类型的反事实条件句，依赖型的和独立型的，前者如"假使奥斯瓦尔德没有刺杀肯尼迪，则另外某个人干了这件事"，依赖于一个偶然事实"肯尼迪被人刺杀了"，而"假使划那根火柴，那么它就会被点燃"却不依赖任何偶然事实。这两种反事实条件句需要不同的证成方法。我们可以通过关于实际事情的知识来证成依赖型的反事实条件句，通过思想实验来证成独立型的反事实条件句，尽管我们可能都不知道它们的真值。他的结论是，我们确实有关于反事实条件句的知识，尽管并不像我们想象的那么多。

韩国浦项工科大学副教授李辰泱做了题为"协调本质性、不变性与不可更易的模态轮廓"的发言。他谈到，由模态的两个相反特征（本质性和可变性）之间的张力足以产生悖论。一方面，例如，根据起源本质主义，最初由物质 m 构成的物质对象 x 不可能由与 m 完全不同的物质 m^* 构成。另一方面，许多人认为 x 可能由与 m 稍有不同的物质 m' 构成。但是，极小的差异可能会导致较大的差异：如果 x 是由物质 m' 构成的，那么 m' 可能是由与 m' 稍有不同的物质 m'' 构成的，m'' 可能是由与 m'' 稍有不同但与 m 完全不同的 m''' 构成的，由此违反了起源本质主义。萨蒙以模态可及关系的非传递性解决这一悖论。他认为，该悖论的另一个版本，在形式上与连锁悖论相似，也可以用解决连锁悖论的方式来解决。李辰泱提出了该模态悖论的新版本，萨蒙的解决方案并不适用于它。他认为，为了解决这个新悖论，起源本质主义者应该放弃一些原则。作为一种解决方案，他建议采纳如下观点：一个对象的模态轮廓，明确了该对象在起源上可以或不可以由什么样的物料构成，该模态轮廓是不可更易的，即不会随可能世界的不同而发生改变。他认为，若这样做，在不放弃模态可及关系传递性的情况下，我们可以协调可变性与本质性，并以简单的方式解决三个版本的模态悖论。

武汉大学冯书怡副教授的发言题目是"模态经验主义与模态怀疑论之间的不一致：基于相似性方法的批判"。她认为，模态经验主义与模态怀疑论是模态认识论领域中的两个代表性立场。前者认为我们的模态知识是从经验研究中得出的；后者认为我们的认知能力非常有限，以至于我们只知道平凡的可能性。彼得·霍克（Peter Hawke）和索尼亚·罗卡-罗耶斯（Sonia Roca-Royes）等哲学家却支持这两种立场。他们提出了相似性方法（SBA），该方法采用模态经验主义的形式。冯书怡检查了相似性方法，认为它与模态怀疑论不一致。

四川大学徐召清副教授做了题为"反事实条件句和知识模态"的发言。他注意到，对模态认识论基于反事实条件句的探究近来备受关注。它始于关于形而上学模态的知识，然后推广到关于一般的客观模态的知识。他本人想继续推进这种研究，看它是否能够推广到以及如何推广到关于认知模态的知识。他所采取的策略是：通过与形而上学模态的关系来明确对认知模态的三种理解，即平行于形而上学模态、受限制的形而上学模态和扩展的形而上学模态，并研究是否能够以及如何处理每种情况。他得到的结果是，通过一些必要的调整，可以使用基于反事实条件句的探究来处理这三种对认知模态的理解。

第四，关于其他论题的研究。

美国堪萨斯大学约翰·塞蒙斯教授做了题为"亨迪卡和蒯因论亨肯量化"的报告。他认为，亨迪卡的思想在不断发展，他未完成的工作主要包括对博弈论语义学（GTS）的辩护。理解亨迪卡从 IF 逻辑到 GTS 作为一般逻辑基础的思想轨迹，对于理解他与美国主流哲学观点的分歧有很大帮助。他谈论了该分歧中的一个插曲，即对亨肯量化的哲学分歧。通过亨迪卡和蒯因对亨肯量化的不同见解，可以更好地把握亨迪卡的逻辑哲学。

武汉大学程勇教授做了题为"通过可证逻辑构造不可判定的算术语句"的发言。他谈到，在哥德尔之后，有许多关于第一不完全性定理（G1）的不同证明。他考察了关于 G1 的这些构造性证明，试图找到一种系统有效的方式，通过可证逻辑来构造不可判定的算术语句。他报告了他本人用可证性逻辑来理解不完全性的一个研究计划的初步工作。

中南大学刘靖贤副教授做了题为"思想实验和信息不对称"的发言。他谈到，思想实验的案例方法被广泛运用在当代分析哲学中。这种方法用直观反例来质疑传统界定的合理性。实际上，从传统界定和直观反例所得出的矛盾可以看作逻辑悖论。正如逻辑悖论具有对角线结构，思想实验包含信息不对称。如果这种信息不对称可以被识别为不一致，那么相应的直观反例是不合理的。信息不对称所导致的不一致性可以被区分为两种情况：公开和隐藏。前者违反了对称原则，后者违反了自尊原则。这两个原则分别是直观反例所应该体现的外在融贯性与内在稳定性。

中国社会科学院王海若博士做了题为"模糊真理的知识"的发言。她谈到，在模糊性领域，哲学家迄今为止全都用确定性算子来解释边界情形和模糊边界。关于模糊性，有两个非常棘手的问题：连锁悖论和高阶模糊性。确定性算子在其中都有不可或缺的作用。她认为，界限情形不仅应解释为一种语义不确定状态，而且应解释为完全得不到其证实条件的状态。对模糊界限应做两个层面的解释：一阶界限的语义不确定和二阶界限的认知不确定。一旦承认确定性算子的认知作用，连锁悖论和高阶模糊性问题都可以得到解决。

北京大学博士生胡兰双做了题为"弹弓论证与真理符合论"的发言。她指出，戴维森等人提出的弹弓论证表明：若真句子符合事实，则它们全都符合同一个大事实。这与真理符合论的关涉原则相冲突，根据后者，命题全都关涉它们所对应的事物、事实或事态，但并非所有命题都关涉同样的东西，而是不同命题关涉不同的东西。在仔细考察之下，弹弓论证至少使用了两个前提：逻辑前提，即任何两个逻辑等值的命题都符合实在的同一个部分；语义前提，即任何两个语义等值的命题都符合实在的同一个部分。其中，逻辑前提就是建立在反符合论基础上的，还可以证明语义前提的使用是无效的。因此，戴维森等人的弹弓论证不成立，也不能威胁到真理符合论。

美国加州大学戴维斯分校研究生陈亦森做了题为"反对关于色彩的布伦塔诺主义的认识论案例"的发言。他认为，布伦塔诺主义是一种关于颜色的形而上学理论：颜色是物理性质，但通常不可被例示。如果布伦塔诺主义是正确的，我们就没有理由对某些难以否认的色彩直觉信念进行辩护，例如这样的信念：必然地，没有任何东西在同一时间既是红的又是绿的（缩写为GRI）。他提出如下的反驳论证：（1）如果我们对 GRI 的信念是有道理的，它就可以通过以下一种或多种方式来证成，即经验方法、概念分析和内省；（2）如果布伦塔诺主义是真的，就没有经验方法来证明 GRI 是正确的；（3）如果布伦塔诺主义是真的，就没有非循环的颜色分析来证明 GRI 是正确的；（4）如果布伦塔诺主义是真的，内省就不足以证明 GRI 的正确性；（5）因此，如果布伦塔诺主义是真的，我们对 GRI 的信仰就是没有道理的。既然我们能够为 GRI 这样的直觉信念做辩护，上述论证就提供了拒绝布伦塔诺主义的一个理由。

美国加州大学戴维斯分校学生尤忆兰做了题为"数学知识的远程认识论"的发言，报告她与陈亦森的合作论文。她认为，贝纳塞拉夫提出了一个挑战，即所有柏拉图主义者无法就"我们的数学直觉为何是可靠的"提供非因果解释。为了回应贝纳塞拉夫的问题，她提供了一个进化说明。她先引入对于其说明框架至关重要的两个方法论假定：重点关注我们的直觉生成机制而不是个别人的数学直觉的可靠性；抽象的数学事实也能够对这种生成机制施加选择压力。她进而说明了这种选择机制如何能够出现以及如何被选择，并回应了柏拉图主义的数学知识的进化说明可能面对的反对意见。她认为，进化说明能够提供一种令人满意的解释，即在不假定数学实体与人类思想之间存在因果关系的情况下，我们如何能够拥有如此可靠的直觉机制，并试图阐释这种说明与所有形式的柏拉图主义兼容，这也大大增长了它的吸引力。

在两天紧张又充满收获的学术对谈、思想交锋结束之时，会议组织者陈波教授进行了总结性发言。他非常感谢各位学者和学生不辞辛苦从世界各地汇聚至此，做出精彩发言，并积极参与会上会下的热烈讨论。除了扩展和深化了个人的相关知识外，也增强了彼此在学术上的了解，这将促进对"模态、逻辑和哲学"这一主题的深入研究。此次会议属于先前举办过的"逻辑和哲学"系列国际研讨会之一,是其中的第九次会议,以后还将把这个系列国际研讨会继续举办下去,期待大家的继续参与。

(张　瑜　撰)

38. "如何做哲学——元哲学与哲学方法论"国际研讨会（2019）

近些年来，欧美哲学界注重对哲学的任务、使命、方法、基本预设、学科性质等的反思，元哲学和哲学方法论研究方兴未艾。下述问题成为目前的关注热点：哲学研究究竟是面向文本、传统、语言、概念或思想，还是像其他自然科学和社会科学一样，也面向外部世界和当代社会现实？如何评价 19 世纪末和 20 世纪西方哲学研究中所发生的"语言转向"或"思想转向"？哲学这种"扶手椅"研究能否提供关于这个世界的有价值的认知？哲学研究与哲学史研究有什么异同？哲学研究与其他自然科学在目标和方法上有什么异同？哲学研究也需要"证据"吗？需要什么样的证据？传统上那些重要的哲学区分，如"必然性和偶然性""分析性和综合性""先验性和后验性"等等，究竟是否成立？有什么样的理论后果？哲学研究需要诉诸"直觉"、"想象"和"思想实验"等等吗？哲学研究中需要引入像问卷调查、统计数据、某种类型的实验等等吗？由这样的方法得到的结果在哲学论战中究竟起什么作用？有可能建立所谓的"实验哲学"吗？如此等等。

中国哲学界也有必要对以上问题进行反思。有鉴于此，北京大学哲学系陈波教授筹划和组织了"如何做哲学——元哲学与哲学方法论"国际研讨会。本次会议受到北京大学国际合作部、人文学部的资助，于 2019 年 11 月 9 日至 10 日在北京大学哲学系召开，有 60 多位国内外学者参加了本次会议。笔者将从八个方面对本次会议的主要内容进行述评。

第一，从逻辑基础问题看哲学方法论。

美国加州大学圣迭戈分校吉拉·谢尔的发言题目是"哲学，你走向哪里？什么是你的方法"。她认为，哲学是一个有实质内容的知识领域，哲学方法在20世纪和21世纪取得了长足发展。她给出的论证主要来自她近年来在知识论、真理论以及逻辑基础方面的研究工作，她把动态的知识模型、非传统的符合真理论以及实质性的逻辑基础有机整合在一起。根据认知摩擦与认知自由这两条根本原则，知识一定要受到世界的实质约束（即"摩擦"），但倘若没有认知者在接触世界时的积极参与（即"自由"）就不可能有理论知识。她把这种哲学观念或方法称为基础整体主义。

罗马尼亚布加勒斯特大学的米尔恰·杜米特鲁的发言题目是"论逻辑规范性：一些评论"。他指出，在哲学的解释和证成中存在着各种各样的必然性概念，例如形而上学必然性、自然必然性以及规范必然性。虽然这些必然性概念相互之间不可还原，但它们都与逻辑规范性紧密相关，因为对逻辑和元逻辑概念的框定通常诉诸必然性概念。在此基础上，他从描述性与规范性、一元论与多元论、例外论与反例外论的角度探讨了逻辑基础问题，由此也引申到了哲学方法论的描述性与规范性、一元论与多元论、例外论与反例外论的问题。

华东师范大学张留华的发言题目是"逻辑上的'必然'，或曰'必须'"。在他看来，根据建模论逻辑观，诸多形式系统所带有的逻辑必然性是一种能显示我们认识成果及限度的"必须如此"，这种"逻辑必然性"与结论的可错性是相容的。此外，香港岭南大学郑宇健从路径依赖角度讨论了先验综合与后验必然之间的关系。南京大学张力锋通过现实化摹状词策略把分析性归于句子普型，把必然性归于句子殊型所表达的命题。南开大学刘叶涛从同一性视角探究了先验偶然辩题。

在笔者看来，哲学的反思特征意味着，它不仅反思他者，也反思自身，也就是说，不仅反思哲学所处的时代，也反思哲学本身。因此，从逻辑基础问题以及必然性和偶然性、分析性和综合性、先验性和后验性这些区分出发，不仅有助于解决相关哲学领域中的根本问题，而且有助于反思元哲学和哲学方法论问题。在这种意义上，哲学与元哲学是紧密关联在一起的：某个哲学分支中的理论创新必然带来一场元哲学层次上的范式转换，而元哲学层次上的范式转换也必然导致各个哲学分支的翻天覆地的变化。

第二，由哲学与科学的关系重新定位哲学。

北京大学陈波的发言题目是"哲学作为一项认知事业"。他认为，哲学在多重意义上与其他各门科学（包括自然科学、社会科学和人文科学）都是连续的。首先，就研究对象而言，像其他各门科学一样，哲学也是探究我们生活于其中的这个世界，是人类认知这个世界的总体努力的一部分，它的使命是帮助人们更好地认知这个世界。具体地说，哲学帮助人们更好地认知自然界，更好地认知人本身，更好地认知由个人所组成的社会，更好地认知我们对这个世界的认知。其次，就研究方法而言，哲学与常识和科学没有实质性区别。正像科学方法是常识方法的精致化一样，哲学方法也是对常识方法和科学方法的提炼和总结。除此之外，没有独一无二的哲学方法。最后，就其效用而言，像常识和科学一样，哲学也是为了帮助人们更好地生活在这个世界上，过一种体面而有尊严的生活，特别是过一种有意义和有价值的生活。他认为，哲学可以拓展新的认知领域，展示新的思维空间，达至先前未及的认知深度；哲学在本质上是批判的和革命的，它给我们的认知发展提供永不衰竭的动力。

山西大学江怡的发言题目是"应当重视当代哲学与新科学技术的互动研究"。他指出，随着人类知识的增长、信息交流的便利以及科学共同体的开放态度，跨学科或交叉学科的研究越来越呈现出加速发展的趋势。跨学科研究不仅是学科综合化发展的体现，也是学术研究深化的必然趋势，更是理论创新的重要切入点。现代学术发展史表明，哲学社会科学中的重大理论创新常常出现在跨学科的学术研究和协调创新的过程中。

克罗地亚扎达尔大学朱勒·佐夫科（Jure Zovko）的发言题目是"判断作为哲学与其他各门科学的连接"。他认为，判断是理解和解释理论的有机组成部分，理解和解释不仅是人文学科的特征，也是自然科学和工程科学的环节。然而，生物克隆与基因工程为人类处境带来了挑战。因此，正确地运用判断和原则对于医学、法律、生物技术研究来说是至关重要的，哲学判断的首要任务是思考如何有贡献于保护我们生活于其中的世界。

中国人民大学张文喜的发言题目是"哲学社会科学的原创要求及其概念纹理的经与纬"。他认为，只有把哲学与社会科学结合起来才是原创的方向：哲学社会科学本身作为严格的科学，不仅对社会生活中那些分散和混乱的东西进行统一、筛选和整理，从而使生活更接近理想，也把生命力赋予理想，从而使理想更接近现实。

上海社会科学院成素梅的发言题目是"从石里克之问谈起"。她重提石里克之问：在科学高度发展的情况下哲学是否还有事可做。这一问题涉及如何理解科学、如何理解哲学以及如何理解科学与哲学之间的关系问题。她认为，科学哲学为解决这个问题提供了新的思维方式，成为架起科学与哲学沟通的桥梁。

北京师范大学李建会的发言题目是"从柏格森与爱因斯坦之辩看哲学与科学的关系"。他重提柏格森与爱因斯坦关于时间本质的争论，由此追问：科学是否终结了哲学关于世界本质的直接言说？哲学还是不是关于世界本质的系统化和理论化的总的看法和根本观点的理论？

第三，从理论与实践的角度探索哲学的应用。

中国社会科学院邱仁宗的发言题目是"仅从哲学或伦理理论能推出道德实践问题的解决方案吗？"。他针对如下现象提出批评，即哲学学者把自己封闭在象牙塔里，两耳不闻窗外事，一心一意建构理论体系，以此解决现实世界的所有问题。这种纯粹的演绎方法在常规事情上或许行之有效，但对于临床中的伦理问题是行不通的。因此，在进行道德判断和伦理决策时，需要了解相关事实，做出价值权衡。

湖北大学江畅的发言题目是"中国当代价值论检视"。他回顾了改革开放以来中国价值论研究的发展过程及其理论成果，特别强调了价值论研究在构建和谐社会、培育社会主义核心价值观等方面所发挥的独特作用。他还指出，价值论研究所面临的新任务是构建人类命运共同体的价值体系以及对中国传统价值思想观念的创造性转化与创新性发展。

陕西师范大学袁祖社的发言题目是"元哲学：一种基于实践智慧的知识论立场和价值论态度的理智圆融"。他认为，元哲学问题需要摆脱单纯的知识论立场，否则，所谓的元哲学问题不过是一群哲学家群体内部语言游戏意义上的自娱自乐，不会给在现实中艰难生存的整个人类提供多少可供安身立命的慰藉和指引。

上海大学王天恩的发言题目是"人类活动的最高层次理论整体观

照——如何做哲学的信息文明时代启示"。他认为，信息文明的发展越来越清晰地呈现出哲学的时代图景，哲学就是为越来越一体化的人类活动提供最高层次的理论整体观照。随着大数据和人工智能的发展，最高层次的理论整体观照呈现出理论和实践的一体化。

华中科技大学雷瑞鹏的发言题目是"哲学/伦理学在科技研究和应用治理中的作用"。她介绍了她的团队在《自然》杂志所发表的文章《中国重建伦理治理》：一方面在与基因编辑婴儿事件有关的科技的伦理、政策、治理问题上让世界听见中国学者的声音，另一方面对中国科技研究和应用的治理提出系统的意见。

南京大学潘天群的发言题目是"哲学践行：哲学应用还是哲学本身"。他指出，所谓践行哲学包括哲学咨询、哲学团体建导、哲学咨商、哲学治疗、临床哲学等。践行哲学是对学院哲学脱离生活的不满与反抗，学院哲学与哲学践行应在相互借鉴中发展。

第四，哲学与哲学史之间关系的辨析。

陈波认为，哲学与哲学史之间，既有连续性，也存在明显的断裂。哲学与哲学史之间的连续性表现在：哲学史关涉文化与文明的传承，哲学史是训练思想和人格的媒介，哲学史是激活创造的资源。虽然哲学与哲学史有特殊关联，研究哲学史就是在研究哲学，但是，看待哲学与哲学史关系的正确态度和做法或许是：通过哲学史来学习哲学和进入哲学，通过批判地反思先前的哲学理论来发展哲学，从先前的哲学遗产出发，通过开拓新的领域、运用新的方法、提出新的理论来推进哲学。不能所有的中国哲学家都研究哲学史，并且只研究哲学史。

中国人民大学聂敏里的发言题目是"问题、问题域及问题域中的深入研究"。他批评了所谓分析哲学的哲学史观，即哲学研究应当关注的是哲学问题本身，存在着永恒的、无时间的哲学问题。他的回应是：哲学问题本身就是历史性的，哲学同时也是哲学史，任何一个深入地活动在问题域中的研究者同时也是一个历史地活动在问题域中的研究者，不仅要有对问题及问题域中的诸问题要素的逻辑批判的能力，而且要有历史批判的能力，这就是一个人文社会科学领域的研究者所必须具备的素质。

陕西师范大学宋宽锋的发言题目是"诠释学的两种趋向与哲学史的

两种研究方式"。通过类型区分，他梳理和分析了诠释学，包括特殊的诠释学与普遍的诠释学、方法论的诠释学与存在论的诠释学、哲学的诠释学与哲学诠释学。由此出发，他不仅区分了哲学史的两种研究方式，即史学式的哲学史研究方式与哲学式的哲学史研究方式，而且说明了这两种研究方式各自的价值和局限。

在笔者看来，哲学是否等同于哲学史，这场争论涉及究竟是把理解还是把论证看作哲学的主要工作方式。一方面，捍卫者把哲学史看作哲学的内在有机组成部分，把反思以往哲学家的问题和答案看作哲学的本性，因此，哲学的主要任务是理解，由此从日常语境回归到哲学语境，从中文语境回归到西文语境，从现代语境回归到古典语境。另一方面，反对者把哲学从哲学史中相对独立出来，把批评旧的论证和建构新的论证看作哲学的本性，因此，哲学的主要任务是论证，哲学研究应该立足于研究者的当下语境。实际上，这场争论的双方从一开始就是从不同角度看待哲学问题的：捍卫者把以往哲学家的问题当作自己的问题，哲学研究的目的是在不同哲学观点之间进行反思均衡；反对者从科学实践和现实生活中提取自己的问题，哲学研究的目的是从看似平凡的前提推导出不平凡的结论。当然，这场关于哲学是否等同于哲学史的争论或许还会一直进行下去。

第五，在马克思哲学视域下如何做哲学。

吉林大学贺来的发言题目是"站在界限之上：哲学前提批判的真实意蕴"。他把前提批判看作哲学的工作方式，把反思思想观念和生活的界限看作哲学前提批判的基本主题。他梳理了康德对界限的认识论批判、维特根斯坦对界限的语言哲学批判以及马克思对界限的历史实践批判，由此表明，以界限的自觉反思和澄清作为前提批判的基本主题，最深刻地体现了哲学工作的实质和基本旨趣，批判性精神得到了真正的落实和体现，哲学所特有的理论功能得到了最充分的显示，哲学由此源源不断地获得思想活力，在人类诸思想维度中显示其永远无法被终结的存在价值，把推动向他者的开放、促进人与人之间的相互宽容和承认视为哲学的自觉追求。

上海财经大学陈忠的发言题目是"现代性的涂层危机：对形式主义的一种空间与城市哲学批判"。他认为，形式主义是对形式的滥用、盗用、利用，涂层策略是形式主义的一种当代形态。虽然涂层策略有一定的经济、政治、心理等效用，但毕竟是一种更为表层化、非实在化的理念与行为。外观套用、表层覆盖、道具仿真、移情嫁接、修辞外套是空间生产、商品交换、社会治理等领域中常见的涂层策略。涂层策略、形式主义严重危害社会构成、社会运行的社会实在根基，也使社会的丛林性进入新的更为复杂的阶段，更深层损害社会发展、社会创新的基础与根基。全面建设质朴性社会，营建更为质朴、真实、规范、透明的社会价值体系、社会运行规则、社会互动行为，对于减弱和克服涂层策略与形式主义来说具有重要作用。

在笔者看来，把前提批判看作界限反思，这体现了从马克思哲学中发展出来的两种思维方式的差异，即对象性思维方式与非对象性思维方式。前者总是默认或设定个体对象在形而上学意义上的边界，而后者不断打破这种被默认或被设定的边界。实际上，从早期的意识形态批判到后来的政治经济学批判，马克思一直试图超越传统形而上学的实体性对象，从自然哲学的原子到劳动创造的产品再到经济交换的商品，人类社会就是在普遍交往和世界历史的基础上不断设定边界、反思边界和打破边界。另一方面，对象性思维方式可以被追溯到亚里士多德，他把实体对象看作形式和质料的复合，在这种形而上学意义上，形式成为质料的界限，形式像模具一样把质料包裹成实体。从这个角度看，对形式主义和涂层策略的批评就是在颠覆亚里士多德质形论的形而上学个体化模型，把重形式、轻质料的做法转变为重质料、轻形式的做法。实际上，由于质料与物质这两个概念的相关性，上述转变体现了对马克思唯物主义的物质概念的回归。毫无疑问，马克思关于解释世界和改造世界的名言仍然是我们当代如何做哲学的指引。

第六，中西比较视域下的中国哲学道路。

中山大学鞠实儿的发言题目是"他文化知识史研究方法"。他在逻辑分析、文化心理学实验以及文化交流史案例的基础上提出文化相对性原理。根据这个原理，在他文化知识研究中，"根据 X 解释 Y"的方法是不恰当的，恰当的方法是"根据 Y 解释 Y"，其中 X 与 Y 互为他文化。他根据这种方法探讨了中国古代哲学研究的本土化问题。

上海交通大学陈嘉明的发言题目是"元哲学问题与中国哲学的发展：

对如何做哲学的几点思考"。他认为，中国哲学偏执于判定一种哲学是否属于道统或正统，这是一种画地为牢的做法，使得哲学在儒家经典范围内不敢越雷池一步。他还指出，现当代中国哲学界缺乏对"如何做哲学"做元哲学层面上的思考，有两个主要表现。一是缺乏一种在各类现象中发现哲学问题的思路，而往往局限于在书本中讨学问。例如在知识论领域，诸如认识的分歧、认识的运气之类的现象，按理说来并不难发现，但却总是由国外学者首先加以把握的。二是通常不能提出自己对问题进行解释的概念，而是只能借用已有的概念乃至整个概念框架。

陕西师范大学丁为祥的发言题目是"中国哲学研究的三种进路及其前瞻"。他从研究进路及其特色的角度，把20世纪中国哲学划分为"贵族派"、"精英派"和"草根派"。这三派不仅分别以族群主体、人类共同体和个体主体为基础，而且分别以历史知识、形上理论建构和人生体验为指向。这三派都存在着各自不同的偏蔽，但在坚持传统精神与中西文化融合这一大方向上构成了一个彼此递进的系列。

北京师范大学章伟文的发言题目是"中国传统哲学的现代性及其转化之可能"。他认为，中国传统哲学文化的核心精神可以在相当长的时间中保持稳定，但体现文化核心精神的各种具体形式则会随着时代与社会的变迁而发生改变。为了实现创造性转化，不仅要坚持中国传统哲学与文化重视人与社会、关注生命存在的优点，而且要积极回应当代社会所迫切关注的重要问题，积极探索解决现实问题的各种好的方式。

上海交通大学杜保瑞的发言题目是"论中国哲学的现代诠释有以贡献于元哲学的面向"。他提出四个面向：一是要掌握特色，从而系统性地把中国各家哲学建立起来；二是从知识论问题意识进路，谈好如何验证其说，证成其真，从而能立足实践现场，检证后学；三是放弃三教辩证的争议心态，为各家学说找到最佳的适用范围领域，各适其是；四是为现实生活中的每一个人，讨论其如何认清情势，选择某家智慧，为我所用，一旦情境不同，还要转换学说，使用新说以解新境。

在笔者看来，在全球化和人类命运共同体的时代，任何一个民族或国家的哲学都不可能局限于某种单纯语境，都需要在一种混合语境下被翻译性解释和创造性发展。虽然"以中释中"和"以西释中"的框架都存在一些缺陷和不足，但在中西比较的视域下探索中国哲学的发展道路是一个必然的选择。本次会议在"问题—答案"的模式下也提出了两种新的解释方向：一种是"西问中答"，即在西方哲学中提出问题，在中国哲学中寻找答案；另一种是"中问西答"，即在中国哲学中提出问题，在西方哲学中寻找答案。

香港中文大学黄勇的发言题目是"信念、欲望、信欲：王阳明对当代行动哲学的贡献"。他的出发点是关于行动的休谟模型：任何一个行动都包括两个部分——信念和欲求。然而，信念和欲求涉及两个相互冲突的方向，前者是心灵适应世界的方向，后者是世界适应心灵的方向。为了消除这种冲突，西方学者提出"信欲"（besire）概念，把信念和欲求看作一种心灵状态。"信欲"概念相当于王阳明的"良知"概念。良知是一种规范知识，伴随良知的信念具有让世界适应心灵的方向，这与欲求所具有的让世界适应心灵的方向是一致的，所以信念和欲求在两个方向上的冲突在良知中得到了调和。黄勇的解释是一种"西问中答"的模式。

笔者的发言题目是"惠施的一元论：一个罗素式解读"。他的出发点是惠施的历物十事：如果历物十事是可理解的，那么必须诉诸相对主义、视角主义或语境主义，但是相对主义的多元论倾向又与历物十事的一元论主旨不能协调一致。笔者以历物十事的"方生方死"为切入点，根据"方"时态和体态的意义演化，借鉴罗素的时间构造方法，从而给出了构造论证：事件的重叠与视角的交汇确定精确时间点，事件的排列与视角的转换确定线性时间轴，诸多事件体现了"泛爱万物"，一维时间轴体现了"天下一体"，由此实现从相对主义多元论到绝对主义一元论的跳跃。笔者的解释是一种"中问西答"的模式。

第七，有关分析哲学研究方法的争论。

厦门大学朱菁探讨了中国分析哲学研究的三条路径。他的发言题目是"论分析哲学的全球化与本土化"。他指出，进入21世纪，分析哲学呈现出全球化的发展趋势，其传播力和影响力在显著增长。这三条路径分别是：第一，撰写中文论文，把英语世界的分析哲学介绍、翻译到国内哲学界；第二，撰写英文论文，中国分析哲学家在国际期刊的平台上与国际同行进行交流；第三，按照分析哲学的模式撰写中文论文，在国内学者之间展开论证和质疑。

澳门哲学会周柏乔的发言题目是"分析哲学的研究方式与方向"。他强调，分析哲学的核心是语言哲学，而语言哲学的核心是真理论和意义论。正如亚里士多德的形式和质料说明了什么是实体，真理论与意义论说明了语句之间的逻辑关系，这种逻辑关系确定了一个经验科学理论中哪些语句需要被检证，而这又成为当代知识论所关心的问题。

首都师范大学叶峰的发言题目是"概念分析法：一个物理主义的评估"。他认为，所谓的概念分析是用清晰的语言描述来重构一个基于直觉的哲学概念，即基于大脑的知觉记忆和大脑神经元网络的复杂模式识别能力的概念。由于基于直觉的概念的复杂性，这种概念分析的结果并不可靠；同样，也由于基于直觉的概念的复杂性，这种概念分析在实用性上具有不可替代性。

中国政法大学费多益的发言题目是"实验哲学：一个尴尬的概念"。她认为，实验哲学在某种意义上可以被看作认知科学、实验心理学和哲学心理学的语词变换。实验方法的地位早已被逻辑实证主义所强调，所以用实验来修饰哲学是一种冗余的做法。"直觉在多大程度上是可靠的"这个判断需要诉诸经验，但对这个判断的判断仍然依赖直觉，所以实验哲学陷入了一种自我支持和认知循环之中。

厦门大学曹剑波的发言题目是"实验方法的质疑与辩护"。他从四个方面对实验哲学进行了澄清和辩护：实验与哲学可以兼容吗？问卷调查适合研究哲学问题吗？大众直觉值得研究吗？实验方法会排斥分析方法吗？最后，他乐观地预测：在未来的若干年中，实验哲学必将更有声势；从长远来看，实验方法在哲学中的运用也将越来越普遍和寻常。

华东师范大学葛四友的发言题目是"论道德思想实验中的直觉错位与后果主义证成"。他认为，利用现实世界中的直觉反应挑战后果主义是错位的，后果主义的一般性要求是针对现实世界的。按照理想世界的条件来推测人们在理想世界的道德直觉反应，后果主义的要求与之并不会有明显的冲突。如果纠正道德思想实验中的直觉错位，那么后果主义实际上能够经受住各种道德直觉的反驳。

在笔者看来，虽然分析哲学的主流方法在一百多年的发展历程中经历了从逻辑分析到思想实验的转变，但是这种转变背后存在着内在的关联。早期分析哲学脱胎于数理逻辑工具和数学基础问题。例如，数学家、逻辑学家和哲学家通过公理化和形式化方法对"集合"这个概念进行分析，由此得出了两条公理，即外延公理和概括公理。然而，经过严格的逻辑推导，从这两条公理得出矛盾，这就是素朴集合论中的罗素悖论。公理化和形式化方法让哲学家看到，一些看似合理的数学概念背后其实隐藏着不一致性，这种不一致性以逻辑分析的方式被呈现在光天化日之下。后来的分析哲学开始关注传统哲学问题和社会现实问题，语言哲学、知识论、形而上学、心灵哲学、道德哲学、政治哲学的兴起在某种程度上就说明了这一点。哲学家在研究这些问题时发现，逻辑分析方法是有局限的，因为并非包括哲学家在内的所有人的直观和想象都可以被充分地公理化或形式化，有些直观或想象的内容甚至不能通过语言或命题被充分地表述出来。因此，哲学家在分析哲学概念时不再局限于逻辑分析方法，而是诉诸思想实验方法，用直观反例来捍卫和质疑某个哲学论题。例如，柏拉图把知识定义为有证成的真信念，这就意味着，在所有情况下知识都等同于有证成的真信念；但是，一系列盖梯尔式的直观反例表明，对于有些情况来说，它们满足"有证成的真信念"这个条件，但不满足"知识"这个条件，也就是说，柏拉图的传统定义与盖梯尔式的直观反例包含着矛盾，这就是当代知识论中的盖梯尔问题。思想实验方法让哲学家看到，一些看似合理的哲学概念背后其实隐藏着不一致性，这种不一致性以直观和想象的方式被呈现在光天化日之下。由此可见，逻辑分析方法与思想实验方法之间存在着内在关联，从前者到后者的转变是对分析哲学方法的深化。

第八，对如何做哲学的一般性探究。

安徽大学张能为的发言题目是"何谓做哲学及其主要面向的问题"。他认为，做哲学需要面向人们的惊异之心，需要面向人们的实践或生活本身，需要面向严格的哲学性思维方法和写作训练，需要面向经典文本问题，在论证和辩驳中创新哲学的意义。

山西大学魏屹东的发言题目是"做哲学的三重境界"。他给出了做哲学的三个阶段或三重境界：第一重境界是学习哲学，这是以知识导向为主的涉猎和理解阶段；第二重境界是研究哲学，这是以问题导向为主的研究与质询阶段；第三重境界是做哲学，这是脱离纯粹的学习和研究，以原创为导向的创造阶段。

武汉大学苏德超的发言题目是"哲学是什么？它有什么用？——从人文与科学的不同谈起"。他认为，哲学包括两个部分，一部分接近人文，另一部分接近科学。前者是讲故事，旨在呈现生活世界的整体以及个体在这个整体中的位置；后者是建模型，旨在给出外部世界及其活动的精确描述。哲学活动的主要作用在于澄清观念、建构意义和捍卫自由，最终目的是消除肉体的痛苦和灵魂的纷扰。

（刘靖贤　撰）

附录一

陈波 A&HCI 期刊论文及其他英文论文
（截至 2019 年底）

1. Chen Bo. Russell and Jin Yuelin on Fact: From the Perspective of Comparative Philosophy. Philosophy East and West (A&HCI), 2019, 69 (4): 929−950.

2. Chen Bo and Liu Jingxian. Hume's Conceivability Arguments Reconsidered. Axiomethes (A&HCI), 2019, 29 (5): 541−559.

3. Gila Sher and Chen Bo. Foundational Holism, Substantive Theory of Truth, and a New Philosophy of Logic-Interview with Gila Sher by Chen Bo. Philosophical Forum (A&HCI), 2019, 50 (1): 3−57.

4. Chen Bo. Two Different Approaches to Philosophy: A Critical Reflection on Contemporary Chinese Philosophy. Asian Philosophy (A&HCI), 2018, 28 (3): 197−214.

5. Chen Bo. Wisdescopism and Caplan's "Against Widescopism". Philosophical Forum (A&HCI), 2018, 49 (2): 245−259.

6. Chen Bo. Reformulation of Frege's Theory of Thought. Philosophical Forum (A&HCI), 2017, 48 (2): 143−159.

7. Chen Bo. Against Williamson's Arguments about Bivalence. Philosophical Forum (A&HCI), Autumn-Winter Issue, 2016.

8. Chen Bo. Socio-historical Causal Descriptivism: A Hybrid and Alternative Theory of Names. Croatian Journal of Philosophy (A&HCI), 2016, XVI (46): 45−67.

9. Chen Bo. When a Young Chinese Scholar Met von Wright. Acta Philosophica Fennica, 2016, 92: 9−32.

10. Chen Bo. Social Constructivism of Language and Meaning. Croatian

Journal of Philosophy (A&HCI), 2015, XV (43): 87−113.

11. Chen Bo. Two Important Questions about Hume's Philosophy. Universitas-Monthly Review of Philosophy and Culture (A&HCI), 2015 (8): 3−24.

12. Chen Bo. Six Groups of Paradoxes in Ancient China, From the Perspective of Comparative Philosophy. Asian Philosophy (A&HCI), 2014, 24 (4): 363−392.

13. Chen Bo. The Nature of Logical Knowledge, An Unfinished Agenda of Quine's Philosophy. Philosophical Forum (A&HCI), 2014, XLV (3): 217−249.

14. Chen Bo. Kripke's Semantic Argument against Descriptivism Revisited. Croatian Journal of Philosophy (A&HCI), 2013, XIII (39): 421−445.

15. Chen Bo. Kripke's Epistemic Argument against Descriptivism Reconsidered. Journal of Chinese Philosophy (A&HCI, Blackwell), 2013, 40 (3−4): 486−504.

16. Chen Bo. A Descriptivist Refutation of Kripke's Modal Argument and of Soames's Defense. Theoria: A Swedish Journal of Philosophy (A&HCI), 2012, 79 (3): 225−260.

17. Chen Bo. Justification of Induction: Russell and Jin Yuelin. A Comparative Study, History and Philosophy of Logic (A&HCI), 2012, 33 (4): 353−378.

18. Chen Bo. Proper Names, Contingency A Priori and Necessity A Posteriori. History and Philosophy of Logic (A&HCI), 2011, 32 (2): 119−138.

19. Chen Bo. An Interview with Timothy Williamson. Theoria: A Swedish Journal of Philosophy (A&HCI), 2011, 77 (1): 4−31.

20. Chen Bo. Xunzi's Politicized and Moralized Philosophy of Language. Journal of Chinese Philosophy (A&HCI, Blackwell), 2009, 36 (1): 107−140.

21. Xu Zhaoqing & Chen Bo. Epistemic Logic with Evidence and Relevant Alternatives, In Hans van Ditmarsch and Gabriel Sandu (eds.). Jaakko Hintikka on Knowledge and Game-theoretical Semantics. Cham: Springer, 2018, 536−555.

22. Chen Bo. Intellectual Journey: An Interview with Susan Haack. In Cornelis de Wall (ed.), Susan Haack: a Lady of Distinction, the Philosopher Responds to Her Critics. New York: Promethius Books, 2007: 17-37.

23. Chen Bo, et al. Frege, His Logic and His Philosophy—Interview with Michael Beaney. Journal of the Graduate School of Letters, Hokkaido University, Japan, March 2010, 5: 1-28.

24. Chen Bo. Refutation of the Semantic Argument against Descriptivism, in ProtoSociology—An International Journal and Interdisciplinary Project, Vol. 31, Language and Value, edited by Yi Jiang and Ernest Lepore, 2014: 17-38.

25. Chen Bo. To Be Philosophical, Even If One will not be a Professional Philosopher: The Aim and Mission of Philosophy Education. Frontiers of Philosophy in China, Brill, 2013, 8 (2): 247-257.

26. Chen Bo. The Demystification of Frege's Theory of Thoughts. Politics and Society. Special Issue of Journal of Central China Normal University, 2013, 1 (1): 85-122.

27. Chen Bo. Introduction: Philosophizing like Dummett. Frontiers of Philosophy in China, 2012 (3): 347-350.

28. Chen Bo. The Debate on the Yan-Yi Relation in Chinese Philosophy: Reconstruction and Comments. Frontiers of Philosophy in China. Springer, 2006, 1 (4): 539-560.

29. Chen Bo. The Epistemic Justification of Deduction. Social Sciences in China, Autumn 2003: 149-157.

附录二

文章来源

(截至 2019 年底)

本书所收的各篇文章，先前大都发表过。下面的序号对应于本书的篇目，随后列出相关发表信息。但需要指明的是，发表稿大都有所删节或修改，本书的篇目大都是原稿。

1. 陈波，刘叶涛. 哲学首要是思想家的事业——陈波教授学术访谈录. 安徽师范大学学报，2016（6）：660-668.

2. 吉拉·谢尔，陈波. 吉拉·谢尔的学术背景及其早期研究——陈波与吉拉·谢尔的对话. 徐召清，译. 湖北大学学报，2018（5）：50-56.

3. 吉拉·谢尔，陈波. 有关基础整体论的若干问题——陈波与吉拉·谢尔的对话. 徐召清，译. 河北学刊，2019（1）：28-36.

4. 吉拉·谢尔，陈波. 有关实质真理论的若干问题——陈波与吉拉·谢尔的对话. 徐召清，译. 河南社会科学，2018（7）：92-98.

5. 吉拉·谢尔，陈波. 一种新的逻辑哲学——陈波与吉拉·谢尔的对话. 徐召清，译. 逻辑学研究，2018（2）：132-144.

6. 陈波. 深入地思考，做出原创性贡献——威廉姆森教授访谈录. 晋阳学刊，2009（1）：3-17.

7. 陈波. 逻辑、规范性和合乎理性的可修正性——菲尔德在牛津大学做约翰·洛克讲演. 世界哲学，2008（6）：36-60.

8. 陈波. 苏珊·哈克访谈录——一位逻辑学家和哲学家的理智历程. 世界哲学，2003（5）：101-113.

9. 苏珊·哈克，陈波. 走向哲学的重构——陈波与苏珊·哈克的对话. 刘靖贤，译. 河南社会科学，2016（1）：12-23.

10. 陈波. 逻辑·哲学·维特根斯坦——访冯·赖特教授. 哲学动

态，1998（2）：30-34.

11. 陈波. 在逻辑和哲学之间——访亨迪卡教授. 哲学动态，1998（5）：39-43.

12. 迈克·比尼，陈波，中户川孝治. 弗雷格的逻辑和哲学——迈克·比尼访谈录. 陈波，译. 世界哲学，2010（2）：64-81.

13. 陈波. 论蒯因的逻辑哲学. 刘靖贤，译. 中国高校社会科学，2014（6）：60-84.

14. 陈波. 一位年轻的中国学者与冯·赖特的交往. 社会科学论坛，2006（11）：82-101.

15. 陈波. 在分析传统和诠释学传统之间——冯·赖特的学术贡献. 湘潭师范学院学报，2001（3）：5-11.

16. 陈波. 论分析哲学的芬兰学派. 自然辩证法研究，1999（7）：11-15.

17. 陈波. 苏珊·哈克的基础融贯论. 武汉科技大学学报，2018（2）：163-169.

18. 陈波. 过去50年最重要的西方哲学著作. 哲学门，2003（2）：197-207.

19. 陈波. 像达米特那样研究哲学. 中国社会科学报，2012-04-02：B-01（哲学版）.

20. 陈波. "知识优先"的认识论——读《知识及其限度》. 哲学分析，2010（4）：183-192.

21. 陈波. 反驳威廉姆森关于二值原则的论证. 安徽师范大学学报，2017（2）：151-159.

22. 陈波. 拒斥反描述论的语义论证//江怡，厄内斯特·勒坡. 语言与价值. 北京：中国社会科学出版社，2017：13-39.

23. 陈波. 分析哲学内部的八次大论战. 北京大学学报，2018（2）：163-169.

24. 陈波. 没有事实概念的新符合论. 江淮论坛，2019（5）：5-12；2019（6）：120-126.

25. 陈波. 哲学研究的两条路径：诠释与创新. 中国社会科学评价，2017（1）：58-68.

26. 陈波. 哲学作为一项认知事业. 哲学分析, 2020（1）: 4-24.

27. 陈波. 批判性思维与创新型人才的培养. 中国大学教学, 2017（3）: 22-28.

28. 刘靖贤, 陈波. "弗雷格: 逻辑和哲学"国际研讨会综述. 哲学分析, 2012（3）: 157-160.

29. 彭杉杉. 克里普克在华讲学暨"克里普克、逻辑和哲学国际研讨会"述要. 哲学动态, 2013（2）: 107-110.

30. 陈波, 赵震, 李琳. 大学哲学教育如何回应当代社会的需求与挑战？——世界大学哲学系主任联席会议纪实. 哲学分析, 2013（1）: 163-177.

31. 王海若. "蒯因: 逻辑和哲学"国际研讨会综述. 哲学分析, 2014（1）: 173-176.

32. 刘靖贤. "威廉姆森: 逻辑和哲学"国际研讨会综述. 哲学动态, 2016（2）: 111-112.

33. 胡兰双. "悖论、逻辑和哲学"国际研讨会综述. 哲学分析, 2017（2）: 174-179.

34. 刘叶涛, 魏良钰. "真理、逻辑与哲学"国际研讨会综述. 哲学分析, 2018（4）: 160-167.

35. 徐召清. "亨迪卡、逻辑和哲学"国际研讨会综述. 未发表.

36. 刘靖贤. 在现象学与分析哲学之间——弗莱斯塔教授在北京大学的五次讲演. 哲学分析, 2019（2）: 181-187.

37. 张瑜. "模态、逻辑和哲学"国际研讨会综述. 未发表.

38. 刘靖贤. "如何做哲学——元哲学与哲学方法论"国际研讨会（2019）. 哲学分析, 2020（2）: 161-170.

守望者书目

001　正义的前沿
[美] 玛莎·C. 纳斯鲍姆（Martha C. Nussbaum）　著

作者玛莎·C. 纳斯鲍姆，美国哲学家，人文与科学院院士，当前美国最杰出、最活跃的公共知识分子之一。现为芝加哥大学法学、伦理学佛罗因德（Ernst Freund）杰出贡献教授，同时受聘于该校7个院（系）。2003年荣列英国《新政治家》杂志评出的"**我们时代的十二位伟大思想家**"之一；2012年获西班牙阿斯图里亚斯王子奖，被称为"**当代哲学界最具创新力和最有影响力的声音之一**"。最具代表性的著作有：《善的脆弱性》《诗性正义》。

作为公平的正义真的无法解决吗？本书为我们呈现女性哲学家的正义探索之路。本书从处理三个长期被现存理论特别是罗尔斯理论所忽视的、亟待解决的社会正义问题入手，寻求一种可以更好地指引我们进行社会合作的社会正义理论。

002　寻求有尊严的生活——正义的能力理论
[美] 玛莎·C. 纳斯鲍姆（Martha C. Nussbaum）　著

诺贝尔经济学奖得主阿玛蒂亚·森鼎力推荐。伦敦大学学院乔纳森·沃尔夫教授对本书评论如下："一项非凡的成就：文笔优美，通俗易懂。同阿玛蒂亚·森教授一道，纳斯鲍姆是正义的'能力理论'的开创者之一。**这是自约翰·罗尔斯的作品以来，政治哲学领域最具原创性和影响力的发展**。这本书对纳斯鲍姆理论的首次全盘展示，不仅包括了其核心元素，也追溯了其理论根源并探讨了相关的政策意义。"

003　教育与公共价值的危机
[美] 亨利·A. 吉鲁（Henry A. Giroux）　著

亨利·A. 吉鲁（1943—　），著名社会批评家，美国批判教育学的创始理论家之一，先后在波士顿大学、迈阿密大学和宾夕法尼亚州立大学任教。2002 年，吉鲁曾被英国劳特利奇出版社评为当代 50 位教育思想家之一。

本书荣获杰出学术著作称号，获得美国教学和课程协会的年度戴维斯图书奖，美国教育研究协会 **2012 年度批评家评选书目奖**。本书考察了美国社会的公共价值观转变以及背离民主走向市场的教育模式。本书鼓励教育家成为愿意投身于创建构成性学习文化的公共知识分子，培养人们捍卫作为普遍公共利益的公立教育和高等教育的能力，因为这些对民主社会的生存来说至关重要。

004　康德的自由学说
卢雪崑　著

卢雪崑，牟宗三先生嫡传弟子，1989 年于钱穆先生创办的香港新亚研究所获哲学博士学位后留所任教。主要著作有《意志与自由——康德道德哲学研究》《实践主体与道德法则——康德实践哲学研究》《儒家的心性学与道德形上学》《通书太极图说义理疏解》。

本书对康德的自由学说进行了整体通贯的研究，认为康德的自由学说绝非如黑格尔以来众多康德专家曲解的那样，缺乏生存关注、贱视人的情感、只是纯然理念的彼岸与虚拟；康德全部批判工作可说是一个成功证立"意志自由"的周全论证整体，康德批判地建立的自由学说揭示了"自由作为人的存在的道德本性"，"自由之原则作为实存的原则"，以此为宗教学、德性学及政治历史哲学奠定彻底革新的基础。

005　康德的形而上学
卢雪崑　著

自康德的同时代人——包括黑格尔——对康德的批判哲学提出批判至今，种种责难都借着"持久的假象就是真理"而在学术界成为公论。本书着眼于康德所从事的研究的真正问题，逐一拆穿这些公论所包含的假象。

006　客居忆往

洪汉鼎　著

洪汉鼎，生于1938年，我国著名斯宾诺莎哲学、当代德国哲学和诠释学专家，现为北京市社会科学院哲学研究所研究员，山东大学中国诠释学研究中心名誉主任，杜塞尔多夫大学哲学院客座教授，成功大学文学院客座讲座教授。20世纪50年代在北京大学受教于贺麟教授和洪谦教授，70年代末在中国社会科学院哲学所担任贺麟教授助手，1992年被评为享受国务院政府特殊津贴专家，2001年后在台湾多所大学任教。德文专著有《斯宾诺莎与德国哲学》、《中国哲学基础》、《中国哲学辞典》（三卷本，中德文对照），中文专著有《斯宾诺莎哲学研究》、《诠释学——它的历史和当代发展》、《重新回到现象学的原点》、《当代西方哲学两大思潮》（上、下册）等，译著有《真理与方法》《批评的西方哲学史》《知识论导论》《诠释学真理?》等。

本书系洪汉鼎先生以答学生问的形式而写的学术自述性文字，全书共分为三个部分。第一部分是作者个人从年少时代至今的种种经历，包括无锡辅仁中学、北京大学求学、反右斗争中误划为右派、"文化大革命"中发配至大西北、改革开放后重回北京、德国进修深造、台湾十余年讲学等，整个经历充满悲欢离合，是幸与不幸、祸与福的交集；第二部分作者透过个人经历回忆了我国哲学界20世纪90年代之前的情况，其中有师门的作风、师友的关系、文人的特性、国际的交往，以及作者个人的哲学观点，不乏一些不为人知的哲坛趣事；第三部分是作者过去所写的回忆冯友兰、贺麟、洪谦、苗力田诸老师，以及拜访伽达默尔的文章的汇集。

007　西方思想的起源

聂敏里　著

聂敏里，中国人民大学哲学院教授，博士生导师，中国人民大学首批杰出人文学者，主要从事古希腊哲学的教学和研究，长期教授中国人民大学哲学院本科生的西方哲学史专业课程。出版学术专著《存在与实体——亚里士多德〈形而上学〉Z 卷研究（Z 1-9）》《实体与形式——亚里士多德〈形而上学〉Z 卷研究（Z 10-17）》，译著《20 世纪亚里士多德研究文选》《前苏格拉底哲学家——原文精选的批评史》，在学界享有广泛的声誉。《存在与实体》先后获得北京市第十三届哲学社会科学优秀成果奖二等奖、教育部第七届高等学校科学研究优秀成果奖（人文社会科学）三等奖，《实体与形式》入选 2015 年度"国家哲学社会科学成果文库"。

本书是从中国学者自己的思想视野出发对古希腊哲学的正本清源之作。它不着重于知识的梳理与介绍，而着重于思想的分析与检讨。上溯公元前 6 世纪的米利都学派，下迄公元 6 世纪的新柏拉图主义，上下 1 200 余年的古希腊哲学，深入其思想内部，探寻其内在的本体论和认识论的思想根底与究竟，力求勾勒出西方思想最初的源流与脉络，指陈其思想深处的得失与转捩，阐明古希腊哲学对两千余年西方思想的奠基意义与形塑作用。

008　现象学：一部历史的和批评的导论

［爱尔兰］德尔默·莫兰（Dermot Moran）　著

德尔默·莫兰为国际著名哲学史家，爱尔兰都柏林大学哲学教授（形上学和逻辑学），前哲学系主任，于 2003 年入选爱尔兰皇家科学院，并担任 2013 年雅典第 23 届国际哲学大会"学术规划委员会"主席。莫兰精通欧陆哲学、分析哲学、哲学史等，而专长于现象学和中世纪哲学。主要任教于爱尔兰，但前后在英、美、德、法等各国众多学校担任客座或访问教授，具有丰富的教学经验。莫兰于 2010 年在香港中文大学主持过现象学暑期研究班。

本书为莫兰的代表作。莫兰根据几十年来的出版资料，对现象学运动中的五位德语代表哲学家（布伦塔诺、胡塞尔、海德格尔、伽达默尔和阿伦特）和四位法语代表哲学家（莱维纳、萨特、梅洛-庞蒂和德里达）的丰富学术思想，做了深入浅出的清晰论述。本书出版后次年即荣获巴拉德现象学杰出著作奖，并成为西方各大学有关现象学研习的教学参考书。

本书另一个特点是，除哲学家本人的思想背景和主要理论的论述之外，不仅对各相关理论提出批评性解读，而且附有关于哲学家在政治、社会、文化等方面的细节描述，也因此增加了本书的吸引力。

009　自身关系

［德］迪特尔·亨利希（Dieter Henrich）　著

迪特尔·亨利希（1927—　），德国哲学家，1950年获得博士学位，导师是伽达默尔。1955—1956年在海德堡大学获得教授资格，1965年担任海德堡大学教授，1969年起成为国际哲学协会主席团成员，1970年担任国际黑格尔协会主席。海德堡科学院院士、哈佛大学终身客座教授、东京大学客座教授、慕尼黑大学教授、巴伐利亚科学院院士、亚勒大学客座教授、欧洲科学院院士以及美国艺术与科学院外籍院士。先后获得图宾根市颁发的荷尔德林奖、斯图加特市颁发的黑格尔奖等国际级奖项，是德国观念论传统的当代继承人。

迪特尔·亨利希以"自身意识"理论研究闻名于世，毫无疑问，本书是他在这方面研究最重要的著作之一。本书围绕"自身关系"这一主题重新诠释了德国观念论传统，讨论了三种形式的自身关系：道德意识的自身关系、意识中的自身关系和终极思想中的自身关系，展示了"自身关系"的多维结构与概念演进，形成了一个有机的整体。本书是哲学史研究与哲学研究相互结合的典范之作，无论是在哲学观念上还是在言说方式上都证明了传统哲学的当代有效性。

010　佛之主事们——殖民主义下的佛教研究

［美］唐纳德·S. 洛佩兹（Donald S. Lopez, Jr.）　编

唐纳德·S. 洛佩兹，密歇根大学亚洲语言和文化系的佛学和藏学教授。美国当代最知名的佛教学者之一，其最著名的著作有《香格里拉的囚徒》（芝加哥大学出版社，1996）、《心经诠释》（芝加哥大学出版社，1998）、《疯子的中道》（芝加哥大学出版社，2007）、《佛教与科学》（芝加哥大学出版社，2010）等，还主编有《佛教诠释学》（夏威夷大学出版

社，1992）、《佛教研究关键词》（芝加哥大学出版社，2005）等，同时他还是普林斯顿大学出版社出版的"普林斯顿宗教读物"（Princeton Readings of Religion）丛书的总主编。

本书是西方佛教研究领域的第一部批评史，也是将殖民时代和后殖民时代的文化研究的深刻见解应用于佛教研究领域的第一部作品。在对19世纪早期佛教研究的起源作了一个概述后，本书将焦点放在斯坦因（A. Stein）、铃木大拙（D. T. Suzuki），以及荣格（C. G. Jung）等重要的"佛之主事者"上。他们创造并维系了这一学科的发展，从而对佛教在西方的传播起了重要的作用。

本书按年代顺序记录了在帝国意识形态的背景下，学院式佛教研究在美洲和欧洲的诞生和发展，为我们提供了佛教研究领域期盼已久的系谱，并为我们对佛教研究的长远再构想探明了道路。本书复活了很多重要而未经研究的社会、政治以及文化状况——一个多世纪以来是它们影响了佛教研究的发展过程，而且常常决定了人们对一系列复杂传统的理解。

011 10个道德悖论

［以］索尔·史密兰斯基（Saul Smilansky） 著

索尔·史密兰斯基是以色列海法大学（the University of Haifa）哲学系教授。他是广受赞誉的《自由意志与幻觉》（*Free Will and Illusion*, 2000）一书的作者，并在《南方哲学》（*Southern Journal of Philosophy*）、《澳大利亚哲学》（*Australian Journal of Philosophy*）、《实用》（*Utilitas*）等重要哲学期刊上发表了《两个关于正义与加重惩罚的明显的悖论》（"Two Apparent Paradoxes about Justice and the Severity of Punishment"）、《宁愿不出生》（"Preferring not to Have Been Born"）、《道德抱怨悖论》（"The Paradox of Beneficial Retirement"）等多篇论文。

从形而上学到逻辑学，悖论在哲学研究中的重要性可以从其丰富的文献上得到显现。但到目前为止，在伦理学中很少见到对悖论的批判性研究。在伦理学的前沿工作中，《10个道德悖论》首次为道德悖论的中心地位提供了有力的证据。它提出了 10 个不同的、原创的道德悖论，挑战了我们某些最为深刻的道德观点。这本具有创新性的书追问了道德悖论的存在究竟是有害的还是有益的，并且在更为广泛的意义上探讨了悖论能够在道德和生活上教给我们什么。

012　现代性与主体的命运
杨大春　著

杨大春，1965 年生，四川蓬安人，1992 年获哲学博士学位，1998 年破格晋升教授。目前为浙江大学二级教授、求是特聘教授。研究领域为现当代法国哲学。主持国家社科基金青年项目、一般项目、重点项目和重大招标项目各 1 项，入选国家哲学社会科学成果文库 1 项。代表作有《20 世纪法国哲学的现象学之旅》《语言 身体 他者：当代法国哲学的三大主题》《感性的诗学：梅洛－庞蒂与法国哲学主流》《文本的世界：从结构主义到后结构主义》《沉沦与拯救：克尔凯戈尔的精神哲学研究》等。著述多次获奖，如教育部高等学校科学研究优秀成果二等奖 1 项，浙江省哲学社会科学优秀成果一等奖 2 项，吴玉章人文社会科学优秀成果奖 1 项，《文史哲》"学术名篇奖" 1 项等。

哲学归根到底关注的是人的命运。根据逻辑与历史、时代精神与时代相一致的原则，本书区分出西方哲学发展的前现代（古代）、早期现代、后期现代和后现代（当代）四种形态，并重点探讨现代哲学的历程。导论是对主体问题的概述，其余章节围绕主体的确立、主体的危机、主体的解体和主体的终结来揭示意识主体在现代性及其转折进程中的命运。本书几乎囊括了自笛卡尔以来的主要西方哲学流派，既具有宏大的理论视野，又具有强烈的问题意识。

013　认识的价值与我们所在意的东西
［美］琳达·扎格泽博斯基（Linda Zagzebski）　著

琳达·扎格泽博斯基为美国俄克拉荷马大学乔治·莱恩·克罗斯研究教授、金费舍尔宗教哲学与伦理学讲席教授，曾担任美国天主教哲学学会主席（1996—1997 年）、基督教哲学家协会主席（2004—2007 年），以及美国哲学学会中部分会主席（2015—2016 年）。她的研究领域包括知识论、宗教哲学和德性理论，主要著作有：《范例主义道德理论》(*Exemplarist Moral Theory*，2017)，《认识的权威：信念中的信任、权威与自主理论》(*Epistemic Authority：A Theory of Trust，Authority，and Autonomy in Belief*，2012)，《神圣的动机理论》(*Divine Motivation Theory*，2004)，《心智的德性》(*Virtues of the Mind*，1996)，《自由的困境与预知》(*The Dilemma of Freedom and Foreknowledge*，1991) 等。

本书作为知识论导论，以认识的价值与我们所在意的东西开始，最终以认识之善与好生活结束，广泛涉及这一领域的重要论题，如盖梯尔难题、怀疑主义、心智与世界的关系等。无论是出发点还是理论旨归，本书都不同于当前大多数知识论导论，它将我们的认识实践放置于伦理学的框架之中，德性在知识论中居于核心位置，这是扎格泽博斯基教授二十多年来几乎从未变化的基本立场，并始终为此进行阐释与辩护。本书以简明的方式呈现了半个世纪以来英美知识论的论争图景，解释了围绕人类善与人类德性的知识论研究成果，并力图显示这一风格的知识论的重要意义。

014　众生家园：捍卫大地伦理与生态文明
［美］J. 贝尔德·卡利科特（J. Baird Callicott）　著

J. 贝尔德·卡利科特，当代北美环境哲学、伦理学代表性学者，美国北得克萨斯大学（University of North Texas）杰出研究教授，已荣退。曾任国际环境伦理学会（International Society for Environmental Ethics）主席、耶鲁大学住校生物伦理学家（Bioethicist-in-Residence）。他以利奥波德"大地伦理"（land ethic）的当代杰出倡导者而知名，并据此而拓展出一种关于"地球伦理"（earth ethic）的独特理论。代表作有：《众生家园：捍卫大地伦理与生态文明》(*In Defense of the Land Ethic：Essays in Environmental Philosophy*，1989)、《全球智慧》(*Earth Insights*，1994)、《超越大地伦理》(*Beyond the Land Ethic：More Essays in Environmental Philosophy*，1999)、《像地球那样思考》(*Thinking Like a Planet：The Land Ethic and the Earth Ethic*, 2013)。

《众生家园：捍卫大地伦理与生态文明》(*In Defense of the Land Ethic: Essays in Environmental Philosophy*, 1989) 是 J. 贝尔德·卡利科特的代表作之一。本著致力于梳理、捍卫和扩展奥尔多·利奥波德的环境哲学核心理念——"大地伦理"(land ethic)，其论域覆盖了当代西方环境哲学的重要话题，反映了北美环境哲学产生的独特历史背景，同时预见性地涉及了当代环境哲学的前沿论题，为当代环境伦理的观念基础做了有力的论证。

015　判断与能动性

[美] 厄内斯特·索萨 (Ernest Sosa)　著

厄内斯特·索萨，美国当代著名哲学家，知识论研究的代表人物之一，开创了德性知识论流派。现为美国人文艺术科学院院士，美国罗格斯 (Rutgers) 大学哲学教授。曾任美国哲学协会会长、著名杂志《哲学与现象学研究》主编、"剑桥哲学研究丛书"总主编等。厄内斯特·索萨在英美哲学界有着广泛影响，曾在著名的洛克讲座上做报告 (2002)，2010 年获得美国哲学协会颁发的奎恩奖 (Quinn Prize)。

在本书中，厄内斯特·索萨引入一种新的知识分析方法，即形而上学分析，在这种新的方法论基础上发展出一种更好的德性知识论。本书共分为四个部分：第一部分探讨以形而上学分析为核心的方法论，进而提出基于认知胜任力 (epistemic competence) 的德性知识论，同时比较德性可靠论与德性责任论这两种德性知识论，试图把德性责任论融入新的知识论框架，给予一种统一的解释；第二部分阐明概念"完全适切的表现"(fully apt performance)，这个概念帮助我们超越基于认知胜任力的德性知识论，从而获得一种更好的德性知识论；第三部分尝试在这种更好的德性知识论的基础上分析能动性、意向行动和知识的社会维度等；第四部分回归哲学史，提供了皮罗式知识论这种新解释，并以笛卡尔为研究对象，主张笛卡尔的知识论是一种皮罗式的德性知识论。总之，本书包含了厄内斯特·索萨的某些天才洞见和反思，必将对未来的知识论产生深远影响。

016　知识论

[美] 理查德·费尔德曼（Richard Feldman） 著

理查德·费尔德曼，美国罗彻斯特大学（University of Rochester）校长、哲学系教授。主要研究兴趣是知识论和形而上学，代表作有《推理与论证》（Reason and Argument）、《知识论》（Epistemology）、《证据主义》（Evidentialism）等。

理查德·费尔德曼的《知识论》以标准看法为核心，围绕六个紧密相连的问题展开：（1）在什么条件下一个人知道某事是真的？（2）在什么条件下一个信念是有证成的？（3）知识论问题、实践问题和道德问题，如果会相互影响的话，那么它们是以什么样的方式相互影响的？（4）我们真的有任何知识吗？（5）自然科学的成果会以什么样的方式对知识论问题产生影响？（6）认知多样性的知识论后果是什么？这六个问题的答案构成了一个最佳解释论证，其结论为"标准看法还是正确的"，即我们知道相当多的各种各样的事物，我们主要靠知觉、记忆、证词、内省、推理和理性洞察来知道它们。

017　含混性

[英] 蒂莫西·威廉姆森（Timothy Williamson） 著

蒂莫西·威廉姆森，牛津大学教授，2000年被授予威克汉姆教授头衔（Wykeham Professor）、1997年被选为英国国家学术院院士（Fellow of the British Academy）、爱丁堡皇家学会院士（Fellow of the Royal Society of Edinburgh）。已经出版学术著作《知识及其限度》（2000）、《哲学的哲学》（2007）、《作为形而上学的模态逻辑》（2013）、《对与错的真相：四人对话录》（2015）、《作哲学》（2018）等，发表学术论文百余篇。

蒂莫西·威廉姆森通过《含混性》一书仔细检视了现存的含混性理论，并为认知主义辩护。威廉姆森先从历史来追溯含混性问题，以批判性的眼光浏览含混性哲学的历史；他的观察是：一方面，现存的含混性理论无法很好地解释高阶含混性的问题；另一方面，认知主义的观点受到了不公平的对待。有别于当时大多数学者将含混性问题视为一个语言问题，威廉姆森将含混性问题视为一个知识问题,亦即不知道含混语词/概念的精确边界,希望能为认知主义观点提供一个趋近完备的理论。

尽管《含混性》使用的逻辑不多,但读者若有一定程度的逻辑基础,将能很好地理解书中的论证,体会到论证的精妙之处。对研究含混性问题的学者来说,就算不同意认知主义观点,也不能不读《含混性》,因为《含混性》早已成为研究含混性问题的经典之一。

018　德国观念论的终结——谢林晚期哲学研究

[德]　瓦尔特·舒尔茨（Walter Schulz）　著

瓦尔特·舒尔茨（1912—2000）,德国哲学家。求学生涯受卡尔·洛维特、盖尔哈特·克鲁格、伽达默尔、布尔特曼等人影响。他的博士论文在伽达默尔的指导下讨论了柏拉图《斐多篇》中对不朽性的论证,教职论文在伽达默尔和洛维特两人的指导下讨论了谢林晚期哲学。1955年至1978年任图宾根大学哲学系教授,曾拒绝接受海德格尔退休后在弗莱堡留下的教席,并且长期在德国哲学界和图宾根智识圈中享有最高声誉。面对着当时后现代思潮的崛起,他始终关注人的思想与世界的关联,坚持探讨西方形而上学诸多重大主题的传统与更新。代表著作有:《德国观念论的终结——谢林晚期哲学研究》《变动世界中的哲学》《摇摆的形而上学》《后形而上学时代中的主体性》等。

本书初版于1955年,是瓦尔特·舒尔茨的教职论文。在本书中,舒尔茨对谢林晚期哲学进行了细致的研究,他认为晚年谢林对于理性与绝对者的关系进行了更彻底的也更艰涩的思辨,谢林晚期哲学绝非一种基督教哲学,而是纯粹的、正统的、继续向前推进着的、以"主体性的自我建构"为基准的观念论哲学。相对于德国观念论在黑格尔哲学中达到了峰点的传统看法,他在本书中声称,德国观念论正是在谢林晚期哲学中才达成了最终的形态。谢林晚期哲学中强烈地表现出了理性永远无法把握它的前提和根基,而这也最终宣告了德国观念论这一思想范式的终结。在本书的最后,舒尔茨还继续讨论了谢林晚期哲学的自我中介的范式在克尔凯郭尔、尼采和海德格尔思想中的回响,试图对谢林那为人所忽视的晚期哲学做出更精准的历史定位。

019　奢望：社会生物学与人性的探求
［英］菲利普·基切尔（Philip Kitcher）　著

　　菲利普·基切尔，英国当代著名科学哲学家，哥伦比亚大学约翰·杜威讲席教授，美国人文与科学院院士，曾担任美国哲学学会（太平洋分会）主席。已经出版的哲学论著包括《数学知识的本质》、《奢望：社会生物学与人性的探求》、《科学的进展》、《科学、真理与民主》、《民主社会中的科学》、《伦理学纲领》与《实用主义的序奏》等。

　　在当代智识世界中，社会生物学可谓甚嚣尘上，它经常被用来支持各种阶级偏见、种族偏见与性别偏见。在本书中，基切尔紧紧围绕方法论的科学哲学问题，对社会生物学的人性探求进行了深入细致的批判。基切尔认为，在非人类的动物研究领域，社会生物学的研究工作在方法论上大致是可靠的，但在将这些理论适用于人类的过程中，许多社会生物学家做出了仓促的推论。社会生物学在方法论上呈现的种种缺陷，让它迄今仍无法成为一门关于人类行为的真正可靠的科学，但流行的社会生物学已经由于其创建者的奢望而步入歧途。

020　德国哲学 1760—1860：观念论的遗产
［美］特里·平卡德（Terry Pinkard）　著

　　特里·平卡德曾是美国西北大学的哲学与德语教授，现为乔治敦大学哲学教授。他出版的著述包括：《黑格尔的辩证法：对可能性的解释》（Hegel's Dialectic: The Explanation of Possibility, 1988）、《黑格尔的现象学：理性的社会性》（Hegel's Phenomenology: The Sociality of Reason, 1996）以及《黑格尔》（Hegel, 2000），此外还有很多期刊文章。

　　18 世纪下半叶，德国哲学在一段时期内统治着欧洲哲学。它改变了欧洲乃至全世界的人们思考自身、自然、宗教、人类历史、政治和人类理智结构的方式。在这部内容丰富且涉猎广泛的著作中，特里·平卡德将"德意志"的历史——从若干邦国的松散联合演变为具有特色文化的新生国家——同发展中的哲学思想的趋势和复杂性的考察结合起来。他考察了康德因革命性地强调"自我决定"而带来的重大影响，并追溯了这种影响在浪漫主义和观念论中的发展，以及叔本华和克尔凯郭尔这些后康德思想家的批判。这部著作将会引起一大批读者对哲学史、文化史与观念史的兴趣。

021　对话、交往、参与——走进国际哲学共同体

陈波　著

　　陈波，中国人民大学哲学博士，北京大学哲学系外国哲学研究所教授、博士生导师，2018年当选为国际哲学学院（IIP）院士，专业领域为逻辑学和分析哲学。先后赴芬兰赫尔辛基大学、美国迈阿密大学、英国牛津大学、日本日本大学做访问学者或进行合作研究。承担国家社科基金项目多项，目前为国家社科基金重大项目"当代逻辑哲学重大前沿问题研究"首席专家。主要著作有：《分析哲学——批评与建构》《逻辑哲学研究》《奎因哲学研究》《悖论研究》《与大师一起思考》《逻辑学十五讲》《逻辑学导论》《逻辑学是什么》等。其学术成果先后获得教育部（3项）、北京市（4项）和金岳霖学术奖（3项）等重要学术奖励。

　　本书是对作者与国际哲学界交往对话、主办国际性学术活动、逐渐融入国际哲学共同体的历程的一个相当完整的记录，分为三辑。第一辑，访谈录：与大师面对面。收入与美国哲学家吉拉·谢尔、苏珊·哈克，英国哲学家蒂莫西·威廉姆森、迈克·比尼，芬兰哲学家冯·赖特、雅科·亨迪卡的访谈录，以及对美国哲学家哈特里·菲尔德在牛津大学所做约翰·洛克讲演的报道。第二辑，交往实录：体会与感悟。收入有关蒯因、冯·赖特、苏珊·哈克、达米特、威廉姆森、克里普克等的纪念或研究文章，以及关于分析哲学史、元哲学、哲学方法论、真理符合论、批判性思维等的文章。第三辑，主办国际研讨会纪实。收入作者在北京大学主办或参与筹办的国际研讨会的综述等。

图书在版编目（CIP）数据

对话、交往、参与：走进国际哲学共同体/陈波著. —北京：中国人民大学出版社，2020.7
ISBN 978-7-300-28339-5

Ⅰ.①对… Ⅱ.①陈… Ⅲ.①哲学-研究-世界 Ⅳ.①B1

中国版本图书馆 CIP 数据核字（2020）第 120086 号

对话、交往、参与
——走进国际哲学共同体
陈波　著
DUIHUA、JIAOWANG、CANYU

出版发行	中国人民大学出版社	
社　　址	北京中关村大街31号	邮政编码　100080
电　　话	010-62511242（总编室）	010-62511770（质管部）
	010-82501766（邮购部）	010-62514148（门市部）
	010-62515195（发行公司）	010-62515275（盗版举报）
网　　址	http://www.crup.com.cn	
经　　销	新华书店	
印　　刷	北京联兴盛业印刷股份有限公司	
规　　格	160 mm×230 mm　16开本	版　次　2020年7月第1版
印　　张	42.25　插页2	印　次　2020年7月第1次印刷
字　　数	628 000	定　价　148.00 元

版权所有　　侵权必究　　印装差错　　负责调换